北京市金融年鉴

2005

ALMANAC
OF BEIJING FINANCE
AND BANKING

《北京市金融年鉴》编辑部

(总第19卷)

中国金融出版社

责任编辑：赵天朗　李　融
责任校对：潘　洁
责任印制：程建国

图书在版编目（CIP）数据

北京市金融年鉴（Beijingshi Jinrong Nianjian）. 2005/《北京市金融年鉴》编辑部 .—北京：中国金融出版社，2005.11
ISBN 7－5049－3862－9

Ⅰ. 北…　Ⅱ. 北…　Ⅲ. 金融事业－北京市－2005－年鉴　Ⅳ. F832.71－54

中国版本图书馆 CIP 数据核字（2005）第 125868 号

出版
发行　中国金融出版社
社址　北京市广安门外小红庙南里 3 号
市场开发部　（010）63272190，66070804（传真）
网 上 书 店　http://www.chinafph.com　（010）63286832，63365686（传真）
读者服务部　（010）66070833，82672183
邮编　100055
印刷　北京松源印刷有限公司
尺寸　185 毫米 × 260 毫米
印张　33.25
字数　750 千
插页　10
版次　2006 年 1 月第 1 版
印次　2006 年 1 月第 1 次印刷
印数　1—2760
定价　60.00 元
（内部发行）

2004年9月2日，由人民银行营业管理部、北京银监局、北京证监局、北京保监局和北京市政府金融办公室共同主办的“12·11港资与外资金融机构进入北京圆桌会议”在香港君悦酒店隆重举行。

2004年7月14日，北京奥组委宣布中国银行成为北京2008年奥运会银行合作伙伴。图为双方举行签约仪式。

2004年1月，为适应财税体制改革和国库单一账户改革的需要，提高国库经理水平，人民银行营业管理部和北京地税局联合组织的税库银横向联网“电子缴税系统”试点运行，为纳税人创造了更加便利的缴税支付环境。

2004年12月15日，个人信用信息基础数据库联网试运行。中国人民银行副行长苏宁同志视察北京银行，了解系统查询情况。

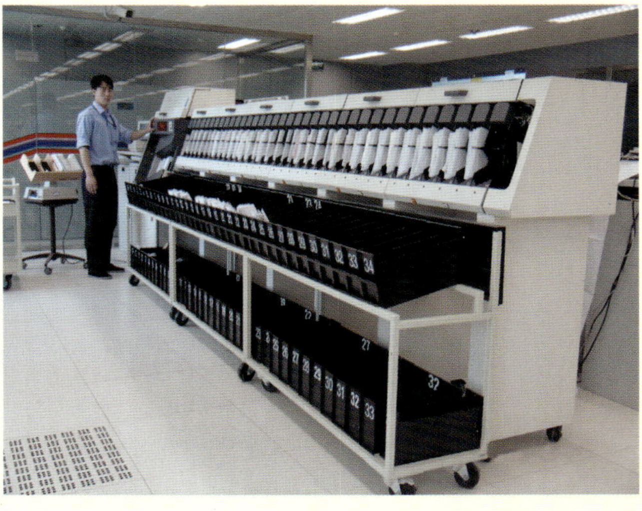

北京同城票据交换引入了清分机设备，大大提高了业务处理效率，开通了京（北京）津（天津）廊（廊坊）跨区域票据交换，为区域经济协调发展提供了有力支持。

2003年底，党中央、国务院决定，选择中国银行、中国建设银行进行股份制改革试点。2004年，两家试点银行大规模的财务重组和公司治理改革全面展开，银行业的改革开始进入国家控股的股份制商业银行改革阶段。

1995年7月，改革开放以来第一家外资银行营业性机构——东京三菱银行北京分行正式成立。截至2004年底，北京辖区有外资银行北京分行22家，外资金融机构代表处（不含保险、证券机构）93家。

3月9日，北京市商业银行与中信实业银行总行营业部、兴业银行北京分行、深圳发展银行北京分行签署全面合作协议，结成战略同盟。

2004年，中国银行北京分行与北京大学举行国家助学贷款发放仪式。

6月12日，广东发展银行北京分行与顺天通集团公司在“天通苑”社区签定了银企合作协议，双方联手致力于把“天通苑”社区打造成为北京规模最大的金融服务社区。

2004年7月7日，北京银监局按照市场准入程序举行大众汽车金融公司开业答辩会。

2004年，北京外汇管理部共办理进出口核销业务56万余笔，涉及金额990亿美元，为北京市外商投资企业办理外汇登记1654笔，涉及金额43亿美元，图为繁忙的业务柜台。

中外资银行在合作中谋求共同发展。

中信实业银行电子化营业大厅。

北京市商业银行（现为北京银行）网上银行开通。

中国银行信息中心机房操作间在24 × 7小时不间断地监控业务系统运行情况。

北京市银行卡产业发展已成为提升城市现代化水平，构建和谐社会首善之区，创造人文奥运、科技奥运、绿色奥运的重要组成部分。

7月15日，招商银行北京分行在北京首家推出理财国际卡——“金葵花”卡。新闻发布会上，招商银行行长助理、招行北京分行行长尹凤兰代表招行接受了万事达国际组织颁发的市场推广奖。

5月20日～21日，中国银联北京分公司组织召开“外卡统一接口服务交流表彰会”，民生银行、北京市商业银行、中信实业银行和交通银行等4家银行相关人员参会。

6月19日～20日，“2004年北京金融服务咨询日”活动在西单文化广场举行。该项活动自2000年创办以来，已连续举办5届。图为农业银行北京分行员工在该项活动中为首都市民提供金融产品咨询服务。

4月28日，光大银行总行营业部在京都信苑饭店举办“阳光便民自助缴费项目”电费、水费、医院挂号功能上线新闻发布会。

3月27日，华夏银行总行营业部冠名承办的“华夏银行杯2004年北京春季长跑暨捷易杯第十届北京国际长跑节”在北京工人体育场隆重举行。

沟通与服务的桥梁——北京市农村信用社96198客户服务中心。

北京邮政管理局领导亲切慰问一线营业员工。邮政储蓄经过近20年的发展，产品种类已从存取款，汇款发展到银行卡类产品，电子银行类产品、代理业务类产品、代收付类产品等数十个业务品种，全市邮政储蓄网点近500个。

建设银行北京分行大力开展客户营销，积极推广金融产品，用“新”服务社会。图为分行员工向客户宣传介绍银行卡产品。

北京国际信托投资有限公司以金融信托为手段，积极参与基础设施建设，促进经济发展。图为公司信托项目推介会现场。

12月27日，信达资产管理公司北京办事处开始向东方资产管理公司北京办事处移交建设银行可疑类资产档案资料，此次移交债权项目涉及债权本金折合人民币100.6亿元。

中国华融资产管理公司北京办事处先后经过公司以及英标管理体系认证（北京）有限公司的内外部认证审核，获得ISO9001：2000认证证书。

北京保监局副局长丁小燕（右二）参加北京人民广播电台“北京热线”栏目，与观众面对面交流。

3月15日，新华人寿北京分公司举行“维护客户权益、共铸诚信新华”万人签名活动。

中国人民保险公司现场保险咨询。

2004年4月，大地保险北京分公司与北京交通台《1039行车手册》编辑部联合，对北京的驾车新手朋友赠送“新手”车标，充分体现出大地保险北京分公司对社会公益活动的重视。

“非典无情人有情，太保人寿更有情”。太平洋人寿北京分公司客户拄拐送锦旗。

1月17日，华安财险北京分公司在北京饭店举行了隆重的开业庆典活动。

1月9日，中国平安人寿北京分公司与北京市红十字会紧急援救中心(999)合作，推出"999平安急救卡"，为北京市民提供全套意外伤害急救和保障服务。

银行代理保险有诸多优势。

保险市场充分竞争的格局正在形成。

2004年，按照党中央统一部署和要求，北京市各金融机构深入开展共产党员先进性教育活动。图为人行营业管理部党委中心组正在进行党员先进性教育专题学习。

深圳发展银行北京分行党员在井冈山革命烈士陵园重温入党誓词。

2004年，工商银行北京分行开展个人理财中心核心竞争力项目推广工作，使全行的个人理财中心从硬件到软件焕然一新。

12月，建设银行北京分行合唱团在“第七届中国合唱节”上与专业团体同台竞技，获得金奖。图为合唱团员在比赛现场。

上海浦东发展银行北京分行在强手如林的“北京市第三届商务英语电视大赛”上勇夺亚军。

2004年，交通银行北京分行推出新一代商业银行教育培训操作系统——模拟银行业务系统。图为该行员工正在通过该系统进行全方位业务培训。

12月28日，民生银行北京管理部策划的“民生银行之夜”新年音乐会在人民大会堂隆重举行。

北京市金融系统重视职工的文化体育生活，多次组织全系统的文艺汇演和职工运动会，全面提高员工综合素质。图为中信实业银行北京分行排球比赛。

首创证券公司组织员工进行拓展训练。

《北京市金融年鉴》编辑委员会

编辑说明

一、《北京市金融年鉴》（以下简称《年鉴》），是北京市金融业行业年鉴，以金融业务为中心内容，综合反映北京市金融行业上一年度重要信息情况，逐年编辑、连续出版。《年鉴》在《北京市金融年鉴》编辑委员会领导下，由《北京市金融年鉴》编辑部组织编辑、出版、发行。

二、本卷《年鉴》为总第19卷，主要记述的是2004年北京市金融业的重大事件、重大活动及各系统各机构的新情况、新发展、新经验和面临的新问题。

三、本卷《年鉴》社会经济统计资料由北京市统计局提供；金融统计资料由中国人民银行营业管理部调查统计处、中国银行业监督管理委员会北京监管局、中国证券监督管理委员会北京监管局、中国保险监督管理委员会北京监管局提供。在使用中请注意统计口径的差别和适用范围。

四、本卷《年鉴》中各金融机构的排列顺序依照一般惯例，无名次高低之分。

五、本卷《年鉴》在编纂过程中得到全市金融系统各单位的大力支持，参加编写的金融机构有40余个、学会与协会10余个、金融监管部门主要职能处室20余个，参与撰写的人员有200人以上。各位组稿编辑、编写人员为本书的出版付出了辛勤的劳动；各机构提供了大量的图片资料；人民银行营业管理部调统处汇总了大量统计资料。在此表示衷心的感谢。

六、由于编纂水平有限，书中难免有缺陷和疏漏之处，诚请广大读者批评指正。

《北京市金融年鉴》编辑部

2005年10月

目　　录

一、特　　载

二、机构业务综述

三、发展与监管

四、各类业务情况

五、文件与规章

六、专题与调研

七、大事记

八、统计资料

(一) 北京市主要经济社会指标

(二) 金融业务综合统计

（三）金融机构业务统计

（四）机构、人员统计

九、附　　录

（一）北京市中资银行、证券、保险机构名录

1. 金融管理机构

2. 银行

一、特　载

关于北京市2004年国民经济和社会发展计划执行情况与2005年国民经济和社会发展计划草案的报告（摘要）

——2005年1月23日在北京市第十二届
人民代表大会第三次会议上

北京市发展和改革委员会主任　丁向阳

一、2004年国民经济和社会发展计划执行情况

一年来，全市认真贯彻科学发展观，坚决落实中央宏观调控的各项政策措施，注重创新体制、调整结构、优化环境、全面发展，市十二届人大二次会议审议通过的主要预期目标圆满完成，全年地区生产总值增长13.2%，总量达到4 283.3亿元，基本实现了速度与结构、质量、效益的统一。

（一）经济增长的质量和效益得到提高

产业发展趋向协调。工业增加值增长19.3%，多元增长格局初步形成，电子信息、汽车、石化新材料、装备制造、生物医药和都市工业等六大行业所占比重超过70%。中芯国际、京东方液晶显示器、奔驰汽车等重大项目陆续上马投产。第三产业增加值增长11.6%，信息服务、房地产等行业均保持较快增长。

经济增长内在动力增强。消费升级的拉动作用明显，全年实现社会消费品零售额2 191.8亿元，增长14.4%。

宏观和微观效益持续改善。地方财政收入744.5亿元，增长29.7%。

（二）宏观调控的积极效应得到显现

投资增幅明显回落。按照“有保有压”的方针，对急需启动的重点项目进行联合审批，促进了投资平稳增长。全社会固定资产投资完成2 528.3亿元，增长17.2%。

信贷投放显著收缩。全年中资金融机构人民币贷款余额比年初增加1 457亿元，同比少增646.2亿元。

规范土地市场取得进展。全面清理整顿开发区，开发区数量由470个减少到28个，规划面积压缩53.4%。

价格总水平基本稳定。加强市场价格监管，认真管好政府定价，全年居民消费价格指数为101%。

（三）经济社会发展的薄弱环节得到加强

高度重视“三农”工作。切实落实农村土地承包经营权。修订建设征地补偿安置办法，初步实现了征地与农民就业和社会保障挂钩。农民人均纯收入达到7 172元，实际增长9.2%。

城乡基本公共服务有所改善。加大资金投入，农村义务教育、农村公共卫生服务水平进一步提高。

城市交通和环境建设加快。地铁四、五、十号线（含奥运支线）全面开工，在建规模达到86.3公里。新开工建设城市主干路100公里，新建53条城区微循环道路。生态建设和环境治理成效显著，水资源管理得到加强，应急水源工程投入使用，南水北调北京段工程已经启动。

就业和社会保障形势平稳。城镇登记失业率为1.3%，就业状况总体较好。各项基金扩面征缴取得成效，社会保障覆盖面不断扩大。

（四）重点领域改革得到深化

基础设施投融资体制改革取得重要突破。基础设施特许经营取得显著成效，投资、建设和运营市场放开，打破了垄断局面，缓解了政府投资压力。

国有企业改革稳步推进。国有企业清产核资和主辅业分离改制试点工作全面启动。

社会事业改革开始起步。经营性文化事业单位转制初见成效，高校引资建设取得新进展。多元办医迈出步伐，一些医院开始引入多元投资主体。

宏观管理职能进一步转变。贯彻落实《行政许可法》，全面清理和规范行政许可事项。大力推进网上审批服务系统应用，办事效率有所提高。

（五）政府投资的调控作用得到发挥

积极推进“两个转移”。按照科学发展观要求，推进政府投资向郊区转移，引导社会投资向优势产业转移，取得积极成效。在市发改委安排的投资中，郊区与城区投资的比例实现了由2003年的20:80到2004年40:60的重大转变。积极推进落实重大产业发展项目，运用补助、贴息等扶持手段，引导社会投资向现代制造业、高新技术产业和现代服务业转移，全市工业投资增长54.7%。

实施政府投资“五个倾斜”。针对发展的薄弱环节，政府投资向城市道路交通倾斜，共安排轨道交通和城市道路及路网加密投资59.4亿元，增长1.7倍。向郊区基础设施倾斜，安排投资26.2亿元，增长1.4倍，支持郊区道路建设项目59个。向公共卫生、农村义务教育等社会事业倾斜，安排投资10.8亿元，增长74%，一批农村卫生院、中小学校和文化项目建成使用。向现代制造业、高新技术产业和现代服务业发展倾斜，安排产业投资5.4亿元，增长1.3倍，重点支持166个项目，对培育支柱、调整结构、优化产业发展环境发挥了导向作用。向促进城乡节水等环境、资源领域倾斜，安排投资12.7亿元，增长53%，重点支持京津风沙源治理、第二道绿化隔离带等生态工程，一大批农业节水设施和垃圾填埋场、转运站设施得到改造。

提高政府投资使用效率，发挥引导放大作用。转变政府资金投入形式，搭建了市区两级投融资平台，由单一直接投资变为资本金注入、补助、贴息等多种投入方式，通过公私合作、特许经营等融资方式，引导和带动社会投资600亿元左右。

政府投资新型管理机制初步建立。转变政府投资项目管理模式，制定了政府投资管理暂行规定等规范性文件，促进了资金使用的公开化和制度化。依据产业政策和区域发展规划，建立了项目储备库。加强政府投资重大项目全程监管，全年稽察重大项目50个，总投资370.5亿元，分别增长177.8%和57.6%。

积极推进公益性政府投资项目代建制管理。为根治政府投资项目超规模、超标准、超概算，节省政府资金，市残疾人职业培训和体育训练中心、市疾病预防控制中心业务楼等14个新建重点公益性项目以代建制方式实施。研究制定了政府投资项目代建制管理办法，硬化投资预算约束。

（六）经济运行调节和公共服务能力得到增强

经济运行调节机制初步形成。建立了工业经济运行调节部门联席会议制度，及时协调解决运行中的重大问题。

综合运用价格杠杆进行调控。在广泛宣传和充分论证的基础上，调整用水价格，促进了节约用水。大力开展资源节约活动，制定了产业节水指导目录和发展循环经济的意见，增强了全社会的资源节约意识。

市场监管能力不断增强。建立重要商品市场监测体系及预警机制，完善应急储备方案，调整储备结构，粮食、食用油等重要商品市场供应总体平稳。

高度重视城市应急防控体系建设。制定突发公共事件应急预案，成功防控“非典”和高致病性禽流感疫情。切实加强安全生产管理，落实安全责任制和责任追究制，认真排查事故隐患，安全生产形势有所好转。

总的看，一年来在科学发展观的指导下，全市认真贯彻落实中央宏观调控政策，注重解决深层次矛盾，有针对性地推进改革和实施倾斜政策，经济社会生活中的原有矛盾得到一定程度的缓解，发展和改革取得了比较好的实践成效。但是也要看到，在发展过程中仍然存在一些突出问题需要重视解决。如煤、电、油、运、气等供求持续紧张，资源集约利用水平低，“三农”问题依然突出，产业结构调整任重道远等。

二、2005年国民经济和社会发展计划初步安排

2005年是“十五”计划的最后一年。总体看，全球经济仍将保持较快增长，国内宏观政策环境比较稳定，特别是我们正处在重要战略机遇期，奥运经济效应将进一步显现，应切实抓住机遇，坚持以科学发展观统领全局，保持首都经济社会平稳较快发展。

（一）发展计划安排的主要原则

为贯彻落实科学发展观，根据地方政府的主要职能和掌握的调控手段，我们对2005年计划指标设置进行了改革和调整，将主要由市场决定的指标改为预测性指标，将体现政府职能和工作重点的指标作为调控目标。计划安排的主要原则：

一是坚持以科学发展观为指导，推进经济增长方式转变。

二是坚持推进“两个转移”，实施城市反哺农村。

三是坚持加强薄弱环节，促进和谐社会建设。

四是坚持体制、机制创新，增强发展活力。

（二）主要调控目标的初步安排

——城镇登记失业率控制在2.3%以内。

——地方财政收入增长13%，地方财政支出增长9%。

——居民消费价格指数控制在103%以内。

——万元生产总值能耗下降5%，万元生产总值水耗下降9%。

——食品安全监测抽查合格率稳定在90%以上，药品抽检合格率稳定在95%以上。

——户籍人口增长率控制在1.5%。

——义务教育阶段学龄入学率保持在99%以上。

——市区空气质量二级和好于二级天数达标率63%。

（三）主要经济指标预测

预计地区生产总值增长9%；全社会固定资产投资增长13%；社会消费品零售额增长10%；地区进出口总额增长15%；城镇居民人均可支配收入实际增长6%以上；农民人均纯收入实际增长6%以上。

三、实现2005年发展计划的主要措施

根据市委九届九次全会的总体要求和工作部署，2005年要在市人大的监督指导和支持下，坚持以科学发展观统揽全局，用改革的精神和发展的办法，抓好各项措施落实，努力完成“十五”计划，为实现“新北京、新奥运”战略构想，迈出新的扎实的步伐。

（一）稳固需求支撑，保持经济平稳较快增长

积极落实宏观调控政策，着力稳定投资、扩张消费、扩大出口，将解决深层次结构问题与克服短期波动影响统筹起来，充分利用国内外两个市场、两种资源，进一步提高经济增长的质量和效益。

促进投资稳定增长，着力优化投资结构。一是抓好重大项目的实施。加快奥运场馆、基础设施、能源交通、危房改造等重点项目，推进奔驰轿车、首钢结构调整、中芯国际、京东方液晶显示器等重点产业项目。二是发挥政府投资引导、调控和放大作用。继续运用补助、贷款贴息、担保、捆绑入股等多种投入方式，引导、带动社会投资向优势产业转移。三是完善投资调控和服务体系。加强产业发展规划和土地供应计划的协调衔接，改进投资服务，促进投资空间结构优化。四是落实好信贷政策，保证经济发展正常的资金需求。五是保持房地产市场稳定。综合运用多种政策手段，调控好房地产市场规模和结构，发展节能节地住宅。

努力扩大消费，增强消费拉动作用。继续规范市场秩序，营造有利于挖掘消费潜力的环境。采取多种有效措施，促进农民和城镇低收入居民增收，增强中低收入者的消费能力。提高教育、旅游、医疗、餐饮等服务水平，扩大居民服务性消费。

扩大对内对外开放，提升经贸发展水平。加快出口产品结构优化升级，重点抓好电子信息、生物医药、新材料、机电产品、软件产品的出口，提高服务贸易份额。完善出口服务支持体系，鼓励中小企业开展对外贸易。抓住有利时机，推进服务业开放，提高利用外资水平。支持有实力企业境外投资，打造国际企业和品牌企业。以生态环境、水资源、城际交通等为重点，加强区域合作，延伸产业发展腹地，为发展提供更大空间。

（二）继续推进“两个转移”，切实加强薄弱环节

坚持政府投资向郊区转移，引导社会投资向优势产业转移，继续实施“五个倾斜”，着眼于解决市区瓶颈问题和郊区发展问题，进一步突出对区域布局、投资结构和产业结

构的引导，加强农村和南城建设，促进全面协调可持续发展。

将政府投资的50%投向郊区。重点支持新城及中心镇基础设施、社会公共服务设施、工业园区配套设施、资源节约与生态保护设施等建设，加快郊区城市化进程。

加快城市交通、奥运场馆周边道路及市政工程建设，缓解城区交通拥堵压力。

加大城区危房改造和“城中村”整治力度，改善居民生活条件。

继续加强生态建设、环境保护和资源节约利用。主要支持节能和能源基础设施建设，推进能源结构调整。继续实施京津风沙源治理、三北防护林、第二道绿化隔离带等生态项目，改善首都生态环境。

增加社会事业发展和公共服务设施投入。重点支持义务教育、公共卫生、公共文化服务体系、公共安全等领域的建设和发展。

扶持产业发展项目，促进产业结构调整。积极推进矿区产业转型，扶持一批现代制造业和高技术产业发展项目，加大对农副产品深加工、批发市场改造、现代物流和口岸设施建设支持力度，改善产业发展服务环境。

为切实管好、用好有限的政府资金，提高投资效益，今年将进一步加强基础工作，强化政府投资管理。

（三）实施城市反哺农村，促进城乡协调发展

根据城市空间发展战略和区县功能总体定位，以发展新城为契机，积极推进区域合理分工，逐步缩小城乡差距。

加大农村基础设施和社会公共设施投入。完善市区与郊区快速道路系统，重点建设京承二期、京平路、莲花池西路等工程，用3年时间实现每个区县至少通1条快速路。积极安排落实资金，实施好农民安全饮水、旧村改造、中小学改造、基层医疗卫生和文化服务设施改造、广播电视村村通等一批工程，改善农村特别是山区上学、就医及生活条件。

引导推动市区优质社会服务资源向郊区辐射。充分利用存量资源，选择实验二小，史家胡同小学、八中、首师大附中、十四中、北师大实验中学等10所城区优质中小学名校在具有产业基础的小城镇举办分校，共享优质教育资源。鼓励宣武医院、朝阳医院、积水潭医院、安贞医院、首都儿科研究所附属医院5家名院采取联办、托管等方式向郊区发展。

推进农业结构调整，促进农民增收。在落实土地承包各项权利的基础上，建立农业用地的置换整合机制。全面落实“211”行动计划及各项支农政策，大力发展籽种农业、观光农业和加工农业，支持农业技术推广、动植物检疫、农产品安全生产和服务体系建设，促进农业走产业化、标准化、组织化、精品化发展道路，多渠道增加农民收入。

落实区县功能定位。按照首都功能核心区、城市功能拓展区、城市发展新区和生态涵养发展区的总体定位，建立体现功能导向的考核评价体系，引导和促进区县按功能安位加快发展。合理把握新城和小城镇开发进度，做好三个重点新城规划招标和项目前期储备，为滚动开发、逐次实施打好基础。

（四）改善社会公共服务，构建社会主义和谐社会

调整社会发展投入重点，实行“两个面向”，即面向基层、面向市民，推动社会基本公共服务的全覆盖和均衡化。

扩大基本公共服务有效供给。建立社会事业投入稳定增长机制，强化政府提供公共产品和服务的职责，提升社会发展综合水平。切实加强基础教育，特别是农村教育，提高义务教育整体水平。改善一批职业教育和就业培训学校的办学设施，培养发展急需的职业技术人才。完善公共卫生体系，抓紧建设市疾病预防控制中心业务楼，改扩建佑安医院，迁建地坛医院，提高疾病预防控制能力。加强卫生监督和检疫检验设施建设，有效防控各种传染性疾病。抓好北京儿童血液肿瘤中心、安定医院门诊病房楼等项目，提升医疗救治能力。建好北京数字出版中心、首都图书馆二期等重要文化设施。统筹考虑赛事需要和赛后利用，搞好新建奥运场馆与改扩建场馆建设，落实临时场馆建设方案。拓展社区服务功能，支持社区服务中心设施和信息服务平台建设，鼓励和引导社会资金投入，探索社区设施建设和运营的新模式。建设市救助管理总站，改善乡镇敬老院、儿童福利院等福利设施条件，切实关心老年人和未成年人生活，做好弱势群体的扶助工作。加强消防站点、派出所、警务站等基层公安服务设施建设，改善公共安全服务。

推行平等就业制度，努力扩大就业。加强城乡劳动力市场建设，研究制定促进农村富余劳动力就业的政策，引导农民向二、三产业转移就业。以创业带动就业，广泛征集适合创办劳动密集型中小企业的产品、技术、服务和管理项目，重点扶持都市型工业、与居民生活密切相关的社区服务创业项目，形成更多的就业增长点。完善市场化就业机制，强化职业指导，健全就业服务体系，加强对城镇新成长劳动力和失业人员、农村富余劳动力的就业技能培训。研究制定高失业率地区就业促进政策，继续实施社区就业岗位开发计划，缓解地区性、结构性就业矛盾。

完善社会保障体系。继续扩大保障覆盖面，重点将非公企业、灵活就业人员、来京务工人员纳入社会保险覆盖范围，加快推进整建制农转居人员参加社会保险。完善基本养老保险制度，加快研究做实基本养老保险个人账户方案。深化医疗保险制度改革，推进差额补贴、自收自支事业单位参加基本医疗保险，促进公费医疗向基本医疗保险制度的平稳过渡。规范新型农村合作医疗管理制度，提高保障水平。继续搞好农村社会养老保险制度试点。完善以最低生活保障制度为基础的社会救助体系，做好最低生活保障等相关待遇标准的调整和衔接工作，保障困难群众基本生活。

（五）建立资源集约利用机制，大力发展循环经济

开展循环经济行动。以资源节约为重点，采取八个方面措施：一是开展节能进公共建筑、节能进公用设施、节能进家庭、节能进企业等系列行动，改造公共建筑的采暖、空调、照明系统及市区主干道照明设施，在企业推广使用节能设备和技术，对新建建筑严格执行节能设计规范，对既有建筑逐步实施节能技术改造。二是推行政府办公用品优先采购绿色产品。三是推广节水卫生器具，改造农业节水设施，促进水资源节约。四是抓好工业生态园区、农业生态新村、热电冷三联供、废旧物资回收利用等示范工程实施。研究制定新能源技术标准，促进新能源应用。五是制定循环经济发展规划，抓紧相

关立法，加强节能监察能力建设，为循环经济发展提供政策和法制保障。六是有效运用资金投入、价格调整与补贴等手段，健全政策激励机制。七是积极开展环境资源核算研究，探索循环经济评价体系。八是进一步创新宣传形式，引导社会提高资源节约意识，扩大绿色消费。

建立和实施产业筛选评价机制。制定并发布土地投资强度、产出效率、产业能耗和水耗、环保、就业及产业带动效果等相关标准，作为产业培育、项目筛选的重要依据。建立和实行产业项目综合评价制度，实行差别化的区域准入评价政策，建立和完善资源集约利用的长效机制。

坚持最严格的土地和水资源管理制度。以整合土地资源、提高土地利用效率为重点，编制实施好土地利用总体规划和年度供应计划，调控好土地供应总量和结构。完善土地“招拍挂”相关配套措施，在细化产业项目用地标准的基础上，建立产业项目和基础设施项目土地利用机制。有效利用市场机制，采取节水、调水、采水等综合措施，加强水源保护区政策研究，确保首都供水安全。大力推广节水技术，加大再生水管网建设，提高水循环利用率。加强农业用水管理，改造农业灌溉设施，发展节水农业。

（六）加强产业链培育，推进产业结构调整

充分发挥奥运经济效应，把握国际产业转移机遇，大力发展科技主导型和服务主导型经济，发展先进制造业和知识型服务业，使北京不仅成为现代制造业转移的承载地，同时成为现代服务业转移的承载地。

加快发展现代制造业和高新技术产业，壮大产业支柱。实现中关村科技园区“五年上台阶”，提高自主创新能力，发挥好综合改革和创新示范作用。集中力量支持汽车、电子信息、石化新材料、装备制造、生物工程与医药、都市工业等六大支柱产业加快成长。重点发展产业链高端，鼓励企业对现有工艺、设备进行技术改造，提高科技含量和产品竞争力。

拓展服务业发展空间，扩大现代服务业规模。一是为金融保险业扩大规模创造良好条件。以金融街、商务中心区为主要基地，推进银行、保险、证券、信托、财务公司等扩大开放，创新金融产品，增加中间业务。二是做大信息服务业。重点发展信息传输、计算机服务和软件业。三是积极培育文化产业。盘活存量资源，加快文化企业的转型改制，扩大精神文化产品市场规模。四是做强专业服务业。发挥首都人文资源密集优势，进一步完善政策和信用环境，促进教育培训、医疗保健、中介服务等向国内市场延伸。五是提升现代流通业发展水平。重点抓好现代物流基地建设，推动物流资源整合。六是扩张旅游会展业。实施奥运旅游市场开发计划，丰富旅游产品，改进旅游市场管理，加快大型会展设施建设，举办旅游产业国际博览会，打造国际品牌，扩大市场规模。

搞好重点园区建设，引导产业集聚。以国家级开发区及顺义、通州等重点发展区域为依托，加快基础设施建设，搞好产业配套，促进重点区域在人才、市场、技术和信息等方面的共享和流动，鼓励跨国公司、国内外研究机构设立研发中心和服务中心，增强专业化服务功能和产业辐射功能，形成群聚效应。

促进产业融合，提升整体竞争力。把握制造业和服务业相互依托、相互支撑、相互融合的趋势，抓住技术研发、核心制造、销售服务等关键环节，围绕汽车、移动通讯、集成电路、数字电视、软件等重点产业链，发挥龙头企业的带动和辐射作用，带动上下游和边缘产业的融合发展，促进服务市场开发与生产制造有效互动。

加强产业扶持，健全政策支撑体系。发挥首都科研优势，切实加大知识产权保护力度，营造有利于科技进步和创新的政策环境，加快先进科技成果转化为现实生产力。完善政府产业投资运作机制，整合产业扶持资金，建立政府资金投入和退出机制，提高投资使用效率。

大力发展非公经济，扶持中小企业。鼓励非公有制资本进入基础设施、公用事业和社会事业领域，依法实现内资外资、国有民营平等待遇。鼓励和支持中小企业参与产业链分工，促进产业结构调整。建立中小企业发展资金，不分所有制性质和隶属关系，采取公开筛选方式，支持中小企业产品开发、贷款担保和服务体系等建设。进一步完善信用担保体系，缓解中小企业融资难。

（七）深化经济体制改革，增强发展活力

进一步加强对改革的总体指导和统筹协调，实施好重点领域改革，推进市场化进程。

大力推进特许经营。落实好地铁四号线特许经营方案，做好五、九、十号线相关方案研究和运营权招商，力争实现市场化融资150亿元左右。继续推动收费高速公路建设和运营市场化，对原有融资模式建成的高速公路转让股权或经营权。对不收费的城市道路、乡村公路，采取捆绑招标、投资补贴等方式，吸引社会投资者进入。在水、电、气、热等领域进行社会化经营试点。对新建高速公路沿线加油站和城市街道公共设施、停车场建设运营进行特许经营试点。促进社会公共服务领域举办主体多元化和投融资渠道多样化。对社会事业实行分类管理，按照“非禁即入”的原则，放开市场准入。在教育、卫生、文化、体育领域推动可经营性事业单位进行改制试点，引入市场竞争机制，多渠道吸引社会资金。

全面推进投资管理体制改革。发布贯彻国家投资体制改革决定的具体实施方案和细则，对于非政府投资项目，不再实行审批制；从维护社会公共利益出发，对重大项目和限制类项目实行核准制，其他项目均改为备案制，把企业投资自主决策权落到实处。

加快国有企业和国有资产管理体制改革。以产权制度改革为核心，以增强企业自主创新能力为中心环节，以“调整、改制、剥离、破产”为手段，调整国有经济布局和结构，积极推动国有资本向优势产业、优势企业集中，培养一批具有市场竞争力的大企业和企业集团。加快国有企业股份制改造步伐，鼓励非公有制资本参与国有企业改制、改组、改造，力争年内完成全部改制任务的50%。完善国有资产管理和监督体制，完成清产核资工作，保证国有资产出资人职责到位，落实国有资产保值增值责任。进一步完善法人治理结构，健全决策机制、激励约束机制和人才任用机制，规范企业负责人业绩考核和薪酬管理。

加快行业协会改革。研究制定促进本市行业协会规范发展的意见，积极推动企业按市场化要求自主办会，实施政会分开，抓好一批原有行业协会的转制调整，推动一批新型协会的组建，力争在3年内基本完成现有行业协会的转型，发挥行业协会的自律、服务和组织协调功能。

完善要素市场体系，提高资源优化配置效率。加快发展产权交易市场，推动北京产权交易所规范建设。深化农村信用社改革，为农村发展服务。发挥资本市场作用，提高企业直接融资比重。推进经营性用地“招拍挂”出让，充分发挥市场对土地资源的配置作用。加快技术中介市场发展，提高科技资源利用效率。

加强改革的整体协调推进，营造良好发展环境。搞好部门间、政策间的衔接配合，坚持依法行政，强化基础管理，加强信息披露和政策引导，探索建立科学的绩效评估和经济社会发展综合评价体系，提高行政效率，优化发展环境。

（八）完善经济运行调节机制，保障能源和重要商品供应

坚持市场调节与行政调节相结合、近期与长期相结合、统一协调和归口管理相结合，完善应急协调和供应机制，促进运行调节的制度化、规范化，保障经济平稳运行。

深化能源需求侧管理。切实加强基础工作，研究制定需求侧管理办法，保障煤、电、油、运、气的平稳运行。

做好重点能源战略平稳。加强能源的区域开发与合作，建立双边、多边的长效合作机制，保证能源供应链的有效衔接。研究首都能源战略，制定能源应急预案，完善煤炭应急储备机制，保障首都能源安全。加快北京地区电网建设，落实奥运电力建设规划，完善电网结构。

发挥好价格机制平衡供求的调节作用。改进和加强物价调控，搞好粮食、食用油等重要商品的储备、调运和供应调节，维护市场稳定。在保持市场物价总水平基本稳定的前提下，调整能源价格结构，引导和促进电力、燃气用户在不同季节、不同时段的平衡利用。适当调整公交地铁月票、医疗服务等价格，继续降低药品价格，为促进相关领域改革和基础设施建设创造条件。

大力规范市场价格行为。抓住社会关注的小区物业、停车场收费等热点价格问题，开展监督检查。严格执行明码标价规定，严肃查处价格欺诈等违法行为。加强对垄断行业价格监管，组织开展涉农价格和教育、医疗收费等专项检查。开展企业价格诚信活动，引导企业自觉规范定价行为。

（九）创新规划思路，编制好“十一五”发展规划

在科学发展观指导下，准确把握首都发展新阶段、新特点，抓住事关长远发展的重大问题和关键环节，在充分消化吸收前期研究成果的基础上，研究提出“十一五”规划纲要草案。充实完善专项规划体系，广泛吸引社会各界和中介机构参与，做细做精专项规划，使之成为指导行业发展、安排政府投资的重要依据。积极协助国家做好京津冀都市圈区域规划，推进区域合作。

二、机构业务综述

中国人民银行营业管理部

主任　韩　平

2004年是中国人民银行全面履行新职能的第一年，一年来，中国人民银行营业管理部（以下简称人行营业管理部）紧紧抓住职能转换的机遇，转变观念，调整工作思路，以科学发展观为指导，提升“研究分析能力”为突破口，“人才兴行”为战略目标，科技为动力，稳定为前提，内部管理、思想政治工作为保障，求真务实、开拓进取，各项工作都取得了新的成绩。

一、调查研究工作取得突破性进展

2004年，人行营业管理部提出以“调查研究促工作水平提高”的工作思路，加强对调研工作的组织推动力度，成立了金融研究处，建立了调研工作一把手负责制，制定了包含73个课题和10个重点课题的调研工作计划，出台了《调研组织管理制度》等多项调研工作新制度，举办了内部职工论坛、金融研究论坛，北京金融学会办公室还举办了多次学术研讨会，调查研究的前瞻性、针对性和深入性不断加强，调研成果丰厚，整体研究水平明显提高，多年来狠抓的调研工作取得了突破性进展。

全年，人行营业管理部共完成82个调研课题。其中，有7篇调研报告得到人民银行总行领导批示，9篇得到北京市委、市政策领导批示，2篇被国务院办公厅采用，1篇荣获北京市哲学社会科学优秀成果二等奖，调研课题的数量、质量均有了明显提高，有效发挥了对人民银行总行、北京市政府的决策参谋作用。

二、金融调控在北京地区取得明显成效

2004年，人行营业管理部认真传导和贯彻执行国家金融调控政策，把握调控的力度和重点，避免简单化，确保各项政策措施在北京正确实施。重点加强了对金融调控实施效果的监测分析和调查研究。建立了北京经济金融时间序列库，煤、电、油、运等基础原材料、重点行业的监测制度，及时向总行反馈金融调控政策调整在辖区内的实施效果。

同时，还加强了窗口指导。针对各行贷款发放进度较慢的实际情况，制定了在宏观调控形势下做好货币信贷管理工作的指导意见，督促各家银行认真贯彻国家宏观调控政策，合理把握贷款节奏，优化信贷投放，既要适度控制过热行业的信贷投放，又要防止急刹车、一刀切，收到了一定的效果。

2004年末，北京市贷款增速得到有

效控制，辖内金融机构本外币各项贷款余额为1.36万亿元，比年初增加1 691亿元，同比少增684亿元，增速比上年同期下降9.6个百分点。在信贷资金总量得到有效控制的同时，对个人消费、高新技术产业、中小企业、农村等方面的信贷支持继续加强。

三、金融稳定和金融改革迈出重要一步

1. 加强金融风险统计监测分析的基础工作。在监测银行机构指标的基础上，逐步将证券、保险数据纳入监测范围，收集整理了近10年来辖内金融稳定指标体系的相关数据，为统计监测分析打下了良好的基础。

2. 积极探索建立系统性金融风险的评估、预警和监管协调机制。加强对北京地区系统性金融风险评估体系和预警机制的研究工作，拟定了北京市金融业风险预警监测指标体系的初步框架。与北京银监局、证监局、保监局共同建立了“北京金融管理机构主要领导碰头会制度”，为建立有效的监管协调机制进行了有益探索。

3. 积极做好已关闭金融机构的清算工作。中创清算工作迈出了实质性步伐，整体处置中创资产的工作已正式启动，对机构债权人实施了首次清偿；赛格北京工作小组圆满完成北京地区特种金融债券登记、实物券的初步鉴别和文件制作工作；中兴清算组完成了自然人债券的兑付及清产核资工作。

4. 积极推进农村信用社体制改革。成立了北京市农村信用社改革试点资金支持方案实施与考核工作组，制定了北京市农村信用社改革试点资金支持方案及考核办法，重点对完善法人治理结构、转换经营机制、增资扩股、提高资本充足率和降低不良贷款比率的实施进度提出了严格要求，为下一步资金支持方案的顺利实施打下了良好基础。

四、金融服务水平和质量进一步提高

1. 银行卡业务实现了跨越式发展。全面推进银行卡联网通用和受理市场建设，圆满完成了《北京市2002—2004年银行卡发展规划纲要》的各项工作目标。发展特约商户31 817户，超额完成了纲要目标，比2002年末增长近5倍；布放ATM机具3 740台，超出规划纲要目标24%；同城跨行系统成功率达99%，异地跨行系统成功率为94%，超出规划纲要目标4个百分点；全年累计刷卡交易金额784亿元，占社会消费品零售总额的35.8%，超出规划纲要目标15.8个百分点，比2002年末提高28.8个百分点。全市银行卡业务收入占中间业务收入的比例由2002年末的16.9%上升到了2004年末的20%，提高了3.1个百分点。银行卡的广泛使用，降低了交易成本，改变了银行经营结构，带动了金融业务创新，推动了社会进步，实现了多方共赢。

2. 支付清算系统安全稳定高效运行。初步建立了北京市支付系统应急处理机制，支付清算服务更加方便、快捷、安全。大额支付系统全年共处理业务1 083万笔，金额62万亿元，分别比上年增长28%和4%。票据清分系统共处理业务3 932万笔，金额6.2万亿元。ABS系统处理业务18.5万笔，金额18.3万亿元。三大系统在提供资金清算、支持总行货币政策工具实施、维护首都金融稳定、优化金融发展环境等方面的作用日益突出。

3. 北京市税库银横向联网工作取得重大突破。2004年末，共实现电子缴税金额12.7亿元；财政国库管理制度改革试点范围进一步扩大，共为参加试点的一级预算单位清算试点资金 11.8 亿元。

4. 反洗钱工作在探索中迈出新步伐。建立了反洗钱组织机构，认真开展了反洗钱检查，规范了商业银行的大额和可疑交易报告行为，加强了与公安、海关、税务等部门的联系，认真开展了对商业银行的反洗钱培训工作。北京地区反洗钱框架已经初步建立，反洗钱工作初见成效。

5. 征信管理工作稳步展开。银行信贷登记咨询系统的数据真实性、完整性、准确性与入库率进一步提高，使用频率显著增加，防范风险的作用初步得到体现。2004 年金融机构查询总次数比 2003 年增加近 3 万次。个人征信系统建设取得阶段性成果，北京成为全国首批七个试点城市之一。

6. 认真做好其他各项金融服务工作。继续加强对商业银行代理国库业务的监管，确保国库资金安全；加大残损人民币回收和复点、销毁工作的力度，2004 年人民币残币销毁量比上年增长了 80%，进一步提高了流通中人民币的整洁度。进一步改善货币发行和现金管理工作，完成了现金专项检查，制定了《北京市反假货币工作联席会议制度》，积极防范和打击制贩假币等违法犯罪行为；加强对外资金融机构开展人民币业务的指导和服务，制定了《外资金融机构开办人民币业务指引》，受到外资金融机构的普遍欢迎；成立了中国人民银行北京重点库建设领导小组，项目建设已经获得总行、发改委批准，与土地转让方达成了合作意向，初步确定了重点库库址。

五、深入开展党的建设和思想政治工作

不断加强理论学习，在全行范围开展马克思主义发展史教育活动，把干部职工的政治理论学习和贯彻“三个代表”重要思想新高潮不断推向深入。认真做好保持共产党员先进性教育活动的准备工作，在全行进行革命传统和爱国主义教育；强化党员领导干部“一岗双责”意识，立足本岗位开展劳动竞赛，使“争先创优”、创建“青年文明号”等活动深入业务、深入岗位、深入人心。全年双文明建设取得可喜成绩，有 1 名员工获得全国金融“五一劳动奖章”，1 个集体获得人民银行“女职工双文明示范岗”称号；2 个集体和 2 位青年分别获得了人民银行“青年文明号”和“青年岗位能手”称号。

（吴凌凌）

国家外汇管理局北京外汇管理部

2004 年，国家外汇管理局北京外汇管理部（以下简称北京外汇管理部）按照中央经济工作会议和全国银行、证券、保险工作会议的要求，以迁入办公新址和《行政许可法》的实施为契机，大力加强内部管理，不断提升服务意识；积极开展技术创新，切实提高服务效率；认真推动各项外汇管理新政策的贯彻落实，深入推进贸易便利化；逐步转变外汇管理模式，不断完善信息化管理水平，有效地促进了首都经济的健康稳步发展。2004 年，北京地区外汇收支总体形势保持相对稳定，银行结售总额历史首次超过 1 100 亿美元，位列全国各省市第二，资本项目在全国外汇收支大省中惟一呈现逆差。截至年末，北京地区银行结售汇总额达 1 134.38 亿美元，同比增长 27.12%，其中银行累计结汇 371.93 亿美元，同比增长 15.75%；售汇 762.45 亿美元，同比增长 33.52%；结售汇逆差为 390.52 亿美元，同比增长 56.4%。外债余额基本保持稳定。截至 2004 年末，北京市属企业直接外债余额为 75 亿美元，在京中央单位及金融机构直接外债余额 940 亿美元。年末，辖内中资外汇指定银行贷款余额约为 113 亿美元（其中总行级贷款余额为 63 亿美元，分行级贷款余额为 50 亿美元），分行贷款余额同比增长了 14%。外债结构基本合理，偿债运行情况基本正常，各项监测指标均在国际安全线以内。

一、积极推进各项改革措施在北京地区的贯彻落实

（一）经常项下的改革方面

1. 多方面采取措施，努力推进北京地区贸易便利化。

（1）简化石油付汇核销手续。为降低石油企业的管理成本，提高其外汇资金的使用效率，从 2004 年 9 月 1 日开始，北京外汇管理部对中国国际石油化工联合有限公司等五大石油外贸公司（该 5 家企业的进口付汇金额占北京地区进口付汇总额的 35%）进行试点改革，简化付汇手续，取消石油进口付汇备案登记制度。

（2）实现"货到汇款"项下进口付汇自动核销。从 2004 年 9 月 1 日起，北京外汇管理部对辖区所有企业结算方式为"货到汇款"的进口付汇业务实行"自动核销"。9 月 1 日 ~ 12 月 31 日，北京地区"货到汇款"进口付汇为 30 275 笔，约占同期辖区核销总笔数的 41.70%；金额为 80.44 亿美元，约占同期辖区核销总金额的 28.04%。

（3）开发"出口收汇核报辅助系统"。在国家外汇管理局"出口收汇核报系统"的基础上，北京外汇管理部自行开发"辅助系统"并于 8 月中旬在北京地区推广。该系统将大量录入数据工作由现场操作改为由企业预先录入，使企业核销的等候时间大大减少，在企业办理退税的高峰期，效果尤其显著。截至 12 月末，北京地区基本上所有发生出口核销业务的企业都使用了该系统。

（4）力促跨国公司经营便利化。北京外汇管理部结合《关于跨国公司非贸易售付汇管理的通知》精神及辖区特点，分 3 批将符合条件的 59 家跨国公司办理服务贸易售付汇业务权限下放到外汇指定银行。这一举措，清除了服务贸易跨国交易过程中的机制性和技术性障碍，降低了交易成本，提高了北京整体国际性服务贸易的自由度及开放度。

2. 做好外汇账户系统数据清理试点工作。北京外汇管理部作为此项工作全国惟一试点分局，于 2004 年 4 月开始进行数据清理。试点工作中，北京外汇管理部开通"外汇账户信息交互平台"，制定相关操作规程，保证数据清理准确无误，共核对金融机构基本信息 1 317 条，新增、修改、删除信息 950 条；核对外汇审批件和银行开户信息 46 809 条；清理纠正各类错误数据 17 余万个，其中正式表中的错误数据已经由清理前的 56 852 条减少为 645 条，下降了 98.86%，非法表中的不规范数据量已经由 114 300 条减少为 19 342条，下降了 83.1%。账户系统的数据信息可用性大幅度提高，初步达到报送收支余额信息平衡的统计目标。账户数据清理取得阶段性成果后，北京外汇管理部认真总结经验，上报总局，并协助兄弟分局开展此项工作。

3. 提高账户保留现汇比例。2004年3月，国家外汇管理局发布了《关于调整经常项目外汇账户限额核定标准有关问题的通知》，自2004年5月1日起，境内机构经常项目外汇账户可保留现汇的比例由原先的20%提高到30%或50%。北京外汇管理部利用信息化管理手段，不断完善“外汇账户信息管理系统”，积极为多家企业办理账户限额调整工作，扩大企业灵活使用外汇的自主权，降低企业汇兑成本。

4. 认真执行境内居民个人经常项目下购汇新政策。北京外汇管理部认真执行国家外汇管理局于2003年9月1日发布的《关于调整境内居民个人经常项目下购汇政策的通知》（以下简称《通知》）。2004年1~12月份，北京地区居民个人购汇累计3.3亿美元，较上年同期增长52.7%。居民个人提钞金额累计1.98亿美元，较上年同期增长39.3%。其中：自费留学购汇金额为1.26亿美元，同比增加32.5%，占居民个人购汇总额的38.21%，位居居民个人所有购汇种类的第一位。商务考察购汇6 883万美元，同比增加43.8%；占居民个人购汇总额的21.65%，位居第二位。出境旅游、出境定居和国际交流购汇更是大幅增长，其中出境旅游（含港澳游）购汇金额为5 012万美元，为上年同期的3.1倍，占居民个人购汇总额的15.18%，购汇笔数为上年同期的2.3倍；出境定居和国际交流购汇金额为1 221万美元，为上年同期的1.2倍。

（二）资本项下的改革方面

1. 认真贯彻落实外债管理重要政策调整，有效遏制外债流入和结汇速度的过快增长。国家外汇管理局于2004年5月发布了《境内外资银行外债管理办法》和《国家外汇管理局关于实施外资银行外债管理办法有关问题的通知》。北京外汇管理部认真落实文件要求，在较短时间内完成了辖内各外资银行短期外债数据的汇总工作，并为在京22家外资银行2004年度剩余时段核定了短期外债指标总计31.7亿美元。为确保调整后的外债管理政策运行良好，在政策正式实施前和实施一段时间后，北京外汇管理部又召集辖内外资银行、大型国有企业、跨国公司及投资性公司等受到政策调整影响较大的机构召开座谈会，了解政策效果，征求对政策调整的意见和建议，并形成报告上报总局，为进一步细化政策实施细则提供参考。由于准备充分、组织有力，北京地区上述相关政策实施取得了显著效果。北京地区2004年7月外债流入呈现下降趋势，外资银行外汇贷款增长速度得到控制，外汇贷款结汇金额明显回落。

2. 切实加强关于资本金结汇的相关管理工作，短期内有效控制外汇的大量涌入。为了缓解大量美元涌入境内结汇造成的压力，国家外汇管理局发布了《关于改进外商投资企业资本项目结汇审核与外债登记管理工作的通知》。受新政策的影响，北京地区外商投资企业资本金结汇总体规模明显缩小，资本项目结汇过快增长的势头得到有效抑制。2004年7月，北京地区“外商投资”结汇1.17亿美元，同比下降10.96%，环比下降63.26%，而上半年该项结汇剔除证券投资结汇因素后增速高达107%；地区资本项目结汇总额同比下降22.09%。但从北京地区的情况反映看，基于真实的结汇需求，8月后“外商投资”结汇仍不断增长，9月“外商投资”结汇达1.7亿美元，环比增长29%。

3. 继续推进境外投资外汇管理改革。2004年，北京地区继续进行境外投资改革试点，投资规模不断扩大，1～12月，北京地区共完成境外投资外汇登记金额累计30.38亿美元，境外投资汇出资金10.09亿美元，约占全国境外投资总规模的70%，改革措施极大地支持了北京地区企业在境外的发展。为掌握北京地区境外投资的完整资料，北京外汇管理部积极与北京市商务局合作，推动境外投资外汇年检。经过艰苦努力，境外投资年检不仅完成了490家投资主体的资料收集工作，还发现了多家未办理境外投资登记的企业，并为243家未登记企业办理了补登记。

（三）国际收支的改革方面

1. 有效完成贸易信贷和出口换汇成本监测。北京外汇管理部通过举办培训、广泛查找联系方法等方式向460余家样本企业发放和回收调查表，并通过与海关数据、资产负债表、国际收支监测等数据交叉核对，圆满完成了2003年和2004年上半年的贸易信贷数据测算。按季对50家出口企业报表数据测算出口换汇成本数据，有效完成监测数据的测算和报送工作。

2. 认真落实国际收支间接申报核查制度。2004年，北京外汇管理部坚持执行定期核查、定期监测、定期通报方法，强化对申报主体上报信息的逐笔审核，将非现场核查工作逐渐从银行延伸到申报主体。同时，按月将国际收支统计申报数据与结售汇统计的相关数据对照核查，及时发现申报数据可能出现的漏洞。2004年共逐笔核查申报信息42.39万条，核查发现错漏报信息1 777条，错漏报率为0.42%，较上年下降0.56个百分点。此外，北京外汇管理部还组织对22家外资银行的现场核查，调阅各种业务凭证，逐笔核对申报信息，通报发现的问题，要求有关银行整改，补报及修正有关数据，完善内控制度及操作程序。

（李天懋）

二、维护外汇市场秩序

2004年，北京外汇管理部共完成各类专项检查8项，其中上级部门部署的专项检查6项，自主开展专项检查2项；检查企业50家，金融机构6家；立案21起，涉案金额达15.5亿元人民币，结案21起，结案率100%；收缴罚没款232.98万元，收缴率100%，罚没款收缴金额在全国各分局中位居前列。

（一）专项检查工作

1. 圆满完成上级部门部署的专项检查。2004年，北京外汇管理部按照上级部署，相继对1家外资银行、3家保险公司外汇业务、6家银行反洗钱执行情况进行了专项检查。发现了银行、保险公司在业务经营及反洗钱政策法规中存在的违规问题和管理漏洞，督促被查单位及时整改。

2. 针对热点问题，自主开展专项检查。2004年，北京外汇管理部根据外汇资金流入和结汇的迅速增长情况，自主开展了外商投资企业资本项下外汇收支检查，检查范围覆盖辖内39家外商投资企业，并在2个月内对11家不同行业的企业进行了现场检查，发现了部分外商投资企业外债、资本金结汇中存在的问题。

自主开展了反洗钱专项核查，探索性

地采取非现场核查与现场检查相结合的方式，对2003年6月～2004年3月的个人外汇交易进行了专项检查，通过筛选、分析，将3起可疑线索移交公安部门，引起公安部门的高度重视，并对其中2起线索展开侦查。

（二）深入调查个案案件，大要案查处工作进步明显

2004年，外汇检查部门加大了对个案案件的查处力度，全年受理案件32起，较上年增长80%以上，其中立案21起，结案21起，约是上年结案数的1.3倍。

在查处日常违规案件的基础上，北京外汇管理部加大了对大案、要案的查处力度。这些案件有的涉案金额高达上亿美元，有的不仅违反了外汇管理法规，而且通过外汇违规问题的查处暴露出国有资产流失、贪污等刑事犯罪行为。其中某文化交流中心案查处了该中心主任将单位非贸易外汇收入存入个人账户的违规行为，对该单位处以109万元的罚款，并责令限期整改，为国家挽回了巨额损失。

（三）打击外汇非法交易行动取得丰硕成果

2004年，外汇检查部门进一步加强与公安部门的协作，成立了“打击非法外汇买卖联合办公室”，建立了打击外汇非法交易现场查处程序，为打击行动取得成效提供制度保障。

2004年，北京外汇管理部与公安部门共联合采取了5次集中打击外汇非法交易行动。出动人员60余人次，抓获涉嫌从事非法外汇买卖的人员10人，涉案金额150余万元人民币，收缴罚款32.88万元人民币。《金融时报》、北京电视台《晚间新闻》和《共同关注》栏目等媒体也对外汇管理部与公安部门的联合打黑行动进行了详细报道，对外汇非法交易人员起到了震慑效果。

（尹 潇）

三、改善金融服务、提高服务水准

（一）迁入办公新址，规范内部管理

2004年5月8日，北京外汇管理部结束了多年来租房办公的历史，迁入新址办公。迁址后，北京外汇管理部采取一系列措施加强内部管理，规范办公秩序，提高工作效率，更好地为社会公众服务。如设立内部督察制度，每月不定期检查职工出勤、工作纪律、办公电话接听、使用文明礼貌用语等情况；严格执行客户投诉处理制度，对投诉问题进行核实调查、明确责任，并纳入工作考核中，对责任人采取相应的处罚措施。

（二）贯彻落实《行政许可法》

2004年7月1日，《行政许可法》正式实施，北京外汇管理部按照《行政许可证》的要求，认真做好公示工作。包括在办公区的醒目位置安装了公示牌，将经审批的行政许可事项予以公示；根据外汇管理法规的调整情况，对北京外汇管理部网页进行了全面清理和更新；设计制作了外汇业务触摸屏咨询系统和电话咨询系统；在114查号台登记了直线的业务咨询电话，咨询电话设置专人值守，确保畅通；在北京市地图上登载了办公地址，方便公众查找等。

（李天懋）

中国银行业监督管理委员会北京监管局

局长　赖小民

2004年是中国银行业监督管理委员会北京监管局（以下简称北京银监局）根据授权，全面依法履行辖内银行业金融机构监管职责并取得积极成果的第一年。在中国银行业监督管理委员会（以下简称中国银监会）党委的正确领导和北京市委、市政府的大力支持下，北京银监局以“三个代表”重要思想为指导，全面落实科学发展观，牢固树立“首都金融无小事”的观念，按照“管法人、管内控、管风险、增加透明度”的监管理念，按照以新思路、新机制、新举措开创银行业监管工作新局面的要求，运用多种手段依法加强监管，支持金融创新和银行业发展。监管理念更新、监管手段多样、监管力度增强、监管有效性提高、监管效果明显。辖内银行业金融机构总体运行平稳，全年辖内经济金融呈现出良好的发展态势。截至2004年末，辖内银行业金融机构3 374家，辖内中资银行机构（含农村信用社）资产总额比上年增长25.78%，利润比上年增长42.45%，本外币不良贷款比上年下降2.39个百分点，实现了不良贷款余额和比例“双降”。

一、立足风险监管，配合宏观调控，督促辖内银行业金融机构建立风险管理长效机制

2004年，北京银监局全面、准确、积极理解和贯彻落实国家宏观调控政策，督促辖内机构以贯彻落实宏观调控政策为契机，加强和改进风险管理，建立风险管理长效机制。配合北京市政府全面清理固定资产项目贷款，防范信贷风险。加强窗口指导和风险提示，加大对重点行业的现场检查，按月监测辖内经济金融形势及风险状况，建立客户大额贷款和违约贷款登记报告制度，引导各机构着力调整信贷结构，有堵有疏，有保有压。鼓励辖内各机构搞好金融服务和加大创新力度，积极支持企业合理的贷款需求，提高风险管理措施的科学性、合理性和有效性。研究宏观调控和地方经济发展中出现的新问题，及时为中国银监会和地方政府决策提供新建议、新对策。在宏观调控积极成效逐步显现后，提出按月按季加强辖内经济金融形势分析和风险预警，冷静观察，稳定政策，防止信贷大起大落的建议。强调要关注市场环境和企业现金流量变化，防止不良贷款出现反弹等新的金融风险。截至2004年末，辖内银行业金融机构各项贷款余额1.36万亿元，比上年增长12.6%，同比少增684亿元。

二、明确标准，努力开展“创建好银行”工作，着力提升辖内银行业金融机构核心竞争力

2004年，北京银监局决定在辖内银行业开展和推动“创建好银行”工作，力争用5年左右的时间，逐步把辖内各银行机构打造成“治理结构合理，资本充足，内控严密，运营安全，服务、效益和资产质量优良，高级管理人员无不良记录”的好银行。制定了高级管理人员履职行为考核评价体系和辖内商业银行风险评价、预警体系，要求各机构全面提高管理水平，提升核心竞争力。目前，“创建好银行”工作成效初显，辖内银行业金融机构已经普遍将“创建好银行”的指标体系与自身内部绩效考核和目标责任制结合起来，主动调整和改进内部激励与约束机制，逐步树立了以创新求发展的经营意识，法人治理结构逐步健全，经营业绩持续增长，内控机制趋于完善，科学的信贷文化体系正在形成，从业人员素质不断提高。

三、全面推进北京市农村信用社改革试点工作，履行承诺向外资银行开放人民币业务

1. 全面推进北京市农村信用社改革试点工作，牵头制定了《北京市深化农村信用社改革试点实施方案》，首次提出了组建“北京市农村商业银行”的建议。充分发挥派驻监管小组作用，风险监管和合规监管并重。首次对辖内141家农村信用社法人机构实行了风险评级，及时提出风险指引，切实防范农村信用社改革过渡期的各类风险。促进市政府为支持改革试点出台了7项配套扶持政策。

2. 按照“监管与开放并举”的工作目标，努力为北京的中、外资银行机构营造出一个公平、有序的市场竞争环境。开展以“北京向你开放”为主题的宣传活动，营造“12·11北京向外资开放人民币业务”良好的舆论氛围。按照“积极支持，审慎标准，稳步推进，促进发展”的原则，顺利完成了第一批在京外资银行开办人民币业务申请的审批工作。加强对外资银行开放人民币业务的指导和培训，尝试对重点外资银行采取特别监管措施。规范对外资代表处的合规性监管，促进中外银行“优势互补，平等竞争，共同繁荣，共同发展”。

四、以监管促改革，在改革中强化监管，促进辖内各类银行业金融机构稳健发展

1. 批准北京市商业银行更名为北京银行，督促该行进一步完善法人治理结构，支持该行加大增资扩股和处置不良资产的力度，出主意，想办法，多沟通，勤协调，指导该行引进境外战略投资者的工作。

2. 加强对信托投资公司等非银行金融机构监管，全面彻底排查风险，摸清底数。研究制定高风险机构市场退出方案，防止高级管理人员道德风险。首次批准外资汽车金融公司在京开业，加强对外资非银行金融机构的监管。

3. 配合国有商业银行股份制改革，落实监管责任，全面加强银行业监管。围绕“提高贷款分类准确性——提足拨备——做实利润——资本充足率达标”的重点，认真落实监管责任，严格准入监管，加强现场检查，改进非现场监管，加快风险处置，加强风险预警。支持工商银行北京分行继续提升持续发展的质量，督促农业银行北京分行提高综合管理水平、扭转多年来缓慢发展的状况，加强对中国银行北京分行、建设银行北京分行的监管力度，为两行的股份制改革创造条件。加强对政策性银行、重点股份制商业银行分行、金融资产管理公司和邮政储蓄机构的监管，督促各机构加强内控，防范风险，提高综合竞争力。

五、狠抓基础性工作，加强内部管理，为监管工作顺利开展提供支持保障

1. 加强沟通与联系，不断提高监管透明度，初步形成了监管部门与被监管机构良性互动机制。搭建了辖内银行业法律事务信息交流平台，创立了北京银行业发展论坛，为银行业机构交流经验、共享信息提供了平台。

2. 加强培训，努力提高依法监管能力和水平。认真学习、宣传和贯彻《银行业监督管理法》和《行政许可法》等法律法规，促进监管理念、方法、技术和手段的转变，努力提高依法监管水平，树立良好的监管形象。

3. 加强统计信息工作，为监管工作顺利高效进行提供科技信息保障。加强对辖内经济金融形势和风险状况的统计分析，做好各项监管统计分析和归口管理，做好辖内机构监管数据统计的组织实施工作。加强与人民银行营业管理部的协调，确保按时完成监管统计报表的编制工作。

4. 努力构建新监管体制下的财务管理制度，为履行各项监管职责提供资金保障。认真、合理、及时编报年度项目支出预算并取得有关部门核准。统筹安排，合理使用，保障全局各项重点工作的资金需要。根据中国银监会的要求，圆满完成银监会 34 家机构及辖内 18 家机构首次监管收费征缴工作。

六、以“三个代表”重要思想为指导，坚持以人为本，不断提高监管队伍素质，全面开展党风廉政建设

1. 加强领导能力建设，不断提高科学判断形势的能力、依法行政的能力、驾驭监管工作的能力、应对复杂局面的能力和总揽全局的能力。采用党委中心组学习、举办学习班、党员轮训、支部定期学习等形式，深刻学习领会“三个代表”重要思想和十六届三中、四中全会精神，不断深化对提高党的执政能力建设的重要性和紧迫性的认识。积极做好局级后备干部的选拔推荐工作，制定后备干部培养计划，2 名局级后备干部正式走上局领导岗位。

2. 坚持“人才兴局”战略，实施“127 人才工程”①，全面加强监管能力建设。采取“稳住两头，激活中间”的方法，实现人才的分层次管理。创新人事任用制度，在中国银监会系统首次实行公开竞聘副处级干部和网上公开招聘工作人员。提出大力开展和推动监管能力建设工作规划，不断提高和加强九种能力。组织成立青年理论调研小组，提升调研工作质量。加大培训力度，实现了每名员工每年脱产培训时间不少于十天的计划。

3. 按照“教育是基础，约束是关键，监督是保障，自律是根本”的工作思路，全面开展党风廉政建设和反腐败教育。狠抓“约法三章”② 执行，落实廉政谈话制

---

① “127 人才工程”：即用三年时间，培养和造就 10 名熟悉业务、知晓法规、有一定组织协调能力和风险分析判断及处置能力的首席分析官；20 名精通业务、组织协调能力强、查账经验丰富的现场检查首席主查官；70 名熟悉业务、法规，实践经验较丰富的现场检查能手。

② “约法三章”：即一、不得超越职权干预被监管单位授信（含贷款、担保、承兑、贴现等）、资产处置、项目投资等业务活动；二、不得违反规定插手被监管单位人事安排和建设工程、物资采购招标等事项；三、不得接受被监管单位公款支付的宴请、高消费娱乐（健身）活动、旅游度假和现金、有价证券、支付凭证、贵重礼品等。

度，建立内部监管制约机制，对监管行为实行跟踪调查和意见反馈，开创廉政建设工作新局面。

（武永杰、方 刚）

中国证券监督管理委员会北京监管局（原中国证券监督管理委员会北京证券监管办事处）

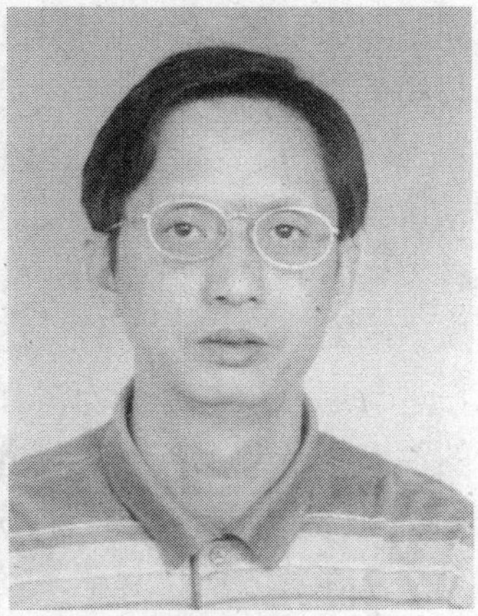

局长 张新文

2004年，中国证券监督管理委员会北京监管局（以下简称北京证监局）以“三个代表”重要思想为指导，按照《国务院关于推进资本市场改革开放和稳定发展的若干意见》要求，全面贯彻落实全国证券期货监管工作会议部署，强化依法行政，创新监管手段，加强协调配合，化解市场风险，推进市场建设，推动监管工作再上新台阶，促进北京证券期货市场持续、稳定、健康发展。

截至年末，北京证监局辖区内共有上市公司82家，拟上市辅导备案的公司29家；证券公司14家、分公司2家，证券营业部170家（正式开业166家，筹建4家）、证券服务部14家，基金管理公司7家（注册地在北京2家，主要办公地5家）、基金管理公司分公司22家，证券投资咨询机构22家，外资代表处37家；期货公司20家、期货公司分公司1家、期货营业部27家（其中4家在筹建，尚未开业）。辖区证券从业人员约6 000人，投资者约168万人。

2004年，北京地区通过证券市场共融资63.76亿元，其中首次发行股票6只，筹资额达16.7亿元；再融资上市公司6家，筹资共计47.06亿元。

一、改进监管方式，提高上市公司规范运作水平

1.开展现场检查。2004年，在年报审核汇总上市公司问题的基础上，北京证监局对辖区6家上市公司进行了巡回检查，对7家上市公司进行了专项核查，对3家公司进行了举报核查。针对个别公司存在的国债回购风险、违规资金占用、违规担保等问题提出了限期整改要求；对其法人治理不健全、对外投资不履行法定程序、越权审批等问题下发了监管意见书。

2.开展短期投资自查活动。针对证券公司发生的资金风险，为了防范其风险向上市公司扩散，北京证监局开展了辖区上市公司短期投资情况清理自查的活动，加强对上市公司资金风险的控制。目的在于实际掌握上市公司在证券公司进行短期投资情况，防范潜在资金风险。

3.发挥自律组织、独立董事和中介机构的力量。一是通过北京上市公司协会，发挥上市公司自律作用。北京上市公司协会自2004年5月份成立以来，发挥自律、服务和助手三项功能，以行业自律促进上市公司规范运作。二是通过《上市公司独立董事联系制度》，发挥独立董事在上市公司内部的监督作用。三是通过《上市公司保荐机构定期联系制度》，发挥上市公司保荐人的持续督导作用。

4.监管关口前移，实施有效控制。在日常监管过程中，北京证监局注重将监管关口前移，将事后监管与事中监督有机结合，及时防范上市公司风险。针对某公司董事会审议通过违规担保事项并拟提请股东大会审议的问题，北京证监局及时向该公司下发了监管意见书，要求该公司在股东大会上宣读北京证监局的监管意见，阻止了该公司股东大会通过此项违规担保的决议。

二、防范和化解风险，促进证券期货经营机构规范发展

1.落实监管责任制，明确分工，责任到人。为进一步加强对辖区证券经营机构和期货经纪机构的监管，北京证监局相关处室分别建立健全监管责任制度，将监管任务量化到岗，责任分解到人，做到岗位分工合理，责任清晰明确，检查监督有效。

根据中国证监会的统一部署，北京证监局及时转变监管理念，把工作重心从审批事务转移到对证券经营机构的日常监管上来。监管人员增加后，机构监管处对人员分工进行了重新调整，分设现场检查、非现场检查、行政许可事项及证券市场秩序、基金公司日常监管、风险信息监控、综合、信息系统维护等七个岗位，每位监管责任人分别建立监管台账，通过摸查和各种渠道掌握的信息，梳理风险点，进行重点跟踪，及时防范和化解风险。

2.开展辖区证券公司自查、摸底核查和现场检查工作。按照中国证监会的统一部署，北京证监局将摸清证券公司底数作为工作重点，要求辖区证券公司对客户交易结算资金情况、资产管理情况等进行自查。强调证券公司要将自查与整改紧密结合，对于发现的问题和风险隐患，立即进行整改，杜绝敷衍应付、流于形式。目前，已完成3家证券公司的核查工作及6家证券公司的现场检查工作。

3.加强客户交易结算资金监管，积极推进辖区证券公司客户交易结算资金的独立存管工作。在日常监管中，北京证监局对所属166家证券营业部的保证金专用存款账户进行逐一核查、全面清理，对清理出来的没有报备或报备账户超过5个的18家证券营业部下发整改通知书。在推进保证金独立存管方面，起草下发了相关文件，明确报送内容、时间安排等要求。

4.注重对辖区证券公司、证券营业部的日常持续性监管。北京证监局按时完成《证券公司年报分析》，全面掌握证券公司的基本情况、特点、财务状况、存在问题及关注重点，做到对监管对象心中有数。同时，建立了证券营业部监控系统，及时了解营业部基本状况、经营状况、财务状况等，定期由专人完成分析报告，对问题突出的营业部进行重点监控。通过现场检查发现的个别营业部挪用客户交易结算资金等问题，已稽查立案，并移交公安部门进一步调查。

5.坚决打击违规网点，风险处置工作平稳，突发事件得到控制。2003年以来，北京证监局共查处非法网点39个，对30家擅自设立网点的营业部负责人进行谈话提醒，阐述利害关系，明确必须限期关闭。经过谈话提醒和下发整改通知书，关闭非法网点33个，经机构部批准规范为服务部的2个，其余4个正在处理过程中，有效地防范了由此可能带来的风险。

在风险处置工作方面，北京证监局本着高度的责任心和使命感顺利完成了包括南方、大鹏等8家证券公司所属18家分公司、营业部的托管工作，平稳度过了托管初期的敏感阶段，工作得到了中国证监会的肯定。

6. 加强对基金管理公司、证券投资咨询机构、外资代表处的监管。对基金管理公司的监管，主要是做好基金管理公司发起人的自律备案、基金管理公司和分公司设立申请前的现场检查、基金存续期间的信息披露工作。并按照基金部的要求对基金管理公司进行现场检查。对于投资咨询机构的监管，主要是以年检为重点，以处理投诉为切入点进行日常监管。对外资代表处的监管，主要是对其实行年度报告制度，做好有关新设、变更事项的审批，并对3家不符合要求的机构出具了不予通过的意见。

7. 对期货经纪公司开展年检工作，突出风险防范主线。北京证监局对辖区17家期货公司及其43名高管人员和17家营业部进行了年检，对参检的机构全部进行了现场检查。针对发现问题的公司和营业部，共下发整改通知书17份，督促公司完成整改后，分批次通过了年检。在认真总结年检中的问题和初步形成整改对策的基础上，召开了以“强化风险控制”为主题的监管工作会议。

8. 认真完成期货机构注册资本金和客户保证金专项检查。根据中国证监会的要求，确定对五家期货机构开展专项检查。为使检查工作做到深、透、实，北京证监局进行了认真的准备和安排。完成检查任务后，对违规的公司下发了监管意见书和限期整改通知书，并在年检中认真复核公司的改正情况。

9. 巩固期货机构保证金封闭运行成果，提高客户保证金的安全性。结合期货保证金封闭运行一周年，北京证监局对工作进展情况进行了认真总结，并与辖区期货机构和结算银行召开座谈会。同时，利用财务报表和保证金封闭运行管理报表软件，将公司报送的数据与结算银行和期货交易所提供的数据进行核对，加强客户保证金的管理。

10. 加强对证券期货经营机构高管人员的管理。在日常监管中，不断强化对证券期货经营机构高管人员和关键岗位人员的管理，严格审核任职资格，针对发现的问题，分别对高管人员采取了谈话提醒等不同监管措施，并对高管人员进行量化考核与记录，实现了对公司监管的辅助作用。同时，严格执行岗位变动报告制度，督促整改不规范任职行为，积极探索证券期货经营机构高管人员任职后的持续监管、跟踪监管。

11. 充分发挥证券业协会、期货商会、中介机构的力量。在监管工作中，北京证监局注意充分发挥北京证券业协会的自律作用，委托北京证券业协会承担了接受社会各界对合法证券经营机构的名录查询等六项工作，这样，在缓解监管工作量，调动协会积极性的同时，各项工作也取得了积极的成效。

同样，北京期货商会也发挥了积极作用。每月一次的“期货沙龙”活动已成为品牌，各期货机构争相承办；积极开展行业文明建设，全面提升行业整体素质；为杜绝恶性竞争，还经会员大会通过了《北京期货机构公平竞争自律公约》。

此外，北京证监局十分注重发挥与期货交易所、外省证监局建立的协作监管机制，加强对辖区机构情况的掌握，在年检时注意与外省证监局加强沟通，了解营业部总公司的有关情况。与会计师事务所加强联系，在现场检查中充分利用中介机构的力量，及时与中介机构进行关于证券期货监管新要求的沟通交流。

三、全面提高稽查办案工作水平，提高信访工作效率

1. 与相关部门密切配合，加大案件查处力度。随着证券监管系统查处违法违规案件力度的加强，北京证监局承担的案件稽查工作与往年相比，在整体的工作量、个案的难度上均有较大幅度的上升。同时，也接待了大量公安、检察院、法院、纪检、监察等部门相关人员的来访，并为其提供证券法律法规及专业知识的咨询，协助或配合其调查取证工作。2004年，北京证监局独立完成案件调查工作四项，参加联合办案工作四项。

2. 规范稽查办案程序，建立信访工作机制。北京证监局认真贯彻落实中国证监会稽查办案指引，规范稽查办案程序，杜绝执法过程中的违法违规行为，全面提高稽查办案水平。与地方政府及有关部门、司法机关加强协调配合，共同打击证券期货违法犯罪活动。

积极建立健全信访工作机制，及时妥善化解矛盾。建立高效有序的信访工作程序，严格信访处理期限，规范信访答复行为，提高信访处理质量。北京证监局接待了大量的信访投诉事项，调解了数十起股民与证券营业部之间的纠纷，答复咨询数百起，基本做到了有问有答，有投诉有处置、有结果，没有发生激化矛盾事件，较好地完成了信访工作。

四、积极推进诚信建设，维护公平竞争的市场秩序

1. 及时召开北京地区证券业信用管理体系座谈会。北京证监局组织召开信用管理体系座谈会，北京证券业协会、北京信用管理有限公司和辖区内部分证券公司、证券公司地区管理总部、分公司、营业部、证券投资咨询机构参加了座谈会。会议着重讨论了从业人员诚信考核指标、高管人员诚信考核指标、营业部诚信考核指标、公司诚信考核指标。

2. 持续开展证券业创建文明行业达标活动。在2003年138家证券营业部达标工作完成后，北京证监局对2004年参加创建活动的19家证券营业部从服务项目、服务环境、服务内容、服务方式和服务质量等方面提出了要求，目前已进入现场检查阶段。通过不懈的努力，为2005年创建文明行业打下一个坚实的基础，争取实现北京证券全行业达标，为首都金融业的健康发展和首都精神文明建设做出积极的贡献。同时，利用北京期货商会开展了形式多样的培训工作，积极开展行业文明建设，全面提升行业整体素质。

3. 推出上市公司诚信工程。2004年初，北京证监局推出“上市公司诚信工程”，全体上市公司向社会公开承诺“规范、诚信、发展，打造资本市场基石”。

五、提高依法行政水平，保护投资者合法权益

1. 全面提高依法行政水平。2004年，北京证监局始终把学习、宣传和贯彻《行政许可证》作为一项重要工作来抓。严格按照中国证监会《派出机构监管工作职责》要求，切实履行监管工作职责。增强程序意识和执法意识，进一步明确和理顺工作程序和业务规程。制定《行政许可法实施程序规定》，严格规范行政许可事项的办事程序。同时，建立完善对行政许可执法工作的监督制约机制，为进一步全面提高依法行政打下了坚实的基础。

2. 建立突发事件处置机制，积极稳妥处理紧急事件。重视辖区证券期货市场的安全，密切关注市场运行的风险点、风险源，防范和化解市场风险。加强与北京市政府、有关职能部门的沟通与联系，积极与北京银监局、北京保监局建立联席会议制度，构筑处理紧急重大事件的长效机制。强调重大事件报告制度，确保信息网络渠道畅通，积极稳妥地处理紧急事件，确保证券期货市场的稳定。

（李　新）

中国保险监督管理委员会北京监管局（原中国保险监督管理委员会北京办事处）

副局长　丁小燕

2004年是保险业推进改革、调整结构、加快发展的重要一年。北京保险业以邓小平理论和“三个代表”重要思想为指导，以科学发展观为统领，深入学习贯彻十六大、十六届三中、四中全会精神，紧紧围绕北京经济社会发展需要，发挥经济补偿、社会管理和资金融通作用，实现了平稳健康发展。

2004年，北京保险业累计实现保费收入283.9亿元（产寿比重约25∶75；含出口信用保险，以下不含），比上年下降0.7%。其中，财产险业务累计实现保费收入65.9亿元，比上年增长26.9%，为五年来最高增速；人身险业务累计实现保费收入213亿元，比上年下降7.61%。保险深度为6.8%，保险密度为2 490.4元，位居全国前列。截至年末，在京保险公司分公司28家（含政策性保险公司营业部1家），专业中介机构184家，中介分支机构28家，兼业代理机构5 036家，保险营销员4.6万人。

一、促进保险作用发挥，服务首都经济社会发展

2004年，北京保险业在促进发展、稳定社会方面发挥了积极作用。

（一）充分发挥经济补偿和社会保障功能，为首都经济建设和社会发展保驾护航

截至年末，北京保险业共为全市2 053.1万人次提供了近1万亿元的人身及意外保障；为奥运场馆建设、地铁5号线等大型项目，240.8万个单位、家庭及其经济活动提供了2.6万亿元的财产损失保障和0.5万亿元的责任风险保障，支付

各类赔款和给付54.3亿元；为北京地区提供了21亿美元的出口信用保险，支付出口企业6 152万美元的赔款。

（二）积极协调，辅助社会管理

北京保险业根据北京各类医疗机构多、医患纠纷频发的特点，积极配合市卫生局研究推动北京市医疗责任保险工作，发挥医疗责任保险在防范医疗风险、化解医患纠纷中的作用。医疗责任保险于2005年1月1日在全市范围内推开。

（三）运用保险手段支持道路交通管理

为支持交管部门治理道路交通秩序，降低事故率和拥堵率，北京保险业积极与公安交管部门合作，于2004年3月建成全国第一个“机动车辆保险风险信息库”，建立保险与交管信息交换和协查机制。经过近一年的运行，该信息库较好地发挥了以经济手段支持政府交通安全管理的作用。

（四）积极研究保险支持“三农”的方式

北京保监局根据全市农业发展政策和农村保险开展情况，深入调查，研究北京农业保险、农村补充医疗、养老保险的发展问题，积极探讨商业保险在农村社会保障体制建设中的功能，鼓励保险业为“三农”提供保险服务，提出了保险辅助解决“三农”问题的新思路。目前，在市政府的协调下，已成立由多个部门参加的工作小组，共同研究促进北京市农业保险发展的具体办法及政策措施。

（五）积极应对重大突发事件，为政府和群众排忧解难

据统计，2004年，在北京发生的重大突发事件及涉及北京市人员伤亡的外地（国）重大事件中，保险业为1 600余人和20多家单位提供了至少3.9亿元的保险保障，支付赔款6 500多万元，表现出服务大局、勇担责任、团结协作、为民分忧的行业精神，对稳定社会，帮助受灾者尽快恢复正常的生产生活起到了实际作用。

二、加强风险防范，促进北京保险业持续健康发展

（一）完善和落实保险公司内控制度，从源头上控制风险

北京保监局把加强保险公司内控制度建设作为监管的重要工作，结合保险公司体制改革后的新变化，组织全行业开展内控制度研究，比较中外资寿险公司的公司治理和内控管理制度，形成了十余万字的《寿险公司内控制度研究》报告，对进一步完善和落实保险公司内控制度提出了有价值的意见。

（二）加大执法力度，净化发展环境，加强外部风险控制

2004年，北京保监局共对7家保险机构进行了现场检查，对其中违规问题较多的5家机构做出了责令改正、警告、罚款等行政处罚。针对地下保单、保险欺诈等严重扰乱北京保险市场秩序、损害消费者利益的典型事件，北京保监局联合市公安、工商等部门，开展打击行动，先后查处了非法销售“蓝十字中国保险基金”和“众旺消费储值卡”等保险诈骗行为，严厉打击非法销售境外保单的活动。联合市公安局、交管局，开展反车险欺诈联合行动。通过加强执法，为消费者营造了放心消费的环境。

（三）加强中介机构监管，控制中介行为风险

2004年，保险中介机构发展迅猛，对中介监管提出了新的要求。北京保监局坚持运用科技手段规范中介经营行为，进一步完善保险代理资格电子化考试制度，通过电信声讯和互联网两个渠道全面开通

了"北京地区保险中介资格查询系统"，向公众披露保险代理人、经纪人和公估人资格信息，将中介从业资格管理和行为管理有机结合起来，对防止误导、维护市场秩序起到积极作用。2004年8月1日，全市实施了保险中介统一发票制度，规范了保险中介的经营行为，维护了投保人、被保险人和保险人的合法权益。

三、改善和加强监管，夯实北京保险业发展基础

（一）加强与社会各有关部门沟通，营造有利发展环境

2004年，中国保险监督管理委员会北京监管局（以下简称北京保监局，于2004年2月6日改称此名）坚持"以监管促发展，以加强和改善监管实现健康发展"的监管思路，通过政策引导、市场规范、沟通协调等手段，营造有利的发展环境。一方面在推进医疗责任险、公众责任险、农村保险发展和建立车险信息库、实施中介统一发票制度等工作中，加强与市政府金融办、农业、卫生、安监、公安、消防、交管、工商、税务、建设等部门沟通，责任保险、车险管理取得突破性进展。另一方面，运用保险手段辅助政府加强社会管理。《北京市人民政府突发公共事件总体应急预案》已将保险机构作为处置突发公共事件的保障部门，纳入北京市应对突发公共事件的组织体系框架，保险的社会管理作用将进一步得到发挥。

（二）行政审批制度改革得到有效落实

2004年，北京保监局按照行政审批制度改革的要求，修订了6个涉及机构、高管人员和条款费率的管理办法，进一步明确了许可程序和条件，为依法行政和提高监管透明度提供了依据。自2004年7月《行政许可法》实施以来，北京保监局共收到180件行政许可申请，受理了148件符合条件的申请，并按规定做出了行政许可或不许可决定。

（三）妥善处理航意险竞争不规范问题

2004年，航意险竞争中的不规范问题引起社会关注。北京保监局本着维护首都保险市场稳定，创造公平竞争环境和保护投保人利益的原则，加强市场调研，找出问题根源，下发了《关于规范航意险及其替代产品销售管理有关问题的紧急通知》，明确监管政策，鼓励意外险产品创新，规范销售行为，保证了航意险市场平稳运行。

（四）有效保护投保人利益

首先是推行"投保提示"制度。向社会披露保险公司的告知责任，提示投保人投保注意事项，从源头上控制误导风险。其次是制定《北京保险业信息披露管理暂行办法》，增强监管透明度，规范了保险公司披露信息的内容和形式，在探索保险信息披露制度方面进行了有益尝试。最后，加强信访工作管理。2004年，北京保监局建立了多项以人为本的信访制度，提高信访处理质量和群众满意度。全年受理信访投诉5 432件（次），其中，书面投诉340件，比上年上升55.9%；电话咨询和情况反映5 092件，比上年上升120.9%；接待来访159次，群访1次，基本做到件件有落实。

（五）保险宣传工作加强

北京保监局先后与报刊、电台等媒体合作开辟保险专栏，与市消费者协会联合开办网上"百姓保险课堂"，组织北京保险业编写保险案例和保险知识普及文章155篇，刊登在不同的报刊上，向社会公

众免费发放2万余份《投保知多少》宣传册，收到了宣传保险政策、普及保险知识、树立行业形象的明显效果。

（孟彦君）

中国农业发展银行北京市分行

行长　孔宪勇

2004年，中国农业发展银行北京市分行（以下简称农发行北京分行）紧紧围绕粮食流通体制改革进一步深化，粮食购销市场全面放开的新形势、新变化，精心部署，齐心奋斗，圆满完成了各项工作任务。截至2004年末，农发行北京分行共辖13个支行（部），在岗职工372人。资产总额66.02亿元，比上年末增加5.27亿元，其中各项贷款总额62.26亿元，比上年增加6.48亿元；负债总额62.52亿元，比上年增加5.03亿元。2004年实现利润7 156万元，比上年增加2 222万元。

收购信贷资金供应管理　针对年初北京市粮价发生异常波动的情况，全力做好收购信贷资金供应工作。2004年共发放粮棉油收购（调销）贷款28.23亿元，支持收购（调入）粮食18.42亿公斤，调入油脂748万公斤，比上年多放贷款12.31亿元，多收（调）粮食4.05亿公斤。

大力支持地方储备粮增储　2004年初为了落实北京市政府关于增加粮食储备的紧急任务，农发行北京分行改进服务方式，派工作组与粮食部门到主产区购粮，全力支持国有粮食购销企业的采购、调运、入仓工作，并加紧办理相关手续。分行营业部对购销合同进行逐笔核对，全辖13个支行（部）对实物进行核实。与市粮食局联合下达了9批收储计划，发放地方储备粮贷款10.63亿元，配合有关部门调入粮食8 742车，增加地方储备粮库存5.5亿公斤，顺利完成了北京市近8年来规模最大的一次粮食接卸任务。

不良贷款清收工作　逐户、逐企业建立不良贷款管理档案，进一步摸清底数；清收粮油附营业务停息挂账占用贷款1 544万元；清收其他粮食贷款749万元，其中540万元为以物抵贷方式收回；2004年，“清零”工作又取得新进展，全行共清收三项不合理占用贷款257万元。继9个支行全面实现“清零”任务后，怀柔支行实现了粮油企业亏损挂账占用贷款科目的“清零”工作。按照五级分类标准，不良贷款余额比上年末减少1 006万元，占比下降0.81个百分点。

风险管理工作　针对2004年地方储备粮食工作时间紧、任务重，以及企业购粮渠道扩大、结算方式多样化的情况，主动与主产区农发行北京分行建立了联系，实行全程监管，并做到特事特办，程序不减，有效地防范了信贷风险。及时与相关部门沟通联系，研究解决了以前年度订单玉米收购、市储备大米损耗，集港中央储备小麦结算资金占用贷款等历史遗留问题。此外，对79户贷款企业进行了资格认定，取消了16户不合格企业的贷款资格，严把贷款投放关，降低新增贷款风险。

经营管理工作 加强了资金预测工作，信贷资金运用率达100.26%，继续保持较高水平；深入开展财务收支分析，全面监测利润计划；及时汇总审核全辖计息数据，分解下达利息补贴资金，保证足额到位，并按时收回；按季对全行收息情况进行通报；按月对辖内企业自有资金贷款收息情况进行监测。全年贷款利息综合收回率为95.23%，实现利润7 156万元，超额完成总行下达的利润计划899万元；认真细致做好财政补贴资金管理工作。全年财政补贴资金综合拨补到位率达到98.4%，为经营目标的实现创造了良好的资金补偿环境。

保险代理业务 2004年5月正式开办保险代理业务，全年共为20家企业办理了企业财产保险投保手续，保险价值2.83亿元，代收保费33.29万元，实现手续费收入约1.9万元。

干部队伍建设 进一步加强和优化了分行机关处室和各支行（部）的领导班子。全年共提拔任用处级干部7人，调整交流处级领导干部28人次，一般干部14人次，被优化的领导班子分别占基层领导班子的77%，占分行机关处级领导班子的54%。全年共举办各类培训班17期，其中分行领导参加培训共10人次，处级领导干部110人次，科级干部145人次，一般干部164人次。

（王　燕）

中国工商银行北京市分行

行长　李晓鹏

2004年，中国工商银行北京市分行（以下简称工行北京分行）认真落实国家宏观调控政策，坚持科学的发展观，注重改革创新，实施质量攻坚，强化激励和约束机制建设，推进集约化管理，积极转变业务增长方式，继续保持和扩大了经营管理良性发展的局面。截至年末，实现经营利润122.05亿元，比上年增加20.02亿元，增幅19.6%，其中账面利润65.33亿元，人均实现利润77万元，比上年增加9万元；本外币各项存款余额（含同业，下同）8 142.7亿元，增加791.8亿元，增幅 9.33%；本外币各项贷款余额2 018.8亿元，比上年多投放647亿元；实现中间业务收入10.19亿元，比上年增加2.34亿元，增幅29.85%；按五级分类口径不良贷款余额164.73亿元，比上年末下降8.20亿元，占比8.16%，下降0.32个百分点。

截至年末，工行北京分行共有35家二级分行，85家网点支行，145个分理处，441个储蓄所，在岗员工15 858人。

（汪旭升）

公司金融业务 工行北京分行坚持“质量营销”的理念，围绕国家宏观调控重点，积极调整信贷结构，集中力量实施行业营销。相继出台了电力、电信、交通、汽车、石化、教育、传媒、奥运场馆、基础设施、优质房地产等10多个行业的信贷指导意见。向关系国计民生的煤、电、油、运四大行业累计发放贷款677.2亿元，向教育、医院、酒店、媒体等新兴优质行业信贷市场累计发放贷款25.1亿元，向经营效益和市场前景看好的优质中小企业累计发放贷款17.8亿元；坚持有进有退，及时收回水泥、房地产等国家控制行业的企业贷款38.2亿元；积极拓展票据融资、贸易融资和信贷资产买断等业务，累计买卖票据457.63亿元，信贷资产买断35亿元，发放银团贷款20.9亿元。

（张晓勇）

机构金融业务 工行北京分行强化综合服务，深挖系统大户存款业务资源。综合利用现金管理、投资理财、担保咨询、托管代理、电子银行、自助服务、银行卡等拳头产品，精心设计“个性化增值型金融服务方案”，增强竞争高端客户的能力；赢得财政集中支付代理权，截至年末，共代理27家中央预算单位结算业务，市场占比51.7%；拓展军队客户、银证、银期、银保的合作领域和空间，与13家法人期货公司签署了主办结算银行协议、“银关通”实现零的突破，为北京一商集团等4户企业开办了银关通网上支付税费服务业务；企业年金托管业务取得较大进展，全年正式签约11个托管项目，托管资产达到21亿元人民币。

（汪旭升）

个人金融业务 工行北京分行积极推进个人金融业务战略转型，构建“大个金”经营格局。实施储蓄、基金、国债、保险“1+3”捆绑式考核，全年代理发行基金34亿元，代销国债224亿元，以发展效益好、风险低的个人中间业务产品带动揽储增储；突出理财金账户核心品牌的地位，积极推广“个人理财中心核心竞争力”项目，全年共推广41家网点，有效地提升了网点整体营销能力和客户关系管理能力；推出牡丹灵通卡e时代，与北京大学、人民大学等联合开发“校园一卡通”业务；成立专门机构综合治理排队问题。截至年末，人民币储蓄存款2 626.96亿元，比上年增加232.8亿元，外币储蓄存款30.61亿美元；发展理财金账户9.03万户，新发放灵通卡224万张，牡丹灵通卡保有量达1 055万张，新增个人网上银行客户58.56万户。

（李小辉）

国际业务 工行北京分行积极拓展国际业务发展空间，促进规模与效益同步增长。全年实现外汇利润5 591万美元，比上年增加1 721万美元，增幅44.47%。外汇对公存款（含同业）30.57亿美元，比上年增加1.29亿美元。外汇贷款11.98亿美元，比上年增加2.14亿美元。贸易融资累计21.23亿美元，比上年增加12.29亿美元。结售汇业务量累计117.6亿美元，国际结算业务量累计249亿美元，居北京同业第一；全行外汇业务发展依法合规，保持了信用证、对外担保、贸易融资三项业务不良率为零的记录。

（张晓勇）

中间业务 工行北京分行中间业务收入在工行系统内率先突破10亿元大关，达10.16亿元，比上年增加2.31亿元，增幅29.42%。以大力发展财务顾问业务作为切入点，全年实现投资银行业务收入3 150万元；组建银行卡业务部，强力营销收单市场，银行卡交易额稳步攀升，全年银行卡收单交易额138亿元，比上年增加55亿元，其中：外卡收单交易额突破10亿元，达10.3亿元。银行卡业务实现收入1.16亿元，占全年中间业务收入的11%；新增电子银行信用证业务、通知存款、协定存款、电子回单、证券登记公司资金清算、集团企业多级资金上收等企业网上银行功能，拓展网上银行个人理财领域；出台《北京分行中间业务收费标准》，规范收费。

（许怡嵩）

新业务 工行北京分行以客户为中心，加大产品创新力度。精心打造贷款融资、现金管理、汇兑结算、投资理财、担保咨询、托管代理、电子银行、自助服务、银行卡和信息服务十大系列拳头产品，增强市场竞争力；成功办理第一笔福费廷业务、内外联动担保业务、内保外贷业务和首笔金额达5 000万美元的融资性对外担保业务；积极推出牡丹灵通卡e时代、“8^n财富”[①]高端理财中心、“银保通”和“速汇金国际快速汇款”业务；加快外币质押贷款、个人账户金业务及代理个人小规模黄金的研发，扩大个人金融衍生产品的市场份额。

（李小辉）

金融电子化 工行北京分行进一步拓展电子银行业务，并连续四年在工行系统考核中排名第一。企业网上银行新增信用证业务、通知存款、协定存款、普通版企业网上银行、证券登记公司资金清算、集团企业多级资金上收等十几项业务。个人网上银行新增通知存款、银期转账、国债、基金开户等多项实用服务。电话银行新增异地汇款、外汇买卖止损委托等十几种功能；全年实现电子银行交易额4.33万亿元，是上年的1.99倍。实现电子银行业务收入1 870.65万元，是上年的1.85倍。网上银行个人客户新增58.54万户，企业客户新增4 088户。电话银行个人客户新增51.18万户，企业客户新增6 955户。

（许怡嵩）

风险内控管理 工行北京分行围绕“四个从严”狠抓内控管理，夯实经营基础。一是从严治队。强化先立规矩后办事的经营理念，明确把合规经营作为评价干部的重要标准之一。坚持实施“扫雷工程”，将案件防范和党风廉政建设目标纳入行长经营绩效综合考评，大力加强党风廉政建设。二是从严治财。坚持“三个一”的财务管理，一切收入归公、一切财务核算合法，严格执行会计法和财务制度的要求、坚持财务一支笔的审批制度，统一控制财源，财务管理更加规范。三是从严治贷。成立分行信贷管理委员会，严格授信管理、贷款审批和贷后检查。认真落实1999年以来新增不良贷款责任追究制

① “8^n财富”：8代表运气和财富；n意味着无限乘方。

度。建立业务经营的预警、停牌和整顿复业制度。四是从严执纪。开展四项清理整顿，出台并严格执行《经营管理十大禁令》，严格责任追究制度，严肃查处违规违纪责任人，开始实现由“权力问责”向“制度问责”转变，由追究“有过”向追究“无为”转变。

（汪旭升）

信贷体制改革 工行北京分行积极完善信贷管理体系，在2003年成立分行评级授信、信贷审批、信贷监测检查三大中心的基础上，重组个人信贷营销和管理机构，建立了公司和个人信贷管理体系并行的组织管理架构；实行信贷业务前、后台分离，做到了信贷营销和信贷管理工作分别由不同的副行长分管；推行专家审贷制度，完善了审贷会决策机制；成立分行信贷政策委员会，加强了信贷营销与管理工作的协调和政策研究；实行分行信贷审查官制度，健全了专职审贷体系；强化了贷后管理，实施贷款“追月全查”、监测到笔，健全了非现场监测责任追究制度、贷后检查例行联席会议制度，在8家支行试点专职贷后检查员负责贷后管理的同时，独立对119户重点客户进行实地检查，并把贷后管理相关内容纳入行长经营绩效进行考核。通过以上措施的实行，全面实现了信贷业务的市场营销、信贷审批、风险控制和贷后管理相分离的专业化管理模式，从体制和制度上提升了信贷管理水平和防范风险的能力。

（许怡嵩）

网点建设 工行北京分行按照创建百家名店规划，加快网点整合和名店建设步伐，全年在重点区域和新兴经济增长区迁址新建网点63家，改造网点222家，升格网点支行43家，升格分理处37家，撤并低效网点60个，建成自助银行37家；在城近郊区24个支行命名了33家名店，其中：五星级名店3家（即北部、东部、南部三家8^n财富中心），四星级名店7家，三星级名店23家，初步建立起立体化网点服务格局。

（李小辉）

领导班子和队伍建设 工行北京分行坚持以人为本，高度重视领导班子和员工队伍建设。强化人力资源分类管理，全面推行高级管理人员现职考聘、提拔竞聘和缺岗调聘的“三聘”管理，对41个处级领导班子进行了调整，对39个处级干部进行了交流，面向全国金融系统公开竞聘12个高管职位。实施全行中级管理人员双选竞岗、落聘下岗和培训待岗的“三岗”管理，出台《业务类职务序列管理办法》，实行行政和业务序列“双线管理”，拓宽了人才晋升渠道，609名科级干部走上职务岗位，对外招聘本科以上学历人员368人；强化员工分层培训，注重对各级管理人才、专业人才、操作人才和新员工的培训，不断提升人才资本价值，开展高管人员英语口语和EMBA核心课程系列培训，选派82名业务骨干赴海外参加业务培训，全年共举办各类业务和管理培训班2 258期，培训102 316人次。

（汪旭升）

精神文明建设 工行北京分行以“三个代表”重要思想为指引，认真学习贯彻十六届四中全会和中央经济工作会议精神，在领导干部中实施“三个一”① 调研制度，开展领导干部担任“一日大堂经理”活动，提高各级领导干部的政策理论

---

① “三个一”：即领导干部每年抓一项试点，每年写一份调研报告，每季度召开一次一线员工座谈会。

水平，增强了管理和驾驭复杂局面的能力；开辟行长直通车、行长在线，实现领导与员工双向、多向交流，营造了相互信任的文化氛围；在基层党组织和党员中开展争先创优活动，在员工中开展"千辩万话"论发展、"理财方案设计大赛"、"学规划、强素质、创佳绩"演讲活动，在全行开展"思改革、议发展、提建议"、干部聘任宣誓、"精彩回放"、"聚焦4×10"①、"送温暖"等活动，激发员工爱行敬业的主人翁意识；推行行务公开，实实在在地为员工办实事、办好事，不断增强全体员工的凝聚力和向心力。

（张晓勇）

中国农业银行北京市分行

行长　李兴奇

2004年，中国农业银行北京市分行（以下简称农行北京分行）以加快发展为主题，以增强综合竞争力为主线，加强资产管理，强化内控，各项业务经营呈现出良好态势。截至年末，全行共有处级支行23家（含分行营业部1家），分行直属支行（科级）12家，二级支行（科级）34个，分理处166个，储蓄所128个。在岗职工6 710人，比上年增加150人，其中：长期职工5 758人，比上年减少98人；短期职工952人，比上年增加248人。本外币资产余额1 623.23亿元，比上年增加238.18亿元，增长17.2%。实现经营利润14.37亿元，比上年增加3.14亿元。本外币存款余额1 272.88亿元，比上年增加171.4亿元，增长15.56%，其中人民币存款余额1 237.74亿元，比上年增加167.36亿元，增长15.64%，是2000年末的2.22倍，年均增长率为22%。本外币贷款余额797.4亿元，比上年增加140.91亿元，增长21.46%，是2000年末的2.49倍，年均增长率为26%，其中人民币贷款余额788.41亿元，比上年增加139.5亿元，增长21.5%。

负债业务　截至年末，农行北京分行本外币总负债1 597.9亿元，比上年增加238.09亿元，或有负债及其他长期负债分别比上年增加32.69亿元和24.18亿元。本外币存款余额1 272.88亿元，比上年增加171.4亿元，其中人民币存款1 237.74亿元，比上年增加167.36亿元。对公存款779.77亿元，储蓄存款457.93亿元，分别比上年增长14.29%和18%。

资产业务　截至年末，农行北京分行

① "聚焦4×10"：4个"10"分别是指10件工行北京分行的大事，10件金融创新，10件员工最满意的事情，10件员工最期盼的事情。

本外币总资产1 623.23亿元，比上年增加238.18亿元，增长17.2%。其中各项贷款比上年增加140.91亿元，回售票据比上年增加29.57亿元，其他资产及或有资产分别比上年增加28.16亿元和32.69亿元。公司类客户贷款493亿元，其中优良客户贷款占比60.3%，比上年提高20个百分点。

信贷结构调整　2004年，国家出台了一系列针对部分过热行业的调控措施，农行北京分行在严格贯彻国家宏观调控政策的同时，坚持以有效发展为主题，积极推进信贷结构战略性调整。截至年末，本外币贷款余额797.4亿元，比上年增加140.91亿元，其中新增优良客户贷款64.1亿元，占人民币贷款增量的37.79%。房地产类贷款比上年增加72.6亿元，占贷款增量的42.25%，其中个人住房贷款增加47.64亿元，同比多增18.72亿元。限制和淘汰客户比年初减少233户，贷款占比下降0.53个百分点。

电子化建设　2004年，农行北京分行加快电子银行建设和电子银行产品创新步伐，开通了电子商务B to C（Business to Consumer）业务和电子银行渠道缴纳机动车养路费及车船使用税等业务，全年累计发生额306亿元，是上年的340%。实现手机银行个人信贷业务到期还款、贷款逾期、自助缴费、转账业务的短信通知功能。全年安装并开通自助服务终端系统100台。

中间业务　2004年，农行北京分行与中国人寿、中国人保、平安等数家保险公司北京分公司签订了全面合作协议，代理销售投资连结险、分红险等四大类20余个品种的寿险产品及与农行主营业务相关的企业财产保险、住房按揭保险、机动车辆保险等；并在柜台代理销售的基础上，推出了直接邮寄和电话销售等销售模式及“银保通系统”；推出了保单质押贷款业务；年末代理保费收入达12.5亿元，比上年增长27.5%。与电信、移动、联通、铁通、网通五大电信企业北京分公司达成合作协议，年内共办理电信业务金额12.1亿元。推出了现金管理业务，累计交易额160亿元。与8家证券公司开通了“银券通”业务，新开银券通4 544户，交易金额41.2亿元；与13家期货经纪公司签署了期货客户保证金封闭运行合作协议；代理了三只信托公司集合信托计划的资金收付业务，代理金额为2.2亿元。为方便进出口企业报关和纳税，完成了“银关通”产品的测试、上线和推广，与39家进出口企业签署了网上支付税费协议。全年实现中间业务收入2.81亿元，是上年的2.14倍。

银行卡和国际业务　2004年，农行北京分行发卡量净增118.1万张，卡存款和卡消费分别比上年增长40.8%和133.8%；直联、间联商户数共计达6 300余家；全年收单额82亿元，是上年的3.5倍；卡业务收入1.15亿元，是上年的4.6倍。国际结算、贸易融资、结售汇、代客外汇理财等国际业务持续增长，分别比上年增长35.47%、22.06%、24.67%和34.46%；年内还推出了假远期信用证、信保项下贸易融资和汇利丰个人外汇理财产品等，丰富和完善了外汇金融产品。

（张金辉、齐淑娣、陶元真、李悦、刘啟、潘建华、卢萍）

中国银行股份有限公司北京市分行
(原中国银行北京市分行)

行长　赵世刚

2004年，中国银行股份有限公司北京市分行（于2004年8月26日改称此名，以下简称中行北京分行）抓住股份制改革和获取2008年北京奥运会银行合作伙伴资格的有利时机，在审慎经营、持续发展的经营理念指导下，努力开拓进取，各项业务和经营效益取得了较好的成绩。截至年末，全行设分行1家、支行171家、分理处6个和储蓄所24个，机构网点总数202家。正式员工4 490人。本外币总资产2 384.89亿元，比上年末增加233.76亿元，增长10.87%；本外币存款2 245.73亿元，比上年末增加203.94亿元，增长9.99 %，其中人民币存款1 650.89亿元，比上年末增加328.07亿元，增长24.8%；本外币贷款742.22亿元，比上年末减少21.1亿元，减少2.76%，其中人民币贷款626.1亿元，比上年末减少17.66亿元，减少2.74%；在消化了大量的历史包袱、提足了各项准备金的前提下，全年实现营业利润25.26亿元，比上年增加5.59亿元，账面利润指标一举扭亏为盈，盈利16.92亿元。此外，风险管理、网点建设和信息化建设等各项工作也有了新的发展。

公司业务　公司业务部门根据宏观调控的新形势，加大了授信资产结构和客户结构的调整力度，通过加强行业多方位、多渠道的营销和促进全行各级营业部门的业务联动，形成了公司授信业务结构体系。向重点客户提供了数十亿元的贷款支持；与国家开发银行合作以间接银团贷款和联合贷款的方式承接通信、铁路、电力等大型项目贷款100亿元；在国家对房地产业进行调整的环境下，有选择地开展房地产融资业务，压缩资信差的开发商，主抓优质大客户，提高了房地产贷款质量。截至2004年末，全行公司人民币贷款余额363.89亿元（含票据贴现，并剔除划转因素），比上年末增加28.2亿元；外汇贷款余额为14.02亿美元（剔除划转因素），比上年末增加5.31亿美元。通过为大公司开办现金管理服务、对奥运筹备机构开展营销、与高校签订金融合作协议和开拓网上银行服务等举措，争取了一批新老存款大户，保证了对公资金来源的稳存、增存。年末，全行人民币对公存款余额为1 109.61亿元，比上年末增加215.29亿元，增长24.1%；外币对公存款余额为14.18亿美元，比上年末增加1.06亿美元，增长8.07%。

零售业务 在房地产和汽车消费市场受到外部环境影响和零售贷款风险加大的情况下，零售业务部门对贷款的经营思路、产品风险控制和产品结构等方面进行了调整。为加强对贷款的规范管理，建立零售贷款内控体系，于7月成立了零售贷款中心，集中归口对贷款进行后期管理，而贷款发放业务全部划归基层支行，实行严格的审贷分离，同时开拓了二手房贷款、转按揭贷款、助学贷款等新融资市场。全年累计发放零售贷款151.23亿元。年末零售贷款余额达294亿元（含公积金委托贷款13.3亿元），比上年末增加67亿元，增长29.51%，其中消费贷款余额为244.54亿元，比上年末增加31.17亿元。通过积极拓展个人理财服务和推出人民币通知存款、“三宝”（汇聚宝、外汇宝、期权宝）等本外币新业务，力保中行北京分行存款规模的稳定。全年新发展VIP客户近7 000户，比上年增加5.7倍。年末全行人民币储蓄存款达541.28亿元，比上年末增加112.77亿元，增长26.31%。但受外部宏观经济环境等方面的影响，年末外币储蓄存款比上年末减少16.05亿美元，为57.69亿美元。

国际业务 结算部门通过各种方式加强与进出口企业的交流、开展营销工作及发挥分支网点优势揽收国际结算业务取得了良好的效果，扩大了首钢、中铁物流、现代等大客户的结算额，国际贸易结算量大幅度增长，全年共完成结算量100.81亿美元，比上年增长76.35%，其中出口结算量47.86亿美元，进口结算量52.95亿美元，分别比上年增长58.27%和96.65%。此外开立各类保函9.39亿元，实现结售汇112.79亿美元（其中结汇77.54亿美元，售汇39.25亿美元），比上年增长15.1%，其中远期结售汇24.09亿美元，比上年增长了18倍。

信用卡业务 信用卡部门通过加大营销力度、与基层网点联动、推出联名卡和特约商户网上对账服务等措施，拓宽了客户群体，先后与外企服务公司、首旅、中海油等大客户达成公司员工用卡协议，扩大了长城卡的业务规模。全年新发展长城卡特约商户318家；发行人民币长城卡6.57万张，比上年增长3%；发行长城国际卡2.25万张，与上年基本持平；发行长城借记卡53.9万张，比上年增长69.35%。全年长城卡消费额49.62亿元，比上年增长141%。信用卡业务全年实现营业收入9 115万元，比上年增长11%。

中间业务及票据业务 中行北京分行全年代理发行了6期凭证式国债和3只记账式国债，发售额分别为32.92亿元和0.75亿元，兑付到期国债19.1亿元；代销开放式基金11只，交易额12.2亿元，超额240%完成计划，另办理老基金的申购交易总额为3.35亿元；代客外汇买卖完成交易量90.88亿美元（其中对私业务交易量71.49亿美元，对公业务交易量19.39亿美元），比上年增加15.73亿美元；黄金买卖完成交易量1 698万元，代售旅行支票总额为1 272万美元；全年票据业务交易量（包括直贴、转贴和逆回购）达217.49亿元，比上年增加9.42亿元，票据融资利息收入1.59亿元，比上年增加1.4倍。此外，债券宝业务完成债券分销1.9亿元、现券买卖300万元和债券回购9.4亿元；全年完成代收代付交易量110.27亿元。

金融机构业务 通过积极营销和开展与证券、保险、期货公司和同业银行的业务合作，全年共与4家证券公司、2家保险公司、4家同业银行和7家期货公司建立了新的业务合作关系，共新设A、B股账户31个、本外币存款账户24个和期货保证金户7个。这些措施扩大了金融同业的资金来源，2004年末本、外币金融机构存款分别比上年末增加8.35亿元和5 157万美元。

资产风险控制 2004年，中行北京分行继续加强风险防范体系建设，完善尽职调查、授信评审和问责审批的“三位一体”授信决策机制。风险管理部门共召开授信评审会91次，审议新批贷款、展期、续贷、承兑汇票贴现、债务重组保函、信用证等全行主要授信项目489笔，涉及金额约1 000亿元，其中通过305笔，否决74笔。有关部门抓紧对不良资产的清收，针对不同债务人采取不同的催收措施，全年共收回本、外币现金总计9.64亿元。2004年，中行北京分行抓住股改资产划转的机遇，通过各部门的通力协作，完成了4 000余笔不良资产的划转、核呆和核损工作，实际划转可疑类贷款并核销呆账贷款、损失类贷款共计150.18亿元，使全行年末资产不良率（按五级分类口径）从上年末的20.84%下降到8.15%，资产总体质量得到很大的改善。拨备覆盖率达到57.12%，接近北京银监局规定的60%的覆盖标准。

网点建设 2004年是中行北京分行网点建设力度最大的一年，新建、迁址的网点数量是前5年的总和。全年共完成45个网点的迁址和32个网点的新建，进一步优化了网点资源配置。年末，全行营业网点总数达202家，比上年末增加2家，其中正式营业的网点比上年增加14家，网点营业率从91%提高到97.3%。机构扁平化工作取得重大进展，有101个分理处和储蓄所新升格为支行，使支行级机构从上年的72家增加到173家。支行在全辖网点的比重从36%提高到85%，居北京市4家国有商业银行分行之首。此外，个人理财中心从上年的21家增加到35家，结售汇业务受理网点从125家增加到175家，因私批汇网点达88家，从而全面提高了网点特色服务的综合能力。

金融电子网络化 信息科技部门全年实施中国银行总行和中行北京分行开发项目共45个，其中完成了含基金、外汇买卖、信用卡、电子报表在内的综合柜员项目，联行系统和会计接口项目，集中清算系统项目，零售和会计联机接口项目，汇聚宝项目、数据分析平台等全行性网络开发工程6个及涉及代收费、代结算、票据提入提出等业务多个重点系统开发项目，同时资金归集、贷记卡分润、反洗钱等专项开发项目也在进行中。全年共新设ATM机52台、存款机10台、多功能查询机7台，新建自助银行7家。年末运转的ATM机、存款机、查询机总数分别达304台、34台和101台，自助银行达28家。全行的信息网络化水平有了很大的提升。

（陈和言）

中国建设银行股份有限公司北京市分行
（原中国建设银行北京市分行）

行长　张　民

2004年，中国建设银行股份有限公司北京市分行（于2004年9月21日改称此名，以下仍简称建行北京分行）按照建设银行总行统一部署，进一步推进股份制改造各项工作，严格防范风险，确保经营安全，各项业务取得丰硕成果。截至年末，建行北京分行共有24家综合性支行，10家直管支行，97家升格支行，6个分理处，220个储蓄网点。在岗员工9 706人，平均年龄34.6岁，具有大专以上学历的员工占76.9%。本外币总资产3 324.3亿元，比上年增加395.6亿元[①]，增长13.5%；本外币存款余额3 238.9亿元，比上年增加384.6亿元，增长13.5%，其中：人民币存款余额2 802.1亿元，比上年增加93.2亿元，增长3.4%；本外币贷款余额1 860.8亿元，比上年增加162.1亿元，增长9.5%，其中：人民币贷款余额1 804.5亿元，比上年增加158.2亿元，增长9.6%；实现账面利润57.6亿元，比上年增加20亿元，增长53.1%；人均利润59.4万元，比上年增加22万元，增长59%；资产收益率为1.85%，成本收入比上年增长27.45%。

（李　炜）

公司金融业务　2004年，建行北京分行进一步明确公司金融业务持续、稳定、健康发展的目标，强化市场营销、深化信贷管理，不断提高新产品的开发应用能力，各项工作取得全面发展。通过开展联动营销、集团客户整体授信与搭建资金结算网络，继续保持在大中型企业客户市场上的优势地位；通过实行贷款核准制与发布营销指引，主动调整信贷结构，优化资产质量；通过加强对公司业务的市场分析研究，提高了对客户、产品的把握能力。先后与多家国有大型企业、财务公司、重点项目与知名跨国公司等签署战略合作伙伴协议，巩固了与高端客户的合作关系；建立起重点客户储备库，积累了优质客户与优势项目等信贷资源；在产品营销方面，注重金融产品整合，从单一产品营销向综合营销转变。票据贴现业务发展喜人，全年累计放款金额为186.5亿元，其中转贴现91.8亿元，直接贴现94.7亿

---

① 此处是与2004年初数字比较，因股份制改造工作需要，建行北京分行本外币总资产经毕马威会计师事务所审定评估后由上年末的2 912.28亿元调整为2004年初的2 928.71亿元，特此说明。

元，累计实现贴现利息收入2.3亿元，比上年增加1亿元，增长80%。

（王 鸿、苏爱军）

个人金融业务 截至年末，建行北京分行本外币储蓄存款余额为888.5亿元，比上年增加101亿元，增长12.8%，其中：人民币储蓄存款余额824.7亿元，比上年增加97.7亿元，增长13.4%；外币储蓄存款余额7.7亿美元，比上年增加0.4亿美元，增长5.3%。个人消费贷款余额39亿元，个人买方信贷余额1.9亿元。年内，建行北京分行开展了一系列个人金融产品营销，包括企业营销、社区营销、自助设备营销，组织了“中秋客户答谢会”、“教师节理财沙龙”、“投资课堂”等推介活动。新增代发工资客户近千家，争取到海淀、通州两个区县的财政统发工资业务；新增VIP客户近1.6万名。加快产品创新力度，推出了“人民币个人七天通知存款”业务，办理了九期“个人外汇结构性存款”业务。

（汪 俊）

住房金融业务 2004年，建行北京分行住房金融业务在国家宏观调控政策的指导下，以防范风险、稳健经营为前提，逐步实现由投放机制向管理机制的转变。截至年末，房地产类贷款余额为849.2亿元，比上年增加38.2亿元，增长4.7%；个人住房贷款（含个人商业用房贷款）余额为406.1亿元，比上年增加15.1亿元，增长3.9%；全年实际新投放90亿元支持28 775户居民购房269万平方米。政策性个人住房委托贷款余额为173.7亿元，比上年增加7.2亿元，增长4.3%；全年代理投放38.3亿元支持17 996户居民购房165万平方米；委托性住房资金各项存款余额302.5亿元，比上年增加6.1亿元，增长2.1%。为全市8 871个单位的629 896名员工开立了住房公积金账户，为全市1 147个单位的63 933名职工设立了住房补贴专户。

（辛 宏）

中间业务 2004年，建行北京分行实现中间业务收入4.8亿元，比上年增加1.9亿元，增长63%，增幅创历史新高。年内，建行北京分行强化中间业务基础管理，加快产品创新，提高了盈利能力，实现跨越式增长。通过积极开展客户营销，使中信证券在分行开立客户交易结算资金账户；被民生证券确定为深、沪两市代理证券资金清算行；完成银河证券承销国家电网债券、中铁企业债券以及歌华有线电视可转债上市等项目的资金归集工作；与17家期货经纪公司签署保证金封闭运行结算银行协议。加快产品创新，启动了国内商业银行首例产业基金项目，实现托管业务方面的突破；签订了不良资产回收资金账户运作协议，建立了为资产管理公司客户服务的新功能；承办了20家中央及地方级预算单位的财政授权支付业务，使该项收入在建行系统占比达60%以上。

（李 红）

国际业务 截至年末，建行北京分行外汇全口径存款余额突破20亿美元，比上年增加2.5亿美元，增长14%。外汇贷款余额6.8亿美元，比上年增加0.5亿美元，增长7.4%。全年实现外汇账面利润764万美元。年内，建行北京分行积极开展外汇业务营销，通过举办外汇资金“汇如意”、国际结算“天下行”、贸易融资“融天下”等产品推介会，大力宣传各类金融产品；同时，抓住美元处于升息通道的时机，营销结构性存款等资金类业务，全年外汇对公资金交易量突破10亿美元大关，是上年的2倍，实现盈利74.4万美元，比上年增长108%。积极探索新的业务领域，办理首笔个人外汇卖出期权业务；承办了建行第一笔跨境授信业务；与韩国外换银行合作，开辟了代理外资银行资金清算的业务新领域。

（郭　昕）

信贷风险控制　截至年末，建行北京分行本外币五级分类不良贷款余额为55.5亿元，比上年减少50.2亿元，不良率为2.98%，比上年下降3.2个百分点；全年剥离不良资产64.7亿元；初步建立起风险管理基础平台。年内，按照建设银行总行统一部署，建行北京分行上收了新增贷款审批权限，加强了个人信贷业务审批控制，将分行本级国际业务单笔审批纳入审批体系，规范了银行卡、票据贴现等部门的审批制度。为提高信贷审批质量、效率，强化了贷款审批人队伍建设，通过竞争上岗、择优聘用等方式，对原有专职审批人进行筛选与优化，信贷审批工作的专业化程度大幅度提高。

（周天彤、姜国林）

人力资源管理　2004年，建行北京分行实施了专业技术岗位职务聘任工作，经过公开报名、业绩测评、答辩、公示等阶段，聘任865名人员担任新的专业技术岗位职务。实行了经办岗位聘任制改革，有4 108名员工参加，通过双向选择、竞争上岗两个环节，有4 045名员工获得岗位，新聘员工全部签订了目标责任书。为加强领导人员后备队伍建设，选派10名年轻干部到支行领导岗位进行挂职锻炼。为进一步加大教育培训工作力度，全年举办各类培训班939个，比上年增加417个，培训员工45 013人次，比上年增加6 343人次。

（刘　本、焦利强）

交通银行北京分行

行长　王　滨

2004年是交通银行北京分行（以下简称交行北京分行）的“规范管理年”。全年持续开展了“全面规范管理，狠抓制度落实”的规章制度大学习、大检查、大整改活动，管理部门梳理各项业务内部控制风险点，基层单位也开展了形式多样的规范管理活动。通过全行上下的共同努力，各项业务继续保持快速、稳定增长的态势，顺利完成全年经营管理目标。

截至年末，交行北京分行共有78个营业网点，在岗职工2 144人，平均年龄30岁。人民币存款余额为1 083亿元，比上年增加286亿元，增长36%；外汇存款余额11.86亿美元，比上年增加2.41亿美元，增长26%。人民币贷款余额602亿元，比上年增加184亿元，增长44%；外汇贷款余额10.20亿美元，比上年增加4.78亿美元，增长88%。按照五级分类口径，本外币不良贷款余额合计为8.27亿元，比上年减少8.41亿元，占比为1.20%，比上年下降2.43个百分点。其中：人民币不良贷款余额为8.05亿元，比上年减少5.85亿元，占比为1.34%，比上年下降1.98个百分点；外汇不良贷款余额为276万美元，比上年减少3 092万美元，占比为0.27%，比上年下降6.26个百分点。实现本外币中间业务收入2.79亿元，比上年增加8 512万元，增长44%。太平洋卡累计发卡247万张，全年新增发卡39万张；卡存款余额57亿元，比上年增加13亿元，增长30%；卡消费额为28亿元，比上年增加17亿元，增长162%。全年实现国际结算额169亿美元，比上年增加59亿美元，增长54%。本外币利息回收率109%。全年实现本外币税前利润16.67亿元，比上年增加6.04亿元，增长57%；全行本外币人均利润72万元，比上年增加24万元，增长50%。

负债业务 2004年，交行北京分行充分抓住地处首都以及总部经济快速发展的优势，加大对集团总部、政府机构以及军队的直接营销力度，在资源配置、产品研发、资金倾斜等方面给予重点支持。利用总分行联动、境内外联动等立体营销体系，巩固并密切银企合作关系。一是抓好电子化产品的推广，以电子化新产品作为营销切入点，通过组织大中型产品推介会、上门路演等多种形式，深入开展对重要客户的营销。通过卓有成效的营销工作，中国电信、中国石化、国电集团等重点客户都进一步深化了与交行北京分行的业务合作，铁道部、中国铝业、中国网通等客户也先后与其达成合作意向。二是抓住财政体制改革之机，系统性地强化对各级政府的营销工作。2004年成功中标北京市财政直接支付银行和西城区授权支付银行，成功营销9家中央财政授权支付业务预算单位和38家北京市财政授权支付业务预算单位。三是针对军队银行账户新的管理规定出台，及时召开军队存款营销工作会议，对全行军队存款营销工作进行布置，对稳定和扩大军队存款市场份额起到良好的促进作用。四是进一步加强与保险公司、证券公司、基金管理公司等金融同业的业务交往，引进了2家合资保险公司——中英人寿和中意人寿，与银河证券公司开展证券客户交易结算资金存管业务等。

资产业务 作为交通银行“世界银行项目”第一批推广行，交行北京分行严格按照北京银监局和交通银行总行的有关要求，建立健全风险控制机制和客户管理系统，进一步加大对客户的营销力度，拓展贷款投放空间，在贷款分类和授信管理上建立起一套较为规范、完整的风险防范体系。同时，积极拓展信贷资产回购、网上融资、票据转贴现等资产业务，努力拓宽利润来源渠道。

个人金融业务 2004年，交行北京分行始终坚持“加强管理和营销拓展并行，产品创新和风险防范并重”的个人金融业务发展思路，实现了该项业务的全面发展。截至年末，人民币储蓄存款余额为188亿元，比上年增加51亿元；外汇储蓄存款余额为4.9亿美元，比上年增加984万美元；个人贷款余额为91亿元，比上年增加24亿元。在研发新产品的同时，交行北京分行注重对现有产品功能的深层挖掘和组合包装，连续推出个人通知存款、“七彩帆”少儿理财业务、“一家一本通”业务、基金组合套餐等产品，并于2004年10月成功发行首张太平洋VIP卡。代理缴费业务方面，在全市银行系统首家开通代收郊区话费业务；分销渠道方面，通过网上银行实现本外币各储种间转账和实时缴费功能，试点公私网银衔接的代发工资、报销功能，开发查询机自助打印发票功能、开放式基金网上银行交易和多媒体查询机交易。

银行卡业务　2004年，交行北京分行高度重视太平洋卡业务发展，进一步加强产品创新、完善服务功能，在增加客户总量的同时，努力优化客户结构，打造太平洋卡业务在营销、服务、产品及管理上的整体优势。全年发行太平洋借记卡39万张；太平洋卡消费额为28亿元，比上年增长163%；太平洋卡各项手续费收入4 564万元。

中间业务　2004年，交行北京分行在深入调研全行中间业务发展现状的基础上，有针对性地制定了全行中间业务发展策略，推动中间业务加快发展。一是进一步细化中间业务考核，将中间业务发展纳入对各基层单位的年度考核和对有关管理部门的年度工作指标中，形成规范的日常性制度安排。明确将国际结算、结售汇与银行卡业务作为推动中间业务快速发展的关键，有的放矢地加强营销指导。二是针对市场需要，创新业务品种。及时推出了代理中央、地方财政支付，“银企通”，“报关一点通”，企业年金托管，房屋租金代收代付等一系列新兴中间业务，丰富创新交行北京分行的中间业务品种，力争从中培育核心产品。三是分别与泰康人寿、平安人寿签订了新的代理分红型保险产品合同，代理了太平洋财产保险公司个人贷款抵押房屋保险，增添“金葫芦”两全保险、瑞利分红型保险等保险品种。四是参加铁道部利用法国政府贷款引进大型养路机械和电气化运营维护设备项目的转贷行投标，并成功中标。

国际业务　2004年是交行北京分行国际业务加快发展的关键之年，该行深入贯彻“国际业务占优”的发展战略，进一步加快国际业务发展，夯实规范管理基础，拓展首都市场领域，取得了可喜的成绩。全年国际结算量达到169亿美元，“外汇宝”交易量达到114亿美元，均创历史新高；外汇资产负债业务全面、平衡增长；网点外汇业务功能建设全面提速；制度建设及风险防控机制不断完善。在新兴国际业务研究开发及推广应用上取得新突破，成功推出“通宝”个人外汇理财产品、远期结售汇业务、个人因私购汇、“速汇金”国际特快汇款等新产品和新业务，进一步丰富个性化贸易融资业务品种，为“走出去”的跨国经营企业提供海外资金融通便利，全方位满足客户的国际业务需求。

不良资产清收　2004年，交行北京分行通过积极清收、集中处置、资产重组等方式，促进不良资产绝对额、占比继续实现“双降”，资产质量得到明显优化。一是在交通银行总行的统一部署下，顺利完成不良贷款的集中处置；二是抽调清收骨干人员，实行不良贷款集中清收，专职处置全行可疑及损失类不良贷款，进一步加大诉讼清收力度，积极配合法院加强强制执行工作，并对新发生的不良贷款选择适当时机及时提起诉讼；三是对符合重组条件的不良贷款进行重组，通过压缩部分贷款本金、增加担保、更换借款人等方式降低、化解不良贷款风险。按照五级分类口径计算，全年累计压缩不良贷款13.7亿元，其中现金收回4.7亿元，集中处置9亿元；收回表外欠息1.4亿元；不良贷款重组17户、23笔、4亿元，并通过重组方式压缩本金1亿元。比较成功地解决了部分历史遗留问题，为今后的发展奠定了良好的基础。

人事管理 一是进一步优化人员结构，加大内选、外引人才力度。二是优化干部选拔调整机制，加快干部选拔培养步伐。三是建立人才培养、培训的新机制。在培训工作中充分考虑业务发展和未来市场拓展对人力资源的要求，统筹兼顾，做到长期培训和短期培训相结合，操作性培训和学习性培训相结合。

电子化建设 2004年，交行北京分行适应市场变化，贴近客户需求，完成“外汇宝”两全贷款、“通宝”个人外汇理财产品、POS“报账通”、财政授权支付等电子化项目的开发工作。通过对综合业务系统和零售业务系统小型机硬件平台进行升级，进一步提高了主机运行效率，确保了核心业务系统安全稳定运行。与北京移动通讯公司合作推出基于无线移动技术的GPRS－ATM，甩掉了传统ATM设备“有线”的羁绊，将金融服务便捷地带到任何GPRS网络覆盖区域。启用新一代手机银行系统，提供个人理财、“外汇宝”、开放式基金、账户管理、金融信息5大项功能，是继网上银行和电话银行之后又一种方便银行用户使用的新型科技工具。全面推广以Lotus Domino R5为开发应用平台的办公自动化系统（OA系统）。

精神文明建设 2004年，交行北京分行以邓小平理论和“三个代表”重要思想为指引，认真学习贯彻十六大、十六届三中、四中全会精神，进一步推动“创先争优”活动的深入开展，组织拓展训练、登山比赛、“祝福交行”文艺晚会等丰富多彩的企业文化教育活动，寓教于乐，提高广大员工思想道德水平，营造健康向上的文化氛围。严格落实领导干部廉政责任制，重点开展“四五”普法教育，确保各项业务安全、稳健运营。

（康　滨）

招商银行北京分行

行长　尹凤兰

2004年，招商银行北京分行（以下简称招行北京分行）继续坚持和深化经营理念和企业文化，全体干部员工顽强拼搏，利润、质量、规模等核心指标再创佳绩。全年实现利润突破10亿元，税前利润为10.1亿元，成为招行系统有史以来首家年度利润破10亿的分行。比上年增加3.6亿元，增幅超过50%。截至年末，招行北京分行资产总额达760.3亿元，比上年增加105.5亿元，增幅达55%，实现了新世纪以来持续第四年的业务大跳升。截至年末，招行北京分行共有27家支行，其中年内新建并开业支行2家，迁址并开业支行1家，在岗职工1 167人。本外币存款余额为712.7亿元，比上年增加135.3亿元，增长23%；本外币贷款余额为420.9亿元，比上年增加64.6亿元；按照五级分类口径，不良贷款率仅为0.3%，比上年下降0.04个百分点；按照日均资产口径，2004年总资产利润率为1.51%，比上年上升0.2个百分点。

公司金融业务　2004年，招行北京分行以“网上企业银行4.0版”、“银关通”、“银税通”、“银债通”、财政直接支付等新业务为手段，开发维护了一批优质企业。“银关通”方面，2004年累计交易额已突破5亿元，成为北京市同业第一。“银税通”方面，由于实现了申报、出票、缴款、入库的“一站式”服务，简化了企业缴税手续，累计开户5 000余户，缴税金额突破10亿元，成为北京市地税局惟一指定的合作银行。网上企业银行业务保持快速发展，全年交易额达5 000亿元，对会计柜台的替代率超过50%。“银债通”业务全年交易量超过200亿元，在招行系统内名列第一。财政直接支付业务平稳运行，累计办理3 000余笔，金额达150亿元。上述新业务有效拉动了负债业务的加速增长，对公日均存款比上年增加逾百亿元，自营存款余额也在2004年4月末和9月末分别突破了600亿元和700亿元大关。

个人金融业务　2004年，招行北京分行将信用卡、一卡通自动还款、住房公积金支取等新业务重新整合融入代发业务流程，使这一传统业务又焕发出新的活力。此外还中标了海淀、西城两区的财政工资统发项目等，全年累计代发金额超过86亿元，为上年的1.7倍。外币业务方面，招行北京分行继续强化“外汇通”的品牌形象，成立了炒汇业务区域化中心，举办多场汇评讲座，个人外汇买卖业务年度交易量超过90亿美元，该项业务收入、新增客户数、市场占比稳居招行系统内和北京市同业第一。年内，招行北京分行在北京地区首家推出招商银行金葵花国际理财卡和财富账户，开发了“金葵花”客户关系管理系统，全年新增“金葵花”客户近4 000人，年末累计达1.3万人。“金葵花”客户的储蓄存款增量占全部储蓄存款增量的近50%。

信贷业务 2004年，招行北京分行继续深入贯彻“效益、质量、规模”协调发展理念和“稳健经营”的指导思想，按照强化资本约束的要求，进一步完善了有进有退的信贷机制，大力优化信贷资产结构，提高资产盈利水平，降低信贷风险。贷款投向继续坚持以能源、交通、教育、公共事业等基础产业和稳定性强的企事业单位为主，新增贷款大部分集中在这些行业，同时加快发展风险权重较低、占用资本较少的个人资产业务。年末，个人贷款在自营贷款中的比重进一步提升，余额占比为24%，增量占比达44%。此外，新增贷款中信用贷款和保证贷款的比例下降，质押贷款比例增加，使信贷风险进一步降低。2004年末，按“一逾两呆”口径，招行北京分行自营贷款逾期余额为1.30亿元，不良率为0.31%，比上年下降0.03个百分点；按五级分类口径，不良贷款余额为1.25亿元，不良率为0.3%，比上年下降0.04个百分点。

中间业务 2004年，招行北京分行共实现各项中间业务收入1.64亿元，比上年增加2 759万元，增长20%，在全部业务收入中的占比为4.5%。其中：国际业务中间收入为1 051万元，对私方面，仅个人外汇买卖业务一项即实现收入1 456万元，银证通业务实现收入760万元，个人结售汇、网上支付转账、POS消费、保管箱等均有较快发展，共实现对私中间收入近7 000万元。

国际业务 国际结算业务2004年上升较快，全口径国际业务结算量突破60亿美元，达到60.6亿美元。单证业务25亿美元，实现国际业务收入1 820万美元，其中，中间收入1 051万美元，在全行中间业务收入中的占比达35%。

机构发展 2004年，遵照招商银行总行加快机构建设步伐的指示精神，招行北京分行积极稳妥地展开网点建设。先后完成了安定门支行、海淀支行的开业和东方广场支行迁址开业的工作和筹建“世纪城”支行。此外，为适应战略转型和提升零售业务的需要，对网点装修设计也进行了适当调整，例如根据网点实际，提高储蓄窗口占比；将大户室、炒汇厅、保管箱等服务整合在一起，开辟对私服务区域；统一新建网点装修风格和装修材料等。

内部管理 2004年，招行北京分行进一步完善了由分行业务发展委员会、分行业务主管部门、支行营销部门和客户经理队伍组成的四级营销组织结构。在分行公司银行业务客户经理制顺利实施的基础上，又出台了个人银行业务客户经理制，从考核结果和各支行反馈的情况来看，很好地调动了营销队伍的积极性。招行北京分行在原有的10个管理中心的基础上，又成立了分行现金中心，完成了全行现金库集中押运和管理。根据招商银行总行统一部署，招行北京分行经过详细论证和周密安排，解决了车辆评估定价、车辆补贴标准、车辆处置和车改后用车保证计划等问题，圆满完成了用车制度改革。

企业文化建设 2004年适逢招行北京分行建行10周年。分行以开展“迎行庆”劳动竞赛、举办10周年行庆大会、编辑《10周年纪念专辑》等一系列简朴、热烈的方式庆祝自己的重要生日，同时全面总结建行10年来的经营管理实践；并以行庆活动为契机，进一步弘扬拼搏奉献的创业激情和共同托天的企业精神，极大地激发了队伍的凝聚力和战斗力。

2004年，招行北京分行继续大力丰富员工业余文化生活。举办了第五届职工田径运动会和第三届“北京招行杯”员工摄影、书法、绘画及征文大赛。

（刘　辉）

上海浦东发展银行北京分行

行长　刘　柳

2004年，上海浦东发展银行北京分行（以下简称浦发北京分行）努力实践科学发展观的各项要求，大力推进机制体制改革，完善服务手段，加强风险控制，转变经营模式，调整增量结构，理顺条线管理，各项主要业务平稳发展。

截至年底，浦发北京分行共设1个营业部，20个支行，在岗员工747人。本外币资产额416.70亿元，比上年末增加72.36亿元，增幅21.01%。本外币各项存款余额为392.95亿元，比上年增加54.59亿元，增长16.13%。本外币日均存款余额为361.98亿元，比上年增加37.88亿元，增长11.69%。本外币储蓄存款余额为36.00亿元，比上年增加10.03亿元，增长38.62%；同业存款余额为24.70亿元，比上年增长19.47%，同业存款日均余额为23.20亿元，比上年增长39.43%。本外币贷款余额为237.26亿元，比上年增加29.88亿元，增长14.41%。个人贷款余额为30.91亿元，比上年增加17.91亿元，增长137.77%。发行（新增）东方卡10.18万张，累计发卡59.51万张。实现本外币账面利润5.16亿元，比上年增加2.66亿元，增长104.15%；人均利润71.56万元。

营销竞赛活动　为使全年工作开好局、起好步，浦发北京分行年初即在全行范围内开展了“齐心协力促发展，迎接行庆八周年”百日综合营销竞赛活动。通过制定并实施一套行之有效的营销竞赛计划和配套措施，调动干部员工营销热情和工作潜能，刷新了该行存款的历史最高纪录。

公司金融业务　2004年，浦发北京分行针对北京地区具有总部经济的特点，集团客户、跨国公司众多的情况，在高端客户营销方面投入力量。一是通过对中国比利时产业投资基金托管业务的推进，与昌平区政府的广泛合作，与中国新时代控股（集团）公司、中国银河证券有限责任公司、中国冶金建设集团公司等一批客户签署综合授信协议，建立全面业务合作关系等，努力探索银企、银政合作新模式，开发了一批新的高端目标客户，推动了业务的发展。其中在为中国比利时产业投资基金发起、筹备和资金募集的整个过程中，以总、分、支行联动营销的整体合力，推进了国内首笔产业投资基金的托管业务，与中国比利时产业投资基金发起人签署了协议，使浦发银行成为国内首家托管直接股权投资基金的金融机构，为该行增加了一笔等值10亿元人民币的长期、稳定、低成本的一般性存款。二是推进产品营销。2004年举办了10余次大型客户推介会，对近百家客户进行了产品演示，对30余家大型客户进行一对一个性化方案式营销，对已采用浦发银行公司网银产品的70余家客户逐户进行安装、培训、试运行，现金管理产品推广工作取得长足进展。截至年末，共为1 297家企事业单位开通了公司网上银行，其中：企业信息直通车客户1 213家，公司网银客户84家，总数在浦发系统内排名第二；完成对公及时语客户1 975户，总数在浦发系统内排名第一；对公网上银行交易量为80.4亿元，占总行年总交易量的21.7%。

个人金融业务 2004年，浦发北京分行加快了结构调整的步伐，努力转变个人金融业务与公司金融业务的不协调现象，提升个人金融在全行的利润贡献度，全行个人金融业务快速发展，成为该行2004年营销工作的亮点。一是把代发工资业务作为营销重点，从政策导向、营销队伍组建、目标客户培育、营销工作推进和活动组织等方面积极开展营销工作，取得了良好的营销效果。截至年末，全行笔均代发金额为4 137元，代发金额合计达到10亿元。二是通过大力拓展个人贷款业务促进全行业务结构的调整，全行各营销单位通过与北京住房公积金管理中心携手为客户提供全程担保的住房贷款业务，与汽车金融服务公司联合开展贷款业务，与留学中介机构联合开展“直客式”留学贷款业务，对重点客户、VIP客户提供个人消费贷款、个人经营性贷款等系列金融产品等，有力推动了个人贷款业务的拓展，同时也逐步增加了个人贷款业务在全行整体信贷业务中的比重，减轻了全行对公司客户的依赖度，降低了贷款风险的集中度，为全行信贷结构调整优化创造了条件。截至年末，全行个人贷款余额为30.91亿元，比上年增加17.91亿元，增长137.77%，占浦发北京分行2004年新增资产业务的60%。三是通过培育个人VIP客户群体，有效促进了储蓄存款的增长，截至年末，全行本外币储蓄存款余额为36.00亿元，年内新增10亿元，增长38.62%，占该行当年新增存款的20%。四是以新产品、新服务促进刷卡消费。2004年，先后推出了“东方华宇时尚卡”和“东方晨报卡”两款联名卡，进一步丰富了联名卡的种类，对推动刷卡消费起到了积极的促进作用。五是努力拓宽服务渠道，弥补网点不足，通过增设离行式自助银行（ATM机）、完善电话银行、网上银行系统，为客户拓宽自助服务渠道。

风险内控管理 2004年，浦发北京分行在完善风险管理基础工作、加强内控机制建设方面，重点开展了以下几方面的工作。一是控制投向，调整结构，降低信用风险，规避授信集中风险，减少市场风险。在行业投向上，禁止介入钢铁、电解铝、水泥、纺织行业，严格控制对房地产、批发零售、建筑行业的新增贷款；在产业政策上，努力提高个人贷款业务占比，为全行信贷结构调整创造有利条件，合理确定房地产开发贷款期限，对贷款进行封闭管理，对个人按揭贷款比例提出要求；严格限制对集团的授信，特别是对那些资本运作较多，子公司、孙公司关系交错，主营业务不实的企业，要求授信尽可能集中于实体企业，在信贷审查中强调现金流，强调实物资产和物资对应；对集团授信明显偏大的坚决压缩，做到对集团授信与浦发北京分行的信贷管理能力、资本规模和资金运作能力相匹配；对存量信贷资产加大调整力度，各营销单位对关注类贷款逐户进行分析和排队，建立授信客户优化目标，确立退出和压缩客户名单；对银行承兑业务和担保性表外业务，严格控制敞口比例的增加，合理占用资本，提高盈利能力。二是通过完善专业审贷机制、在全行建立集团客户集中统一授信管理体系、推行客户经理资产业务风险准备金制、在全行范围开展对贷款调查报告评比工作、在全行结算条线逐步推行会计负责人委派制、系统开展稽核工作等，加强基础工作，完善机制体制建设。

企业文化建设　浦发北京分行在“笃守诚信，创造卓越”的核心理念下，把企业文化建设工作逐步推向深入。一是树立典型，学有榜样，通过先进集体和个人的表彰活动，在全行营造比、学、赶、超的工作氛围。二是分、支行进一步加强学习型团队建设，加大培训工作力度，定期分条线、分岗位、分层次举办系列培训，鼓励干部员工在岗学习，钻研业务，积极参加各种资格考试，成为某一方面的岗位专才和业务专家。三是积极推行行务公开，通过建立健全职代会制度，让员工参与管理决策，强化主人翁意识，提高浦发北京分行决策管理的科学性和执行的自觉性，增强全行的内聚力。四是利用浦发银行的网络资源，通过分行网站搭建顺畅、高效的管理、沟通、学习、研讨和信息平台，促进交流，拓宽渠道，提高效率。五是通过建立职工之家，针对不同年龄段员工、不同时段开展送温暖、送关爱活动，开展丰富多彩的文化体育活动等，营造“家”的氛围，逐步构建起浦发北京分行的家园文化。六是通过组织参观革命圣地、重温入党誓词、举办道德规范与爱国主义报告会和全行大签名等活动，培养全行干部员工爱党、爱国、爱浦发集体的良好思想品德。七是通过积极参与公益活动和献爱心捐助活动，培养干部员工的社会责任感和道德规范，使企业和社会更好地融为一体，建立现代化企业的社会责任观。八是对浦发北京分行企业文化建设的“铸魂工程”进行了规划，于2004年三季度组织召开了不同层面的座谈会，就全行企业文化建设广泛征求意见，对企业文化如何做实落地、融入经营管理、深入员工内心、成为全行干部员工行为准则等方面，进行了深入的研讨，并对全行企业文化建设的总体定位、核心理念、工作重点、工作流程、工作要求等形成计划。

（李鸿元）

广东发展银行北京分行

行长 张庆修

2004年，广东发展银行北京分行（以下简称广发北京分行）认真学习贯彻三个金融法规，深入贯彻落实广发行总行工作会议精神，以“规范管理深化年”为指导，全力推进基础管理的标准化，有效控制和化解各类金融风险；继续优化资产结构，强力清收和盘活各类不良资产；以创新的姿态开拓各类市场，保持各项业务快速协调发展；全面加强服务管理，着力塑造对外形象；改革内部管理机制，增强各类考核制度的激励性和约束性；大力加强学习型团队的建设，提升员工队伍的竞争力；实现广发北京分行内外部竞争力的全面提升，截至年底，该行资产总额达到351亿元，比上年增加63亿元，增长21.87%；本外币存款320.1亿元，比上年增加67.15亿元，增长26.55%，其中人民币存款298.93亿元，比上年增加61.44亿元，增长25.87%；本外币各项贷款197.79亿元，比上年增加3.74亿元（按调整后口径计算），增长1.93%，其中人民币贷款196.45亿元，比上年增加4.12亿元，增长2.14%；实现利润4.02亿元，比上年增加0.88亿元。截至年底，广发北京分行营业网点共计22个，在岗人数682人。

贷款业务 广发北京分行首先根据宏观环境及内部环境变化，适时调整信贷政策，不断强化信贷投向指引，推动信贷结构优化调整，引导经营单位加强风险控制，提高风险管理水平；其次，不断推动信贷审查、审批流程的改进，合理调整信贷审批流程和管理流程，加强总、分、支三级机构的信息沟通；再次，不断加强存量资产的管理，严格控制新增不良资产，积极化解存量授信风险；对经营单位加强检查和监测力度，不断提高转授权与风险控制水平的匹配程度；最后，加强信贷风险的量化管理和系统管理，特别是加强对集团客户的统一授信管理，全面推行五类十级的风险分类方法，加强人员培训，进一步完善信贷人员持证上岗制度，推动人员素质的不断提高。

国际业务 2004年，广发北京分行以扩大结算规模、增加中间业务收入为重点，实施分支行联动，在全辖范围内推进“外汇风暴”行动，积极推广大额结售汇、汇款业务，单笔即期60%保证金业务，银行掌握全套提单的开证业务等见效快的业务品种，根据政策的变化和客户需求，该行根据退税政策调整，结合企业需求及时推出相关退税业务新产品——“税得快”和贸易融资押汇新产品——小币种押汇，新的业务理念促进了贸易融资押汇业务的发展。2004 年，该行的国际结算量达到 26.07 亿美元；完成结售汇量 20.34 亿美元，较上年增长 50%；外汇中间业务收入达到 3 433 万元，完成计划的 127%，较上年增长 17%；外汇宝交易量达到 11.8 亿美元，各项指标均呈现良好的发展势头。

个人银行业务 广发北京分行进一步完善个人银行业务组织架构和个人信贷业务的授权及操作体系，进一步完善了考核激励机制，继续强化个人银行业务制度建设，加快产品创新步伐，主要推出“薪加薪”储蓄增值理财产品、“丰收”外汇理财产品、信托产品、保险产品及银证通等品种。在“一户通”的基础上研发推出了“广发吉庆卡”及“广发德威治理财通卡”，“吉庆卡”主要用作亲朋好友馈赠之用，“德威治卡”作为德威治大药房的会员卡，享受德威治大药房提供的增值服务。与顺天通房地产公司签订《银企合作协议》，在天通苑小区共同创建北京最大的金融社区。同时在天通苑社区发行“广通卡”联名卡，主要用于“天通苑”社区业主代缴物业管理费，都取得了良好的经济和社会收益。

信用卡业务 2004 年，广发北京分行的信用卡业务开始形成支行和信用卡中心共同发展的格局，全年新增发卡量 11.25 万张，比上年增长 1 倍；刷卡消费额达到 5.86 亿元，比上年增长 1.5 倍；不良率控制在广发行总行下达的指标之内，由于该行在信用卡领域的特色和影响，荣获了“万事达卡”国际组织颁发的“2004 年最佳分行营销奖”，还有 VISA 国际组织授予的“杰出合作伙伴奖”。

风险防范 广发北京分行深入开展“规范管理深化年”活动，坚持内控优先的经营管理原则，严格控制各类风险，努力实现规范管理根本好转的内控目标。坚持规范管理年提出的制度覆盖率、制度执行率、检查覆盖率、处罚到位率的四个 100%，切实加强对支行的管理，稳步推进基础管理标准化，并积极参与北京银监局提出的“创建好银行活动”，以创建“三无”（无违规、无事故、无案件）和“三好”（管理好、服务好、效益好）支行为目标，全面加强内控建设。稽核工作突出重点开展工作，强化了对信贷业务的检查力度，突出了新业务品种的检查，开展了对支行的票据业务、柜台内控风险等的专项检查、常规稽核和内控评价，内控管理水平得到稳步提高。在广发系统开展的年度内控风险评价中名列第一。

票据业务 广发北京分行不断提高全辖票据风险识别及防范水平。组织召开全辖票据工作会议，通过分析和讲解，指导支行如何规避风险；在办理转贴现时，严格审查跟单资料、核对利息，确保资料齐全，利息准确无误；切实做好基础管理，及时准确地登记转贴现明细手工台账和机器台账，每月末与各支行核对转贴余额；配合稽核部人员对全辖所属支行的票据业务进行了专项检查。为提高票据收益水平，2004 年该行对票据业务考核体系进行了改革，由对票据业务量的考核转变为对票据利差收入的考核，实现了票据业务考核由规模到效益、由量到质的转变。

安全保卫和纪检监察 2004 年，广发北京分行认真做好风险防范工作，有效落实“三防一保”各项措施，在全辖各网点的金库内安装了自动灭火装置，全部达到了广发行总行的安防标准。开展了“防风险、找风险、纠违章”活动，进行各项有针对性的专项检查，发现问题，及时整改，有效地防止了风险隐患的发生。积极配合北京市公安局内保局侦破信用卡犯罪案件，已追缴回被骗资金20余万元，抓获犯罪嫌疑人3个，成功堵截了多起使用假身份证办理业务的案件。在广发总行年末组织的安全保卫评价中，该行名列第一。

在纪检监察方面，广发北京分行积极开展“纪律教育月”活动，认真落实党风廉政责任制，开展效能监察，做到风险防范关口前移，在全辖范围内开展了“反腐防案”教育活动以及观看“警钟长鸣”教育片；组织参观监狱，组织井冈山红色之旅，发挥兼职纪检监察员的作用，从源头上预防和治理腐败。

人力资源 2004年，广发北京分行将工作重点放在提高培训水平、增强培训效果上，全年共组织、举办和参加各类培训909期，培训人数达18 589人次。为进一步提高柜员素质，加强柜台服务质量和效率，该行严格持证上岗制度，并实行上岗证年检。为创建学习型团队，该行通过借鉴国内外相关经验与理论，结合自身实际，提出了《广发北京分行创建学习型团队测评方案》，以要素、行为、效果三方面为考核平台，运用量化打分与问卷调查双重手段，对各单位创建学习型团队的情况进行整体测评，并通过奖励优秀团队达到鼓励员工学习和团队学习的目的，从而全面提升分行的竞争与创新能力。

优质服务 广发北京分行积极开展规范化服务达标活动，全力打造高效银行。该行提出了“一线为客户服务，二线为一线服务，领导为员工服务，全行为社会服务”的大服务概念，一年来，该行认真开展规范化服务达标活动，在全行实施服务承诺制度，根据《北京分行作风建设规范化服务达标考评标准和办法》等规定，分行与各部门、各支行签订了责任书。通过进行多种形式的明察暗访，定期召开服务督导员座谈会，交流对北京分行规范化服务工作的看法，不断提高金融服务水平，在广发总行规范化服务考评中名列第一。

党团工作和精神文明建设 广发北京分行以学习、宣传和贯彻党的十六大精神为指导，按照“三个代表”重要思想的要求，积极开展党建工作。2004年加强了对全行入党积极分子的培养，举办入党积极分子培训班，并发展了18名同志为中共预备党员。在共青团工作中，贯彻“党建带团建”的各项要求，在全辖积极开展“争创青年文明号”活动，号召广大团员认真贯彻执行广发行总行的服务规范。为丰富员工生活，分行组织了第一届职工运动会和登山比赛等文体活动，进一步激发了广大员工的拼搏精神与团队意识。

（陈鸿知）

兴业银行北京分行

行长　蒋云明

2004年，兴业银行北京分行以服务首都经济建设为己任，积极把握国家宏观调控政策，加大改革探索力度，扎实推进业务发展模式和盈利模式的转变，各项业务稳步发展，盈利水平显著提升。截至年末，分行共有21家经营机构，在岗职工401人。本外币资产余额370.78亿元，比上年增加50.85亿元，增长15.89%；本外币存款余额294.86亿元；本外币贷款余额196.41亿元；全年实现利润4.52亿元，比上年增加1.21亿元。

同业业务　兴业银行北京分行同业业务坚持宽领域、专业化的经营方针，围绕服务优质客户、推出创新产品和提高服务水平等主题，积极探索业务结构多元化、收益结构多元化，形成了专业、高效的产品和服务体系。截至年末，分行与各商业银行、城市商业银行、证券公司、基金管理公司、保险公司、信托投资公司、企业集团财务公司、信用社等共70多家同业客户建立各类业务合作关系，实现了银行与客户“双赢”的发展目标。2004年分行取得了债券投资交易业务资格，对丰富同业业务品种、优化资产结构、提高资金运用效率和培育市场核心竞争优势起到了积极作用。

公司业务　兴业银行北京分行针对企业金融需求多元化趋势，在整合公司业务产品和服务的基础上，形成系统化的产品组合，正式推出涵盖七大服务板块的公司业务组合创新产品——“兴业财智星”。以“无限创意”为理念，为客户提供量身定制的金融解决方案，全面满足客户个性化的需求。

截至年末，人民币各项对公存款余额255.5亿元，比上年增加30.3亿元，增长13.45%。全年累计办理票据业务交易量55亿元，实现利息收入5 156万元。

个人金融业务　兴业银行北京分行加大业务联动和产品创新力度，强化市场营销，全面推进个人金融业务，实现了个人负债业务、资产业务、中间业务的良性协调发展。截至年末，人民币储蓄存款余额达17.5亿元，比上年增加6.2亿元；外币储蓄存款余额为2 011万美元。全年累计发放个人贷款13.2亿元，其中个人住房贷款11.5亿元，年末个人贷款余额15.9亿元，比上年增加10.6亿元，不良贷款率及逾期贷款率继续保持“双零”记录。分行加大产品创新和营销推广的力度，大力发展代理国债、银保、银证等个人中间业务，完善缴纳公用事业费和发售

"公交一卡通"等多项代理业务功能。

兴业银行北京分行以发展个人理财业务为突破口，积极转变营销模式，带动个人金融业务的整体协调发展。先后推出"万汇通"外汇理财产品六期、"万利宝"人民币理财产品一期。通过媒体广告、短信通知、信函邮寄、现场宣传、电话预约等营销举措，积极宣传"兴业理财"的强势品牌，大力发展个人中高端客户，有效拉动储蓄业务的增长。

银行卡业务　兴业银行北京分行加大业务创新力度，丰富银行卡功能，改善用卡环境，提高银行卡的有效发卡量。截至年末，兴业卡累计发卡量达到36万张，比上年增加12万张，实现刷卡消费额共计1.46亿元。同时，大力推广带有恒生银行标志的兴业信用卡，全年累计发卡3 252张，荣获2004年度VISA国际组织"新业务拓展奖"。在全国范围内首家推出银行卡"银联通"网上基金买卖业务，实现兴业卡投资理财功能的重大突破。与银联公司合作，先后开办兴业卡"港澳通"业务和跨行转账业务，进一步完善兴业卡功能。加强联网通用工作，正式开办外卡收单业务，兴业卡跨行交易成功率一直在北京地区稳居各商业银行前列，收单商户数达到155家，其中外卡收单商户8家，布放直联POS机249台。

国际业务　兴业银行北京分行外汇业务以可持续发展为目标，以客户和市场为核心，大力发展中间业务和负债业务，推进产品多元化、服务差异化以及组织制度再造，积极拓展大型机构客户的外汇核心负债业务，实现核心负债业务的有效新增。深化对特殊行业、重点客户的开发，加大对中小企业的营销和培植，拓展国际结算稳定的客户基础。截至年末，外币一般性存款余额为2.00亿美元，比上年增加2 769万美元，增长16.08%。累计办理国际结算25.56亿美元，比上年增加3.89亿美元，增长17.93%。累计办理结售汇24.17亿美元，比上年增加2.97亿美元，增长14.01%。

信贷管理　兴业银行北京分行切实按照兴业银行总行"两个转变"的要求，积极配合国家宏观调控政策，继续通过项目准入、比例调控、利率杠杆等多种措施，并专门制定年度信贷投向指引，进一步加大对行业投向和业务选择的引导，信贷资金重点投向国家宏观政策鼓励且整体风险较小的行业，有效加强零售业务、中间业务和外汇业务，在实现有效控制风险的同时，提高业务的经济增加值。在工作过程中，强化对优良客户的拓展，加快基本信用客户群的培育，分行业务发展的协调性和可持续性进一步增强，从根本上确保了分行信用资产的质量。

继续加强信贷业务制度建设，合理进行业务转授权，不断规范信贷信息系统的使用，完善信用业务办理过程中各个环节的操作，加强法律事务的管理，努力实现操作风险的事前预防。继续强化业务人员的技能培养，提高风险防范和管理素质。通过健全完善规章制度，不断提高人员素质，辅以电子化系统的硬约束，进一步提高了分行的信贷基础工作水平。

风险控制　兴业银行北京分行以构造全面风险管理体系为目标，加强对经营中各类风险的管理和控制，健全风险管理的长效机制。积极配合宏观调控政策措施，认真贯彻各项监管要求，保证业务依法合规。信用业务办理始终坚持以质量为中心，严把风险关，提高信用项目审查的规范性和效率，坚持并完善审查人员对重大疑难项目的独立调查，建立了就优化信用审查工作与经营机构开展专项交流的制度，密切关注政策敏感性行业客户的风险，从源头上保证了信用资产的质量。继续将信用资产五级分类全面纳入日常风险管理，完成了信贷信息系统及风险监测系统的升级完善，提高了风险预警的能力。加强法律事务管理，有效防范业务办理中的各种法律风险。不断规范贷前、贷中和贷后各环节的操作，有效防范操作风险。加强对经营机构的专门检查与辅导，实现了信用业务基础工作水平的进一步提高。同时，将风险的化解作为一项重要的工作常抓不懈，最大限度地保障了信贷资产的安全。严格有效的风险控制确保了分行信用业务在宏观调控中的健康发展，连续5年保持了较高的资产质量。

内部控制 兴业银行北京分行在政府实施宏观调控、强化金融监管的背景下，进一步强化内部控制，确保各项业务在良好的内部控制环境中健康发展。(1) 制度建设。补充制定了《银行卡跨行业务差错处理操作规程》、《紧急重大情况报告工作制度》等多项内控制度。(2) 人员管理。分行继续强化“以人为本，内控优先”的内部控制管理原则，加强思想教育工作，强化风险防范意识。(3) 监督检查。重点对信贷业务和财务核算进行常规审计检查，范围覆盖分行辖内各经营机构，有效防范和化解各种风险隐患。在开展常规审计的同时，穿插进行专项审计检查和专项业务检查，对规范业务操作，强化内部控制，防范化解金融风险起到了积极的保障和引导作用。

电子化建设 2004年，兴业银行开发完成“在线兴业”网上银行3.0版，技术含量大为提升，功能更加强大。兴业银行北京分行在全面实施金融电子化网络建设的基础上，积极开发、创新金融产品，为分行2004年的整体发展提供了有力的技术支持和保障。分行自主开发了“绩效考核”系统，实现了对客户经理和分行本部员工的业绩考核；在中间业务平台上开发的“首钢资金平台”，实现了对账户流水和余额的实时查询；开发完成的“代收电费和北京电信话费”丰富了分行的代理业务品种；不断充实、完善的分行信息查询系统，为分行的管理提供了决策支持；升级、改造后的电话银行系统以及配合总行完成的呼叫中心（call center）系统成为分行的一个重要接入渠道；跨行通存通兑系统（简称“柜面通”）通过测试，为跨行代理个人储蓄业务的发展奠定了基础。通过对原有IP电话系统实施改造升级，实现了北京分行本部IP电话的全线开通；优化了原有的网络结构，安装了防火墙，实现生产网络、办公网络、内部网络、外部网络的严格分离；建立外部入侵检测系统，实时监控系统异常情况，提高了系统防范能力；在分行辖内实现互联网统一接入，既便于统一管理，又有效防范了计算机病毒入侵，保证了系统安全。

企业文化建设 兴业银行北京分行坚持以人为本，同心兴业，以全行事业发展的远大目标和美好前景为感召，积极倡导“为社会和客户创造价值、为企业和股东创造价值、为员工自身创造价值”的兴业企业文化核心价值观，将分行的事业发展与员工个人发展紧密结合起来，使分行事业发展目标成为全体员工共同的价值取向，创建和谐企业。通过举办分行开业4周年志庆座谈会，适时开展劳动竞赛，引导分行上下讲业绩、比贡献，激励广大员工在实现分行宏伟目标的过程中建功立业，实现个人价值。举办分行员工新春联谊会、第二届员工歌唱大赛和首届职工运动会、组织员工体检，兴业文化建设不断引向深入，员工凝聚力进一步增强。

（综合部）

深圳发展银行北京分行

行长　万安培

2004年，深圳发展银行北京分行（以下简称深发北京分行）在深圳发展银行总行和各监管部门的大力支持下，各项业务规模与效益均稳步增长。国际业务保持了快速良好的增长势头，零售业务基础建设取得长足进步，同业市场开拓与业务范围不断加深，资产质量优秀，网点建设取得良好成效。截至年末，该行总资产达196.20亿元，比上年增加23.33亿元，增长13.50%。本外币各项存款余额为156.75亿元，比上年增加29.72亿元，增长23.40%，其中人民币各项存款余额为142.62亿元，比上年增加33.54亿元，增长30.75%。本外币贷款余额（不含贴现）为100.17亿元，比上年增加20.11亿元，增长25.12%，其中人民币贷款余额为98.99亿元，比上年增加22.69亿元，增长29.73%。当年实现利润（税前利润）为1.92亿元。截至年末，该行下辖12个营业网点，在岗职工数425人，平均年龄30岁，具有大专以上学历的员工占95%。

公司金融业务　2004年，深发北京分行以现有客户为出发点，结合北京市场的特点，沿着产业链向纵深和横向发展，以培养优质客户为重点，以大力拓展中小型优质客户为手段，努力调整信贷结构，充分发挥自己的特点和优势。一方面，顺应北京“总部经济”特征，先后与中化集团、华能国际、首都机场等大型集团客户建立了长期战略合作关系，进一步夯实客户基础；另一方面，积极响应国家宏观调控政策，通过行业选择和市场细分，构建了行业分布合理、信用品质优良的稳定客户群体。通过授信品种创新和市场推广，深发北京分行现已形成了以动产和货权质押业务、1+N贸易融资链业务、商业承兑汇票保贴、保理业务以及客户账户透支额度等灵活多变、周转效率高、市场适应良好的授信业务品种。其中，对汽车和钢材经销商的动产货权质押业务取得了良好的市场反馈。1+N贸易链营销模式，即深发北京分行通过围绕一个大型核心企业，给予其行业链上下游的中小客户的信贷支持方案，也因其优良的营销模式而深受市场的欢迎。

截至年末，深发北京分行本外币各项贷款总额为122.76亿元（含贴现），比上年增长11.7%，贷款的集中度有了较为明显的下降，信贷资产结构进一步优化，授信业务品种日益成熟，实现了信贷业务的健康持续发展。

国际业务 2004年，深发北京分行实现国际结算量26.96亿美元，比上年增长65.6%；结售汇21.13亿美元，比上年增长49.7%；国际结算收益总额为2 003万元人民币，比上年增长50.71%，占分行中间业务收入的72%，对利润增长形成重要支持。在以贸易融资为突破口，带动进出口贸易结算业务快速发展的同时，深发北京分行还大力加强了服务贸易、资本以及个人外汇业务的开发，各类外汇账户不断增加，业务品种不断完善，相继推出个人因私购汇、中俄一汇通、离岸网上银行、出口信用保险项下融资等一系列新产品。2004年作为深发北京分行特色的离岸业务也保持了健康稳定发展，离岸业务以负债业务为主导，以开发境外上市公司等大型客户为重点，离岸结算量突破2亿美元，比上年增长362.84%，具备了一定的市场知名度和竞争力。

零售业务 2004年，深发北京分行的零售业务加速发展。分行提出以“个人消费信贷、信用卡、财富管理、电子银行”四项主力业务为核心，通过专业化的经营、差异化的营销，大力提升服务的深度和广度。

2004年，深发北京分行完善了各项中间业务。代收移动、电信话费业务、代收燃气费业务、代付公积金业务、房屋租金代收付业务相继开展，取得了良好的市场效果。此外，深发北京分行被北京市建委指定作为房屋租金代收付业务的4家承办银行之一。

2004年，深发北京分行还推出了首创的“金卫士”手机管账安全保障，为客户提供手机确认服务和短信通知服务，并推出了业务办理优先、业务费用优惠的“发展理财”贵宾客户服务。

截至年末，分行储蓄存款总额为6.69亿元，比上年增加2.32亿元，增长53.4%，个人贷款余额为8.31亿元，比上年增加6.07亿元，增长271%。借记卡发卡量为6.96万张，信用卡发卡量为7 579张，新布放自助机具17台，其中离行式自助机具15台。

同业业务 2004年是深发北京分行同业业务继续大力发展的一年。通过在原有业务基础上进行的推广、探索和尝试，在同业市场开发、资金往来、产品创新等方面均取得了较为显著的进步。截至年末，同业存款余额为33.9亿元；日均同业存款为33.1亿元，在深发银行系统内排名第一。同业拆借、票据转贴现、资产转让等业务累计交易量近290亿元，资金业务的作用已逐步从满足流动性需要向侧重于拓宽盈利渠道、提高资金收益转变。以票据转贴业务为例，通过一年来的发展，已摆脱了以往在票据市场中单一的票据转出行角色，逐渐成长为积极的双向参与者，票据业务规模和业务收入在驻京股份制商业银行中的排位均较往年有了大幅跃升。

2004年，深发北京分行通过与其他股份制商业银行签订多方合作协议的方式，进一步扩展了业务合作平台，提高了同业资源共享效率。目前，同业客户范围已经涵盖了银行、保险、证券、财务公司、信托公司和基金公司等各类金融机构，并以本地市场为基础，向异地经济发达地区渗透，业务合作网络不断扩大。同业业务发展已成为分行中长期发展战略的重要组成部分。

风险管理 2004年，深发北京分行按照“加强基础管理，合理分配信贷资源，强化制度执行力”的指导思想，突出“适度贷款增长、调整信贷结构、防范信贷风险、强化清收工作、支持优质客户”的工作方针，从制度、队伍、业务流程等方面全面夯实了信贷基础管理体系；初步建立了综合、档案、物控及法律等各类信贷队伍梯队，对市场人员有针对性地开展业务培训，提升业务水平，提高全员风险意识，使全行资产业务稳健发展。

内控建设 2004年，深发北京分行在严格执行《商业银行内部控制指引》的同时，主要开展了以下六项内控建设工作：一是统一思想，提高对内控重要性的认识，在对内控建设领导小组进行调整的同时，提出了“规范和完善深发北京分行内部控制制度的意见和要求”；二是加强内控制度的建设工作，进一步强化内部管理工作的重要性，营造内控管理的文化氛围；三是积极开展学习和宣传活动，加强对员工内控意识的教育；四是完善组织架构，明确岗位职责，梳理工作流程，加强内控管理；五是逐步完善内控制度建设，防范金融风险发生，分行各业务管理部门着重对自己内部的内控环境进行了清理和整顿，本着从认真加强内控角度出发的精神，制定和完善了更加严格的内控要求；六是稽核部门和各业务管理部门加大了检查力度，增加了检查频率，扩大了检查覆盖面，同时对违规行为加大了处罚力度，更有效地防范了风险，巩固了内控工作的成效。

电子化建设 2004年，深发北京分行在提高性能、完善功能的基础上，将“客户信息系统”发展成为分行的数据处理综合平台，并以此为基础相继开发了“反洗钱系统”、“商户清算系统”、“住房公积金处理系统”等管理应用系统；成功投产了以Domino为平台的办公自动化系统，实现了公文流转自动化、办公无纸化。在业务系统方面开发试运行了柜面通，与北京市5家商业银行实现储蓄银行卡通存通兑；实现了业务数据异地备份。2004年分行的网上银行较上年取得了长足进步：通过网银票据查询系统的投入使用，与中化进出口有限公司、沃尔沃等大企业集团签订了合作协议。截至年末，网上银行企业结算金额替代率为34%，交易金额为797亿元，比上年增长了112.5%；个人结算金额替代率为5.5%，交易金额为1.65亿元，比上年增长了93.4%。

人力资源管理 人力资源工作的重点放在两方面：一是建设和执行科学、公正的考核机制；二是打造一支优秀的员工队伍。

在考核机制方面，建立了优胜劣汰、能上能下、能进能出的人力资源管理机制。在人才建设方面，坚持“高素质、高标准”的原则，通过社会公开招聘、内部引荐、主动挖掘等多种渠道，不拘一格引进人才。

党工团及精神文明建设 为纪念中国共产党建党83周年及开展对党员进行保持先进性教育活动，深发北京分行组织了全体党员和部分积极分子赴革命圣地井冈山及延安地区参观学习；成功举办2004年迎春颁奖晚会，获得一致好评；对生活中有困难的职工及时送上补助金，在佳节来临之际为员工送上礼品及祝福；组织员工进行体检以保障员工的身体健康；积极开展为预防艾滋病捐款活动，捐款额达2.13万元；庆祝深圳发展银行北京分行成立4周年，组织员工在京郊十渡进行了拔河比赛及登山踏青活动；参加了北京市金融业文化建设协会举办的论文活动及深发总行金融法律法规知识竞赛，均取得了较好的成绩；组织员工两次参加北京电视台“新北京，新奥运”节目的录制；举办了第二届金秋登山健身比赛活动和第三届业务技能比赛；对员工进行了文明礼貌方面的培训等。

（杨　瑛）

中信实业银行总行营业部

总经理　张　强

2004年，中信实业银行总行营业部（以下简称中信总行营业部）严格按照总行“求真务实抓管理、高质高速谋发展”的工作要求，围绕创新和发展两大主题，坚持效益、质量、规模协调发展。一方面认真贯彻落实国家宏观调控政策，调整信贷资产结构，加强信贷风险管理；另一方面积极开拓创新，克服经营压力，扩大业务规模，增强盈利能力，实现了各项业务高质高速发展的良好局面。截至年末，共有支行27家，正式员工846人。本外币资产总额1 227.11亿元，比上年增长18%；本外币存款折计人民币1 085.59亿元，比上年增长17%；本外币贷款折计人民币482.13亿元，其中人民币贷款426.36亿元，比上年增长0.6%；国际业务贸易项下结算量244.88亿美元，比上年增长137%；不良资产率为3.77%，比上年降低2.18个百分点；税前利润14.62亿元，比上年增长55%，人均创利177万元，继续保持健康、快速的发展局面。

公司金融业务　2004年，中信总行营业部坚持重点行业、重点区域和重点板块相结合，加大公司业务营销力度。在负债类业务方面，采取了将资金链做长、客户群做宽、业务点做多的营销策略，扩大高端客户群，加大了中央财政和北京市财政两个层面的营销力度，存款规模持续稳定增长。在确保北京市财政局采购资金专户稳定增长的同时，又成功中标取得北京市财政基本建设资金直接支付代理银行资格。截至年末，该行的人民币一般性存款余额为729.31亿元，比上年增加121.11亿元。

在资产业务方面，该行积极贯彻落实国家宏观调控政策，根据总行整体发展规划和总体工作要求，细分营销市场和目标客户，确定了三大重点资产营销板块，通过开展综合授信和信贷资产转让等一系列业务，优化了信贷资产结构；通过提供组合贷款，实现了银企“共赢”；通过进行应收账款的表外融资业务，在重点做好结构性融资的同时，还为客户提供财务顾问服务，积累了丰富的投资银行业务经验，取得了良好的综合收益。截至年末，该行对公一般性贷款折合人民币 398.20 亿元（不含贴现），比上年增加 71.41 亿元。

个人金融业务 中信总行营业部积极搭建以储蓄业务为基础、资产业务和理财业务为重点的零售业务体系，加快中信私人贷款中心、中信出国金融服务中心、中信信用卡中心、中信私人理财中心和中信自动银行中心的建设，构筑了以五大中心为营销平台、支行为营销主体的综合化、多层次的营销组织架构。在个人信贷业务方面，推出个人贷款五级分类管理办法，全年开发按揭项目 80 多个，并推出了一系列新的私人贷款产品，主要有：中信公司内部职工贷款、“外汇理财宝——利率联系存款”质押贷款、行内职工房产抵押贷款、北京市住房贷款担保中心阶段性担保住房贷款、集团客户购房贷款、私人担保业务、保单质押贷款和小企业客户授信业务等。截至年末，该行的个人贷款余额为 83.93 亿元，比上年增加 48.96 亿元。

在储蓄业务方面，该行在继续做好理财宝、“喜上禧”和“金榜题名”贺喜存单、教育储蓄存款和定活两便业务等传统产品的同时，研发了个人通知存款、跨行通存通兑、代发住房公积金和住房补贴业务等新产品，先后推出了 10 期外币结构性存款产品和一期人民币理财产品，通过采取代销信托产品配售储蓄、代发工资奖励政策、开展储蓄精英榜等措施，实现了本外币储蓄存款余额的稳步增长。截至年末，该行的储蓄存款本外币余额折计人民币为 45.93 亿元，比上年增加 10.61 亿元。

国际业务 通过实施整体联动营销，中信总行营业部加快了国际业务产品创新，促进了“以融资促结算，以结算推动融资，以结算带动综合收益”良性循环，进一步拓展了在北京地区国际业务的市场份额，新推出了出口 O/A 项下押汇业务，将国际业务收付汇量及收益指标下放各营销单位，推行整体联动营销和考核，采取全辖单证业务进行集中处理的模式，提高了业务质量和工作效率及抗风险能力，国际业务向纵深发展。截至年末，该行收付汇总额为 244.88 亿美元，其中贸易项下国际业务收付规模 166.37 亿美元，较上年增长了 45.52%，首次位列北京地区同业第一；贸易项下融资累计金额为 41.6 亿美元，实现融资收入 7 651.32 万元，较上年增长了 49.4%。

中间业务 中信总行营业部加大了对奥运板块的开发力度，积极承做了大量风险小、收益高的优质保函项目，积极参与政府转贷项目投标工作，截至年末，共开出保函 2 514 笔，完成信贷证明（资信证明、查证授权书）3 563 份，实现各项收费 2 368 万元。先后代销了中信经典配置基金等四只开放式基金，累计销售 4.51 亿元；与信诚保险等多家保险公司签订了代理协议；先后代理销售多只信托资金；开通了个人外汇买卖网上交易功能；成功推出了代收北京市燃气费、代收代付房租、代发住房公积金等业务；并积极研发代收旅游费、代收电费等业务。建成贵宾理财中心 19 家，并建成出国金融服务中心，使馆代理业务已经有美国、德国、伊朗、南非、意大利 5 家。国际业务的中间业务收入1.04亿元，比上年增长19.94%。

银行卡业务 中信总行营业部通过多种手段加大对中信STAR信用卡的营销力度；增加北京市政府采购公务卡的功能；改善中信市政交通一卡通联名卡的用卡环境；顺利完成了与资金圈存业务相关的系统开发工作；完成了“中信爱心卡”合作协议及操作流程的草拟等工作。重视用卡环境优化建设，根据中信总行确定的“优先发展独立ATM，适当发展夜间金库，控制发展自助银行”的自助设备发展方针，建成自助银行网点28个，已投放自助设备99台。2004年发行中信理财宝14.27万张，中信STAR信用卡1.71万张。

金融电子化 中信总行营业部不断加大系统开发力度，修改和完善了“北京市财政局直接支付业务信息管理系统”，新增打印入账通知书、公务卡交易明细查询等功能，实现了与中信金融网互联；开发并测试完成北京市财政局直接支付零余额账户信息管理系统和财政部非税收入收缴业务信息对账单程序，实现了电子数据交换；开发完成了“北京市单一账户代理银行凭证信息传输系统”，为预算单位划拨资金提供了极大方便；完成了“市政交通一卡通自助圈存”软件开发测试工作，使得一卡通项目取得突破性进展；开发直联POS对账单及进账单程序，确保了银联各项工作顺利进行；完成了自助设备通过中信借记卡代缴费的软件开发、测试，丰富和完善了该行自助服务产品；开发了符合北京银联标准的中信柜面通业务处理系统，实现了跨行储蓄柜台银联卡通存业务。积极配合中信总行做好新产品的推广应用工作，并为各单位加强业务开发和内部管理，提供日常技术支持，做好后勤服务，保障各项业务顺利开展。

风险管理工作 中信总行营业部认真贯彻落实国家宏观调控政策，细化各类贷款授信措施，加强对产业政策和客户信息的分析研究，进一步完善了授信管理制度，推行贷款风险集中度和关联企业授信监测与风险提示制度，严格执行贷款五级分类标准。扩大稽核范围，提高稽核频率，对现金尾箱和柜员卡的管理、有价证券投资、证券公司与企业的委托理财情况、贷款五级分类情况等进行了专项稽核，先后11次对离任干部进行稽核。实施会计事后监督系统，加强后督中心管理，制定完善了《中信实业银行总行营业部会计事后监督管理办法》、《中信实业银行总行营业部会计事后监督操作流程》、《中信实业银行会计事后监督系统管理手册》、《会计事后监督特殊事项处理说明》、《中信实业银行总行营业部会计凭证使用规范》等系列规章制度，进一步深化完善会计经理委派制度，加强会计基础工作。

网点和机构建设 2004年，中信总行营业部安贞支行、广渠路支行、望京支行和清华科技园支行相继获准开业，阜成门支行迁入新址。此外，新建成自助银行5家。根据中信总行组织架构整合的要求，顺利完成了内部机构整合工作。调整后，中信营业部本部共设置13个经营和职能部门，将所辖支行原业务部拆分为公司营销部和零售营销部，形成了主线驱动的经营模式和风险管理体系。

内部管理 中信总行营业部按照支行、支行行长、客户经理三个层面完善经营业绩评价考核体系，形成了支行做大做强的价值平台；制定了《2004年度支行营销费用管理办法》，引导经营单位提高投入产出效率。截至年末，支行人民币一般性存款余额为416.77亿元，其中有8家支行超过了20亿元；人民币贷款余额为322.32亿元，有7家支行超过了20亿元；支行人民币一般性存款和人民币贷款余额占比分别达到了56.3%和70%。加强资产负债管理，对辖内下拆资金利率实行差别利率；加强市场利率走势分析研究，加强风险资产的监控和计量。强化安全保卫，提高治安防控技术。还开展了向“健康快车”和“中信绿色工程”捐款的公益活动，并通过多种形式推进企业文化建设。

（罗家国）

中国光大银行总行营业部

主任　张华宇

2004年，中国光大银行总行营业部（以下简称光大总行营业部）在总行建设“精品银行、上市银行”的要求下，克服资本金约束和信贷管理体制改革磨合等诸多困难，以“抓管理、保质量、促效益”为主线，加大资产负债结构、产品结构、客户结构、网点结构、人员结构的调整优化步伐，推进特色经营，不断增强和提高市场竞争能力，各项业务都迈上了一个新台阶。截至年末，光大总行营业部下属1个营业室，28个支行，正式员工829人。总资产达707.8亿元，比上年增加48.5亿元，增长7.4%；本外币存款余额为654.8亿元，比上年增加48亿元，增长7.9%，其中人民币存款余额为608.6亿元，比上年增加46亿元；本外币贷款余额为317亿元，比上年增加56.8亿元，增长21.9%，其中人民币贷款余额为305.6亿元，比上年增加58.3亿元；全年实现利润总额6.4亿元。

公司金融业务　2004年，光大总行营业部把做强公司业务作为业务发展的重心。一是树立创新的营销理念。提出营销方式的转变要求，即“单一产品向组合产品营销转变、单兵作战向整体联动营销转变、传统营销向多功能的现代化综合方式转变、浅层次低水平服务向高附加值的综合理财转变、单方面寻求客户支持向‘双赢’方式转变”。二是改革激励机制，推行客户经理绩效考核办法，完善客户经理等级管理制度，使客户经理的收入与业绩挂钩，增强分配上的公开透明，提高员工开展营销工作的积极性。三是积极开展产品创新，提高市场竞争力。及时了解客户需求及市场变化，有针对性地做好产品创新工作，制定产品创新信息管理办法，建立了公司业务新产品需求备选机制，努力把传统的存贷款业务发展模式逐步向多品种的综合服务模式过渡。四是实行科学务实的差异化服务。充分利用产品特点与网点优势以及网上一柜通、银企通和代理财政资金支付业务等特色服务，成功开发了一批集团客户和国家部委客户，使存款的稳定性得到显著提高。截至年末，对公存款591亿元，比上年增加33亿元，对公贷款254.9亿元，比上年增加28亿元。

个人金融业务 按照光大银行总行做大私人业务的工作思路，2004年光大总行营业部坚持“全员营销，差别服务，创出品牌，营造环境”的工作方针，对外创新业务，积极拓展市场，对内强化管理，加强业务指导，实现了各项个人金融业务的健康快速发展。一是大力发展自助缴费机项目。全年共布设自助缴费机282台，交易量近7万笔，交易额为1 540万元，提高了全行中间业务收益。二是精心打造“阳光理财”品牌，借助人民币理财产品和外币理财产品促进储蓄业务增长。截至年末，13期“阳光A计划”共销售1.2亿美元，港币1 028万元；6期“阳光理财B计划”共销售8亿多元人民币。三是不断改善用卡环境，提高阳光卡发行质量与数量。2004年，新增卡量23万张，卡均存款1 196元。四是在有效控制风险的前提下，积极推进个人贷款业务发展。截至年末，个人贷款余额为62亿元，比上年增加29亿元，增长86.7%。

信贷业务 2004年，光大总行营业部围绕国家宏观调控措施、光大总行信贷政策指导思想与总体目标，确立了适度发展、调整改善信贷结构、严格控制不良贷款、确保业务顺利发展的信贷工作思路。一是信贷规模在有效调控下适度发展。截至年末，光大总行营业部本外币贷款余额合计317亿元人民币，累计发放444亿元，累计收回387亿元，比上年增加57万元，增长18%。二是及时调整信贷政策，优化信贷投向。公司贷款严格控制九个行业和一些集团性授信；个人贷款业务方面适时调整了车贷和房贷政策，降低了业务风险。三是以规范操作为核心，对贷前、贷中、贷后各环节均制定了明确的操作指引和实施细则，严把信贷资产质量关。前移风险关口，成立放款中心和个人贷款业务中心；建立了风险预警机制和不良贷款公示制，及时催收风险贷款。2004年，光大总行营业部资产质量明显提高，不良贷款清收实现了双降目标，不良贷款余额比上年减少4.46亿元，不良率下降2.5个百分点。

中间业务 2004年，光大总行营业部把全面发展中间业务作为利润增长的突破口。首先，把效益作为资产负债业务的重心，实施了资产业务向资本占用低的产品倾斜、贷款向垄断行业和基础性行业倾斜、个人贷款业务向按揭业务倾斜、开证和贴现业务是发展重点等政策，使中间业务成为全行新的利润增长点，提高了全辖绩效水平。其次，提高了国际结算业务的贡献度。大力支持开立即期信用证、进出口押汇/贴现、保理等资本收益率高的产品，在重点客户和产品上给予资金倾斜，提高了国际业务的综合收益。再次，完善了票据业务考核制。指导支行在开立承兑汇票时，注重贴现业务量，加快票据业务创新。全年共办理直接贴现50亿元，比上年增加18亿元，增长56%，利息收入为6 315万元，比上年增加2 313万元，增长58%；办理转（再）贴现91.7亿元，取得利息收入1 475万元。最后，通过开展代理支付工作，有效提升了全行的社会形象，扩大了客户接触面。全年共实现新增代理直接支付和授权支付单位 30 家；代理直接支付 4 215 笔，金额 316 亿元；代理授权支付 3.5 万笔，金额 104 亿元；实现手续费收入 310 万元。

内部管理 2004 年，光大总行营业部进一步强化安全经营和内部管理，保障了各项业务的健康发展。第一，树立风险管理和内控先行的指导思想。通过完善贷款管理、财务管理、干部人员管理和会计管理等 20 多项制度，构筑了严密的风险防范屏障。第二，精心组织做好核心系统上线工作，保证核心系统上线的时间和质量。第三，完成了内设机构改革工作，理顺了工作关系。第四，继续坚持大宗采购招标制度。全年共召开大宗采购会议 12 次，招标金额 7 000 多万元，节省费用 1 100多万元。第五，严格财务开支，将费用计划控制在光大总行的要求之内。全年实现资本占用收费前考核利润 6.4 亿元，比上年增加 1.8 亿元，增长 39.6%。

领导班子建设和企业文化建设 2004 年，光大总行营业部努力完善领导班子建设和企业文化建设，对干部队伍思想建设常抓不懈，培育了全行团结向上的经营氛围。首先，对干部队伍的思想建设常抓不懈。认真抓好政治学习，组织学习党的十六大精神，教育员工加强对“三个代表”思想精髓的认识和理解，明确前进方向；充分发挥党、团、工会组织的职能作用，通过举办文艺演出、体育比赛、党的知识竞赛、法制教育等活动，增强员工的责任感和奉献精神；加强业务培训，全年共举办各类业务培训近 30 期，全面提高员工的业务素质，以适应业务的发展。其次，多方位关心职工生活，为职工排忧解难。加强交流沟通，分不同层面召开座谈会，广泛听取员工的建议，并在全行通报整改情况，取得了员工的理解和支持。最后，按照党管干部的原则，加强中层干部队伍的建设。及时调整加强支行的领导班子，对优秀人才予以提拔，对不称职干部给予免职；加强廉政勤政教育，通过开展执法检查，诫勉谈话等形式，加强对中层干部的反腐倡廉教育，提高干部的政治素质；通过开展换岗交流等方式加强了对年轻干部的培养教育，为人才的储备和使用奠定了良好基础。

（王　倩）

华夏银行总行营业部

总经理　叶望春

2004年，华夏银行总行营业部（以下简称华夏总行营业部）认真贯彻落实华夏银行总行“走高质量发展之路，努力创建精品银行”的办行方针，积极支持首都经济建设，服务首都人民，转换经营机制，调整优化结构，强化市场营销，各项业务都迈上了新台阶。截至年末，本外币资产余额为735.35亿元，比上年增加273.92亿元，增长59.36%；本外币存款余额为679.03亿元，比上年增加235.47亿元，增长53.09%，其中人民币存款余额为659.75亿元，比上年增加237.9亿元，增长56.39%；本外币贷款余额为361.85亿元，比上年增加112.61亿元，增长45.18%，其中人民币贷款余额为344.26亿元，比上年增加118.24亿元，增长52.31%；全年实行利润4.51亿元，比上年增加1.95亿元，增长76.17%。全辖共设立支行30家，员工总数872人。

公司金融业务　2004年，华夏总行营业部以转变经营机制为动力，以加强服务和产品创新为依托，融入北京经济建设主渠道，积极参与重点行业、重点企业、重点产品、重点区域的开发，大力推动公司业务发展。完善公司业务营销体制，充实营销人员，全面加强营销队伍建设。一方面加强对现有客户，尤其是对重点客户、结算客户的维护和有效客户的挖潜培育；另一方面加强对新客户的开发力度，在总结历年公司业务市场营销工作，并吸取先进营销工作经验的基础上，制定了《2004年营销工作指引》，指导全辖各支行开展公司业务营销工作。强化公司业务营销分析和调研工作，及时了解客户状况，制定客户开发的政策性建议，发布市场营销动态，引导经营单位调整客户结构，先后与中国航天科工集团、京城机电控股公司、中国航空工业第一集团、中国海外工程总公司签订了全面战略合作协议。加强业务宣传工作，先后冠名举办了“华夏银行杯”北京春季万人长跑活动、桥牌比赛和“北京影响力”评选活动，参加了首都庆“三八”系列活动、北京金融咨询日等活动，积极宣传产品与形象，提升了社会知名度。

信贷业务　2004年，华夏总行营业部认真贯彻国家宏观调控政策，围绕北京金融市场的特点，服务于北京市政府确定的重点项目和现代制造业，加大对北京地区优势企业的信贷投放力度，实现规模扩张，优化信贷结构。信贷投放明显加快。年末，各项贷款新增额名列11家股份制商业银行第四位。信贷结构进一步优化，风险度降低，信用等级在A级以上的客户贷款总额为282.18亿元，比上年增加98.14亿元，占比提高了4.9个百分点。房地产贷款占比下降了7个百分点。同时，加强不良资产集中管理、集中清收，按五级分类口径，全年累计压缩不良贷款72户，金额6.55亿元。年末，不良贷款率降到4.49%，已基本达到北京地区商业银行的平均水平。

个人金融业务 2004年，华夏总行营业部积极组织推进个人业务的拓展，通过深化用人、分配和队伍机制建设，建立和完善个人业务营销体系。加快个人金融产品创新，为业务发展与功能完善提供强劲动力。围绕业务开发、功能完善和增强产品竞争力，全年累计完成代收移动话费、代收燃气费、个人存单质押开立承兑汇票、自助贷款、存款送手机、ATM跨行转账、人民币理财、贵宾理财、消费积分、代兑有奖发票等20余项业务产品的创新与开发；成功推出“华夏稳盈1号”理财产品；开发秀水商厦、京温服装批发市场个人金融业务，在北京首家开办了个体经营贷款。截至年末，储蓄存款余额为39.21亿元，比上年增加14亿元，增长55.57%。累计发卡73.30万张，比上年增加11.44万张，增长18.49%。个人贷款余额为33.46亿元，比上年增加18.16亿元，增长119%。

国际业务 2004年，华夏总行营业部完善服务功能和手段，为客户提供优质服务。截至年末，国际结算量为30.14亿美元，比上年增加8.08亿美元，增长36.63%；外汇存款余额为3.28亿美元，比上年增加0.68亿美元，增长26.15%。结售汇总量为21.3亿美元，比上年增加4.5亿美元，增长26.7%。

网络银行业务 2004年，华夏总行营业部进一步加快网络银行业务发展和安全建设步伐，进一步完善优化“企业网上银行安全运行方案”、“资金划转全自动方案”、“企业财务内控管理方案”等网络服务方案，举办了“网银在线俱乐部”和“网银之星，秋冬送情”有奖竞赛活动，加强网银业务营销和企业展示平台等新业务的推广，开发和运行企业集团内部结算中心、银税通、银证（企）直联等新业务，新增网上银行交易笔数为4.91万笔，新增网银交易量532.05亿元。

内控管理 2004年，华夏总行营业部按照职责清晰、目标明确、任务落实、责任到人的原则，加强内部控制。一是严格会计管理。成立会计事后监督中心，实现了全辖经营单位储蓄业务、会计业务的全部上线监督；通过定岗、定编、定责，进一步规范了营业网点岗位设置和岗位控制。二是加强稽核检查。在日常检查基础上，开展了对抵押和质押业务、上门服务、三方协议与合格证监管信贷业务、个人信贷业务、行政财务、计算机管理、国际结算业务等多个项目的专项稽核，检查面涉及全辖各个经营单位，检查内容在传统业务基础上进一步延伸。三是严格贷后管理，加强房地产贷款、商业承兑汇票贴现、贷后管理等业务和环节的制度建设，规范信贷业务操作，确保了放款操作更加规范。先后实现了信贷档案统一管理，对原始资料进行了补充完善，确保了授信条件和文件完整有效，强化了贷后管理；通过日常监测，实现了信贷业务到期预警通知制度，初步建立风险预警机制。四是加强“三防一保”工作。积极开展各种安全教育，制定了各类案件的预防和处置预案，定期开展各种检查，坚持夜查工作，杜绝安全隐患，全年没有出现一起“三防一保”案件。

员工培训　2004年，为适应不断发展变化的市场要求，华夏总行营业部把员工培训作为一项重点工作，坚持统一管理、注重实效、理论学习与实岗培训相结合原则，制定了《华夏银行总行营业部2004年培训计划》，完善培训制度，以讲座、考试、竞赛、网上培训相结合的形式，举办各类培训122期。培训内容丰富，涉及各项业务、各个岗位。培训形式不断创新，培训效果显著提高。通过量化标准和要求，建立严格的培训考核登记制度，促进了员工学习业务、钻研技术的积极性。

基础设施建设　2004年，华夏总行营业部进一步加强基础设施建设，加大金融电子化建设的硬件投入，加快自助银行的设立和ATM、POS机的布放。截至年末，设立自助银行21家，比上年增加10家；ATM机144台，比上年增加69台；POS机492台，比上年增加124台。全辖电子化设施得到较大改善，机关部室和营业网点人均电脑拥有量有了较大提高。全年新建、搬迁支行6家，支行总数30家，网点布局更加合理。2004年7月7日，总行营业部机关搬迁到了位于北京市西城区金融大街11号的新办公楼，极大地改善了外部形象和办公条件。

党的建设　2004年，华夏总行营业部始终把思想政治建设摆在重要位置。认真坚持党组中心组学习，召开民主生活会，贯彻落实民主集中制。加强思想建设和党的建设，健全基层组织。截至年末，党支部36个，党员总数301人，全年党员转正8人、发展预备党员5人，党员队伍不断壮大。加强党的作风建设。坚持群众路线，党组成员积极开展工作调研，全年累计到支行、客户调研230人次，为基层和员工解决实际困难和问题280多个。

企业文化建设　一是开展了丰富多彩的教育活动。开展了系列教育活动，对全辖副处级以上干部安排了党课讲座，使党员干部受到了党风廉政方面的再教育。加强党风廉政建设，进行预防职务犯罪教育，组织党员到革命圣地西柏坡参观学习，努力塑造团队精神和诚信道德。二是精神文明建设和争先创优成果显著。在华夏银行总行第五届技术比赛中，华夏总行营业部取得历史性的突破，荣获团体第一名的优异成绩。涌现出了灯市口支行、石景山支行等一批先进集体，边淑花等一批先进人物。三是继续落实行务公开。对人事聘任、住房改革等重大事项和关系员工切身利益的事项，基本实现了公开、公平、公正。四是关心职工生活和健康。集体员工宿舍装修改造、员工健康体检等事项均得到了妥善解决。五是开展了寓教于乐的群众文化活动。举办了第三届职工运动会、“红色经典”中秋京剧晚会，增进了员工友谊，展现了员工的良好精神风貌。

（马树新）

中国民生银行北京管理部

总经理 梁玉堂

2004年，中国民生银行北京管理部（以下简称民生北京管理部）按照年初提出的“坚持发展、做实做精、办出特色”的指导思想，结合实际采取了一系列有效措施，确保了各项业务继续保持快速增长，并在发展中有效调整业务结构，促进了经营方式的转变，实现了规模、质量、效益协调推进。

截至年末，民生北京管理部共有39家经营机构，正式员工921人。本外币资产余额达到1 169.8亿元，比上年增加243.9亿元，增长26.3%；各项存款余额为995.6亿元，比上年增加231.9亿元，增长30.4%；贷款余额（含贴现）为732.8亿元，比上年增加227.8亿元，增长45.1%，其中个人贷款余额为140.1亿元，比上年增长103.1%；不良贷款率（按五级分类口径）为0.43%，比上年下降了0.16个百分点；全年实现税前利润12.09亿元，比上年增加4.9亿元。

经营决策 民生北京管理部面对政策调整和市场变化带来的双重压力，积极支持国民经济“瓶颈”产业和短线行业的发展，有效控制过热行业的信贷投放，准确地领会和把握国家政策的实质，超前谋划，灵活应变。全面实现了“六个一”工程，即存款规模过千亿、储蓄存款过百亿、税前利润过十亿、人均存款过一亿、人均税前利润过百万、正式员工总数千人之内。资产业务方面克服宏观调控等不利因素影响，下半年加大贷款投放力度，全年增加贷款228亿元，创造了历史新高，在面临当年减利的情况下，正确处理了眼前利益和长远利益的关系，为2005年奠定了良好的盈利基础，保障了业务发展的后劲。在资产负债强势增长的同时，牢牢抓住资产质量不动摇，实现了不良贷款双降。

公司业务 在公司业务方面，民生北京管理部构建了营销委员会领导下的行业处室、产品处室、技术支持保障处室组成的营销组织架构。成立了七大行业营销中心，针对特定客户提供特定的金融解决方案，以期实现客户价值的最大化。利用准事业部的组织模式，实现方案营销和团队营销，先后成立47个开发小组，开展以“一揽子”金融需求解决方案和企业理财革新计划为主体的创新营销。通过与目标行业中的枢纽性企业捆绑式展业，着力培养了一批有战略合作潜力的核心客户。同业业务以“争揽同业存款、力促外汇理财、强化流动性管理”为中心，在市场拓展上，日均净额提高到63亿元，比上年增加20亿元，新增日均额相当于2003和2002两年增长之和，在北京市场树立了品牌形象。国际业务保持了高速、超常的增长态势。对公外汇存款8.41亿美元，比上年增加2.7亿美元；国际结算量52.85亿美元，比上年增长43%；对公外汇存款和国际结算量在民生银行系统内均雄居榜首。国际结算量、外汇贷款市场占比均居全市股份制商业银行第四位。

零售业务 民生北京管理部零售业务创建了全新的业务流程，完善相对独立的考核和激励体系，在银行卡、储蓄、按揭、自助银行等方面实现突破。零售业务市场竞争力（竞争态势、市场占有率、客户认知度、业务结构占比）显著变化，在北京地区形成了业务宣传与营销的强大攻势。截至年末，储蓄余额达107亿元，比上年增加38.4亿元；个人贷款余额达140.1亿元，比上年增加71.1亿元。本外币理财产品销售成为2004年的亮点，全年共销售五期外汇理财和一期人民币理财产品，销售金额折合人民币约27亿元，拉动储蓄增长近20亿元，新增客户约2.5万户。自助网点的竞争比较优势初步凸显，自助设备交易量超过300万笔，是上年的1.5倍，在全市股份制商业银行中排名第一。

内部控制 与强势外部监管相适应，民生北京管理部内部也建立起一系列防范金融风险的措施。随着系统稽核和评审体制改革的逐步到位，内部管理资源整合效能初步显现。主要表现在：信贷评审效率明显提高，对风险的识别和防范能力得到强化；内控检查更加专业和系统，覆盖了各业务领域，真正起到了制度落实的“观察哨”、政策适用的“监督员”、风险预警的“防护兵”作用；推行了个人贷款业务贷后管理“1+4”模式，即由按揭中心牵头，联合客户经理、民生银行总行客服中心、资产风险监控处、资产管理处，共同对个人贷款业务进行预警和催收监控，做到早发现、早报告、早处理，能动地控制个人贷款业务的风险；会计队伍在逐步向职业经理转变的过程中，制定了《中国民生银行北京管理部技术类行员管理办法实施细则》，从各方面规范了不同层次会计人员的管理，四个中心（账务中心、后督中心、现金重空中心、管理培训中心）的管理体系也按照计划如期进行；安保工作“防内为主、内外兼顾”的防范理念和措施得到有效落实。目前，已经建立起一套“事前防范、事中控制、事后监督和纠正”环环相扣的风险防控体系，为业务的健康发展筑造了风险屏障。

网点建设 民生北京管理部综合分析了北京同业市场竞争形势，积极拓展业务阵地，依托科技优势，在资金比较富集的区域延伸网点，努力扩大民生银行的社会影响力。2004年新建5家亮点支行，在北京地区网点数达到39家；全年新建离行式自助银行32个，使自助银行总数达到46个，市场占比22.6%；ATM机总数达到189台，市场占比5.52%。出台的《北京管理部机构建设交钥匙工程标准流程》，使得机构建设规范化管理前进了一大步。

企业文化 民生北京管理部坚持差别化、个性化的人才引进政策，同时，评聘了一批公司业务高级客户经理和零售业务高级客户经理。制定了《员工外派培训与在职学习管理暂行办法》，通过外事出访、业务峰会、EMBA教育，实行差别化、个性化的培训来提高员工素质。全面启动了北京管理部的企业文化建设工程，制定了《北京管理部企业文化核心理念纲要》，明确了北京管理部企业文化的核心理念，即诚信、人本、求实、创新、协作，编撰了《北京管理部企业文化核心理念纲要宣传手册》供全体员工参阅学习，使北京管理部企业文化建设向纵深发展。成功举办了春季运动会，员工参与热情高涨，极大地增强了职工的凝聚力和向心力。参展中国首届国际服务业大会和展览会，以“我们不是最大的银行，但一定是最用心的银行”的信念和独特的造型设计，在展会上获得好评。

（杨雪松）

北京银行股份有限公司
（原北京市商业银行）

董事长　阎冰竹

2004年，北京银行股份有限公司（于2004年10月26日改称此名，以下简称北京银行）下辖1个营业部和117家支行，分支机构分布于北京8个城区和昌平、房山、顺义、通州4个远郊区，全行正式员工3 610人。北京银行在北京市委、市政府、中国人民银行和中国银监会的正确领导和关心支持下，以科学发展观为指导，以首都经济为依托，加快发展步伐，成功实现更名，内部管理与外在形象得到全面提升，取得良好的经营业绩。截至年末，本外币总资产为2 090亿元，比上年增加380亿元，增长22%。本外币存款余额为1 889亿元，比上年增加321亿元，增长20%。其中，人民币存款余额为1 816亿元，比上年增加300亿元，增长20%；全年日均存款为1 543亿元，比上年增加292亿元，增长23%。本外币贷款余额为1 096亿元，比上年增加264亿元，增长32%。全年实现账面利润9.2亿元，比上年增加2亿元，增长27%。在2004年英国《银行家》杂志对全球千家大银行的评选中，北京银行按照一级资本排名第515位。

公司金融业务　北京银行高度重视公司客户，积极转变经营理念，加快推行客户细分和差异化服务。竞标获得海淀区、西城区、崇文区、石景山区财政业务代理资格，设立东部中小企业服务中心，启动中小企业融资培训计划。推出银行汇票业务，增加资金清算量。进一步加大对客户经理的培训管理力度，高素质的营销队伍为客户提供了专业性的金融服务。截至年末，人民币对公存款余额达1 564亿元，比上年增加241亿元，增长18%；人民币对公贷款（不含票据融资及委托贷款）余额为744亿元，比上年增加141亿元，增长23%。

个人金融业务　北京银行以客户为关注焦点，通过个人客户细分，开发钻石卡客户、金卡客户、银卡客户等VIP客户，提供优质的个性化服务。开办自助买电、自助缴电话费、个人通知存款、存款担保送手机等业务，推出“心喜”人民币理财产品，新增住房直客式贷款、保单质押贷款和“心喜”理财产品质押贷款等业务品种。独家中标北京市属市管高等院校国家助学贷款项目，启动我国首个专为青少年提供金融服务的青少年理财服务专区以及全国首家由金融机构主办的青少年理财教育基地。截至年末，人民币储蓄存款余额为251.7亿元，比上年增加59.3亿元，增长30.8%；个人贷款余额为138.5亿元，比上年增加12.4亿元，增长9.8%。

国际业务　北京银行以产品为重点开展国际业务，推出三期“心喜”个人外汇理财产品，积极开办大额外汇理财、境内居民个人购汇、外币旅行支票出售及兑付等外汇新产品。支行顺利申请到结售汇业务并正式营业，加大外汇网点功能建设力度。截至年末，外币存款余额为8.8亿美元，比上年增加2.4亿美元，增长37.5%。外汇结算金额达16.5亿美元，比上年增加7.5亿美元，增长83.3%。

资金市场业务　努力开拓资金业务，在全国城市商业银行中首获开放式证券投资基金代销资格。截至年末，北京银行在一级市场承销债券216亿元，其中国债44亿元，金融债48亿元，中央银行票据124亿元；在二级市场资金交易量达6 671亿元，其中现券交易量达168亿元，回购交易量达6 157亿元，信用拆借量为346亿元。巨额的资金交易量和交易零差错率，使北京银行取得了全国银行间债券市场交易量第7名的成绩。

中间业务　北京银行加快发展中间业务，优化收入结构。推出代收燃气费、代收美国友邦公司保费、代收电费等多种产品，开发并推出银校通网上即时缴费、银企直联等系统，全年中间业务手续费收入9 214万元，比上年增加1 747万元，增长23.4%。与证券公司、基金公司、保险公司等同业机构建立了更广泛和深入的业务往来关系，继续扩大银证通、代理资金计划信托业务、信贷资产转让和银团贷款业务，积极拓展新业务，推出了证券投资基金代销、代销企业债券等新业务，在业内首先成功通过柜台代销企业债券实物券。累计办理人民币保函业务1 280笔，比上年增加360笔，增长39%；直接贴现余额达47.6亿元，转贴现余额达141亿元。医保业务覆盖面继续扩大，已为全市400多万职工发放医保存折，新增46万人。

电子银行业务　大力发展电子银行业务，推出京卡国际卡、京卡双币种国际借记卡、威士迷你卡、京卡贵宾卡、京卡储蓄未来卡等“京卡”系列产品，京卡发行量为256万张，比上年末增加76万张，增长42%。设立并开通130台24小时自助缴费终端，新开自助银行8家，自助银行总数达34家，新增ATM机28台，ATM机总数285台，新增POS机具287台，POS机总数684台，在大学校园内设立全功能自助银行。开发银校通网上即时缴费系统、BtoB和BtoC网上支付系统、集团网上支付系统和集团客户银企直联系统四类产品。网上银行功能提升成效显著，截至年末，企业网银客户数达1 842户，比上年增加1 468户，增长3.9倍，交易量达83亿元，比上年增加74亿元，增长8

倍。"96169"电话银行系统功能进一步完善，新增个人通知存款、自动语音外拨催缴还款等功能，全年电话银行业务实现交易量26万笔。

更名工作 2004年9月28日，中国银行业监督管理委员会正式批准北京市商业银行更名为北京银行股份有限公司，简称北京银行。11月26日，该行在新闻媒体上发布更名公告。2005年1月1日，新行名、新标识、新的印章及业务凭证正式启用。

内控建设 响应北京银监局"创建好银行"活动号召，制定一系列贯彻落实措施，取得显著成效。以ISO9001为平台，重新编写对公业务流程和柜台操作流程，统一业务标准和操作规范。制定了《支行内部控制综合评价办法》，在支行开展内控自查和评价，不定期对支行内控情况进行监督检查。严格实施支行副行级以上干部的离任稽核，开展"三个突出问题"①大检查，对个人贷款业务风险开展集中大检查，严格防范经营风险。

风险管理 结合国际一流银行先进的风险管理理念，根据实际情况和未来一段时期业务发展需要，制定了《风险管理计划书》，对未来三年的风险管理工作进行了科学规划。积极落实国家宏观调控政策，及时调整信贷政策，严控过热行业贷款投入。严格控制单户贷款比例，认真检查关联交易，及时调整消费信贷结构。完善信贷管理体制，成立贷款审查委员会和信贷评审中心。规范授信业务管理，对支行实行差异化授权。在切实防范风险的前提下，按照"权限集中、差别授权"的原则，对原有授权管理模式进行改革，贷款审批权主要集中在总行，支行只有部分贷款的限额审批权，根据各支行及支行长的具体情况差别授权，严格控制转授权。颁布实施市场风险报告制度，规范资金管理工作，防范利率风险及汇率风险，保证资金交易安全。进一步推行贷款五级分类，贷款五级分类覆盖表内、表外全部资产。完成《信贷业务操作手册》、《外汇基础业务操作手册》、《会计基础操作规范》等规程的编写，对公司贷款业务、外币业务、会计核算操作等各项操作进一步规范。制定风险应急预案，以应对系统因素和外部突发事件可能产生的操作风险。灌输"内控优先，过程管理"的风险文化，通过开展各项业务的风险管理培训，引导全体员工树立风险意识，掌握各项业务的风险防范办法和管理政策，各项制度及业务操作过程均按照"内控优先"原则，依照风险识别、评估、监测、控制、转化的过程进行资产业务的全程管理。严格控制新增不良贷款，加大不良资产清收力度，顺利实现双降目标。

企业文化建设 持续开展典型教育、警示教育、"两个务必"教育、敬业诚信教育等主题活动，开展党风廉政建设责任制自查和检查活动，增强各级管理人员的廉洁自律意识。在首都金融业创建文明行业中获得"首都金融业创建文明行业活动先进工作机构"称号。深入开展企业文化体系研究，收集整理本行发展过程中的典型事迹和感人故事，编写《企业文化手册》。

（办公室）

---

① "三个突出问题"是指，未经本行总行批准擅自决策贷款和担保，给本行造成重大损失的；利用领导职权，在设备采购、产品采购、业务经营等活动中，与亲友、子女开办的经商机构进行不正常关联交易，谋取私利的；利用银行业务处置权，在经营活动中谋取私利，造成损害银行利益和资产损失的。

北京市农村信用合作社联合社

理事长　陈翰林

2004年，北京市农村信用社（“农村信用社”以下简称农信社）系统结合郊区经济和信用社工作的实际，在北京市委、市政府、北京银监局和人民银行营业管理部的正确领导下，认真贯彻落实国务院深化农村信用社改革试点工作会议精神，一手抓改革试点，一手抓稳健发展，各项工作稳步推进，全面完成年初既定工作目标，为顺利实现机制转换奠定了坚实的基础。

截至年末，全市农信社资产总额为1 113亿元，资本净额达28.4亿元，当年资本金新增15.2亿元，增幅创历史新高。各项存款余额达929.7亿元（含保证金），比上年增加103.1亿元，增长12.5%。存款旬平均余额为823.1亿元，比上年增加155.8亿元，继续保持2002年以来存款旬平均余额高于时点数增长的良好局面。各项贷款余额（含贴现）为545.8亿元，比上年增加18.4亿元，增长3.5%。其中涉农贷款余额达到356.45亿元，占全部贷款余额的73.5%。

截至年末，全市农信社基本核算单位127个，盈亏轧差后实现利润总额5.8亿元，比上年增盈1.6亿元。年末，全市农信社共有机构网点696家（其中：省级联社1家、区县联社15家、法人信用社111家、非法人信用社36家、分社520家、储蓄所13家），分布在京郊14个区县和部分城区。全市农信社从业人员达6 884人。

（办公室）

贷款情况　2004年，北京市农村信用社进一步加强信贷管理，防范信贷风险、优化贷款质量。截至年末，全市农信社各项贷款余额（不含转贴现）为485.1亿元，比上年增加73.9亿元，增长18%。存贷比为52.1%，比上年增长2.3个百分点。

2004年，北京市农信社累计投放贷款295亿元，比上年多投放30亿元，其中：农户贷款累计投放9.6亿元，比上年多投放了0.5亿元；农业经济组织贷款累计投放14.4亿元，比上年少投放6.8亿元；农村工商业贷款累计投放173.5亿元，与上年基本持平；其他贷款累计投放91亿元，比上年多投放32亿元。

2004年，北京市农信社不良贷款继续保持“双降”势头，年末不良贷款余额比上年下降4.8亿元，占比比上年下降3.7个百分点，资产质量进一步改善。

（信贷管理部）

信贷支农 北京市农村信用社继续坚持为“三农”服务的办社宗旨，不断改进金融服务，2004 年，与市政府在 7 个山区县共同开展了“三信工程”建设，即在认真总结和推广农户信用等级评定工作试点经验的基础上，推进京郊信用户、信用村、信用镇（乡）建设。截至年末，7 个山区县在 23 433 户的农户中评出信用户 17 263 户，占比 73.7%，与上年末相比，信用户增加 11 551 户，增长 202.2%；在 223 个村中评出 154 个信用村，占比 69.1%，与上年末相比，信用村增加 110 个，增长 250%；在 18 个乡镇中评出 15 个信用乡镇，占比 83.3%，与上年末相比，信用乡镇增加 12 个，增长 400%。“三信工程”的实施，直接推动了信用社农户小额信用贷款的开展，郊区农户小额信用贷款的投放进度和力度不断加大，截至年末，北京市农信社农户小额信用贷款余额达到 1.06 亿元，比上年增加 2 513 万元，增长 31.2%；发放农户小额信用贷款的农户总数为 7 715 户，比上年增加 3 303户，增长 74.9%。同时，“三信工程”的开展使更多农户看到了贷款致富的希望，全年，北京市农信社累计投放农户小额信用贷款、农户联保贷款、可变现财产抵押贷款、担保资金贷款、龙头大户带动散户贷款等多种农户贷款 9.6 亿元。截至年末，北京市农信社投放的各种农户贷款总额达到 12.7 亿元，比上年增加了 2.6 亿元，增长 25.7%，较好地满足了北京郊区农民在生产经营上的合理资金需求，使农民找到了一条增收致富的有效途径。

（信贷管理部）

资金营运 2004 年，北京市农村信用社联合社（以下简称北京市农信联社）继续加大在银行间债券交易市场和同业拆借市场的资金运作力度，截至年末，累计处理清算业务 13.03 万笔，累计清算金额 2.81 万亿元；累计办理票据转贴现业务 148.60 亿元；累计完成债券回购业务 301 笔，交易金额为 5 041 亿元；累计承销债券 45 期，承销金额为 131.7 亿元；实现收益 1.54 亿元，投资到期收回率和利息收回率均达到 100%。

2004 年北京市农信联社获得了以下几项荣誉：

（1）北京市农信联社在全国银行间同业拆借市场农村信用社系统排名第一。

（2）北京市农信联社在全国银行间同业拆借中心评比的“全国银行间市场交易量 100 强”（中汇交发［2004］33 号）中排名第九。

（3）北京市农信联社在全国银行间同业拆借中心评比的“全国银行间市场活跃前 100 名”（中汇交发［2004］32 号）中排名第四十。

（4）北京市农信联社经中央国债登记结算有限责任公司综合考评为“2003—2004 年度全国银行间债券市场优秀自营结算成员”单位（中债字［2004］38 号）。

（资金清算营运中心）

中间业务 2004 年，全市农信社坚持“以客户为中心，以市场为导向”的指导思想，充分发挥自身优势，推出了多项中间业务，新开通了代收燃气费业务、代理电话缴税业务、代收网络电表电费业务、代售“吉祥卡”业务、代售“全程守护保险卡”业务、代售泰康人寿“千里马 B 款”分红型保险业务，中间业务种类达到 19 种。另布放自助终端机 64 台，实现新增补登存折、缴纳多种话费、缴纳网络电费、电子售卡、代收演出票、补打发票等多种功能。

截至年末，全市农信社共发生各类中间业务交易 1 526.35 万笔，中间业务手续费收入达到 3 376.88 万元，比上年增加 1 817.98万元，增长 116.62%。

（零售业务部）

信通卡　2004 年是北京市农信社银行卡业务开办的第二年，也是银行卡业务快速发展的一年，北京市农信联社陆续开通了异地“柜面通”业务和 ATM 跨行转账业务，并开办了无折卡业务。截至年末，共已发放信通卡 94.66 万张，安装 ATM 机 214 台，发展特约商户 1 615 家（其中可受理外卡收单业务商户 25 家），安装 POS 机具 2 084 台，共发生银行卡业务 362.88 万笔，交易额为 33.24 亿元，分别比上年增加 15.28 倍和 20.98 倍，共实现银行卡业务收入 595.28 万元，比上年增长 10.17 倍。同时还实现了在香港地区、澳门地区、新加坡、韩国、泰国的刷卡消费。

（零售业务部）

客户服务热线　2004 年 4 月 1 日，96198 客户服务中心正式开通人工服务。热线中心除负责受理客户咨询和投诉外，还增加了外拨功能，能够为客户提供“一站式”的人性化服务。服务热线的开通，使北京市农信社全面实现了现代银行客户服务中心的三大功能（自助语音服务、传真服务、人工服务），从根本上解决了客户咨询及投诉渠道不统一、回复口径不一致的问题，有效地提升了信用社的客户服务水平。

（电子银行中心）

金融电子化建设　2004 年，北京市农信联社在维护已有中间业务的基础上，积极开发并上线应用了重庆柜面通①、新华保险、泰康保险、代理地税、代理客运公司自动划款、代理网络电表电费、代售燃气费、代售保险卡、代售吉祥卡、郊区电信批扣冲正、短信通知、石油交款、受理香港卡、手机批扣及供电批扣等新的中间业务品种。开发了活期账户余额变动短信通知业务，为客户提供增值服务。截至年末，全市布放并开通 ATM 机共 214 台。布放并开通自助终端共 65 台，在此设备上实现了自助缴费（其中包括代缴固定话费、手机费、网络电费等）、自助售卡（其中包括 IP 卡、手机通知卡、上网卡等）、票务中心（其中包括代售演出票）及储蓄业务（包括余额查询、修改密码等）四大功能的应用。另外已开发待上线应用的中间业务有：银证通项目相关程序、代理广发卡还款、代售机票、福利彩票、医院挂号系统等。

（信息技术中心）

网点设置　截至 2004 年末，全市农村信用社共有机构网点 696 家（不含信用站）（其中：省级联社 1 家，区县联社 15 家、法人信用社 111 家、非法人信用社 36 家、分社 520 家、储蓄所 13 家），分布在京郊 14 个区县和部分城区。

（财务会计部）

党建工作　积极抓好党建工作，充分发挥党支部的领导核心和战斗堡垒作用，通过组织党员和积极分子观看《长征组歌》，参观“邓小平在北京”图片展等活动教育党员干部不断增强党性观念和依法合规经营的意识，加强党风廉政建设，为北京市信用联社的改革发展提供组织

---

① 重庆柜面通：指持有北京、重庆农村信用社银行卡（借记卡）的客户，可以在联网区域信用社营业网点柜面办理存取款及账户余额、最后十笔业务明细查询业务。

保障。

（党群办公室）

工会工作　按照《工会法》有关职代会职责、职权的规定成立了劳动争议调解委员会。围绕北京市委宣传部、首都精神文明办和金融工委宣传处组织的“礼仪北京——首都市民文明礼仪形象大赛”活动，组织全市6 000余名员工参加了读一本书——文明礼仪普及读本、答一套题——文明礼仪知识读书竞赛答题活动，使知礼、懂礼、讲礼、行礼成为信用社员工对外服务、对内规范的行为准则和道德规范。

（党群办公室）

改革改制工作　北京市农信联社认真学习贯彻国务院农村信用社改革试点工作会议精神。本着制度先行的原则，认真做好转制后相关制度的起草工作。陆续出台了强化人力资源、财务会计、计划信贷、稽核监督管理的实施方案，为改革试点的有序进行提供了制度保障。同时，北京市农信联社成立了制度拟订组，按照现代商业银行公司治理的要求，拟订了《北京市农村商业银行股东大会议事规则》等15个公司治理方面的管理办法。全力配合有关部门对全市农信社资产进行清产核资。

（改革领导小组办公室）

人力资源管理　2004年，组织全市农信社完成了劳动合同的签订工作，确保了全市农信社劳动用工制度改革工作的平稳进行。本着“提升员工队伍素质，精减员工队伍数量”的原则，对外招聘研究生、应届大学毕业生及大专以上有金融从业经验的人员150人，向社会公开招聘中层管理干部10人。同时，吸纳300名劳务派遣人员，充实了基层信用社一线工作岗位。在把好人才入口关的同时，有效实施人员出口策略，积极推进劳动用工制度改革，2004年有226人办理了内退手续，实现了人员的有序合理分流。

（人力资源部）

北京国际信托投资有限公司

董事长　刘建华

2004年，北京国际信托投资有限公司（以下简称北京国投）围绕经济社会发展的主题，坚持积极的市场扩张与稳健的风险控制并重的经营方针，大力拓展信托市场规模和信托投资领域，积极开展以受托理财为核心的金融信托品种创新，努力提高核心业务竞争力和收益能力，信托核心业务取得了快速发展，信托业务的市场规模进一步扩大，风险内控体系不断健全，经营管理水平进一步提高。

2004年，北京国投共完成营业收入1.73亿元，按照新规定计提4 807万元准备金后，实现利润 1 336 万元。截至年末，公司总资产规模达到 104.4 亿元，其中信托财产 73.19 亿元，固有财产 31.21 亿元。

信托业务 信托业务规模总量大幅度增加。年内，经北京国投风险控制委员会审核的共 103 个项目，通过并批准市场营销的项目 86 个，截至年末信托资产达到 73 亿元人民币，是上年末的 2.8 倍。

信托业务领域逐步扩大。北京国投开发的信托业务类型包括了资金类信托（含贷款、投资等方式）、财产权信托、股权信托、受益权信托、租赁信托、房地产信托基金（REIT）模式、资产池模式等。在利用信托方式投资、融资和服务的领域上，北京国投的信托资金投向广泛，包括收费公路、铁路建设、房地产、建筑设备、水务、商业、环保、市政公益设施、电力、煤炭、土地整理、文化教育产业、银行类资产、外汇类资产和证券类资产等。

代客理财能力不断提升。截至年末，北京国投已经到期结束的信托产品 13 个，没有出现一例风险；仍在存续期内的 80 个信托项目也没有发现重大风险迹象。各项信托计划均按时实现投资人收益，按照合同规定及时回收信托本金收益。全年共向受益人支付信托收益 1.78 亿元，返还信托本金 17.2 亿元。

核心业务盈利能力提高。在北京国投 2004 年实现的 1.73 亿元营业收入中，信托业务收入为 8 314 万元，比年初计划指标增长近 10%，是上年度的 12 倍。对于信托业务收入在公司收入总额中的比重，2002 年度为 2.46%，2004 年度跃升至 45%以上。

信托主营业务逐步聚合。北京国投的信托产品，从比较广泛地开拓正逐渐向资源型产业、基础设施产业、房地产业、文化型产业等领域上集中和聚合。特别是 2004 年公司进入焦煤资源行业，其发展势头强劲，增值空间巨大，成为公司重要的投资领域。

客户服务水平不断提高。随着信托业务规模的迅速扩大，北京国投把市场营销和客户服务提上公司的重要议事日程，围绕市场需要、客户需求不断进行产品设计并提高服务水准。年内，首次召开了信托 VIP 客户座谈会，与高端客户直接交流、沟通，初步掌握了具有代表性的客户对信托理财方面的需求。还组织客户实地考察了部分信托投资项目，加深了客户对信托产品和项目运作过程的了解。通过加强信息披露，进一步增加了信托财产运用过程的透明度，让更多的客户认识信托，熟悉这一新的金融投资工具。目前，北京国投已经拥有自然人客户万余人，很多客户多次购买公司不同信托产品，其中个人投资北京国投信托产品总额在 100 万元以上的客户有近千人，2004 年通过市场营销（包括银行代销）的信托产品规模近 14 亿元。此外还有一批机构客户与北京国投形成了资金、资产、项目等方面的长期合作关系。

中介业务 2004 年，北京国投投资银行、财务顾问、信用见证等中介服务业务获得新的成果。北京国投承担的济南铁路股份制改造项目的财务顾问工作，在时间紧迫、任务繁重、协调难度大的情况下，历时 5 个多月，按时完成了预定的阶段性目标；开办的金桥国际公寓分时度假信用见证业务，成为公司信用见证的首例业务。

投资业务及管理 北京国投投资控股

的山西和信广场项目，以一流的速度、一流的质量、一流的招商，在当地引起了强烈的反响。通过在该项目中引入世界500强之首的沃尔玛及国内著名百货品牌燕莎主力店的方式，大大增强了该项目的知名度和营销能力。为解决北京煤炭交通运输和缓解八达岭高速路车流压力，北京国投积极着手推进110国道项目。北京市交通委员会正式批准北京国投所属的北京国投公路建设有限公司为110国道建设的项目法人。该项目已获得工程立项、规划、设计、土地及环保的审批，部分工程招标已基本完成，并于2004年底实现控制性工程开工。由北信东方实业发展公司开拓的“城市公共卫生间”投资项目进展良好，而且在与公司的信托主营业务配合方面进行了成功的尝试。

增资扩股 为抓住机遇使北京国投进一步做实、做强、做大，以自身具有的实力和抗风险能力迎接加入世界贸易组织所带来的挑战，公司股东会通过了增资扩股方案。截至年底，新的战略投资人已经确定，均为实力很强的大型企业。

资产质量管理 根据中国银监会规定的信托公司资产质量五级分类的制度，北京国投拟订了资产质量五级分类的具体标准，制定了分类流程、损失计提办法等，并据此对固有财产进行了全面归类，建立了公司资产质量管理体系。按照监管部门的要求，对不良资产清理和原有业务清理制定了具体计划并开始实施。

清理原有业务 为促进资产质量和结构的进一步优化，在2004年内对公司原有重大投资项目采取了进一步加紧盘活措施，制定了具体实施方案。多年历史遗留的项目都不同程度地回收了部分资金，全年共清欠回收资金4 826万元、房产1 500多平方米。公司的资产负债结构得到进一步调整，资产结构更加清晰，更趋于合理。

优化组织结构 2004年，为了配合信托核心业务发展，北京国投调整了组织结构和组织形式，减少了管理层次，形成了以公司经营班子成员的行业分工和高级信托经理为业务骨干的经营管理团队。在对信托业务人员的管理方面，淡化了部门限制，突出动态组合的特点，按业务类别进行管理分工，实行了以高级信托经理为核心的项目自由组合模式，增强了业务拓展的机动性，提供了员工展示和发挥个人才干的平台，营造了员工的发展空间。公司的业务机构调整后，形成了信托、投资两个业务总部。信托总部形成了独立的信托前台项目设计研发——销售——客户服务与管理体系；投资总部集中办理资本市场投资业务。

内部管理 风险控制体系初步形成。2004年，北京国投在大力拓展信托业务的同时，始终把防范风险放在一切工作最重要的位置。强调依靠制度管人，已形成一套信托业务的管理制度和一系列标准的信托产品的法律标准范本。在管理中狠抓执行力和程序管理，靠上下环节协调和制衡，形成了项目前期尽职调查和部门内部初审、法律文件的严格审查、风险控制委员会决策、财务和风险管理部门在资金拨付之前的把关控制、稽核审计和风险管理部门的追踪监控共五道防范业务风险的“防火墙”，使公司金融业务风险控制具有了相互制约、层层把关、责任清晰的特点，初步形成了风险防范上的系统工程，确保了风险控制制度进一步落实到位、风险管理环节有效衔接，效果比较显著。

实施标准化、制度化管理。北京国投

在2004年内组织力量对内控制度进行了全面修改，制定了标准合同示范文本。10月，下发了经过全面修订的9类63项公司级制度，并公布了两大类29种标准合同文本。这些工作的完成，不仅对控制业务风险起到了重要作用，也使公司的基础管理水平明显提高，使各项工作和业务在朝着规范化、制度化、标准化的方向发展上迈进了一大步，工作效率和效能得到了提高。

信息系统建设 根据公司信托业务发展需要，2004年北京国投实施了“信息港”建设，完成了计算机信息系统重新更替和升级工作，实现了信托财务管理和前台支持系统的联网与互动，提高了工作效率和精确度，而且有助于通过计算机这个铁面无私的“警察”，控制公司整个业务流程中的人为风险、道德风险。管理制度、规则的不断完善和电算化手段的运用，为公司全面提高企业管理水平奠定了坚实基础。

企业文化 北京国投在大力推进业务的同时，加强了以公司品牌形象建设为主要内容的企业文化建设工作。年内通过报刊媒体、参加各种论坛和展览、印制《信托产品集萃》及其他宣传推介材料，扩大了对信托理论和业务、企业品牌和形象、公司产品和项目的宣传，提高了公司的知名度。利用公司成立20周年的机会，通过公司网站、制作纪念画册和DVD宣传光盘展开了宣传活动。

信托理论研究 由北京国投研究发展部编辑的《BITIC信托研究》全年出刊6期，共登载21篇研究文章，共计30余万字，其中既有对信托理论的系统研究，如《投融资体制改革中信托产品运用》、《发挥信托优势，促进财产权制度创新》，也有对企业年金信托、结构融资、资产证券化、REIT、MBO等信托业务的研究，还有对国家宏观政策变化引起对信托业务的影响、信托行业发展状况的研究等。《BITIC信托研究》的出刊，不仅对北京国投的信托业务发展起到一定的指导作用，而且在信托行业以及公司的高层合作客户中引起了很大的反响。

党建工作 2004年，北京国投党建工作重点抓了思想建设、作风建设和组织建设，努力加强党风廉政建设，领导班子和全体党员干部成为推动公司业务和管理全面发展的中坚力量。经中共北京市委批准，北京国投顺利完成了党组改建党委的工作。2004年12月21日，北京国投召开了第一次党员代表大会。大会在总结公司成立20年来发展历程和经验的基础上，提出了今后一个时期内公司工作的指导思想、工作思路和发展目标，选举产生了公司第一届党委和公司纪检委。

（王连顺）

中国银联股份有限公司北京分公司

总经理　宋汉石

中国银联股份有限公司北京分公司（以下简称银联北京分公司）是中国银联在北京地区的分支机构，主要负责北京银行卡网络的建设、运营和管理。在北京地区发行银行卡的18家发卡机构（包括廊坊商业银行）已全部加入银联网络，实现了全市银行卡的联网通用。2004年，银联北京分公司以服务为核心，围绕“抓业务拓展、促市场建设”的总体工作思路，各项工作均取得了一定进展。银联北京分公司现有办公室、技术部、业务部、市场部、财务部5个内部管理部门，在岗职工30名。

截至年末，北京地区18家发卡机构累计发卡4 680万张，其中“银联”标识卡2 503万张，银联标准卡132万张；入网商户2.7万家；入网POS机3.7万台；入网ATM机共3 981台。2004年共处理跨行成功交易1.13亿笔，比上年增加3 541.7万笔，增长45.6%。清算金额677.3亿元，比上年增加375.4亿元，增长124.3%。其中，ATM机成功交易8 822.4万笔，比上年增加2 498.9万笔，增长39.5%；清算金额253.3亿元，比上年增加85亿元，增长50.5%。POS机成功交易2 492.1万笔，比上年增加1 042.7万笔，增长71.9%；清算金额424亿元，比上年增加290.1亿元，增长216.6%。全年共实现跨行转账交易1 583笔，交易金额451万元。

一、加强服务，引入社会监督，共同繁荣银行卡市场

1. 以“服务第一”的理念，为成员单位提供服务，实现了网络的安全可靠运行和银行卡跨行业务的正常进行，保证了银行卡的安全使用。

2. 以“合作共赢”的理念，为专业化公司和商户提供服务，维护了市场的正常秩序。开展银行从业人员、商户财务人员、收银员等培训工作，全年共组织了46期超过3 000人次的培训。协调专业化公司加强终端维护，缩短终端故障处理的响应时间。为直联商户开展差错处理业务。

3. 强化社会监督，继续做好银行卡联网通用监督员工作，为监督员提供及时、方便、畅通的意见反馈渠道，全年妥善处理了100多件监督员意见与建议，得到了监督员的好评。在专业化公司、成员单位及商户的共同配合下，加强了商户类型的规范性检查，维护了市场的秩序。

二、业务工作

1. 转账业务。包括ATM跨行转账和

网上跨行转账业务。

ATM跨行转账，是利用各家银行的ATM机实现不同银行的银行卡账户之间的资金转移，为持卡人买房、买车时还贷、信用卡还款等提供了便利。截至年末，交通银行、中信实业银行、华夏银行、民生银行、广东发展银行、深圳发展银行、上海浦东发展银行、兴业银行、北京银行、北京市农信联社10家金融机构在京机构1 200多台ATM机开通了ATM跨行转账业务。持卡人可以在北京、上海、广州等15个城市间已经开通了此项业务的各种银行卡之间进行ATM跨行转账，实现同城、异地跨行资金转移。中国银联客户服务热线（95516）24小时受理持卡人的咨询。

网上跨行转账业务是通过互联网接入方式，依托银行卡信息交换转接系统，使持卡人完成在银行开立的不同银行卡账户间的资金划转，以及账户资金信息查询、银行卡网上转账业务开通等相关辅助功能的业务。银联北京分公司于2003年二季度正式开通此项业务，2004年5月，广东发展银行、上海浦东发展银行和兴业银行开通了此项业务，为持卡人提供服务。

2．“银联”标识人民币卡港澳地区受理业务。该业务是“银联”标识卡迈向国际市场的第一步。银联北京分公司于2003年12月完成了港澳地区受理业务的系统改造准备工作，配合中国银联于2004年1月18日正式开通了内地“银联”人民币卡在香港地区的受理业务。截至2004年末，首批开通该业务的“银联”标识卡发卡银行30余家，这些内地银行“银联”标识卡的持卡人，可以在香港地区的4 000多家商户刷卡消费，在1 100台ATM机上提取港币现金。

3．香港地区银联卡在内地的使用业务。银联北京分公司陆续开通了香港地区发行的银联卡在北京地区的使用。

4．外卡收单业务。截至2004年末，有9家金融机构（包括建设银行、中信实业银行、交通银行、市农信联社、广东发展银行、北京邮政储汇局、兴业银行、华夏银行和北京银行）通过中国银联的外卡统一接口开展外币卡的ATM机、直联POS机的收单业务。2004年，新增414家外卡直联商户，新开通190台外卡收单ATM机，实现ATM机外卡交易6.07万笔，外卡清算交易总额2 811万元。

5．银联标准卡的发行。银联“6”字头BIN号的推广和使用，是创建民族银行卡品牌、实现银联卡国际化的基础条件。2004年，建行北京分行、北京市农信联社、招行北京分行、廊坊商业银行、交行北京分行已发行“6”字头银联标准卡，共新增“6”字头银联标准卡132万张。

6．柜面通业务。柜面通业务是指利用银联网络，自愿参与的成员单位发行的银行卡使用各单位提供的银行柜面终端及CDM或中国银联提供的POS机，完成跨行查询、存款、取款、转账等交易，支持持卡人持卡或持折办理业务，交易资金实时到账。2004年7月，银联北京分公司完成了内部系统改造。至年底，有5家参与银行（上海浦东发展银行、深圳发展银行、广东发展银行、兴业银行和中信实业银行）完成了系统改造，进入内部试运行阶段。

7．银行卡电话支付缴费业务。此项业务通过电话和银行卡完成支付缴费业务，具有方便、安全和易于操作等优点。截至2004年末，支持的发卡金融机构增加到9家（农业银行、中信实业银行、兴业银行、深圳发展银行、上海浦东发展银行、华夏银行、北京邮政储汇局、市农信社联社和广东发展银行），这些银行的持卡人，可以通过拨打96299缴纳郊区固定电话费、小灵通话费、全球通移动电话费和主叫IP话费等。

8. 开通多功能终端缴费业务。2004年，为广大市民开通了公共缴费服务，北京持卡人可以通过多功能缴费终端缴纳城区、郊区固定电话费，小灵通电话费，全球通手机话费及车船税，还可以购买神州行、如意通及201等充值卡，IP电话卡，游戏卡及上网卡等。

9. 银联卡在加油业的应用取得新进展。在北京市银行卡应用发展推进工作办公室的推动下，银联北京分公司经过努力，使银联卡在加油行业的应用取得了突破，实现了只要手持1张银联卡，就可以在中石油北京地区贴有银联卡受理标识加油站刷卡加油的新的支付方式。

（刁金生、张会芳）

北京邮政储汇局

局长　周毅明

2004年，北京邮政储汇局坚持“服务百姓、方便百姓”的宗旨，大力推进金融业务信息化建设进程，顺利完成了邮政储蓄统一版本切换上线工作，并逐步完善内部管理机制，强化内控制度的贯彻执行，确保储汇资金案件为零，为下一步储汇业务的持续健康发展奠定了基础。

截至年末，北京邮政储汇局共有17个储汇业务分支管理机构，452个储蓄网点，从储人员共计3 633人，另有23个汇兑网点。邮政储蓄余额达到318.64亿元，比上年增加35.8亿元，增长12.66%。2004年末，人民银行转存款余额为248.8亿元，比上年末减少2.4亿元，减少的部分上划至国家局进行资金自主运用。2004年，北京邮政金融业务收入为8.70亿元，比上年增加1亿元，增长12.99%。国内汇兑开发汇款929.89万笔、汇款金额85.21亿元，分别比上年减少68.79万笔和28.99亿元，下降了6.89%和25.19%。兑付汇款814.35万笔，兑付金额48.40亿元，分别比上年减少17.99万笔和22.23亿元，下降2.16%和31.46%。国际汇兑业务以西联汇款业务为主，共开发西联汇款2.04万笔，金额1.67亿元，分别比上年增长53.84%和64.69%；兑付西联汇款2.17万笔，金融1.64亿元，分别比上年增长155.29%和178.59%。

储蓄业务　截至年末，北京邮政储蓄余额达到318.64亿元，其中：定期储蓄余额179.06亿元，占总余额的56.19%，同比下降了1.57%；活期储蓄余额139.58亿元，占总余额的43.81%，同比增长了1.57%。

从地域结构来看，2004年城市邮政储蓄年末储蓄余额为306.46亿元，比上年增加35.01亿元，增长12.9%；县城部分余额为7.3亿元，较上年增加0.46亿元；县以下部分余额为4.88亿元，较上年增加0.33亿元。城市部分受城乡结合部地区新建小区及商厦网点影响，增幅较快。

国内汇兑业务 由于异地业务及银行卡产品对汇兑业务的替代性使汇兑市场竞争加剧，2004年汇兑业务呈下滑趋势。2004年度国内汇兑开发汇款929.89万笔、汇款金额85.21亿元，实现业务收入7 614.07万元，分别比上年同期减少68.79万笔、28.69亿元和648.68万元，下降6.89%、25.19%和7.85%。兑付汇款814.35万笔，兑付金额48.40亿元，分别比上年同期减少17.99万笔和22.23亿元，下降2.16%和31.46%。全年形成汇超为36.82亿元，年末银行没有未达账款。国内汇兑以新业务带动整体业务发展，通过开展2小时汇款、实时汇款等新业务的营销，促进汇兑业务的发展。

西联汇款业务 2004年，北京邮政储汇局进一步加大对西联汇款业务的营销力度，有针对性地进行深入挖潜，同时加强网点建设步伐，利用西联汇款系统切入国际电子汇兑系统契机，使办理西联汇款的网点由28个增加到59个。截至年末，此项业务的开发、兑付业务量合计达4.21万笔，比上年增长94.9%。

中间业务 北京邮政储汇局不断完善中间业务品种，提高邮政储蓄的市场竞争能力，进一步满足为用户提供“一站式”服务的要求，围绕全社会关注“如何解决拖欠农民工工资发放问题”，启动暖心工程，拉开了代发农民工工资的序幕。2004年，先后开办了代收燃气费业务、代收高等教育自学考试报名费业务。为丰富邮政储蓄的服务功能，先后推出了免填单、扩大绿卡窗口取款限额、定期储蓄存款到期自动转存、零存整取本地非开户局续存及清户等服务举措，并在超市进行了商户直联POS机试点，进一步方便了储户。

2004年，北京邮政储蓄中间业务仍然以代付业务为主，主要包括代发工资、代发养老金业务。代付业务总交易金额为147.83亿元，较上年增长31%。代发工资及代发养老金交易金额占中间业务交易金额的89.33%；代收代付类业务主要包括代收电信资费、代收水费、代收歌华有线电视费等，总交易金额为9.05亿元，占中间业务交易量的5.47%；其他代理业务主要为代理国债业务，交易金额为8.60亿元，比上年增长90%，占中间业务交易金额的5.20%。

储蓄卡业务 作为活期账户与结算业务的有效载体，2004年北京邮政储汇局把大力发展绿卡业务作为改善存款结构的又一有效手段。通过加大对ATM机的调整及监管力度，有效地提高了邮储自助服务水平，使ATM机综合使用率由年初的96.1%提高到98%以上。为提高绿卡的使用率，继续开展了“邮政职工绿卡消费伴我行”活动，使职工绿卡消费积极性明显提升。

2004年，北京邮政储汇局绿卡发卡量为274.29万张，全年卡交易总金额共计119.07亿元，比上年增加58.79亿元，增长97.53%。2004年各季度卡交易金额情况如下：一季度为 30.11 亿元、二季度为 23.16 亿元、三季度为 30.51 亿元、四季度为 35.29 亿元。截至年末，北京邮政储汇局卡户数共计 244.29 万户，比上年增加 5.77 万户，卡户存款金额为 55.51 亿元，比上年增加 12.18 亿元，绿卡交易笔数为 1 020 万笔，比上年增加 385.93 万笔。

内控建设 2004 年，北京邮政储汇局在全市 452 个邮政储蓄网点认真组织学习贯彻银行业“三法”（《中华人民共和国中国人民银行法》、《中华人民共和国商业银行法》、《中华人民共和国银行业监督管理法》）并对现有各类储汇管理制度及业务规范进行全面整理和系统分类，进行必要的修改和补充，编写《北京邮政储汇业务内部控制制度管理手册》，便于操作层、管理层、监督层熟练掌握，从而进一步规范内控管理，防范风险。北京邮政储汇局认真组织管理层及监督层人员学习金融专业相关法律法规等知识，制定文件下发到网点，同时严格按照内控制度的要求，加强对重点岗位、重点环节的监督检查。

北京邮政储汇局加大对储汇会计、出纳及营业员的培训。组织从储人员认真学习岗位职责，并进行案例分析，使职工能够严格履行岗位职责，执行规章制度，从而提高重要岗位人员的风险防范意识。同时针对业务作业方式、流程的变化，研究制定出风险防范的新举措，确保无重大资金案件发生。

信息化建设 经过一年多的精心准备，2004 年 11 月 25 日，北京邮政储蓄应用软件统一版本顺利切换上线。这一工程建设搭建了开发全国性储蓄业务的平台，对于增强邮政储蓄的整体竞争实力、提高系统运行效率、加快业务创新的步伐起到了十分重要的作用。

统一版本上线前，北京邮政储汇局完成了相应的数据移植测试及外围测试；制作下发了统一版本业务学习光盘及教材；先后对全局从储人员进行了 4 400 人次的集中授课培训；组织了全体营业员参加的上岗合格证考试，全局考试合格率为 98.2%；举办了针对统一版本业务操作的练功比赛，有 100 名营业员分别被评为“业务标兵”、“业务能手”和“专项业务能手”，营业员的业务素质与服务水平得到了较大幅度的提升。统一版本上线后，系统运行平稳，各网点营业秩序井然。

网点管理 2004 年，北京邮政储汇局在对所有储蓄网点进行实地考察的基础上，着重研讨亿元网点的发展潜力。截至年底，北京邮政储蓄亿元网点已达到 95 个，亿元网点余额总量为 171.76 亿元，占全局余额总量的 54%，2004 年，北京邮政储汇局进一步加大了对低效网点的调整力度，提高了资源使用效率。全年共办理网点迁址 30 个，其中 26 个网点已经开业。

（马晓润）

中国华融资产管理公司北京办事处

总经理　徐肇宏

2004年，中国华融资产管理公司北京办事处（以下简称华融北京办事处）在资产处置形势日益艰难的情况下，贯彻“以提高回收价值为中心，以实现有效处置为目的，精耕细作，广开渠道，均衡处置，高中求快”的指导思想，努力实现资产处置效率与效益的统一。取得了债权回现额创办事处历史新高的好成绩，全年累计收回现金7.13亿元，其中债权回现6.31亿元。

在抓好资产处置回现工作不放松的同时，华融北京办事处还积极配合国家审计署、公司监事会的审计调查工作；认真抓好公司总部组织的德隆系的托管工作，保证德隆系中富、恒信两家证券公司北京营业部托管后的平稳运行；深入贯彻质量方针，顺利通过ISO9000质量管理体系认证，全面提升了管理水平。

债权资产处置　2004年，华融北京办事处积极整合内部资源，精耕细作，努力提升处置效益。随着资产处置工作的深入进行，华融北京办事处管理的资产状况不断下降，工作任务的难度相对增加，资产处置工作进入了一个相对困难的时期，加上2004年国家宏观调控因素对债务企业的影响，资产处置工作的难度明显增加。尽管如此，华融北京办事处资产处置工作仍然稳步发展，取得了债权回现额创历年最高的好成绩。2004年债权回现6.31亿元，比回现额最高的2002年（回现额为5.65亿元）高出0.66亿元。2004年债权资产处置193户，其中终极处置110户，阶段性处置83户；处置整体债权（不含孳息）44.81亿元，处置账面资产31.74亿元，收回现金6.31亿元，账面资产回现率为19.88%，自主终极处置的110户，账面资产回现率达到41%，仍保持了较高水平。

股权资产管理　2004年，华融北京办事处专门成立了经营发展部，对全部股权资产（包括政策性债转股和商业性债转股）进行归口管理，以强化股权管理，提升股权管理效益。全年，华融北京办事处持股企业共计召开“三会”（董事会、监事会、股东会）76次，派出人员出席“三会”235人次，审议各项议题266项；共有11家企业决议分红，其中9家企业分红款项即时付出，特别是首钢新钢公司派发现金红利918.63万元，创下了华融北京办事处持股企业单笔分红回现的最高纪录。华融北京办事处全年实现股权分红1 441.7万元，创历史最高水平。为加强对持股企业的监管，华融北京办事处在三家控股企业完成了第一届经营班子任期经济责任审计，并对全部持股企业2004年度“三会”情况开展了审计；在股权资产处置方面，星牌建材股权转让项目作为华融北京办事处的重点项目之一，经过艰苦卓绝的努力，最终于2004年12月31日达成股权转让协议，协议总价款1.26亿元，现金回现率达到了71%。在数广电股权转让项目上，华融北京办事处抓住大股东要进行股权结构调整的有利时机，通过艰苦努力，促成了数广电公司的股权转让交易，并于2004年6月30日收回股权转让价款216.29万元，成功实现了首家商业性转股企业的股权退出，现金回收率达到105.56%。

资产营销工作 2004年，华融北京办事处进一步加大了资产营销力度。通过与北京产权交易所（以下简称北交所）和中国招商网的合作，积极向社会推介资产。经过认真研究，确定了55亿元债权资产营销方案，将资产分为5个资产包和4个单项于5月份开始在北交所挂牌，并相继在中国招商网、华融网以及中国证券报等媒体推出营销信息，在社会上产生了很大反响。2004年，华融北京办事处共在北交所挂牌各类资产3批次，共涉及各类企业123户、金额167.86亿元；先后有42家客户提出与华融北京办事处建立合作关系的意向，其中有18家客户提出了比较明确的资产需求。

2004年，华融北京办事处为了充分发挥拍卖方式在资产处置方面的积极作用，采取了以下措施：首先，优化选择2004年度备选拍卖机构。为进一步发挥拍卖机构的市场开发功能，扩大市场覆盖面，2004年新增备选拍卖机构9家，对原10家机构中的2家采取了清退措施，将备选拍卖机构由2003年的10家增至17家。其次，进一步完善拍卖管理体制，积极推行联合拍卖方式。在广泛征求各方面意见的基础上，制定了联合拍卖操作规程，从制度上予以健全和完善，使联合拍卖有章可依。10月28日，以联合拍卖方式成功拍出北京市食品公司抵债房产。最后，积极探索以拍卖方式处置债权资产的新路子，成功实现对深圳南利建筑工程公司北京公司债权的拍卖，回现400万元，使拖延多年的项目得以完成终极处置。2004年，委托拍卖项目3项，总标的金额3 496万元，拍卖成交价1 200万元，共收回现金1 293.1万元，当年拍卖回现率为100%。

法律诉讼业务 2004年，华融北京办事处加强法律诉讼和执行的力度，对一批久谈不绝的项目坚决采取诉讼方式维护合法权益。本年度共提起诉讼20起，涉诉标的额为4.93亿元；审结19起，涉诉标的额为4.39亿元；申请执行10起，涉诉标的额为2.30亿元；终结案件21起，涉诉标的额为2.21亿元。本年度诉讼回现1.88亿元，诉讼回现额占华融北京办事处全部回现额的26.37%，占华融北京办事处债权资产回现额的29.79%，诉讼案件执行率为8.5%，结案率为87%。

内、外审计工作 2004年，华融北京办事处在做好常规性内部审计工作的同时，以资产管理与处置、内部控制、财务管理等方面为审计重点，精心组织安排了多种专项审计项目，内部审计检查的力度较大，范围比较广，基本覆盖了资产管理与处置业务的每个方面。全年完成了76户终极处置企业的跟进审计，出具跟进审计报告43份；共主审并参与开展了14次专项审计检查，撰写了18份审计分析报告。

2004年2月下旬以来，华融北京办事处先后接待、配合了国家审计署、公司监事会的调查审计工作，分别向两个检查组汇报了办事处几年来的经营管理情况。在审计、检查过程中，华融北京办事处严格按照“思想要端正、态度要诚恳、纪律要严格、工作要负责”的要求，积极配合工作，虚心接受检查，认真核实问题，准确把握政策，保证了审计检查工作的顺利进行。

德隆系托管工作　2004年9月起，根据公司安排，华融北京办事处负责德隆系部分资产托管工作。华融北京办事处组建了专门的恒信和中富两个托管小组对德隆系中富、恒信证券公司在北京的两个营业部进行了托管，在顺利完成了接收数据固化、债权人登记、日常业务托管等工作之后，又相继完成了德隆系壳公司接收、金新信托相关企业调查、涉诉企业案件协调以及过桥贷款的审查工作。

ISO9000认证工作　2004年，华融北京办事处作为公司首批ISO9000认证单位，按照公司要求，认真学习公司修订的制度体系，全面贯彻“守规矩、讲效率、促发展”的质量方针，切实抓好教育动员、文件清理、文件编写、内部审核、管理评审、外部认证、问题整改等每一个环节，经过英国标准协会审核认证，华融北京办事处获得了ISO9001：2000国际标准化组织质量管理体系认证证书。在此过程中，华融北京办事处将原有的93个规章制度文件整合为35个质量管理体系文件，2名员工获得康达信管理顾问有限公司颁发的ISO9001：2000内部审核员合格证书，成为公司首批培训的内部审核员。

队伍建设　2004年，华融北京办事处继续把队伍建设作为强基固本的重要基础工作来抓，取得了显著效果。华融北京办事处党委采取各种方式保持言路畅通，实行双向反馈，民主管理氛围日趋浓厚；进行了中层管理人员能上能下的尝试，全部高级经理助理和执行经理一年任期届满之后，与其他员工一起，依据工作业绩、管理能力和民主测评等方面的情况重新竞聘，开始形成了优胜劣汰、量才使用的用人机制，用人机制进一步完善；变零星培训为系统培训，采取工作时间和个人业余时间相结合的方式组织员工参加培训，全年共计学时99个。在课程内容设置上，突出针对性和前瞻性，贴近员工的工作需求，培训工作取得了较好效果。

（韩冬梅）

中国长城资产管理公司北京办事处

总经理 张记山

2004年是中国长城资产管理公司北京办事处（以下简称长城北京办事处）全面贯彻落实总公司年初工作会议精神和“依法、稳健、开拓、效益”的经营方针，加快有效处置不良资产，积极探索新业务，带动资本运营和投资银行业务稳步发展，同时严格处置程序，降低处置成本，提高处置效益。2004年，长城北京办事处处置资产11.9亿元，自长城北京办事处2000年成立以来累计处置资产57.4亿元，占清算资金的59%。收回现金3.2亿元，超额完成年度现金回收任务指标，累计收回现金9.92亿元，占完成总目标考核的68.5%。累计清户866户，占总户数的46.8%。

资产处置 2004年是国家对长城北京办事处实行资产处置回收目标考核责任制的第一年。面临处置不良资产难度越来越大的实际情况，长城北京办事处首先统一员工思想，将按系统和区县整体打包处置，实现现金收回作为2004年的重点工作，并把现金流任务落实到处、落实到项目经理组，责任到人，按组分步实施。一年来，长城北京办事处的领导和处长、项目经理始终与债务企业的上级主管，包括区、县领导，市委、办、局领导保持密切接触，沟通情况，及时把握处置的契机，不断提高工作效率。由于年初区县领导的更迭，给长城北京办事处的业务开展带来很大困难，但办事处没有放弃按区县、按系统整体打包处置不良资产的努力，继续与区县新领导协商，沟通情况。通过锲而不舍的努力，一年来长城北京办事处在区县整体打包处置不良资产方面取得了重大突破。顺义区、大兴区和怀柔区整体打包处置工作已经完成。门头沟区整体打包处置方案已经公司批准。延庆县的整体评估工作已完毕。房山区、昌平区、平谷区整体打包处置的谈判也正在积极进行中，力争尽早谈妥实施。

法律事务 目前长城北京办事处有已诉讼的500多件案件在各级法院申请执行。为提高执行回款水平，长城北京办事处要求法律人员及项目经理对已诉讼的案件清楚明了，随时掌握动态。对每个案件的进展了如指掌，并每月追踪，刷新数据库，为案件推进和办事处领导决策提供准确的数据。各项目经理与法律人员积极通过网络等各种媒体和渠道，广泛收集有关信息和线索，随时保持与法院的密切沟通。对挖掘到的财产线索，长城北京办事处一抓不放，上到总经理、副总经理，下至处长、律师和项目经理都亲临一线，协调落实，以推进法院执行。在执行案件中，及时把握诉讼和解的机会，力争实现现金回收。2004年长城北京办事处通过诉讼（包括诉讼和解）收回现金1.5亿元，占当年现金收回总额的50%。2001年当长城北京办事处全面开展诉讼工作时，在充分考虑到成本、风险、效益的前提下，经慎重研究后决定自行代理法律诉讼。首先对所有项目经理进行了法律知识集中培训，要求项目经理必须了解并熟悉诉讼全过程，学会自己审核诉讼预案、起草诉状、修改诉状、提交及审核证据，出庭、执行等各个过程。长城北京办事处成立5年来自行代理起诉案件2 400余件，涉及1 059户借款人，涉诉标的金额为81.59亿元。通过法院直接从债务人及担保人处执行回资产5.83亿元。各项目经理已从不会写诉状、不会开庭、不会代理诉讼成为能够熟练地在法庭上运用金融法律、法规为长城北京办事处伸张债权的能手，截至目前，还节约律师代理费约2 300多万元。

评估管理 2004年，长城北京办事处评估工作的特点是按系统评估户数多、户小散远。这对评估的要求更高，工作更难。长城北京办事处在评估管理中认真执行公司有关评估管理的政策规定，严把权限关，符合政策、实事求是、操作规范。截至年末，办事处共接受评估立项48个，涉及收购户数391个，收购债权总额13.81亿元，债权总额合计18.96亿元，其中共审核报告49份（包括2003年未完结项目），含抵债资产拍卖的资产评估有8个，偿债能力评估41个，涉及收购户数363户（包括2003年未完结项目），债权总额合计为22.96亿元。2004年区县整体债权打包评估有怀柔、大兴、顺义、延庆4个区，共涉及户数276户。

内部管理 规范各项业务操作。2004年，国家审计署审计组对长城北京办事处进行了3个月的审计工作。在审计署进驻之前，长城北京办事处集中时间对前后台各部门在资产处置、评估审核、档案管理、财务管理等方面是否按程序操作，是否把握好每个环节进行了自查自纠。由总经理牵头，亲自负责配合审计署审计全过程。各部门和每一名员工从资料提供、情况说明、现场调查等各方面认真做好配合工作。与此同时，长城北京办事处始终没有放松资产处置工作，克服一切困难，妥善安排好时间，加快工作节奏，超额完成了2004年任务指标，保证了办事处各项业务工作的顺利开展。

2004年办事处夯实基础管理工作。首先是强调认真落实各项规章制度。在执行过程中不打折扣。在财务管理方面，长城北京办事处认真按照公司要求严把最后入账关，做到了“三不准”：凡是未经处置办审核确认合规的处置事项，一律不准入账核算；凡是不合法、不合规的票据，一律不准入账核算；凡是逆程序、越权操作的财务事项，一律不准入账核算。在各项费用的管理上，及时跟踪监测分析，并准确记载和核算财务收支活动，如实反映长城北京办事处的经营状况，将各种费用开支控制在公司规定的范围内。

同时充实了审计人员，明确了监察审计部的职能，加强了对审计检查工作的领导。通过适当调整和改进审计检查方式，加大了审计检查力度。对审计中发现的不规范的地方，立即责成有关部门加以改正和完善，并要求及时反馈整改情况。审计工作做到了检查前有计划、有方案，工作中有详细记录，工作后有汇报材料。从审计署及上级各监管部门的检查审计结果来看，长城北京办事处员工认真遵守规章制度的自觉性有了进一步加强，规范化操作业务的意识有了进一步提高。

企业文化建设　2004年，长城北京办事处积极安排员工参加公司系统组织的各种业务培训活动，同时还安排了部分法律和会计人员参加了在职培训学习。不少员工主动参加了社会上多种业务技能考试。工会和女工委员会为丰富员工文体活动，增加了一些文体器材，举办了女工健身操培训班，组织了多种球类比赛活动。一年来，长城北京办事处员工本着对工作的高度责任心，始终坚持以大局为重，不讲报酬，不辞辛苦，连续作战，加班加点，充分展示了长城人的良好形象。

（王宏城）

中国东方资产管理公司北京办事处

总经理　张晓昌

2004年，中国东方资产管理公司北京办事处（以下简称东方北京办事处）党委坚持以学习“三个代表”重要思想为指引，狠抓班子建设和队伍建设，大力开展思想政治工作，坚持开展内控建设，正确处理加大资产处置力度完成收现任务与依法合规经营的关系。紧紧围绕资产处置和收现这个中心工作，相互支持、通力合作，全面完成了2004年的各项任务和指标。截至年末，东方北京办事处共完成处置资产11.73亿元；回收现金2.09亿元（其中债权资产回收现金2.07亿元，股权收现179.03万元），完成公司下达的年度资产处置变现任务的121.71%。

资产处置　2004年，东方北京办事处坚持把加快资产处置、提高处置效率作为首要任务来抓。对债权进行分类管理，科学分析现有存量资产结构、质量、市场环境、综合收现能力；根据不良资产项目的大小和处置的难易程度对人力资源进行整合；坚持打包处置与单个项目处置相结合；继续抓住大项目不放，经过实地调查、指标分析、审计评估、对比分析等艰苦细致的工作，仅北京市纺织品进出口公司就一次性回收现金5 900万元，为完成全年的收现任务奠定了很好的基础。

为了减少实物资产贬值和损耗造成的损失、节约管理费用、降低人力和物力的耗费、降低收现成本，东方北京办事处加大了对实物资产的处置力度。先后完成了对烟台别墅、宵云里公寓、机械库存抵债项目进行拍卖的前期准备工作；最终完成了华侨村房产项目的转让处置工作。

股权管理 2004年，东方北京办事处按照公司的要求，对于已完成债转股项目加大处置、退出的力度，对于尚未完成债转股的项目则终止实施债转股；在内部机构设置上，则采取股权、债权职能合并，提倡股权、债权联合整体处置。提出“可退出的股权要积极运作、尽快退出，对于交叉的债权、股权要搞好配合、整体运作，同时要做好小股权的置换工作。要积极寻找合作伙伴和有利商机，择机转让、出售，以降低风险，压缩管理战线”的要求。并以星牌建材为突破口，经过近10个月的努力完成了星牌建材股权的成功退出，实现了债转股企业股权退出的突破，同时也为非牵头债转股企业的股权退出积累了经验。

资本金项目管理 2004年，东方北京办事处按计划完成了对肯德基、京伦饭店两个资本金项目股权变更及档案交接工作，及时向上述两个项目分别委派了董事，并积极配合京伦饭店办理延期经营、股权变更等事项，还从两个资本金项目回收分红款项1 158万元。

加强内控建设，依法合规经营 2004年，东方北京办事处党委要求对现有的内控管理机制及业务操作流程、规章制度重新进行审视，凡不符合国家政策法规的、不适应当前公司业务开展实际需要的，均进行修订、补充、完善。坚持在工作中做到制度先行，以制度规范处置行为，依靠制度加强内控建设与管理，防范道德风险的发生。根据东方北京办事处的具体情况，调整审计形式、化整为零，在不违反审计原则的前提下，开展有计划、按进度、规模小、人员少、时间短的现场审计。着重增加审计次数、加大审计力度、扩大审计范围。对东方北京办事处2003年10月至2004年3月底处置终结并归档的项目进行了专项审计，共审计项目9个，涉及债权金额8 188.38万元。

2004年，东方北京办事处接受了审计署和银监局的审计和检查。根据检查提出的问题，东方北京办事处党委及时召开了党委会并多次召开办公会，认真分析研究、查原因、堵漏洞，制定整改措施，并及时对员工进行依法合规经营教育。

人力资源管理 2004年，东方北京办事处进一步深化人事制度改革，在全办事处范围内进行了中层干部的公开竞聘工作，得到了全体员工的积极响应。经过认真的准备、动员、演讲和公示程序，完成了对中层干部的考核、民主评议，实行了竞聘上岗和岗位轮换制度。

政治思想及党建工作 2004年，东方北京办事处党委十分重视班子建设，重视对党员干部的思想教育，把学习和教育作为统一思想、带好员工队伍、完成资产处置任务、实现公司战略转型的保证措施。

结合资产管理公司的业务特点、公司的转型和资产处置收现的实际任务，组织全体党员深入学习十六届四中全会精神，重点学习了《中国共产党第十六届中央委员会第四次全体会议公报》和《中共中央关于加强党的执政能力建设的决定》，加强办事处党的建设，为完成资产处置和收现任务奠定了思想基础。

（孙艳霞）

中国信达资产管理公司北京办事处

主任　左凤高

2004年，中国信达资产管理公司北京办事处（以下简称信达北京办事处）严格执行一级法人制度，与公司签订了不良资产处置回收目标考核《责任状》，全年以落实“两率”（现金回收率和费用率）承包任务为目标，加快有效处置不良资产为工作重心，以商业化收购不良资产为发展动力，全面落实银监局现场检查整改意见，高度重视国家审计工作，严格规范经营，积极推进向商业化转型，努力拓展市场化业务，各项工作稳步开展。全年实现政策性不良资产初次处置8 109万元，回收现金4.88亿元，再次刷新信达北京办事处年度现金回收最高纪录，为全面完成“两率”承包任务打下了坚实的基础。与此同时，在公司的引领下，信达北京办事处还完成了7 745户、343.2亿元中国银行、建设银行、交通银行不良贷款的商业化收购以及建设银行呆账和损失类资产387户、43.8亿元的接收工作，为下一步转换经营机制、加快向商业化转型进行了初步尝试，发挥了资产管理公司在化解金融风险、维护金融稳定发展中的关键作用。

股权管理　2004年，信达北京办事处深刻领会财政部、国资委等部门的文件精神，把资产管理公司的阶段性持股转为中长期持股，强化股东地位，并按市场原则对企业进行重组、发行抵押债券、进行资产置换等，以实现盘活金融资产和企业资产的“双赢”目标。信达北京办事处一方面积极帮助企业加快股份制改造，建立法人治理结构，促进企业转换经营机制，建立现代企业制度，如坚定不移地推进“紫竹药业”上市工作；另一方面尽最大努力帮助企业解决实际问题，协助企业清收应收账款，盘活企业现金流，保证企业正常运转。

资产处置　2004年，信达北京办事处通过依法维权，强化落实重组协议，深入挖掘债务人财产线索，抓住机遇，促成一批难点、重点项目处置取得突破。同时，采取换位调查的方式，进一步摸清未处置项目情况，提高了项目情况的透明度。对95户拟打包外售的不良资产聘请了专业评估机构和律师事务所，对其价值进行调查评估，为下一步处置工作奠定了坚实的基础。2004年底，根据公司与东方资产管理公司签署的《不良贷款债权转让协议》要求，信达北京办事处将从建设银行受让的4 870户、132.3亿元可疑类贷款债权及相应附属权益转让给东方公司，完成了相关档案资料的移交工作。

商业化收购及中间业务　2004年国家给予资产管理公司三项政策，即允许使用自有资金对确有升值潜力的不良资产进行投资，提升回收价值；允许开展商业性委托资产处置业务；允许利用自有资金商业化收购不良资产，并经营管理和处置。公司及时抓住了经济结构调整和商业银行改制这一历史机遇，积极开拓市场，努力扩大市场份额。首先获得了建设银行569亿元呆账和损失类资产包，随后又成功地与交通银行签署了641亿元不良资产收购协议，最终在人民银行组织的中国银行、建设银行2 787亿元可疑类贷款竞标中一举中标。为做好上述资产的接收和债权日常维护工作，信达北京办事处采取打破部门界限，全员参与，分别成立资产接收工作小组，对口接收，责任到人；设置灵活高效的业务协调和组织形式，及时解决接收工作中的问题；强化第一责任人制度，避免“一接了之”，防止管理真空；聘请专业律师进行法律审查，建立时效预警系统，切实防范风险；严格档案管理、审查工作，最终圆满完成了新资产的接收和债权转让公告工作，为下一步的批发处置打好基础。与此同时，信达北京办事处以做好原有资产处置为基础，积极尝试接受非金融机构资产管理委托业务取得突破，并建立了投资机构信息库，引进机构投资人参与处置不良资产，培育不良资产处置市场。

法律事务　2004年，信达北京办事处在深入摸清财产线索的同时，加大诉讼力度，推进以诉促谈，依法追偿。全年共评审诉讼项目5个，新诉项目2个，债权总额2 605万元。通过项目经理推荐与中介评审组选聘相结合的方式择优选聘律师事务所，使律师代理工作更好地为资产处置服务。落实企业总法律顾问制度要求，进一步加强非诉讼业务工作，全年共审查修改协议24份。落实授权管理，严把授权关。通过在报纸上刊登债权催收公告，积极进行法律维权。2月25日，在《法制日报》刊登未结项目《债权催收公告》，有效中断项目诉讼时效。6月30日，与建设银行北京分行联合在《北京日报》上刊登建设银行呆账和损失类贷款《债权转让暨催收公告》。8月24日、8月27日、9月8日、12月16日，与交通银行北京分行联合在《北京日报》、《中华工商时报》、《法制日报》上刊登《债权转让公告》。10月22日，与建设银行北京分行联合在《北京日报》上刊登建设银行可疑类贷款《债权转让暨催收公告》。

内部管理　2004年，信达北京办事处以审计工作为契机，加强内控管理，努力打造精细化、效益化、效率化的管理运作体系。一是高度重视国家审计工作，在工作中本着实事求是、尊重历史的态度全力配合，并成立专门小组积极配合审计人员开展工作；二是积极落实北京银监局现场检查提出的现场检查事实确认书，通过整改，使信达北京办事处在资产处置管理工作、防范经营风险和道德风险、提高资产处置的科学性和效率性等方面得到加强；三是科学配置财务资源，使财务费用支出在保证基本业务需要的同时，向处置业务倾斜、向现金回收倾斜、向拓展市场业务倾斜、向业务创新倾斜；四是严把资产处置审核关，坚持审处分离和资产处置的多方案比较，把握处置方案的合理性、合规性、可行性；五是加强对评估中介机构的管理，保证评估工作客观、独立、高效，注重对评估报告的审查，特别是对报告中免责条款的严格把关；六是继续坚持以年度计划、季度要点、会议纪要为工作主线，坚持周密、细致、高标准；以岗位职责、绩效考核、员工违规行为处理暂行办法为保障措施，坚持奖罚分明、严要求；将年终总结、大事记、信息简报作为工作成果的检阅，坚持实事求是、表扬为主的管理思路。强调规范经营，严格管理，少犯技术性错误、杜绝风险性错误、不犯重复性错误。

精神文明建设　2004年，信达北京办事处狠抓员工思想建设和员工队伍建设，坚持以人为本的战略思想，努力打造一支有思想、守规矩、能战斗、善经营的员工队伍，大力弘扬公司倡导的“四求四务”精神，要求全体员工在各自工作中，不断求我国基本国情，司情之真，务艰苦奋斗之实；求全面建设小康社会和公司全面发展规律之真，务第一要务之实；求员工利益无小事之真，务实现员工根本利益之实；求党执政规律之真，务全面加强和改进公司党的建设之实。并始终把维护和实现全体员工的根本利益作为工作的出发点和落脚点，努力做到政治上为员工成长服务，业务上为员工进步服务，生活上为员工幸福服务。通过加强学习，不断提高信达北京办事处全体人员遵章守纪和防范风险的意识，提高员工在管理和业务工作中的水平；通过推荐部分员工担任转股企业的董事、监事等职务，不仅发挥信达公司作为股东对企业股权管理的知情权、收益权、股东大会决定事项的投票权、对高管人员的监督权，而且为员工自身成为熟知财会知识、法律知识以及资本经营、企业管理和行业发展的专家，提供了学习和实践的场所；通过“借助中介机构力量，整合内部人力资源，挖掘现有人员潜力，适当引进外部人才”的方式，整合人力资源，有效调动员工工作积极性，促进各项业务工作健康全面发展。

（马　琳）

中国银河证券有限责任公司北京管理部

总经理　霍肖宇

中国银河证券有限责任公司北京管理部（以下简称银河证券北京管理部）共下辖9家营业部和1家服务部，包括：月坛证券营业部、天坛东路证券营业部、双榆树证券营业部、安外证券营业部、学院南路证券营业部、黄寺大街证券营业部、阜成路证券营业部、百万庄证券营业部、望京西园证券营业部和马家堡服务部（从属于望京西园营业部）共10个网点，主要分布在北京市海淀、西城、东城、朝阳等6个主要城区。

2004年，银河证券北京管理部共实

现各类证券品种交易总量达 1 136.24 亿元，比上年同期增长 7.37%，其中：股票基金交易量为 432.36 亿元，比上年同期增长 34.09%，在北京市的市场份额占比为 5.95%，比上年同期增长 7.69%；债券交易量达 703.89 亿元，在北京市的市场份额占比为 5.09%。截至年末，银河证券北京管理部的客户总量近 20 万户，全年增加客户近 2 万名，客户总资产超过了 100 亿元，超额完成了公司下达的各项指标，并荣获了中国银河证券有限责任公司首届“金牛奖”奖杯和“突出贡献奖”荣誉称号。

证券经纪业务　2004 年，在北京市 97 家券商共 159 家营业部的经纪价值量排名统计中，银河证券北京管理部名列榜首。其中，在所有券商营业部 2004 年各品种交易总额的排名中，银河证券北京管理部所辖 9 家营业部中有 5 家名列前 50 名；在 2004 年股票基金交易额排名中，银河证券北京管理部有 4 家名列前 50 名[①]。

上述成绩的取得，是银河证券北京管理部在继续秉承“依法合规经营，追求阳光利润”的经营理念的基础上，以“三个中心[②]、四个平台[③]”为发展方向；坚持在风险控制的前提下，以市场营销为龙头，以研发咨询为手段，以管理机制为基础，发挥规模优势，积极探索经纪业务新模式，努力提高市场份额，不断提升盈利能力，最终使银河证券北京管理部成为北京市乃至全国资本市场经纪业务中最有实力的竞争者。

营销队伍建设　根据国内外成功法则：“拥有一支一流市场营销队伍和二流研究队伍的企业，往往能够打败一支拥有二流市场营销队伍和一流研究队伍的企业。”2004 年，银河证券北京管理部把加强市场营销组织工作确定为全年的工作重点。根据年初工作会上确定的“提高市场份额，提高盈利能力”的工作目标，北京管理部在加强市场营销组织建设，建立专业化市场营销团队方面进行了不懈的努力，并在国债和基金销售方面取得了一定的成绩，全年共销售记账式国债近 8 亿元，开放式基金近 14 亿元。

目前，银河证券北京管理部已组建了独立的市场部。通过 2004 年近一年的培训与实战，已培养锻炼出了一支市场反应敏锐、经得起市场考验、百折不挠、越挫越勇的专业化的市场营销队伍，从而改变了“市场营销由营业部总经理亲历亲为，单纯依靠关系的孤单英雄式”的营销模式。同时，为了更科学有效地管理营销人员，还自行设计开发了销售管理平台，使营销人员的管理 IT 化。通过组织市场营销人员的定期培训与交流，不断强化团队营销意识，实现整体营销能力的共同提高。

企业文化建设　2004 年，银河证券北京管理部在企业文化建设方面取得了长足进步。管理部根据营业部员工职能的不同层次、不同岗位的工作性质，先后组织了针对不同层面的大型培训、员工内训、拓展训练以及头脑风暴等各项形式的培训与交流活动，摸索出了一套科学适用的培训体系，并制定了科学的评估方案，最大程度地提升了培训的效果。

通过沟通与交流，管理部领导班子深

① 上述数据摘自伟海网站（www. weihai. com. cn）2004 年统计数据。

② “三个中心”指：风险控制中心、利润中心和营销中心。

③ “四个平台”指：中心机房交易平台、财务管理核算平台、人力资源平台、研究咨询服务平台。

入到员工中，将敬业奉献、团结进取、追求卓越的价值观灌输给了整个地区，并且将这种良好的工作作风带到日常工作中，形成强有力的核心凝聚力。通过系列培训，全体员工反应热烈，工作热情空前高涨，尤其是在团队精神和自我认知方面得到了很大的提高。目前，银河证券北京管理部已逐步形成了富有银河特色的企业文化。

机构建设 根据有关法律规章的精神，为使客户资金达到安全、透明、完整、可控、可查的状态，中国银河证券有限责任公司结合市场状况和自身特点，自2004年起设立了内部专职管理客户资产的客户资产存管中心。该独立存管体系是在深刻分析了证券公司经营环节中可能涉及的各项风险的基础上，引入第三方托管的理念，建立内部独立存管，实现部门与岗位的分离与制衡、前后台的分离和防范风险传递，充分增加透明度，实现客户资产业务的执行、运作、监控适当分离和制衡，保证了客户资金的封闭运行，最终确保客户交易结算资金的安全。

独立存管体系的建立是中国银河证券有限责任公司2004年的头等大事，公司党委高度重视。春节期间，公司总裁亲自组织相关部门的负责人及全国各地的业务骨干，制定了客户资金独立存管方案及各项规章制度和业务操作流程。2004年3月开始在客户数量多、业务品种齐全、业务量较大的3家北京营业部进行试点。“五一”长假期间进行了营业部客户资产的交接工作，存管中心开始了正式运行。目前的存管工作在营业部的配合支持下开展得有声有色，切实有效地防范了客户交易结算资金被挪用和营业部经营业务中的风险。

在此基础之上，银河证券北京管理部还组建了中心财务，现正在逐步完善中心机房建设，为进一步建立有效的风险防范和控制体系打下了坚实的基础。

风险管理 根据银河证券公司总部对城市管理部的职能定位，城市管理部的首要职责就是要成为地区的风险控制中心。一年来，银河证券北京管理部除积极参与、支持和配合公司进行各项业务的合规检查和审计外，根据银河证券北京管理部的工作方案和计划，严格进行日常业务审核和季度检查。通过严格的日常业务审核，保证所辖各营业部的管理制度、操作流程、对外签订的合同、公章使用以及向监管机关报送的业务材料的规范严谨；通过定期或不定期的合规检查，避免出现系统性风险；通过中心机房的灾备建设，进一步降低中心机房抵御重大灾难的风险。2004年银河证券北京管理部没有发生一票否决的风险问题及涉及信息系统风险的责任事故，为北京地区的业务发展和创新提供了强有力的保障。

（杨冠兰）

华夏证券股份有限公司

董事长　黎晓宏

华夏证券股份有限公司成立于1992年10月8日，是我国较早成立的全国性综合类证券公司之一。最初注册资本金为10亿元人民币。2002年12月，华夏证券顺利完成了第一次增资扩股工作，注册资本金达到27亿多元，同时改制为股份有限公司。

投资银行业务　2004年，华夏证券股份有限公司（以下简称华夏证券公司）共发行股票4只，发行可转债1只，累计筹资额达24.87亿元，在同行业中排名第九。在2004年上半年进行的首次保荐代表人资格考试中，华夏证券有23人通过了考试，在业内排名第四，通过率名列前茅。在中小型企业项目的拓展方面，华夏证券公司承销的德豪润达是中小企业板第一批发行上市的八家企业之一，创发行价、发行市盈率及募集资金总额第一。在与上市公司长期合作方面，华夏证券连续三次作为主承销商为同仁堂提供股票融资服务。

债券发行　2004年，华夏证券公司成功完成了中国铁路建设债券、首旅债券和通用债券的销售工作，继续保持“引领创新”的业务特色，成功推出了首只附有发行人选择权的企业债券。全年共主承销企业债券3只，承销金额36.67亿元，按承销家数名列同业第二，按承销金额名列同业第三。在国债承销方面，全年共承销国债67.4亿元，在财政部国债承销团券商成员中排名第四。在政策性金融债券承销方面，全年承销量为83.8亿元，列券商第二。

并购业务　2004年，华夏证券公司完成了京东方B股定向增发等6个改制并购项目，另外尚有8个项目正在进行中；业务研究方面，完成了近10项并购专题研究，开始着手建立国内外并购重组案例库；客户开发方面，不仅与汉鼎投资等16家投资商建立了合作关系，还与美国世纪资本投资公司、英国龙堡投资公司等国际知名财团建立了业务联系，为下一步业务发展储备了可观的项目和信息资源。

经纪业务　首先，2004年，华夏证券公司共完成交易总量7 281.88亿元，位居全行业第四名；完成股票基金交易量3 007.26亿元，位居全行业第五名；全年不仅交易总量和股票基金交易量都较上年提升一个名次，而且还在经营效益方面较上年翻了三番。其次，在创建“金融超市”的工作中，华夏证券公司与瑞泰保险公司的保险代销业务在北京率先进入实际运作，基金超市新增两款自主设计的基金套餐产品，期货代理业务在全系统 26 家营业部安全运行。再次，在提高非现场交易占比方面，华夏证券股票基金非现场交易内部占比达到 53.69%，比上年提升了 10 个百分点；网上交易总量比上年提高 83.84%，网上交易股票基金内部占比达到 29.46%，比上年提高 56.7%；网站建设在同行业居于前列，华夏证券网连续第四届蝉联“券商类中国优秀财经证券网站”称号；最后，在开放式基金代销方面，参与了全部 55 只新发基金的发行，成为目前业内代销开放式基金数量最多的机构，共销售开放式基金 46.23 亿元，比上年增长 341.96%；基金席位的内部贡献度（股票交易内部占比）达到 11.17%，比上年增长了 3 个百分点。特别需要指出的是，2003 年 12 月，华夏证券成功取得了上证 50ETF 基金销售的胜利，以 4.39 亿元的代销业绩，在业内名列前茅，充分展示出华夏证券强大的营销能力和在开放式基金业务领域一直领先的综合实力。

国际业务 2004 年，华夏证券公司主要做了以下几项工作：将外币证券投资业务正式纳入公司资产管理体系，较好地规避了沪、深 B 股市场和港股市场风险，取得了良好的投资回报；进一步完善海外基金管理业务，确保基金交易清算稳定，使基金管理规模和管理费收入都有了新的增长；在抓好外币经纪代理业务的同时，有效提升 QFII 的客户交易量，并积极开展在港设立分支机构的筹备工作，为公司发展外向型业务做好充分准备。

研究工作和咨询服务 2004 年，华夏证券研究所在各种评比中共获得 8 项荣誉，其中在宏观经济预测方面，被中国证券研究设计中心评为证券机构第一名，在上海证券报组织的上市公司业绩预测活动中，获得第二名，充分显示了公司在研究方面的优势地位。

信息化建设 2004 年，华夏证券公司信息化建设也取得了积极成果，为主营业务的发展提供了强大支持。一是加强对 A、B 股交易系统的统一管理，保障了公司整个交易系统的平稳运行，特别在 2003 年 QFII、LOFS、ETF、买断式回购等新业务开展中，发挥了至关重要的作用；二是适时推进公司广域网建设，在不增加成本的前提下，实现了在北京、上海中心到运营商的线路结构优化，消除了各分支机构到北京、上海两个中心点之间的单点故障隐患和通讯“瓶颈”；三是推进区域集中交易系统建设，完成了武汉、上海、济南等 7 家区域中心的建设，并对已建区域中心运行能力组织了测试评估；四是公司人力资源管理系统通过验收并投入使用，推进了人力资源管理信息化的进程。

风险管理 2004 年，华夏证券公司主要采取了以下几项措施：一是在全系统树立“风控优先，全员风控”的思想，邀请有关会计师事务所进行专题讲座和专项咨询工作。二是按照管理与控制相分离的原则，任命风险管理总监，设立风险管理部；在主要分支机构设立稽核审计部，由总公司稽核审计部实行垂直管理。三是完成《风险管理体系（大纲）》的起草和征求意见工作。四是加快推进稽核审计与风险预警平台建设，把对营业部的常规性审计作为审计工作重点。

（朱　勤）

北京证券有限责任公司

董事长　凌新源

2004年是证券市场艰难的一年。面对证券全行业亏损、股指再创新低等诸多不利因素，北京证券有限责任公司（以下简称北京证券公司）全体员工在公司新领导班子的带领下，坚定信心，积极应对危机，对内不断完善管理，探索转型途径；对外努力开拓市场，加强营销管理，提高服务质量，使各项业务保持了良好的发展势头。

截至年末，公司经纪业务交易总量2 182亿元，净开户数193 261户，在册员工576人，营业部27家。

经纪业务　2004年，北京证券公司已（直）代销10家基金公司的开放式基金30只，（直）代销金额近2亿元。同时成功入围国内首只ETF产品——上证50交易型开放式指数证券投资基金的发售代理机构，圆满完成“上证50ETF”2亿份额销售任务，并因此晋升为“上证50ETF”16家一级交易商之一，成功摘得“上证50ETF”套利第一单，提升了公司的市场知名度，开辟了新的利润增长点。探索经纪创新业务，进一步深化与电信、银行和保险公司的合作业务，已与华夏银行、广东发展银行洽谈并签署合作协议，与瑞泰人寿保险有限公司开展代理合作业务，促进了经纪业务的转型。

投资银行业务　为了更好地适应保荐制等发行体制的变化，树立大投资银行概念，完善业务框架，本着“整合资源，防范风险，强化激励约束机制，实现利润最大化”的目标。北京证券公司率先组织对投资银行部的改革试点，通过公开竞聘选拔了一批人才，并制定了保荐人管理办法，为保荐人创造了良好的发展空间。

2004年北京证券公司主要完成了北京空港科技园区股份有限公司的首发主承销项目；北京地铁债券的副主承销项目；北京证券公司第一只担任的B股主承销项目——武汉锅炉定向增发B股已于2004年10月下旬经国务院批复同意。此外，还新增辅导项目4个，财务顾问项目10个，正在接洽的项目近20个。经过不懈努力，经国家外汇管理局审核批准，北京证券公司取得了外币有价证券承销业务资格，对今后公司投资银行业务的对外拓展增强了核心竞争力。

证券投资和资产委托管理业务　2004年，北京证券公司重点加强了对证券投资和资产委托管理业务的管理，制定了《北京证券有限责任公司投资管理制度》，并设置了风险控制和投资决策两个委员会，进一步调整和充实了业务人员，规范完善相关业务操作程序。妥善处置、调整了委托理财业务和自营规模，抓住市场中的有利时机，及时调整持仓结构，较稳妥地规避了股市风险，恢复了资金的流动性。目前已初步形成了投资决策、方案实施、风险监控的有效运行机制。

研发工作 北京证券公司研发中心按照贴近业务、贴近市场、明确服务对象的工作思路，2004年初，将过去的四个工作小组压缩为客户服务、投资策略、投资银行服务三个专职研究小组，更加强调为公司三大业务主体提供研究支持和决策参考的服务职能，覆盖的研究行业达23个。全年完成内部系列服务报告92篇；完成《北京证券研究季刊》4期，其中10余篇被收入中国证监会信息中心《证券公司研究报告数据库》；完成了18个行业的全景年度报告和双月度跟踪报告；完成每日行情快讯60万字，到北京和外地营业部做现场股评30次左右，为营业部做视评直播股评160次，参加各大媒体的股评嘉宾栏目130次；为上级单位承担撰写2004年课题12项以及为北京经济管理干部学院等社会机构提供演讲若干次和论文若干篇。同时，研发中心还建立了与股民进行网上交流的值班工作平台，并协助经纪业务做好ETF营销的媒介推广工作；协助投资银行部完成了8篇研究报告；为投资和理财部门提供股票池服务。

内控管理 2004年，北京证券公司进一步强化稽核部的职能，完善内部稽核规章制度，针对各项业务并结合实际工作，修改规范了相关稽核工作流程，增强了对各业务风险点稽核力度，避免检查工作中出现盲点，使稽核工作效率、质量显著提高。全年共对7家营业部进行了全面稽核；完成中层管理人员及重要岗位人员离任审计9次和多次的专项稽核。针对存在的问题，从经营风险控制和内部控制管理等方面提出多项建议，为公司在风险管理的制定和经营方针的实施提供确切的基础数据。

2004年，北京证券公司还组织制定了《北京证券风险管理大纲》，内控工作由风险防范向风险管理转变，并将风险管理作为整个经营管理工作的轴心，力求使公司风险管理工作在突出重点的同时涵盖每一个管理的细节，不断将风险管理工作重心前移，切实将风险管理工作做到防患于未然。

（范　磊、崔　强）

首创证券有限责任公司

2004年1月15日，经中国证监会批准，国家工商总局核准，首创证券经纪有限责任公司正式完成增资扩股，并更名为首创证券有限责任公司（以下简称首创证券公司）。公司增资扩股后的注册资本为6.5亿元人民币，由北京首都创业集团有限公司、北京巨鹏投资公司、北京市综合投资公司、河北国信投资股份有限公司、中国石化财务有限责任公司、北京长安投资有限公司、北京安鹏房地产开发有限公司7家股东出资组成。

增资扩股完成后，首创证券公司确立了“以创新推动业务开拓，以业务开拓促进公司发展、管理进步和人才队伍建设”为核心的公司发展的指导思想；遵循“以人为本、体制创新、稳健经营、夯实基础”的基本宗旨，制定了“以证券控股公司为目标架构，以投资银行、资产管理、证券投资为核心业务，以服务为根本、创新为动力、人才为保障、管理为依托，形成和提升公司的核心竞争力，力争在3~5年内，成长为国内具有管理现代化、经营特色化、业务专业化、发展可持续化的一流的证券公司”的战略发展目标。

公司现有员工258人，其中公司总部93人，各营业部合计165人。员工绝大多数具有大学以上学历及金融证券业从业经验，是一支专业化水平较高的队伍，其中：博士、硕士以上学历23人，占总数的8.9%；本科、大专学历203人，占总数的78.7%。共有198人通过了证券业从业资格考试，占员工比例的76.7%。公司具有会计（审计）人员55人，占总数的21.3%；法律专业人员6人，占总数的2.3%；计算机专业人员26人，占总数的10.1%。

经纪业务　2004年，首创证券公司代理深沪两市股票、基金交易额为214.39亿元，比上年增加63.58亿元，增长42.16%，比深沪两市股票、基金交易额30.54%的平均增幅高出11.62个百分点；股票、基金交易的市场份额比上年增长8.90%；有效资金账户增加1 914户。

2004年，首创证券公司从以下几个方面加强了经纪业务管理，取得了一定的成效。

1. 根据中国证监会2003年12月29日下发的《证券公司内部控制指引》、《关于加强证券营业部内部控制若干措施的意见》等文件要求，对公司经纪业务相关内控制度进行补充和完善，从营业部的组织管理、业务经营、操作流程、印章管理等方面进行规范，使公司经纪业务从制度上得到保证，防患于未然，确保公司经纪业务健康稳定地发展。

2. 统筹安排，加强成本管理与预算控制，狠抓增收节支工作。公司不仅核定营业部利润指标，还核定营业部收入费用率指标，强化营业部的成本管理与费用控制意识，以收定支，加大营业部费用预算管理力度，经纪业务年度费用总额比2003年下降10%。

3. 加大营业部的业绩考核与评级力度，完善证券营业部的考核机制。2004年，公司经纪业务管理首次施行了《证券营业部业绩考核与评级管理办法》，从经营与管理2大类13项具体指标方面对证券营业部的业绩进行全面考评，使证券营业部的业务经营与日常管理工作有了定量与定性的评价依据与评价工具，便于对营业部经营业绩进行公正合理的评价，充分调动了营业部经营者的劳动积极性和创造性，有力地激发了营业部的工作热情，既督促营业部更合理地安排各项支出，又达到激励先进、鞭策落后的目的，对提升营业部的管理水平起到一定的促进作用。

4. 加强业务培训，提高营业部员工素质。2004年，深、沪两市不断推出证券创新产品，因此，加强营业部员工培训工作刻不容缓。在强化以营业部为单元进行内部培训工作的同时，公司总部还加强了营业部培训工作的整体规划与组织，一方面，组织营业部业务骨干、技术骨干参加上海证券交易所、深圳证券交易所、中证公司等相关机构组织的新业务、新技术培训；另一方面，通过公司电话会议系统、内部网络系统自行组织培训工作，使营业部员工在第一时间对新业务有了全面的了解。

5. 首创证券公司 2004 年正式完成增资扩股，从经纪类券商转为比照综合类券商，业务范围扩大的同时，公司总部要求营业部发挥“窗口”功能，为公司投资银行等业务开拓客户。虽然 2004 年业务量还不太大，但已经使营业部尝到了甜头，既支持了公司业务发展，又拓宽了营业部的利润增长点，同时还锻炼了员工队伍。

投资银行业务 2004 年，证券市场持续低迷，首创证券公司在尚未取得主承销资质的不利条件下，大力拓展分销、财务顾问业务，并取得突出业绩：担任了四个首发及再融资项目的副主承销商；完成多个财务顾问。通过这些业务的开展，积累了业务经验，为公司实现了收入。

首创证券公司申请保荐机构注册登记材料已获得中国证监会的批准。目前，公司正在积极拓展各项业务，招聘专业人才，投资银行总部将借机构注册登记之“东风”，加强制度建设，吸引优秀人才加盟，积极开展各项业务，争取使首创证券公司成为证券行业具有影响力的保荐机构。

资产管理业务 2004 年，首创证券公司的资产管理业务致力于“收益低风险化、流动性充足化、营销模式集中化、理财产品创新化”的服务型资产管理模式的创新研究和实践，树立“资产管理水平高、创新能力强、诚信程度高”的首创理财专家形象。积极探索债券品种创新和固定收益证券品种创新。在债券一级市场上开展债券发行承销业务，在二级市场凭借“银证通”系统的平台，开展“国债直通车”业务。积极参与国债、企业债券、可转债等债券市场，为企业债券、可转债和国债发行提供各种服务。目前已完成三家企业债券的发行承销工作，并已获得了副主承销的资格。

此外，通过受托资产重组、资产处置顾问等方式进行资产经营管理。针对国内商业银行 20 年来积累下来的大量不良资产，结合大股东首创集团在市政基础建设及房地产投资的独特产业背景及专业优势，积极推进与国内外有资金实力且意向投资不良房地产项目的机构合作，使项目与资金有机结合。2004 年，首创证券公司与国内外不良资产处置业务领域的知名机构进行了大量的接触和充分的沟通，商讨了合作模式，同时摸索并建立了对不良资产的评价体系。在具体工作中，针对投资者对项目的不同偏好，寻找和储备了具有潜在盈利能力的目标资产，并对这些资产中的法律问题和财务状况进行了整理和调查。

证券投资业务 针对复杂多变的市场形势，首创证券公司投资部门结合自身投资历史时间较短、投资规模偏小等特点，本着以建立和健全科学的管理制度为出发点，细化投资流程，全面落实岗位责任制，坚持一贯的“谨慎投资”原则，严格控制投资风险，并根据投资绩效采取适当的激励和规范措施，一方面从根本上杜绝了非理性投资，另一方面充分发挥了员工的积极性和创造力。具体业务方面，采取定期召开研讨会的方式，充分讨论和挖掘投资理念和投资品种，并设立和逐步完善了股票池，以保障投资的科学性和分析的连续性。为了扩大信息渠道，不定期邀请股东和公司有关部门一同参加研讨和调研，确保在投资过程中把风险降到最低。同时，积极委派员工通过采访有关专家、参加行业信息发布会、上市公司路演等活动加强沟通面和扩大视野，培养员工的综合素质，逐步建立一支“来之能战，战之能胜”的业务过硬的投资团队。

（赵　光）

中关村证券股份有限公司

总裁　刘　波

中关村证券股份有限公司（以下简称中关村证券公司）以迅猛发展的高科技和成长型企业为主要服务对象，以证券业务为核心，为客户提供全程、全方位的资本市场服务，努力构筑国内独有的科技型投资银行服务体系，积极探索专业化、国际化、多元化的金融创新发展模式。2004年，中关村证券公司实现营业收入1.83亿元，盈利519万元。公司共完成股票、基金交易量404亿元，承担股票主承销项目2家，签署改制并购与财务顾问项目十余个。截至年末，公司总资产为40.33亿元，总负债为25.04亿元，股东权益为15.29亿元。

公司拥有高素质的中高级管理人员和专业人员团队，共有员工472人，其中，按学历划分：博士、博士后占6.81%，硕士占46.87%，本科学历的占38.97%，大专及以下学历的占7.35%。公司经纪业务网点数量为14家，主要分布在北京、上海、广州、深圳、汕头、大连、苏州、宁波等国内中心城市及东部沿海发达城市，其中，公司在广东汕头地区设立了管理总部，下辖7家证券营业部。

证券经纪业务　中关村证券公司的证券经纪业务可为客户提供沪、深两市全部交易委托代理服务，服务品种包括A股、B股、基金、债券、回购、转债等，在提供键盘、柜台、电话、远程、网上等多种交易方式的同时，强调专业化、人性化、个性化的客户服务，通过应用电子与网络技术等高科技手段，大力提高服务质量。公司证券经纪业务的整体布局在2004年得到了进一步优化，全年共实现股票、基金交易量404亿元，比上年提高51.9%；市场份额为4.75‰，比上年提高15.01%；年末共有资金账户13.01万户，比上年提高5.77%；月平均客户资产总规模为81.35亿元。

投资银行业务　中关村证券公司的投资银行业务取得突破性进展。其中，承销业务经过几年的积累，在2004年取得了很大突破。南宁糖业和浪潮软件两个配股项目实现了100%的过会率，并分别于

2004年10月、12月发行成功。在完成通道业务的同时，特别是为努力适应新形势下的保荐发行制度，公司抓住契机，一方面充分备战2004年的保荐人考试，以88.9%的通过率位居全国券商第一；另一方面引进优秀保荐代表人，迅速壮大了保荐人队伍。目前公司注册保荐代表人12人，按人数排列位居全国注册保荐机构第14位。保荐队伍的扩大一方面为投资银行业务的发展壮大打下了基础，另一方面也为公司2005年的项目储备打下了良好基础。并购业务方面，完成了一些有影响的项目，如上市公司重庆啤酒国有股权高价向外资转让的财务顾问项目等。

资产管理业务　中关村证券公司投资理财业务倡导规范化、基金化和国际化的管理理念，致力于开拓证券市场制度性与系统性的创新盈利模式，依托公司专业研发中心的雄厚实力，专职为客户资产持续稳定增值提供安全的高质量服务。

投资理财部基于对证券市场和行业公司的投资关联分析建立了数量化的组合投资模型，开发了GDP贡献度系统、市场领先指标测算系统、ORTH交易系统等多项创新研究成果，同时运用国际先进的风险管理体系，专注于帮助投资人分享中国经济增长所带来的收益。同时，在不断提升和完善管理及风险控制能力的基础上，不断丰富创新产品体系，积极稳健地拓展业务规模，有效保障资产综合质量和收益水平，已形成一个遍布全国和各行业的核心客户群体。

2004年7月，经过多次招标评选，中国航空巨擘——中国南方航空股份有限公司在众多投资管理机构中选择了中关村证券公司为其进行受托资产管理，双方签订了我国证券市场单笔金额最高的资产管理合同，总额达人民币5亿元。作为在上海、香港和纽约三地上市的红筹公司，南方航空拥有严格的投资和风险管理体系，此次携手合作证实了中关村证券公司规范稳健的经营思想与傲视同侪的资产管理实力。

固定收益业务　中关村证券公司作为交易所国债承销团成员、银行间同业拆借市场成员、中央国债登记公司乙类会员和国债协会会员，固定收益业务涵盖了国债、金融债券、企业债券、可转换债券、市政债券以及其他债券等广泛的业务范围。公司从事固定收益业务的人员全部拥有硕士以上学位，具有多年实践经验，在债券研究方面具有较强实力，能提供全面的金融咨询和投资理财服务。

公司共组织16期国债的承销与分销及一期金融债的分销工作，国债承销总额22.3亿元。截至年末，累计交易所国债承销额达40多亿元，累计国债现券交易量达100多亿元，累计国债回购交易量达1 000多亿元。

研发体系建设　2004年，中关村证券研发体系建设在原有基础上得到了进一步的巩固和加强，汇聚了海内外众多实力雄厚、经验丰厚的投资专家和资深研究员，引入国际领先的基金化投资策略和管理体系，建立了良好的方法论与较为完善的内部组织架构。

随着研究力量的增强，研发中心对所覆盖的行业和公司研究不断深入，研究质量得到明显提高，为外部客户提供了及时有效的投资建议，市场影响力不断提升，研究成果被多家媒体长期引用。

研发工作对公司内部各项业务的支持也取得了实质性成果。在公司资产管理业务开拓中，比较充分地发挥了研究的力量，按照基金的管理模式设计了委托资产管理模式，取得了良好的效果。在投资银行承销项目中，研发中心与投资银行部门积极配合，充分参与了项目争取、调查分析、定价、投资客户推荐等方面的工作，与承销部门共同努力，取得了发行人、公司、市场多赢的格局。

目前研发中心的主要研究产品包括定期《投资策略报告》、行业公司深度研究报告及追踪点评报告、股票池每周评级、宏观专题研究、每日市场评论及《每日投资纪要》等。

信息化建设　中关村证券公司十分重视信息技术工作，位于北京的公司总部建设了局域网和数据中心机房以及所有分支机构与总部的广域网通信网络，先后建成投产了集中交易系统、投资理财管理系统、开放式基金销售系统、集中财务系统、法人清算系统、中央监控系统、电子公文系统等业务系统，有效防范了营业网点的经营风险。

公司积极推广电子商务，所有营业部的网上交易系统实现了集中接入、集中管理，网上交易的平均交易量约占公司交易总量的1/3。集中交易系统采用了UNIX和Oracle数据库平台，系统运行稳定；可靠性高。截至年末，已有9家营业部成功上线运行。

北京证券营业部　中关村证券公司北京中关村南大街证券营业部于2002年3月18日开业，是公司增资扩股、迁址北京后投资新建的第一家证券营业部。在经营实践中，营业部建立起了一个完善的经营管理体系和一个团结进步，积极向上的优秀金融团队，同时凭借先进完备的硬件设施和极具特色化、人文化的星级服务赢得了广大投资者的信任和好评。

在异常激烈的市场竞争中，营业部总经理邵杨同志带领全体员工积极开拓，锐意进取，开业当年营业部即进入北京地区20强。截至2004年末，在2年零10个月的经营时间里，营业部共创造779亿元的交易额。2004年度，在深圳证券交易所及上海证券交易所3 000余家营业部中，交易额排名分别名列第66名和第77名；在北京地区150余家证券营业部交易额综合排名中，在深圳证券交易所排名第6名，在上海证券交易所排名第18名。

北京营业部2004年2月荣获北京市朝阳区精神文明建设委员会办公室、共青团北京市朝阳区委员会联合颁发的“青年文明号”；在参加首都创建文明行业规范化达标活动中，荣获北京证监局颁发的“优秀创建单位”奖；2004年4月荣获首都精神文明建设办公室和中共北京市委金融工作委员会联合授予的“首都金融业创建文明行业活动先进网点”称号；营业部总经理邵杨同志在首都创建文明行业规范化服务达标活动中，先后被北京证监局和首都精神文明建设办公室、中共北京市委金融工作委员会授予“先进个人”称号；在《世界经理人》杂志举办的全国性“2004年最具影响力的100位证券营业部经理”的评选中，邵杨同志位列全国第16名，北京市排名第1名。

（何　陵）

中国科技证券有限责任公司

董事长兼总裁　张　钢

中国科技证券有限责任公司（以下简称科技证券公司）是由中国科技国际信托投资公司作为主发起人，联合其他公司出资成立的综合类证券公司，行政隶属于中国证监会。公司的注册资本为10.56亿元。2004年底，公司总资产达到32亿元，净资产为10.21亿元。

2004年，面对十分严峻的证券市场环境，科技证券公司不仅发展和完善了运行机制、管理体制、业务运作等内部运作机制，并且全体员工在公司党委领导下，励精图治、奋勇进取，取得了可喜的经营业绩。

经纪业务　面对证券市场的严峻挑战，2004年科技证券公司股票基金成交总额为604亿元，市场占有率为0.71%，比上年上升了2.96%，取得了不错的成绩。

2004年，公司经纪业务部加强了"FC"（"财务顾问"）制度的推广和实施工作，以求建设科技证券新的营销体系，截至年底，实施"FC"制度的营业部已经达9家，实施"FC"制度后，营业部工作得到全面提升，无论从交易量、新增客户数到客户管理水平等各方面，都有了很大程度的提高；圆满完成了"银证通"业务试点，为"银证通"业务的进一步发展积累了宝贵的经验；通过与研究所合作，整合咨询资源，积极探索经纪业务服务新模式，为客户提供多种形式的个性化服务。

固定收益业务　科技证券公司参与承销了财政部2004年所有发行的10期国债，全年承销总量为9.3亿元；国债市场2004年整体波动较大，公司果断决定暂停进行自营业务，从而有效规避了风险；在企业债券分销工作方面，公司加入了中电投、华能集团、河南高速、浙江交投、神华集团、首都旅游、北京地铁等债券的承销团，获得承销额度2.3亿元。

投资银行业务　2004年是科技证券公司投资银行业务实现突破并取得快速发展的一年。完成了公司自成立以来的第一个主承销项目——华联超市增发；积极拓展各种类型的非通道业务，培育了一批客户资源；组织并鼓励公司员工参加保荐人胜任能力考试，先后有8人获得通过；开始了区域投资银行的布点和海外市场投资银行业务的研究。上述工作不仅使公司的投资银行业务实现突破，同时为投资银行业务的快速发展奠定了良好基础。

研究咨询工作　研究所坚持为客户服务的职能定位和服务理念，在公司形象宣传、公司业务支持、研究咨询服务等工作中取得了良好成绩。

通过与有关部门共同撰稿，在《中国证券报》整版刊登介绍公司电子商务平台的文章，对宣传公司网上券商的特色和科技品牌起到积极作用；配合投资银行部华联超市增发项目，提供高质量投资价值分析报告；在研究咨询服务方面努力探索多种服务形式，全年完成各类研究报告近千份，准确地把握股市行情；通过开展课题研究，提高了研究所理论研究水平和实用性研究水平。

电子商务 2004年，科技证券公司电子商务部一方面继续推进科技证券电子商务技术平台的建设、完善和维护；另一方面承担了科技证券网上交易业务的组织、策划、实施和公司客服中心的工作。

目前已有6家营业部成功上线集中交易系统；科技证券的新机房投入使用，使得公司电子商务在保障数据中心安全、稳定运行方面有了一个更加可靠的物理基础设施；经过努力，公司的网上交易量占总交易量的比例已上升到26.9%，近两成的新增客户开通了网上交易。

内控制度建设 科技证券公司大力加强建设和完善公司的规章制度。制定和完善了会议制度、督办制度；完善了公司内部工作流程；并且通过网上办公和办公电子化的普及，使得公司办公效率得到极大提高。

财务及风险管理 科技证券公司完善了营业部费用预算管理办法，按收支两条线进行严格的预算管理；编制总部各部门费用预算，严格控制支出，使得全年的费用支出控制在预算额度之内；开展业务创新，实施财务集中核算，为公司领导层决策提供支持。

人力资源及培训 2004年，人力资源部进一步改进和完善公司的业绩考核体系，提高考核体系的可操作性、针对性和实用性；优化激励与约束机制，通过同业薪酬调查，了解公司薪酬水平的竞争力，并结合对部门和员工的考核，配合相关部门建立与本部门和专业特点相适应的激励机制；人力资源部通过多种形式，与各层员工进行及时的沟通和交流，成为沟通员工与公司的桥梁；加强对员工的培养和培训工作，探索建立培训体系，不断提高员工素质和凝聚力。

（杨　博）

中国人民财产保险股份有限公司北京市分公司

总经理　郭生臣

2004年，中国人民财产保险股份有限公司北京市分公司（以下简称人保财险北京分公司）共实现保费收入34.86亿元，完成年计划的105.6%，比上年增长4.36%；人均保费285.73万元，比上年增加16.9万元，保费总额位居全国第六位，市场份额为52.05%；实现已赚净保费27.2亿元，完成年计划的102.8%。全年累计处理已决赔案90.79万件，支付赔款22.14亿元，比上年增长33.6%，已决赔付率63.5%，比上年上升13.9个百分点。

机动车辆保险业务　2004年人保财险总公司对车险产品进行了四次调整，各经营单位按照北京分公司的统一部署，积极开拓，加强管控，车险业务保持了稳定的规模，业务质量有所提高。全年机动车险保费收入为25.62亿元，比上年增加2.79亿元，市场份额为55.18%。承保数量达90.25万辆，比上年净增加10.26万辆，增长12.8%。2004年人保财险北京分公司共处理车险已决赔案90.02万件，新增未决赔案4.88万件，两项合计达到了94.9万件，达到历史最高水平。

非车险业务　2004年非车险业务实现保费收入9.24亿元，同口径实际增长1.08亿元，比上年增长15.79%。完成年计划的126.6%，超额完成了非车险指标。其中，团险业务实现保费收入6.51亿元，完成年计划的115.8%。货运险实现保费收入2.3亿元，创历史新高，比上年增长49.5%。个人保险业务实现保费收入1.35亿元，完成年计划的111.9%，比上年增长24%。家财险实现保费收入1.02亿元；意外险实现保费收入3 331万元，比上年增长10.46%。

大型商业风险保险业务　人保财险北京分公司通过分、支公司上下联动，精心组织，周密安排，在中央国家机关车辆保险采购项目招标中一举中标，展示了公司在车险服务和管理方面的优势和实力。在北京市卫生局组织的医责险招标中获得90%的份额。成功承保了地铁十号线、四号线的建安工险和五号线的安工险，承保了中国进出口银行统括、首都机场东扩等项目。在国家体育场、国家游泳中心、五棵松文化体育中心篮球馆工程等奥运标志性项目的招标中全部中标，向出征希腊雅典奥运会的中国体育代表团提供了体育综合保险，显示了中国人保的实力和地位，提高了公司的信誉。

积极调整结构　人保财险北京分公司党委、总经理室不断深化对结构调整战略意义的认识，把结构调整，加强车险内部险种调整和加快非车险业务发展作为一项重要的工作来抓，各经营单位在统一思想、提高认识的基础上，取得了明显的成效。车险业务方面，一是对各经营单位的市场行为进行了规范，创造了稳定的市场环境；二是推广了车险业务质量监控精算技术，提高了车险业务质量分析的准确性和前瞻性，为车险业务质量管理提供了科学、准确的管理指标，提高了决策的准确性和及时性；三是配合总公司对车险产品和费率进行调整；四是根据业务质量实施差异化手续费政策，利用经济杠杆剔除了高风险业务；五是加强车险业务的核保管理，对高风险业务进行控制，实现车险业务存量结构优化。2004 年公司车险业务质量明显提升，较好地实现了车险业务结构内部调整。

非车险业务方面，一是加大了考核力度，提高了员工发展非车险业务的积极性，有力促进了非车险业务的发展。二是加强机构队伍建设。三是积极开展营销活动。通过开展非车险业务劳动竞赛、“精英在行动之鲲鹏展翅”、“灿烂明天”学生意外保险营销和保险卡有奖销售活动，收到较好效果。四是加大产品创新力度。开发完成了“全程守护”意外伤害保险卡。开发了短期交通工具乘客意外伤害保险、家用燃气用户意外伤害保险等一批新产品。五是拓展销售渠道。加强银保合作，与中国农业银行、中信实业银行等五家银行签订了全面合作协议；深化了与中国工商银行、中国建设银行等四家银行的合作；与中国银行总行信用卡部、农村信用社系统各网点进行了单项业务合作。全年通过银保渠道实现保费收入 9 735.73 万元，比上年增长 17.06%。加强了与中介机构的合作和电子商务建设，保费收入有较大增幅。通过全系统上下特别是各经营单位一年来的不懈努力，人保财险北京分公司非车险业务结构占比达到 26.50%，为公司持续健康发展奠定了坚实的基础。

加强全面管理　2004 年是人保财险北京分公司的管理年，通过系统上下共同实施精细化管理，公司的管理水平明显提升。一是强化了以效益为核心的考核导向，完善了以利润为核心的考核体系。2004 年考核办法突出了效益第一的原则，各经营单位完善了以利润为核心的考核体系，明确了经营方向。二是规范承保和理赔管理。出台了非车险业务和联、共保等承保管理规定，进一步强化了承保授权管理。以北京市技术监督局的组织机构代码为基础，对现有业务系统中 36 万客户的编码进行统一替换，实现了客户名称和编码的惟一对应，提升了客户数据质量。出台了车险理赔工作指导意见和未决赔案管理规定，推行了车险理赔辅助系统，规范了理赔流程、投诉案件处理流程、“双代”（代查勘、代定损）业务处理流程，推出了修理协作网，完善了公司理赔服务网络。“95518”呼叫中心改变了用工方式，加大了培训和考核力度，再造了操作流程，重新配置了技术资源，迁入了新址，大大提高了接通率，拓展了服务能力。三是完善内控制度建设。人保财险北京分公司全面修订了内控制度，修订后的内控制度由原有的 6 大类 90 项，增加到 7 大类 168 项，其中新增 99 项、修改 28 项、保留 41 项、废止 21 项，加强了对管理风险的控制。四是夯实信息技术平台。全面完成了省级业务集中处理工作。通过数据清理，提高了数据质量，达到了全国领先水平，为正确决策提供了强大的技术支持。完成了数据备份系统第一阶段的升级。改进了基础设施，配备了远程出单网点集中接入系统。五是严格应收保费管理。六是加强车贷险清收。七是加强依法合规教育。配合国务院派驻中国人保控股公司监事会检查组的检查，人保财险北京分公司加强了依法合规教育，增强了风险防范意识，提升了管理水平和管控能力。

注重队伍建设 人保财险北京分公司党委、总经理室高度重视队伍建设问题，反复强调要加强班子队伍建设，关心员工成长，关注员工利益，实现员工价值。通过一年的努力，取得了较好效果，保持了队伍的稳定。一是思想观念明显改变。为了实现思想转型，各经营单位做了大量扎实、细致的思想政治工作。通过认真宣讲、反复沟通，使效益第一的观念深入人心。二是薪酬改革和业绩合同签订工作顺利实施。根据总公司的统一部署和整体要求，人保财险北京分公司认真有序地进行了薪酬改革和业绩合同签订工作，完成了分公司薪酬体系的根本性变革，充分调动了广大员工的积极性、主动性和创造性。三是加强了领导班子建设。选拔了一批年富力强，既有理论知识，又有实践经验的业务骨干充实到支公司班子中。通过学习十六届四中全会、中纪委第三次全会精神及《中国共产党党内监督条例（试行）》和《中国共产党纪律处分条例》，系统内领导干部的政治素质和廉政意识有了进一步提高。部分经营单位、基层领导及员工受到总公司的表彰。四是员工队伍建设深入扎实。2004 年员工培训工作内容全、受众广、力度大，通过培训，广大员工提高了承保、理赔、财务、人力资源管理、信息技术、职业技能等方面的素质。举行了首批资深、高级客户经理命名仪式，激发了广大外勤人员的荣誉感和积极性。五是企业文化建设逐步增强。人保财险北京分公司健全了工会和共青团组织，加强企业文化建设，开展了丰富多彩的文体活动，丰富了员工的业余生活，陶冶了员工的情操。

（王晓炜）

中国人寿保险股份有限公司北京市分公司

总经理　黄俊光

2004年是中国人寿保险股份有限公司重组上市后第一个完整经营年。中国人寿保险股份有限公司北京市分公司（以下简称国寿北京分公司）2004年坚决贯彻落实总公司和北京保监局的各项指示和要求，以求真务实的精神，克服困难，大胆探索，团结一致，奋力拼搏，保持了业务持续、稳定、健康、协调的发展。

截至年末，国寿北京分公司共实现保费收入44.97亿元，比上年增长4.4%。个人业务保费收入17.17亿元，比上年增长8.5%，其中期缴首年保费收入3.2亿元，比上年增长16.2%。团体业务首年保费收入8.42亿元，其中意外险保费收入1.15亿元，比上年增长17.7%；短期健康险（含补充A）保费收入1.90亿元，比上年增长17.2%。银行代理保费收入15.04亿元，比上年增长21%。续期业务保费收入7.12亿元，续期收费率95.4%。2004年，公司一直坚持在发展中调整险种结构，逐步提升期缴产品的占比；同时，大力发展风险型和效益型业务，使公司运营开始转向效益导向型。按照美国和香港会计准则计算，风险型保费及投资型管理费收入为13.56亿元，比上年增长28%。市场份额进一步得到提升，达到21.49%，比上年增加2.51个百分点。

个人业务　2004年国寿北京分公司个人保险首年新单保费收入10.56亿元，市场份额居于北京寿险市场第一。通过积极转变销售模式，调整产品结构，强调以期缴业务、风险型业务为主，使期缴业务首年保费收入达到3.2亿元，比上年增长16.2%。根据中国保监会出台的相关政策，公司加大了培训力度，形成新人培训、衔接教育、职级培训、专题培训相结合的完整的培训教育体系，从而提高了营销队伍的生产力和竞争力，为新人在团队中的成长创造了条件。

团体业务　2004年国寿北京分公司成立了健康险、意外险、开发区、大客户等业务部。面对2004年“企业年金政策不明、党政机关清退保险、教育互助金强势推出、航意险共保解体”等诸多不利的外部因素，公司积极开拓思路，制定适时的销售策略。通过推广职场销售、大力发展意外险、组建大客户业务部提供优质个性化服务、加大培训力度提升人员素质、严控健康险经营风险等一系列举措，使公司在学平险、建工险、航意险方面的优势进一步加强和巩固。

银行保险业务　2004年国寿北京分

公司银行保险业务市场份额为21%，在北京银保市场中排名第一。公司除了抓好现有渠道的经营管理，保证保费规模的稳定增长外，重点进行了新渠道的开拓和经营，对银保业务的发展起到了积极的推动作用。

实施人力资源制度改革　在总公司的统一部署下，2004年国寿北京分公司实施了人力资源制度改革。改革使组织架构更加合理，职责更加明确，运营流程更加顺畅，人员配置更加有效，员工素质和管理能力进一步提高。同时，及时建立起党支部，保证了党的各项工作正常开展。通过组织各类培训，加强了对全系统干部的培训、管理和任用，使广大干部增长了知识，提高了管理能力；通过广泛开展遵纪守法教育，进一步增强了党员干部廉洁自律的自觉性。

加强内控制度建设　一是清理和完善内控制度。对1999年以来形成的内控制度进行了全面清理、完善并汇编成册。新制定了业务单证管理、单证印刷、印章管理、合同管理、法律诉讼、团体业务核保等制度。二是加强业务、财务和销售管理。认真做好历史数据的清理工作；进一步加强核保、核赔工作；严格遵守上市公司的有关制度，做好股份公司与集团公司的单独核算工作；在全辖开展业务和财务管理的自查自纠工作；规范销售行为，遏制误导宣传，防止无序竞争，及时处理违规的业务人员和中介公司；继续做好质量管理体系的维护工作，顺利通过英国标准协会的跟踪审核。三是加大监察和审计力度。加强了监察和审计部门的人员配备；扎扎实实开展效能监察工作；着力抓好领导干部廉洁自律、案件查办、执法监察、经理经济责任审计等工作；加强固定资产盘查力度，确保公司资产保值增值。顺利通过了2004年10月国务院驻中国人寿监事会对国寿北京分公司的全面检查，以及普华永道每季度一次的例行审查。

构建稳固后援支持平台　一是确保CBPS、OBPS、CLAF、AMIS、GMIS等系统的正常运行，保证了数据的安全准确。二是结合公司现状，出台了新的《单证管理办法》，从单证印刷、入库、申请领用、发放、调拨、核销、作废等各环节入手，建立了四级单证管理制度，使单证管理制度化、规范化，堵住了因单证管理不善出现的漏洞。三是完成了航意险、建筑工程团体人身意外险、境外紧急救援险的单证设计以及实务管理制度、操作流程的制定，还开发了相应的管理系统，有力地保证了一线需求，支持了效益型短险业务的开拓。四是规范了团体业务管理，出台了《团体业务核保办法》，经试运行三个月，成效显著并受到了总公司的好评。还及时出台了《补充A实务流程》，对补充A业务进行严格管控。重新编写了《统括业务管理办法》，得到了总公司的认可，并向全国推广使用。

客户服务　2004年国寿北京分公司开展了“万人长走”、“百万客户大回访”等特色公益活动。通过开展这些能够回馈社会、服务客户的活动，提升了公司的社会声誉，拉近了公司与客户的距离。为了给客户提供更便捷的保险服务，年内公司不断提高“95519”电话中心的工作效率与服务品质，创新并丰富服务内容，为客户提供优质的专业化服务。如利用“95519”客户服务专线电话为广大投保人提供了电话变更客户资料的便利，以及开通了电话受理投保人保单口头挂失等项服务内容，还为客户提供了“95519”的24

小时人工服务。为了方便客户与公司的交流，公司为客户搭建起立体化服务网络，通过代理人、客户服务柜面、“95519”客户服务专线电话、电子邮件、语音留言，以及客户来函、来访等多种渠道为客户提供服务，使得客户与公司之间的交流更加便利顺畅。

（王东燕）

中国太平洋财产保险股份有限公司北京分公司

总经理　李宝利

2004年，中国太平洋财产保险股份有限公司北京分公司（以下简称太平洋产险北京分公司）坚持科学发展观，认真贯彻稳健经营、以效益为中心的指导思想，积极开展服务创新，狠抓内控制度建设，全面提升经营管理水平，进一步增强了公司的核心竞争力。太平洋产险北京分公司被首都精神文明建设委员会授予“首都文明单位”荣誉称号。2004年，通过全公司8家支公司，498名员工的共同努力，保费收入历史性地突破10亿元的规模，达到10.78亿元，比上年增长54.26%；全年赔款支出共计3.44亿元，简单赔付率为31.94%，比上年下降26.97个百分点。

机动车辆保险业务　2004年，公司进行业务结构调整，实行满期赔付率考核，进行细化和差异化管理，加强分类指导等有效措施，加强了对车险业务的管理工作。在提高车险服务水平方面，通过整合服务资源，开展服务创新，连续推出有奖销售、全城通赔、全年承保、全年理赔、免费救援、远程定损、室内和车内环境监测等一系列服务新举措，为广大客户提供了更广泛的超值服务，推动公司车险业务的快速发展。全年机动车辆保费收入达到6.46亿元，比上年增加44.37%。

非机动车辆保险业务　为了推动公司非车险业务发展，公司加大对非车险业务发展的政策支持力度，加快对非车险业务人才的培养，重视非车险业务信息的收集与运用，大力推进渠道建设，积极推进银保合作，加大人身意外险的销售力度，开展业务竞赛，通过加强对各业务单位的协作和管理，重新制定大项目展业管理办法，制定了《非车险业务核赔管理规定(试行)》，并注意发挥团队精神，使公司在大项目承保方面取得突破性进展，成功承保中国民航机队保险，北京京东方光电科技有限公司TFT—LCD生产线安装工程险，宜万铁路工程保险，北京地铁四、五、十号线工程保险及空管责任保险等一批大型项目。全年非车险业务保费收入达到4.32亿元，增长71.84%；在公司保费收入的占比由过去的20.49%，上升到39.59%。

全面提升管理水平 2004年，太平洋产险北京分公司在继续开展观念更新和管理创新，倡导建立学习型组织，狠抓执行力度等方面采取了一系列有效的措施，进一步提高了公司的管理水平。在中介代理管理方面，通过梳理渠道数据，清理挂靠业务，改进了对中介机构的基础管理工作，制定了《兼业代理机构考核及等级评定办法》等制度，为进一步深化渠道建设，调整渠道结构奠定了基础；通过明确流程，简化手续，加强管理和指导等有效措施，使远程出单机构的数量增加了近一倍。在信息化建设方面，围绕业务发展的热点和难点，逐步对公司核心业务系统、管理系统、服务和决策分析系统进行集成和全面整合，努力实现公司资源和信息技术的最优化配置。在防范风险方面，贯彻“业务发展与防范和控制风险同步进行”的指导方针，通过开展单证、应收保费及历史未决数据等专项清理工作，开展现场与非现场相互交替进行的稽核工作，开展教育与监督并举的纪检监察工作，开展保险调查人试点等项工作，进一步完善了内控制度建设，有效地防范和控制了公司的经营风险。

打造太保服务知名品牌 2004年，公司把开展服务创新，打造太保服务知名品牌作为重点工作，要求全公司员工牢固树立“客户的需要就是我们的工作目标，客户的满意就是我们的服务标准”的服务理念，下发了《客户信访投诉管理暂行办法》、《客户回访工作管理办法》等一系列文件，对公司创建文明行业规范化服务工作的巩固和深入，对客户信访投诉管理工作的制度化、规范化，发挥了重要的作用。公司定期以客户身份对各服务“窗口”进行暗访和抽查，对客户投诉办理结果及时进行电话回访，发现问题及时纠正。对“95500”客户服务电话接线生的专业知识和电话服务技巧，进行全面培训和考核。为了给客户提供更加便捷的服务，公司在城区的13家较大规模汽修厂建立了定损点，并统一标志，规范管理；在全市推行了通赔工作，被保险人持需要提供的单证和手续，可以在全市范围内的分公司和8家支公司中，选择临近的分、支公司就近办理索赔手续并领取赔款。2 000元以下案情简单、保险双方没有争议的赔案，可以办理即时赔付。公司在全市20家汽修厂建立了远程定损点，远程定损就是利用先进的影像设备和宽带传输技术，进行异地、实时的查勘定损工作。它与现在的传统定损相比，具有效率高、技术手段先进、降低运营成本、大大缩短客户等待时间等优点。通过一系列服务创新工作，全面提升了公司的服务水平，对打造太保服务知名品牌发挥了重要作用。太平洋产险北京分公司客户服务部被中国质量协会、中华全国总工会、共青团中央、全国用户满意工程联合推进办公室评为2004年全国用户满意服务明星班组。

加强培训工作 2004年，根据市场竞争新特点和人才培养计划，公司认真开展了一系列培训工作，一是为了提高新员工的业务技能，培养他们的爱岗敬业精神，对新入员工开展上岗前的系统培训和考试。二是积极贯彻落实总公司业务结构调整战略目标，提高公司核保核赔人员技术水平，开展了核保核赔人员任职资格的培训和考试。三是为了实现总公司OA办公系统升级目标，在全公司开展了推广应用新系统的培训工作。四是结合公司开展观念更新和管理创新工作，对全体中层管理干部进行了财务管理知识培训和创建“学习型组织”等专题讲座。五是为了加强公司客户服务体系建设，邀请外籍教师来公司进行客户服务体系建立和管理培训。

（刘锦忠）

中国太平洋人寿保险股份有限公司北京分公司

总经理　李洪林

2004年，中国太平洋人寿保险股份有限公司北京分公司（以下简称太保寿险北京分公司）在业务拓展、客户服务、经营管理等方面都取得了较大发展，公司的内在价值和品牌形象进一步提升。

业务结构明显优化，重点业务指标增长显著　全年完成保费收入21.91亿元，其中意外险保费达4 946.6万元，比上年增长10.81%；个人业务期缴率比上年有较大提升，传统险和分红险期缴率上升了19.97个百分点；续期任务提前超额完成，全年取得续期业务保费收入3.63亿元，比上年增长22.68%；全年团体终身年金险保费收入达5.85亿元，有效地提升了公司内在价值。

积极应对市场变化，大胆革新，各渠道业务健康发展　2004年公司相继成立了综合开拓部、中介业务部、收展服务部，并在个人业务部实施“朝阳工程”。新业务部门的成立大大加强了业务拓展的力度，新成立的几个部门逐渐成为公司新保业务的重要来源。截至年末，个人业务渠道新保9 923万元，团体业务渠道保费10.25亿元，银行保险渠道9.36亿元。

部门协作进一步加强，公司服务品牌进一步彰显　2004年初，中国消费者协会、中国质量协会和清华大学企业研究中心推出一项调查结果，太平洋保险在全国消费者满意度调查七项指标评比中有六项评为第一，总体满意度水平居各公司之首。2004年公司进一步强化了诚信建设，提升公司业务及服务品质，进一步强调“一切以客户的感受良好为标准”的服务理念，要求员工无论对内部客户还是外部客户都要遵循这一理念，将服务工作更加细致化、专业化。同时，公司强化了对客户的理赔服务，在密云踩踏事件、北大医院幼儿园事件、百万理赔等历次重大理赔工作中，太保寿险北京分公司都行动迅速，充满关爱，在北京保险市场树立了良好形象。

加强制度建设，防范经营风险　太保寿险北京分公司始终坚持监管机构和总公司有关内部控制管理的规定，通过“相互监督、相互制约”的决策机制和内控机制，不断加强和完善公司内部管理，有效地规避和防范风险。在业务不断发展的同时，建立和完善了产品管理、单证管理、业务管理、佣金、手续费管理、银行账户管理、资金管理、资产管理、会计核算管理、印章管理、档案管理、个人代理人管理、计算机信息系统管理等内控机制，为实现公司经营管理目标的达成提供了良好的保障。在机构管理方面，制定了《机构管理办法》。在营销服务部机构设置和日常管理上，严格执行总公司和分公司机构建设的各项制度，并做好充分的市场调研，对现有机构，充分分析市场状况、客户资源情况、分支机构的收支状况、负责人的管理水平和营销人员的素质和能力等情况，分别制定不同的指导方案和管理措施，并确保落实到位。加强对郊县分支机构负责人的培训和指导，提高郊县营销服务部的盈利能力。在费用管控方面，严格按照全面预算管理要求，加强制度的完善和日常的考核监督；根据各营销服务部的经营绩效和城乡之间的市场状况，激励与控制相结合，保证每个机构创造绩效、持续发展。进一步加大了内部稽核工作。2004年，根据总公司稽核工作要点，不断探索稽核工作新方法，将风险防范的重心从事后检查向事前防范转移，编辑了《内控管理手册》、《风险与防范》专刊，以案例的形式对风险点进行分析，使稽核工作更加务实。

加强企业文化建设，增强公司凝聚力　2004年公司提出了新时期企业文化的内容，以“诚信天下、稳健一生”作为公司的核心价值观，以“销售服务，绩效价值，勇于负责，清任和时”作为公司的职业使命。同时，公司进一步加强了对公司领导层和员工的培训，邀请国内著名保险等学科专家进行专题讲座，内容着重于寿险业发展规律、转变思维模式和建立成功习惯等方面，努力提升员工专业化和职业化水平。

加强党团组织建设、宣传思想工作和精神文明建设　太保寿险北京分公司高度重视党组织建设工作。一方面制定了《分公司党政领导班子民主生活会工作安排》，对民主生活会召开的内容、时间和目的要求进行了详细安排。坚持开展批评和自我批评，广泛听取了群众意见和建议，并对意见认真分析，逐条提出整改措施，认真落实改进。另一方面，着力加强党组织建设和党员思想政治工作。公司宣传思想工作由一把手亲自抓，建立了公司内部信息交流平台，鼓励员工在信息平台发表感悟文章，促进员工之间、公司与员工之间的交流，组建了一支高素质的通讯员队伍，在集团公司宣传工作评比中屡次获得好评，并在北京保险学会论文评比、太保系统“保险功能”论文及交流锻炼人员后备干部专题报告联合评选中获奖。2004年太保寿险北京分公司团委重新改选，年内，开展了一系列丰富多彩的活动，如在信息平台开办“感恩的心”、“团员之家”栏目，利用周末到居民小区开展120卡公益赠送活动，与120急救中心开展羽毛球比赛，举办“非常青年”知识擂台赛，在公司年会上进行精彩的节目表演等。

（曾红英）

中国平安财产保险股份有限公司北京分公司

总经理　骆　鹏

2004年，中国平安财产保险股份有限公司北京分公司（以下简称平安产险北京分公司）继续贯彻执行“品质优先、利润导向、遵纪守法、重在执行”的经营方针。在经营策略上，贴近市场，冷静应对纷繁复杂、变化多端的市场环境，以市场变化为前提，适时调整有竞争力的经营策略；下半年，以产险总公司“抓住机遇、精耕细作、转型发展、做大做强”的转型报告精神为指导思想，步调一致地转变经营思路；以加强制度化建设、提升执行力为手段，在经营管理的各个环节上注重业务品质，精耕细作，不断地夯实基础管理，锻造平安产险北京分公司在业内外的品牌。截至年末，实现保费收入8.18亿元，完成年计划的105.6%；比上年增长27.7%；创造利润3 243万元，完成年计划的135.41%；成功地实现规模、效益双丰收。

车险业务：保费收入为4.17亿元，计划达成率为97.02%，比上年增长17.61%；综合费用率为30.47%；综合赔付率为62.84%，承保利润达1 893万元，完成利润指标的420.59%。

财产险业务：保费收入为3.77亿元，计划达成率为117.89%，比上年增长33.76%；综合费用率为34.21%，综合赔付率为55.14%。承保利润为1 345万元，完成利润指标的79.14%。

健康险、意外险业务：保费收入为2 344万元，计划达成率为95.67%，比上年增长548.58%；综合费用率为41.34%，综合赔付率为58.20%；承保利润为5万元，完成利润指标的2.07%。

业务管理　车险部与财务部门密切配合，以平安产险北京分公司平安大厦为中心的理赔服务网络，设立4个理赔（分）中心，改变了以前机构理赔内勤操作缺乏统一规范、人力资源浪费、工作量不均衡、分工不够专业、工作技能水平不高的诸多弊病，实现了以大厦为中心的理赔服务网络，合理分配人力资源。同时对理赔内勤的岗位职责进行细分，提高了专业化程度，达到了理赔内勤各项工作的标准化操作。加强财务资金预算及对三级机构资金合理调配使用的集中管理，保证了资金管理高效、安全。2004年，电脑部配合总公司进行了多个系统的开发和维护，网络的有力支持加速了操作流程的标准化进程。

加快制度化建设步伐，提升整体执行力。2004年，平安产险北京分公司从健全完善各系列的规章制度入手，加快制度化建设步伐。年内，分类出台并完善的各项规章制度、守则及管理办法达100多项，涉及了各系列的各个岗位，规范了不同系列员工的行为准则。

人力资源管理 平安产险北京分公司严格按照总公司的核人制度甄选人才、招聘新人，全年共招聘员工51人，为各部门提供了充足的人才，为2004年顺利完成总公司下达的各项任务提供了人员保障。加强干部培养，注重干部的日常跟踪管理，理顺干部队伍的阶梯式渠道，针对北京保险市场人才竞争较为激烈的情况，为更好地留住人才，给员工提供一个良好的发展空间，经分公司总经理室研究，并严格按照干部任免程序，对部分干部进行了提职晋升。

开展各种大型活动 年内，平安产险北京分公司举办了书法摄影比赛、"谜语竞猜"、"拔河比赛"、"知识竞赛"、"老员工座谈会"等司庆十年的系列庆祝活动。开展了"激情夏日"、"金秋收获"等系列财产险业务竞赛活动。举办了产险首届客户服务节活动，举办保险论坛，客户抽奖等系列活动，向幸运客户赠送数十万的健康保险和精美礼品，在社会上引起较好的反响。

（陈家伟）

中国平安人寿保险股份有限公司北京分公司

总经理　朱仲群

2004年，中国平安人寿保险股份有限公司北京分公司（以下简称平安人寿北京分公司）深入贯彻总公司"品质优先、利润导向、遵纪守法、重在执行"的十六字方针，在保持业务规模稳定发展的同时，注重业务的品质管控与风险管理，各项经营指标均呈现喜人佳绩。三大业务系列，即个人营销、团体业务、银行保险业务的保费规模全部位居平安系统第一；总保费及个人保险、团险保费规模均位居北京寿险市场第一。全年实现保费收入61.33亿元，在北京寿险市场占有率为29%。其中个人营销业务保费收入37.08亿元，比上年增长3%，市场占有率为42%；团险业务保费收入10.44亿元，市场占有率为23.5%；银行代理业务保费收入13.81亿元，市场占有率为17%；2004年，各项理赔及给付金额6亿元。

完善后援服务，支持业务发展 在服务竞争不断加剧的北京市场，平安人寿北京分公司一如既往地秉承"用心服务，全员营销"的理念，以客户、业务员为关注焦点，不断完善"友善、专业、便捷"的后援服务支持平台和标准化建设，全力支持业务发展；完善内控建设，防范经营风险；使平安人寿北京分公司后援服务品质继续保持在平安系统乃至同业的领先水平。

团险业务　2004年，平安人寿北京分公司从实际出发，加快转型，顺利完成了团险组织机构调整，将业务线与服务线分开，加强后线服务建设；以利润为导向，改善保费结构；调整险种结构，优化业务品质，重点发展企业补充养老保险计划，积极拓展效益型险种销售，全面推广员工福利计划；拓展重大项目；强化客户积累；完善团险标准化体系建设，搭建稳固的业务平台。

业务创新　2004年，平安人寿北京分公司银行保险部积极向新销售模式转变，提升非趸缴产品的业务占比，并在新业务转型上取得突破，成功搭建了以客户需求为导向的BSM销售方式、银销团、银销产三大块的新业务架构；与银行协作组织客户说明会、举办银行职场开拓说明会；尝试网络、电话、直邮等柜面以外的经营模式；开发“客户生日和节日短信问候”系统。

干部竞聘上岗制　2004年，平安人寿北京分公司三大系列全面推行干部竞聘上岗制度，体现了“能者上、平者让、庸者下”的平安用人机制，使公司干部选拔工作更加公正、公平和公开，让每一位员工有更公平的成长空间与晋升机会。

成立工会组织　为维护员工的合法利益和民主权利，动员和组织员工积极参加公司建设和改革，参与公司的民主管理，全心全意为员工服务。2004年10月28日，平安人寿北京分公司举行工会成立大会暨第一次工会代表大会，大会选举出了平安人寿北京分公司第一届工会主席团及委员。

“十年司庆”提升公司企业文化
2004年是平安人寿北京分公司成立十周年的日子，公司以万人登长城、十年大搜索、“我爱寿险、我爱平安”大型征文演讲、开展业务竞赛等丰富多彩的活动向十年司庆献礼，共同抒发北京平安人对平安事业、对寿险事业的无限热爱，坚定全体员工的从业信念，全面提升员工对平安的忠诚度，为平安人寿北京分公司的持续稳定发展奠定了坚实的基础。

（徐安娜）

新华人寿保险股份有限公司北京分公司

总经理 刘亦工

2004年是新华人寿保险股份有限公司北京分公司（以下简称新华人寿北京分公司）全面转型的一年。在北京寿险市场竞争主体不断增多、市场和人才竞争激烈的形势下，公司坚持执行业务转型和队伍转型的战略举措，树立科学的发展观，以“专业化、大发展”为全年工作的指导思想，在发展中向专业化努力迈进。截至年底，实现保费收入33.22亿元。其中，团体业务保费收入5.14亿元，银行代理业务保费收入14.59亿元，个人业务规模保费收入12.96亿元（其中个人新契约规模保费4.10亿元，个人营销续期保费收入8.86亿元），医疗险保费收入5 304.64万元。各项业务在坚持效益的前提下，均超额完成全年任务指标。

个人营销业务 以组织发展为核心，强化基础管理、培训、业务推动和督导，通过阶段方案推动营销新契约和续期业务发展。新华人寿北京分公司坚持“持续的组织发展战略”，通过有效增员，改善队伍结构，使有效增员成为增强营销团队建设和提升业务平台的基础。围绕基础管理、业务推动、兼职讲师队伍建设和探索培训创新等方面开展营销培训工作，共举办各级各类培训班30多次，累计培训5 000多人；以“提高主管素质、增强主管技能”为主题，开展了新华人寿北京分公司成立以来规模最大、涉及面最广泛的主任轮训。同时，公司坚决执行北京保监局、北京保险行业协会关于提高营销员持证率的要求，2004年共组织了8 058人次考试，通过了3 695人，参考和通过人数居北京保险市场首位。

通过“抓基础、突重点、促创新”，提高营销续期业务专业化经营水平，续期关键性指标二次达成89.26%，三次达成96.25%，处于业界领先水平。

团体业务 通过稳定骨干队伍，探索作业模式创新，在转型中寻求业务增长点。根据“有效发展团体业务”的指导思想，新华人寿北京分公司团体业务进入转型期，通过努力探索新作业模式，在内外资源综合利用方面迈出了可喜的步伐：加强中介业务力量，中介业务保费收入比2003年有很大的提升；通过短险项目组的有效运作，成功地销售了“建工险”和“学平险”；进一步提高渠道业务的专业化程度，完善组织体系和管理体系，科学制定考核制度，通过渠道进一步提升短险保费平台。此外，通过壮大后援队伍，细化后援支持功能，形成了包括综合后援室、培训中介室和业务推动室在内的后援平台构架，在展业、招标、客户管理、培训激励、技能培养等方面，有效地支持了团体业务的顺利转型。

银行代理业务 随着市场新主体的进入，2004年北京银代市场网点竞争加剧，资源格局不断变化。新华人寿北京分公司在努力维系工商银行、建设银行等主渠道的同时，增加了邮局网点和新开发了农村信用社渠道，总体上保持渠道的基本稳定。同时规范代理业务流程，将业务管理的数据统计、考核、薪资等工作，统一调整到后线的业务管理室，确保业务一线工作的开展。出台了《银行代理业务客户服务规范》，确定客户服务的制式化、规范化、标准化要求，维系良好的客户环境。

医疗险业务 依托政府渠道和中介机构，综合利用内外资源拓展企业补充医疗保险，树立新华品牌。新华人寿北京分公司把握渠道资源不放松，在巩固原有社保局渠道基础上，拓宽合作领域，顺利与崇文社保局签署服务代理协议，扩大业务范围。同时全面启动中介业务，先后与国民保险等5家代理公司、1家经纪公司签订合作协议，开展业务合作。在公司内部，实现各项业务的资源整合、综合开拓，满足客户全方位的保险需求。2004年累计承保单位1 400多家，承保人数约15万人。

业务管理 紧密围绕一线需要，在流程、技术、培训上提供全面保障，支持业务发展。新华人寿北京分公司2004年共承保新契约114 925件，承保、核保、生存调查、体检等各项业务管理指标时效均控制在总公司要求的范围之内。短期健康险与短期意外险赔付率、初审差错率、录入差错率、正式保单差错率、加费成功率等均明显低于总、分公司要求的指标。同时，进一步深化与中华医学会病案管理协会、北京市人民高级法院等机构的合作，开展理赔勘查、事故鉴定、病案调查，简化理赔手续，提高理赔勘查效率及质量，树立公司诚实守信形象。

客户服务 新华人寿北京分公司的客户服务工作以市场需求为导向，从管理科学化、服务规范化、流程制度化、团队专业化上向专业服务的目标迈进。2004年5月12日，海淀客户服务门店正式投入运营，服务职能向一线延伸。通过电话中心的短信、“红双喜”专柜等服务新举措，支持业务发展和客户维系；组织公司个人投资连结客户回访、转险，一定程度上解决了个人投资连结存在的突出问题。同时，通过公司以及银代、医疗险业务系列开展的“客户服务月”、“客户服务节”，开展客户回访、客户满意度调查和银行保单质押贷款等活动，丰富服务内容。

精神文明建设 新华人寿北京分公司在2003年创建文明行业规范化服务达标活动的基础上，进一步整治、规范职场环境，保持创建达标活动的成果。在通过ISO9001国际认证后，进一步扩大服务规范内容，为向客户提供优质服务奠定了基础。通过各方面的努力，新华人寿北京分公司的行业文明和规范服务的水平得到进一步的巩固和提高。4月27日，在北京市金融工委组织召开的首都金融业创建文明行业活动表彰大会上，新华人寿北京分公司被授予“首都金融业创建文明行业活动先进工作机构”称号；新华人寿北京分公司所属的海淀、宣武支公司分别被评为“首都金融业创建文明行业活动先进网点”称号。

（陈国泳）

泰康人寿保险股份有限公司北京分公司

总经理 苗 力

2004年，面对复杂多变的市场环境，泰康人寿保险股份有限公司北京分公司（以下简称泰康人寿北京分公司）始终秉承“直面竞争、用心经营、夯实基础、稳步增长”的经营理念，采取“以不变应万变”的策略，按照“团险银行双轮驱动、带动营销全面发展”的指导方针，通过打造专业化团队、实行交叉销售等措施，有效整合队伍和渠道，总体保费历史性地突破25亿元大关，各业务系列全面完成当年任务，市场份额也从2003年的9%上升至12%，进入市场前四名。

2004年，泰康人寿北京分公司全年实现规模保费收入25.1亿元，标准保费收入23.3亿元，同比增长80%，达成率为129%，在全系统名列前茅。

营销业务 2004年，本着回归寿险根本、回归基础管理的战略思想，通过加强基础建设，实行独立经营，严格执行基本法考核及财务政策，对营销队伍不断进行清理调整。通过提升营业部产能及标准营业部建设、突出销售支援、完善机构网点建设来提高生产力。全年共实现新契约规模保费1.3亿元，标准保费为0.71亿元，营销人力3 400人，持证率为40%，市场排名第5位。

团险业务 2004年，团险强化市场支援体系建设，全面深化团体保险、个人保险交叉销售管理和中介渠道建设，加强险种结构分析和调整产品指标，于10月份提前完成全年任务，市场排名跃升至第三位。全年标准保费收入7.8亿元，比上年增长65%，全年计划达成率为124%；长险保费收入6.2亿元，全年计划达成率为112%；短险保费收入1.6亿元，全年计划达成率为220%。

银行保险业务 2004年，泰康人寿北京分公司银保在稳定维护原有网点的基础上，积极开拓新网点，10月底网点总数达691个，比上年增长11.4%，市场位居第四。全年累计完成规模保费收入12.2亿元，标准保费收入11.4亿元，其中，“千里马”保费收入8.1亿元，占银行保费收入的63.76%；“放心理财”保费收入3.2亿元，占银行保费收入的36.19%，全系统排名第一。

续期业务 2004年，续期实收保费3.29亿元，提前22天完成全年任务，成为全系统第一家提前完成任务的分公司，也是全系统惟一一家连续12个月完成续收任务的分公司，全年计划达成率为107%，位居全系统第一名；宽限期末二次达成率为88%，此指标不仅在全系统排名第一，在同业也处于领先水平；失效保单复效工作卓有成效，是全系统复效率在5%以上的两家分公司之一；勇敢探索创新续收制度，收展制尝试初见成效，实现标准保费收入205万元。

服务创新 围绕“新生活广场”和95522电话中心成功实施各项创新活动，柜面“一站式”服务模式的建立、互动短信服务、成立泰康知心家庭俱乐部、24小时人工手机理赔报案，提升了公司的服务品质。同时，积极开展客户服务活动，通过开展创建精神文明行业达标工作、泰康新生活俱乐部建设工作、开展新生活广场达标工作使客服工作上了一个新的台阶。

后援支持 为配合高额保单销售，后援部门及时改造高保额件业务流程；体检中心推出了健康之窗、上门体检、异地预约体检等，为客户提供个性化服务；核保前置，帮助业务员展业促成，通过化解风险提高承保率；定期为业务一线提供全方位、多层次的业务培训及专题讲座，有效提高业务员的专业素质；建立“特约体检医院风险与费用的管理办法”，合理控制费用，确保体检结果真实可靠。

信息支援 对信息技术进行架构调整，确定分系列项目服务组，建立授权受信机制；实施卫星远程培训系统；开发物流管理系统；完善公司内、外部网页；施行外包服务，凸显成本控制，完成计算机防病毒体系建设和系统全面升级，显著提升了公司办公效率。

（文 忠）

华泰财产保险股份有限公司北京分公司

总经理 马鲁明

2004年，华泰财产保险股份有限公司北京分公司（以下简称华泰保险北京分公司）坚决贯彻执行总公司精神，走“专业化经营，质量效益型发展”的道路。在巩固2003年战略转型成果的基础上，提出了创新发展的战略思想，把工作重点从调整战略转型向在转型基础上加速发展方向倾斜，努力实现保险业务做大做强的目标。

2004年，华泰保险北京分公司继续发展盈利性车险业务，加大清理亏损车险业务的力度，通过调整核保政策，做到有选择的承保，从源头上提高车险业务的盈利能力。与此同时，华泰保险北京分公司大力发展非车险业务，积极拓展非车险市场，推行生产型核保人的理念，组建专业的PA险团队，在商火险、水险、责任险、PA险等目标市场取得了较好的成绩。

2004年华泰保险北京分公司实现签单保费3.48亿元，比上年增长15.15%，其中车险与非车险结构占比由2003年的63:37调整至52:48，明显好于北京财险市场69:31的平均水平，险种结构得到明显改善。

车险业务 2004年，华泰保险北京分公司车险业务积极贯彻公司规模效益同步发展的战略目标，在分析车险市场状况的基础上，通过两次调整核保政策，起到促进销售业务发展的作用。此外，华泰保险北京分公司还注意与客户建立共同的数据平台，使业务人员服从于公司的核保条件提供业务，以确保业务品质与业务数量的共同增长。在实现了有选择承保的基础上改变销售模式，培养专业化销售团队，树立规模与效益并重的业务发展观，大力发展企、事业团车、出租车业务，同时加强续保工作管理，规范续保流程，提高续保率，发展优质客户，做效益车险。2004年车险满期赔付率为60.93%，比上年下降了近11个百分点，车险盈利能力稳步提升。

非车险业务 2004年，华泰保险北京分公司在战略转型的基础上，积极创新，在目标市场大力拓展非车险业务，组建具有初级核保能力的专业化销售团队，通过打造生产型核保人队伍的手段，使核保人在跟踪目标、引导销售、技术支持方面都给予了销售部门极大的支持，非车险险种结构得到了良好的改善，实现了非车险业务的快速发展。截至年末，华泰北京分公司非车险业务实现保费收入1.48亿元，占总保费规模的48%，比上年增加3 600万元，非车险占比在北京同业中处于领先水平。其中，除火险同比略有下降外，货运险同比增长169%，房屋险同比增长17%，家庭财产保险同比增长2.3%，PA险同比增长94%。

团意险 华泰保险北京分公司十分重视意外险业务发展，于2004年8月底成立了团意险业务部，整合销售资源，实施长远规划，形成意外险承保“大团队”，大力拓展团意险业务。华泰保险北京分公司贯彻总公司“龙腾虎跃”团意险启动会精神，从9月份开始在全分公司开展团意险业务竞赛活动，9月至年末共完成意外险150万元，占全年团意险任务的50%。

队伍建设 2004年，华泰北京分公司在加强各部门业务素质的基础上，积极贯彻质量效益共同发展的经营理念，使质量效益型发展观念深入人心。首先，分公司的核保人观念发生改变，形成了“生产型核保人”的概念，核保人直接面对客户，直接对所负责险种、预算目标及承保利润负责，对销售业务一线给予级大支持。分公司还注意加强业务培训，提高核保人员对商业保险的控制能力及对车险的管理能力等专业技能，提高销售人员的核保专业知识，培训销售人员选择业务的能力。通过经营理念的宣导、搭建核保平台、政策调整及沟通“两核”与销售的关系等形式，使得华泰保险质量效益型发展观念深入人心，销售一线员工充分认同与公司共同发展的理念，在主动放弃不良业务的同时，积极到目标市场开拓，寻求优质业务。

管理制度变革 2004年8月，华泰保险北京分公司加强销售管理，成立了运营管理部，担负起市场规划、客户与销售管理的职责。制定了完善的续保工作及应收交叉业务管理的操作流程，规范中介机构的渠道管理，通过团队实践及培训等活动进一步加强销售团队的综合管理。同时，实行核赔人负责制，加强了对重大赔案的管理，在总公司的指导下，组建了CFR小组，设计了CFR问卷并以此调查问卷为契机，进行CFR培训，对个人保险、商业保险理赔流程进行CFR检查，积极寻找“流失点”，并针对“流失点”提出相应的解决方案。在此基础上，确定了“准备金提取原则”、“理赔人员道德标准”等一系列和国际接轨的标准化、专业化的管理模式。通过实行核赔人负责制等一系列管理制度，加大重大赔案的管控力度，加强内部控制能力，规范公司的管理体制。

客户服务 2004年，华泰保险北京分公司全力打造理赔服务品牌，从“理赔体现服务，理赔树立信誉、理赔创立品牌”、“理赔是以客户维护为宗旨”的高度着手，确定了以服务为导向，让客户满意，让销售人员满意的工作目标。改变原有的工作模式，向理赔服务的深层次延伸，形成了具有特色的理赔服务品牌。

1. 两套报案电话系统的应用保证了及时接通率。2004年1月，华泰保险北京分公司成功开通95509专线报案电话，与原有的68568866同时使用，两套报案电话系统的应用，避免了层层转接，减少了客户等待时间，提高了接通率。

2. 通保通赔减少了客户的奔波之苦。华泰保险北京分公司实现了真正意义上的通保通赔，通过强大的IT网络系统的支持，实现了报案、定损、核损、核赔、结案的网络化，改变了传统保险业落后的、点多面广的经营方式，加快了案件的流转速度，保证了赔案的及时性。成立了速赔中心以后，实现了2 000元以下的小额赔案当天结案。

3. 优化合作伙伴，完善配件价格体系。华泰保险北京分公司在2003年与北京汽车配件商会建立合作关系的基础上，进一步健全并完善配件价格体系，先后与16家正厂配件供应商建立良好的合作关系，从而保证车辆修理的质量，从源头上堵住假冒伪劣配件的流入，维护了客户的利益。

彩虹工程方案 2004年末，华泰保险北京分公司启动了彩虹工程方案，为客户建立完善的信息库，通过对客户实行分级管理，加强对优质客户特别是VIP客户的附加值服务，培养忠诚客户群，整合资源，搭建服务平台，建立完善的服务体系，树立华泰统一的服务品牌，实现交叉销售、多元经营，建立长远竞争优势。

（韩明伟）

太平保险有限公司北京分公司

总经理 边 勇

2004年是太平保险有限公司北京分公司（以下简称太平保险北京分公司）开展业务的第三年，是整体工作思路调整的关键时期。领导班子团结一致，积极响应吴定富主席提出的做大做强的发展目标，树立科学的发展观，从管理体制、服务意识、产品创新、专业化经营等方面入手，逐步实现了太平保险北京分公司的稳健经营和健康发展。在北京地区产险市场整体处于发展、调整、竞争的背景下，太平保险北京分公司坚决贯彻“坚持以效益为中心，专业化发展的经营思路，进一步调整险种结构比例，实现规模、效益均衡发展”的指导思想，团结一致、不畏艰难、勇对挑战，取得了全年经营工作的阶段性成果。

业务发展状况 截至2004年末，太平保险北京分公司累计完成保费收入7 460.64万元，其中车险保费收入3 210.46万元，水险保费收入523.74万元，非水险保费收入3 627.63万元，意康险保费收入98.8万元，保费收入完成全年预算计划的70.72%。截至年末，车险业务占比43.03%，比上年下降22.74%；非水险业务占比48.62%，比上年增长51.19%；水险业务占比7.03%，比上年增长41.84%；意康险占比1.32%，比上年增长163.19%，随着险种结构的进一步调整，实现各险种均衡发展。

灵活应对市场变化 2004年，由于车险经营的法制环境发生了重大变化，5月1日起《道路交通安全法》和《高院对审理人身损害赔偿案件的司法解释》同时实施，太平保险北京分公司针对第三者责任险承保和费率调整等方面作了核保控制，以避免重大承保风险。2004年北京车险市场不断变化，对车险经营连续提出新挑战。自2004年6月份起，太平保险北京分公司及时调整车险业务政策，收到了以变应变的良好效果。

成立车险定损中心 车险是管理出效益的险种，理赔的管理尤为重要。建立一支责任心和事业心强、技术能力突出、经得起考验的车险理赔定损队伍是加强车险理赔管控的重要途径。太平保险北京分公司车险定损中心于2004年7月份正式成立，从定损中心成立几个月的运行效果来看，满期赔付率呈持续下降趋势，在2004年底赔案笔数有大幅度上升的情况下，立案金额并未有大幅攀升，这些都与定损中心的良性运作密不可分。

车险重案调查岗的前移 对重大案件

的准确把握是公司控制赔付状况的重要环节和有效手段。2005年总经理室决定将重案调查岗前移至正式立案前，从源头上直接控制了重大赔案的定损理赔环节，在大案处理中最大限度地保证了公司利益。同时根据太平保险有限公司珠海车险工作会议的要求，设置车险配件核价岗，及时跟踪市场车辆零配件价格变化趋势，为理赔定损一线人员提供有效的价格依据，保证定损工作的准确性。

专业化团队建设取得成效 2004年太平保险北京分公司有针对性地建立了责任险业务部、中介业务部、水险业务部三个专业化销售团队，并对机构、责任人、员工重新进行了整合，初步建立了太平保险专业化经营的管理体系。

2004年太平保险北京分公司水险业务增长迅速，经营效益较为理想。水险部在维护原有客户渠道的基础上，力求在老客户中挖掘潜力，加强合作，同时积极拓展新渠道，实现了水险保费规模上的突破。

中介部为积极发展中介业务，与多家经纪公司和专业代理公司建立并保持了良好的合作关系，在维护原经纪公司、代理公司渠道的同时，配合2004年国内中介市场大发展的契机，与北京市场新批设的经纪公司、代理公司建立联系。2004年10月份，中介部组织经纪人联谊会，并取得了良好的效果。

职业责任险业务发展迅速，注册会计师、注册资产评估师、医疗责任险的发展进一步突出了太平保险北京分公司专业化经营的特色。2004年北京市卫生局遵照北京市政府的指示，要求全市1 000余家医疗机构统一参加医疗责任保险，并在全市的财产险公司中进行公开招标，太平保险北京分公司在竞争中中标。

加强对三级机构的管控工作 随着公司的不断发展和机构网络的延伸，加强对三级机构的管控，强化执行力度十分重要。2004年太平保险北京分公司加强对三级机构资金、承保理赔、应收保费、重要单证等方面的管理，在风险可控的前提下给予它们适当的自主权，更好地促进机构的健康有序发展，为公司的业务发展提供后劲。严格控制三级机构财务人员的管控制度，各三级机构开户行的支款手续全部由分公司集中管理，真正做到了收支两条线、三级机构财务只收不支。同时建立监督检查机制，对各三级机构财务人员的工作进行不定期抽查。

提高全员服务意识 2004年太平保险北京分公司整体工作是以业务发展为核心，不断加强队伍思想建设，增强整体利益观念。2004年初，管理部门均制定出服务措施，并将服务措施张贴在办公场所的显要位置，以便销售人员监督执行。为切实履行服务措施，全体干部员工充分发挥工作的积极性和创造性，努力提高服务水平，增强员工的向心力和凝聚力，保障了业务发展和各项改革的顺利开展。

（杨少丹）

太平人寿保险有限公司北京分公司

总经理 谢 忠

太平人寿保险有限公司北京分公司(以下简称太平人寿北京分公司)从事人身保险业务，分为个人、团体、银行代理三个业务系列。秉承“真诚服务，用心经营”的经营理念，各项业务同步迅速发展。2004年，太平人寿北京分公司实现保费收入9.52亿元，比上年下降3.35%；市场占有率为4.58%，比上年增长10.63%。赔款支出1 086.18万元，年金给付支出286.21万元，死伤医疗给付226.01万元，退保金支出3 508.89万元，总体费用给付5 142.36万元，比上年增长316.62%。

银行保险业务 2004年，太平人寿北京分公司银行保险业务圆满地达成既定的战略规划，在市场整体下滑的趋势中，保持了稳定的正增长。除在趸交产品上依靠10年期保持住一定的规模外，最重要的是全年完成期缴规模保费近千万元，在北京银保市场上创造了一个新的纪录。此外，直邮(DM)项目也取得了很好的成绩，完成首年规模保费230多万元，而且全部都是月交产品。在业务发展的结构、产品线的丰富、营销的多元化以及技术含量上，太平人寿银行保险都走在了市场的前面，太平人寿银行保险秉承“规范经营、稳健发展”的宗旨，在市场上保持着连续三年零投诉的纪录，为银行保险市场的健康发展做出了贡献。

个人寿险业务 2004年，太平人寿北京分公司个人寿险业务以“在创新中成长，用心构建太平核心竞争优势”为工作主题，面对保险业全面开放、更多竞争主体加入的严峻形势，取得了快速稳步的发展，顶住市场整体新契约保费28%负增长的巨大压力，实现首期保费收入4 548.5万元，进一步提升了市场份额。打造全新的代理人入司培训模式——铁骑训练营，代理人整体素质大幅提升，实现100%持证，其中15%的代理人获得清华大学认证的“理财规划师”称号，人均产能及收入在北京市场名列前茅。

团体寿险业务 太平人寿北京分公司团险业务以灵活创新的方式打造出全新的业务架构，深度挖掘业务销售渠道，并探索出新形态服务模式，跳出经验服务、惯性服务的老套路，开发出网上查询、语音查询等先进系统，为业务的全面拓展提供软件和硬件的配合支持；在与世界上最大的共保组织IGP(International Group Program)的合作上，有了真正意义上的飞跃，无论是客户数量、保费收入还是品牌影响力都在提升，国际化的销售经验和服务经验正在不断积累；2004年加入中国欧盟商会EUCC（European Union Chamber of Commerce），诸多国际机构将眼光瞄准了太平人寿，带来了更多的国际合作机遇；2004年，太平人寿北京分公司获得中国保监会以及劳动和社会保障部的批准，成为国内第一批养老金保险公司之一。

队伍建设 2004年底，太平人寿北京分公司个人业务代理人有672人，其中业务员577人，业务经理以上人员95人，年人力下降达到28.96%；团体业务人员41人，同比增长25%；银行代理业务人员30人，同比增长15.38%。太平人寿北京分公司管理人员143人，比2002年底的106人增长34.91%。

客户拓展活动 太平人寿北京分公司在不断加强业务发展，解决人们的保障需求的同时，为了更好地为经济社会发展服务，回馈社会，组织了多次社会活动。2004年6月，太平人寿北京分公司与中国青少年发展基金会希望工程办公室联合发起了“同在阳光下·太平人寿阳光天使在行动”的大型爱心主题系列活动，以帮助贫困地区的儿童和身患重大疾病的儿童。10月28日，太平人寿北京分公司在鸿禧高尔夫球俱乐部举办了首届“太平人寿杯”VIP客户高尔夫邀请赛。通过这样的形式，在带给大家健康保障的同时，提供给人们一个健康的理念。11月，太平人寿北京分公司组织了“太平人寿杯”梦想奥运全国少儿绘画大赛北京分赛区的比赛，从2 200余名参赛选手中决出了58名少年儿童绘画高手，并用自己的画表达了对北京奥运会的梦想与希望。

企业文化建设 太平人寿北京分公司在加强业务的同时，时刻不忘公司的诚信建设，严格自律。年内，为配合北京保监局“3·15”诚信宣传活动，公司在内部重点对全体内外勤员工进行诚信教育，推出“诚信服务月”活动，在内外勤职场召开特别晨会，进行诚信宣誓；分别制作内勤和外勤岗位的“服务承诺卡”，放置柜面或送至客户手中，让客户对内外勤的工作直接打分，以此带动公司的整体诚信建设上升到一个新的高度。

（王 霞）

中国大地财产保险股份有限公司北京分公司

总经理　张淮利

中国大地财产保险股份有限公司北京分公司（以下简称大地保险北京分公司）在总公司和北京保监局领导的关心和指导下，本着“打造精品团队、树立大地品牌”的经营理念进行市场开拓，初步在北京市场站稳了脚跟。截至2004年末，公司实现保险业务收入1.49亿元，各险种结构为：机动车辆险占80.52%，企业财产保险占3.02%，货运险占7.54%，工程险占2.53%，责任险占4.57%，其他险占1.82%。赔款支出1 879.46万元，简单赔付率为12.64%，未决赔款为934.71万元，加上未决赔款，赔付率为18.93%。

经营模式的创新　大地保险北京分公司的经营模式为“小公司，大中介”，以期用最小的成本获取最大收益。所谓“小公司”，并非实力小，是指人员少、机构少，以最大限度地缩减人力成本和机构成本。“大中介”是尽可能利用市场上的保险中介公司（包括专业、兼业代理及经纪人），建立广泛的销售渠道网络及售后服务平台。

经营理念的创新　大地保险北京分公司提出“先搭建服务平台，再发展业务，以服务能力决定业务规模”的经营理念，旨在保证理赔服务质量，树立大地品牌。截至2004年，在北京已设立了1家定损中心、10家定损分中心和83家远程查勘点，理赔服务网点覆盖了京城各方向，以易保网为依托实施网上核损，大大方便了客户的理赔工作，对公司的业务发展提供了有力的支持。

中介合作和中介管理模式的创新　鉴于北京保险市场特别是车险经营中普遍存在的“切费”和“应收保费”成坏账、高手续费返还等现象，给保险公司的经营带来巨大风险。大地保险北京分公司从开业之初就确定了必须依法合规经营的刚性原则，以保证经营数据和成果的真实性。在与中介合作方面公司引入了十二分法为依据的满期后利润分成模式，经过公司艰苦细致的工作，逐步与一些中介建立了业务合作关系，合作业务量也呈每月递增态势。

与中介公司的合作，核保、核赔是关键。中介业务以车险为主，为保证承保和理赔质量，每一单保单均由公司业务处理中心人员进行远程核保，方可出单。理赔定损也是这样，大地保险北京分公司设立了约100家定损中心、分中心和查勘点，以易保网为依托，每个案件都要通过易保网上传照片到公司的业务系统内，由核赔人员在网上核损通过后，方可赔付。

提高风险管理意识，保证公司经营的稳定性　大地保险北京分公司作为一家规模有限的新公司，在承保大保额项目时，不是只考虑保费，而是首先考虑承保能力和自留额问题，对外是主动联系再保合同支持，及时向总公司汇报，寻求解决方式，对内建立客户档案，进行风险评估，以提高风险管理水平。

努力打造精品团队，提高企业核心竞争力　大地保险北京分公司的总经理室十分重视团队建设，开业一年来总经理室成员分两方面亲自讲授了一系列的课程，一是保险业务知识培训，包括财务核算、车险、财产险、工程险、信用保证保险、责任险、货运险及英语口语等专题培训，还聘请了北京汽车修理行业的专家进行了事故损失判定和汽车结构方面的培训。二是企业文化、企业核心价值观的培育，这对于“打造精品团队”尤为重要。通过培训使员工的综合素质和业务水平有了很大提高。

（马训红）

中华联合财产保险公司北京分公司

总经理　刘显龙

2004年是中华联合财产保险公司北京分公司（以下简称中华保险北京分公司）快速发展、稳健经营的一年，也是中华保险北京分公司五年发展战略中的关键一年。一年来，公司坚持树立和落实科学的发展观，坚持快速平稳发展，坚持完善内控管理，通过强化管控，完善公司内部流程和运行机制；加强各级领导班子的建设，加强员工队伍建设，公司呈现出良好的发展势头，巩固了中华保险在北京市场的地位。

2004年，公司实现保费收入4.70亿元，占北京财险市场的7.03%，稳居在京开业的10家财产险公司的第4位，完成了总公司年初下达的2.6亿元任务指标的181%，其中车险保费收入4.23亿元，占北京车险市场的9.11%，非车险保费收入3 439万元，人身险保费收入1 631万元。

中华保险北京分公司与194家保险中介机构建立了合作关系，基本形成了以分公司为中心、遍及北京城郊的服务网络。2004年，中华保险北京分公司在国家重点工程、奥运项目等一批标志性项目的承保上取得了新的突破，参与了首都机场3号航站楼的改扩建工程、彭水水电站、风云二号气象卫星发射、宜万铁路、白集高速公路等保险项目，开辟了公司良好发展的新局面。

车险业务 通过对北京市场的认真调查研究和对承保数据的科学分析，中华保险北京分公司不断优化车险业务，细分市场、细分客户、挑选车型、精选代理，以核保政策为杠杆，不断抬高门槛，淘汰劣质业务、垃圾业务。2004年公司多次调整车险核保政策，积极主动应对市场变化，降低外部成本，鼓励续保业务、直办业务，推进个人营销。

非车险业务 2004年，中华保险北京分公司加强对非车险业务的拓展力度，大力支持政府项目及交通、医疗、建筑等大项目的攻关和开发力度，积极参与北京公交系统招投标活动等北京市政府关心项目的研讨和投招标活动；公司加强与经纪公司的合作，不断探索新的合作模式，合理扩大承保能力，有效防范和规避风险，参与了多个大项目的共保，建立起相对稳定的非车险业务合作渠道。

短人险业务 2004年，中华保险北京分公司短人险业务呈现持续增长趋势，实现保费收入1 631万元，比上年增长289%，在北京保险市场位居财险公司第2位。2004年公司加强对短人险的渠道拓展和产品创新。积极与邮政、银行建立合作关系，借助其众多的服务网点，拓宽销售渠道；加强对人险产品的包装组合，推出了中华祝福卡、中华温情卡、中华学平卡、中华保障卡等各类卡式业务，建立了中华保险百元产品大超市，26款百元的人身险产品，灵活的投保方式，高额的风险保障，赢得了广大客户的认可和欢迎。

内控管理 2004年，中华保险北京分公司以建设“工作质量标准化、岗位目标数字化、客户服务规范化、监督检查制度化、各项管理系统化”的管理体系为目标，坚持“抓好两条线，看住一个点，把好两道关”，建设以财务为中心的核心流程管理，防范和化解风险，积极搭建科学、完善的管理体系。公司十分重视“两核”队伍的建设，不断加强“两核”人员的培训力度，推行为“两核”人员持证上岗；完善“两核”的制度建设，规范“两核”的操作流程，量化“两核”岗位的考核标准，将核保、核赔两条线定位为公司的生命线。2004年9月，公司开展“三查两核一降低”车险专项治理活动。“三查”，指要认真检查公司内部工作人员、代理人员和修理厂；“两核”，指核实事故真实性和领款人的真实身份；“一降低”，指降低、挤压赔案水分。公司进行了统一的部署，采取了一系列行之有效的措施，加大第一现场查勘力度，比对事故痕迹，核实事故的真实性；对5次出险以上的赔案由核赔人亲自与被保险人进行事故核实；出台了《7天及时立案的规定》，加快赔案的流转速度，提升理赔服务水平等。通过治理，公司接报案量明显下降，日均报案量较前期下降15%～20%，收到了良好的成效。

队伍建设 领导班子和员工队伍建设是公司常抓不懈的一项重要工作。2004年中华保险北京分公司在抓各级班子建设时，将执行力文化建设作为重点，公司总经理室定期召开民主生活会；举办了内控制度培训班，对领导干部进行了内控制度培训，增强了各级管理人员执行公司各项内控制度的主动性和自觉性；并建立了领导班子成员定点联系基层单位制度。2004年，公司开展了持续三个月的“争标兵，做能手”金秋全员岗位大练兵活动；开展了持续一个季度的“弘扬北分精神，再创北分辉煌”挑应战、打擂台业务竞赛。第三季度，中华保险北京分公司又推出了“迎难而上创佳绩，山登绝顶我为峰”短人险业务竞赛。

（马　兰）

天安保险股份有限公司北京分公司

总经理　袁定国

2004年，天安保险股份有限公司北京分公司（以下简称天安保险北京分公司）以实现公司“全国化、专业化、品牌化”为发展目标，以“抓管理、促发展、建品牌”为战略方针，在总公司及北京保监局的正确领导下，天安保险北京分公司不断探索新的营销模式和业务增长点，2004年实现保费收入3 707.7万元，支付赔款943.8万元，为维护社会稳定和首都经济发展做出了应有的贡献。截至2004年末，天安保险北京分公司在岗员工104人，其中大专以上学历81人，占全体员工的77.9%，青年员工占比大，基本实现员工队伍年轻化、专业化。

主要保险产品　天安保险现有主险124个，附加险200余种，基本上可以满足社会各界各方面的需求，如安装工程一切险可选择的附加险有45种之多。另外，对于特殊行业也开办了相应的针对性强的险种，如驾驶员培训学校责任保险、血站采供血责任保险、麻醉安全意外伤害保险。对于极为特殊的保险需求，天安保险特有的内部签报制度也可以根据实际，为客户量身定做，设计最佳投保方案。

公司业务　天安保险北京分公司本着诚信经营、互利互惠的原则，先后为中远集团、中谷粮油集团公司、国家信访局、总参气象局、国美电器、中信实业银行、中信国安集团、嘉世堂药业公司等多家大型企事业单位、国家机关提供了优质的保险服务，有力地支援了首都的经济建设，充分发挥了保险作为“社会稳定器”的作用。

制度建设　天安保险北京分公司建立健全了业务管理、营销管理、财务管理、行政人事管理四位一体的管理体系；在同业中率先实行了与国际接轨的以承保人制度为载体的专业化管理；实现了全公司核心业务系统的电子化管理；并依据“内控为先”的准则，建立了以防范和化解风险为目的的“大内控体系”。

2004年，为了进一步规范公司单证管理，建立高效的经营体制，天安保险北京分公司先后制定了《北京分公司单证管理规定》、《北京分公司单证管理补充规定》、《北京分公司兼业、专业代理合同签订步骤》等制度；为了更及时、更全面地为客户服务，制定了《文明礼貌服务规范》、《客户首问回复制度》、《投诉处理及程序》；为了最大限度地控制经营风险，为客户提供稳定的服务，制定了《北京分公司内控管理制度》、《北京分公司稽核检查管理办法》等。这些规章制度确立了公司管理的组织形式和各部门的工作流程，明确了各岗位的职责，为分公司有序、规范经营提供了有力支持。

员工教育培训工作 为了完善客户服务体系，提高服务质量，年初天安保险北京分公司组织了一次大规模的全员培训，针对各险种承保理赔实务及业务政策进行了系统的讲解，增强了员工对公司各项规章制度的了解，业务人员的各项业务能力显著提高。随着业务政策的调整及市场的变化，不定期地举办员工培训工作，以提高员工业务水平。

党团工会建设 在总公司党委的关心支持下，天安保险北京分公司党团工会建设在2004年取得了良好的成绩。2004年5月11日中共天安保险股份有限公司北京分公司委员会成立，并开始着手党员队伍的建设，按计划布置了十六大学习教育内容，并组织学习了《学习“三个代表”重要思想问答400题》、《胡锦涛在中央纪委第二次全会上重要讲话》等。8月11日，北京分公司工会工作委员会成立；12月13日，共青团天安保险股份有限公司北京分公司总支部委员会成立。党团工会成立后举办或协办了一系列活动，如组织“我与天安共成长”征文活动、“天安人的风采”演讲比赛、“客户温馨服务月”等活动，活动的开展大大推动了天安保险北京分公司业务的良好发展，企业文化的拓展建设和团队整体凝聚力的提升。

（李石宁）

华安财产保险股份有限公司北京分公司

总经理　谢　春

2004年是华安财产保险股份有限公司北京分公司（以下简称华安保险北京分公司）开业的第一年，也是夯实基础、树立品牌、务实进取、健康发展的创业之年。在总公司和监管部门的正确领导下，北京分公司遵循“创品牌、促规模、保效益、抓管理”的工作方针，贯彻落实总公司“以发展为中心，以创新和服务为手段，全面提升华安企业价值”的经营指导思想，积极推动和实施“完善管理平台，全面提升经营能力”的各项经营举措。

截至年末，华安保险北京分公司在岗职工199人，其中销售系列人员109名，管理人员73名，事务员22名，具有大专以上学历的员工占75.4%。全年共实现保费收入 1.34 亿元，完成总公司下达年计划的 107.22%，全年累计处理已决赔案 18 941 件，支付赔款 3 311.42 万元，市场份额在北京市 10 家财产保险公司中排名第 7，市场占比为 2.02%。

银保合作的新思路 2004 年 3 月，华安保险北京分公司把业务转型和发展的重点放在了银行保险业务上，专门成立了公司银行业务部，选派了专业人员为银行提供优质的保险服务，实现了银行业务专署管理，8 月份，已有中国农业银行总行、民生银行总行等北京地区十多家银行分行或支行与华安保险北京分公司开展了业务合作，2004 年下半年累计实收保费 300 多万元。华安保险北京分公司已经初步建立了以民生银行业务为核心的银保业务的合作基础和工作模式。

车险业务 2004 年，华安保险北京分公司的车险业务累计完成车险保费收入 1.21 亿元，新车业务占比为 54.78%，本年度车险产品的经营几经变化，包括产品的更新换代、第三者责任险的调费等，产品的更新带来了核保政策的调整和产品的价格定位问题，经营过程中，车险部同营销管理部门一起高度关注市场情况，随时根据公司的阶段性目标政策调整产品价格定位以适应市场的需要。

非车险业务 2004 年的第一季度是华安保险北京分公司非车险业务的冰冻期，第二季度公司通过政策引导、目标市场再定位、业务培训、渠道拓展、技术支持、研发新产品等一系列举措加强了非车险业务的拓展，实现了非车险业务的初步发展。截至年底，非车险业务的保费收入达到 1 264.25 万元，占总保费规模的 9.44%。

专业化团队建设 2004 年，市场营销工作是华安保险北京分公司业务发展的重要环节。在总公司的指导下，制定了较为完善的《营销管理制度》，确立了销售团队的组织形式和工作模式，明确了销售人员的招聘、定级与考核、辞职与辞退、培训、激励、行为管理为内容的销售人员管理体系；制定了以销售人员的基本工资、绩效工资、年终奖、福利保障为内容的薪酬管理体系；制定了以“两核”为中心的业务管理体系，为确保华安保险北京分公司开业后迅速立足、快速发展，根据总公司各项业务管理政策的要求，结合北京市场实际，华安保险北京分公司分险种制定了车险、财产险和人身险经营工作方案，出台了“两核”流程和出单流程，制定了核保、核赔制度和再保方案，并建立了较为完善的内控制度和考核办法，以标准化、规范化的制度实现对营销队伍的整合和管理。

客户服务工作 2004 年，华安保险北京分公司秉承了总公司专业化、规范化的经营理念，坚持客户服务就是生产力的服务理念，建立了标准化的理赔基础服务体系，实行了 365 天全天候接报案制度，确保客户报案受理及时；实行了 7 天 24 小时的查勘定损制度，严格制定了查勘定损人员的值班制度；实行了 5 天 8 小时及节假日值班理赔制度，保证 8 小时受理客户理赔资料、咨询服务的正常运行；建立理赔绿色通道，实现了小额赔案快速理赔，重大赔案专门负责，在客户全部索赔资料齐全并提出申请的情况下，小额赔付立等可取；并遵循国际化理念在 9 月 1 日全面引进公估机制，通过良好的理赔工作树立公司诚实守信的形象。

教育培训工作 华安保险北京分公司积极响应总公司的号召在 2004 年启动人才培养系统工程，建立“系统规划、内容全面、职责明确、持续跟踪和定期评估”的大学生培养方案，并命名为“春蕾计划”，多次为历届大学生召开以“良好的职业起点和成长”为主题的培训讲座。并开展了一系列的培训工作，包括车险业务、非车险业务和新产品推广的培训，深入开展了“两核”人员的技术培训。

（李　昆）

永安财产保险股份有限公司北京分公司

总经理　苑　为

2004年，永安财产保险股份有限公司北京分公司（以下简称永安财险北京分公司）在总公司及北京保监局的正确领导下，在全体员工的共同努力下，坚持整顿、稳定、发展的指导思想，通过强化管理、控制风险，使业务发展步入了快车道。

积极妥善处理理赔案件，努力提高服务质量　按照中国保监会冯晓增副主席的批示，从2004年初开始，永安财险北京分公司就将处理赔案作为首要工作来抓，制定了严格的理赔工作要求，仅从3月份开始经过8个月的努力，共处理积压赔案15 000笔，业务结案率大幅提高，最大限度地保证了客户的利益，体现了“永安永远为客户着想”的理念，为维护首都的稳定祥和做出了积极贡献。

加强内部管理工作，控制经营风险　为提高经营管理水平，有效控制各种经营风险，保证业务稳定发展，永安财险北京分公司重点加强了内部管理，先后制定和完善了人事管理、业务流程、绩效考核、风险管控等方面的规章制度，明确了管理权限，提高了各项工作的制度化、规范化管理水平。

坚持运行业务“双核”制度，健全完善核保制度，理顺了核保流程，同时完善理赔工作流程，在各环节制定分公司理赔管理规定。

根据总公司有关单证管理规定要求，及时调整了单证管理程序，确定了“归口管理、分级负责、职责分开、限量使用、使用核算、定期盘查”的管理原则。建立单证入库、领用、登记手续，严格发放远程出单点数量，执行实收保费管理授权授信制度，限时限量，达到对获得不同使用期、使用额的业务员、业务部门及专职或兼职代理机构进行监控的效果。

2004年永安财险北京分公司始终坚持实行总公司授权范围内由分公司统一领导的分级管理、逐级授权的核算体制，以防范经营风险。坚持实行财务收支两条线，对业务部门实行财务人员委派制，逐步使财务管理高度统一。

加大了对中介代理机构的管理力度。对部分管理松散、应收保费量大、业务质量差的中介代理机构进行了规范和清理。

积极拓展业务 永安财险北京分公司在完善管理、控制风险的基础上，立足适应市场形势，积极拓展业务。先后设立了西城阜成门、丰台太平桥、宣武广安门、亚运村四家营销服务部，并积极筹建海淀、崇文营销服务部，在北京市区基本完成了业务网络的构建。

永安财险北京分公司2004年努力适应市场需求，不断创新保险产品，在国内首次推出了会期延误责任险，成功独家承保了2004年世界巨星长城演唱会；根据新的《中华人民共和国道路交通安全法》，在国内首次推出了驾驶员致人重大伤害责任险，取得了良好的社会反响。分公司通过开展“百日劳动竞赛”活动，为完成全年计划任务奠定了基础。

（岳全化）

民生人寿保险股份有限公司北京分公司

总经理　曹建范

2004年，民生人寿保险股份有限公司北京分公司（以下简称民生人寿北京分公司）在“转变观念，坚持以发展为第一要务，以改革创新为动力，以业务发展为主线，以经营效益为中心，以建设高素质员工队伍为保证，实现民生人寿北京分公司快速、健康、协调发展”的工作思路指导下；以“忠诚、简洁、高效”的核心企业文化提升竞争力，积极推进各项工作。通过专业规范的经营管理，以抓服务和提升业务品质为目标，不断创新服务手段，完善服务网络，从而实现“团队更优秀、业绩更当先、管理更一流、工作更超前”的总体目标。截至年末，民生人寿北京分公司全年累计总保费收入3.16亿元，超额完成全年计划。通过一系列改革，公司渐渐步入规范化、科学化的管理轨道，作为首家民营寿险公司在北京市场上稳住了脚跟。年末，民生人寿北京分公司有内勤员工64人，银行、团体外勤人员24人，个人代理人达到2 500人；在北京市的辖区内建立了12家营销服务部，完成了总体经营布局。

法人业务 “以扩展优质大客户为重点，以短期意外险为突破，加大短险与年金险占比，审慎发展健康险，先上规模，后调结构”为发展思路。在队伍建设上，法人部采取精兵效益策略，稳步发展，11名外勤全年完成规模保费1.93亿元，其中短期意外险653.79万元。

银行代理 “以构建银行代理网点平台为重点，以中介代理业务为突破口，构建中介代理平台，提高网均产能，创新销售模式”为发展思路。在保证银行专卖产品销售的基础上，快速发展中介业务，取得了优异成绩，2004年实现保费收入6 383.46万元。

个人业务 “以期缴保费为重点，以营销服务部建设为保证，以队伍建设、人均产能为突破，强化教育培训，提高持证率，降低人员流失率”为发展思路。围绕建设营销服务部和发展有效人力重点，有节奏地开展工作；特别是顺应市场发展要求，注重长远发展，围绕效益中心开展业务，围绕提高代理人整体素质工作重点，顺利完成结构调整，完成了业务转型，全年实现保费收入4 153.57万元（其中期交保费1 945.28万元）。

意外险产品 大力发展短期意外险业务，积极开拓建工险市场，截至年末，民生人寿北京分公司意外险产品累计保费收入787.78万元，占全系统意外险保费的70%以上。

续期保费 民生人寿北京分公司努力提高续期业务收缴比率，2004年全年续期保费收入为1 728.84万元，其中法人业务1 193.28万元，银代业务76.88万元，个人业务458.68万元。

营销机构机构建设和代理人队伍管理创新 2004年，民生人寿北京分公司制定了以营销服务部快速占领市场的战略目标，把建设的重点放在城乡结合部，依托中心城市向农村辐射，建立起了业务发展的“桥头堡”。在稳定城区营销服务部的基础上加快了郊县营销服务部的组建步伐，从6月起筹建了通州、顺义、平谷、怀柔、密云、良乡、昌平营销服务部。并先后制定了一整套营销服务部管理办法，加强代理人的诚信教育，将代理人品质管理列入2005年的重点工作。

服务意识创新 强化全员服务意识，倡导总经理室为部门服务，二线为一线服务，内勤为外勤服务，全员为客户服务。各部门根据本部门职责，开展了“梳理流程、简化流程”的流程再造工作，提高了工作效率。各部门认真组织本部门人员学习，对自身的工作心态进行了梳理，广泛采纳合理化建议，自觉提高服务意识，最大限度地服务于业务一线。

落实教育培训、建设企业文化创新 民生人寿北京分公司在业务实践中不断完善发展企业文化，加强了对企业文化的宣导，提出了分公司的核心文化理念“忠诚、简洁、高效”。在实际工作中倡导“三力”文化，即“活力、锐力和执行力”。

（杨士兵）

三、发展与监管

银行业发展与监管

▲政策性银行

一、基本情况和重大变更事项

（一）基本情况

截至2004年末，中国农业发展银行北京市分行（以下简称农发行北京分行）、国家开发银行企业局、国家开发银行营业部（以下简称国开行营业部）、中国农业发展银行总行营业部（以下简称农发行总行营业部）、中国进出口银行总行营业部（以下简称进出口行总行营业部）等（以下简称五家机构）资产本外币合计2 994.26亿元，比上年增加413.30亿元，增长16.01%；其中贷款2 817.62亿元，比上年增加485.47亿元，增长20.82%。负债本外币合计2 916.10亿元，比上年增加402.86亿元，增长16.03%；其中存款152.83亿元，比上年增加12.54亿元，增长8.94%。全年五家机构实现利润57.48亿元，比上年增加8.43亿元，增长17.19%。

（二）重大变更事项

1. 机构变动情况。国开行营业部根据业务需要，于10月设立客户三处，内部机构设置由原来的8个处（室）增加为9个处（室）。

2. 主要负责人变动情况。2004年2月，原中国农业发展银行总行财务管理部副主任曹雨云担任农发行总行营业部副总经理，主持工作。4月，原全国社会保障基金理事会办公厅副主任龚超任农发行北京分行副行长；原中国进出口银行总行营业部副总经理戴春宁担任进出口总行营业部总经理。12月，国开行营业部原副总经理夏强调任国家开发银行总行评审二局高级评审经理。

（三）业务范围变化情况

1. 2004年3月，进出口行总行营业部在其总行授权范围内，开办了出口买方信贷业务。12月，进出口行总行营业部正式接收原由中国进出口银行总行直接经营的河南省内出口卖方信贷业务。该营业部服务区域包括北京市、天津市、河北省、山西省、内蒙古自治区和河南省。

2. 4月，农发行北京分行在其总行授权下，开办代理保险业务。

二、监管工作情况

（一）以防范和化解金融风险为重点，加大现场检查工作力度

按照中国银监会的统一部署，对国开行营业部部分行业贷款投放情况及在建、拟建项目固定资产贷款情况进行检查，对农发行北京分行、进出口行总行营业部进行全面检查。全年累计派出检查组4次，累计投入工作量774人次，检查机构16个，金额2 814.47亿元，提出整改意见23条。

（二）把不良贷款“双降”作为中心工作，运用多种手段提高资产质量

2004年，督促辖内政策性银行在宏观调控新形势下，采取有效措施化解不良贷款风险。年初，在对辖内政策性银行未来三年不良贷款率进行测算的基础上，坚持按月进行监测、分析，及时动态地监控

五家机构不良贷款的变动情况，逐行逐笔分析不良贷款变化原因，提出监管措施与要求，做到“对症下药”。

（三）提高非现场检查监测水平，充分发挥非现场监管的风险预警作用

2004年，完成2003年度五家机构监管工作报告；向五家机构下发了《监管指引》及《风险通报》；按月对政策性银行的经营情况、不良贷款进行监测分析；建立了辖内政策性银行2001～2004年被监管机构数据库，充实了非现场监管基础材料；进一步规范非现场资料报送工作，制定并下发了《关于进一步规范辖内政策性银行非现场监管资料报送工作的通知》；对国开行营业部奥运贷款、农发行总行营业部对异地库存监管等问题进行专项监测。

（四）以“创建政策性好银行”为契机，促进内控制度建设

以推进辖内“创建政策性好银行”工作为契机，不断促进各政策性银行加强内控制度建设和经营管理水平。同时，在“创建好银行”工作基础上，研究制定政策性银行高级管理人员履职行为考核评价体系和风险评价、风险预警体系。

（五）加大调研信息力度，为领导决策提供依据

2004年，对国开行营业部贯彻落实国家宏观调控政策的情况、信用建设的情况和奥运贷款情况分别进行调研；对国开行企业局和营业部对中小企业贷款和技术援助贷款情况进行调研；对进出口银行总行营业部对外担保业务风险状况等情况进行专项调研。

（许晓征）

▲国有商业银行

一、经营发展及特点

（一）基本情况

截至2004年末，四家国有商业银行北京市分行（以下简称四家银行）账面资产总额为1.53万亿元，比上年增长10.77%；其中各项贷款余额为5 419.55亿元，比上年增长3.39%。负债总额为1.52万亿元，比上年增长10.61%；其中各项存款余额为1.41万亿元，比上年增长8.09%；其中储蓄存款余额共计4 769.49亿元，比上年增长12.35%。全年累计实现税前账面利润149.73亿元，比上年增长46.61%。

截至年末，四家银行共有下属机构网点1 642家，比上年增加1家。其中支行497家，比上年增加182家；分理处324家，比上年减少123家；储蓄所817家，比上年减少58家。

（二）重大变更事项

1. 机构变动情况。2004年，四家银行继续推进“扁平化”改革进程，加大营业网点的整合力度，提升服务功能，将符合条件的分理处和储蓄所升格为支行，不断优化网点结构。工行北京分行36家储蓄所升格为支行；农行北京分行21家分理处升格为支行；中行北京分行机构变更共110家，其中新成立支行4家，撤销支行2家，分理处升格支行92家，储蓄所升格分理处12家；建行北京分行未新设立一家分支机构。

2. 高管人员变动情况。宁保祺同志担任工行牡丹卡中心副总经理，程继光同志不再任工行北京分行副行长；黄福海同志担任农行北京分行副行长，白僖民同志不再担任农行北京分行副行长；唐新宇同

志不再担任中行北京分行副行长。全年审批四家银行高级管理人员任职资格，其中核准51人，备案92人。

（三）经营发展及特点

1. 经营规模继续扩大，并取得较好的经营效益。2004年，四家银行加强了贷款管理，因此受国家宏观调控政策的影响较小。其中工行北京分行出现了近三年来的首次负增长，贷款余额比上年下降1%，中行和建行北京分行贷款增幅也有所下降。总体看，四家银行资产负债总额增幅较上年有所下降，其中资产增幅下降了2.23个百分点，负债增幅下降了5.84个百分点。2004年四家银行盈利有所突破，全年共计实现利润149.73亿元，比上年增长46.61%。

2. 2004年，实现不良贷款"双降"，资产质量大幅改善。随着中行、建行两家银行股份制改造的推进，不良资产进一步剥离。四家银行不良贷款余额比上年减少161.43亿元，不良贷款比例比上年下降3.33个百分点。

3. 积极探索新业务领域，中间业务收入继续快速增加。2004年，四家银行中间业务收入为22.63亿元，比上年增加6.3亿元，增长41.64%。近几年来，四家银行都很重视新产品的开发和推介，中间业务发展较快。工行北京分行推出了理财金账户、汇款直通车、储蓄异地通、缴费通等新业务。中行北京分行开办了个人外汇理财"汇聚宝"，并推介发行了中银信用卡。建行北京分行开办了"汇如意"个人外汇结构性存款业务、爱车龙卡业务、个人存款通知业务和教育储蓄业务等新产品，此外，还促成了建银国际与汇源集团签订境外上市投资银行业务，创建了新的托管业务品种，中瑞产业基金托管项目正式启动，拓展了代理外资银行清算业务领域，率先推出"人民币个人七天通知存款"业务等。

4. 落实国家宏观调控，继续加强内部管理，强化内控制度建设。2004年，四家银行将落实宏观调控政策与信贷结构的调整相结合，合理配置信贷资源，将工作重点放在了信贷结构调整上。优先保障重点行业中重点客户的需求。通过内设机构和岗位的合理布局、强化风险控制、完善和落实信贷管理制度、加强内部稽核的独立性等措施，不断提高风险防范和控制能力。但仍然存在对业务风险状况和内控状况的后评价机制缺位、制度执行不力等内控建设和执行中的问题。

二、监管工作情况

（一）认真贯彻国家宏观调控措施，充分发挥监管工作在配合国家宏观调控、防范风险中的作用

一是参与北京市固定资产投资项目清理工作。同时，加强窗口指导和风险提示，针对国家宏观调控政策和北京市固定资产项目清理的实际情况，向辖内金融机构下发了《关于严格控制钢铁电解铝水泥行业贷款进一步防范金融风险的通知》、《关于认真做好落实国家宏观调控政策防范信贷风险促进首都经济稳定持续发展工作的通知》和《关于准确把握宏观调控政策加强信贷管理的风险提示》。及时向辖内金融机构通报在此次清理过程中发现的问题，并结合实际情况提出具体监管要求。

二是按照中国银监会的统一部署，派出检查组对辖内银行机构进行了钢铁、水泥、电解铝、房地产、汽车等行业贷款情况和在建、拟建固定资产项目贷款情况的现场检查。

三是为了解宏观调控政策的实施效果，加大调研力度，深入被监管机构及贷款客户，对贯彻落实宏观调控政策过程中出现的新情况、新问题进行调查研究，分别进行了固定资产贷款情况、宏观调控新形势下辖内机构风险状况、中关村企业融资情况、宏观调控政策的实施对辖内机构经营影响等多项调查。

（二）全面落实抓风险、抓内控的监管理念，促进辖内机构切实防范和化解风险

1. 着力做好现场检查，注重检查问题的落实和整改。2004 年，按照中国银监会的部署，对四家银行部分行业贷款、固定资产贷款、票据业务、内部控制体系等进行了专项检查，对 2003 年“三项业务”检查进行了后续检查。累计派出检查组 22 次，累计检查工作量 2 088 人/天，检查共涉及支行 95 家，提出整改措施及建议 136 条。

2. 高度重视调查研究。2004 年，围绕宏观调控政策的实施效果、监管对象的风险，特别是各级领导重点关注的不良贷款问题、房地产贷款和个人消费贷款等问题进行了多项调查研究工作。

3. 继续做好不良贷款监测和分析工作。一是根据监管需要，对非现场监管报送资料进行了清理规范，对以往监测不全的表外业务、非信贷业务及不良贷款分布，设计了细致的监测内容，实现了全方位的对银行业务发展的持续性监测。此外，还建立了对问题授信客户、大额授信客户、重点监测支行的持续监管档案，建立并逐步完善监管对象档案资料库。

二是为配合“创建好银行”工作的开展，按照辖内银行业金融机构三年内贷款不良率下降 3～4 个百分点的总体要求，在对四家银行未来三年不良贷款抓降目标进行详细分析、测算的基础上，核定不良贷款抓降任务年度分解目标，并针对性地提出监管建议，督促银行采取有效措施保证“抓降”任务的完成。

三是进一步加强对辖内机构资产质量的监测，制定下发了《关于加强辖内国有商业银行不良资产监测和考核的意见》，对国有商业银行不良资产的监测和考核提出新的要求。

4. 坚持“以监管促发展”的监管理念，严格市场准入管理。为配合《行政许可法》的实施，制定下发了《关于印发〈中国银行业监督管理委员会北京监管局国有独资商业银行市场准入工作程序〉的通知》，明确了商业银行在高管人员、业务和机构等方面市场准入的条件和程序，增加了监管工作的透明度。

从风险监管原则出发，密切关注商业银行在准入工作中存在的风险和违规问题，及时发现，及时处理。在日常的市场准入监管工作中，严格坚持原则，执行制度，认真细致地做好审批核准工作，为日后的监管工作把好第一道关口。全年共核准高级管理人员 51 人，备案 92 人；批准升格网点 276 家，迁址 166 家，新建 4 家，撤并 2 家。

（三）全面支持和推动辖内中行北京分行和建行北京分行股份制改革，及时协调解决有关问题

密切关注辖内中行、建行两家银行股份制改造进程，明确要求两行要按照“首都金融无小事”的原则，及时将改革中的重大事项向北京银监局报告；坚持以监管促发展的理念，通过现场检查、非现场监管、派驻监管小组等手段，督促两家银行防范和化解风险，提高内控水平，实现可

持续发展。同时，以监管求创新，积极支持两行的业务创新和机构扁平化改革，提高综合竞争力。

（四）积极推动辖内银行贯彻落实“创建好银行”工作的各项要求

为全面实践中国银监会“管法人，管内控，管风险，提高透明度”的监管理念，提升辖内银行业机构核心竞争力，2004年，北京银监局在辖内银行开展了“创建好银行”工作，制定下发了《北京市辖内银行业金融机构高级管理人员履职行为考核评价指标体系》以及《北京市辖内商业银行风险评价、预警体系》。为确保该项工作的顺利实施，北京银监局通过各种形式积极宣传“创建”工作的重要意义，督促四家银行认真贯彻落实“创建”工作的各项要求。

（刘盼盼、原利缤、杨香玉供稿，吴敏执笔）

▲股份制商业银行

一、经营发展及特点

（一）基本情况

截至2004年末，北京市10家股份制商业银行[①]本外币资产总额为7 048.96亿元，比上年增加1 421.26亿元，增长25.25%；其中贷款余额为3 786.95亿元，比上年增加787.05亿元，增长26.24%。负债总额为6 992.23亿元，比上年增加1 402.14亿元，增长25.08%；其中存款余额为6 344.99亿元，比上年增加1 270.89亿元，增长25.05%。全年共计实现税前利润74.66亿元，比上年增加22.55亿元，增长43.27%。[②]

年末，10家股份制商业银行在京机构数共计310家，比上年增加27家；其中分行级机构10家，与上年持平；支行280家，比上年增加36家；分理处20家，比上年减少9家。在职人员共计9 096人，其中高管人员607名，在职人员比上年增加557人。

（二）重大变更事项

1. 机构变动情况。2004年，10家股份制商业银行共计有28家新设分支机构开业、17家分支机构迁址、29家独立式自助银行开业，8家机构升格（其中2家为迁址升格）；华夏银行总行营业部及其所属分支机构、上海浦东发展银行北京分行及其所属分支机构统一更名，其他银行中有3家分支机构更名（其中2家为迁址更名）。

2. 高管人员变动情况。刘柳任上海浦东发展银行北京分行行长；倪纯任招商银行北京分行副行长；赵勇、刘福泉、蔡红兵任广东发展银行北京分行副行长；肖瑞彦任中国民生银行总行营业部副总经理；陈金良、王琳任中国光大银行总行营业部副总经理；李学平任华夏银行总行营业部副总经理。

全年审批10家股份制商业银行在京机构共计123名高管人员任职资格，其中核准95人，备案28人，取消了2名高级管理人员的任职资格。

（三）业务发展特点

1. 资产规模继续快速扩张，但各家银行发展不均衡。2004年，10家股份制商业银行总资产7 048.96亿元，比上年末增加1 421.26亿元，增长25.25%，增幅与上年持平。其中交通银行北京分行、华

---

① 以下均称10家股份制商业银行。

② 本年辖内股份制商业银行统计数据口径不包括北京银行（北京银行作为单独一部分进行分析叙述），同比数据相应也作调整，下同。

夏银行总行营业部、中国民生银行总行营业部、中信实业银行总行营业部增加额超过200亿元，分别增加了325.20亿元、269.09亿元、234.43亿元和217.48亿元，华夏银行总行营业部和交通银行北京分行的增幅远超过平均水平，分别增长59.11%和35.51%；中国光大银行总行营业部、兴业银行北京分行、深圳发展银行北京分行增加额低于50亿元，分别增加了49.68亿元、41.99亿元、34.55亿元，中国光大银行总行营业部和兴业银行北京分行的增幅远低于平均水平，分别增长7.55%、13.79%。2004年，10家股份制商业银行总资产在全市的市场占有率为28.88%，比上年提高了2.33个百分点。

2. 存贷款规模继续扩大，但呈总体增长势头趋缓，部分行仍快速增长的特点。截至年末，10家股份制商业银行存款余额、贷款余额分别比上年增长25.05%、26.24%，增幅比上年分别下降了4.66、15.33个百分点。其中存款增幅高于平均水平的有华夏银行总行营业部、交通银行北京分行、中国民生银行总行营业部和广东发展银行北京分行，分别为53.08%、35.04%、30.32%和26.55%；贷款增幅高于平均水平的有交通银行北京分行、华夏银行总行营业部、中国民生银行总行营业部，分别为48.13%、45.18%和34.01%。10家股份制商业银行存款、贷款在全市的市场占有率分别为28.53%、36.76%，分别比上年提高了1.92、4.07个百分点。

3. 利润持续快速增长，总体盈利状况良好。2004年，10家股份制商业银行共实现税前利润74.66亿元，比上年增加22.55亿元，增长43.27%。其中税前利润超过10亿元的有交通银行北京分行、中国民生银行总行营业部和招商银行北京分行，分别为19.58亿元、12.09亿元和10.11亿元，比上年分别增加6.65亿元、4.89亿元和3.61亿元，增长51.43%、67.92%和55.54%。

10家股份制商业银行利润来源渠道比较单一，绝大部分来源于存贷利差。但各行自2004年下半年以来，加强了资本在国债市场的运作力度、大力拓展中间业务以及加强业务创新，盈利水平比年初和上年同期有较大幅度提高。2004年10家股份制商业银行的平均资产利润率为1.06%，比北京市其他中资商业银行的平均水平高出0.1个百分点。

4. 不良贷款实现“双降”，资产质量有所改善。截至年末，10家股份制商业银行的不良贷款余额比上年减少27.58亿元，不良贷款率比上年下降0.64个百分点。

2004年宏观调控政策的实施，使得北京市股份制商业银行由于银行信贷收缩和信贷投向的调整，各行信贷资产受到一定的影响。但由于各行努力加大清收和核销力度，总体上，10家股份制商业银行不良贷款余额与比例在2004年实现“双降”，资产质量进一步好转。

二、监管工作情况

（一）积极推动辖内股份制商业银行贯彻国家宏观调控政策，努力防范信贷风险

根据中国银监会的统一部署，先后对华夏银行总行营业部、中国光大银行总行营业部、中信实业银行总行营业部、交通银行北京分行就钢铁、水泥、电解铝等行业贷款情况以及对上海浦东发展银行北京分行、中国光大银行总行营业部就在建、拟建固定资产项目贷款情况进行了专项现

场检查。引导辖内股份制商业银行认真贯彻宏观调控政策，严格控制信贷资金流向不符合宏观调控政策的行业或项目。

（二）督导辖内股份制商业银行切实防范和化解金融风险，确保实现“双降”目标

一是根据北京银监局的统一部署，在与被监管机构充分沟通的基础上，针对各行实际情况，分别确定了三年“抓降”目标，并明确下达到各行，落实一把手负责制。二是完善非现场监测预警体系，建立了股份制商业银行大额贷款风险报告制度及不良贷款监测制度，按月监测大额贷款风险状况及不良贷款变动趋势，及时分析各行“抓降”措施的有效性。三是对华夏总行营业部、中信总行营业部、光大总行营业部实施了专项现场检查，对其2000年以来新发放贷款及非贷款类资产业务、表外业务的资产质量、管理情况进行了梳理，摸清不良资产底数，了解业务操作中的风险隐患、资产盘活处置中存在的问题，针对“抓降”工作提出监管要求。四是针对大额贷款中存在的突出风险问题或在宏观调控中受影响较大的贷款行业、企业中存在的风险问题，实行重点监控，及时提出风险警示。全年共通过审慎性谈话、下发风险提示书、风险提示函的方式，发出5次风险警示。

（三）全面、系统地实施审慎性监管，引导辖内股份制商业银行积极开展“创建好银行”工作

根据上一年度监管资料对10家股份制商业银行的经营状况、风险水平逐一进行了分析，形成10份年度监管报告上报中国银监会；形成并及时向10家被监管机构下发2003年度监管通报，对于风险问题较突出、“抓降”任务较重的部分银行则由主管局长亲自约见相关负责人，提出风险警示和化解风险要求。此外按照“一行一策、分类监管”的原则，结合监管力量配置情况制定了切实可行的监管计划，同时向10家被监管行分别下发了2004年度监管指引。

按照年度监管计划，分别对广发北京分行和民生总行营业部实施了全面内控现场检查。通过对被检查行内部控制基本框架、授信业务、资金业务、中间业务、会计业务、存款及柜台业务、计算机系统内部控制七个方面的检查、分析、判断，形成了较为全面的内控有效性评价。此外从2004年第2季度起对华夏总行营业部、广发北京分行实施了“派驻监管小组”制度。

（四）树立责任意识、服务意识、效率意识，在依法进行市场准入管理的同时，积极支持创新与发展

根据《银行业监管管理法》、《行政许可法》及北京银监局《受理行政许可申请暂行办法》，结合监管机构的特点和科室职责划分，建立了行政审批程序，对机构、高级管理人员任职资格、业务等市场准入事项的具体操作规程进行了修订和补充。

加强与被监管机构的沟通，密切关注新业务的发展趋势，深入研究新业务开办过程中出现的风险问题，及时进行风险提示和现场检查，为商业银行业务创新工作保驾护航。

（五）积极开展调查研究工作，提高工作水平，完善监管工作

全年共报送调研报告16篇、金融监管信息32篇，内容涉及宏观调控政策的影响、房地产等部分行业代款风险分析、个人消费贷款、异地贷款、资产转让业务

中存在的问题、商业银行经营风险分析、商业银行风险管理长效机制建设中存在的问题、不良资产处置管理中存在的问题及监管理论研究等。除前文提到的有关宏观调控、新业务风险的调研报告外，针对集团关联企业授信风险控制，撰写了《关于北京市股份制商业银行集团客户授信管理情况的调研报告》、《集团关联企业贷款风险的特殊性及防范》；针对不良贷款管理处置中存在的问题，撰写了《商业银行在处置抵押物过程中遇到的问题和政策建议》、《商业银行抵债资产管理亟待加强》、《股份制商业银行通过金融资产管理公司处置不良资产的前景分析》、《关于股份制商业银行不良资产及抵债资产处置的调研报告》等调研报告；针对房地产行业贷款发展中存在的风险问题，撰写了《北京地区股份制商业银行房地产贷款发展与风险状况调研报告》；针对异地贷款管理中存在的问题，撰写了《关于北京市股份制商业银行异地贷款情况的调查报告》。

在总结多年现场检查工作经验的基础上，结合新监管法规编制了《现场检查操作手册》，并由北京银监局正式下发执行。

全年共受理了各类来信来访 28 项，通过对信访事件的调查了解、及时沟通、督促整改，妥善解决了相关问题。

（杨燕萍）

▲城市商业银行

一、基本情况和重大变更事项

（一）基本情况

截至 2004 年底，北京银行股份有限公司（简称北京银行）的资产总额为 2 065.92亿元，比上年末增长 21.33%，同比少增 4.95 个百分点；其中贷款余额为1 095.8亿元，比上年增长 31.70%，同比多增 7.56 个百分点。负债总额为 1 991.80亿元，比上年增长 21.28%，同比少增 5.79 个百分点；其中存款余额为 1 754.15亿元，比上年增长 22.53%，同比少增 2.79 个百分点。截至年末，北京银行共有 117 家支行级机构，其中 2004 年新设 5 家。全年共审核 60 名高级管理人员，其中核准 25 人，备案 35 人。

（二）经营发展特点

1. 在信贷资产总量保持快速增长的同时注重结构调整。一是加大力度压缩不良贷款，促使不良贷款余额和不良贷款比率实现“双降”。二是根据国家宏观调控政策和监管当局的要求，积极调整信贷资产结构，严格控制不符合国家产业政策的各类贷款。三是强化资本约束理念，努力控制风险资产规模，对汽车消费信贷等各类高风险资产规模进行了有效压缩。

2. 坚持稳健经营，不断培育新的利润增长点。在巩固发展资产负债业务的同时，努力推动中间业务的发展，全年累计实现手续费收入 0.92 亿元，比上年增长 22.67%。

3. 金融产品开发步伐逐步加快。2004 年推出了“心喜”个人外汇理财和“心喜”个人人民币理财产品；推出储蓄未来卡、双币种国际借记卡等特色京卡系列产品；新增住房直客式贷款、个人通知存款等业务。

（三）年度重大事项

1. 召开第九次股东大会。2004 年 6 月 8 日召开了第九次股东大会。大会审议并通过了第一届董事会、监事会的工作报告，以及利润分配预案、2004 年经营指标、更名、修订公司章程等议案，选举了第二届董事会、监事会成员，通报了北京银监局 2003 年度监管意见等。

2. 完成更名工作。11 月经中国银监会批准“北京市商业银行”更名为“北京银行”，于 2005 年 1 月 1 日正式启用。这次更名对北京银行提高社会声誉、引进外资、跨区域经营以及发展成具有国际竞争力的现代股份制商业银行都具有重大的现实意义和深远影响。

二、监管工作情况

（一）贯彻落实国家宏观调控政策，对过热行业贷款情况进行调查

北京银监局采取多种措施确保各项宏观调控政策有效实施，督促北京银行认真做好固定资产贷款的清理和检查工作，积极防范信贷风险。并对在贯彻宏观调控政策中出现的各种情况及时进行调查和了解，以及早识别风险。

（二）大力开展“创建好银行”活动，逐步完善公司治理

积极推进北京银行开展“创建好银行”活动，以此促进该行不断完善公司治理结构、强化股东大会权力、完善董事会和监事会职能，建立科学、有效的决策、监督、执行和激励约束机制。2004 年公司治理监管工作取得明显成效。一是督促北京银行在第九次股东大会完成了第二届董事会、监事会的换届工作并首次引进了独立董事和外部监事。二是制定《北京银行引进境外战略投资者指导意见》，积极推动其引进境外战略投资者，改善公司治理结构，提高综合竞争力。三是完成第四次增资扩股的批复。四是逐步规范信息披露工作，指导完成《北京银行 2003 年年度报告》。

（三）加大工作力度，采取多种措施力促不良贷款“双降”

综合运用现场检查、非现场检查、窗口指导、道义规劝、加大监管处罚力度等手段，落实各项“抓降”措施。一是通过对该行内部控制和固定资产贷款等专项现场检查督促其加强风险管理。二是加大对不良贷款非现场监测力度，及时了解不良贷款变动趋势，加大“窗口指导”力度。三是加强不良贷款监测和考核。在认真分析不良资产状况的基础上，分析出现问题的原因和解决办法。

（四）改进非现场监管手段，增强风险预警功能

通过对该行 2003 年资本充足状况、资产质量、管理状况、盈利状况、流动性状况和经营情况进行分析，完成了对北京银行的风险评级工作，基本掌握了其主要风险点和风险症结。制定下发了《关于规范非现场监管资料报送工作的通知》、《商业银行突发事件应急处置预案》等文件。

（五）强化现场监管的针对性，不断创新监管方式

对北京银行实施了公司治理与内部控制、固定资产贷款清理两次现场检查，同时下发了限期整改意见书，促进该行建立风险管理的长效机制。

实施了驻行监管工作小组制度。通过参加有关会议、现场办公、调查走访等方法，提高了监管工作的及时性和有效性。

（六）严格市场准入，有效配置资源

按照促进北京银行稳健发展、严格市场准入程序的原则，在对市场环境等进行调研的基础上，对其合规性和风险性等提出监管建议，有效配置资源。

（七）加强理论研究和调查分析工作，不断提高监管能力

以贯彻落实国家宏观调控政策为契机，对存在的突出风险和国家宏观调控政策带来的风险以及经营发展中的新问题进行调研，完成《关于对城市商业银行非信

贷资产和大额贷款的调查报告》、《中资银行引进境外战略投资者有关问题的思考》等调研报告十余篇。

（姚春梅）

▲外资银行

一、基本情况和重大变更事项

（一）基本经营情况

2004年度在京外资银行营业性机构数量有所增加，业务范围进一步扩大，业务品种逐步丰富，主营业务增长较快，总体经营状况良好。

截至2004年末，在京外资银行总资产为64.35亿美元，比上年增长55.33%，占全国份额的9.29%，比上年提高1.08个百分点；其中各项贷款余额为32.07亿美元，比上年增长53.13%，占全国份额的9.45%，比上年提高0.52个百分点。总负债为59.37亿美元，比上年增长58.08%，占全国份额的9.37%，比上年提高1.09个百分点；其中存款余额为12.33亿美元，比上年增长31.15%，占全国份额的6.37%，比上年下降0.06个百分点。截至年末，在京外资银行不良贷款率为0.20%，比上年下降1.27个百分点，低于全国平均水平0.95个百分点，为历史同期最低水平。2004年度在京外资银行实现税后利润2 549.49万美元，比上年增长162.57%。

2004年，新增2家在京外资银行分行，分别是瑞士银行北京分行和德意志银行北京分行；新增4家外资银行代表处，退出或合并6家，截至年末，北京已开业外资银行分行24家，机构数量居上海和深圳之后，列全国第三位。外资金融机构驻京代表处92家（含15家非银行金融机构代表处），机构数量位居全国之首。2004年在京外资银行机构高级管理人员更换或新增22人，9家机构迁址。截至年末，北京市共有16家外资银行分行可从事全面外汇业务，比上年增加5家；13家获衍生产品交易资格；2家获准经营人民币业务。

（二）业务发展变化分析

2004年，在京外资银行各项主要经营指标综合排名居全国第三位，占据着较重要的市场份额。

1.总资产规模大幅增加，年内资产波幅较大。截至年末，在京外资银行资产总额增幅比上年提高了53.5个百分点。资产项目中，受宏观调控和政策影响，在京外资银行各项贷款增长速度呈现前高后低走势。从4月份开始，在京外资银行各项贷款余额虽继续增长，但增幅明显下降。6月份《境内外资银行外债管理办法》（以下称《办法》）出台后，受《办法》中境内外资银行向境内机构发放的贷款不得结汇规定的影响，在京外资银行各项贷款余额增速进一步受到影响。

2.负债项目以联行往来（负债方）和存款为主。年末，在京外资银行负债项目的主要构成为联行往来（负债方）和存款，两项合计占比为85.91%。

3.表外业务稳步增长，结构略有调整。年末，在京外资银行或有资产余额比上年增长10.22%，但应收各项担保款项下的备用信用证年末余额比上年下降25.40%。

4.资产质量持续提高，不良贷款余额和比例大幅下降。截至年末，在京外资银行不良贷款余额比上年下降79.63%。不良贷款率为0.20%，比上年下降1.27个百分点。总体看，在京外资银行采用积极催收、债务重组、法律诉讼、主动核销、总行购买等方式，不断加大不良贷款处置力度，取得了较好的效果。

5. 盈利水平整体改善，资产利润率同比显著上升。2004 年度，在京外资银行税后利润比上年增长 162.57%；资产利润率同比上升 0.17 个百分点。2004 年，在京外资银行总收入为 1.50 亿美元，增长 64.34%；贷款收入大幅增长，成为推动利润增长的重要力量。总支出为 1.22 亿美元，比上年增长 53.22%。

6. 总行支持度提高，业务更趋活跃。2004 年，有 3 家在京外资银行在总行支持下各增加 1 亿元等值人民币营运资金，用于开办全面外汇业务；有 2 家银行获准增资 1 亿元人民币用于开办人民币业务，另有 9 家外资银行分行递交了开办人民币业务的申请。同时，为推动北京分行开办衍生产品交易等新业务，拓展业务领域和服务对象范围，不少外资银行母行在技术、人员、风险管理和在华业务组织协调等方面给予分行大力支持。此外，各行母行普遍加强了对在京分支机构内审力度，2004 年在京外资银行共接受来自总行内审部门或中国区总部的内部审计 16 次。

二、监管工作情况

（一）积极支持，稳步推进，北京向外资银行开放人民币业务的各项工作进展顺利

北京向外资银行开放人民币业务是北京金融改革开放发展史上的一件大事。北京银监局通过现场走访和召开座谈研讨会，对有意向申办人民币业务的外资银行进行专项摸底调研，并形成《辖内外资银行机构经营人民币业务前景分析》，受到中国银监会和北京市委、市政府的高度重视。北京银监局还制定下发了详尽的《人民币业务筹备指南》和《人民币业务操作流程》，并及时开办了人民币业务准入培训班。

由于前期准备充分，12 月 1 日北京向外资银行开放人民币业务后，依法高效完成了 11 家辖内外资银行开办人民币业务申请的初审转报工作。其中汇丰银行北京分行、渣打银行北京分行于 12 月 21 日首获中国银监会批准筹备经营人民币业务，是 2004 年同期开放人民币业务五个城市中最早获准经营人民币业务的外资银行。

（二）积极支持，审慎高效，首次批准在京外资银行设立同城支行

坚持审慎标准，提高审批效率，积极响应中国银监会进一步对外开放的政策精神，于 2004 年 12 月 16 日批准筹建汇丰银行北京国贸支行和花旗银行北京中关村支行，这是辖内首次批准在京外资银行筹建同城支行。

同时，以审慎标准高效办理辖内外资银行的其他准入事项。截至年末，初审转报了 12 项开办衍生金融产品交易、保险外汇资金境外运用托管和增加营运资金、开办全面外汇业务等业务申请。此外，认真开展了对新设营业性机构的开业辅导工作。截至年末，2 家外资银行分行已经通过验收，顺利开业，1 家代表处获准筹建分行。

（三）实施以风险为本的审慎持续监管措施

2004 年，根据新实施的《外资银行并表监管管理办法》，首次实现对辖内 5 家主报告行在华整体运营情况的并表监管。规范和加强定期非现场监测，认真完成各类非现场监管报告达 50 篇。建立了辖内外资银行经营情况季度通报制度，定期提示风险，提高政策信息透明度。加大对违规机构的处罚力度，依法对个别违规

银行给予行政处罚。

（四）全年对在京外资银行现场检查覆盖面超过1/3

2004年，在对在京外资银行监管工作中，注重合理配置监管资源，加大分类监管力度，将现场检查重心集中在重点类和关注类监管对象上。年内，首次完整运用ROCA评级体系对在京外资银行进行现场检查，加强检查针对性，收到良好效果。

2004年共对7家在京外资银行进行全面现场检查、1家外资银行进行专项现场检查，共提出监管建议80余条，促进被查行严肃整改、提高内控效率、依法合规经营。

（五）信息调研工作成效显著

2004年，以“关注热点、注重时效、把握难点、深入分析”为指导原则，采取多种方式及时开展有关宏观调控政策措施对外资银行的影响、外资银行资金运用情况、金融衍生产品业务、中外资银行合作和代表处监管重点等调研工作，收集反馈外资银行对新《外资金融机构管理办法实施细则》和《境内外资银行外债管理办法》的意见，研究中外资银行在市场发展格局、房地产贷款、监管方式和会计准则等方面的差异，为及时了解经营情况、深入分析重点风险、强化细化监管措施提供了参考。

（六）加强交流，推动合作，北京中外资银行业合作态势凸显

围绕北京银监局“寓监管于发展、稳定、创新、服务之中”的理念，2004年，以北京向外资银行开放人民币业务为契机，通过多种渠道、多种方式开展系列宣传活动，构建中外资银行合作交流平台。一是以“联合、创新、发展”为主题的2004北京银行业发展论坛，为中外资银行合作与发展提供交流平台；二是以“北京银行业向你开放”为主题的12·11港资及外资金融机构进入北京圆桌会议，积极促进京港两地银行业优势互补、共创繁荣；三是以“开放、合作、发展、双赢”为主题的12·11北京向外资银行开放人民币业务银企高层论坛暨新闻发布会活动。各项活动得到辖内中外资金融机构的广泛关注、支持和响应。辖内中外资银行已在资金拆借、代理清算、票据贴现、衍生产品交易、银团贷款、贸易融资诸多业务领域进行广泛合作。外资金融机构入股中资银行呈现出良好势头，中外资银行互利合作取得明显进展。

（汤　芳、简诗扬）

农村合作金融发展与监管

一、基本情况及重大变更事项

（一）基本情况

截至2004年末，北京市农村信用合作社资产总额为1 112.8亿元，比上年增加12.5亿元，增长1.1%；其中各项贷款余额为545.8亿元，比上年增加18.4亿元，增长3.5%。负债总额为1 081.1亿元，比上年增加4.6亿元，增长0.4%；其中各项存款余额为929.7亿元，比上年增加103.1亿元，增长12.5%。

截至年末，北京市农村信用社共有独立核算单位127个（含北京市农村信用联

社)，比上年减少20个。其中市、区(县)联社及市农村信用社营业部共16个，农村信用社111个。

(二)重大变更事项

1.机构变动情况。新增非法人营业机构26个，撤并法人营业机构7个和非法人营业机构3个。

2.主要人事变更。全年共对177名拟任的高级管理人员任职资格进行了审查，其中核准制47人次，备案制69人次，报告制61人次。

(三)经营发展及特点

1.不良贷款实现“双降”。截至年末，北京市农村信用社不良贷款比例比上年下降1.3个百分点，实现了“双降”目标。全年累计清收不良贷款47.8亿元，其中收回现金4.7亿元，逾期贷款在正常收息情况下调整为正常贷款的有22.6亿元，以物抵债8.2亿元，其他方式盘活9.6亿元，呆账核销2.7亿元。

2.支农力度继续加大。2004年，北京市农村信用社继续坚持“服务三农”的办社宗旨，不断加大支农贷款的投放力度。2004年北京市农村信用社农业贷款结构的调整力度加大，压缩部分农业经济组织贷款，支农贷款向农户倾斜。各项贷款中，农业贷款余额为53.5亿元，其中农业经济组织贷款余额为40.8亿元，比上年减少3.6亿元；农户贷款余额为12.7亿元，比上年增加2.5亿元，增长24.5%。农户贷款中，农户小额信用贷款5 220户，比上年增加808户，增长18.3%；余额为1.06亿元，比上年增加2 511.2万元，增长31.2%。农户联保贷款6 062户，比上年增加191户，增长3.3%，余额为1.80亿元，比上年增加2 197.9万元，增长13.9%。此外，北京市农村信用社利用1.7亿元支农再贷款发放小额度农户贷款，帮助6 549户农民脱贫致富。充分发挥农村信用社支农主力军和联系农民的桥梁作用，有力地推动了京郊农业发展和农民致富。

3.盈利水平有较大提高。2004年，北京市农村信用社实现利润总额5.8亿元，比上年增加1.6亿元，增长38.1%。人均实现利润8.4万元，比上年增加2.2万元，增长35.5%。在全市127个独立核算单位中，盈余社107个，盈余面为84.3%，比上年上升2个百分点。

二、监管工作情况

(一)全力推动北京市农村信用社改革

2004年，在中国银监会的指导下，积极协调北京市有关部门，努力推动改革试点工作。年初，先后批准了丰台、大兴区农村信用联社以区县联社为单位统一法人开业。为推动改革，协助北京市政府向国务院上报了《关于申请将北京市列为全国农村信用社改革试点地区的请示》(京政文［2004］37号)，并获得国务院办公厅批复同意。之后协助北京市政府有关部门组织实施了对北京市农村信用社的全面清产核资工作，并对清产核资工作进行现场督导。下发了《关于做好农村信用社改革试点增资扩股准备工作的通知》等一系列改革工作指导文件。

在充分调研的基础上，科学确定了北京市农村信用社改革方案。向北京市政府上报了《关于北京市农村信用社监管与改革有关问题的报告》(京银监字［2004］85号)；向中国银监会合作部上报了《北京银监局关于确定北京市农村信用社改革模式的初步意见》；完成了《北京银监局关于北京市农村信用社改革设想与监管工作的汇报提纲》。经反复论证，最终拟定了《深化北京市农村信用社改革试点实施方案》及相关配套方案，经市长办公会和市委常委会讨论通过后上报国务院审批。

（二）现场检查监管情况

2004年，在对北京市农村信用社的现场检查工作中，共派出检查组12次，检查机构43家，累计投入430个检查工作日，提出整改意见53条，处理违规人员7人。

1. 对北京市农村信用社部分行业贷款进行现场检查。派出2个检查小组、8人，累计投入52个工作日分别对5个机构的部分行业贷款情况及加强内控机制、控制不良贷款总额的情况和措施进行现场检查，共检查510笔，涉及金额18.56亿元。通过检查，发现了北京市农村信用社在钢铁、水泥、房地产行业及农业、中小企业、消费贷款中存在的问题，并提出了相关政策建议和整改意见。

2. 对北京市农村信用社非信贷资产情况进行现场检查。派出2个检查小组、45人次，累计投入178个工作日，对通州区、怀柔区联社非信贷类资产情况进行现场检查，分别撰写44份事实确认书，并向中国银监会上报现场检查报告。

3. 对北京市农村信用社在建和拟建项目固定资产贷款情况进行现场检查。根据中国银监会的紧急部署，在农村信用社对在建和拟建项目固定资产贷款自查的基础上，派出2个检查小组，36人次对大兴区、顺义区联社营业部和10家信用社进行现场检查，并向中国银监会上报现场检查报告。

4. 以查代训，组织完成对北京市农村信用社亿元以上贷款的现场检查。派出4个检查小组、25人，累计投入130个工作日，对北京市农村信用社辖内截至2004年6月末22家亿元以上贷款大户进行信贷大检查。并对检查中发现的问题及时提出了检查意见和整改措施，有效促进了北京市农村信用社信贷管理水平的提高，同时丰富了新员工的现场检查经验，起到了以查代训的作用。

（三）采取科学有效的监管措施，督促落实“双降”目标

年初，提出了2004～2006年北京市农村信用社不良贷款“双降”目标，合理分解抓降任务，科学确定了2004年不良贷款“抓降”计划。针对2004年5月末不良贷款“双升”情况，及时下发了《风险监测指引》及《监管意见》。为进一步落实“双降”目标，督促北京市农村信用社召开了提高信贷资产质量，全面落实不良贷款“双降”任务工作大会。通过非现场监测系统，及时了解各区县不良贷款变动情况，在对不良贷款户认真分析的基础上，将监管重点放在“关联企业贷款”、“大户贷款”和“房地产贷款”等新的风险点上，密切关注风险集中问题。

（四）以风险防范为目标，不断创新非现场监管手段

建立并认真执行金融监管形势分析会议制度，按月及时向统计处报送监管分析材料和有关数据，分析北京市农村信用社经营管理中存在的问题，为领导决策提供依据。

根据中国银监会下发的《农村合作金融机构风险评价和预警指标体系》要求，对北京市农村信用联社和14个区县联社及所属法人信用社进行了风险测评，同时对各区县联社主要人员进行了培训。向中国银监会上报了《关于2003年北京市农村信用社〈农村合作金融机构风险和预警

指标体系（试行）〉执行情况的报告》，对评级工作进行总结并提出政策建议。针对北京市农村信用社的风险状况，及时下发《关于对北京市农村信用社经营管理风险提示的通知》、《关于对北京市农村信用社土地置换不良贷款情况的风险提示》、《关于对北京市农村信用社银农合作贷款风险提示的通知》等风险提示。

针对农村信用社“点多面广”的情况，与有关技术部门共同开发并启用了北京市农村信用社机构网点电子地图，填补了机构网点管理工作中的一项空白。

（五）充分发挥派驻监管组的延伸监管作用

2004年6月，北京银监局成立了派驻农村信用社的监管小组。监管小组先后制定并下发了《北京银监局派驻北京市农村信用联社监管小组工作规则》和《派驻监管组2004年下半年工作要点》，编发派驻小组简报31期。派驻小组下发的《关于进一步加强北京市农村信用社车辆购置使用管理的通知》，得到中国银监会合作部的充分肯定，中国银监会李伟副主席批示转发各银监局。

（六）严肃查处违规行为

针对检查中发现的北京市农村信用合作社《金融许可证》丢失问题、违规经营问题和在高级管理人员任职资格管理工作中存在的未备案先任命及弄虚作假等违规问题，根据有关规定进行了严肃查处，并对存在问题的区（县）提出了限期整改的要求。

（七）认真开展调查研究

1. 为学习借鉴农村信用社改革过程中的经验和教训，稳步推进北京市农村信用社改革工作，赴浙江、上海、贵州银监局和当地部分有代表性的农村信用联社进行调研；对怀柔区农村信用社统一法人工作开展情况进行调研。

2. 对北京市农村信用社贯彻落实国家宏观调控政策情况和有关金融风险进行调研，选取丰台、怀柔、昌平、顺义和大兴五个区县联社进行实地走访，又对宏观调控过程中可能出现的金融风险进行补充调研，并撰写了《北京市农村信用社贯彻国家宏观调控政策情况调研报告》、《宏观调控新形势下北京市农村信用社风险调查分析报告》。

3. 为摸清北京市农村信用社不良贷款的现状，进行专项调研，撰写了《北京市农村信用社不良贷款情况的调研报告》，提出了农村信用社中长期“双降”工作规划。

4. 为全面了解土地抵债资产的风险状况，走访北京国土资源局了解有关土地政策情况，赴顺义、昌平农村信用社对土地抵债资产情况进行调研。完成了《关于北京市农村信用社债务捆绑、土地置换情况的调查报告》，并下发了《关于北京市农村信用社债务捆绑、土地置换情况的风险提示》。

（蒋蓉辉）

非银行金融机构发展与监管

截至2004年末，北京银监局共监管三类12家法人非银行金融机构、14家非法人的机构代表处。按照机构类别分类：信托投资公司2家，企业集团财务公司9家（其中正常经营的8家，非正常经营的1家），汽车金融公司1家，外资非银行金融机构代表处14家。另有1家汽车金融公司已经获准开业，1家已获准筹建。

一、基本情况

截至年末，正常经营的机构资产（本外币合计，下同）总计750.44亿元，负债总计675.06亿元，信托财产合计78.51亿元。

（一）信托投资公司

截至年末，辖内2家信托投资公司资产合计120.34亿元，其中自营资产34.53亿元，较上年末减少8.27亿元，下降19.32%；自营负债合计18.10亿元，较上年末减少8.98亿元，下降33.16%；所有者权益合计16.43亿元，较上年末增加7 138.08万元，增长4.52%。信托财产合计78.51亿元，比上年增加21.14亿元，增长36.85%。

2004年，信托投资公司资产负债规模受原有业务清理和压缩自营证券资产规模的影响，呈下降态势。而信托财产规模迅速增加。

（二）集团财务公司

截至年末，8家正常经营的财务公司资产合计710.88亿元，比上年增长31.43%，其中资产规模在50亿元以上的有5家，集中在能源、航天、进出口贸易等行业；负债合计656.79亿元，比上年增长33.89%。

财务公司资产负债变化呈现如下特点：

一是受中央银行票据、国债等品种持仓量增加影响，投资类资产增长迅速，2004年末投资类资产（短期投资）总额为198.77亿元，比上年增加156.45亿元，增长369.68%。

二是受资金归集能力增强影响，流动负债增长明显，其中短期存款年末余额为532.77亿元，比上年增加148.82亿元，增长38.76%；委托存款年末余额为50.53亿元，比上年增加13.76亿元，增长37.42%。

三是受增资扩股和不良资产核销的双重影响，所有者权益总量变化不大。

（三）汽车金融公司

截至年末，辖内惟一开始营业的汽车金融公司资产总额为5.03亿元，资产的主要构成为银行存款及贷款（均为个人汽车贷款），负债合计0.17亿元，所有者权益为4.86亿元。由于开业时间短，变动趋势尚未充分显现。

（四）非正常经营机构

目前，在京非正常经营的2家信托投资公司分别由市政府和人民银行组织进行撤销清算工作；1家非正常经营的财务公司已无流动性清偿能力，正在按照监管要求进行清产核资等退市的前期工作。

二、重大变更事项

（一）新批5家非银行金融机构开业或筹建

包括1家信托投资公司、2家汽车金融公司及1家外资代表处开业，1家汽车金融公司筹建。

（二）核准辖内22名非银行金融机构高级管理人员任职资格

包括信托投资公司高级管理人员3名，财务公司高级管理人员3名，汽车金融公司高级管理人员12名，外资代表处首席代表4名。

（三）正式履行对部分非银行金融机构的监管职责

一是按照中国银监会文件要求，自2004年1月起对从浙江迁址来京的瑞丰信托正式履行监管职责；二是根据中国银监会授权履行对中远财务等8家财务公司的监管职责。

三、监管工作情况

（一）现场监管

2004年，共对辖内2家信托投资公司及1家集团财务公司进行了5次全面或专项的现场检查，涉及固有业务、信托业务、财务状况、法人治理结构及内控状况、资产五级分类、原有业务清理、固定资产投资项目等方面。并针对检查中发现的问题有针对性地提出监管意见，跟踪落实情况。

（二）非现场监管

1. 加强对辖内非银行金融机构的“窗口指导”，对辖内机构经营活动中的风险及时进行提示，并通过建立《非现场监管工作指引》，完善对辖内非银行金融机构的数据采集、报送、汇总、分析制度，及时监测辖内非银行金融机构不良资产、证券投资等的变动情况。

2. 做好对辖内非银行金融机构在宏观调控形势下的风险防范措施与处置预案的相关工作。包括完成宏观调控政策对辖内信托投资公司影响趋势分析、对新形势下辖内非银行金融机构经营运行风险进行调研分析、向辖内非银行金融机构下发《关于辖内非银行金融机构进行风险自查并制定风险防范措施与处置预案的通知》等，结合现场检查情况，促进机构风险处置工作的制度化、程序化。

（三）对外资机构的监管

1. 认真做好对外资类非银行金融机构的监管工作。在积极做好汽车金融公司市场准入工作的基础上，一方面指导其按时、准确上报各类非现场监管报表，另一方面针对其经营之初遇到的问题和困难，及时开展业务调研，先后完成了《对我国汽车金融公司发展中几点问题的探讨》等2篇调研报告。

2. 积极做好对外资非银行金融机构代表处的监管工作。组织监管人员认真学习相关监管法规和工作流程，并对辖内14家代表处进行现场走访，准确了解各代表处的基本情况，并与代表处建立了必要的监管联系。除按规定审核、批准上述代表处的机构、人员、营业场所变更外，还根据北京银监局的统一部署向14家代表处分别下发了监管指引，要求各代表处依法合规开展工作，不得从事任何经营性活动。

（四）监管制度建设

1. 为及时、有效地防止或处置辖内非银行金融机构的突发事件，最大程度地减轻非银行金融机构突发事件对社会稳定和金融秩序造成的不良影响，保障首都经济发展和社会稳定，制定并印发了《辖内非银行金融机构突发事件应急处置预案》。

2. 为防范非银行金融高级管理人员的道德风险，防止出现“猴子看管香蕉”问题的出现，制定了《辖内非银行金融机构高级管理人员行为规范指引》。

3. 为进一步提高对辖内非银行金融机构非现场监管的针对性和有效性，制定了《非银行金融机构非现场监管工作指引（暂行）》，并在指引设计中着重体现了操作性、规范性、风险性及全面性，涵盖了辖内非银行金融机构自营及信托业务、关联交易、盈利能力、证券投资、原有业务清理、资产质量及风险资本约束考核等多个方面。

4. 为规范集合资金信托业务事前报

告工作流程，加强信托投资公司对集合资金信托业务的风险识别及控制，保护信托委托人利益，制定了《信托投资公司事前报告工作指引》，对信托项目的事前报告流程进行明确规范。

（五）处置高风险机构

1. 防范辖内非正常经营信托投资公司金融风险。一是确定专职监管人员，对个别高风险机构监管、重组改制状况进行密切关注，防止辖内非正常经营信托投资公司从事经营业务，并制定相应的应急处理预案；二是积极与北京市政府金融办保持沟通与联系，支持北京市政府推动个别高风险机构的清理整顿工作；三是在与北京市政府金融办反复研究后，完成对个别高风险机构留牌重组等相关事宜的请示并上报中国银监会。

2. 有步骤地对高风险机构实施市场退出。根据中国银监会和北京银监局的要求，对高风险机构本着“救助、整顿、重组、发展”的要求开展工作，在重组无进展的情况下，要求机构加强自身风险排查和风险处置预案的制定并定期上报机构变动情况，立即聘请一家具有资质的会计师事务所对机构的资产、负债情况进行全面的审计、评估，并正在有序地进行市场退出工作。

（柳　芳）

邮政储蓄机构发展与监管

一、基本情况和重大变更事项

（一）基本情况

截至2004年末，北京市共有邮政储蓄机构452个，其中城区427个，县城9个，县城以下16个。邮政储蓄从业人员3 633人，其中管理人员400人。

邮政储蓄储户为699.89万户，储蓄余额达318.64亿元，比上年末增长12.66%。从储蓄存款结构看，活期存款占同期储蓄存款余额的43.80%，定期存款占56.20%。中间业务总交易量为1 385.7万笔，交易金额为165.48亿元，实现业务收入0.05亿元，比上年下降4.84%。汇兑业务共开发汇款931.93万笔，汇款金额86.88亿元；兑付汇款816.85万笔，兑付金额50.24亿元，实现业务收入0.77亿元，比上年下降6.9%。邮政储蓄绿卡户数累计达274万户，绿卡存款余额为56亿元，比上年增长30.23%。

（二）人员和机构变动情况

1. 高级管理人员变动情况。6月，任命周毅明为北京邮政储汇局局长，免去戴成局长职务。10月，免去王海林北京邮政储汇局副局长职务，免去徐兴晔北京邮政储汇局局长助理职务。

2. 机构调整情况。5月将“代办业务部”更名为“市场部”，其中间业务管理职能交由“业务管理部”管理。将“清算中心”更名为“会计部”，将“业务管理部”储汇会计管理职能、“汇兑业务部”和“国际汇兑部”的汇兑资金清算职能、原“代办业务部”的中间业务处理与结算职能调整到“会计部”进行管理。

3. 邮储网点审批情况。给北京邮政储汇局所属的452个储蓄网点换发了金融许可证。有24个储蓄网点办理迁址筹建，28个储蓄网点办理迁址开业。

二、监管工作概述

（一）年初下发监管指引，强调依法合规经营

2004年初，下发了监管指引，指出内部管理、风险控制、技术装备和人员等方面的问题及风险隐患，并逐一提出了监管意见。

（二）加强各类培训，提高依法经营意识

北京银监局对北京邮政储汇局各级工作人员进行了银行业“三法”知识、邮政储蓄监管及内部控制培训，提高了邮储人员的金融法制观念。

（三）收集整理相关资料，完善非现场监管工作

一是建立北京邮政储汇局基本情况档案。二是建立北京邮政储汇局2001～2003年三年业务数据库。三是下发《关于进一步规范北京邮政储汇局非现场监管信息报送工作的通知》，加强非现场信息报送工作。

（四）以内控为重点，开展内控专题调研

北京银监局对北京市邮政储蓄机构内部控制建设及执行情况进行了调研，针对其在内控建设、执行和内部稽查等方面存在的问题，提出相应政策建议。

（五）对群众举报信进行认真调查，坚持客观公正的立场

2004年初，北京银监局收到某邮储网点违规揽储的举报信，在实地调查核实的基础上，未发现举报信中提到的问题。

（六）加强金融许可证管理，清理、规范邮政储蓄网点与业务活动

北京银监局对邮政储蓄机构《金融许可证》的悬挂及主要负责人公示情况进行了抽查，提出了针对性的整改意见。同时，下发《关于对北京市邮政储蓄网点进行全面清理调查的通知》，进一步规范了邮储网点建设。

（熊　玮）

金融资产管理公司发展与监管

一、基本情况

（一）主要业务指标

截至2004年末，中国华融资产管理公司北京办事处（以下简称华融北办）、中国长城资产管理公司北京办事处（以下简称长城北办）、中国东方资产管理公司北京办事处（以下简称东方北办）、中国信达资产管理公司北京办事处等四家资产管理公司北京办事处（以下简称四家办事处）累计处置债权资产242.46亿元，占政策性收购不良资产总额的41.69%；政策性债转股处置161.97亿元，占政策性收购不良资产总额的27.85%；回收实物资产22.48亿元，回收现金60.28亿元。

（二）机构及人员变动情况

1. 东方北办将资产经营一部和资产经营二部合并为资产经营部；设立市场开发部；将原资产处置审查办公室调整为评估审查部。

2. 华融北办设立评估定价部。

3. 长城北办将债权管理部与原资产经营部合并，成立新的资产经营部。

4.2004 年 12 月，华融北办总经理助理郭京华提任为副总经理。

（三）业务发展概况

1. 处置情况较好。截至年末，四家办事处全年回收现金 16.19 亿元，完成当年计划的 102.79%。人员、业务、管理等三项费用支出 0.43 亿元，比上年下降 35%，下降幅度大于处置额下降幅度 11 个百分点，处置成本控制较好。

2. 处置手段以折扣清偿等为主。据统计，四家办事处采用折扣清偿手段处置资产占处置业务总量的 35.23%。此外，随着资产处置难度的加大，四家办事处加大了打包处置力度。

3. 加大对重点项目的处置力度。四家办事处以重点项目带动全面处置工作，对重点户增加了人力，及时跟踪处置进度，取得了较好的成效。

4. 完善资产处置管理制度。随着监管工作的不断深入，四家办事处对加强内控管理的认识有了很大提高，分别从完善内控制度和制衡机制角度出发，加强内部管理，强化监督职能。

5. 继续开展商业化处置业务的探索。四家办事处坚持更新经营理念，积极探索商业化处置业务的运作模式，分别进行了商业性收购、代理委托处置、托管证券公司、商业性债转股等市场化处置方式。同时，继续与北京产权交易所合作，拓宽不良资产的处置渠道。此外，进行了联合拍卖处置方式，多种方法、多角度同时评估论证资产价值等业务创新手段的尝试。

二、监管工作情况

（一）年初下发监管指引，指导依法合规经营

2004 年初，北京银监局总结了历次对资产管理公司监管工作的经验，并结合监管过程中发现的问题，向四家办事处下发了监管工作指引。

（二）收集整理资料，完善非现场监管工作

一是建立四家办事处的监管档案。二是收集整理四家办事处 2001～2003 年的不良资产主要经营指标等数据。三是下发非现场监管信息报送制度，统一信息报送标准。另外，加强了与四家办事处的日常联系，及时沟通有关情况。

（三）以内控制度为重点，进行专项现场检查工作

北京银监局于 2004 年 10 月 25 日至 11 月 26 日对东方北京办事处内控情况进行专项现场检查。针对检查中发现的九个方面的问题，提出了八条监管意见，督促其进一步完善内控建设，加强资产管理，有效防范道德风险。

（四）针对难点、热点问题，积极开展调研活动

北京银监局分别于 2004 年 3 月和 7 月，对四家办事处新的目标考核责任制以及股权管理难以到位的情况进行调研，撰写了《关于四家资产公司北京办事处不良资产处置情况的报告》和《关于对北京市金融资产管理公司债转股调查情况的报告》两篇调研报告。

（五）按照中国银监会的要求，进行全面风险提示

2004 年底，北京银监局全面梳理了对四家办事处的日常监管、非现场监管和部分现场检查以及其他监管部门的检查反馈情况，分别对四家办事处进行了现场风险提示，敦促四家办事处抓紧整改自身存在的问题，认真查找内部管理漏洞和内控

制度上的薄弱环节。

（王 跃）

保险业发展与监管

▲保险市场发展概述

2004年，北京保险业牢固树立和落实科学发展观，以做大做强为目标，以改革开放为动力，以结构调整为主线，以市场体系建设为基础，坚持加快发展和防范化解风险协调一致，持续、快速、健康发展，保险公司核心竞争力普遍增强，保险功能作用得到进一步发挥。

一、北京保险市场机构发展情况

截至年底，北京保险市场共有经营性保险分公司28家，包括财产险分公司11家，寿险分公司14家，再保险分公司2家，政策性保险公司营业部1家；各类保险中介公司184家，包括保险经纪公司77家，保险代理公司84家，保险公估公司23家。全市保险兼业代理机构5 036家，保险营销从业人员4.6万人。

二、北京保险市场业务发展概况

2004年，北京保险业共实现保费收入283.9亿元，比上年末下降0.7%[①]。其中，财产险公司实现保费收入66.9亿元（不含出口信用保险），比上年增长27.6%，寿险公司实现保费收入212.1亿元，比上年下降7.9%。产、寿险公司业务比重约为24:76。2004年保险深度为6.8%，保险密度为2 490.4元。

2004年北京市保险公司累计支付各项赔款及给付54.3亿元，比上年增长14.1%。其中，财产险公司支付赔款33.4亿元，比上年增长24.5%，寿险公司支付赔款与给付20.9亿元，比上年增长0.7%。北京保险业为北京地区提供了21亿美元的出口信用保险，支付出口企业6 152万美元赔款。

三、北京保险市场业务发展特点

（一）财产险增幅为近5年之最，其中车险、货运险、房贷险增长较快

2004年，财产保险保费增长率比前4年平均增长率高9.8个百分点。车险、房贷险、货运险分别占全部财产保险业务的70%、5%、7%，由于增速高于各险种的平均增速，比重比上年分别提高了2.1、1.6、1.5个百分点。

车险实现保费收入46.3亿元，比上年末增长31.7%，主要是新车销售以及《道路安全交通管理法》的实施带来承保数量的增长。货运险保费比上年增长64.4%，主要是2004年以来运输业景气促进货运险的发展。房贷险保费比上年增长81.8%，主要是住房按揭贷款的增长以及保险公司核算方式的改变，将分期确认收入改为一次性确认收入。

（二）寿险保费负增长，银行代理和团险业务降幅较大

个人营销、团体业务、银行代理业务分别占寿险公司保费收入的41.3%、20.7%、38.0%。团体、银代业务比上年

① 含出口信用保险5.0亿元。

分别下降13.9%、11.0%，个人业务比上年下降1.2%。

寿险业保费下降的根本原因在于保险公司方面，一是保险公司主动调整业务结构，压缩效益不佳的业务；二是前几年寿险业粗放式增长，存在部分不规范行为，影响了行业形象，导致社会对保险公司信任度下降。从宏观经济环境上看，一是加息以及加息预期对寿险业造成一定冲击；二是吸储压力增大使得银行对代理保险的积极性下降；三是其他金融产品分流部分资金。从政策环境上看，一是企业年金政策不明朗，使得部分企业对保险持观望态度，导致团体人身险大幅下滑；二是财政部和监察部联合下发的财金［2004］88号文件，清理中央机关和事业单位购买的商业保险，团险保费规模增幅减小。

（三）市场主体增加，开放度加大

2004年，北京保险市场新增加财险分公司1家，寿险分公司5家，保险中介公司88家，另外还增加了2家在北京开展业务的合资寿险总公司。新增加的寿险分公司中，4家公司为合资公司。市场主体的增加，促进了保险市场的竞争，可供消费者选择的保险公司、保险产品进一步丰富。

（四）市场集中度逐步降低，市场竞争日趋激烈

2002年底，北京仅有人保、太平洋财险、平安财险、华泰、太平5家财产保险公司，平安人寿、新华人寿、中国人寿3家公司在北京寿险市场一直占据绝对份额。随着市场的开放和市场主体的增加，截至2004年末，2002年以后进入市场的新寿险公司已占寿险市场份额的12.13%，新产险公司已占产险市场份额的14.14%。

（五）保险公司经营理念有所转变，效益意识增强

随着保险市场的对外开放，以及国有保险公司的改制上市，保险公司的经营理念发生明显变化，确立了理性、科学的发展战略。各公司效益意识增强，逐步转向靠服务、品牌争市场。寿险公司大力发展传统保障型和期缴业务。2004年底，寿险公司新单期缴比例由上年末的12.4%上升为15.1%，其中个人保险新单期缴率由39.2%上升为69.2%。产险公司运用费率杠杆管理风险，使亏损的车险业务平均费率比上年上升了13.0%。

四、北京保险市场存在的问题和风险

（一）产品创新能力弱，保险核心竞争力不强

目前各保险公司缺乏清晰的市场定位，虽然产品较多，但高度同质，难以满足居民的多样化需求。

前几年，寿险公司大力发展分红产品、投资连结产品，片面强调保险的投资功能，保险保障功能的优势未得到有效发挥，没有培养核心竞争力。

（二）人才缺乏严重制约了保险的发展

随着市场主体不断增加，保险人才短缺问题已成为影响保险业发展的重要因素，在人才培养滞后的环境下，人才流动过程中的恶意竞争时有发生。

（三）财产险市场竞争加剧，风险加大

2004年，财产险公司承保保险金额2.6万亿元，比上年增长62.9%，责任限额5 336.2亿元，比上年增长11.4%。平均费率为2.15‰，比上年下降15.5%。其中，企业财产保险平均费率为0.58‰，比上年下降26.8%；意外险平均费率为0.20‰，比上年下降36.1%。货运险费率

为0.76‰，比上年下降8.9%。保险风险进一步加大。

(四) 诚信建设有待加强，行业形象有待提高

销售误导现象仍然存在，理赔难问题时有发生，导致保险业的社会形象受损，严重影响了保险业的发展和保险功能作用的发挥。

五、保险监管

(一) 加强风险防范

一方面，北京保监局紧抓保险公司内控制度的完善和落实工作，从源头上控制风险。组织全行业开展内控制度研究，并形成了《寿险公司内控制度研究》报告，为进一步完善和落实保险公司内控制度提出有价值的意见。另一方面，加大执法力度，净化发展环境。2004年，对7家保险机构进行了现场检查，对其中5家机构做出行政处罚。

(二) 服务发展取得新成效

2004年，北京保监局坚持"以监管促发展，以加强和改善监管实现健康发展"的监管思路，通过政策引导、市场规范、沟通协调等手段，营造有利的发展环境。一方面发挥桥梁纽带作用，在推进医疗责任险、公众责任险、农村保险发展和建立车险信息库、实施中介统一发票制度等工作中，加强与政府相关部门沟通。另一方面，运用保险手段，辅助政府加强社会管理。2004年，北京保监局加强保险作用的宣传，受到了北京市委、市政府的高度重视。

(三) 有效落实行政审批制度改革

2004年，根据中国保监会的要求，北京保监局进行行政审批制度改革，修订了6个涉及机构、高管人员和条款费率的管理办法，下发《关于落实〈中华人民共和国行政许可法〉有关问题的通知》，进一步明确了许可程序和条件，为依法行政和提高监管透明度提供了依据。

(四) 切实保护投保人利益

2004年，北京保监局推行"投保提示"制度，向社会披露保险公司的告知责任，提示投保人关注投保注意事项，从源头上控制误导风险。制定《北京保险业信息披露管理暂行办法》，增强了监管透明度，规范了保险公司披露信息的内容和形式。加强信访工作管理，建立多项以人为本的信访制度，提高信访处理质量和群众满意度。加强保险宣传工作，先后与报刊、中央人民广播电台等媒体合作开设普及保险知识专栏，发放《投保知多少》宣传册，并与北京市消费者协会联合开办网上"百姓保险课堂"，以宣传保险政策、普及保险知识、树立行业形象。

(胡健强)

▲财产保险市场

一、财产保险市场发展基本情况

2004年，北京市共有财产保险公司分支机构115家，其中：分公司11家，支公司48家，营业部34家，营销服务部22家。2004年全市新增分支机构17家，其中：分公司1家，支公司4家，营销服务部12家。此外，批准筹建的支公司有8家。

2004年，各财产保险公司累计实现保费收入67.06亿元，比上年增长27.61%，占全市保费收入的33%，赔款支出33.4亿元，比上年增长21.6%，实现利润5.1亿元。

北京市财产保险公司主要险种保费收入变化情况表

单位：亿元，%

险种名称	2003 年	2004 年	同比增额	同比增幅
企业财产保险	4.6274	4.8970	0.2696	5.83
家庭财产保险	2.1894	1.2455	-0.9439	-43.11
机动车辆保险	35.1363	46.2663	11.1300	31.68
责任险	1.2374	1.4474	0.2100	16.97
建筑、安装工程险	0.5638	1.2607	0.6969	123.61
信用保险	0.0039	0.0252	0.0213	546.15
保证保险	0.1463	0.0213	-0.1250	-85.44
货运险	2.7190	4.4706	1.7516	64.42
意外险和短期健康保险	0.4194	0.9359	0.5165	123.15
其他	5.5131	6.4943	0.9812	17.80
合计	52.5560	67.0642	14.5082	27.61

二、财产保险市场发展的特点

（一）市场主体机构数量理性增加

2004 年，北京市新增财产保险公司分支机构 17 家，其中，分公司 1 家，即安邦财产保险股份有限公司北京分公司，支公司 4 家，营销服务部 12 家。此外，批准筹建的支公司有 8 家。新公司逐步改变靠机构扩张拓展业务的模式，新增分支机构的行为趋于理性。

（二）产险业务规模快速扩张，并保持良好发展趋势

截至年末，北京市累计实现保费收入 226.67 亿元，其中，财产险保费收入 67.06 亿元，占保费收入的 33%，比上年增长 28%，承保金额为 1.9 万亿元，责任限额为5 208万亿元，赔款支出 33.4 亿元，实现利润 5.1 亿元，其中车险保费收入为 46.27 亿元，占财产险保费收入的 68.99%，赔款支出 23.8 亿元，占财产险赔款支出的 84.4%，车均保费为2 958.1元。可见，产险业务的发展趋势良好、业务结构明显改善、市场集中度降低。

（三）财产险产品的创新工作力度加大

各公司在改造原有车险等传统产品的同时，不断推出新的责任险、意外险产品。截至 2004 年 11 月底，累计新增或修订各类保险产品 246 个。

（四）充分发挥保险的经济补偿和社会管理作用

一是积极为奥运场馆提供保险服务，确保 2008 年奥运会的顺利召开；二是提供医疗责任保险保障，协助解决医患矛盾；三是通过提供农业保险，为农村经济发展提供保障；四是利用保险费率经济杠杆，协助政府管理道路交通；五是提供汽车贷款和房屋贷款保证保险，推动首都汽车产业和房地产业的发展；六是积极开展重大灾害事件的理赔和善后工作，减轻政府压力和负担，维护社会稳定。

三、财产保险市场发展中存在的问题

虽然北京财产保险市场呈现良好发展态势，但也存在许多问题和不足：

1. 产险行业整体基础建设薄弱。内

控制度欠缺或执行不到位，风险管控意识和能力弱，经营管理理念和手段落后，市场应变能力差。

2. 保险诚信体系建设任重而道远，保险从业人员素质亟待提高，保险行业标准、行为规范急需建立，保险服务意识和保险社会形象以及社会认知度等远不能适应社会需求。

3. 保险与整个经济和人民生活的融合度及贡献度低，保险社会管理、经济补偿和资金融通功能有待进一步发挥。

4. 缺乏行业内沟通合作和行业间的合作精神，行业自律有待加强。

（李　湛）

▲人身保险市场

2004年，我国履行加入世贸组织的承诺，北京人身保险市场对外开放进程加快，市场主体大幅增加，竞争日益激烈。

一、2004年北京人身保险市场发展基本情况

截至年末，北京市共有直接经营业务的寿险公司总公司3家，分公司14家，支公司54家，营业部10家，营销服务部161家。其中，外资总公司3家，分公司7家，营销服务部10家。

2004年，各寿险公司累计实现保费收入212.09亿元，比上年末下降7.85%。其中营销业务收入87.72亿元，比上年下降1.2%，团险业务收入43.84亿元，比上年下降13.94%，银代业务收入80.53亿元，比上年下降10.95%；从险种结构看，意外险显著增长，实现保费收入4.12亿元，比上年增长23.82%，寿险保费收入179.8亿元，比上年下降8.72%，健康险保费收入28.16亿元，比上年下降5.64%。

2004年，各寿险公司累计赔款和给付13.91亿元，比上年增长0.69%，充分发挥了北京保险业保障经济、稳定社会的作用。

截至年末，北京人身保险市场共有产品1 300余种，其中2004年推出700余种新产品，满足了社会的不同需求。2004年6月1日，信诚人寿北京分公司推出第一张通俗化保单。

二、2004年北京人身保险市场发展特点和存在问题

2004年是北京寿险市场开放速度最快的一年，是市场格局和业务结构发生重大变化的一年。大量经营主体的加入，带来了新的经营理念和经营模式，也带来了激烈的竞争，使整个市场处于调整、变革、重新洗牌的状态。一是市场主体增多，开放度加大。2004年共有8家新公司进入北京市场，其中包括5家合资保险公司分公司和2家合资寿险公司总公司，使外资公司数量达到10家。二是市场集中度逐步降低，市场竞争日趋激烈。随着市场主体大幅增加，原有大公司的市场份额被不断摊薄，客户、渠道、人力等多项资源的争夺渐趋白热化。三是规模出现下滑，结构得到调整。尽管保费规模出现下滑，但业务结构和产品结构有了较大改善，增长方式开始发生根本性转变。截至年末，趸缴业务累计保费收入127.21亿元，同比下降18.82%，营销期缴保费占比达58%，较2003年提高了17个百分点。四是销售渠道出现转型。外资公司营销渠道一般采取精英制，招聘条件较高；中资公司也对营销经营和管理方式进行了改革，逐步走向注重素质和提升产能的良性发展道路。除了传统销售渠道外，各公司还发展多种新的销售渠道，如直邮业务、电话销售、与经纪公司和证券公司合作、网络销售等。

2004年，北京人身保险市场仍处于开放初期的特殊阶段，市场发展潜力巨大，但仍存在寿险需求日益增长，但保险供给不足；宏观经济形势复杂，但保险业应对能力不强；外资公司势头强劲，但中资公司核心竞争力不足；结构调整需要，但经营战略不清晰；市场主体不断增加，但人才缺乏和城乡居民趋向理性消费，但营销员素质不高等矛盾。

三、2004年北京人身保险监管工作情况

2004年，北京保监局认真执行中国保监会的各项方针政策，在充分调研的基础上，明确监管和发展的辩证关系，逐步由事后监管向事前监管转变，由被动监管向主动监管转变，由管制向服务转变，由静态监管向动态监管转变，有力地推进了北京人身保险市场的持续、快速、健康、协调发展。

（一）加强风险防范，构筑监管防线

第一，狠抓保险公司内控制度的完善和落实，从源头上控制风险。2004年北京保监局比较中外资寿险公司的公司治理和内控管理制度，组织撰写《寿险公司内控制度研究》报告，指导保险公司完善和落实内控制度。第二，净化市场环境，加强外部风险控制。针对地下保单、保险欺诈等严重扰乱北京保险市场秩序、损害消费者利益的问题，联合北京市公安、工商等部门，开展打击行动，先后查处了非法销售“蓝十字中国保险基金”和“众旺消费储值卡”等违法违规行为，严厉打击非法销售“境外保单”，有效维护了人身保险市场的秩序，保护了投保人利益。第三，规范航意险经营。2004年航意险共保体解散，北京保监局加强宏观管理和市场指导，确保改革平稳进行。针对航意险替代产品经营不规范问题，北京保监局对短意险市场存在的问题进行了调研和分析，并与首都机场进行了充分的调研和沟通，制定下发了文件，严格规范航意险替代产品的经营。

（二）加大查处力度，维护市场秩序

2004年，北京对4家寿险公司进行现场检查，检查发现公司存在误导宣传、擅设机构、异地展业、团险“洗钱”等重大违规问题，北京保监局对3家公司做出责令改正、警告、罚款等行政处罚，罚款共计15万元；同1家公司监管谈话，责成其撤换有关责任人。

（三）加强调查研究，创造良好环境

为贯彻实施党的十六大提出“有条件的地方，探索建立农村养老、医疗保险和最低生活保障制度”的号召，探索商业保险在农村社会保障体制建设中的作用和发展空间，开展了农村人身保险的调查研究；针对目前北京寿险公司普遍反映寿险营销员税收负担过重影响寿险业务长期发展的情况，开展了北京寿险营销员生存情况调查，了解在京15家有营销队伍的保险公司的营销员纳税政策；研究促进中外资公司协调发展的对策，北京保监局对外资公司进入北京市场以来的业务发展、机构设置、人员变化情况及经营管理特点进行分析研究，总结外资公司为北京市场带来的有利和不利因素，提出了相关政策建议。

（四）落实《行政许可法》，改革审批制度

配合《行政许可法》的实施，北京保监局根据《中国保险监督管理委员会行政许可实施办法》、《中国保监会行政许可事项实施规程》等规定，分别梳理保险公司的机构管理、高级管理人员任职资格管理、条款费率管理等制度，下发有关规定，明确行政许可和非行政许可事项、提交材料、管理程序等问题。

（五）采取各项措施，保护投保人利益

第一，推行“投保提示”制度。向社会披露保险公司的告知责任，提示投保人关注投保注意事项，从源头上控制误导风险。第二，加强信访工作管理，完善了局长信访工作接待日等制度。

（邹　婧）

▲保险中介市场

一、专业保险中介市场情况

（一）专业保险中介市场发展基本情况

1. 机构数量迅速增加，专业保险中介市场多元化的主体结构初步形成。2004年，经批准在京设立的专业保险中介法人机构达到184家，比上年增加84家。其中，保险代理公司84家，保险经纪公司77家，保险公估公司23家，分别比上年增加36家、40家和8家。在京保险中介分支机构28家（含分公司和营业部）。专业保险中介机构正逐步成为北京保险市场的重要组成部分。

2. 业务规模稳步增长。2004年，在京保险代理公司共代理保费收入4.30亿元，占全市保费收入的1.54%，比上年末增长0.46个百分点。代理业务规模为2003年的3.03倍。在京保险经纪公司实现经纪保费收入为17.66亿元，占全市总保费收入的6.33%，比上年增长2.97倍。在京保险公估公司共接案1 298万件，估损金额9 168万元，实现公估服务费收入为1 000.92万元。

3. 业务险种结构趋于合理。2004年，在京代理公司共代理财产险保费收入2.68亿元，占北京财产险保费收入的4.07%；代理人身险保费收入为1.62亿元，占北京人身险保费收入中的0.76%。代理财产险、人身险业务的比例约为62:38。其中，车险、寿险及补充医疗保险是保险代理业务中的主要险种，分别占保险代理业务的46%、15%和11%。

2004年，在京经纪公司经纪保费收入为17.66亿元，其中财产险经纪保费收入为13.01亿元，占全市财产险保费收入的19.74%；人身险经纪保费收入为3.92亿元，占全市人身险保费收入的1.84%；再保险业务和咨询业务类实现的经纪保费收入为7 425万元，占全部经纪保费收入的4.2%。企业财产保险、车险、建筑安装工程险和寿险是保险经纪业务中的主要险种，分别占总业务的26.35%、16.99%、16.89%和10.68%。与保险代理公司的业务重点明显不同的是经纪公司业务以大型企业和大型项目为主。

2004年，北京市保险公估公司共接案1 298万件，估损金额9 168万元，其中财产保险类9 161万元，意外伤害保险7万元。

（二）专业保险中介市场存在的问题

2004年，在中国保监会保险中介准入机制市场化政策的引导下，北京各类专业保险中介机构快速发展。但从整体来看，目前保险中介机构的发展还存在一定问题，如市场中专业化人才短缺；部分公司发展思路不明确，内部管理制度不健全；专业化程度不高，人员素质还有待进一步提升，市场行为有待进一步规范。

（三）监管情况

1. 认真落实专业保险中介机构的行政许可事项。依据中国保监会有关规定，研究制定《北京保监局专业保险中介机构设立申请指引》，并及时通过北京保监局的网站向社会公布，提高审批效率。通过现场验收和高管谈话，对新设立公司进行风险提示，传达中国保监会的监管政策和监管重点，引导公司注重规范发展。

2. 重视信访投诉工作，严厉查处市场中的违法违规行为。结合北京保监局的工作重点和群众投诉，重点查处了2家专业保险中介机构的违规行为，并做出相应的行政处罚。

3. 加强联合监管。与北京市地税局联合下发《保险中介统一服务发票使用通知》，解决长期以来中介机构经营中存在的做假账、逃漏税等问题。同时加强与北京市工商局的联系，对中介机构的设立和违规行为进行监管。

4. 加强与中介机构的沟通交流，重视市场调研。通过召开座谈会、验收谈话和现场检查等多种渠道获取中介市场发展中的一手信息，及时发现问题，认真研究解决。

二、北京兼业保险代理市场情况

（一）兼业保险代理机构发展情况

截至年底，北京市具有兼业保险代理资格的机构共计5 036家，代理保费收入约131亿元，占北京市保费收入总额的46%。行业分布较为广泛，涉及70多个行业，相对集中的领域有银行、邮政、航空及车商等。其中，银行、邮局类兼业代理机构共有550余家，约占机构总数的11%，代理保费收入83.2亿元，占保费收入总额的29.4%；汽车销售、维修类机构共有1 900余家，约占机构总数的30%，是机动车辆保险的主要渠道；旅行社、航空售票点等350余家，主要销售人身意外伤害等短期险种，约占机构总数的7%。

（二）兼业保险代理市场存在的问题

2004年，北京兼业保险代理市场存在的主要问题有：一是代理行为不规范。由于保险兼业代理机构的主营业务类型复杂，企业管理水平参差不齐，相当数量的兼业代理为了谋取手续费而误导消费。二是违规向客户返佣，扰乱市场秩序。兼业代理为了争揽业务，往往以向客户返回佣金的形式招揽业务。三是存在骗保骗赔行为。兼业代理串通客户骗取保险赔款，谋取不当利益。四是部分兼业代理不使用保险中介统一发票，或者将税负转嫁给保险公司，存在逃税等问题。

三、个人保险代理人情况

截至年末，北京地区持有《保险代理人资格证书》的保险代理人约有10.89万人。自2004年1月1日起，北京地区保险代理从业人员基本资格考试全部实行电脑机考，考试合格人员的资格管理直接进入计算机系统。全年共计报名考试44 801人次，参考40 743人次，通过23 023人次，平均通过率为57%。电子化考试的全面推广对加强保险营销员的管理起到积极作用。

3月，北京保监局推出“保险代理人资格信息免费查询热线”，并在北京保监局网站开通相应的信息查询栏目，加强了对保险代理人从业信息的管理，增加了广大投保人的维权手段，减少了误导、欺诈等行为的发生。

5月，中国保监会下发《关于进一步落实保险营销员持证上岗制度的通知》，为了保证这一制度的落实，北京保监局专门制定了保险公司营销员持证情况通报制度，加强了对保险公司营销员的培训及考证管理，规范了保险营销员从业准入条件。截至年末，北京地区保险营销员持证率约为70%。

7月，中国保监会对保险代理从业基本资格考试的试题题型、题量、考试时间及命题范围进行了调整，完善了保险代理从业资格考试制度。

四、保险经纪人、公估人考试管理

2004年，按照中国保监会的统一部署，北京地区的保险经纪、公估各举行两次从业人员基本资格考试。保险经纪从业基本资格考试科目设有两门，分别是《经济基础知识》和《保险原理与实务》，两科累计报名考试2 609人次，参考2 029人次，及格944人次，平均单科通过率46%，共有382人通过全部考试科目取得《保险经纪人资格证书》。保险公估从业基本资格考试科目也设有两门，分别是《保险原理与实务》和《保险公估实务》，两科累计报名考试733人次，参考575人次，及格319人次，平均单科通过率为55.48%，共有158人通过全部考试科目取得《保险公估人资格证书》。

（崔　媛、王　丹）

四、各类业务情况

货币信贷政策执行情况

2004年，北京市经济保持了较为强劲的增长势头，宏观调控取得阶段性成效。金融运行平稳健康，各项存贷款增速有所下降，信贷资金的支持和信贷结构的进一步调整，为首都经济发展创造了有利的金融环境。

截至年末，北京市中外资金融机构本外币各项存款余额为2.38万亿元，比上年末增加3 328.7亿元，同比多增290.9亿元，余额同比增长16.1%。其中，中资金融机构人民币各项存款余额为2.16万亿元，比上年末增加3 327.4亿元，同比多增398亿元。中外资金融机构外汇存款为260.4亿美元，比上年末增加0.2亿美元，同比少增13亿美元。

12月末，中外资金融机构本外币各项贷款余额为1.36万亿元，可比口径[①]比上年末增加1 913.3亿元，同比少增461.7亿元，余额同比增长14.4%。其中，中资金融机构人民币各项贷款余额为1.26万亿元，可比口径[②]比上年末增加1 622.3亿元，同比少增480.9亿元。中外资金融机构外汇各项贷款余额为118.1亿美元，比上年末增加28.3亿美元，同比少增4.7亿美元。

现金净回笼同比大幅增长。2004年，北京市金融机构累计净回笼现金203.8亿元，同比多回笼113.3亿元，同比增长1.3倍。全年累计实现现金收入1.91万亿元，同比增长31.7%；累计现金支出为1.89万亿元，同比增长31.1%。

银行结售汇逆差同比扩大。2004年，北京地区银行累计结汇371.9亿美元，比上年增长15.75%；累计售汇762.5亿美元，比上年增长33.52%；结售汇逆差390.5亿美元，比上年增长56.4%。

2004年，在人民银行总行的指导下，中国人民银行营业管理部（以下简称人行营业管理部）结合北京市经济金融的特点，采取多项措施着力优化北京辖区信贷结构，贯彻执行稳健的货币政策。

一、及时贯彻各项货币政策措施，疏通货币政策传导渠道

2004年3月，中国人民银行出台了差别存款准备金率制度，并于4月上调存款准备金率0.5个百分点；之后出台了再贷款浮息制度，将再贴现利率在原基础上提高0.27个百分点，利率由2.97%变为3.24%。人行营业管理部及时组织落实差别存款准备金率制度、再贷款浮息制度，向辖区金融机构传达了文件精神，并对制度实施的影响进行了调研。

10月，中国人民银行上调了人民币存、贷款基准利率，同时放宽了金融机构贷款利率浮动区间并允许存款利率下浮。11月，上调了美元小额外币存款利率上限。利率水平的调整，体现了中央银行利用利率等市场化手段加强宏观调控的科学性，巩固了宏观调控的成果，人行营业管理部及时组织辖区金融机构做好利率调整

---

① 剔除中国银行、建设银行、交通银行改制剥离本外币不良贷款222.3亿元的影响。

② 剔除中国银行、建设银行、交通银行改制剥离人民币不良贷款165.31亿元的影响。

的工作，并对利率调整的影响进行了调查分析。

二、加强“窗口指导”，引导金融机构认真贯彻执行各项货币信贷政策，加大信贷投入，调整和优化信贷结构，以信贷结构调整促进经济结构的战略性调整

2004年，人行营业管理部每季召开经济金融形势分析会，加强对商业银行的窗口指导和风险提示；8月份，在总结上半年信贷工作的基础上，向商业银行下发了《关于印发〈关于做好下一阶段信贷工作的指导意见〉的通知》（银管发〔2004〕136号），引导辖区金融机构合理调整信贷投向，取得了较好的成效。

（一）积极支持个人消费信贷发展

2004年，北京市银行个人消费贷款继续快速增长。截至年末，贷款余额为2 057.62亿元，比上年末增加400.13亿元，比上年增长24.14%。其中，住房消费贷款增长尤为迅速，截至年末，住房贷款余额为1 756.56亿元，比上年末增加410.73亿元，同比多增57.53亿元，比上年增长30.52%。

（二）顺利实施国家助学贷款新政策

2004年，人行营业管理部配合北京市教委积极落实国家助学贷款的新政策，10月份完成了市属院校国家助学贷款招标投标工作，最终确定北京市商业银行为中标银行。

截至年末，北京市35所部属院校的国家助学贷款已全部发放完毕，市属院校有15所申请开办了国家助学贷款业务。按新政策发放的国家助学贷款已基本到位，并已基本满足北京市各类高等院校困难学生的贷款需求。截至年末，全市国家助学贷款余额为7.66亿元，比上年末增加1.96亿元。实际发放贷款人数为3.79万人，新增贷款金额2.73亿元（含对原来签订贷款协议的学生新发放的贷款）。

（三）积极支持农村经济发展

2004年，人行营业管理部和北京市农村信用社加大了对农村经济的支持力度。12月末，人行营业管理部对农村信用社支农再贷款余额为2亿元，支持了农村种植、养殖业的发展。12月末，农村信用社农户小额信用贷款余额为1.1亿元，比上年增长31.22%；农户联保贷款余额为1.8亿元，比上年增长13.92%。

（四）继续加大对中小企业的资金支持力度

2004年，人行营业管理部有针对性地制定了优化中小企业发展环境的具体办法和措施，进一步引导全市商业银行改善融资环境，优化金融服务，支持首都中小企业发展。截至年末，北京市各银行中小企业贷款余额达2 775.5亿元，比上年末增加38.64亿元。累计签发银行承兑汇票958.81亿元，累计办理贴现业务978.5亿元，比上年分别增长了39.28%和13.08%。

（五）积极扶持高新技术产业发展

2004年，北京市各银行切实加大对高新技术产业的信贷扶持力度。全年累计发放高新技术产业贷款421.88亿元，新增贷款49.55亿元。累计签发银行承兑汇票103.98亿元，比上年增长98.13%；累计办理贴现业务91.46亿元，比上年增长69.59%。

（六）进一步加大对基础设施建设的资金支持力度

截至年末，北京市各银行基础设施贷款余额为1 480.8亿元，比上年末增加118.66亿元，比上年增长8.71%。其中，重点支持了城市公路设施建设和通信设施建设。

三、管好用好货币政策工具，支持辖区经济增长和结构调整

2004年，人行营业管理部发放各项再贷款30.57亿元，累计办理再贴现43.08亿元，及时为金融机构补充了资金头寸，降低了金融机构的流动性风险。

四、认真开展调查研究工作，努力提高执行稳健货币政策的前瞻性和科学性

2004年，人行营业管理部把加强调查研究作为贯彻执行货币信贷政策的一项工作重点来抓。先后对钢铁、电解铝、水泥行业的信贷情况，房地产信贷情况、“三农信贷”情况、利率调整对北京辖区的影响等开展调查，及时反馈辖区货币政策贯彻情况及存在问题，提高执行稳健货币政策的水平。

（蒋湘伶）

票据市场

2004年是国家宏观经济调控力度较大的一年，为了解宏观调控政策对北京市票据市场发展的作用和影响，人行营业管理部对辖内商业银行以及农村信用社进行了专题调查。调查表明：受宏观经济调控的影响，2004年，北京市票据市场发展进入阶段性调整时期，贴现利率市场化进程加快。

一、2004年北京地区票据市场基本情况和特点

2004年，北京地区票据市场稳步发展，票据结构变化较大。截至年末，票据承兑余额为597.3亿元，全年承兑发生额1 348.3亿元，比上年增加92.7亿元，比上年增长7.4%；票据贴现余额为888.5亿元，全年贴现发生额3 873.7亿元，比上年减少511.8亿元，比上年下降11.7%；转贴现余额为483.9亿元，全年发生额2 667.8亿元，比上年减少255.6亿元，比上年下降8.7%。全年票据业务呈现以下主要特点：

（一）票据市场进入结构性调整时期

2004年，票据市场的发展并没有延续前几年高速发展的态势，而是进入了一个调整的时期。显著特征是银行承兑汇票的贴现累计发生额从2000年起步，经过三年的高速增长，到2003年达到最高点后，开始呈现回落和调整的趋势。而银行承兑汇票的承兑累计发生额则继续稳步增长，主要原因是经济政策干预后市场流动资金相对紧张，尤其是企业的旺盛需求对承兑票据起到一定的拉动作用。

2004年北京地区金融机构票据业务量统计表　　单位：亿元

季度	银行承兑汇票承兑		贴现			
			银行承兑		商业承兑	
	余额	累计发生额	余额	累计发生额	余额	累计发生额
1	579.5	411.3	691.9	693.4	78.1	127.9
2	565.0	790.7	335.8	1 548.6	39.7	177.5
3	585.2	1 208.1	398.2	2 643.1	39.3	280.7
4	597.3	1 348.3	815.1	3 478.5	73.4	395.2

数据来源：人行营业管理部《票据承兑和贴现业务统计月报》。

（二）商业承兑汇票发展速度缓慢

2004年，北京地区商业承兑汇票发展有所回落。截至年末，商业承兑汇票贴现的累计发生额为395.2亿元，比上年下降45.62%；期末余额为73.4亿元，比上年下降60.04%。商业承兑汇票的发展，存在着很多制约因素，主要在于商业承兑汇票的信誉度欠缺、流通性差，所以，市场情况一有变化，首当其冲受影响的就是商业承兑汇票。

（三）国有商业银行与股份制商业银行优势互补

国有商业银行和股份制商业银行的票据业务量继续保持3:7的比例，但业务重点有所变化。股份制银行善于创新，应变灵活，具有较强的发展优势。特别是2004年上半年，股份制商业银行把业务重点放到票据直接贴现，而国有商业银行凭借其雄厚的资金基础，转贴现业务有所增长，成为市场的资金提供者。不同性质的商业银行对票据业务类型的不同定位，形成了优势互补的格局，对票据市场的发展起到较好的推动作用。

二、宏观调控下票据市场进入阶段性调整时期

（一）票据市场波动与货币政策高度相关

从月度数据分析来看，无论是银行承兑业务还是贴现业务在年中都有一个明显波动，与货币政策的调整高度相关。由于中央银行分别于2004年3月和4月出台了差别存款准备金制度、再贷款浮息制度，以及上调存款准备金率0.5个百分点，对商业银行的贴现业务产生较大冲击。5月份全市商业银行贴现业务量下降到222.46亿元，同比下降33.8%。并且贴现利率的上涨，使众多客户在商品交易结算时拒绝接受银行承兑汇票，更加愿意使用现金，这也是导致贴现发生额下降的另一个原因。

（二）票据贴现结构不合理导致贴现量的波动

尽管与2003年相比，2004年直接贴现业务有了较大幅度的增长，但是，转贴现的主导地位并没有动摇。不过，比起直接贴现业务而言，转贴现业务的敏感性更强，更容易受到银行及整体市场资金状况的影响。由于2004年宏观调控政策的影响，转贴现业务不仅没有增长，反而比上年减少255.6亿元，比上年下降8.7%。这是导致北京地区票据累计贴现量少增的主要原因。

（三）票据市场有效缓解了企业流动资金紧张的状况

由于中长期贷款具有刚性，银行压缩贷款，在一定程度上会造成企业流动资金紧张的状况。而票据业务有效缓解了企业流动资金紧张的状况，主要体现在：一方面，从票据业务的性质来说，票据业务具有期限短、周转快、风险小的特点，与企业流动资金的需求契合，所以，票据业务在缓解企业流动资金紧张方面具有天然的优势。另一方面，2004年全市各金融机构签发银行承兑汇票增幅较大。承兑量的较大增长是在票据贴现下滑的背景下取得的，更说明票据业务在缓解企业流动资金紧张方面所起到的作用。更值得一提的是，票据贴现量的下滑主要是转贴现的下降，事实上，2004年直接贴现业务的累计发生额为1 205.9亿元，比上年增加453.7亿元，对企业流动资金的支持作用十分明显。

三、规范发展北京地区票据市场、完善货币政策传导机制

（一）发展北京商业承兑汇票

在中国票据市场上，银行承兑汇票占绝对主导，但商业承兑汇票的发展程度也是衡量票据市场发展水平的重要指标。发展北京票据市场，要将发展商业承兑汇票作为突破点，将发展商业承兑汇票和信用体系建设联系起来，特别是要不断完善企业信用体系的建设，为加快发展北京商业承兑汇票创造良好的环境。

（二）进一步规范票据市场，在北京进行融资性票据试点

推出融资性票据能为企业提供新的融资渠道，增加直接融资的比重，也有助于社会信用的发展。商业本票市场的发展应通过政策上的宽松来鼓励票据市场的创新，在风险相对可控的条件下，可以选择在经济相对成熟的北京进行融资性票据的试点，积累经验，同时也要继续规范票据市场，推动票据市场上一个新台阶。

（三）突出北京票据市场的优势，争取成为市场创新的先行者

从北京票据市场发展的战略来看，北京应该领先一步发行商业本票。从商业本票的市场供应来看，由于北京总部经济的特点，北京有条件率先允许像五矿、中石化等企业集团发行商业本票，进行短期融资。从商业本票的市场需求来看，由于北京金融市场资金充裕，金融机构众多，如果商业本票有良好的信用保证，能在北京形成一个流通市场，进而辐射全国。所以，北京应该先制定完成商业本票在北京发行、交易的规则，尽快选择一些实力强、信誉好的大企业进行试点。同时，应建立商业本票发行的信用评级和担保体系，依托中国证券登记结算公司，建立全国商业本票登记结算公司，全面推动首都票据市场的发展。

（李慧姝、陆强华）

国际收支、外汇收支及外币清算

一、国际收支情况

（一）统计申报情况

2004年，北京地区国际收支间接申报总笔数为89.88万笔，比上年增长39.32%，累计金额为1 467.74亿美元，比上年增长27.07%。其中涉外收入申报54.82万笔，比上年增长59.35%，累计金额为512.40亿美元，比上年增长28.46%；对外支出申报35.06万笔，比上年增长14.96%，累计金额为955.34亿美元，比上年增长25.53%。

（二）非现场核查情况

根据《国际收支申报办法实施细则》有关规定，北京外汇管理部坚持按旬进行国际收支非现场检查，保证了北京地区国际收支申报数据的准确、全面和及时。2004年共逐笔核查申报信息42.39万条，检查发现错漏报信息1 777条，错漏报率为0.42%，比上年下降0.56个百分点。

（三）现场核查情况

2004年，北京外汇管理部对辖内22家外资银行2003年下半年的国际收支申报情况进行了现场核查。通过抽查发现银行存在漏申报、迟申报、境内划转业务进行申报、申报信息填写不准确等七类问题，涉及问题笔数共计385笔。对此，北

京外汇管理部均督促被查银行限期进行整改。

（四）特殊机构代码赋码情况

在2003年试点的基础上，2004年《特殊机构代码赋码系统》在北京地区运行顺利。2004年，北京外汇管理部共为511家特殊机构进行赋码，为进一步提高外汇统计数据的质量，顺利完成相关业务和统计系统的升级奠定了良好的基础。

二、外汇收支情况

2004年，北京地区外汇收支总体形势保持相对稳定。全年银行结售汇总量为1 134.38亿美元，在全国各省市中位列第二，比上年增长27.12%，超出2002年1 060.84亿美元的原历史最高纪录73.54亿美元。银行结汇371.93亿美元，售汇762.45亿美元，均为历年最高，分别比上年增长15.75%和33.52%。

（一）巨额贸易售汇形成的贸易逆差成为北京地区外汇收支大逆差格局的决定因素

2004年，北京地区贸易售汇569.1亿美元，位居全国榜首，占北京地区售汇总额的3/4，比上年增加171.04亿美元，增长42.97%，为历年之最；贸易结汇112.45亿美元，比上年仅增长4.14%，为2000年以来最低增幅；贸易逆差456.65亿美元，比上年增加166.58亿美元，增加额刷新历史纪录。

（二）非贸易项目成为北京地区最主要的结汇增长点

2004年，北京地区非贸易项目结汇、售汇总额同列全国各省市之首，结售汇总额达到240亿美元，顺差额接近100亿美元。其中，非贸易结汇169.24亿美元，比上年增长31.54%，该项目下居民个人结汇49.07亿美元，对地区非贸易结汇增长的贡献率为32.58%；非贸易售汇71.48亿美元，比上年增长27.74%，增加15.52亿美元，比1998~2003年累计增加量还高出2.65亿美元。

（三）资本项目结售汇变化平稳，是全国外汇收支大省中惟一呈现逆差的地区

2004年，北京地区资本项目结汇90.24亿美元，比上年增长6.55%；售汇121.87亿美元，比上年增长4.15%。资本项目结汇、售汇量均为历史年度第二高。结售汇逆差31.63亿美元，比上年下降2.16%。系统性偿还外债支出、大额境外投资用汇、高额银行自身购汇构成了北京地区独特的资本支出结构，并造就了资本项目“顺市呈现逆差”的格局。

三、银行监管情况

（一）市场准入业务审批情况

随着北京地区涉外经济发展步伐的加快，以及金融领域的进一步放开，各家银行均加大了对国际业务的重视程度，加紧了分支机构外汇业务网点的建设步调。2004年，北京外汇管理部按照《行政许可法》及国家外汇管理局的有关规定，进一步加强市场准入的审核工作。全年共批准87家银行分支机构开办结售汇业务、136家分支机构开办居民个人购汇业务、4家外币代兑机构开办外币兑换业务。

截至2004年底，北京地区共有1 419家银行业分支机构可以办理结售汇（对公、私）业务，比上年增长6.5%；375家分支机构可以办理居民个人购汇业务，比上年增长56.9%；北京市银行签约办理外币代兑业务的企业法人达到292家，比上年增长1.4%。上述业务网点数目的增加为推动北京地区企业“走出去”、便利个人办理外汇业务提供了更加优越的条件。

根据2004年新出台的《国家外汇管理局关于扩大远期结售汇业务试点的通知》的有关精神，北京外汇管理部对交通银行北京分行开办远期结售汇的申请进行了审批，共批准该行15家分支机构开办远期结售汇业务。

（二）银行自身结售汇业务审批情况

2004年是银行加快股份制改革，全面优化资产质量的一年。年内，北京外汇管理部积极采取措施，加强内部协调与外部沟通，协助银行降低不良资产，全年共批准银行冲销不良资产购汇2 879.7万美元，对加快银行“双降”工作起到了积极的推动作用。同时，为了保证外资银行日常业务开展及人民币业务经营的需要，北京外汇管理部全年共批准5家外资银行办理外汇营运资金结汇，金额达368万美元。

四、外币清算情况

（一）清算业务量情况

2004年，北京外汇管理部外币票据清算中心（以下简称外币清算中心）共组织清算252场，提出提入美元票据2.91万笔，金额合计81.1亿美元；提出提入港币票据2 004笔，金额合计11.96亿港元；美元和港币清算资金总量比上年分别增长10%和24%。

2004年期间，外币清算中心清算会员稍有调整，一是新吸收荷兰银行北京分行为外币清算会员，二是鉴于银行自身业务量和人员等方面的问题，批准东京三菱银行北京分行退出外币清算中心。截至年底，外币清算中心共有清算会员16家，均为分行级金融机构。

（二）清算业务核算情况

按照国家外汇管理局和人民银行关于外币清算资金并入人民银行会计报表的要求，2004年外币清算中心首次将外币清算业务“0201金融机构存款”、“0202外资金融机构存款”、“0501风险基金”和净收益科目的发生额、余额等折算成美元，并入人民银行“外汇业务状况报告表”。

五、统计评比考核情况

2004年，根据《北京地区国际收支及外汇收支统计分析考核办法》，北京外汇管理部对辖区内44家外汇指定银行进行了考核评比，评选结果如下：中资银行组一等奖为中国银行北京市分行；二等奖为中信实业银行总行营业部、交通银行北京分行；三等奖为中国工商银行北京市分行、中国农业银行总行营业部、中国建设银行北京市分行、中国银行总行。外资银行组一等奖为香港上海汇丰银行有限公司北京分行；二等奖为新加坡星展银行有限公司北京分行、英国渣打银行有限公司北京分行；三等奖为南洋商业银行有限公司北京分行、澳大利亚和新西兰银行集团有限公司北京分行、日本日联银行股份有限公司北京分行。

（王　青、龙　非、苗　蕾、段爽丽、徐　昕、魏海滨、景　洁）

经常项目外汇管理

一、进出口收付汇情况

2004年，北京总部经济战略及奥运工程全面启动，产业结构及居民消费结构加快升级，对外经贸快速发展，北京地区外贸进出口总额为946.6亿美元，首次突破900亿美元大关，比上年增长38.21%。其中进口额为740.8亿美元，比上年增长43.49%；出口额为205.7亿美元，比上年增长22.05%。

（一）进口付汇情况

2004年，北京地区进口付汇总额为772.57亿美元，比上年增长38.80%。其中北京市属企业进口付汇额为168.42亿美元，比上年增长77.79%；在京中央企业进口付汇额为604.15亿美元，比上年增长30.80%。按付汇结算方式划分，预付货款302.03亿美元，比上年增长73.43%；货到汇款205.46亿美元，比上年增长29.32%；信用证193.70亿美元，比上年增长17.78%；托收70.20亿美元，比上年增长21.03%；其他方式1.18亿美元，比上年增长4.42%。

（二）出口收汇情况

2004年，北京地区出口收汇总额为187.12亿美元，比上年增长15%。其中北京市属企业出口收汇65.31亿美元，比上年增长45.59%；在京中央企业出口收汇121.81亿美元，比上年增长4.05%。按企业类型划分，国有企业出口收汇112.07亿美元，与上年基本持平；外商投资企业出口收汇75.05亿美元，比上年增长50.10%。出口结构仍以一般贸易为主，一般贸易项下出口收汇116.66亿美元，占出口收汇总额的62.35%。

二、经常项目外汇账户管理情况

2004年，北京地区共开立经常项目外汇账户（包括中资企事业单位、政府部门、社会团体、外资企业、驻华机构等）19 607户，比上年增长24.24%。2004年全年账户限额基本保持在123亿美元左右；年底账户余额为65.61亿美元，比上年增长2.1%。

三、服务贸易外汇管理情况

2004年，北京地区服务贸易外汇收支总额为196.02亿美元，比上年增加42%。其中收入总额为110.54亿美元，比上年增加47.32%；支出总额为85.48亿美元，比上年增加38.58%。北京地区居民个人因私购汇快速增长，金额为3.3亿美元，比上年增长53%，其中自费留学购汇1.26亿美元，占总体购汇的33%。

四、外汇保险管理情况

2004年，北京地区经核准经营外汇业务的保险分支机构共有12家，累计外汇保费收入为5 075.6万美元，比上年下降7.48%。其中财产保险项下外汇收入为5 071.8万美元，比上年下降7.53%；人身保险项下外汇收入为3.8万美元，比上年增加196.86%。累计外汇保险赔款支出为1 942.4万美元，比上年增长23.17%，累计摊回赔偿为1 499.37万美元，比上年下降了14.79%。

五、经常项目外汇管理新政策

（一）进出口收付汇核销管理

1. 货到汇款项下贸易进口付汇自动核销。为进一步简化进口付汇核销手续，方便进口，强化银行真实性审核责任，提高监管效率，国家外汇管理局《货到汇款项下贸易进口付汇自动核销管理规定》自2004年9月1日起实施。货到汇款项下贸易进口付汇自动核销是指进口单位在银行办理货到汇款项下贸易进口付汇业务的同时，履行进口付汇申报及到货报审义务，外汇管理局通过事后审核，自动完成货到汇款项下贸易进口付汇核销工作。

2. 个人对外贸易经营的外汇管理政策。2004年7月1日正式实施的修订后的《对外贸易法》规定个人可依法成为对外贸易经营主体。为适应这一新法规，国家外汇管理局于2004年9月10日起实施《关于个人对外贸易经营有关外汇管理问题的通知》，文件比照境内机构贸易外汇管理的框架和原则，就办理进出口核销、开立对外贸易结算账户、对外付汇与结汇等问题进行了明确规定。

（二）经常项目外汇账户管理

为便利企业经营，扩大企业灵活使用外汇的自主权，降低成本，简化手续，继续推进结售汇体制改革，国家外汇管理局发布的《关于调整经常项目外汇账户限额核定标准有关问题的通知》，自2004年5月1日起进一步提高境内机构经常项目外汇账户保留现汇的比例。根据境内机构经常项目外汇收支的实际情况，分档次核定经常项目外汇账户限额，将可保留现汇的比例由现行的20%调高到30%或50%。

（三）服务贸易外汇管理

1. 规范非居民个人外汇管理。国家外汇管理局《关于规范非居民个人外汇管理有关问题的通知》自2004年3月1日起实施。文件针对非居民个人外汇收支活动的特点，对我国境内非居民个人的外汇流入、流出、结汇、购汇等各环节进行了规范，明确规定了非居民个人及银行的职责，在保护和便利非居民个人合法外汇收支活动的同时，要求外汇管理局和银行加强外币现钞管理，以抑制和打击非法资金流动，防止洗钱活动。

2. 规范居民个人外汇结汇管理。国家外汇管理局《关于规范居民个人外汇结汇管理有关问题的通知》自2004年4月1日起实施。文件明确规定居民个人一次性结汇金额在等值1万美元（含1万美元）以下的，可凭真实身份证明直接到银行办理；一次性结汇金额在等值1万美元以上、5万美元（含5万美元）以下的，由银行审核有关收入合法性的证明材料后予以办理；一次性结汇金额在等值5万美元以上的，居民个人应向所在地外汇管理局申请，经外汇管理局审核真实性后到银行办理。

3. 调整境内居民个人自费留学购汇指导性限额。国家外汇管理局于2004年11月9日发布《关于调整境内居民个人自费出国（境）留学购汇指导性限额的通知》，将现行指导性限额由每人每年等值2万美元调整为：学费按照境外学校录取通知书或学费证明上所列明的每年度学费标准进行供汇。生活费供汇指导性限额为每人每年等值2万美元，即每人每年生活费购汇金额在等值2万美元（含2万美元）以下的，到银行办理；等值2万美元以上的，经外汇管理局核准后到银行办理。该调整政策从2005年1月1日起实施。

4. 便利和规范企业和预算外单位公务出国（境）用汇管理。国家外汇管理局《关于企业和预算外单位公务出国用汇管理有关问题的通知》自2004年12月15日起实施。政策根据企业和预算外单位实际需要设置了供汇项目，并鼓励公务出国人员使用境内外币信用卡，同时合理制定了供汇指导性限额：使用人民币购汇支付差旅费时，凡出境时间在30天（含30天）以内的，每人每次可向银行购汇等值3 000美元；出境时间在30天以上的，每人每次可向银行购汇等值5 000美元；使用自有外汇支付的，编制预算可从其自有的经常项目外汇账户中支付。

（四）保险外汇业务管理

1. 进一步简化保险公司外汇业务审核手续。国家外汇管理局《关于简化对保险机构外汇业务审核手续有关问题的通知》自2004年8月9日起执行。文件取消了对保险外汇业务从业人员资格认证工作；放宽了保险公司人民币保险向境外再保险分出业务的购汇审核权限；简化了保险公司外汇业务经营相关申请事项的审核程序。还明确规定具有中国保监会颁发《经营保险业务许可证》的保险公司分支机构可向所在地外汇管理局申请《经营外汇业务许可证》；保险经纪机构可向所在地外汇管理局申请开立经常项目暂收代付账户。

2. 规范保险外汇资金境外运用活动。中国人民银行、中国保险监督管理委员会于2004年8月9日联合公布《保险外汇资金境外运用管理暂行办法》，就保险公司从事外汇资金（指保险公司以外币计价的资本金、公积金、未分配利润、各项准备金和存入保证金的总和）的境外运用活动进行了明确规定，目的在于有效管理保险外汇资金的境外运用，防范风险，保障被保险人的利益。

（顾振杰　李　红）

资本项目外汇管理

一、直接投资管理

（一）外商直接投资管理

2004年，北京地区外商直接投资外汇登记25.48亿美元，其中现汇出资24.52亿美元，分别比上年增长42.35%与45.43%；外商投资企业外方增资26.79亿美元，比上年增长312%；股权转让收汇5.63亿美元，比上年增长310%。

（二）境外投资管理

2004年，经国家外汇管理局批准，北京地区继续实施境外投资外汇管理改革试点。全年共办理境外投资外汇资金来源审查项目76个，中方投资总额为14.09亿美元；办理境外投资外汇登记253笔，中方投资总额为30.38亿美元（含补登记）；办理境外投资汇出金额为10.09亿美元。改革试点工作进一步扩大了境外投资主体范围，拓宽了境外投资外汇资金来源渠道，弱化了事前审批，加强了事后监督，有力地促进了本地区企业“走出去”开拓市场。

（三）外商投资企业外汇年检

2004年，北京外汇管理部对外汇年检方式进行了重大改革，实施“一门、一网、一表、一次”的网上年检方式，简化了手续，节约了成本，方便了企业，使企业的参检积极性大为提高。全年共完成6 324家外商投资企业的年检工作，参检率达到75.91%，比上年提高了7.64%。

（四）境外投资外汇年检

2004年是北京地区实施境外投资年检的第二年，全年共完成484家境外投资企业的年检评分工作，其中中央企业421家，北京市属企业63家。根据评分标准，得分较高的企业有337家，占69.63%，大大好于上年状况。

（金　梅、夏既明、阎　琛）

二、外债管理

（一）北京市外汇债务情况

截至2004年末，北京市外汇债务余额为152.59亿美元，比上年增长24.50%，其中直接外债余额为77.24亿美元，比上年增长24.20%；外债转贷款余额为17.3亿美元，比上年增长3.22%；自营外汇贷款余额为58.05亿美元，比上年增长33.11%。

（二）直接外债流出、流入及结售汇情况

2004年北京市外债呈现净流入局面，截至年末，直接外债累计提款比上年增长127.48%；累计流出额比上年增加164.99%。在累计流出中，购汇占1.51%，付汇占98.49%。直接外债结售汇表现为顺差，比上年增长12.92%。

（三）外债结构

从来源结构看，北京市直接外债来源于境外金融机构贷款的占45.37%；自境外非金融机构贷款的占39.67%；来源于其他的占14.96%。从期限结构看，截至年末，中长期债务余额占直接债务余额的40.41%，短期债务余额占59.59%。从利率结构看，固定利率占18.80%，浮动利率占81.20%。北京市外债期限结构和利率结构不尽合理，短期债务比例、浮动利率比例较高。

（四）国内外汇贷款管理

2004年5月27日，国家发展和改革委员会、中国人民银行、中国银行业监督管理委员会联合发布了《境内外资银行外债管理办法》，随后，国家外汇管理局发布了《关于实施〈境内外资银行外债管理办法〉有关问题的通知》（汇发［2004］59号），自6月26日起，境内外资银行向境内机构发放的外汇贷款按照国内外汇贷款管理。截至年底，北京市辖内自营外汇贷款余额为58.05亿美元，其中中资金融机构北京市分行自营外汇贷款余额为50亿美元，比上年增长7.78%；外资银行北京分行自营外汇贷款余额为8.05亿美元。

（五）短期外债指标的管理

为更有效地利用2004年度短期外债指标，北京外汇管理部向辖内中资外汇指定银行总行及部分中资非银行金融机构分配短期外债指标共计31.1亿美元。按照国家外汇管理局文件精神，2004年6月，北京外汇管理部为辖内外资银行核定了2004年度短期外债指标，分配短期外债指标共计31.66亿美元。12月，又为部分外资银行调整了指标，调整后短期外债指标共计45.19亿美元。

（六）期货管理

2004年北京外汇管理部为9家具有从事境外期货业务资格的企业出具了外汇风险敞口确认函，确认金额总计为2.04亿美元。

（董　玲、白　玮、郭振宇、贺　刚）

三、资本市场管理

截至年末，北京地区共有境外上市公司29家，其中境外中资控股上市公司9家，境外上市外资股公司20家。上述公司历年累计募集资金377亿美元，其中本年度以增发形式募集的资金为22亿美元。

（陈利强）

金融稳定工作

一、人行营业管理部成立金融稳定处

2004年，人行营业管理部成立金融稳定处，金融稳定处的主要职责是：研究银行、证券和保险业协调发展问题，关注并反映本辖区金融业改革情况，并进行调查研究；对本辖区高风险法人金融机构进行监测，为人民银行总行编制《中国金融稳定报告》提供地区性数据，并对本辖区金融风险状况做出分析；协助人民银行总行为本辖区发生流动性风险的金融机构制定救助方案，组织参与处置金融风险；清理、保全金融重组资产中与人民银行有关的资产；参与研究和制定全国企业兼并破产政策，参与研究国有企业债务重组涉及豁免国有金融企业债权的工作；参与金融机构市场退出的清算或重组工作，对使用人民银行救助性再贷款的金融机构进行监督检查，负责保全和处理本辖区高风险法人金融机构使用人民银行救助性再贷款而形成的债权，参与人民银行资产处置工作；参与我国存款保险体系组建方案的研究工作。

二、加强金融风险统计监测分析的基础工作

在监测银行机构指标的基础上，逐步将证券、保险数据纳入监测范围，收集整理了近10年来辖内金融稳定指标体系的相关数据，为统计监测分析打下了良好的基础。在完成《银证业务链接中的资金流动与金融稳定》调研报告的基础上，加强了对银行、证券、保险三个市场交叉风险的调研，为系统性金融风险的监测预警分析奠定了理论和实证基础。

三、积极探索建立系统性金融风险的评估、预警和监管协调机制

加强对适合北京地区的系统性金融风险评估体系和预警机制的研究工作，拟定了北京市金融业风险预警监测指标体系的初步框架。与北京银监局、北京证监局、北京保监局共同建立了北京金融管理机构主要领导碰头会制度，为建立有效的监管协调机制进行了有益探索。

四、积极做好已关闭金融机构的清算工作

中创清算工作迈出了实质性步伐，整体处置中创资产的工作已正式启动，对机构债权人实施了首次清偿；赛格北京工作组圆满完成北京地区特种金融债券登记、实物券的初步鉴别和文件制作工作；中兴清算组完成了自然人债券的兑付及清产核资工作。

（孙立博）

货币金银管理

2004年，人行营业管理部加强对货币金银工作的管理力度，在货币金银管理人员中开展了以“学制度、查隐患、严管理”为主要内容的学习教育活动，增强了工作人员的责任意识和忧患意识，进一步提高了发行人员对货币金银工作安全重要性的认识，增强了遵章守纪的自觉性，为完成货币发行的各项工作任务提供了强有力的保证。

发行基金调拨　2004年，人民币发行基金投放、回笼呈现双增长。发行基金投放比上年增长8.83%，发行基金回笼比上年增长20.03%，发行基金净回笼140.99亿元，比上年多回笼154.38亿元，净回笼数量创历史新高。造成2004年发行基金净回笼增幅较大的原因主要有：一是“非典”导致2003年发行基金净投放；二是市场经济繁荣，旅游、餐饮业兴旺等因素使各项现金收入大幅增长；三是宏观调控政策控制了不合理的固定资产投资，使固定资产投资增幅下降。人行营业管理部加强计划管理，合理调拨发行基金，及早做好旺季发行基金的调拨工作，保证了北京地区现金的合理正常供应，有力支持了首都经济快速、持续、协调发展。

人民币、纪念币发行　2004年7月30日，中国人民银行发行了第五套人民币1元纸币。为保证发行工作的顺利进行，人行营业管理部下发了《关于做好第五套人民币1元纸币发行宣传工作的通知》，及时将发行基金调拨到位，召开了北京市各家银行出纳负责人会议，对发行工作进行了部署；及时将宣传画、宣传手册、鉴别手册和1元纸币票样等资料分发各银行，对各金融机构反假业务人员进行了防伪知识的培训，以点带面、推动各级开展培训；发行日对发行情况和宣传工作进行了现场检查，确保了新版人民币及时与社会公众见面。

2004年人民银行相继发行了7套普通流通纪念币。北京市于1月8日、5月12日、8月25日、9月15日和11月10日分别向社会公开发行了“2004年贺岁普通纪念币”、“邓小平诞辰100周年普通纪念币”、“人民代表大会成立50周年普通纪念币”、“中国宝岛台湾——鹅銮鼻、日月潭普通纪念币”、“世界文化遗产——苏州古典园林、周口店‘北京人’遗址普通纪念币”。为做好纪念币的发行工作，人行营业管理部及时下发了通知，召开工商银行、农业银行、中国银行、建设银行、交通银行5家发行行出纳、财会部门负责人会议，研究部署了发行工作，并在发行日对部分发行网点进行检查和指导。

残损人民币销毁　北京市金融机构认真执行人民银行《不宜流通人民币挑剔标准》，加强对残损币的回收工作。随着流通中人民币整洁度的提高，北京市损伤发行基金回笼量逐年增多，北京分库出现了胀库现象，为彻底解决库存损伤发行基金过多的问题，人行营业管理部领导加强工作指导，并积极采取有效措施。加大了残损币复点、销毁工作；采取了两班制复点残币的工作方案；经过严格审查，新招募并严格培训临时工32人，增加了整点人员数量；组织工作人员利用节假日加班复点残币。全年共销毁残损币20 768袋，创历史最高水平。

反假人民币　2004年，人行营业管理部认真贯彻落实国务院反假货币工作联席会议第三次会议精神，积极组织、协调、指导北京市开展反假货币工作。召开了北京市反假货币工作联席会议联络员会议和北京市金融机构出纳负责人会议，研究部署北京市金融系统的反假货币工作。定期与北京市公安局有关部门负责人座谈沟通，分析北京市假币案发形势和特点，商讨打击制贩假币行动方案。北京市金融系统全年共收缴假人民币2 000余万元，比上年增长22.6%。收缴假外币22 725起、原币值361 195个货币单位。金融系统柜面收缴假币数量明显增加，收缴假币数量创历史最高纪录。北京市公安部门受理假人民币案件226起，收缴假币面额合计77余万元。

加强反假培训，提高了反假货币工作人员的业务技能。举办了3期北京市金融系统反假币培训班，向北京市各金融单位及海关、高检、高法、工商等单位反假货币骨干讲授了人民币防伪知识及假外币的识别方法；与北京市公安局联手举办了北京市公安系统反假货币培训班，80余名公安干警学习了人民币反假鉴别知识，提高了反假币技能。

积极开展反假货币调研工作。为了解假外币收缴工作开展情况及存在的难点问题，人行营业管理部开展了《银行柜台收缴假外币的难点和对策》专题调研工作。调研采取了实地调查研究和发放调查问卷相结合的方式，从北京市办理外币存取款业务的金融机构随机抽取了16个营业网点，到现场进行了实地调查和研究，针对客户、银行柜员和银行反假货币工作管理人员，编制了三种不同的调查问卷下发到各家银行。在收集汇总调查问卷的基础上，根据现场实地调研的材料，并结合平时工作中了解和掌握的情况，拟写了专题调研报告。

积极开展反假货币宣传活动，依法维护人民币的信誉。按照国务院反假货币工作联席会议要求，人行营业管理部于7月18日至24日组织了北京市反假币宣传周活动（其中7月18日为集中宣传日）。7月18日，全市各金融机构6 500余人深入到繁华商业区、居民区及农贸市场等场所，悬挂横幅标语、设置宣传咨询台、摆放真假币相互对照的镜框及反假宣传展板，指派有丰富经验的员工进行讲解真、假人民币的区别，播放人民币知识和识别假人民币常识的宣传录像带，向过往群众散发反假币内容的宣传资料。当天，全市共设立宣传咨询台600余个，接待咨询群众10万余人。中央电视台、北京电视台、《金融时报》、《北京青年报》等新闻媒体对北京市反假币宣传活动都进行了现场采访、报道。人行营业管理部配合北京交通台的《百姓TAXI》、《一路畅通》栏目录制了反假币特别节目，在宣传周期间滚动播出，面向广大市民、出租汽车司机和乘客进行反假币知识的宣传。人行营业管理部向北京市教委赠送了60盘《第五套人民币防伪指南》光盘，对广大师生进行爱护人民币、识别假币的宣传教育。

开展时《中国人民银行假币收缴、鉴定管理办法》执行情况的检查工作。按照人民银行总行的要求，人行营业管理部精心组织了北京市金融机构开展《中国人民银行假币收缴、鉴定管理办法》执行情况的检查。要求各金融机构进行自查和互查，自查面要达到100%，相互交叉检查不低于40%。在各金融机构自查、互查的基础上，2004年11月18日至11月30日，人行营业管理部从各金融机构抽调9名反假币工作业务骨干与货币金银处管理人员组成抽查小组，对全市18家办理存取款业务的金融机构的50余个营业网点进行了抽查。

发行库管理与建设 2003年12月至2004年2月，人行营业管理部组成考核小组，对北京市21个发行基金保管库进行了达标升级考核工作，经综合考评，评出了13个达标库和8个不达标库。

4月27日，中国人民银行营业管理部发行保管库工作会议在西苑饭店召开，北京市21家发行保管库的库主任及发行出纳、保卫负责人参加了会议。会议通报了2003年对发行保管库检查考核情况，向达标库颁发了达标奖牌。人行营业管理部主任、北京分库库主任韩平同志在会议上作了题为《严格管理 夯实基础 全面提高发行保管库工作管理水平》的报告，对2003年发行保管库开展的达标升级工作进行了总结，指出了发行保管库存在的主要问题及安全方面的隐患，明确了强化发行保管库安全管理的思路，对发行保管库下一步工作提出了要求。会上人行营业管理部韩平主任与各发行保管库主任签订《发行基金保管库安全管理责任书》，进一步明确了各发行库库主任第一责任人的职责。为确保发行保管库库款安全，从加强组织领导上奠定了基础。

9月上旬，人行营业管理部举办了两期辖内发行保管库管库员培训班，对各保管库负责人、发行会计、管库员共140余人进行了培训，全面系统地学习了发行库管理的有关规章制度和操作规程，规范了操作程序，为发行保管库规范化、制度化管理培养了骨干力量。

加大了对发行保管库的日常检查工作力度，每次检查后，针对检查中发现的问题，均及时下发现场检查意见通知书，督促其对存在问题及时整改。

北京重点库立项申请获得国家发展和改革委员会批准，12月6日，北京重点库建设基建办公室正式成立，12月10日，韩平主任率重点库建设考察团赴美国、巴西考察银行金库建设情况。

金银管理 做好黄金收购的收尾工作。根据人民银行总行文件精神，向北京市各黄金收兑代办单位下发了《关于停办黄金收购业务有关问题的通知》。收回了工商银行各黄金代办单位上缴的金银对牌，对其进行清理，建立了《金银对牌明细簿》，并将《金银对牌统计表》上报人民银行总行货币金银局。组织召开《2003年度全市黄金收兑工作总结表彰会》，给金银收购工作划上一个圆满的句号。

做好黄金制品（含饰品）进出口的审核、报批工作。根据人民银行总行授权，完成了2家企业（威讯联合半导体（北京）有限公司和中电智能卡有限责任公司）2004年以一般贸易方式进口金丝的审核、报批工作。根据中国人民银行办公厅［2004］73号及人民银行总行授权书（2004）金银授字第10号文件精神，向北京海关协商发送了《关于告知中国珠宝首饰进出口公司等四家企业开办黄金首饰进口业务的函》，保证了企业进口业务的顺利进行。

完成库存银元的挑选工作。按照人民银行总行的挑选标准，对库存银元进行了认真的挑选。对挑选出的373箱银元，又按不同的年代、品相及珍稀级别进行了分类。对原有469箱金银封装箱进行了沿封改造，使其符合人民银行总行新的要求。

认真做好黄金专项贷款的确认和清理工作。向北京市平谷区黄金公司发出了《关于催收黄金专项贷款的通知》。先后两次会同货币信贷处、法律办公室、营业室组成了联合清理小组，对北京市黄金专项贷款的发放、收回、利息及余额等情况进行了认真的清理核对，在对借款单位——平谷区黄金公司的现状进行了现场调查的基础上，对其还款能力进行了认真的分析研究，提出了初步处理意见，向人民银行总行上报了《关于清理黄金专项贷款情况的报告》。完成了《黄金专项贷款管理、清收工作面临的问题及相关建议》调研报告，为人民银行总行制定清收方案和处置办法提供了参考资料。

（杨兴安）

国家金库业务

2004年，国家金库北京分库在国家金库总库和人行营业管理部党委的正确领导下，认真贯彻落实全国国库工作会议精神，坚持依法办理各级财政预算收入的收纳、报解、退库、支拨等业务，较好地完成了财政国库管理制度改革试点、税库银横向联网试点等各项工作任务，取得了新的成绩。

一、财政国库管理制度改革试点范围进一步扩大

一是全年共完成三批市级预算单位财政国库管理制度改革试点扩大工作，参加试点的市级预算单位（一级）已达64家，另有石景山、门头沟、崇文三个区县投入了试点。2004年，北京分库共为代理银行清算试点资金16 939笔，金额为11.8亿元。二是完成了国库单一账户支付清算信息系统的开发、测试工作。该系统启用后，北京分库与本市国库集中支付各代理银行的资金清算时间由原来的每天下午3时改为4时10分，国库集中支付代理银行为预算单位办理资金清算的时间也由原来的每日下午2时改为3时30分，从而进一步提高了国库为财政、代理银行和预算单位的服务水平，同时也有效缓解了国库的资金清算压力，确保了资金安全。三是会同北京市财政局对海淀区财政国库管理制度改革试点工作提出了指导意见，要求其按照中央和北京市政府确定的改革方案完善试点工作。四是会同支付结算处、法律事务处对北京市财政局国库处拟订的《北京市非税收入收缴管理制度改革方案》以及《北京市市级单位非税收入收缴管理改革试点办法》提出修改意见，坚持了预算收入必须按规定缴库的原则意见。

二、财税库行横向联网工作取得重大进展

一是在国家金库总库的大力支持下，2004年1月，北京分库与北京地税局联合组织的税库银横向联网试点在海淀等四个区县展开。试点工作不仅改善了首都的缴税环境，而且规范了征收机关与银行的联网工作。截至年末，共实现电子缴税50 282笔，金额12.68亿元，参加企业

4 916家。二是由人行营业管理部牵头，会同北京市国税局、北京市地税局向北京市政府上报了《关于税务、国库、商业银行横向联网工作的请示》及《横向联网总体方案》、《可行性分析报告》和《工程建设概算》等有关文件，得到了市领导的高度重视，常务副市长翟鸿祥专门做了重要批示。三是建立了北京市财税库行横向联网联席会议制度，成员为各部门主要负责人或主管领导，组建了北京市财税库行横向联网办公室及业务、技术工作小组，明确了各部门的联络员和工作人员。四是完成了财税库行横向联网业务需求书的修订。

三、认真贯彻落实国家和地方政府出台的各项改革措施

一是按照文件要求，调高了中央返还地方增值税和消费税的留用比例。二是落实国家出台的出口退税政策，由地方财政自2004年起开始负担一定比例的出口退税，实现了老账、新账都不欠。三是配合北京市财政局完成了区县财政资金的体制上解工作。四是配合税务做好契税、车辆购置附加税直征缴库工作。

四、加大了对商业银行代理国库业务的监管力度

一是对2003年度各代理支库各项工作的完成情况进行了年终审核、评比和通报，对其代理资格进行了年审，续签了代理协议。二是对国库经收处延解税款的情况进行了现场检查和核实，并进行了通报。三是对工行北京分行等6家办理国债兑付业务的商业银行进行了现场检查，对未按要求分券种、券别和年度设立登记簿以及未将已兑付国债纳入表外核算的银行进行了纠正。四是完成了对国库各代理支库会计科目使用和国库存款计息情况的现场检查工作，进一步规范了代理支库的国库会计核算业务。五是与铁道部资金结算中心就其违规截留国库凭证和延压税款问题进行了交涉，并督促其进行了整改。六是组织各代理支库完成了对统计分析业务的自查工作，并对其中两家进行了现场检查，对其违规行为提出了整改建议，并上报了检查和整改报告。

五、较好地完成了财政预算执行和国债发行工作

2004年，北京分库及所属各支库共办理各级预算收入2 001.5亿元，比上年增长23.84%；地方预算支出1 181.25亿元，比上年增长18.54%；各级退库250.03亿元，比上年增长54%。

2004年，财政部、中国人民银行共组织发行4期凭证式国债（不含记账式发行的2期凭证式国债），国家金库北京分库及时转发相关文件；通过各种媒体进行宣传；向国家金库总库上报发行周报和发行信息；为进一步方便国债投资者，新增设国债兑付网点2家。2004年，北京市各凭证式国债承销机构计划向社会发行凭证式国债376.60亿元（不含记账式发行的凭证式国债），占全国凭证式国债发行市场份额的16.74%，实际发售373.37亿元，完成计划任务的99.15%；北京分库全年经付国家债券本息款项合计50.44万元，其中单位部分本金为26.29万元、利息为16.55万元；个人部分本金为336.97万元、利息为124.59万元。

六、全面加强国库收支统计分析基础工作

一是为准确分析国库资金的变动情况，建立了统计分析月报告制，并组织各代理支库建立了财政库存余额日报告制，定期向有关部门报送国库收支信息。二是组织有关人员参加全国国库统计分析培训班，积极参与国库统计分析工作的交流和学习。三是按时完成人民银行总行布置的调研任务。同时从2004年1月起，按月向北京市政府反映国库收支情况，得到了市政府的重视。全年共有11篇信息被市政府信息刊物采用。

七、进一步加强内部管理，完善国库应急机制

一是按全国国库工作会议的要求，拟写了应急预案，并组织各代理支库进行了应急演练。同时，为保证磁介质备份的有效性，在服务器硬盘和专用备份机上进行双重数据备份管理，并刻录光盘进行保存。二是按照人行营业管理部批复的“三定方案”对国库处内设机构进行了调整，增设了资金清算科和统计分析科，并将原综合监管科，分设为管理检查科和综合科，保留了原会计核算科。三是对纸质国库会计档案进行了全面整理，共清理到期档案498册。四是为国库机房增加了24小时硬盘摄像设备，确保国库系统的安全运行。

（谢　琴）

支付结算

配合人民银行总行推进支付系统建设，提高货币政策工具的实施效率，提高中央银行金融服务水平

一是协助人民银行总行完成了城市商业银行银行汇票处理系统、中国银联股份有限公司业务处理系统、国家邮政储汇局与支付系统的连接，有效地解决了城市商业银行银行汇票处理、国家邮政储汇局资金调度、中国银联数据集中的难题，为金融机构提供了更方便、快捷的支付清算服务，尤其是在支付系统的支持下，城市商业银行这一多法人银行机构，可以拥有冠名为“城市商业银行”的银行汇票，对其业务拓展具有非常重要的意义。据统计，北京银行日均签发本系统内银行汇票6笔，移存汇票资金110万元。二是配合人民银行总行完成了中央债券综合业务处理系统、公开市场操作系统与支付系统的连接，实现了债券交易的DVP（券款兑付）清算，使我国债券交易模式达到国际先进水平，不仅有效优化了中央银行公开市场操作的政策传导机制，也有利于提高资金使用效率，防范支付清算风险。

加强对支付清算系统的风险管理，努力维护支付清算系统的安全稳定运行，保障中央银行货币政策的有效实施

中国现代化支付系统、票据清分系统和中央银行会计集中核算系统在支持人民银行总行货币政策工具实施、维护辖区金融稳定、促进北京经济发展方面的作用日益突出。2004年，中央银行利用货币政策工具实施宏观调控的手段明显加强，作为人民银行总行所在地分支机构，人行营业管理部承担着再贷款、存款准备金考核、公开市场操作的资金清算等全部货币政策工具的业务处理任务，承担着维护支付系统的安全稳定运行，保证支付清算渠道畅通的责任。一是保证了中央银行各项存贷款业务的准确核算和金融机构往来之间的资金清算。2004年，北京市大额支

付系统共处理往来业务 1 083.6 万笔，金额为 61.80 万亿元；同城票据交换系统处理业务 3 932 万笔，金额为 6.11 万亿元；ABS 系统处理业务 18.49 万笔，金额为 18.32 万亿元。二是保证了存款准备金率的及时准确调整，4 月 25 日，人民银行总行存款准备金率调整文件执行后，51 家金融机构共 687.13 亿元的存款准备金立即调整到位。三是保证了公开市场操作业务的顺利进行，全年共支持公开市场操作业务 104 期，金额为 2.63 万亿元。采取的管理措施主要包括：

一是制定和完善了《大额支付系统应急处置方案》、《中国人民银行营业管理部 ABS 系统运行管理办法》等办法，编写了《支付清算系统应急处理操作指南》，使各部门在运行、管理、应急处理方面有章可循、有据可依。使各系统的运行做到监控到位、预警及时、措施得当。

二是组织完成了北京市支付系统应用软件的升级工作。北京作为特大城市，换版升级工作面临着网点多、地域广、时间紧的困难，为保证升级工作进行，人行营业管理部积极协调有关部门周密策划、精心组织、合理安排，圆满完成了换版升级工作。

三是初步建立了北京市大额支付系统应急处理机制。完善了支付清算系统应急处置管理机构，设置了中国人民银行营业管理部“支付清算系统应急处置领导小组”；制定了《支付清算系统应急处理操作指南》，确定了系统安全管理的风险点，明确了系统应急处理的流程和相关人员的职责，为系统在故障和意外情况下的应急处置和业务处理提供了制度保证。

顺利完成北京市支付密码器选型工作，丰富商业银行支付结算业务的风险防范手段

为妥善做好北京市支付密码器的选型工作，多次召集商业银行共同研究选型方案，周密策划选型的各个环节，自始至终坚持公平、公正、公开的原则，顺利地完成了北京市的支付密码选型工作。北京市支付密码器的选型是全市推广应用支付密码、有效防范支付风险的良好开端，将对北京市支付清算工作的发展产生积极的推动作用。

积极组织协调、不断开拓进取、全面推动北京市银行卡应用发展工作

2004 年末，全市已发展特约商户 31 817户，超额完成了规划纲要目标，比 2002 年底增长了近 5 倍；布放 ATM 机具 3 740台，超出规划纲要目标 24%；同城跨行系统成功率达 99%，异地跨行系统成功率为 94%，超出规划纲要目标 4 个百分点；全年累计刷卡交易金额 784 亿元，占北京市社会消费品零售总额的 35.8%，超出规划纲要 20.8 个百分点，比 2002 年末增长了 28.8 个百分点。发卡量由 2002 年末的 2 960 万张增加到 2004 年末的4 722万张，其中信用卡达 174 万张。各银行信用卡收入实现翻番，总收入达 5.9 亿元。银行卡业务收入占中间业务收入的比例已经从 2002 年底的 16.9% 上升到 20%，提高了 3.1 个百分点。

为进一步推进北京市银行卡产业的健康发展，主要从组织协调、加强宣传、认真研究和规范管理四个方面开展工作。一是采取措施，积极应对银行卡拒卡风波对北京的影响。协调北京市委市政府、北京市商务局加强对商户、新闻媒体的宣传和管理，避免了刷卡风波对北京的影响。二是加强宣传，通过组织抽奖活动，利用广播、电视、报纸等舆论工具，印制宣传海

报等方式在全市展开宣传活动，扩大银行卡的影响面和消费者对银行卡的认知度。三是不断探索，深入研究促进北京市银行卡受理市场健康发展有效途径，完成了《关于持卡消费与税收关系的调查报告》等调研报告，为规范、促进银行卡产业的发展献计献策。四是加强管理，规范受理市场各参与者的操作行为，促进市场健康发展，下发了《关于清理整顿银行卡受理市场的通知》，重点清理各银行重复摆放、擅自更改商户类型信息编码等问题，创建公平的市场竞争环境。

进一步提高支付体系效率，提高金融服务水平

2004年，北京市支付体系的运行效率得到进一步提高，截至年底，京津区域票据交换机构共1 785个，其中北京1 069个，天津716个。北京票据清算中心日均清分票据152 155笔，金额为239.38亿元，笔数比上年增加了7.3%、金额减少了7.4%。北京支付系统参与者共1 163个。其中，直接参与者38个；间接参与者1 125个。截至年末，支付系统北京城市处理中心日均处理往来账业务4.3万笔，金额为2 462.1亿元，比上年分别增长了28.02%和3.98%。

为提高票据清分系统的服务水平，人行营业管理部在深入研究的基础上，积极进行业务拓展。

一是适应经济交往的需要，在京津区域票据交换开通了贷记业务。人行营业管理部和人行天津分行自2004年4月26日晚起，在京津票据区域交换增加进账单、托收承付（划回）和委托收款（划回）等三项贷记业务。为保证新增业务种类的顺利进行，防范支付风险，起草制定了《京津区域票据交换贷记业务处理规定》，对相关业务进行了详细的规定和操作说明。京津区域票据交换贷记业务开通以来，客户反映良好，业务量稳步增长。

二是适应各银行业务集中处理的需要，北京市票据清算中心开始采用影像技术为部分商业银行票据提回业务提供延伸服务。目前，随着图像处理技术的日益成熟，国外有些发达国家和地区，已经开始利用票据图像处理技术办理票据业务，国内某些地区也已经开始了这方面的探索。根据国内外在票据图像处理技术方面的成熟经验，在充分考虑跨行清分清算和商业银行内部票据处理基础上，北京票据清算中心建立了基于图像处理功能的、共享的清分机系统。该系统已开始为部分商业银行票据提回业务提供延伸服务。

三是为提高业务处理效率，防范业务处理风险，逐步推广使用北京市同城特约委托收款信息核验系统。组织22个试点机构进行了“北京市同城特约委托收款信息核验系统”的测试。对该核验系统的制度办法进行修改，并在全市逐步推广使用。同城特约委托收款核验系统的推广可以大大减轻银行的劳动强度，提高收款单位资金的进账速度，节约成本，提高效益。

四是举办了两期以支付结算和清算的风险防范、人民币可疑支付交易分析、识别与报告为重点的支付结算培训班，全面提高全市支付结算人员的素质和操作技能。

（陈越英）

征信管理

成立征信管理处 根据中国人民银行批复的《关于中国人民银行营业管理部内设机构调整的批复》（银“三定”办［2003］2号），2004年3月，中国人民银行营业管理部征信管理处正式成立。主要职责是贯彻执行国家和人民银行总行的征信法规、规章；监督辖区银行机构征信行为；管理银行客户信用信息；向法定职能部门提供信息服务；协调、指导其他非银行征信机构的征信行为等。

企业银行信贷登记咨询系统稳定运行 企业银行信贷登记咨询系统于1999年在北京正式建立，2002年底实现全国联网，是各金融机构企业贷款信息的共享平台。截至2004年末，共为64 911户在京注册的企事业单位办理了贷款卡或配发了贷款卡号，录入系统的本外币贷款余额为1.06万亿元，约占北京市金融机构同口径贷款数据的91%。全年金融机构的查询总次数为107 788次。据不完全统计，金融机构经上网查询后拒绝信贷申请312笔，涉及金额63.45亿元，为金融机构防范风险发挥了重要的基础作用。

与此同时，系统为执行货币政策和维护金融稳定服务所发挥的作用也日趋显现。通过对各种经济类型、重点行业、担保种类、中小企业、贷款大户的信贷结构及变化趋势进行数据分析，为货币政策执行情况分析和金融研究提供了必要的数据支撑。

个人征信系统试点 2004年12月，北京作为全国个人征信系统试点城市之一，同重庆、深圳、西安、南宁、绵阳、湖州等全国七个试点城市开通了个人信用信息查询服务，并开始系统试运行。该系统的成功试运行标志着人民银行个人征信系统建设取得阶段性成果，将为防范和化解个人消费信贷业务风险发挥重要的作用。

北京征信市场管理 为了解北京征信市场发展状况，探索适合我国国情的征信机构监管模式，人行营业管理部在2004年5月组织开展了对信用评级机构、征信机构和信用担保机构的专题调查。据不完全统计，截至2004年4月底，北京市共有专门从事资信评级、征信调查和信用管理业务的中介机构19家（含4家外资机构），从事信用担保业务的中介机构45家。这些机构的注册资金从十万元到上亿元，多数在300万元以上。从调查结果看，北京征信市场的发展整体水平较高，具有机构数量较多、规模较大、实力较强、从业人员素质较高、市场占有率高等特点。

（赵　强）

反洗钱

一、人民币反洗钱

（一）设立现金管理及可疑交易监测部门

2004年3月，人行营业管理部成立支付结算处，并设立现金管理及可疑交易监测科。其主要职责是组织辖内金融机构贯彻执行现金管理和人民币反洗钱方面的法律、法规及其他相关规定；负责拟定辖内的现金管理和人民币反洗钱规则；负责落实营业管理部反洗钱工作领导小组办公室的日常工作；负责召集反洗钱工作会议；负责对可疑交易信息进行调查、分析和处理；负责大额现金支取的日常管理工作；负责对辖内金融机构执行现金管理和人民币反洗钱规则的情况进行监督检查；负责与反洗钱相关的部门进行联系和协调，协助司法部门调查处理有关涉嫌洗钱的犯罪案件；负责撰写与现金管理和人民币反洗钱有关的调研报告，收集反洗钱和现金管理领域的信息、动态；负责辖区内金融机构现金管理和对人民币反洗钱工作人员进行业务培训。

（二）开展专项检查与抽样调查

2004年，人行营业管理部检查与调查并举，全面提高了各级银行对现金和反洗钱工作的认识，促进了各金融机构现金管理和反洗钱意识及能力的提高。一是组织完成了对北京市金融机构反洗钱专项检查。通过各金融机构的自查和对中信实业银行等5家商业银行历时两个月的现场检查，摸清了情况、发现了问题，为进一步加强金融机构反洗钱工作的管理提供了依据。各被查单位提高了认识，找到了差距。人行营业管理部检查报告提出的一些问题已引起了人民银行总行的高度关注。二是组织完成了对北京市银行机构现金管理的专项检查和抽样调查。组织完成了对北京市15家商业银行部分营业机构为期3个月的现金管理检查。通过检查发现了商业银行在执行现金管理各项规章制度方面存在的问题，提出具体的整改要求；进一步规范了商业银行的现金管理行为；了解了经济型环境变化对现金管理工作产生的影响，为制定和调整现金管理的政策法规提供了依据。

（陈越英）

二、外汇反洗钱

（一）反洗钱工作开展情况

2004年1月，北京外汇管理部在外汇检查处成立了反洗钱工作管理科，专职负责对北京地区外汇资金交易数据进行汇总、筛选、分析、甄别，开展非现场核查和现场检查，监督金融机构贯彻执行反洗钱规定情况，对执行情况进行不定期检查。

1. 建立主报告行反洗钱联系人制度。2004年3月，北京外汇管理部召集辖内主报告行负责反洗钱工作的处长（经理）级人员进行了座谈，建立了主报告行反洗钱联系人制度。

2. 开展对银行反洗钱工作执行情况的检查。2004年10月，北京外汇管理部按照人民银行总行要求，对6家商业银行反洗钱工作执行情况进行了现场检查，督促银行对存在的问题进行整改。

3. 建立“外汇管理部反洗钱信息分类管理库”。针对反洗钱数据信息量大、数据处理时间紧张的问题，北京外汇管理部根据国家外汇管理局的指导意见，自行开发设计了“外汇管理部反洗钱信息分类管理库”，对反洗钱数据进行分类管理，实现信息化处理，提高了工作效率。

4. 加强对银行反洗钱工作的指导与培训。针对数据报送不及时、数据准确性不高的状况，北京外汇管理部采取现场指导与集中培训相结合的方式，宣传解释反洗钱法规。根据银行的要求，反洗钱人员多次到银行现场授课，针对性地对银行反洗钱工作进行指导。2004 年 3 月，对辖内银行近千名一线反洗钱人员进行了为期 8 天的集中培训，通过一系列培训与指导，各银行反洗钱数据质量和分析核查工作水平明显提高。

（二）大额和可疑外汇资金交易数据及核查情况

2004 年，共接收北京地区 45 家银行类金融机构大额和可疑外汇资金交易 377 691笔、1 857.73 亿美元。其中企业大额外汇资金交易 90 640 笔、金额为 1 774 亿美元；个人（含居民、非居民）大额外汇资金交易 274 668 笔、金额为 80.89 亿美元；可疑外汇资金交易 12 383 笔、金额为 2.73 亿美元。

2004 年，累计向金融机构下发 189 份非现场核查通知书，共核查企业 24 家，个人 2 484 人次，交易笔数 13 634 笔。向国家外汇管理局报送非现场核查报告 11 篇，向公安部门移交可疑交易线索 4 起，涉案金额达 9 204.5 万美元。

（三）与其他部门的反洗钱合作情况

为进一步加强刑事执法与经济管理部门在反洗钱执法工作方面的密切配合、建立有效的合作机制，2004 年 12 月，北京外汇管理部与北京市公安局签订了《北京外汇管理部、北京市公安局外汇领域反洗钱合作备忘录》。此举为规范涉案线索的移送工作及建立、完善反洗钱“三位一体”的工作机制，进而维护首都政治经济形势的稳定打开了新的局面。

同时，为便于开展工作，北京外汇管理部与北京海关调查局及北京市税务机关初步建立了相互沟通的渠道，并已在实际工作中发挥了重要作用，取得初步成效。

（徐　芳）

金融信息化建设

一、继续推进银行卡应用发展，积极应对国际银行卡 EMV 迁移的趋势，切实做好北京银行卡 EMV 迁移筹划工作

（一）圆满完成北京市金融税控收款机标准符合性验证工作

2004 年，北京市作为全国金融税控收款机推广应用的四个试点城市之一，按照国家关于金融税控收款机国家标准符合性验证工作的统一部署，依照测试大纲的要求，在北京市政府的统一领导下，由北京市信息办牵头，会同北京市国税局、北京市地税局、北京市商务局、人民银行营业管理部、北京市质监局、北京市工业促进局、北京银联等单位组成工作组，密切协作、联合办公，在机具生产厂家和商户的积极配合下，经过周密的准备，紧张、有序、有效的模拟测试和一个月的真实环境验证工作，圆满完成了测试的各项内容，基本上达到了验证金融税控收款机国家标准（GB 18240.4 送审试行稿）的目的，为金融税控收款机的推广应用奠定了基础。

（二）推动银行卡 EMV 迁移工作

基于防范银行卡交易欺诈现象和 IC 卡多应用的考虑，VISA 和 MasterCard 等银行跨国公司开始不遗余力地推行 EMV 迁移战略。所谓 EMV 标准，是国际上金融 IC 卡借记/贷记应用的统一技术标准，由 Europay、MasterCard、VISA 联合制定。所谓 EMV 迁移，既按照 EMV 标准在发卡、业务处理流程、安全控管、受理环境等各个环节从磁条卡向 IC 卡迁移。目前，启动 EMV 迁移的国家/地区已超过 30 个，欧洲 50% 的国家和亚太地区的韩国、日本、中国台湾、马来西亚和新加坡都已经启动了 EMV 迁移计划。尤其是 2004 年雅典奥运会，银行卡受理市场 100% EMV 迁移就绪。EMV 迁移已成为国际银行卡产业发展的重要趋势。

我国应对 EMV2000 迁移的主要目的是：一是保持电子支付系统的国际通用性，抵御外部欺诈风险转移；二是卡基支付的安全性；三是适应卡片多应用的需要。

面对国际 EMV 迁移的强劲势头，2003 年人民银行总行组织召开了我国银行卡应对国际 EMV 迁移战略研讨会，提出了“积极应对、谨慎实施”的指导思想和“先标准、后试点、先收单、后发卡”的实施策略。

2004 年，根据人民银行总行关于 EMV 迁移工作思路及计划安排，成立了由人行营业管理部韩平主任为组长，杨伟中专员、李文辉副主任为副组长的工作领导小组，负责北京 EMV 迁移工作的总体指挥部署和协调；下设人行营业管理部科技处为常设办公室，负责 EMV 迁移的相关具体工作。EMV 迁移工作的组织领导机构建立后，积极配合北京市科委工作，使《基于 EMV 标准的 IC 卡终端机具研发及产业化推广》项目在市科委立项成功，并筹划下一步组织北京市各银行行内系统的改造、IC 卡二级密钥中心改造、加强北京受理市场建设、引导商业银行发行符合 EMV 标准的 IC 卡和更换旧标准的国际卡等工作。

二、进一步夯实信息化建设基础，不断提高信息化建设水平，促进信息化建设取得新发展

（一）做好信息化建设的基础工作，确保重要业务应用系统的稳定运行

按照人民银行总行的统一部署，2004 年，人行营业管理部组织实施了北京 CCPC、MBFE、ABS、TBS 技术换版升级，完成了国家邮政储汇局加入支付系统的网络接入工作，协助多家商业银行完成了办公地点搬迁的网络测试，成功排查了北京 CCPC 网络交换机故障和中间件挂起故障；组织完成了信贷登记咨询系统技术升级和营业管理部 OA 系统提速技术准备，及时解决了“信贷登记咨询系统”小型机运行异常的技术故障及 OA 系统掉电关机故障等重大事项。

（二）推进重点信息化项目建设，促进信息化建设取得新进展

1. 发挥首都金融优势，取得《财税库行横向联网工程》阶段性成果。2004 年，人行营业管理部会同北京市财政局、

北京市国税局、北京市地税局联合启动了以适应财政体制改革和强化税收及国库资金管理为目标《北京市财税库行横向联网工程》，自主开发并实现了“北京市税库银横向联网电子缴税子系统”并试点运行，1—10月，该系统已累计办理电子缴税32 302笔，金额8.78亿元，为下一步工程的全面展开奠定了技术基础。

2.发挥科技创新，推广信息之窗，为人行营业管理部与各金融机构信息共享、加强管理搭建平台。针对人行营业管理部多数处室与各金融机构交互的专项监测报表、专项调查、临时性调查还停留在发传真、送纸质材料的现状，2003年下半年人行营业管理部启动了“信息之窗”工程建设，2004年完成了系统开发并在全市16家商业银行全面推广运行。“信息之窗”系统是以北京金融城域网为依托，面向辖内银行机构，建立了人行营管部主页，提供了网上信息发布、信息报送和业务报表、调查问卷网上填报并自动汇总统计等功能，实现了与金融机构信息交换、信息采集的网络化、电子化，减少了业务处室的手工重复劳动，提高了效率，搭建了与各金融机构的信息共享平台。

3.规范标准，完善平台概念，提升标准化服务水平

2004年，人行营业管理部按照人民银行总行的部署和要求，完成了金融业网间互联平台的北京试点工作。根据该工程实施方案，人行营业管理部进行了该工程网络规划和具体配置等工作，积极组织协调相关金融机构进行网间互联平台的联通性测试。该项工程的顺利实施，为金融业网间互联提供了统一的标准和规范，形成了较为科学的金融业网络互联模式，为实现人民银行与全国各金融机构更大范围的信息交互与共享，整合各业务应用系统，提供了基础保障。

4.积极组织，周密部署，做好个人征信系统的试点工作。个人征信系统是人民银行按照温家宝总理“建立全国统一的企业和个人信用信息基础数据库”的指示精神，开发建设完成的重要业务应用系统。2004年，按照人民银行总行部署，个人征信系统在北京试点，人行营业管理部对此给予了高度重视，成立了试点推广工作领导小组和工程实施小组，开展系统建设的专题调查研究，认真落实该系统依托于网间互联平台的网络环境准备工作，积极组织协调各金融机构做好推广试运行和技术测试验收工作。此外，人民银行总行苏宁副行长非常重视个人征信系统的试运行情况，亲自视察了建设银行北京市西四支行、北京银行个人征信系统的开通查询使用情况，对个人征信系统在北京试运行成功给予充分肯定。截至11月末，北京地区个人征信系统已经录入个人信贷业务账户151.5万户，录入个人信贷业务余额1 539.63亿元，占全部金融机构个人信贷业务余额的78%，录入个人信贷业务授信额度1 891.75亿元。该系统试点工作的顺利完成为创造良好的信用环境，防范信用风险，进一步建立首都信用体系打下了基础。

5.充分利用现有资源，贴近业务需求，提高服务品质。2003年，人行营业管理部利用与北京市技术监督局联网共享企业年审信息的优势，在全国率先实现贷款卡网上年审，改变了以往贷款卡年审的手工工作方式，提高了年审的效率和信息的准确程度。2004年，北京市技术监督局取消了企业年审业务，人民银行营业管理部及时调整原有网上年审方案，充分利

用北京市电子政务专网的共享信息资源，从北京市工商管理局获取企业年审信息，确保了贷款卡年审工作的顺利完成。

（李　伟）

金融法制建设

中国人民银行营业管理部

2004年，中国人民银行营业管理部紧紧围绕“实施货币政策、维护金融稳定”的工作重心，努力在法制观念、管理制度和工作方法上开拓创新，以学习、贯彻金融业“三法”即《中华人民共和国银行业监督管理法》、《中华人民共和国中国人民银行法》修正案、《中华人民共和国商业银行法》修正案和《中华人民共和国行政许可法》（以下简称《行政许可法》）为切入点，以全面推进依法行政为主线，深入、细致地开展了金融法制工作，为首都金融业的健康发展营造了良好的法制环境。

一、积极开展金融法制宣传

自2003年8月27日第十届全国人大常委会第四次会议通过《行政许可法》；2003年12月17日第十届全国人大常委会第六次会议通过《银行业监督管理法》、《中国人民银行法》修正案、《商业银行法》修正案后，人行营业管理部结合“四五”普法规划，开展了内容丰富、形式多样的法制宣传教育活动。2004年初，举办了金融业“三法”和《行政许可法》的系列讲座，邀请有关专家就立法背景、法律内容、主要条款进行了详细讲解，形成了“学法、守法、用法”的良好氛围。

二、认真做好规范性文件的制定工作

2004年，人行营业管理部制定了《中国人民银行营业管理部金融机构开户管理办法》、《北京市国库代理支库使用中国人民银行执法证管理规定》等业务规则。为确保上述规范性文件的质量，人行营业管理部专门发布了《规范性文件制定程序规定》，其制定与实施对提高人行营业管理部依法行政水平，有着十分重要的意义。

三、努力提高行政执法水平

《行政许可法》颁布后，人行营业管理部制定了详细具体的实施方案，清理了相关审批项目，落实了行政许可公示制度，建立了相应的监督机制，为《行政许可法》的贯彻实施打下了坚实的基础。

2004年，人行营业管理部进一步加大了对行政处罚工作的监督审查力度，对23件行政处罚决定（含北京外汇管理部）的违规事实、处罚依据、实施程序进行了严格把关，确保了行政执法工作的准确与公正。

四、做好法律服务工作

2004年，人行营业管理部不断提高金融法律服务工作水平，认真接待金融机构、社会公众和有关机关的来电、来访，提供各种形式的法律咨询上百次，办理金融管理信息查询30余条，树立了中央银行文明服务的良好形象。

（尤海法）

中国银行业监督管理委员会北京监管局

2004年，中国银行业监督管理委员会北京监管局始终坚持“首都金融无小事”的观念，认真学习、宣传、贯彻《中华人民共和国银行业监督管理法》等一系列法律法规，整章建制，切实规范行政执法行为，构建起法律事务信息沟通平台，为首都银行业持续、稳定、健康发展提供坚实的法制保障。

一、学习、宣传、贯彻《中华人民共和国银行业监督管理法》等一系列法律、法规和规章

1. 学习、贯彻“三法”，规范北京银监局的监督管理行为，加强对辖内银行业的监督管理。2004 年 2 月 1 日《中华人民共和国银行业监督管理法》的颁布实施，是我国银行业发展进程中的一件大事，对于完善我国金融监管法律制度，加强银行业的监督管理，保护存款人和其他客户的合法权益，维护银行业安全、稳健、高效运行，促进银行业的健康发展具有十分重要的意义。随着修订后的《中华人民共和国商业银行法》、《中华人民共和国人民银行法》的颁布实施，北京银监局把“三法”的学习宣传工作作为全年工作的重中之重。

按照中国银监会的要求和工作部署，北京银监局成立了“三法”学习宣传工作领导小组，积极采取多种形式开展“三法”学习宣传活动，在局内掀起了学法、知法、懂法、执法的新高潮，极大地增强了全局干部员工的法律意识，促进了依法监管水平的稳步提升。2004 年，主要通过以下形式开展“三法”学习宣传工作：向辖内银行业金融机构发放“三法”宣传小册子 67 500 册，张贴画 7 673 张，并要求它们在营业场所统一悬挂宣传“三法”的横幅、宣传标语、张贴宣传画；充分考虑三部法律之间互为补充、互为依托的关系，对“三法”内容进行梳理，制定“三法”内容学习索引，以使全局员工在较短的时间内全面系统地学习掌握“三法”的核心内容；组织关于“三法”的专题讲座，使全局职工深刻理解了“三法”的立法背影、立法精神、法条释义；组织“三法”知识答题活动，以提高全体监管人员学法、知法、懂法、执法的积极性和自觉性；配合党委办公室组织开展“五四”青年节“四法”知识竞赛活动。

2. 认真学习贯彻《行政许可法》，提高依法监管能力。2004 年 7 月 1 日，《行政许可法》正式实施。北京银监局按照中国银监会的有关要求，落实有关局内行政许可制度的制定及辖内行政审批项目的清理工作，制定了《中国银行业监督管理委员会北京监管局受理行政许可申请暂行办法》、《中国银行业监督管理委员会北京监管局受理行政许可申请决定专用章管理办法》及《中国银行业监督管理委员会北京监管局行政许可事项、处罚、复议、应诉案件统计报告制度》，并编写和制作了《中国银行业监督管理委员会北京监管局受理行政许可事项权限索引》和《行政许可项目时限提示卡》，全面提高了北京银监局办理具体监管事项的质量和效率。

二、整章建制，做好金融监管规范性文件的制定工作

1. 为完善市场准入制度，加强风险监管，督促辖内银行业金融机构建立风险管理长效机制，向辖内银行业金融机构下发了《关于印发〈中国银行业监督管理委员会北京监管局国有独资商业银行市场准入工作程序〉的通知》、《关于建立〈辖内银行业金融机构涉诉客户通报制度〉的通知》、《关于印发〈辖内银行业金融机构紧急重大情况报告制度〉的通知》、《关于印发〈商业银行突发事件应急处置预案〉的通知》、《关于印发〈中国银行业监督管理委员会北京监管局监管统计工作考核暂行办法〉的通知》等规范性文件。

2. 为规范北京银监局对辖内银行业金融机构高级管理人员任职资格考试的管理工作，严格高管人员的市场准入，提高银行业金融机构依法经营水平，制定了《中国银行业监督管理委员会北京监管局北京银行业金融机构高级管理人员任职资格考试管理暂行办法》。

三、规范行政执法行为，引导辖内银行业金融机构合法合规经营，促进监管工作健康发展

1. 完善行政处罚程序制度。为进一步完善行政处罚工作程序，北京银监局制定并下发了《中国银行业监督管理委员会北京监管局案件处罚报审指引》、《中国银行业监督管理委员会北京监管局行政处罚法律文书制定指引》，为规范行政执法行为奠定了坚实的制度基础。

2. 规范行政处罚行为。为确保行政处罚的准确性与公正性，北京银监局加大了对行政处罚的审核力度，专门由政策法规处出具法律审查意见，从违规事实、处罚依据、处罚幅度、处罚程序等方面严格把关。2004 年，北京银监局共做出行政处罚决定 37 件，取消高管人员任职资格 6 人，对违规银行业金融机构行政罚款 63.4 万元，有关机构和当事人均未提出异议。

四、建设法律联席会议制度及法律协调小组，构建法律事务信息的沟通协调机制，做好法律服务工作

1. 建立《辖内银行业金融机构法律事务工作联席会议制度》。为加强与辖内银行业金融机构法律事务部门的沟通交流，充分发挥北京辖内银行业法律事务工作的保障作用，2004 年上半年建立了辖内银行业金融机构法律事务工作联席会议制度。此项制度的建立，为及时发现和总结辖内银行业金融机构在风险防范和处置等方面存在的问题，对增进辖内银行业金融机构之间以及其与监管部门、司法部门的沟通与联系起到了积极作用。

2. 成立法律事务工作协调小组。为了使法律事务工作更好地服务于监管工作，使法律事务工作延伸到北京银监局各处室，充分发挥监管处室法律人员的作用，印发了《关于成立北京银监局法律事务工作协调小组有关事项的通知》。

法律事务工作协调小组主要工作职责为：对中国银监会或北京银监局已经出台或即将发布的规章、制度进行实务论证和理论研讨，并提出修改意见或建议；对北京银监局行政听证、复议和应诉案件进行前期讨论，并提出初步处理意见；对监管工作中的政策、法律问题进行研讨，为监管工作提供法律支持和理论参考；负责协调局内处室间法律事务工作。

3. 制定《中国银行业监督管理委员会北京监管局法律咨询工作指引》，规范法律咨询工作。2004 年，北京银监局积极为辖内银行业金融机构和社会公众提供咨询，并配合公检法及其他部门对金融管理信息的查询工作。

（宋春艳）

中国保险监督管理委员会北京监管局

2004年，北京保监局深入学习贯彻党的十六大和十六届三中、四中全会精神，紧密结合北京经济社会发展需要，不断加强法制建设，积极促进北京保险市场持续、协调、健康发展。

一、简化行政审批手续，改革行政审批制度

2004 年，北京保监局根据中国保监

会行政审批制度改革的要求，清理各类行政审批项目，简化行政许可审批程序，认真贯彻落实《行政许可法》，提高行政许可办事效率，依据《中国保监会行政许可实施办法》和《中国保监会行政许可事项实施规程》，结合实际工作，修订了6个涉及机构、高管人员和条款费率的管理办法，下发《关于落实〈中华人民共和国行政许可法〉有关问题的通知》，明确职权范围内的行政许可事项，规范行政许可事项办理流程，为依法行政和提高监管透明度提供依据。

二、维护投保人利益，实行投保提示制度

近年来，北京保险市场发展迅速，产品种类日益丰富，在满足消费者的风险保障需求方面发挥了积极作用。但随之而来的误导消费问题也较为突出。为切实保护投保人利益，教育投保人正确认识保险产品，督促保险行业提高服务质量，促进保险市场规范、健康发展，依据《保险法》、《关于进一步做好机动车辆保险管理工作的通知》、《人身保险新型产品信息披露管理暂行办法》，北京保监局制定了《投保提示》，并于2004年6月1日起在北京地区实行投保提示制度。

投保提示制度重点关注对投保人的合法保险权益、投保注意事项等进行提示，《投保提示》内容涉及产险公司的机动车辆保险产品和寿险公司一年期以上（不含）的个人人身保险产品、银行代理保险产品，告知投保人保险公司和保险中介在产品销售和服务过程中应尽的义务，明示各类保险产品的特点和风险，以达到规范保险从业人员展业行为、教育投保人的目的。

投保提示制度要求保险公司分别在公司的网站、营业网点、所属代理网点公示并张贴《投保提示》，并组织销售人员及代理人在销售产品时向投保人告知《投保提示》中规定的内容。

三、加强信息披露管理

为加强保险公司和中介机构对外信息披露的管理，根据《中国保监会对外公告管理暂行办法》、《关于指定披露保险信息报纸的通知》和《关于各保监局指定披露保险信息报纸的通知》等规定，北京保监局下发《关于加强对外信息披露管理的通知》，明确对外信息披露的主体、范围以及格式内容等，要求保险机构须通过对外公告发布有关信息，进一步加强信息披露的管理。

四、加强市场监管，规范市场行为

2004年，北京保监局坚持防风险、促发展的工作原则，不断加强市场监管，并有针对性地出台有关规定，规范市场行为。

为规范保险公司和保险中介机构的市场经营行为，北京保监局与北京市地税局联合下发《关于贯彻执行国家税务总局、中国保监会关于规范保险中介服务发票管理有关问题的通知》。2004年8月1日起，保险公司在向保险中介机构支付手续费（佣金）、公估费、劳务费等中介费用时，保险中介机构须开具保险中介服务统一发票，作为保险公司的入账凭证。统一发票制度的实施，保证了保险公司及中介机构的财务真实性，维护国家税法的严肃性，更好地维护被保险人利益，有力地促进了保险中介机构的健康持续发展。

为规范航意险及替代产品的经营行为，确保首都保险市场稳定和健康发展，8月，北京保监局下发《关于进一步规范航意险及替代产品销售问题的通知》，规范保险公司在销售航意险及替代产品时的管理模式和销售原则。

针对一些保险代理人通过加盟“消费卡”、“消费储值卡”等管理中心，以缴纳“加盟费”、“管理费”等形式变相返佣销售保单的行为，北京保监局下发《关于加强保险代理人销售行为管理有关问题的通知》，要求保险公司加强对代理人销售行为的管理，维护良好的市场经营环境，保障消费者的合法权益。

（胡朝蓉）

五、文件与规章

关于做好下一阶段货币信贷管理工作的指导意见

中国人民银行营业管理部

银管发［2004］136号

一、信贷工作的指导思想和总体原则

（一）以科学的发展观指导信贷工作

以中央提出的科学发展观作为信贷工作的指导方针，调整工作思路、不断完善信贷工作管理方式。坚持贷款总量与经济总量的相互协调，坚持贷款投向与经济结构调整的相互协调，坚持信贷业务在城市和乡村的相互协调，坚持传统信贷业务与金融创新产品的相互协调，坚持银行间竞争与合作的相互协调，促进经济金融的全面、协调、可持续发展。

全面落实货币信贷管理工作的科学发展观，从调整信贷结构出发，积极支持符合经济发展要求的新产业、新领域的发展，积极支持节能型企业的发展，积极支持科技进步型产业的发展，积极支持符合"三农"利益的部门发展；要改变过去粗放的经营方式，改变不科学的信贷业绩考核评价体系，实现速度与效益、当前利益和长远利益的统一。

（二）信贷投放要坚持"区别对待、有保有压"的原则

按照"区别对待、有保有压"的原则，合理、适度、有序地开展信贷业务，坚决防止信贷投放的大起大落和"一刀切"。继续贯彻落实中央各项宏观调控措施，使信贷工作与产业规划和政策、其他经济政策密切结合起来。加强对产业发展的研究，继续防止信贷资金流向部分盲目投资和重复建设行业，防止固定资产过快增长势头的反弹。对于符合国家产业政策和市场准入条件、有利于调整结构的行业以及效益好、产品有市场的企业要继续给予贷款支持，按照市场化的原则，自主决策，保证各项信贷业务平稳、持续发展。

二、正确理解宏观调控政策，在继续控制信贷总量的同时保证合理的信贷增长

上半年，北京地区贷款增速得到较好控制，但行际间分布不平衡。各行必须按照国家宏观调控政策要求，继续合理调控信贷总量，防止我市信贷总量出现大起大落。同时，要充分考虑并保证经济增长的合理资金需求。

（一）严格对过热行业和项目进行控制

要贯彻执行人民银行《关于转发制止钢铁电解铝水泥行业盲目投资若干意见的通知》（银办发［2004］10号）等文件精神，重点控制钢铁、水泥、电解铝、纺织、汽车、房地产等过热行业的新增贷款，对于已经发放的贷款，要密切关注其行业的发展变动情况，防范因市场饱和而出现的贷款风险。紧缩或暂停对党政机关办公楼、培训中心、大型购物中心、会展中心、高尔夫球场等项目的贷款，对于已经发放的贷款及时与借款人协商采取保全

措施，避免出现“烂尾”工程。严禁对电石、铁合金等落后项目或淘汰工艺的贷款，严格执行《关于进一步加强产业政策和信贷政策协调配合控制信贷风险有关问题的通知》（发改产业［2004］746号），按照其公布的《当前部分行业制止低水平重复建设目录》控制对低水平项目的贷款。

（二）根据经济增长的合理需求，继续加大对重点行业和部门的支持力度

国家宏观调控的目的依然是保持经济的合理、快速、平稳增长，调控的对象主要是部分过热的行业和部门。因此，各行要充分领会国家宏观调控的意图，不搞“一刀切”，对国家鼓励支持的行业要继续加大支持力度。在防范风险的前提下，满足民营企业和中小企业的合理信贷需求，继续推进国家助学贷款和下岗失业人员小额担保贷款业务的全面开展。

（三）严防在调控中压缩合理贷款的情况

要密切关注资产负债期限结构问题，改变上半年短期贷款大量缩减，中长期贷款继续快速增长的情况，防止一味依赖短期贷款压缩信贷规模。各行要根据自身资产负债情况合理确定中长期贷款规模，控制对基本建设贷款等中长期信贷的过度投放；要保持短期贷款的合理增长，适当增加有市场、有效益、有利于增加就业的企业流动资金贷款，防止为应付信贷政策而临时压缩短期贷款的现象。

三、结合国家和北京市政府的经济政策和产业政策，积极寻找新的信贷增长点

（一）在农村发展机遇中寻找信贷商机

中央提出统筹城乡发展的要求，北京市政府也提出将统筹城乡发展作为推进首都城市现代化、实现城区与郊区协调发展的战略切入点。商业银行要充分挖掘农村信贷业务的商机，密切配合市政府的“三农”工作，支持农业发展。充分利用北京市总体规划中市域转移、村镇重新组合的机遇，将业务向郊区扩展。抓住发展郊区经济的机遇，支持农业综合开发，重点支持市场开拓能力强、对农村发展有带动作用的农业产业化龙头企业。农信社要发挥支农主力军的作用，根据农户的合理需要扩大贷款范围，对有稳定经营收入的农业服务经济实体以及专业性合作经济组织，可以给予贷款支持。

（二）积极寻找文化、教育、体育等产业中的信贷增长点

北京作为全国文化中心，具有明显的文化资源优势。各行要充分利用好这些优势，通过信贷支持把潜在的文化资源转变为现实生产力。对效益好、有偿还能力的文化企业开展信贷业务。作为高校最为集中的地区，北京在教育方面也具有明显的优势。随着教育体制的改革和收费制度的完善，教育产业正成为一个新的经济增长点，这为金融供给提供了可能性。商业银行应加强与学校的合作，充分利用电子化设施，为学校提供多层次的服务，在职业稳定性较强的教师队伍中挖掘优良发卡群体，实现银校的双赢。体育产业在我国有巨大的发展潜力，2008年奥运会更是推动了体育产业的发展，各行要抓住机遇，积极支持体育产业发展，并在其中寻找新的信贷增长点。

四、加大对信贷结构的调整力度

（一）加大对技术改造和高科技企业的信贷支持

各商业银行要积极通过信贷支持帮助企业进行技术更新，实现其以内涵为主的

扩大再生产。对于采用国内外先进适用的新技术、新工艺、新设备、新材料，实现技术进步，促进产品升级换代，降低能源和原材料消耗，加强资源综合利用的技术改造项目尤其要给予支持。

进一步加大对高科技企业的支持力度，利用北京知识资源优势，采取措施通过资金支持促进科技成果与产业的结合。有针对性地对中关村科技园、北京经济技术开发区等科技园区的高科技企业进行扶持。各商业银行可通过风险溢价、担保等多种措施对风险进行补偿，实现风险和收益的对称，逐步解决中小型企业融资难的问题。

（二）积极发展票据融资业务

充分发挥票据对中小企业融资和结算的功能，发展承兑和直接贴现业务，使票据进一步成为缓解中小企业融资难的重要工具；积极稳妥地推进转贴现业务，发挥北京资金优势，使北京成为重要的票据运营中心。进一步推进商业承兑汇票，充分发挥北京地区大企业集团、财务公司集中的优势，发展商业承兑汇票，进一步调整票据品种结构。

（三）继续规范和扩大发展消费信贷

重点引导中高等收入阶层和具有较好预期的消费群体，依据其经济承受能力和主要消费倾向，提供多样化的贷款选择。在控制风险的前提下，继续发展住房、汽车等个人消费贷款，适当引导家用电器等耐用消费品、电脑等家庭办公设备、教育、旅游等领域的信用消费。加强与流通企业合作，支持其利用消费信贷进行营销。利用信用卡体系发展消费信贷。

（四）进一步加强房地产信贷业务的管理

要按照人民银行各项房地产信贷政策开展住房信贷业务，尤其是贯彻执行《关于进一步加强房地产信贷业务管理的通知》（银发［2003］121号）文件精神，对于住房开发贷款要严格按照企业自筹资金比例不低于项目总投资的35%执行，对大面积、大户型的高档住房开发贷款和个人按揭贷款进行适当限制，加强对个人商用房的贷款管理。按照《关于贯彻〈国务院办公厅关于切实解决建设领域拖欠工程款问题的通知〉的实施意见》（建市［2004］1号）文件要求，对继续拖欠农民工工资的建设施工单位停止发放贷款。要密切关注北京房地产价格的走势，分析可能出现的各种风险，特别是关注个人住房贷款的长期风险。

五、加强自主审贷能力，强化信贷风险管理

积极适应投资体制改革，提高银行自主审贷能力。国务院于2004年7月召开了投资体制改革会议，进一步确立企业投资主体地位，落实企业投资自主权，鼓励社会投资，允许社会资本进入法律法规未禁止进入的行业和领域。为此，各行要适应投资体制改革的需要，根据有关中长期发展规划，加强对产业发展的研究；按照市场化的原则改进和完善固定资产贷款制度，不断提高自主审贷的能力和水平，进一步掌握项目贷款评审技术，提高评审与决策效率，改进信贷审批体制；对盲目投资、低水平扩张、不符合国家产业政策和市场准入条件的项目，要严格审核，健全风险防范和控制机制。

强化信贷风险管理，重点控制贷款集中风险和关联企业的关联贷款风险，防止贷款过度集中。加大对贷款条件的审查力度，不能因借款人的名声、规模等因素擅自降低贷款条件。注重对要式文件的真实性进行检查，防范“假按揭”等骗贷风险；坚持商业票据的真实性贸易背景原则，对没有真实贸易背景的票据不予贴现。要高度重视宏观调控对银行信贷资产运行可能产生的影响，密切关注固定资产清理中可能被清理项目的贷款风险。

六、加强资产负债管理，建立贷款利率定价和管理体系

对市场资金变动情况进行预测，加强存贷款比例管理，防止资金过度使用。预测利率变动趋势，合理安排债券回购、票据回购等融资性资产的期限结构和规模。各行要充分考虑到负债稳定性的问题，加强资产负债的综合管理。

建立和完善贷款利率定价和风险管理体系。2004 年初，人民银行总行发布的《关于扩大金融机构贷款利率浮动区间有关问题的通知》（银发［2003］250 号）开始实施，利率市场化程度进一步提高。各行要加强对市场信息的收集和分析，加强对市场利率走势的研究和预测，制定科学的利率定价体系和浮动机制。充分利用贷款定价的决定权，贷款定价要考虑客户评级、风险偏好及风险成本的补偿等多种因素。用好贷款计结息方式放开政策。

七、加强产品创新，逐步转变增长方式

各行应围绕实现宏观调控预期目标和促进经济平稳较快发展的要求，积极探索新形势下改进金融服务的机制和方法，努力满足市场多样化的需求，提高金融服务水平和办事效率，改变盈利模式。探索和使用具有广泛市场影响力、渗透力和约束力的金融手段和工具，加快产品和业务创新。既要借鉴国外现有经验，又要考虑市场的现状，积极推进已有新业务的开展，加强与证券、保险等机构的合作，拓展商业银行中间业务。

要切实转变经营理念，从规模型向效益型转变，树立全面、协调、可持续的科学发展观，转变业务盈利和增长模式，通过成本控制、优化信贷结构、产品创新、提高综合服务水平等方式实现效益型增长。

八、加强商业银行与人民银行，以及各商业银行之间的信息交流和相互配合

为更好地进行窗口指导，我营业管理部已加强了对商业银行各种信贷业务的专项监测。各行对此要高度重视，对各项专项数据进行及时、准确的报送，对工作中出现的特殊情况和问题及时进行反映。对于重大政策的出台，各行要及时反馈相关信息。我营业管理部也将加强对商业银行的信息反馈，更好地指导信贷业务开展。

各商业银行之间要加强交流和合作，并切实提高信贷登记咨询系统业务信息的入库率，保证相关信息尤其是不良业务客户信息实现共享，逐步建立非商业机密信息的相互查询机制。

二〇〇四年八月三十一日

辖内银行业金融机构紧急重大情况报告制度

中国银行业监督管理委员会北京监管局
京银监通［2004］8号

第一条 为切实维护辖内金融和社会稳定，妥善处置各类金融突发事件，保证辖内银行业金融机构紧急重大情况及时上报银监会和市委、市政府，根据银监会有关规定，特制定本制度。

第二条 辖内各银行业金融机构应高度重视紧急重大情况报告工作，切实加强组织领导，落实紧急重大情况报告工作责任制，确保及时、准确、全面报告各类金融突发事件，避免出现迟报、漏报、瞒报、误报等情况。

第三条 报告内容

（一）辖内各银行业金融机构发生的挤提事件；

（二）因非法集资或无法按期兑付到期债务等引起的客户聚众示威、拦截火车、堵塞交通、围攻政府机关和有关营业网点等群体性事件；

（三）辖内各银行业金融机构发生的金融诈骗、盗窃、抢劫、涉枪、爆炸、绑架案件（以下简称金融案件）；

（四）有可能来京的上访事件；

（五）其他需要报告的重要情况：

1. 因计算机系统升级换代、发生故障以及遭计算机病毒或人为侵袭等导致业务无法正常开展，造成金融支付结算系统大范围停顿或瘫痪，造成较大范围内社会影响的；

2. 辖内各级银行业金融机构负责人涉嫌经济、刑事犯罪案件，受公安、检察、司法机关处分、拘留和逮捕或在任职期间发生叛逃、出走、非正常死亡等情况造成岗位空缺的；

3. 发现非法设立金融机构、非法从事金融业务或进行非法集资活动，应依法进行取缔、清理的；

4. 发生账款重大差错事故和严重违反金融企业会计制度并造成重大损失的；

5. 借款单位借破产、兼并、重组、改制等时机逃废金融债务，或借款单位发生重大经营变故给银行业金融机构造成重大资金损失的；

6. 法院判决金融机构败诉后，应支付胜诉单位资金超过1 000万元的；

7. 发现经营行为严重违反国家和监管部门规定，有可能或已经造成重大资金损失，并在金融业和社会上产生重大不良影响的；

8. 重大经营政策方针调整或发生机构大规模撤并等重大变化，并有可能在短期内对社会或实施正常监管产生严重影响的；

9. 火灾、水灾、地震等重大灾害事故对银行业金融机构正常经营、经营场所及账册等重要财产和人员造成重大损失和伤害的；

10. 其他需要报告的重要情况。

第四条 报告标准

（一）挤提类事件的报告标准：

发生存款大幅度非正常下降，众多客户同时要求提款，头寸不能满足客户正常取款要求；

（二）金融案件的报告标准：

1. 发生 1 000 万元以上的诈骗案件；

2. 发生 100 万元以上的计算机犯罪并由公安机关立案的案件；

3. 发生 100 万元以上的盗窃财物案件；

4. 抢劫银行业金融机构或运钞车的案件；

5. 侵害银行业金融机构安全、发生重大爆炸造成职工伤亡 1 人以上或重大经济损失的案件；

6. 绑架和伤害银行业金融机构支行行长和信用社主任以上高级管理人员的案件；

7. 丢失、被盗枪支一支以上的案件；

8. 需要报告的其他重大刑事和治安案件。

第五条　报告办法及要求

（一）辖内银行业金融机构发生上述紧急重大事件，应在事件发生后以《紧急重大事件》形式报告：

1. 对发生的挤提事件，应立即向北京银监局报告，同时抄送人行营业管理部；

2. 对发生的其他紧急重大事件，应在 12 小时内向北京银监局报告，同时视情况报告市委、市政府。

（二）报告的要素要齐全。关于挤提事件，要说明挤提原因、时间、地点、参加挤提的人数、被挤提机构及其资产负债和头寸状况、风险蔓延情况、地方政府、人民银行分支机构、监管机构和机构本身已采取措施和拟采取措施以及下一步事态发展的预测等，并根据情况随时续报。关于其他情况，要说明事件发生或发现的时间、地点、涉及人员、类型、性质、经过、已经或预计造成的损失和影响及有关部门已经和将要采取的措施等，并根据情况随时续报。报告文字应简练，内容务必真实、准确。

第六条　对涉及金融机构高级管理人员管理的、不属于本制度要求的紧急重大情况报告范围内的其他重大情况，应按照其他有关监管法规规定及时报告和处理。

第七条　辖内各银行业金融机构对本系统内发生的紧急重大情况，要及时、准确、全面地按本制度规定报告。对违反本制度，迟报、漏报、瞒报、误报重大情况，造成严重后果的直接责任人和主要负责人，将按有关规定给予严肃处理。

第八条　辖内各银行业金融机构应制定完善本系统内紧急重大情况报告制度，明确向北京银监局快速上报重大情况的归口管理部门和人员，并上报北京银监局。

第九条　本制度由北京银监局负责解释和修订。

第十条　本制度从发布之日起施行。

二〇〇四年一月八日

关于严格控制钢铁电解铝水泥行业贷款进一步防范金融风险的通知

中国银行业监督管理委员会北京监管局

京银监通［2004］20号

各政策性银行北京市分行及总行营业部、各国有独资商业银行北京市分行及总行营业部、各股份制银行在京营业机构、北京市商业银行、北京市农村信用合作社联合社、北京国际信托投资公司：

近日，国务院召开了严格控制部分行业过度投资的电视电话会议，会议提出要认真解决和切实防止盲目重复建设，采取措施制止钢铁、电解铝、水泥行业的过度投资。这是党中央、国务院加强和改善宏观调控，保持国民经济平稳较快发展的重要举措。中国银行业监督管理委员会对部分行业过度投资可能引发的风险也高度重视，要求各银行业金融机构（以下简称各金融机构）密切关注与此相关的信贷风险。为此，我局提出如下监管要求，请严格遵照执行：

一、各金融机构要统一认识，高度重视，坚决贯彻党中央、国务院的决策。充分认识部分行业过度投资和低水平重复建设给国家经济发展和银行资金带来的风险，支持首都经济持续健康发展。盲目扩大投资、盲目重复建设已成为当前经济运行中的突出问题。如果不加以合理的调控和引导，必然会加剧生产能力过剩，资源消耗大、技术水平低、安全条件差、污染严重等矛盾将更加突出，势必会延缓我国经济结构调整和产业升级的步伐，造成企业破产、失业增多等风险，影响改革发展稳定的大局。更值得注意的是，这些行业的过度投资，很大部分依赖银行贷款，一旦市场发生变化，企业经济效益恶化，将难以偿还银行贷款，形成银行新的不良资产，从而会加剧银行资金风险，影响金融稳定。因此，各金融机构要提高认识，明确要求，精心组织，认真排查本部门对钢铁、电解铝、水泥行业的贷款情况，检查贷款使用情况，摸清底细，并将排查情况于2004年2月底前书面报我局。

二、在切实做好贷款项目清理工作的基础上，各金融机构要统筹规划，调整信贷结构，优化贷款投向，强化银行信贷资金对钢铁、电解铝、水泥产业发展的制约调控作用。新发放贷款要贯彻区别对待的原则，坚持资金的市场化调配，对效益好、产品有市场的企业要继续支持，保证控制过度投资的工作平稳有序地进行，防止出现大起大落。对不符合银行贷款条件的项目，坚决不予贷款。

三、各金融机构要切实增强风险控制意识，加强信贷管理，规范操作行为，继续抓好不良贷款“双降”工作，切实防止不良贷款的反弹。

一是要加强贷前调查、贷时审查工作，严格按照贷款程序运作，对盲目投资、重复建设、低水平扩张、不符合规划和国家产业政策和市场准入条件的建设项目，一律不予贷款，切实增强国家产业政策和信贷政策结合的有效性。要强化贷后管理，密切关注贷款资金的使用情况，严格审查资金用途，做到防患于未然。

二是要加强三个行业贷款风险的识别、预警和分析；针对这些行业的特点，细化监测指标，建立监测体系，加大风险监测和分析的力度。加大对单笔大额及大额贷款客户的监控，定期跟踪企业情况，重视信息的搜集工作，密切注意国家政策信息、行业发展信息，发现借款人经营状况恶化时，及时发出预警信号，发现问题，及时反映，尽快处理。

三是要端正信贷工作的指导思想。根据国家的有关经济和产业政策，科学制定信贷政策，注重对其他行业政策的分析和研究，本着支持经济发展，分散风险的原则，加大对中小企业的支持力度，防范信贷风险的过度集中。

四是要完善内控机制，稽核内审部门要加大对此类贷款的监督检查力度，对违反有关程序和规定导致决策失误并造成重大资金损失的相关人员，要按照有关法律规定追究责任。

五是要加强与政府有关部门的协调配合，注意做好与相关企业的交流沟通，做好不良贷款的清收工作，防止资产质量进一步恶化。

我局将积极配合有关部门做好工作，进一步加大现场检查工作力度，对辖内各金融机构的贷款，尤其是对钢铁、电解铝、水泥等投资过度行业的贷款适时进行专项现场检查，防止产生新的不良贷款。各金融机构要将工作中的相关情况和问题及时向我局和有关部门反映。

二〇〇四年二月九日

关于立足风险管理　配合国家宏观调控政策进一步加强和改进信贷工作　防范化解风险的监管意见

中国银行业监督管理委员会北京监管局

京银监发［2004］122号

各政策性银行北京市分行及总行营业部、国家开发银行企业局、各国有独资商业银行北京市分行及总行营业部、各股份制商业银行在京营业机构、北京市商业银行、北京市农村信用合作社联合社、北京邮政储汇局、各金融资产管理公司北京办事处、各非银行金融机构：

2004年以来，党中央、国务院审时度势，相继出台了一系列宏观调控政策和措施，中国银监会结合银行业的特点和实际情况，围绕着认真落实国家宏观调控政策，提出了加强贷款风险管理的七项措施。当前贯彻落实国家宏观调控政策，进一步加强和改进风险管理，仍然是摆在我们面前的重要任务，辖内各银行业金融机构（以下简称“各机构”）必须进一步增强全局意识，全面、准确、积极地把握国家宏观调控政策，认真按照中国银监会和市委、市政府关于宏观调控的统一部署和要求，坚决贯彻落实宏观调控政策措施，牢固树立“首都金融无小事”的观念，正确处理好支持经济发展与防范化解信贷风险的关系，掌握好工作力度，以贯彻宏观调控和“创建好银行”为契机，努力强化风险管理，确保资产质量提高和不良资产“双降”任务的完成，促进首都经济金融持续稳定健康发展。为此，提出以下监管意见：

一、扎实加强贷款风险管理，注重防范贷款集中度和关联交易风险，对清理银行固定资产项目贷款引发的信用风险要早预警、早防范，加大资产保全力度，最大限度减少贷款损失

各机构要认真研究当前宏观调控形势下出现的新情况和新问题，密切关注国家产业政策调整所带来的信贷政策变化，用新思路、新机制和新方法解决新问题，用创新的方法开展工作。当前，要按照中国银监会要求，结合北京地区的实际情况，重点做好以下几方面工作：一是集中力量控制贷款集中度风险和关联企业贷款风险，加强对关联企业相互担保的管理和监测，特别是要注意防范部分过热行业和高风险行业贷款集中度风险，密切关注流动性风险。各机构要按照建立客户大额授信统计申报制度和零售违约客户情况统计制度的要求，准确、及时、全面完成客户1亿元以上大额授信和重大违约事项两项统计制度指标的报送工作。各机构要加强对贷款重点行业和贷款项目的分析，认真按国家产业政策和贷款条件审查并发放贷款，从严掌握部分投资过度行业贷款的发放，尽快建立对贷款项目的预警分析制度和信用风险评级预警系统，加强对集团客户授信业务的风险管理，注意控制贷款集中度风险和关联交易。针对这些行业的特点，细化监测指标，建立监测体系，加大风险监测和分析力度。二是要认真研究并采取切实有力的措施防范短期贷款挪作长期使用的风险。进一步加强贷款授信管理，严格执行重点行业项目资本金比例规定，严禁将贷款转化成贷款企业资本金，防止贷款企业将流动资金贷款挪用于固定资产投资。三是注意控制固定资产投资项目清理等引发的贷款风险。据市固定资产投资清理领导小组办公室初步统计，北京市本次清理固定资产投资项目5 315个，涉及投资总额1.88万亿元。从清理结果看，北京市固定资产投资和银行贷款项目大多数符合国家产业政策和信贷政策，但也有一部分项目不符合相关政策，有些项目面临停、缓建，相关的银行信贷资产将会产生一定风险，要高度关注，早作预案。从对辖内18家银行业金融机构固定资产自查情况初步统计的结果看，涉及银行贷款项目858个，贷款余额2 581.1亿元。其中，国有商业银行393个，贷款余额592.1亿元；政策性银行109个，贷款余额1 494.2亿元；10家股份制商业银行158个，贷款余额244.5亿元；北京市商业银行154个，贷款余额234.2亿元；市农信社44个，贷款余额16.1亿元。各机构对上述项目要加大清理关注力度，特别要防范固定资产项目停建、缓建引发的信贷风险，要指定专人逐个项目进行清理。各机构要特别注意积极配合整顿信用秩序，保全银行资产，防止企业借清理之机逃费银行债务，防范信用风险。四是严格控制不合理、不科学的信贷投放，控制房地产和汽车行业贷款风险，警惕“假个贷”和“炒楼热”等具有投机性质的贷款带来的违约风险。各机构对盲目投资、低水平扩张、不符合国家产业政策和市场准入条件、达不到资本金比例要求以及未按规定程序审批的项目，一律不得发放新的贷款，已给予授信和已发生贷款的要采取适当、稳妥的方式予以纠正。

二、注意保持调控力度，着力调整信贷结构，区别对待，有保有压，切实防范化解信贷风险

各机构要坚持实事求是和适时、适度、适量的原则，保证正常贷款发放工作平稳有序地进行。注意继续稳步发展和创新，提高政策水平和把握信贷风险的敏感性，做到松紧有度，区别对待，调控有力，有保有压。按照“适度从紧，紧中有活，活而不乱，防范风险”的原则处理当前调控和执行政策的力度。要在严格控制贷款风险的同时，积极配合国家宏观调控政策，保持调控力度，注意保持贷款均衡平稳投放。对于新发放贷款要贯彻区别对待的原则，对于符合国家产业政策和市场准入条件的行业以及效益好、产品有市场的企业和重点项目以及效益好的高科技中小企业要继续给予贷款支持；要防止信贷投放大起大落和“一刀切”，各机构要加强对客户的偿还能力、公司治理、内部控制、发展战略等方面的审查。今后大型项目贷款提倡辖内银行联合起来组织银团贷款或者俱乐部贷款，减少贷款集中度，分散风险。要坚持风险管理的原则并一以贯之，把国家的宏观调控的政策真正落实到风险管理上。

三、加强信贷政策和产业政策的协调配合，防止出现新的行业和系统风险

各机构在配合国家宏观调控政策，适时、适度对钢铁、水泥、电解铝以及房地产、汽车等过热行业进行合理控制的情况下，对于上述行业中符合国家产业政策的项目仍然要继续给予支持。要平等对待每一个贷款企业，不论所有制性质，不论规模大小，关键看是否符合贷款条件，是否具备偿还能力。各机构不仅要清理调整房地产、钢铁等投资过热行业的贷款，而且要加强对国家产业政策的分析和研究力度，进一步协调信贷政策和产业政策，不断调整和优化信贷结构，防止出现新的行业和系统性风险。

四、立足风险管理，正确理解、积极配合宏观调控的各项措施，增强信贷管理的科学性

各机构要认真领会中国银监会提出的防止信贷管理“一刀切”的指示精神，对该支持的贷款一定要继续支持，避免出现贷款的大起大落。对于因为信贷调整和贷款管理的加强而压缩或缓放的贷款，应认真向企业解释，避免形成不必要的误解，对宏观调控措施效果产生不良影响。要借此次宏观调控的契机，大力调整信贷结构，努力防范信贷风险。在深入市场进行调查研究的基础上，开展多种形式的业务创新，用业务的扩展弥补贷款投放的减少，支持首都经济健康快速的发展。

五、做好与政府有关部门和企业的沟通，确保银行资金安全

北京市清理固定资产投资项目的工作已经基本结束，各机构要未雨绸缪做好自己的工作。加强与政府有关部门的沟通与协调，及时了解停建、缓建项目的有关信息，及时与涉及到停建、缓建项目的有关部门和借款企业协商处理好停建、缓建项目合同等有关内容的修改和善后事宜，最大限度地减少银行资金的损失。

六、密切防范信贷风险向票据融资领域渗透，防止企业通过违法渠道获取固定资产投资资金

国家宏观调控政策实施以后，许多企业由于无法取得项目贷款和固定资产贷款，部分企业一是可能会转向短期贷款（或贴现），通过短贷长用达到目的。尤其像信用等级在AA级的大型集团或关联企业，银行对资金去向难以追踪，各机构应高度关注此类贷款被挪用的风险。二是可能通过信用方式申请短贷或者承兑汇票，票据有可能会成为这些企业寻觅的新的融资渠道，信贷风险可能会向票据融资领域渗透，尤其是集团客户和关联企业虚设贸易背景、互相担保套取银行资金的风险将可能进一步加大。各机构应在落实宏观调控政策之际，加强对集团客户授信业务的风险管理，密切防范票据业务风险。强化对票据业务的内部检查监督，及时发现票据业务风险控制的薄弱环节，对业务开办过程中存在的违规行为及时查处，促进票据业务的规范发展。信托投资公司、财务公司应进一步加强合规性管理，农村信用社绝不能通过证券公司进行国债和资金交易，一经发现，我局将严肃处理。

七、实行“一把手”负责制，高度重视资产质量，继续狠抓不良贷款“双降”工作，防范产生新的不良贷款

各机构要继续狠抓降低不良贷款工作，实行“一把手”负责制，抓降工作的决心不能动摇，工作不能松懈，力度不能减弱。各机构应结合自身情况，一方面积极挖掘新的优质客户，优化信贷产业结构，加大清收不良贷款力度，通过切实降低不良贷款余额来处理好调整信贷结构与完成“抓降”工作两者的矛盾。另一方面要努力采用新思路、新机制和新办法来解决抓降问题，从存量上压缩不良资产，确保2004年不良贷款“双降”任务的完成。

八、以宏观调控为契机，努力创建好银行，全面提升内控和风险管理水平，促进各项业务健康发展

各机构要认真学习和贯彻落实好刘明康主席在“贯彻落实国家宏观调控政策电话电视会议”上提出的“四个结合”的指示精神，进一步完善内控和风险管理，建立风险约束机制，标本兼治，建立长效机制，实现信贷经营的全过程管理，保证监督检查机制的健全有效，在改革中全面提高综合竞争力，加大工作力度，努力创建好银行。

今后，我局将密切关注辖内银行业金融机构动态，更好地把握宏观调控政策，加强审慎监管，加大监管力度，促进北京市经济金融业的持续健康发展。

各机构在工作中如遇问题应及时向我局反映。

二〇〇四年七月八日

关于在辖内大力开展和推动“创建好银行”工作的通知

中国银行业监督管理委员会北京监管局

京银监通［2004］135号

各国有独资商业银行北京市分行及总行营业部、各股份制银行在京营业机构、北京市商业银行、北京市农村信用合作社联合社：

为进一步贯彻落实中国银监会监管工作要求，全面提升辖内商业银行经营管理水平，促进首都银行业稳定、持续、健康发展，维护首都经济发展与社会安定，我局决定从2004年开始，在辖内国有独资商业银行、股份制商业银行、北京市商业银行和北京市农村信用合作社联合社中大力开展和推动“创建好银行”工作，现将有关工作通知如下：

一、“创建好银行”工作的现实意义和总体目标

辖内银行业金融机构，要以科学的发展观、创新的思维，不断更新经营理念，深刻认识“创建好银行”工作的重大现实意义。

第一，开展“创建好银行”工作是保障首都金融稳定运行，建设“首都金融安全区”，促进首都经济发展与社会安定的需要。

第二，开展“创建好银行”工作是深入贯彻《银行业监督管理法》和《商业银行法》的重大举措，是实践中国银监会“管法人，管内控，管风险，提高透明度”的全新监管理念的延伸，是在首都监管工作中贯彻“以监管促发展，在发展中化解风险；以监管保稳定，在稳定中增强公众和机构市场信心；以监管求创新，在创新中提升机构核心竞争力；以监管讲服务，在服务中提高监管效率和水平”的监管原则的重要载体，也是考核评价监管成果的具体体现。

第三，开展“创建好银行”工作是商业银行自身改革与发展，特别是完善经营管理、提高资产质量的需要，是进一步完善法人治理结构，健全内控机制，强化高级管理人员经营管理责任与操守，实现资产结构多样化和服务产品多元化，使管理水平、盈利能力和发展能力不断上新高的有效保障。

第四，开展“创建好银行”工作是从更深层次上促进辖内银行业金融机构转变经营理念、方法、技术和手段，全面提升依法经营的意识和水平，推动其增强风险意识、创新意识和竞争意识。建立科学的企业文化，建立涵盖所有业务风险点的风险预警控制体系，激发在组织结构、内控机制、业务开拓等方面的创新能力，拓展竞争领域，提升综合竞争力，最终实现与国际先进的经营管理理念接轨的需要。

第五，开展“创建好银行”工作也是首都银行业应对加入世贸组织和2004年底对在京外资银行开放人民币业务所带来的银行业竞争与挑战的需要，有助于辖内中资银行积极做好各方面的应对准备工作，对推进辖内中资银行的综合性改革与发展，促进辖内中资银行不断提高内控水平和风险防控能力，进一步增强自身的综合竞争力具有重要意义。

通过开展“创建好银行”工作，当前要重点解决辖内银行业在内控管理、资产质量等方面存在的突出问题，提升风险防范控制能力、机构发展能力和市场竞争力。总体目标是：力争用5年左右的时间，使辖内银行业金融机构内控制度基本完善，能够覆盖所有风险点，风险防范措施基本到位，治理结构合理；整体不良贷款率平均下降并稳定在3%左右，资产质量优良；使辖内各银行业金融机构成为“资本充足，治理结构合理，内控严密，运营安全，服务、质量和效益良好，高管人员无不良记录”的“好银行”。

二、“好银行”的标准

从国际“好银行”的标准看，“好银行”应具有一流的经营业绩、健全的公司治理结构、良好的内控机制与风险管理能力、超越其他对手的经营理念和发展策略、令各类客户满意的服务、高素质的高级管理人员及合格的金融从业员工等标准。具体而言：

（一）“好银行”必须要有一流的经营业绩

在经营业绩和财务实力方面，“好银行”应该达到以下标准：

1. 经营绩效方面

（1）总资产净回报率在 1.17% ~ 1.2%左右；

（2）股本净回报率在 12% ~ 14%左右；

（3）成本收入比（总费用占全口径经营收益比），在 35% ~ 45%之间。

2. 资产质量方面

按照五级分类标准，不良资产比率在 2% ~ 3%之间。

3. 审慎经营方面

（1）资产充足率在 8%以上。核心资产充足率在 4%以上；

（2）不良贷款拨备覆盖率接近 100%；

（3）大额贷款集中度，对单一客户的贷款集中度不超过资本净值的 10%。

（二）“好银行”必须要有健全的公司治理结构

在公司治理结构方面，“好银行”应具有以下特征：

1. 组织结构中应包含四个重要的监督形式：董事会或监事会的监督，脱离于日常业务的单个部门（人）的监督，管理层对不同业务领域的直接监管，独立的风险管理和审计功能；

2. 治理结构中确立银行明确的战略目标和一套贯穿整个银行组织的公司价值理念；

3. 各种委员会（包括董事会、监事会）成员胜任工作岗位，明确自己在公司中的作用，并且不会轻易被管理层或外界因素所影响；

4. 治理结构中能确保对高级管理层良好的监督；

5. 能够有效的开展和利用内部稽核和外部审计的工作，充分认识和发挥审计工作的控制作用；

6. 具有与公司发展策略和价值理念相一致的薪酬机制，以及银行透明的管理和决策过程。

（三）“好银行”必须要有良好的内控机制和风险管理能力

“好银行”在内控建设上应具有以下主要特征：

1. 强调高级领导层的控制责任；

2. 大力在银行内部提倡和营造一种“控制文化”；

3. 控制活动已被当做银行日常工作的不可分割的一部分，而不是对经营管理的额外补充；

4. 管理中强调信息与交流；

5. 加强内控的监督评审活动，并强调缺陷的纠正；

6. 对内控制度的评价已成为银行内审监督部门的日常监管工作和现场检查监督的一部分。

（四）“好银行”必须要有超越其他对手的经营理念和发展策略

“好银行”应该有独特的经营理念以及明确的发展战略，这种理念及战略要和自身的技术水平、产品的服务与创新以及对经济的发展的判断结合在一起，并将其发展成为自己的核心竞争力。

（五）“好银行”必须要有令各类客户

满意的服务

“好银行”应当实施以客户为中心的服务理念，让客户满意的服务是银行经营的最基本要求。良好服务的标准包括：服务手段和技术能够及时满足客户的需求，如快捷的结算，多种形式的服务系统（电话、网络到 ATM 服务）以及适当的分支机构；服务质量（时间、效率）具有较高的客户满意度等。

（六）“好银行”必须有高素质的高级管理人员和合格的金融从业员工

“好银行”的高级管理人员应当具有良好的职业操守和履职能力、较强的领导能力、组织能力与协调能力，能够树立先进的科学的企业文化理念，并将这种理念贯穿于经营管理的各个方面。由高级管理人员组成的管理团队具有较强的凝聚力，能引导全体员工为实现企业发展目标而共同奋斗。

“好银行”的员工应当具备良好的职业素质、职业道德、职业纪律和职业行为，在工作中勤勉敬业、尽职尽责，在思想上对企业文化有高度的认同感，能够将自身的发展与企业的命运联系在一起，自觉为企业的发展贡献力量。

三、“创建好银行”的评价体系和基本内容

“创建好银行”评价体系由机构评价体系和高级管理人员履职行为考核体系组成。机构评价体系包括资本充足性（针对法人机构）、资产质量、管理能力、盈利性、流动性、发展能力（总行支持度，针对非法人机构）六个方面。高级管理人员履职行为考核体系包括高级管理人员任职期间的经营业绩、履职情况和职业操守三部分指标。评价体系以资产质量和高级管理人员履职行为考核为主线，以“健康度”、“进步度”为标准，将定量指标与定性指标相结合，据此对各银行业金融机构的静态风险和发展态势进行评价，综合考察银行业金融机构的法人治理结构、内控机制、风险控制能力、金融创新能力、资产质量、高级管理人员履职行为等内容，科学真实地反映和全面衡量辖内各银行业金融机构的健康度和进步度。

除北京市农村信用合作社风险评价按照中国银监会下发的《农村合作金融机构风险评价和预警指标体系（试行）》执行外，对其他银行的风险评价将按照我局制定的《北京市辖内商业银行风险评价、预警体系（暂行）》执行；高级管理人员履职行为评价按照我局制定的《北京市银行业高级管理人员履职行为考核评价指标体系（暂行）》执行。辖内各政策性银行金融机构应比照上述评价体系进行自我评价，以此提高风险防控能力及经营管理水平。

四、“创建好银行”工作的组织和要求

“创建好银行”工作是监管框架的重要组成部分，是一项严肃认真和长期的工作，我局将成立以赖小民局长为组长的“创建好银行”工作指导小组，负责辖内银行业金融机构“创建好银行”工作的组织指导，我局各监管处室按照监管职责分工对辖内银行业金融机构的创建工作进行指导。

辖内各银行业金融机构要高度重视并切实做好“创建好银行”工作，要成立以一把手为组长、有关职能部门参加的“创建好银行”工作领导小组，具体负责本系统“创建好银行”工作的组织推动。

辖内各银行业金融机构要吃透“创建好银行”的精神实质和评价体系，要本着将“创建好银行”工作与经营管理工作和内部考评工作相结合的原则，讲求实效，力戒形式，制订切实可行的工作推进计划，落实“创建好银行”工作。扎扎实实练好内功，力戒形式，严禁弄虚作假，争创出名副其实的“好银行”。

辖内银行业金融机构应依据我局提供的有关评价体系，以法人、分行、支行级机构为单位进行自我评价，并在每年三月底前将本系统自我评价结果报告我局。我局将组织人员对法人、分行级机构进行全面检查，对支行级机构进行抽查，并对各机构开展“创建好银行”工作做出总体评价。评价结果将作为我局对辖内银行业金融机构实施分类监管的基本依据和市场准入以及高级管理人员任职资格审核的重要参考。

“创建好银行”工作重在实效，不搞评比。我局将对“创建好银行”工作组织得力、效果明显的辖内银行业金融机构给予表扬；对“创建好银行”组织工作不到位、效果较差的给予督促、批评，并依法加大监管力度，从机构、业务的市场准入和高级管理人员任职资格审核等方面加以必要的限制。

各辖内银行业金融机构接到本通知后，应立即转发所属分支机构，按照规定的要求做好准备工作。我局将根据工作安排适时开展对各银行业金融机构开展“创建好银行”工作的现场检查。如有问题，请及时与我局相关监管处室联系。

附件：1. 北京市银行业金融机构高级管理人员经营管理行为考核评价体系（暂行）（略）
2. 北京市辖内商业银行风险评价、预警体系（暂行）（略）

二〇〇四年八月十日

关于开展2004年北京保险市场秩序整顿与规范工作的通知

中国保险监督管理委员会北京监管局

保监京发［2004］275号

各保险公司在京分公司、各在京保险专业中介机构：

为促进北京市保险市场的稳定、持续、健康发展，保护广大被保险人利益，根据中国保监会《关于开展2004年整顿和规范保险市场秩序工作的通知》（保监发［2004］68号）要求，结合北京保险市场的具体情况，北京保监局将深入开展2004年整顿和规范保险市场秩序工作。现将有关事项通知如下：

一、总体思路

2004年北京保险市场秩序整顿工作的总体思路是：按照中国保监会关于整顿和规范保险市场秩序工作的总体部署，紧紧围绕发展是执政兴国第一要务的主题，针对北京保险市场存在影响被保险人切身利益，不利于保险业持续健康发展的突出问题开展整顿和规范工作。通过清理整顿规范保险市场秩序，维护人民群众的切身利益，提高北京保险业的整体经营管理水平，实现北京保险业的持续、健康、快速发展。

二、整顿规范范围

根据中国保监会确定的2004年整顿工作重点，结合北京保险市场的具体情况，此次保险市场整顿和规范的范围为2004年6月30日之前经保险监管部门批准设立的各保险公司在京分支机构，以及在京保险各专业中介机构。

三、主要内容

（一）寿险公司清理整顿的主要内容

1. 内控制度建设与执行情况

（1）现有内部控制制度的设置目标与架构体系；

（2）现有内部控制制度与公司部门、机构设置的关系；

（3）内部控制制度设计健全性、有效性、独立性、合规性及其薄弱环节；

（4）单证与印鉴管理、财务会计管理、资金运用管理、业务流程管理、计算机系统管理五个方面的内部控制制度建立情况；

（5）公司未来内部控制制度建设的重点、思路与举措。

2. 防治欺诈误导的措施和情况

（1）保险公司营销员持证上岗情况，落实营销员持证上岗的措施；

（2）投保提示制度的执行情况；

（3）防治营销员误导消费和诈骗保费的措施和情况；

（4）是否存在营销员参与或协助境外人员宣传和销售“地下保单”的具体防范措施。

3. 短期意外险的经营管理情况

（1）经营的合规性；

（2）单证管理的情况，是否实现电脑出单；

（3）保险费收入的真实性，有无坐支保费、撕单、埋单现象。

（二）产险公司清理整顿的主要内容

1. 汽车消费贷款保证保险业务经营情况

（1）承保、赔付、逾期情况以及未到期责任等情况；

（2）化解已有业务风险所采取的措施；

（3）目前经营车贷险存在的问题及应对措施。

2. 房贷险业务情况

（1）保费收入确认方式；

（2）准备金提取及退保情况；

（3）经营房贷险存在的问题及防范风险的管理措施。

3. 内控制度建设与执行情况

（1）代理机构管理：公司对代理机构的管理制度及执行情况、兼业代理市场中存在的问题、公司采取的相应措施及效果；

（2）核保核赔：公司对分支机构核保核赔的管理制度、承保理赔授权情况、计算机信息系统应用情况以及存在的问题；

（3）单证方面管理：应包括对具有远程出单资格的兼业代理机构的单证管理等；

（4）应收保费管理。

4. 各公司在保险宣传方面的工作情况，以及研究服务创新方式，提升自身服务水平方面的工作情况。

5. 各公司防止欺诈误导消费采取的措施及实施效果。

6. 公司假报表、数据、赔案的真实性。各公司要对自身报表数据、赔案，尤其对车险的批改业务进行自查。

7. 短期意外险的经营管理情况

（1）经营的合规性；

（2）单证管理的情况，是否实现电脑出单；

（3）保险费收入的真实性，有无坐支保费、撕单、埋单现象。

（三）保险专业中介机构清理整顿的主要内容

1. 专业保险中介机构及分支机构设立或变更事项的报批手续是否完备；

2. 资本金、出资额是否真实、足额；

3. 高管人员的任职资格和从业人员的持证情况；

4. 保险监管费是否及时上缴；

5. 是否按照规定提取营业保证金或办理职业责任保险；

6. 业务经营状况和财务状况；

7. 报送的各类报告、报表、资料等是否真实、及时；

8. 其他各项规章制度的执行情况。

四、工作安排

本次整顿工作采取自查与抽查相结合、一般检查与重点检查相结合的方式，分为自查自纠、抽查和重点检查、总结三个阶段。

（一）自查自纠阶段（9月份）

1. 各公司要根据部署，结合公司的实际情况，成立整顿和规范工作小组，组织自查自纠。

2. 各公司将有关自查自纠的情况报我局，自查总结报告应包括以下内容：贯彻中国保监会和我局清理整顿工作精神的有关部署和实施情况；在整顿和规范中发现的主要问题；以及针对发现问题提出具体的整改措施。9月30日之前上报自查结果。

（二）抽查和重点检查阶段（10月份）

1. 我局根据非现场检查和信访工作中反映的问题，及公司自查工作情况，确定重点检查对象和问题，并组织力量进行抽查。

2. 对抽查中发现的问题，我局将依据有关法律法规和程序进行处理。

（三）总结阶段（11月份）

1. 我局对整顿和规范情况进行工作总结；

2. 我局对检查中发现的新问题进行深入研究，提出解决方案。

五、整顿工作法律法规依据

（一）《中华人民共和国保险法》；

（二）《保险公司财务制度》；

（三）《保险公司会计制度》；

（四）《保险公司管理规定》；

（五）《人身保险新型产品信息披露管理暂行办法》；

（六）《保险代理机构管理规定》；

（七）《保险经纪公司管理规定》；

（八）《保险公估机构管理规定》；

（九）中国保监会下发的其他有关规范性文件等。

六、有关要求

（一）提高认识、高度重视

各公司应提高对整顿和规范市场经济秩序的重要性、长期性、艰巨性的认识，增强员工的责任感和紧迫感，通过整顿和规范保险市场秩序，推动北京市保险业健康、有序、协调发展。

各公司领导应高度重视清理整顿工作，清理整顿工作领导小组应切实负起责任，要制定切合实际的清理整顿实施方案，狠抓落实，保证不走过场。对自查中遇到问题，要及时纠正并与我局沟通。

（二）整顿和规范中应坚持发展的目标

整顿是手段，发展是目的。在整顿和规范保险市场秩序工作中，要坚持以整顿促发展的原则，加强对保险业务的引导和相关问题的研究。通过整顿，促进内控制度的落实，促进保险信用体系的建设。达到提高公司的整体经营管理水平和竞争力，提升保险业在社会大众中的地位和形象的目的。

（三）整顿和规范工作应坚持创新的原则

通过对保险市场的整顿和规范，解放思想，创新经营，通过创新制度来完善管理和改进服务。探索北京保险市场突破性、跳跃式发展的道路。

二〇〇四年八月二十五日

关于在北京地区实行投保提示制度有关问题的通知

中国保险监督管理委员会北京监管局

保监京发［2004］75号

各保险公司在京分公司、北京保险行业协会：

近年来保险业发展迅速，产品种类日益丰富，在满足消费者的风险保障需求方面发挥了积极作用。但发展中也出现了一些问题，尤其误导消费问题较为突出。为切实保护投保人利益，教育投保人正确认识保险产品，督促保险行业提高服务质量，促进保险市场规范、健康发展，依据《中华人民共和国保险法》、《关于进一步做好机动车辆保险管理工作的通知》、《人身保险新型产品信息披露管理暂行办法》等，我局在充分征求各公司意见的基础上，编写了《投保提示》，并决定自2004年6月1日起在北京地区实行投保提示制度。现将《投保提示》及其使用说明（附件一、附件二、附件三）下发给你们，并就有关问题明确如下：

一、投保提示制度着眼于对投保人的合法保险权益、投保注意事项等进行提示；告知其保险公司和保险中介机构在产品销售和服务提供过程中应尽的义务；明示各类保险产品的特点和风险。通过在投保之前向投保人提示权益和风险，达到协助规范保险从业人员的展业行为、教育投保人的目的。

《投保提示》分为产、寿险两种版本，分别适用于产险公司的机动车辆保险产品和寿险公司一年期以上（不含）的个人人身保险产品、银行代理保险产品。

我局通过网站、媒体等多种渠道向社会公示投保提示制度的内容及相关要求。

二、各公司应高度重视投保提示制度的组织实施，把投保提示工作的落实作为规范销售人员展业行为、加强投保常识宣传、增强投保人法律意识、风险意识的主要措施，必须抓紧做好，使之经常化、制度化。同时，要根据《投保提示》的内容，做好内部各部门及所属代理机构的协调沟通工作，确保投保提示制度执行顺畅，效果良好。

三、各公司要分别在本公司的网站、

营业网点、所属代理网点公示、张贴《投保提示》，并组织公司销售人员及代理人在销售产品时向投保人告知《投保提示》中所规定的内容。具体告知形式可由公司自行确定，但必须采用书面提示方式，提供给每一个投保人。在具体操作过程中，应当将监管部门的《投保提示》单独列示，不得与本公司的“投保须知”等告知内容交叉合并。各公司应于2004年4月30日之前将拟采取的书面提示方式及实施计划报我局备案，执行中如有变动，应及时报告我局。

四、2004年6月1日以后投保车险、一年期以上（不含）的个人人身保险产品、银行代理保险产品的投保人向我局提出保险公司未做相应投保提示的投诉，保险公司应当提出确实的证据，证明已经将相关信息告知投保人。

五、我局将通过网站、咨询热线等多种渠道向社会公布保险公司营业网点、代理网点及产品销售人员的销售资格和产品备案信息等内容。请各公司在机构、人员、条款信息变更后，及时核实是否已在我局网站上披露。

特此通知

附件：1.《投保提示》使用说明（略）

2.《投保提示》（机动车辆保险版）（略）

3.《投保提示》（人身保险版、含人身保险产品、分红型人身保险产品、投资连结型人身保险产品、万能型人身保险产品、银行保险产品）（略）

二〇〇四年三月十五日

附：

2004年文件与规章目录选编

中国人民银行营业管理部

1月12日　人行营业管理部印发《关于北京市税库银横向联网试点运行有关安排的通知》（银管发［2004］3号）。

2月27日　人行营业管理部印发《中国人民银行营业管理部关于调整银行卡跨行交易收费及分配办法的通知》（银管发［2004］20号）。

3月16日　人行营业管理部印发《关于进一步清理金融机构对虚拟贷款卡和无贷款卡单位信贷业务的通知》（银管发［2004］38号）。

3月23日　人行营业管理部印发《关于规范金融机构加入银行信贷登记咨询系统审批程序的通知》（银管发［2004］50号）。

4月7日　人行营业管理部印发《关于规范北京市国库各代理支库现场检查工作有关事项的通知》（银管发［2004］63号）。

4月26日　人行营业管理部印发《关于扩大京津区域票据交换业务种类有关事项的通知》（银管发［2004］74号）。

6月25日　人行营业管理部与市财政局、市地税局联合下发《关于扩大北京市地方税务局　国库　商业银行横向联网试点范围的通知》（银管发［2004）98号）。

7月20日　人行营业管理部印发《关于做好北京地区第五套人民币1元纸币发行工作的通知》（银管发［2004］112

号）。

8月12日　人行营业管理部印发《关于进一步加强支付系统运行管理的通知》（银管发［2004］129号）。

8月31日　人行营业管理部下发《关于做好下一阶段货币信贷管理工作的指导意见》（银管发［2004］136号）。

9月3日　人行营业管理部下发《关于清理整顿北京市银行卡受理市场的通知》（［2004］141号）。

10月27日　人行营业管理部下发《关于进一步完善北京市下岗失业人员小额担保贷款管理办法的通知》（银管发［2004］172号）。

中国银行业监督管理委员会北京监管局

1月9日　北京银监局印发《关于印发〈辖内银行业金融机构紧急重大情况报告制度〉的通知》（京银监通［2004］8号）。

2月9日　北京银监局印发《关于严格控制钢铁　电解铝　水泥行业贷款　进一步防范金融风险的通知》（京银监通［2004］20号）。

2月13日　北京银监局印发《关于辖内银行业金融机构贯彻落实中央经济工作会议精神情况的专项检查报告》（京银监字［2004］18号）。

2月13日　北京银监局印发《关于开展部分行业贷款情况专项检查的通知》（京银监通［2004］21号）。

3月18日　北京银监局印发《关于加强银行业金融机构各类案件防范工作的通知》（京银监通［2004］40号）。

3月24日　北京银监局印发《关于加强对辖内国有独资商业银行不良资产监测和考核的监管意见》（京银监发［2004］40号）。

4月23日　北京银监局印发《关于加强非银行金融机构监管有关问题的通知》（京银监通［2004］59号）。

5月8日　北京银监局印发《关于印发〈中国银行业监督管理委员会北京监管局国有独资商业银行市场准入工作程序〉的通知》（京银监发［2004］99号）。

5月9日　北京银监局印发《关于辖内非银行金融机构进行风险自查并制定风险防范措施与处置预案的通知》（京银监通［2004］66号）。

5月17日　北京银监局印发《关于认真做好落实国家宏观调控政策　防范信贷风险　促进首都经济稳定持续发展工作的通知》（京银监通［2004］74号）。

5月19日　北京银监局印发《关于清理北京市固定资产投资项目有关工作的紧急通知》（京银监通［2004］79号）。

6月28日　北京银监局印发《关于辖内股份制商业银行全面清理在建和拟建项目固定资产贷款现场检查情况的报告》（京银监字［2004］133号）。

7月2日　北京银监局印发《关于进一步加强银行业金融机构营业场所安全防范设施建设的通知》（京银监通［2004］107号）。

7月8日　北京银监局印发《关于立足风险管理　配合国家宏观调控政策　进一步加强和改进信贷工作　防范化解风险的监管意见》（京银监发［2004］122号）。

7月21日　北京银监局印发《关于严格执行高级管理人员任职资格管理规定　加强农村信用社干部管理工作纪律的通知》（京银监通［2004］121号）。

7月21日　北京银监局印发《印发〈关于准确把握宏观调控政策加强信贷管

理的风险提示〉的通知》（京银监发［2004］128号）。

7月28日 北京银监局印发《关于印发〈辖内股份制商业银行对2003年度监管通报反馈意见的摘编〉的通知》（京银监通［2004］124号）。

8月9日 北京银监局印发《关于进一步加大银行业金融机构无障碍设施建设改造力度的通知》（京银监通［2004］134号）。

8月11日 北京银监局印发《关于在辖内大力开展和推动“创建好银行”工作的通知》（京银监通［2004］135号）。

8月18日 北京银监局印发《关于对北京市农村信用社债务捆绑 土地置换抵债风险提示的通知》（京银监通［2004］140号）。

8月30日 北京银监局印发《关于实施辖内非银行金融机构高级管理人员任前考试制度的通知》（京银监通［2004］150号）。

9月1日 北京银监局印发《关于印发〈非银行金融机构高级管理人员行为规范指引〉的通知》（京银监通［2004］155号）。

9月3日 北京银监局印发《关于对北京市农村信用社经营管理风险提示的通知》（京银监通［2004］156号）。

9月27日 北京银监局印发《关于印发〈北京银监局对北京市农村信用社突发事件应急处置预案〉的通知》（京银监发［2004］151号）。

9月29日 北京银监局印发《关于印发〈辖内非银行金融机构突发事件应急处置预案〉的通知》（京银监发［2004］154号）。

9月29日 北京银监局印发《关于进一步加强外资金融机构驻京代表处监管工作的通知》（京银监通［2004］181号）。

10月13日 北京银监局印发《关于防范新型金融诈骗有关问题的通知》（京银监通［2004］187号）。

10月21日 北京银监局印发《关于印发〈在京外资金融机构人民币业务申请及筹备指南〉的通知》（京银监发［2004］161号）。

11月11日 北京银监局印发《关于做好当前工作切实保护存款人合法权益 确保金融稳定有关问题的通知》（京银监通［2004］197号）。

11月19日 北京银监局印发《关于进一步规范辖内信托投资公司证券投资业务有关问题的通知》（京银监通［2004］199号）。

12月29日 北京银监局印发《关于规范辖内信托公司 财务公司年度外部审计工作的通知》（京银监通［2004］230号）。

中国保险监督管理委员会北京监管局

2月9日 北京保监局印发《关于启动保险代理人员从业资格信息查询系统有关问题的通知》（保监京发［2004］31号）。

3月15日 北京保监局印发《关于在北京地区实行投保提示制度有关问题的通知》（保监京发［2004］75号）。

4月6日 北京保监局印发《关于加强对外信息披露管理的通知》（保监京发［2004］100号）。

7月23日 北京保监局印发《中国保监会北京监管局行政许可内部程序暂行规定》（保监京发［2004］228号）。

7月23日 北京保监局印发《关于

落实〈中华人民共和国行政许可法〉有关问题的通知》（保监京发［2004］229号）。

8月6日 北京保监局印发《关于保险公司在京分支机构管理有关问题的通知》（保监京发［2004］253号）。

8月25日 北京保监局印发《关于开展2004年北京保险市场秩序整顿与规范工作的通知》（保监京发［2004］275号）。

9月16日 北京保监局印发《关于保险公司在京营销服务部管理有关问题的通知》（保监京发［2004］296号）。

9月27日 北京保监局印发《关于建立北京寿险标准保费行业标准有关问题的通知》（保监京发［2004］303号）。

11月3日 北京保监局印发《北京保险行业文明规范》（京保监发［2004］33号）。

12月13日 北京保监局印发《关于北京市财产保险公司条款费率管理有关问题的通知》（京保监发［2004］68号）。

六、专题与调研

北京市2004年经济金融形势分析

中国人民银行营业管理部调查统计处课题组

2004年，北京市经济延续了2003年较快的增长势头，地区生产总值增长13.2%，为1995年以来的最快增速。投资增长略有回落，消费较为活跃。金融运行健康平稳，存款增速减缓，贷款增速下降。利率政策调整的效果、房地产市场走势及物价形势值得关注。

一、经济运行简况

（一）经济保持快速增长

2004年，北京市经济延续了2003年较快的增长势头，保持较高的增长速度。全年实现地区生产总值4 283.3亿元，同比增长13.2%，比2003年加快了2.5个百分点，增速自2003年以来连续两年提高，是1995年以来的最高增速，比上一轮周期的峰顶1994年13.5%的增速略低0.3个百分点，高于1988年峰顶0.4个百分点，表明目前经济正处在新的经济周期的上升阶段，经济自主增长力量明显增强。

从全年各季度走势看，呈现前高后低特征，四个季度累计增速分别为13.8%、15.4%、13%和13.2%。主要原因有两点：一是2003年“非典”疫情对经济的不利影响集中体现在二季度，使得2003年二季度基数较低，相应使2004年增速提高；二是2003年四季度，尤其是2004年二季度出台的各项宏观调控措施在2004年下半年逐步见效，固定资产投资增速减缓，引起经济增速放缓（见图1）。

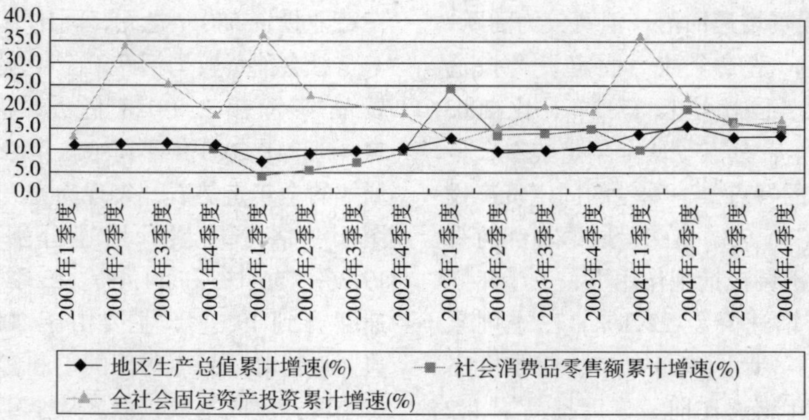

图1　2001—2004年北京市主要经济指标同比增速

从三次产业情况看，第二产业尤其是工业快速增长，推动了经济的较快增长。

第一产业实现增加值102.9亿元，同比增长1.9%。第二产业实现增加值1 610.4亿元，同比增长16.7%，其中工业实现增加值1 290.2亿元，同比增长19.3%，为1978年以来的最快增速。第三产业实现增加值2 570亿元，同比增长11.6%。三次产业比重分别为2.4%、37.6%和60%，第二产业比重比2003年提高了1.79个百分点，第一产业和第三产业比重分别比2003年下降了0.21和1.58个百分点。

规模以上工业实现增加值1 259.5亿元，同比增长19.9%。工业生产呈现较显著的三个特征：一是高新技术产业恢复快速增长，实现增加值377.7亿元，同比增长17.7%。二是重工业增长快于轻工业，轻工业实现增加值330亿元，同比增长17.7%；重工业实现增加值929.5亿元，同比增长20.7%，高于轻工业3个百分点。三是股份制企业和外商及港澳台企业增长较快，分别实现增加值497.2亿元和474.8亿元，同比分别增长19.5%和24.9%。

（二）投资增速回落，消费较为活跃

2004年，完成全社会固定资产投资2 528.3亿元，同比增长17.2%，比2003年下降1.7个百分点。从全年走势看，呈现前高后低的特点，一季度的固定资产投资增速高达36.5%，在二季度出台的一系列宏观经济调控措施作用下，上半年固定资产投资增速降至22.1%，三季度累计增速又进一步下降到16%，四季度略有反弹，全年增速比前三季度提高了1.2个百分点（见图1）。

固定资产投资的结构特征主要有以下三方面：一是房地产投资继续保持较快增速，所占比重不断提高，而更新改造投资同比下降，比重下降明显。累计完成房地产开发投资1 473.3亿元，同比增长22.5%，比2003年提高了1个百分点，自2000年以来连续5年增速在20%以上，占固定资产投资的比重逐年提高，从2001年起连续4年在50%以上，2004年达58.27%，比2003年上升了2.52个百分点。累计完成更新改造投资175.4亿元，同比下降18.9%，所占比重为6.94%，比2003年下降了3.08个百分点。累计完成基本建设投资631.4亿元，同比增长22.7%，比2003年降低了1.4个百分点。二是非国有经济投资快速增长。2004年，非国有经济完成投资1 773亿元。同比增长26.3%，占全社会固定资产投资的70.1%。三是对第二产业尤其是工业的投资迅速增长，对第三产业投资（不含房地产投资）同比下降。全年对第二产业的投资为276.5亿元，同比增长54.9%，其中266.9亿元投资在工业（占第二产业投资额的96.53%），同比增长54.9%，对工业投资的迅速增长是引起2004年工业快速增长的原因之一。对第三产业投资580.7亿元，同比下降5.8%。

社会消费较为活跃。全年实现社会消费品零售额2 191.8亿元，同比增长14.4%，比2003年下降0.1个百分点。从增速的全年走势看，表现为先升后降（见图1），各季度累计增速分别为9.5%、19.3%、16.1%和14.4%。二季度累计增速猛升到19.3%，主要由于2003年“非典”疫情对商品零售额的不利影响集中在二季度，造成基数较低。从全年零售商品的种类看，吃、穿、用类商品分别实现零售额610.8亿元、242.1亿元和1 224.6亿元，同比分别增长22.7%、15%和8.2%。

（三）出口迅速增长，利用外资步伐

不断加快

全年出口保持高速增长。据海关统计，地方累计出口总值106.1亿美元，同比增长44%；累计进口总值174.6亿美元，同比增长51%。

利用外资迅速增长。全年签订利用外资协议项目1 806个，同比增长33%；合同利用外资金额62.6亿美元，同比增长92%；实际利用外资金额30.8亿美元，同比增长43%。

(四) 城乡居民收入增长较快，财政收入保持迅速增长

城市居民人均可支配收入为15 637.8元，同比增长12.6%，剔除价格因素，实际增长11.5%。农村居民人均纯收入7 172元，同比增长10.4%，剔除价格因素，实际增长9.2%。

全年地方财政一般预算收入744.5亿元，同比增长29.7%。其中，营业税和企业所得税分别实现333.2亿元和121.7亿元，同比分别增长26.3%和29.9%。地方财政一般预算支出898.9亿元，同比增长22.3%。

(五) 居民消费价格小幅上升，原材料燃料动力价格迅速上涨

累计居民消费价格指数为101%，比2003年上升0.8个百分点。从全年各月居民消费价格走势看，2至5月为小幅下跌，随后波动升至9月的全年高点102.7%，之后涨幅逐月缩小，12月当月指数为101.4%。累计工业品出厂价格指数为103%，比2003年提高1.5个百分点。各月当月工业品价格指数从1月波动升至10月的全年高点105.1%，11月、12月涨幅减缓，12月为102.7%。累计原材料、燃料及动力购进价格指数114.2%，比2003年提高9.5个百分点，是1995年以来的最高值。各月原材料、燃料及动力购进指数从1月的10.2%波动升至11月的全年高点117.9%，12月涨幅放慢，当月指数为117%。

二、金融运行状况

(一) 存款增长先升后降，贷款增幅波动下降

截至2004年末，辖内金融机构（含外资）本外币各项存款余额2.38万亿元，比年初增加3 328.7亿元，余额同比增长16.14%，增速比2003年末下降1.28个百分点。其中，人民币各项存款余额2.16万亿元，比年初增加3 327.4亿元，余额同比增长18.03%，增速比2003年末下降1个百分点。全年人民币存款增速的变动呈现前高后低的特征，上半年逐月上升，6月达到全年的高点22.27%，下半年波动下降，12月末增速比6月末降低了4.24个百分点（见图2）。年末人民币存款余额占全国比重为9.01%，比2003年末提高0.19个百分点；分别比上海和天津高1.64和7.04个百分点；全年存款增加额占全国比重为10.05%，比2003年提高2.13个百分点；分别比上海和天津高2.67和7.92个百分点。

截至2004年末，辖内金融机构（含外资）本外币各项贷款余额为1.36万亿元，剔除不良贷款剥离的影响，可比口径比年初增加1 913.3亿元，余额同比增长14.45%，比2003年末下降9.8个百分点。其中，人民币贷款余额1.26万亿元，可比口径比年初增加1 622.3亿元，余额同比增长12.54%，比2003年末下降10.35个百分点。从贷款增速的全年走势看，除个别月份外，表现为波动下降，从1月末的21.19%下降到12月末的12.54%（见图2）。年末人民币贷款余额占全国比重

为7.13%，比2003年末略降0.02个百分点，分别比上海和天津高0.12和4.96个百分点；全年贷款增加额占全国比重为7.23%，比2003年下降0.49个百分点，比上海和天津分别高0.99和5.11个百分点。

（二）企业存款同比多增，人民币储蓄存款增速下降

1. 企业存款同比多增。截至年末，金融机构人民币企业存款余额为1.23万亿元，比年初增加2 080.1亿元，同比多增656.5亿元，但比2002年仅多增222.2亿元。其中，活期存款余额7 062.5亿元，比年初增加1 007.3亿元，同比多增239.1亿元；定期存款余额5 247.6亿元，比年初增加1 072.9亿元，同比多增417.4亿元。

企业存款的变化呈现三个特点，一是企业存款在各项存款中比重有所上升，2004年末企业存款余额比重为56.92%，比2001年末提高了1.86个百分点；2004年新增企业存款占存款增加额的比重高达62.51%，比2001年提高了10.87个百分点。二是近年来企业定期存款比重逐年上升，2004年末定期存款比重为42.63%，比2001年末提高了6.94个百分点。三是由于北京地区作为各部委及众多全国性企业集团所在地，受“总部经济”影响明显，石油、铁路、电信等行业企业集团将全国的归集款汇集到北京，尤其在年末更为显著，12月当月企业存款增加597.9亿元，占全年企业存款增加额的28.75%。

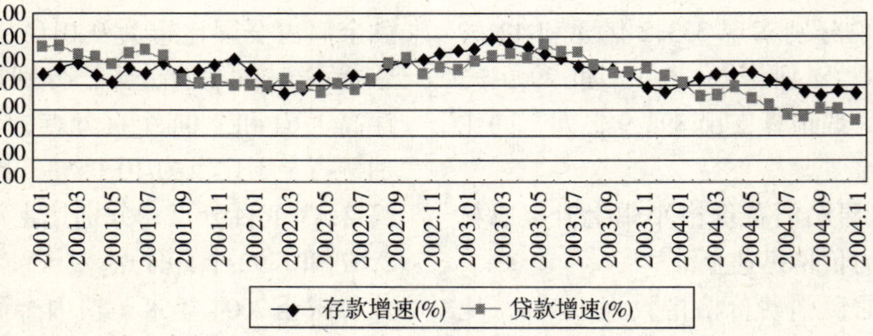

图2 北京市金融机构人民币存款贷款增速

2. 人民币储蓄存款增速下降。截至年末，金融机构人民币储蓄存款余额6 122.3亿元，比年初增加828.8亿元，可比口径同比增长16.13%，比2003年末降低了4.46个百分点。储蓄存款变动呈现以下特点：一是受多种因素分流的作用，储蓄存款增速改变了自2001年以来连续3年高于20%的情况，下降较明显。国债、基金热销对储蓄产生较大分流。全年销售凭证式国债454.3亿元，同比多销售17.9亿元。据人行营业管理部4季度城镇居民储蓄调查问卷，居民拥有基金的比重为12.75%，比2003年4季度提高了9.5个百分点。二是10月加息效应明显，储蓄存款增速由降转升，从9月末的全年最低点12.47%（也是2001年5月以来的最低点）升至12月末的16.13%，比9月末提高了3.66个百分点。同时，由于利率调

整的期限结构差异所致，定期储蓄期限越长，上调幅度越大，引起定期储蓄存款比重上升，12月末定期储蓄存款比重为64.78%，比9月末提高了1.88个百分点。三是由于某银行部分银行卡业务划归总行统计，引起储蓄存款减少25亿元。

（三）贷款总量增长减缓，信贷结构继续优化

1. 多方面因素引起人民币贷款增速明显下降。截至年末，人民币贷款余额为1.26万亿元，可比口径比年初增加1 622.3亿元，余额同比增长12.54%，增速比2003年末下降10.35个百分点。引起贷款增速下降的原因是多方面的，包括宏观调控的影响，企业大额还款，国有银行改革以及企业融资需求变化等。

首先，受宏观调控政策以及企业大额还款等影响，中长期基本建设贷款同比少增。与年初相比，按剔除不良贷款剥离后的可比口径，2004年金融机构中长期贷款增加960.2亿元，同比少增204.2亿元；其中，中长期基本建设贷款增加2.5亿元，同比少增437亿元。从行际分布看，政策性银行基本建设贷款比年初减少79.7亿元，同比多减少145.2亿元；商业银行增加82.2亿元，同比少增291.9亿元。但贷款同比少增并不直接表明对城市基本建设的信贷支持力度大幅下降。从银行贷款的累计发放和收回情况看，全年银行共发放基本建设贷款984.4亿元，同比仅下降5.06%，对各类基本建设，尤其是重要基础设施及奥运项目，提供了积极的资金支持，但全年收回基本建设贷款997.8亿元，同比增长67.06%。

其次，国有银行受改制等因素影响，贷款增长放缓。从人民币贷款变动的行际结构看，与年初相比，政策性银行贷款增加214亿元，同比少增32.4亿元。剔除2家国有商业银行不良贷款剥离因素后，国有商业银行贷款比年初增加403.6亿元，同比少增229.3亿元。剔除1家股份制银行不良贷款剥离因素后，股份制银行贷款比年初增加1 031.4亿元，同比少增23.1亿元。可见，政策性银行和股份制银行2004年新增贷款略少于2003年，而国有商业银行贷款同比少增较为明显。部分国有银行为改善资产质量，提前收回“亚健康”贷款，造成收回贷款较多，引起贷款增长减缓。

第三，企业融资方式和资金管理方式的变化一定程度上减少了贷款需求。2004年，一些大型企业加快了改制上市进程，在国内外资本市场发行股票，筹资后归还银行贷款；某些集团企业利用便利的网络资金汇划系统极大地提高了资金使用效率，相应减少了对信贷资金的需求。

2. 商业银行认真贯彻“有保有压”的信贷政策，加大对经济增长薄弱环节的支持力度。贷款增速的下降并不表明信贷资金对经济增长支持力度的减弱，人行营业管理部加大窗口指导力度，商业银行认真贯彻“有保有压”的信贷政策，进一步调整信贷结构，在控制房地产和基本建设贷款较快增长的同时，增加了对高新技术企业、中小企业和农村经济的支持。

截至年末，银行对高新技术产业贷款余额617.5亿元，比年初增加49.6亿元。全年对高新技术企业累计签发票据104亿元，同比增长98.13%；累计办理票据贴现91.5亿元，同比增长69.59%。金融机构的信贷支持促进了高新技术产业的增长。高新技术企业全年实现增加值377.7亿元，同比增长17.7%。

商业银行主要通过票据融资等方式支

持中小企业的发展。全年对中小企业累计签发票据958.8亿元，同比增长39.28%；累计办理票据贴现978.5亿元，同比增长13.08%。全年规模以上中、小型工业企业实现增加值同比分别增长22.5%和20.3%。

人民银行和农村信用社加大了对农村经济的支持力度。截至年末，人民银行对农村信用社支农再贷款余额为2亿元，支持了农村种植、养殖业的发展。截至年末，农村信用社农户小额信用贷款余额1.1亿元，同比增长31.22%；农户联保贷款余额1.8亿元，同比增长13.92%。

（四）现金净回笼同比大幅增长

2004年，金融机构累计净回笼现金203.8亿元，同比多回笼113.3亿元，同比增长1.25倍。主要原因是2003年受“非典”疫情影响，商品销售和服务业现金收入基数较低，引起2004年商品销售和服务业现金收入增长较快。全年累计商品销售现金收入2 486.4亿元，同比增长22.63%；累计服务业现金收入919.9亿元，同比增长15.68%。

（五）银行结售汇逆差同比扩大

2004年，北京地区银行累计结汇371.9亿美元，同比增长15.75%；累计售汇762.5亿美元，同比增长33.52%；结售汇逆差390.5亿美元，同比增长56.4%。结售汇差额中，贸易项目逆差456.7亿美元，同比增长57.43%；非贸易项目顺差97.8亿美元，同比增长34.48%；资本项目逆差31.6亿美元，同比下降2.17%。

三、经济金融运行中值得关注的问题

（一）利率政策调整的效果逐步显现

2004年10月29日，人民银行上调了存贷款利率，并原则取消贷款利率上限，允许存款利率下浮。这一政策对宏观经济运行及微观经济主体的行为产生了一系列影响。

从宏观角度分析，其影响集中体现在三方面：一是大大推动了我国利率市场化进程，有利于提高通过市场配置资金的效率。二是通过增强企业和居民的利率敏感性，改善货币政策的传导途径。三是通过贷款利率期限结构调整，长期贷款利率上调幅度大于短期利率调整幅度，增加中长期贷款的成本，适当控制固定资产投资的增长速度。

从微观角度分析，对银行、企业及居民均产生了不同程度的影响。首先，对银行的影响具体包括：一是由于北京地区存在典型的“总部经济”特征，大型企业集中，放开贷款利率上限，并未引起贷款利率的普遍上浮。据人行营业管理部调查显示，目前北京市金融机构人民币贷款利率不浮动和下浮的比重高达80.91%，利率上浮贷款占比仅为19.09%，而且上浮幅度基本集中在30%以内。二是促进商业银行加强对产品定价体系的研究，平衡风险和收益，从而全面提高竞争力。三是推动银行加强利率风险管理，逐步开发防范利率风险的产品，以适应利率调整对其资产、负债结构的影响。

其次，提高了居民对利率的敏感性，对居民储蓄和购房、购车行为产生较明显影响。一方面，居民储蓄存款11月、12月大幅增加，尤其定期储蓄增加明显；另一方面，居民提前归还住房贷款的现象显著增加。

第三，对企业资金需求产生影响。一是增加企业筹资，尤其是中长期投资的资金成本，促使企业的投资行为更趋理性；二是有助于逐步改善中小企业融资状况。

据人行营业管理部对非公有制中小企业的调查，70.53%的非公中小企业认为制约企业发展的首要因素是缺乏资金。

（二）房地产价格趋于上涨，房地产市场面临调整

2004年，北京市房地产市场供求现状及未来趋势的变化，引起房地产价格上涨，房地产市场面临调整。

2001年以来，北京市房地产投资一直占固定资产投资的50%以上，其变动对固定资产投资具有重要影响。2004年，作为宏观调控的重点行业之一，房地产投资在资金来源和土地政策方面受到一定制约，但从总体看，由于投资的惯性和需求的拉动，房地产投资仍保持了较快增长。

从金融机构贷款增长看，虽然房地产开发贷款增速下降，但个人住房贷款快速增长，全部房地产贷款占金融机构贷款的比重仍呈上升势头。年末，金融机构房地产贷款余额同比增长21.03%，增速比2003年下降了11.24个百分点；而全部房地产贷款余额占金融机构贷款的比重为30%，比2003年末上升了2.4个百分点。

受供求影响，尤其是需求拉动，北京市房地产价格摆脱了过去几年基本稳定的情况，呈现上涨势头。全年累计房地产销售价格指数103.7%，比2003年提高了3.4个百分点，为1999年公布该指数以来的最高值；1～4季度当季指数分别为101.8%、103.3%、103.5%和106.3%，呈逐季加快趋势。全年累计土地交易价格指数涨至102.5%，同比提高了1.9个百分点。

（三）各类价格指数的不同走势值得关注

2004年北京市各类价格指数走势显著的特征：一是居民消费价格指数涨幅较低，全年累计居民消费价格指数为101%，各月当月价格指数有4个月低于100%。二是工业品出厂价格与原材料价格的差距不断扩大，2004年12月，当月原材料燃料及动力购进价格指数高于工业品出厂价格指数14.3个百分点，比2003年同期扩大了6.4个百分点。这使得2004年原材料价格的上涨没有像1993年和1994年一样，带动工业品和居民消费价格上涨，引发全面通货膨胀。

影响不同价格指数因素的变化是引起上述差异的主要原因。

首先，本轮原材料、燃料及动力价格的大幅上涨受国内和国际因素影响显著。由于近两年以房地产开发和城市建设为主的固定资产投资快速增长，引起钢铁、煤炭、有色金属等原材料价格迅速上涨，同时国际原油价格的上涨进一步推动了其上升幅度。

其次，工业品出厂价格的影响因素除成本外，还包括需求的制约及技术进步等方面。生产资料类工业品由于需求较旺，上涨明显；而生活资料类工业品由于需求约束和科技进步等因素，上涨受到限制。如2003年工业品出厂价格指数为101.5%，其中，生产资料类工业品价格指数为102.2%，其中的原料类工业品价格指数为115.5%；而生活资料类工业品出厂价格指数为99.1%，其中的耐用消费品价格指数为96.5%。

最后，居民支出结构的变化对居民消费价格指数产生一定影响。一是居民食品支出占消费支出的比重明显下降。二是居民衣着和家庭设备用品及服务支出比重下降。三是交通通讯类支出明显上升。四是非消费性支出占家庭总支出的比重不断上升。

（执笔人：张新宇）

北京市总部经济研究

中国人民银行营业管理部调查统计处

北京聚集着众多国内大企业集团总部、总公司以及跨国公司总部，使得北京市的经济金融具有较为鲜明的“总部经济”特点。本文考察了北京市“总部经济”的发展状况，并通过对在京中外资银行机构与中央企业、地方企业以及跨国公司总部的金融业务往来的调查，着重分析了“总部经济”对北京市金融的影响。

一、北京市总部经济发展情况

（一）总部聚集，北京显露出总部经济雏形

聚集于北京的企业总部大致可以分为三类：中央在京企业集团、地方企业集团及在京跨国公司总部。从总部经济对北京市的影响来讲，目前最明显的是中央在京企业的作用。无论从资产规模还是从总部的数量来看，中央在京企业无疑都是北京总部经济的大头，并且国内没有一个城市能与之相比。据国有资产管理委员会提供的资料，国资委监管下的187家国有企业当中，扣除兵工企业，有137家总部设在北京，包括中国石油天然气集团公司、中国石油化工集团公司、国家电网公司、中国华能集团公司等大型企业集团。2003年这137家中央在京企业集团的总资产达到6.99万亿元，主营业务收入达到3.75万亿元，占2003年全国GDP的32%，实际上缴税金2 943亿元。集团总部的营业收入是全集团汇总的数，由于收入不都在总部所在地实现，其缴税地点与总部所在地不完全一致。这些中央企业对北京的税收、就业等方面的贡献无疑是巨大的。另外，由总部的资金控制和运用带来的巨大资金流与总部所在地的金融体系是密不可分的，从这个层面上讲，中央企业总部聚集对北京市的金融带来的影响也是举足轻重的。

北京的地方企业规模也较大。据有关部门公布的2003年中国500强企业排名，有101家总部设在北京，约占500强企业数量的两成，然后依次是广东、上海、山东、江苏，分别有70家、45家、35家和34家总部。排除中央在京企业和金融机构，有27家地方性企业进入了中国500强，根据营业收入的排名其中有包括首钢和联想在内的5家企业名列前100名之内。27家企业的营业收入总额达到2 643亿元，占当年北京市GDP的73.2%，企业规模较大，对北京市的经济贡献也较大。

从吸引跨国公司总部方面来讲，目前全球500强企业中已有400多家在华投资，项目总数超过3 000多个。据有关部门调查，跨国公司投资项目规模比较大，单个投资项目的平均规模达3 330万美元，是全国外商投资项目平均规模191万美元的17倍。跨国公司投资带来的直接和间接的经济效益是显而易见的，在吸引知名跨国公司和跨国公司总部入驻方面，北京与国内其他一些城市存在激烈的竞争，其中随着长三角经济区整体竞争力的提升，上海在吸引跨国公司总部上具有很

大的魅力。截至 2004 年 6 月 17 日上海跨国公司地区总部又增加 13 家，总数达到 69 家，北京到 2004 年上半年经商务部或北京市商务局认定的跨国公司总部有 29 家，有来自美国的 IBM、康明斯、朗讯、摩托罗拉，来自德国的西门子、曼内斯曼，芬兰的诺基亚，瑞典的爱立信，韩国的三星、LG 电子等。与这种跨国公司总部分布情况对应的是外资银行的分布，截至 2004 年 7 月 15 日，获准经营人民币业务的在华外资银行机构达到 100 家，其中上海 53 家，而北京的外资银行到 2004 年底才能申请经营人民币业务，同期在京营业的外资银行有 22 家，数目远低于上海。

（二）总部在空间上集群、功能上分离的格局基本形成

从总部的空间分布来讲，北京出现了四个总部密集的区域：一是朝阳区的 CBD。它是总部经济最明显的空间载体，聚集着约 500 家跨国公司，800 家中外资企业，150 家外资银行、保险公司及其代表机构，192 家律师、会计、咨询等中介服务机构，企业总数达到 3 000 多家。二是金融街。目前金融街地区驻有 530 家机构，其中金融机构 57 家，北京金融街地区的金融资产占全国的 60%，金融企业运营的总资产达 13 万亿元，控制着全国 90%以上的信贷资金、65%的保费资金。三是中关村。跨国公司和外埠大企业的研发中心集聚于中关村。自 1994 年北方电讯公司与北京邮电大学合作建立北邮—北电研究开发中心以来，知名跨国公司开始在京投资建立研发机构，跨国公司在京建立的研发机构集中在 IT（计算机、软件、通讯）产业，选址集中在以中关村为中心的智力密集区，目前已有 50 多家研发机构入驻中关村科技园区。四是丰台总部基地。总部基地是中关村丰台园二期开发的核心项目，计划建成 500 余座总部楼吸引 500 家大型企业总部和 2 000 家中小企业入驻。自 2003 年 6 月奠基以来作为总部经济的试验田受到大企业集团以及社会各界的极大关注。另外，东城、宣武、崇文等区也出现总部较密集的区域。北京经济技术开发区、北京天竺空港工业区、中关村几个园区等则形成了与总部密切联系的加工制造基地密集区。

（三）总部经济试验田丰台总部基地的建设情况和效应

目前位于中关村科技园区丰台园的“总部基地”项目作为北京总部经济的先驱实践者而受到广泛关注。丰台园是 1991 年经国务院审批的中关村科技园区一区五园之一，共占地面积 500 公顷，一期开发历经十年，共开发 124 公顷，总部基地是丰台园二期开发的一个核心项目，占地 65 公顷，投资额达 45 亿元。计划约 3～5 年建成 500 余座独体独栋的总部楼，吸引 500 家大型企业总部和 2 000 家中小企业入驻。

总部基地在科技园区开发模式上是一个全新的尝试。它是由丰台园管理委员会间接（通过设立一个公司）与英国道丰集团设立合资公司，管委会把熟地卖给合资公司，由合资公司来进行统一的项目开发和招商的，凭借总部经济理念注重整体效应和全面规划，开发效果较好。而一期开发主要是由管委会做土地的一级开发后将土地以低于成本价转让给企业，再由企业进行厂房、办公楼等设施的建设，由于没有统一的规划，存在有些企业再转让土地或工程拖延时间长等问题，功能和建筑布局并不是很理想。

截至 2003 年底，丰台园共有入驻企

业2 350家，其中所有入驻企业均为经认定的高新技术企业。园区重点发展的高新技术产业为电子与信息技术、生物工程和新医药技术、新材料及应用技术、先进制造技术，四大产业占园区经济总量（以技工贸总收入衡量）的80%以上。2003年园区实现技工贸总收入300亿元，实际上缴税金3亿元。国内很多科技园区都以产业集群为特征，而总部基地要突破这种招商定位，将产业的集群转变为功能集群，着重发展不同产业的中试、研发、商务、办公这一部分，同时也相应发展辅助的现代服务业。总部基地一期开发已完成，吸引企业108家，其中大型企业总部（上市公司、中字及国字头企业、国资委一级和二级企业）50家，主要涉及通信、物流、钢铁、汽车等行业。

从总部基地的预期效应来看，第一，给丰台区带来直接的税收收入。预计有500家大型企业总部和2 000家中小企业入驻，带来1 000亿元技工贸总收入，30亿元税费收入。第二，增加就业。预计能够实现就业5万人。第三，带动现代服务业以及周边区域制造业、流通业和商业的发展。总部基地的建设将提升丰台区产业和企业层次，同时带动临近区域的共同发展。对发展南城经济、解决北京市产业布局的平衡也有积极意义。

总部基地作为北京发展总部经济的一个试验田，总部入驻带来的经济和社会效应也可以为今后北京市总部经济产业定位提供实证依据。

二、总部经济对北京金融的影响

为了解集团总部对北京市金融的影响，以137家中央在京企业、27家地方企业以及29家跨国公司总部为样本对它们与北京市中外资银行的金融业务往来作了一个调查，虽然没有穷尽所有总部，但总部经济的影响可见一斑。

（一）中央在京企业在国有商业银行的存款远大于贷款，是形成北京银行机构“大存差”的主要来源

中央在京企业总部在四大国有商业银行的人民币存款占全部企业存款的比例较高。中央在京企业在四大国有商业银行的人民币存款在2003年6月底、2003年年底和2004年6月底分别占同期人民币企业存款的19%、20.2%和14.6%。同期，中央在京企业总部贷款分别占对公各项贷款的5.7%、5.5%和5.6%，形成的存贷差分别占同时期四大国有商业银行企业存贷款差额的49.7%、52.9%和26.8%。中央在京企业在11家股份制商业银行同时期人民币存贷款情况如下：同期存款占全部企业存款的比例不高，分别为5%、8.3%和9.3%，同时期贷款占同期企业贷款额的6.9%、7.2%和8.5%，形成的存贷差分别占同期股份制商业银行企业存贷款差额的－3.2%（贷款大于存款）、11.3%和12.1%。

所调查的样本中27家地方企业的规模较大，按照营业收入比较，地方企业第一位相当于中央在京企业的15～16位，末位相当于中央在京企业的78位。因地方企业的样本数量偏少，存贷款的占比都较低，为消除数量影响将三类企业的指标除以各自的企业数量求平均来比较得到：2004年6月底，中央企业、地方企业、跨国公司在北京市中资商业银行的人民币存款比例大概在8:2:1水平；2004年6月底人民币平均贷款比例为4:9:1，2003年底平均贷款比例为3:8:1。从以上三类不同企业在北京市中资商业银行的存贷款平均数的比较可以看出，整体上中央在京企

业的资金相对充裕，跨国公司的资金对贷款的依赖也很少，而地方企业的资金并不充裕贷款需求相对较大。以上可以反映出中央在京企业的大量存款是北京市银行系统“大存差”的主要来源。

（二）总行资金运用中对中央企业的贷款占比高

对四大国有商业银行的总行营业部的调查发现，总行营业部对中央企业的贷款量都比较大。四大国有商业银行总行营业部对中央企业的贷款远大于存款，而四大国有商业银行北京分行情况刚好相反。以某国有商业银行为例，该行总行营业部有30家中央企业集团总部客户，2004年6月底的人民币贷款总额为192.4亿元，企业平均有6.4亿元贷款，占其对公各项贷款的40.5%，而其北京分行有109家中央企业集团客户，截至2004年6月底对这些企业的人民币贷款为97.1亿元，占同期企业各项贷款的5.6%。

针对大客户，商业银行一般采取总、分、支行联动方式提供更优的服务。一般由总行牵头向集团客户进行产品推介，建立合作关系以后日常主要由支行一级来维持客户关系。对于大客户的授信，通常是总行与集团公司签订一个授信协议，根据企业具体情况提供一个综合授信额度，并且总行根据集团客户在全国各地分子公司的情况授予分行一个授信额度和审批权限，总行进行额度控制和管理。分行对集团公司的信贷规模除了受到总行授信额度的限制，还受到信贷集中度管理的限制，因此，贷款的集中度相比总行要低。另外，国有四大商业银行总行除了管理职能也具有一定的经营职能，在资金运用上某些总行和北京分行针对大客户存在一定的竞争关系。总行资金运用中对在京企业集团的信贷占比高从另一侧面也表明虽然北京市银行存差大量上存总行，但通过总行运用资金有一部分又回到了北京。

（三）中央企业对外资银行同样具有魅力，外资银行在吸引跨国公司总部入驻方面有一定作用

所调查的22家外资银行中，有9家没有涉及调查企业的业务，其余13家外资银行大部分银行都有中央在京企业客户，但数量不多，金融往来多为提供贷款，以进出口贸易融资和中长期贷款为主，单笔金额较大，大都是几百万上千万美元。如某银行对中石化和中国联通的外汇中长期贷款截至2004年6月底余额为5 022万美元，占其全部贷款的25.39%；又如某银行2003年底正式对外营业，截至2004年上半年涉及调查企业的只有一笔对中国联通集团公司的联合贷款，余额3 300万美元，占各项贷款的68%。可见对外资银行来说中国的大企业集团也是吸引它们的重要目标客户。随着人民币业务的全面开放，中外资银行竞争的加剧可想而知。

跨国公司总部在外资银行的存款占比较高，但基本上没有贷款类业务，结售汇业务中结汇比较多，这也表明跨国公司的资金净流入较多。外资银行的主要客户为跨国公司，并且有很高的国籍关联性，吸引外资银行在京设立分支机构，开放金融业务有助于北京吸引更多的跨国公司来京投资和设立总部。如日本三菱银行为在京日本跨国公司提供大量的增值服务，定期提供政策法规、投资环境、行业动态等信息，并且还积极向尚未在中国设立总部的跨国公司介绍和宣传在华设立地区总部的有关政策和环境，这对吸引日本企业无疑有积极的作用。

（四）总部对金融机构的发展以及北京市金融系统的稳定具有重要影响

企业集团是各家银行争夺的重点客户，银行千方百计为这些优质大客户提供全方位服务，尽其可能满足客户的需求。一方面这种大客户的需求可以促进北京市银行业的竞争，促进金融创新，提高金融服务水平，有利于整个金融业的发展和壮大，另一方面由于这种大客户的特点，北京市金融机构面临的风险也较大。

1. 总部高效的资金管理需求促进银行提高电子化水平。银行为集团客户提供的金融服务主要有现金管理、存贷款、结算、电子银行等业务。在京企业集团总部及跨国公司总部对资金使用的安全、快捷、方便等方面的要求越来越高，希望通过建立跨地区的内部资金结算网络来实现总部对各地子公司资金的统一调度，提高资金周转速度，降低财务成本，并希望通过银行的电子银行服务实现实时查询、资金调拨、个性化报表等。很多跨国公司总部还要求银行的现金管理系统能够与国际上的通用财务软件兼容。这些要求促使银行尽快提高电子化水平和进行产品创新。另外，这些客户对国内和国际的资金结算和清算方面的要求日益提高，对人民银行提供更加高效、安全、便捷的支付结算服务也提出了客观要求。

2. 大企业集团改进内部资金管理方式，对银行传统业务的需求量有所减少，促进银行进行金融产品创新。近年来，很多中央企业集团为了提高资金管理效率、节省财务成本都开始实行资金集中管理，有的大型企业集团设立了专门的财务公司，由财务公司来进行统一的资金归集和调度。以某大型企业集团为例，其下属有100多家企事业单位，系统企业的结算主要通过其财务公司办理，其中60%以上通过工行的结算网络，大量的结算业务带来的收益并不明显。由于对下属分子公司实行账户余额限额管理，总部资金集中之后主要直接偿还银行借款，这导致企业的存款大幅下降，另一方面由于总部实施资金集中管理后，融资权集中在总部，由总部统借统还，贷款的绝对额有下降趋势，使银行的利息收入减少。随着大企业集团的资金和财务管理更趋“精打细算”，银行传统业务的利润会相应地缩水，这对刺激银行进行包括资产、负债和中间业务在内的各种产品创新、拓宽盈利渠道具有积极的促进作用。如某银行总行营业部2003年在存款业务上推出的《大额可赎回结构型存款合同》，一方面使客户存款获得了较高回报，另一方面也稳定了客户存款，并增加了中间业务收入10多万美元，取得了很好的效果。

3. 对集团众多分子公司及关联企业信息的不对称使银行面临的风险增大。大多数银行对此次调查的中央企业提供利率和服务价格上的优惠，通常按照人民银行规定的最大幅度，以各期限贷款基准利率下浮10%的利率给这些企业提供贷款。随着利率市场化的推进，利率竞争有可能变得更加激烈。随着企业集团对财务管理的加强越来越多的企业希望银行提供迅速、灵活的授信服务，而由于集团具有众多机构及关联企业，银行对这类企业的资信和真实财务状况的考察面临困难，对一些跨国公司提供综合授信的难度则更大。在信贷项目风险管理上也因关联企业间的资金划转和抽调，使银行难以掌握资金的实际用途和具体风险。银行信贷决策面临很大的风险，企业信息对于银行控制风险变得越来越重要。银行对包括信用评级机构在内的健全的企业信用体系的建设具有强烈的需求，并希望人民银行在现有“银行信贷登记咨询系统”的基础上搭建更为完善和动态的金融业务信息平台，各行及时提供基础数据，并建立信息共享机制和协作机制，使各行提高对集团类客户信贷风险的防控水平。

4. 总部聚集带来“大存差”，上存资金使银行面临潜在的流动性问题。如前面分析，由于企业总部尤其是中央企业总部的沉淀资金形成了在京银行机构的大量存款。由于资金充裕，在京大多数银行将富余资金上存总行赚取利息，大多数总行也鼓励上存。如2003年底某银行北京分行上存总行3 806.9亿元，占存贷差的88.8%；另一家银行北京分行上存507亿元，占存贷差的74.7%。这种巨额上存能够提高商业银行的资金利用效率，而一方面北京市银行机构的流动性也因此受到总行资金头寸的影响，遇到突发性资金需求的时候有可能由于总行调回资金不及时而面临流动性问题。

可见，总部对北京市金融业的影响尤其对中央在京企业的影响是巨大的。金融业的发展一方面作为吸引总部入驻的比较优势而发挥积极的作用，另一方面总部的聚集带来的“金融需求”又能够刺激和促进北京市金融业的发展，从而能够进一步加强北京市的金融优势。

（执笔人：孙玉实）

北京市各区县主导产业比较分析

中国人民银行营业管理部调查统计处

本文在分析当前北京市各区县产业结构的基础上，通过比较各区县的自然资源、人力资源、资金等分布情况，结合首都功能的完善、奥运因素的影响及经济的可持续发展，对各区县主导产业的确定提出建议。

一、北京市区县产业结构基本状况

（一）全市三次产业结构

2003年，北京市实现地区生产总值3 663.1亿元，其中，一、二、三产业分别实现增加值95.6亿元、1 311.9亿元和2 255.6亿元，所占比重分别为2.61%、35.81%和61.58%。

（二）各区县三次产业结构

北京市各区县由于自身资源要素及在城市功能定位中的差异，三次产业的布局与全市总体情况形成一定差别。分三类地区考察，城市中心4个区（东城、西城、宣武、崇文）都以第三产业为主，没有第一产业，2003年第二和第三产业的比重分别为15.05%和84.95%（见表1），其中东城区第三产业比重高达93.63%，居各区县之首。近郊4个区（朝阳、海淀、丰台、石景山）除石景山区外，均以第三产业为主，近郊一、二、三次产业比重分别为0.32%、27.62%和72.06%（石景山区第二产业高达71.18%）。远郊10个区县（除城区和近郊8个区外的区县）主要以第二产业为主，一、二、三次产业比重分别为9.8%、52.49%和37.71%，其中，第二产业比重超过50%的区县有房山区（64.36%）、怀柔区（59.98%）、顺义区（56.21%）和昌平区（51.62%）。

表1 2003年北京市各区县三次产业结构 单位：%

序号	地区	地区生产总值	第一产业	第二产业	其中：工业	第三产业
1	东城区	100.00	0.00	6.37	3.18	93.63
2	西城区	100.00	0.00	12.00	7.64	88.00
3	崇文区	100.00	0.00	27.80	17.97	72.20
4	宣武区	100.00	0.00	29.08	24.68	70.92
5	朝阳区	100.00	0.34	25.37	20.12	74.28
6	丰台区	100.00	0.52	29.53	22.06	69.95
7	石景山区	100.00	0.09	71.18	64.55	28.73
8	海淀区	100.00	0.28	22.10	18.34	77.62
9	门头沟区	100.00	1.20	45.69	37.61	53.11
10	房山区	100.00	5.72	64.36	50.71	29.92
11	通州区	100.00	11.67	47.41	36.81	40.92
12	顺义区	100.00	11.93	56.21	49.25	31.85
13	昌平区	100.00	3.66	51.62	42.29	44.71
14	大兴区	100.00	13.26	40.62	30.78	46.12
15	平谷区	100.00	17.10	44.32	33.50	38.58
16	怀柔区	100.00	7.88	59.98	49.14	32.14
17	密云县	100.00	14.92	48.27	40.23	36.81
18	延庆县	100.00	21.77	36.85	20.42	41.38
19	城区4区	100.00	0.00	15.05	10.59	84.95
20	近郊4区	100.00	0.32	27.62	22.69	72.06
21	远郊10区县	100.00	9.80	52.49	42.25	37.71

全市第二产业中，工业所占比重高达78.67%。三类地区中，近郊4个区工业占二次产业的比重最高，为82.15%；其次是远郊区县，比重为80.5%；最后是城区4个区工业所占比重，为70.32%。

二、影响各区县主导产业选择的资源分布情况

（一）自然资源

1. 土地资源。全市土地面积16 807.8平方公里，其中，城区4区87.1平方公里，近郊4区1 828.8平方公里，远郊10个区县15 437.9平方公里，三类地区占全市面积的比重分别为0.52%、7.63%和91.85%。

从地形特征看，全市平原面积6 390.3平方公里，占全市面积的38.02%；山区面积10 417.5平方公里，占全市面积的61.98%。平原主要分布在城区、近郊和远郊的大兴、通州、顺义，以及昌平、平谷的部分地区。山区主要分布在北部的延庆、怀柔、密云，西部的门头沟、房山，以及昌平、平谷的部分地区。

2. 水资源。总体上北京市属于水资源缺乏型城市，2003年全年降水量为

444.9毫米。不过，通州、大兴水资源相对充裕，具备发展农业的较好条件。

3. 矿产资源。占全市面积2/3的山区蕴藏较丰富的矿产资源，主要有门头沟的煤、叶蜡石、熔剂用灰岩，房山的煤、大理石，延庆的铁、地热、铜、怀柔的石英、花岗岩等。

综合自然资源地区分布状况，平原地区的城区4区及近郊4区适合发展成政治、经济、文化发达的中心地区，但由于两者合计面积仅为全市的8.15%，远郊10区县有待加快经济发展和城市化进程。平原地区的通州、大兴及顺义具备发展蔬菜、花卉及其他经济作物的条件，而位于山区的门头沟、房山、延庆等区县可加强矿产资源的开发利用，同时发展林果种植、畜牧业等特色农业。

（二）文化旅游资源

作为闻名中外的古都，北京各区县都具有较丰富的文化旅游资源。城区和近郊区除了拥有著名的历史文物古迹，还有相当的传统民俗区，如西城区的什刹海和宣武区的琉璃厂等地区。远郊区县除长城等人文景观外，还拥有众多的山水风光旅游景点。

（三）人力资源

劳动力素质是经济发展的根本保障，而劳动力受教育水平是衡量劳动力素质的基本指标之一。北京作为全国的文化教育中心，劳动力受教育水平在全国处于较领先水平，但各区之间发展相当不平衡。以2000年第五次全国人口普查数据分析，将受教育程度分为小学及以下、初中、高中、大专及以上4类。分三类地区考察受教育水平结构，城区4区高中所占比重最高，为32.13%（见表2），之后依次为初中（28.73%）、大专及以上（22.07%）和小学及以下（17.06%）。近郊4区以初中占比最高，为31.93%，之后依次为高中（26.29%）、大专及以上（24.91%）和小学及以下（16.87%）。远郊10个区县初中所占比重最高，为43.81%，之后依次为小学及以下（32.03%）、高中（17.92%）和大专及以上（6.24%）。从总体看，城区人口受教育水平高于近郊人口，但从受高等教育人口比重看，近郊4区高于城区2.84个百分点。而远郊区县人口受教育状况明显低于城区和近郊，不仅大专及以上人口比重仅为6.24%，小学及以下人口比重还高达32.03%。从各区县看，海淀区因拥有众多的高校、科研机构和高科技企业，大专及以上人口比重高达35.42%，居各区县之首。该比例高于20%的有东城区（22.84%）、西城区（27.8%）、朝阳区（21.72%）。城8区中的其他区也都在10%以上。而远郊10个区县中，除昌平区达13.27%外，其他区县都在8%以下（见表2）。

表2　2003年北京市各区县人口受教育程度结构　　单位：%

序号	地区	6岁及以上人口	小学及以下	初中	高中	大专及以上
1	东城区	100.00	16.51	28.02	32.63	22.84
2	西城区	100.00	15.14	26.93	30.13	27.80
3	崇文区	100.00	20.24	31.55	33.93	14.29
4	宣武区	100.00	18.13	30.02	33.14	18.71
5	朝阳区	100.00	17.37	34.15	26.76	21.72
6	丰台区	100.00	20.03	36.63	27.95	15.38

续表

序号	地区	6岁及以上人口	小学及以下	初中	高中	大专及以上
7	石景山区	100.00	18.34	31.98	31.56	18.12
8	海淀区	100.00	14.12	26.81	23.66	35.42
9	门头沟区	100.00	30.04	38.74	25.30	5.93
10	房山区	100.00	31.14	45.09	18.35	5.43
11	通州区	100.00	31.58	46.28	16.41	5.73
12	顺义区	100.00	31.69	48.77	15.27	4.27
13	昌平区	100.00	23.30	41.67	21.77	13.27
14	大兴区	100.00	30.56	45.30	17.08	7.05
15	平谷区	100.00	39.26	42.71	15.12	2.92
16	怀柔区	100.00	32.86	39.64	21.07	6.43
17	密云县	100.00	37.37	41.92	16.67	4.04
18	延庆县	100.00	42.31	37.31	15.38	5.00
19	城区4区	100.00	17.06	28.73	32.13	22.07
20	近郊4区	100.00	16.87	31.93	26.29	24.91
21	远郊10区县	100.00	32.03	43.81	17.92	6.24
22	全市合计	100.00	22.51	35.83	24.12	17.54

注：本表数据来自2000年第五次人口普查。小学及以下包括未上过学、上扫盲班和小学。

从人力资源看，东城区、西城区、朝阳区和海淀区更具有发展知识密集型的金融、法律、会计、咨询等现代服务业以及高科技产业的比较优势。

（四）科技资源

北京市的科技资源在全国居领先地位，2003年，全市拥有科技活动人员27.1万人，R&D经费支出269.1亿元，占全市地区生产总值的比重达7.35%。软件产业在全国处于绝对领先水平。截至2003年末，全市共认定软件企业1 749家，全国约有70%的自主软件产品在北京开发。2003年软件出口额为1.38亿美元。从区域分布看，各类科技园区集中了全市主要的科技人员和科技创新活动。以中关村科技园区（分布在海淀区、丰台区、昌平区、朝阳区、西城区）为例，科技活动人员为14.4万人，占全市科技活动人员的53.23%。

三、影响各区县主导产业确定的其他因素

（一）完善首都功能所需发展的主导产业

为保证首都全国政治中心、文化中心以及国际交往中心功能的实现，各区县应结合自身优势，大力发展教育、科研、影视、新闻出版、文化、体育等产业。尤其是文化行业的众多需求是全国性的，为相关行业在全国处于领先地位提供了得天独厚的条件。

（二）增强经济的开放度是选择主导产业的重要因素

加入世贸组织和全球化进程的加快，推动了北京市外向型经济的发展。各区县充分把握这一机遇，加大了对外开放的力度。2003 年，全市实际利用外资 21.5 亿美元，其中，朝阳区占 44.57%，海淀区占 13.19%，顺义区占 10.28%，东城区占 9.81%，4 个区合计占全市的 77.85%。在扩大开发、吸引外资的同时，要注重将外资引入有优势的主导产业中，以开放带动产业结构调整和升级。

（三）奥运成为确定主导产业的因素之一

随着奥运场馆建设的全面展开，奥运行动计划的逐步实施，奥运因素对各区县主导产业选择和产业结构调整的具体影响开始显现。如朝阳区以奥林匹克公园为中心，带动周边经济的发展。崇文区已明确将体育产业列为区主导产业之一，充分利用奥运提供的机遇，全面整合本区各种体育资源，推动体育及相关产业的发展。石景山区围绕“绿色奥运”主题，已将发展绿色都市休闲旅游业定位为主导产业之一。

（四）城市空间格局调整和城镇化的发展影响主导产业的确定

长期以来，全市人口、经济、文化等主要集中在狭小的市区，造成交通拥堵、城乡差距显著等多方面问题。2003 年，城区人口密度为 27 506 人/平方公里，近郊区为 3 565 人/平方公里，远郊区县为 292 人/平方公里。2003 年，全市法人单位共 19.1 万个，其中位于四环路以内的占 53.49%。2003 年城镇居民人均可支配收入为 13 882.6 元，农民人均纯收入为 6 496.3元，城市居民收入是农村居民收入的 2.14 倍。用非农业人口比例衡量城市化水平，三类地区差异明显，2003 年全市平均城市化率为 72.32%，其中，城区 4 区城市化率 100%，近郊 4 区为 90.84%，远郊 10 个区县只有 38.67%。

为促进城区部分功能向郊区转移，推动远郊区县的发展，2003 年，北京市提出“两轴、两带、多中心”的城市空间布局，即完善南北方向北京传统中轴线和东西方向的长安街及其延长线，保障首都职能的发挥；强化东部发展带，疏导产业发展，整合西部生态带；建设多个卫星城，形成多中心发展格局，促进城镇化水平的提高。近期重点建设的卫星城有黄村、亦庄、通州、良乡。这种空间结构的调整为远郊区县的发展和郊区城镇化带来新的机遇，也为远郊区县二、三产业的发展提供了机会。

（五）协调、可持续发展观对区县主导产业的选择产生深远影响

经济发展要充分考虑到人与自然和谐相处，不能以生态环境恶化作为经济增长的代价，只有人与环境协调发展的经济发展观才是科学的可持续的发展观。各区县在确定主导产业时，应详细考察该行业对环境的影响。同时，与环境保护有关的行业也成为鼓励发展的行业。

四、各区县适宜发展的主导产业

总之，各区县在确定主导产业时，应尽量发挥自身资源方面的比较优势，并充分考虑影响区县主导产业选择的外部因素。

城区 4 区应充分发挥资金、人文、文化等资源优势，以现代服务业为主导产业。东城、西城应着重发展金融、法律、会计、咨询等知识密集型现代服务业，同时提升以王府井、西单为中心的现代化商业、旅游业及房地产业等行业的实力。崇文、宣武应充分发掘传统文化资源，提升老字号的品牌优势，重点发展前门—大栅栏、琉璃厂等地区的文化旅游业和商业，

以及相关的文物复制业、影视业等文化产业。同时，利用比较优势，发展医药、体育等主导产业。

近郊4区应利用资金、技术、信息、人才等方面的优势资源，重点发展以电子通讯设备制造业、生物医药业、光机电产品、新材料等为主的高科技现代制造业，同时，加快发展技术咨询、信息服务、现代物流业、房地产业等现代服务业，推动产业结构升级。具体而言，朝阳、海淀应依托电子城和中关村科技园海淀园区，大力发展高科技现代制造业，同时不断提高软件业、信息咨询、教育等知识密集型产业的水准，使其成为具有全国影响力的核心产业。丰台区应以中关村科技园区丰台园为中心，加快科技园区建设，发展高新技术产业，同时发展食品、服装、家具、印刷等都市型工业，合理调整第二产业结构。此外，应充分利用交通运输便利优势，建立大型物流中心，发展批发商贸业和现代物流业。石景山区是近郊4区中惟一以第二产业为主的地区，2003年第二产业比重高达71.18%，其中工业比重达64.55%，第三产业比重仅为28.73%。石景山区主导产业的选择应围绕加快利用高新技术对传统工业进行改造升级，促进首钢集团实现向高新技术产业的战略转移，同时充分利用奥运契机，加速发展以休闲娱乐为主的旅游业，扩大服务业的比重。

远郊10个区县，应利用城区工业向远郊区县转移的机会，并通过乡镇企业"二次创业"，以发展工业带动郊区经济的发展和城镇化水平的提高。在发展工业的过程中，应利用信息技术提升制造业水平，使昌平、顺义等区县成为高科技制造业基地。同时，大力发展商业、旅游等服务业，增加对农业劳动力的吸纳。应继续加大对远郊区县农业结构的调整。针对平原、山区不同的地形特点，发展特色农业。大兴、通州等平原地区大力发展现代科技农业，推广粮食、蔬菜、花卉、草业、水产养殖等，并适当发展农产品深加工。延庆、怀柔等山区则在保护生态资源的前提下，发展林果种植业、畜牧业、休闲观光农业等特色农业。

（执笔人：张新宇）

"入世"三年北京地区开放度调查

国家外汇管理局北京外汇管理部

2004年是我国"入世"的第三年，到年底，除部分过渡期到2005年结束的行业，我国"入世"的承诺大部分都要履行。反映一国或地区对外开放程度的指标分为货物市场的开放度、资本市场的开放度、服务市场的开放度。本文分别研究了"入世"前后北京地区三个市场的开放度情况，并通过与兄弟省市的对比总结了部分经验，寻找出了一定差距。

第一部分　货物市场开放度调查

通过研究从1999—2004年全国各地的货物贸易额，发现相对于其他地区在2001年“入世”后出现的贸易额突飞猛进，北京地区增速相对平缓。从图1中可以看出，“入世”前（2001年），北京、上海、江苏三地的货物贸易发展基本运行在同一轨迹上。处于仅次于广东（1 765亿美元）的第二梯队，进出口量在500亿～600亿美元之间。自2001年底“入世”以来，上海和江苏连续两年均保持高速增长。反观北京，“入世”后的第一年（2002年）货物贸易额仅增长了2%，远低于全国22%的平均增长幅度；2003年进出口增幅虽然达到了30%，但仍然低于全国37%的平均增速，更远低于同一梯队的上海、江苏分别为55%和62%的增速。到2003年底，北京已经退出货物贸易进出口的第二梯队，这一年，上海、江苏的贸易额超过了1 100亿美元，而北京是685亿美元。到2004年上半年，北京地区的货物贸易额为432亿美元，几乎只有上海、江苏的一半。

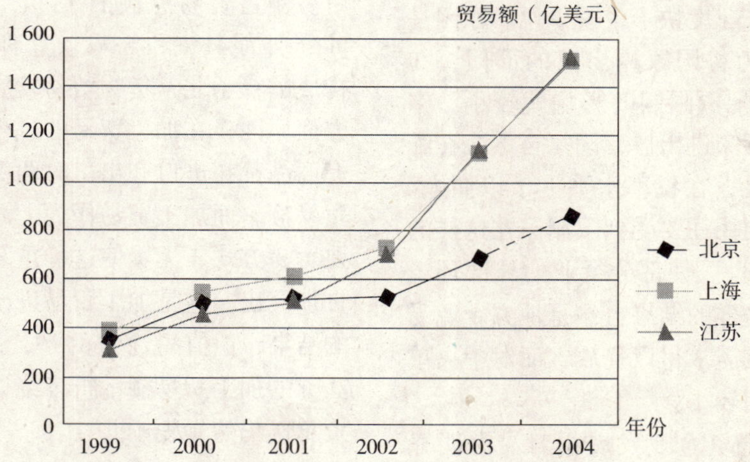

图1　三地贸易额走势图

数据来源：《海关统计》。

分析北京货物贸易发展落后于其他省市的原因，主要存在于三个方面：

1. 中央单位主导的外贸格局使进出口量相对于“入世”呈现刚性。北京的货物贸易额中的70%～80%是中央单位完成的。中央单位主导进出口是北京地区对外贸易形势的基本特征。这一特征从两个方面决定了北京地区的外贸额对“入世”的敏感度较低。

（1）外贸商品种类对“入世”敏感度低。中央单位的主要进出口商品是矿产品、化工产品、贱金属等原材料商品。2003年全年这类商品的贸易额占到地区贸易总额的一半，其中仅石油就占地区贸易总额的35%。这类商品的共同特点是属于国家专营而非可以由任何单位或个人自由进出口的，进出口量都由国家统一制定。而且能源产品属于不管价格高低、限制多少都必须保证的商品，相对于"入世"的需求弹性也就非常低。反观上海和江苏，两地进出口商品构成非常相似，主要是机电产品和仪器设备，约占贸易总额的63%。这类商品的进出口自由化程度很高，相对于关税的需求弹性大，"入世"以来得益于关税降低（从2001年底的35%降至2004年的10%）和配额限制的放松，成为进出口受惠程度较高的商品类别。这也直接促成了上海、江苏两地"入世"以来外贸额的高速增长。

（2）"入世"的"福利"对中央单位影响不大。近三年来，北京地区地方企业外贸额的增长速度快于中央单位。原因是中央单位作为替国家进出口的部门，在"入世"前受配额限制的影响就较小。中央单位代表国家进出口，国家自然会在配额上予以满足，在税率水平上予以照顾。而地方企业则往往要受到限制。在这样的前提下，"入世"使部分行业的外部环境更公平了，这样的结果自然是地方企业受到抑制的外贸需求得以释放，而对中央单位来说影响则较小。

2. 外商投资企业发展相对沿海明显不足。从表1中我们可以看出，在国有和集体企业的贸易规模上，北京是领先的；但在外商投资企业的贸易规模上，上海和江苏却7倍、8倍于北京的水平，甚至超过了北京地区货物贸易额的总量。可见，外资企业发展程度的落后正是北京的"软肋"所在。2003年，外商投资企业贸易额占到上海贸易总额的64%，江苏贸易总额的76%，而在北京，仅占贸易总额的17%。虽然这和北京作为政治中心、中央单位主导外贸的现状有很大关系，但贸易绝对数的差距是不可否认的，外商投资企业发展程度不够是北京外贸增长乏力的主要原因之一。

表1　三地各企业类型的贸易占比情况

单位：亿美元，%

类别/地区	国有和集体企业		外商投资企业	
	贸易额	占比	贸易额	占比
北京	560	82	118	17
上海	365	32	720	64
江苏	235	21	860	76

数据来源：北京市商务局《商务信息》。

3. 加工贸易在一定程度上夸大了北京同上海、江苏的外贸额差距。从表2中可以看出，2003年北京地区加工贸易的贸易额占贸易总额的13%，而上海和江苏分别为41%和58%。这种贸易方式的构成解释了北京货物贸易发展落后的另一方面原因，在加工贸易的过程中，几乎所有商品都在进口和出口时两次记增当地的贸易额，而加工贸易作为上海和江苏的主要贸易方式，无疑使这种重复纪录的情况更加突出。这是加工贸易进出口双向报关的结果，但值得注意的是，即使将上海、江苏的加工贸易额都折半统计，两地的外贸总额仍然领先于北京。

表2　三地按贸易方式分类占比情况

单位：亿美元，%

类别/地区	一般贸易		加工贸易	
	贸易额	占比	贸易额	占比
北京	565	82	87	13
上海	475	42	459	41
江苏	394	35	657	58

数据来源：《海关统计》。

这是北京地区贸易额落后的几点原因，接下来在用货物贸易额和GDP相比计算货物市场开放度的过程中，首先按传统方法进行计算，得到的结果如表3：

表 3 各地货物市场开放度
（传统方式计算）

单位：%

年份＼地区	全国	北京	上海	广东	江苏
2003	61	157	149	175	76
2002	49	139	111	157	55
2001	44	150	102	137	45
2000	44	166	99	146	44
1999	37	131	79	137	34

数据来源：国际收支统计申报数据库。

新兴工业化国家（地区），在经济起飞阶段实行出口导向战略，一般都会由于引进外资和加工贸易的飞速发展而使得外贸依存度出现高估。新加坡的货物贸易额与 GDP 的比例曾经达到 407%，在中国香港，这一比例也曾达到 257%。但必须承认：这种传统计算方法造成的高估有待修正，表现在两个方面：一是在我国的进出口贸易总额中，加工贸易占 48%，正如上文所述，由于加工贸易，在海关进出口时存在重复记录的问题，不能反映正常的进出口状况。二是在一般贸易中，跨国公司投资的实物或有形产品，也反映在海关的进出口统计当中，由于我国大力引进外资政策，这部分贸易额又占一般贸易的 50% 左右。所以，为了剔除这两方面因素的影响，笔者用国际收支数据替代海关数据再重新进行计算。这一指标可以剔除海关进出口数据中包含的外商设备、实物投资、无偿援助或捐赠等不产生贸易收支、与对外贸易并无本质联系的项目，集中体现一国货物市场的纯粹外贸成果。为了避免重复计算，在计算加工贸易项下收支时只考虑加工贸易净收入（净支出）的部分。

表 4 各地货物市场开放度（修正后）

单位：%

地区＼年份	2003	2002	2001	2000	1999
全国	37	29	27	26	21
北京	121	109	112	106	86
上海	116	83	78	71	61
广东	74	63	57	58	51
江苏	39	31	29	28	23

数据来源：国际收支统计申报数据库。

这样通过修正计算的 2003 年全国货物市场开放度为 37%（见表 4），是一个比较合理的比率。

从各地的货物贸易开放度看，同为外向型经济发展的典范，广东过于依赖加工贸易，因而在剔除加工贸易重复计算因素后货物市场开放度锐减了一半，为 74%，而上海则是加工贸易和一般贸易均衡发展，即使在剔除其他因素后，上海的货物市场开放度仍然达到 116%，而且其“入世”后提高的速度非常快，上升趋势很明显，体现了这一地区的巨大经济活力。北京地区外贸依存度虽然最高，为 121%，但在“入世”前就达到了这个水平，而且从发展轨迹看不像上海有一个逐步爬升的过程。北京的高开放度其实更大程度上讲是一种虚高，这种虚高的原因在于：由于中央单位的集中进出口，北京地区的外贸状况并不是本地区生产和需求的真实反映。中央单位从北京集中进口的商品，但这些物资最终将是由各地分散消费。因此这部分物资没有对北京的 GDP 做出贡献，但是却记在北京的外贸收支中，是造成开放度高估最主要的因素。

此外，GDP 偏低也是造成这种虚高的原因。北京地区的 GDP 仅为上海的 57%，广东的 1/4。较小的分母也使北京地区的开放度比例较高。

第二部分 资本市场开放度

在计算资本市场开放度时，分别从资本流入和资本流出两方面进行考察。

一、资本流入开放度的计算

从资本流入的绝对量看，北京地区资本流入约占全国总量的17%，2001年以前一直位居全国首位，但近年来增速落后于其他地区，2002年被广东超过，2003年被上海超过，目前资本流入量位居全国第三。

表5 资本流入开放度（Q1） 单位：亿美元，%

年份＼地区	全国		北京		上海		广东		江苏	
	金额	开放度	金额	开放度	金额	开放度	金额	开放度	金额	开放度
2004（1～6）	532	7	82	35	103	—	126	—	55	—
2003	803	6	137	31	142	19	181	11	87	6
2002	539	4	116	31	84	13	130	9	53	4
2001	466	4	177	51	66	11	93	7	28	2
2000	241	2	78	26	32	6	40	3	18	2
1999	180	2	41	16	33	7	28	3	18	2

数据来源：国际收支统计申报数据库。

从开放度的角度看，“入世”几年来我国外汇政策上对资本账户的适度控制使我国的资本流入开放度保持着合理而平缓的增长，2001年和2002年全国资本流入开放度都为4%，2003年增长至6%。北京地区的资本流入开放度近年来维持在30%左右没有变化（2001年资本流入开放度异常偏高的主要原因是受移动集团的资本调回影响）。

（一）北京地区资本流入比较集中的项目

虽然2003年北京资本流入总量低于广东和上海，但在“我国在外直接投资”、“证券发行”和“贷款”（即“借入外债”）三个项目下，北京地区有相当的优势。2003年北京在这三个项目下的资本流入分别占到全国的90%、57%和27%，而国内其他地区在这三个项目下资本流入非常分散，甚至很多地区都为0。这主要是因为目前我国“走出去”规模较大的企业，以及国家批准向非居民发行股票的企业多是在京的中央单位，从外国政府和国际金融机构借入的外债也有很大部分由财政部在北京申报。虽然这部分资本流入与北京地区本身的经济发展联系并不紧密，但作为“总部经济”所在地，这方面资本的集中流入是必然的。

（二）北京资本流入薄弱的项目

毫无疑问，“外国在华直接投资”是北京地区资本流入落后于上海、广东的主要原因。2003年外国在京直接投资同比下降24%，而上海同比上升38%，广东上升11%，绝对量几乎是北京的两倍。

表6 各地实际利用外资情况

单位：亿美元

年份＼地区	全国	北京	上海	广东	江苏
2003	535	22	55	78	106
2002	527	17	43	113	102
2001	469	18	43	119	69
2000	407	17	32	113	64
1999	403	20	28	117	61
1998	455	22	36	120	66

数据来源：国际收支统计申报数据库。

表6中2003年三地实际利用外资的数据也证明了这一点，北京地区为22亿美元，而上海、广东分别为55亿美元和78亿美元。可以明显看出，北京地区在吸收和利用外资水平上同上海、广东还有较大差距。这也是近年来北京资本流入被广东、上海超过的主要原因。

表7　资本流出开放度（Q2）　　单位：亿美元，%

地区/年份	全国		北京		上海		广东		江苏	
	金额	开放度	金额	开放度	金额	开放度	金额	开放度	金额	开放度
2004（1~6）	345	5	178	77	36	—	45	—	15	—
2003	572	4	297	68	69	9	73	5	22	1
2002	404	3	218	58	41	6	55	4	15	1
2001	320	3	173	50	26	4	50	4	10	1
2000	335	3	206	69	24	4	35	3	13	1
1999	181	2	68	26	23	5	39	4	10	1

数据来源：国际收支统计申报数据库。

二、资本流出开放度的计算

在资本流出方面，虽然近年来我国资本流出绝对量在逐步增加，但开放度没有变化，一直维持在3%左右。2003年为支持企业“走出去”，国家适当放松了管制，当年资本流出金额为572亿美元，同比增加41%，开放度也上升到4%。

不论从资本流出的绝对量还是开放度看，北京都居于全国之首，而且占据到全国一半以上的份额，在“我国在直接投资”、“证券发行”、“贷款”（偿还外债）和“贸易信贷”项下，北京地区资本流出非常集中。和资本流入一样，这几个项目也是“总部经济”资金集中进出的表现。

第三部分　服务市场开放度

服务贸易是公认技术含量高、附加值高的高端贸易领域。发达国家服务贸易对经济增长的贡献要远远高于货物贸易。美国第三产业占GDP的比重高达75%，而我国第三产业占GDP的比重仅为33%。

一、服务贸易发展状况

（一）全国：经历了从逆差到顺差的转变

“入世”后服务贸易呈现高速发展趋势，2002年收支总额同比增长20%，2003年同比增长37%，2004年上半年同比增长60%。更令人欣喜的是，从2003年起，我国扭转了服务贸易逆差的局面，首次实现了19亿美元的顺差，2004年上半年，顺差扩大到了37亿美元。

（二）地方：服务贸易是北京传统强项，但上海增速最快

服务贸易外汇收支一直是北京地区国际收支的亮点，全国服务贸易前三甲中（北京、上海、广东），惟有北京早在2000年就已经实现了顺差，而广东和上海则分别在2002年、2003年才实现这一

转变。作为全国服务贸易的领头羊，北京一直保持着较高的服务贸易规模（约为全国的1/4），但随着上海近两年的飞速发展，在2003年底服务贸易规模已经超过北京，成为全国第一。尤其在服务贸易收入方面，2003年上海为86亿美元，同比猛增95%，几乎翻了一倍。2004年仅上半年上海的该项收入就达到了73亿美元，相当于2003年北京地区全年的收入水平。

二、服务贸易开放度

我国服务贸易的收支非常集中，北京、上海、广东三地就占据了全国68%的比例，所以仍然要着重考察这三个地区的情况。北京地区的服务贸易开放度一直远远领先于上海和广东。这一方面是因为北京地区服务贸易基础较好，另一方面仍然有GDP因素的影响。以2003年为例，虽然上海的服务贸易收支总额达到150亿美元，超过了北京138亿美元的总规模，但从服务贸易的开放度上看，北京为32%，上海为20%，这主要是因为作为分母的GDP不同，北京为436亿美元，上海为755亿美元，差距较大。值得注意的是，虽然北京地区服务贸易收支规模在逐步扩大，但开放度却呈现下降趋势，这说明北京地区服务贸易增长的速度落后于GDP增长的速度。服务业作为北京最具活力的行业，也是对GDP增长贡献最大的行业，增长速度明显低于全国平均水平，更落后于上海和广州，这一点令人担忧。2003年全年，全国服务贸易收支同比增长了37%，其中上海同比增长65%，广东同比增长53%，而北京只增长了8%，大大低于全国平均水平。2004年上半年，全国服务贸易收支同比增长了59%，其中上海同比增长104%，北京仅为32%。

表8　服务市场开放度

单位：%

年份＼地区	全国	北京	上海	广东
2003	4	32	20	5
2002	3	34	14	9
2001	3	33	12	4
2000	3	37	10	4
1999	3	41	11	4

数据来源：国际收支统计申报数据库。

三、北京的服务贸易收支结构分析

（一）“其他商业服务”左右发展速度

“其他商业服务”是各地服务贸易收支的最集中点，也是上海、广东服务贸易收支猛增的源头所在。“其他商业服务”用来统计无法归入一般服务的其他所有类型服务，包括：佣金、经营性租赁、会议费、拍卖服务费等众多新兴服务类型。它在北京地区服务贸易收支中的占比为28%，是金额最大的一块，同时也是北京地区服务贸易顺差的主要来源。该项目金额增减的速度直接决定了各地服务贸易收支的变化速度。2002—2003年，上海“其他商业服务”项目下的收支额从28.3亿美元猛增至62.5亿美元，同比增长了108%；广东的该项收支额同比增长了97.6%；而北京地区该项目下收支额从2002年的37.6亿美元减少至37.4亿美元，虽然减少得不多，但增速明显慢于其他两地，从而也影响到服务贸易收支总额的增速。“其他商业服务”项下为何会有如此之大的差距，根本原因还在于新兴服务行业如租赁服务、物业管理、拍卖服务、招标中标服务费等伴随着上海、广东两地外向型经济的发展得到了充分的扩展空间，而北京在商品贸易、吸收和利用外资方面同上海、广东的差距就已经决定了在同外贸及外商投资企业密切相关的涉外服务收支上要相应落后。

（二）"运输"服务也是拉开差距的重要原因之一

"运输"是仅次于"其他商业服务"的第二大项，在北京地区服务贸易收支中占25%。由于"运输"项下的外汇收支同该地区的货物贸易量密切相连，所以受近年来和上海、广东货物贸易额差距（见第一部分）的影响，北京地区"运输"服务收支的增速远不如上海、广东。2001—2003年底，"运输"项下北京地区收支增长31%，上海增长61%，广东增长75%。这部分的差距也是造成北京服务贸易增速相对缓慢的重要原因。

（三）高端服务领域涉足不够

以"物流"行业为例，在"物流"的高端行业如金融服务、保险服务等相对利润水平高的服务领域，我国各地的涉入程度都很低，大部分地区收支总额都不到1亿美元；而在劳动量较大、利润水平低的运输环节，各地相关企业的参与程度相对较高；到了终端的零售环节，由于国家的严格控制，目前国内企业的市场占有率还较高，但一旦放开限制，"家乐福"、"沃尔玛"等国外零售机构的扩张速度将迅速提高，国内企业又将失去部分阵地。

（四）北京的优势行业

目前北京地区的优势集中在邮电、通讯、计算机和信息服务上，这是北京大力发展信息产业基地的结果。在这几个领域内北京地区的发展规模在全国是绝对领先的。需要注意的是，这些行业应保持适当的发展速度，同时不断提高服务层次。

（执笔人：汪　征）

北京市电子银行发展情况的调查报告

中国人民银行营业管理部支付结算处

2003年"非典"疫情使北京市各家商业银行的柜台业务量都出现了明显下降，向银行咨询电子银行使用和在电子银行上开户的客户明显增加。银行柜台的冷清和电子银行客户的增加，表现出传统金融服务的可替代性。

一、北京市各金融机构电子银行的发展概况

自1997年开始，中国银行、建设银行、工商银行先后推出电子银行服务。各股份制商业银行则借助电子银行弥补网点少的劣势。招商银行、华夏银行、民生银行、浦东发展银行、深圳发展银行相继对其网站、电话服务系统进行改造，把电子银行作为其主要竞争手段。截至2004年6月底，电子银行客户已经近350万户，其中对公客户近10万户，个人客户340万户。如工商银行北京分行电子银行个人客户数达到305.23万户，对公客户6.82万户；招商银行现有网银（对公）客户4 500余家，个人客户30余万户。2004年1—7月，电话银行、网上银行、手机银行交易笔数分别占电子银行交易总笔数的35.878%、64.121%、0.001%，交易金额分别占电子银行总金额的4.743%、95.256%、0.001%。

表1 2004年1—7月北京市各金融机构电子银行交易统计表 单位：笔

个人电话银行	企业电话银行	个人网上银行	企业网上银行	个人手机银行
33 105 811	3 501 158	61 201 368	4 223 020	1 612

表2 2004年1—7月北京市各金融机构电子银行交易金额统计表 单位：万元

个人电话银行	企业电话银行	个人网上银行	企业网上银行	个人手机银行	企业手机银行
15 827 126.97	0.00	2 295 914.43	315 545 624.44	1 204.34	0.00

北京市各家银行开办的电子银行业务所提供的各项服务可划分为三类：一是本银行的广告、历史、新闻等告知性介绍服务；二是电子银行提供的具体服务及使用说明；三是为个人用户和企业集团用户提供的查询、转账、购物或进行电子贸易、理财等功能。电子银行的业务已经从最初的以网络、电话、手机等形式实现传统金融服务阶段，进展到了追求创新，为客户提供特色服务的阶段。

为加强电子银行业务的制度建设，规范电子银行业务操作手续，各行从保障客户和银行的利益入手，制定了《个人网上银行服务协议》、《企业网上银行服务协议》、《网上银行章程》、《网上银行业务管理办法》、《手机银行服务章程》、《手机银行服务管理办法》等制度。在电子银行产品推广过程中，涉及转账、结算支付、理财等功能时，为保证客户和银行资金的安全，坚持客户需要到柜台进行登记，办理电子银行签约手续，由柜台人员进行信息核对后，才能实现电子银行的转账功能。

各行推出网上银行、电话银行、手机银行等全套的电子银行业务，是借助已有的实体网点优势，对之进行重新整合，以实体银行的信誉、信用和基本功能为平台，延伸虚拟网点，两者相辅相成，从而达到“1+1>2”的效果。各家商业银行从以柜面服务为主的传统服务渠道向“机构加鼠标”服务渠道转型，通过电子银行和网点机构进行合理的分工，由电子银行重点发展自助式的中间业务、资产业务和信息业务，而机构柜面则主要通过银行员工人才资源优势，为优质客户提供理财等全方位服务，提升服务质量，从而吸引并保持优质客户。

二、电子银行业务发展趋势

（一）电子银行认知度不断上升

2003年末用户使用电子银行在网上直接付款比例增加，超过货到付款方式13个百分点，达到37.9%。人们对网络购物的需求进一步扩大，网上银行、手机银行和银证通、银基通、银保通等银行业务被用户知晓的程度正在上升。特别是网上银行，用户的知晓率已经达到了90%。其中招行北京分行3年来累计交易金额近1万亿元，累计支付笔数近百万笔。2002年招行15%（金额）的对公结算业务已成为非柜台业务；截至2001年8月末，企业网上银行结算金额已经占全部结算业务的26%，结算笔数占15%以上；45%（金额）的对私业务成为非柜台业务。

表 3 2004 年 1—7 月北京市各金融机构网上银行业务统计表

项目	网上银行			
	个人		企业	
	笔数	金额（万元）	笔数	金额（万元）
1 月	6 899 413	244 748.22	221 160	40 090 470.46
2 月	8 142 636	283 401.87	236 377	35 077 248.71
3 月	8 915 069	267 253.27	255 583	46 102 310.39
4 月	7 697 966	293 775.73	949 946	52 287 803.74
5 月	7 684 606	203 394.55	771 423	48 118 753.49
6 月	11 069 317	288 827.37	867 592	49 130 800.11
7 月	10 792 361	714 513.42	920 939	44 738 237.54
合计	61 201 368	2 295 914.43	4 223 020	315 545 624.44

（二）各家银行将拓展个人电子银行业务作为重点

大部分银行在进入电子银行领域时都是从企业市场着手，特别是企业网上银行见效较快，容易吸引大客户、存款等附加效益，银行也往往乐于去营销推介。从2003 年下半年开始，由于企业电子银行市场格局相对稳定，个人市场不断提升，消费力也在与日俱增，个人用户逐渐成为电子银行角逐的新战场。工行推出面向个人用户的网上银行品牌“金融@家”，基本上除了涉及现金的交易，大部分柜台业务都可以在网上实现。工行为推广其电子银行产品，设立了在线注册版和存折版个人网上银行，前者只需到工行网站注册就可以拥有自己的个人网上银行账户，不过用户拥有的交易额、交易权限较少，只能查询账户信息和在本人账户之间转账；而后者只要输入存折的账户和密码就可以在网上查询和交费。推出存折版的目的是为了降低门槛，吸引更多的客户来使用。目前工行个人网上银行有一半的客户都是在线注册版的，可见这项普及型服务很受欢迎。

（三）业务品种不断创新

各家商业银行逐步认识到电子银行的品牌化将成为发展的趋势，它不只是将现有的银行业务移植上网那样简单，而是金融创新与科技创新相结合的产物。招行“一网通”、工行电子银行整体品牌“金融e通道”以及面向个人用户的子品牌“金融@家”，都是电子银行业务创新的结果。招商银行“一网通”网上个人银行专业版4.0版除了原有的款项划拨、外汇投资、国债投资、网上购物等功能外，更增加了按照付款计划自动付款的服务、个人所有账户和投资的全面管理、个人“日常事务”提醒等服务，使网上个人银行从个人网上理财渠道上升到利用互联网的优势为个人理财提供全方位支持的理财中心。

由于近几年股票市场持续低迷，造成支持个人客户的“银证通”，以及支持证券公司与证券交易所之间的网上银行结算资金金额和笔数都呈下降趋势。部分银行为拓展电子银行业务，把目光转向保险业务，有意将保险公司受理保险费收入、理赔保险金纳入网上银行进行结算。

三、电子银行发展中存在的问题

电子银行业务除了面临着传统银行业务的一切风险，如信用风险、市场风险、流动性风险、交易风险、法律风险等之外，又产生了一些新的风险和问题，如技术风险、资金转移中可能涉及严重的操作风险、监管的问题、收费问题等。

（一）安全问题

客户不使用在线银行业务的主要原因包括：费用过高、担心互联网安全问题、担心交易的差错以及没有使用的必要等。特别是网上银行的安全问题仍然是阻碍消费者使用电子业务的主要原因。由于国际互联网本身是个开放系统，而网上银行的经营实际上是变资金流动为网上信息的传递，这些在开放系统上传递的信息很容易成为众多网络黑客的攻击目标，目前多数客户不敢在网上传送自己的账号、转账支付等关键信息也是基于这个原因，这样就严重制约了网上银行的业务发展。电脑病毒频繁入侵网络也是制约网络银行发展的因素之一。病毒的入侵往往会造成网络银行主机的系统崩溃、数据丢失等严重后果。

（二）法律问题

电子银行采用的规则都是客户、银行签订服务协议，银行与客户在言明权利义务关系的基础上签订合同。但由于缺乏相关的法律条款支撑，问题出现后涉及的责任认定、承担、仲裁结果的执行等复杂的法律关系是现在难以解决的。《合同法》中虽然承认了电子合同的法律效应，却没有解决电子签名和电子支付的合法性问题。这些无形中都增加了银行和客户在网上进行金融交易的麻烦和风险。中国人民银行颁布了《网上银行业务管理暂行办法》，但这个部门规章过于简单，几乎没有量化标准，可操作性差。

（三）收费问题

现阶段电子银行收费主要包括结算费、手续费、年费、CA证书、IC卡及读卡器的成本费。各行为推广本行的电子银行产品，会不定期举办各种活动进行促销，减免电子银行年费和硬件设备的费用，对个人客户往往采用在结算费率上提供一定的折扣。2003年6月颁布的《商业银行服务价格管理暂行办法》（中国银行业监督管理委员会［2003］第3号令，以下简称《办法》），就银行服务定价结构、定价行为监管、储蓄收费管理以及价格的监督处罚等方面进行了规定，明确指出实行市场调节价的服务价格由商业银行总行自行制定和调整。但是《办法》中未涉及电子银行业务的收费方面的内容，而各家银行为推销自己的电子银行产品，有可能采取“堤内损失堤外补”的策略，先占领市场，容易形成银行间的恶意竞争。

（四）监管问题

随着企业和个人利用电子银行开展业务，导致银行对企业与企业、企业与个人、个人与个人之间结算业务的真实性、合法性缺乏有效的监督。越来越多的交易在网上进行并实现在线支付，传统银行对客户进行转账业务的管理难以实现，如网上银行代发工资、代报销等业务通过网络进行，对公账户向个人结算账户的资金去向、金额、用途，脱离银行的控制，给银行的现金管理和反洗钱带来了巨大的困难。

（五）支付结算问题

首先是票据问题，一方面网上银行代收款项后无法为客户提供发票或其他票据；另一方面由于电子银行的票据未统一由人民银行制定，是各行自制的凭证，因此在进行电子银行跨行转账支付时，需要填写传统银行的手工凭证，造成人力、物力、财力的浪费。其次是签章问题。现行《票据法》、《支付结算办法》的某些规定不能适应电子银行业务无纸化、网络化的特点。例如：《票据法》第四条规定“票据出票人制作票据，应当按照法定条件在票据上签章”，第七条规定“票据上的签章，为签名、盖章或者签名加盖章”，这些规定使银行难以将票据电子化。

（执笔人：张海峰）

北京征信市场发展状况调查

中国人民银行营业管理部征信管理处

根据中国人民银行征信管理局工作部署，为了解北京征信市场发展状况，探索适合我国国情的信用评级机构监管模式，中国人民银行营业管理部组织开展了对信用评级机构、征信机构和信用担保机构的调查。现将有关情况报告如下：

一、北京征信市场发展现状及特点

调查显示，北京征信市场的整体发展水平较高，具有机构数量较多、规模较大、实力较强、市场占有率高等特点。

（一）多样化的机构体系

在征信市场的机构范围中，大体可以包括经营信用调查、信用评级、信用咨询、信用保险、信用担保、商账催收、资产评估、房地产评估等各类业务的机构，这些机构与业务都或多或少地与银行信贷发生着实质性联系。

在本次调查中，重点针对信用评级、征信咨询、信用担保类公司进行了重点了解。接受此次调查的机构包括，在北京注册且主营评级业务的国内中介机构11家，专营征信业务的机构3家，信用担保机构36家。

由于北京是首都，机构发展还有全国性机构和地方性机构并存的特点。如在11家评级机构中全国性公司和地方性公司各有5家，2004年3月，中诚信国际信用评级公司还专门成立了北京分公司负责本地业务开拓和经营。有4家机构获得中国人民银行核准的债券信用评级资格。

另外，国际著名的标准普尔、穆迪和惠誉公司等三大信用评级公司也已经在北京设立了分公司（穆迪）或代表处（标准普尔、惠誉公司），从事信用评级和相关业务的研究和产品销售工作。

（二）相对强大的规模和实力

与国际知名公司比较，北京的信用中介机构在规模和实力方面还有很大差距，但与国内其他地区同类公司相比则要强大不少。从资金实力看，有6家评级机构的注册资金超过1 000万元（北京穆迪也仅为1 000万元），最高的达到8 000万元；主营征信、信用风险管理咨询的3家公司，有2家的注册资金超过1 000万元；有16家担保公司的注册资金超过1亿元，最高的为10亿元人民币。

从人员规模看，在全国某些地区的公司还处在“一老一少相依为命”、缺乏专门人才状态下，据不完全统计，北京的评级公司专职从事评级的人员就有184人，其中研究生以上学历占61.9%；本科学历的占31.6%；专科及以下的占6.5%；评级人员的专业背景多为经济、会计、工商管理、金融、统计、审计等。

一般情况下，信用评级业务在整个征信市场业务开拓中，对人员素质的要求是比较高的，一个专业评估人员至少应该有不少于3年的专业评估经历，否则就不能称其为合格的“评估师”。从北京各评级公司的人员专业背景、学历层次、从业经历等方面，具有素质高、结构良，能够满足客户多方面需要的特点，在国内名列前茅。

（三）纷繁复杂的机构背景

北京征信市场主体构成多样化，无论征信、评级还是担保机构按照发起人不同，涉及国务院有关部委、北京市政府部门、有关企业、金融机构、行业协会以及民营投资。大体上，各机构按照发起人背景大致由政府部门发起和主办、由金融机构主办和由民间力量发起等三类。

从信用担保机构情况看，据初步统计，目前北京市共有45家中小企业信用担保机构，其中：市级政府参与出资的2家，区县级政府参与出资的17家，私营个体协会参与出资的8家，民间出资的18家。在接受此次调查的36家信用担保机构中，企业法人有28家、事业法人8家。

（四）相对完备的业务经营和市场竞争能力

各评级机构开展的信用评级业务主要分为：企业债券评级、贷款企业评级、金融机构信用评级、企业履约能力评估和其他相关业务。

根据被调查的评级公司提供的数据，2001—2003年，北京各信用评级机构在北京市开展的企业信用评级项目共计1 346个。按国际通行的三等九级的信用等级划分，A级以上企业占71.2%，其中，AAA级企业占24.6%；AA级企业占17.2%；A级企业占29.2%。BBB级企业占18.1%；BB级及以下占10.8%。

各担保机构的服务对象多为技术密集型和劳动密集型的各类中小企业。信用担保种类主要包括中小企业短期银行贷款、中长期银行贷款、融资租赁以及其他经济合同的担保。据调查，近三年来，被调查担保机构累计担保贷款5 742笔，累计担保总额约195.01亿元，担保余额约126.95亿元。

随着我国金融市场的快速发展，作为朝阳产业的信用评级业有着良好的发展前景，但由于受到各种主客观因素的影响，北京市信用评级的市场空间仍然比较有限，贷款企业的信用评级主要由各金融机构内部的评级部门来完成。目前，除了少数评级机构业务开展达到一定规模（年收入1 000万元左右）之外，大部分评级机构业务经营并不理想，在提供数据的9家机构中，以“2003年利润总额”为参考指标，2家亏损，7家盈利。在盈利机构中，利润总额100万元以下的有3家，利润总额在100万元以上的有4家。但在利润的构成中，评级业务只占很小的比重。

（五）征信与评级机构的工作方法

从一定意义上讲，征信是评级的先导，评级是征信信息的增值。没有科学的信用记录征信体系，评级将成为无源之水、无本之木；同样，没有评级工作的深化，人们对征信所涉及的信用信息主体的判断只能停留在信息归集上，难以做出科学的判断。建立征信机构的目的在于帮助解决交易信息不对称的问题，评级的目的是客观、充分地揭示评级对象履行债务合同或其他相关合同的能力和相对风险。因此，在信用信息的征集阶段，无论对企业还是个人，征信公司和评级公司在社会分工不明确的条件下，大体经历同样的工作过程。

以对企业的征信调查为例，为了解企业的信用记录信息，征信和评级机构一般要经过工商管理、税务征收、公安、法院、商业银行、官方公报、新闻媒体以及其他信息机构，对企业的各类信息内容进行征集。根据被调查公司反映的情况，这些内容一般包括企业对金融部门贷款的按时还本付息情况，对供应商账款的按期支付，为顾客提供产品和服务的数量、质量、交货期等的保证，对员工提供各类权益保障的履约情况，是否能够按时足额纳税，对国家法律法规的遵守情况，企业财务报表的真实性以及企业信息披露的真实可靠性等方面。

在完成信息征集后，征信公司一般根据需要可以向委托者提供企业资信调查报告，按照报告目的和深度不同分为简单企业资信调查报告、标准企业资信调查报告、深层次企业资信调查报告、企业资信调查后续报告。如标准企业资信报告用于帮助客户了解企业的经营管理情况、财务状况及其偿债难力，从而确定结算方式和信用额度，适用于交易金额不大、交易次数频繁、相对稳定、持续的贸易关系。特殊资信调查报告是根据客户的特殊要求，在遵守相关法律法规的前提下，向客户提供信用信息服务。

以上这些，对于一个专司评级业务的公司来讲，仅只是工作程序的起步。调查显示，各评级公司在借鉴和吸收国际评级机构先进技术的基础上，结合我国实际情况形成了一套评级理念和方法。大多采用定量分析与定性分析相结合的方法。评级的工作程序是信用评级业务所遵循的操作步骤，根据对各机构评级工作程序进行归纳总结，一般包括：评级准备、实地调研、级别初评、级别评审、级别确认、级别公告、文件存档、跟踪监测等。

（1）评级准备。受客户委托后，组建评估小组，建立与被评级企业指定人员的工作联系，对收到的评估资料进行初步分析等。

（2）实地调研。对受评企业有关人员实施现场访谈，对企业进行实地考察，对企业的债权人、债务人进行调查访谈，补充评估资料。

（3）级别初评。整理定量数据，初步确定受评企业的信用风险级别，并提交信用评审委员会审核。

（4）终评。信用评审委员会对评估小组提交的评价报告进行审核，评估小组修改相关分析报告，撰写评估报告，并将评估报告及评估结果反馈意见及时送交委托机构。

（5）评级结果反馈。若委托机构对结果无异议，评估小组负责向委托机构提交企业信用风险评价等级通知书。若有异议，并提供了有可能对评估结果有影响的、真实的补充材料，则评估小组应向信用评审委员会申请复评。

（6）级别公告。企业信用风险评价将根据评级委托机构的要求，决定是否披露。

对评级结果检验的最重要指标之一就是违约率。关于违约率的问题，多数机构提出：目前在国内的评级机构中，尚无类似的分析和统计。对于债券评级来说，由于企业债券发行者都有实力强大的担保人，而且债券发行材料都须报国家发改委审批，因此到目前为止，我国还未出现债券违约情况。就贷款企业评级而言，目前尚缺乏类似的统计数据。

二、当前征信市场存在的主要问题

根据对北京市征信市场有关机构的调查，既存在共性问题，又存在各类机构带有自身特点的问题。

（一）法律和监管的缺位是各类机构发展面临的共同问题

一是法律法规缺位。《征信管理条例》和《信用信息披露条例》尚在襁褓之中，已有的一些部门规章，立法层次低，强制性规定少。信用担保行业涉及的法律法规主要有《公司法》、《担保法》以及一系列部门规章，但《公司法》中没有对担保的专门规定，《担保法》也只是规范了担保行为，没有对机构自身的规范性要求。立法上的空白点，在一定程度上阻碍了征信市场的健康发展。

二是行业监管缺位。中国人民银行、中国证监会、国家发改委都曾颁布过关于信用评级行业的监管规章，担保机构实行的谁出资、谁管理的管理方式，都使得在对信用中介机构的监管体制政出多门、互不协调，更谈不上实施有效监管。

三是社会信用观念淡薄。与发达国家相比，我国的企业和投资者信用观念淡薄，许多公司甚至上市公司尚未意识到信用作为发展第一生命的重要性。社会对失信者远未建立起有效的失信惩戒机制，失信者不必为自己的失信行为付出代价，或者付出的代价不足以使其在获得利益外“伤筋动骨”，反而使其得以把再次或多次失信作为获取更大利益的手段，以致不可能主动产生对信用评级的需求。这种现象的长期存在，客观上抑制了信用行业的整体发展。

（二）各类机构发展不平衡，所谓“家家都有难念的经”

关于征信和评级机构：一是配套的社会信息基础设施建设严重滞后。社会信用体系建设是一项庞大的社会信息工程，也是一项复杂的技术工程，解决诸如身份认证、名址、名址匹配等问题需要配套的社会信息基础设施，目前的情况显然不容乐观。

二是市场竞争秩序亟待规范。由于现阶段信用评级有效需求不足，信用评级机构较多，信用评级行业“僧多粥少”的现象越来越严重，加之长期缺乏有效监管和行业自律，一些评级机构低价位招揽客户的做法和不良竞争，已严重损害了评级机构自身的信誉和信用评级行业的长期发展，加上银行内部评级体系的运作，必然造成社会征信评级公信力的不足。

三是评级机构独立性不强、公信力不足。按照国际惯例，信用评级机构本身应是一个中介性组织，是独立于企业、有价证券发行人和投资者且不受政府控制的独立的经济法人。然而我国评级机构仍与原挂靠的政府部门、商业银行、科研院所等单位有着千丝万缕的联系，这有碍于其执业的客观性、公正性和权威性，而且在国内有广泛影响力的评级机构尚未形成，都在一定程度上影响了评级结果的社会影响力。

关于信用担保机构：一是缺乏资金补偿机制。从北京市的情况来看，虽然整体实力可观，但大部分担保机构资本规模偏小，实力较弱。即便是政府出资设立的担保机构也缺乏后续性的资金注入及补偿机制。再加上受放大倍数的限制，担保规模难以扩大。目前仅靠有限的担保费和利息收入难以维持担保机构的持续发展。

二是缺乏风险共担机制。从国外经验看，为了分散和规避风险，担保机构从不进行全额担保，而是根据贷款规模和期限进行一定比例的担保，与银行共担风险。由于我国缺少明确的制度规范，再加上目前担保机构的实力较弱，且大部分银行都将中小企业的贷款风险转嫁给了担保机构，担保公司承担了100%的风险。这样不仅造成担保机构责任与能力的不对等，加大了整体风险，严重制约着担保机构的发展和担保业务的开展。

三是担保机构内部管理不规范。我国目前还没有担保行业从业资格准入制度和失信惩戒制度，机构业务运作不规范。调查显示，多数机构缺乏规范的担保保证金制度、集体审核制度、风险内控制度、运行监测制度、代偿制度和债务追偿制度等，使得债务清偿成本增大，关联担保现象严重，担保机构信用度较低等问题。

（执笔人：付喜国、赵　强、武　逸、孔丹雷）

中小企业融资难问题成因分析及对策建议

中国银行业监督管理委员会北京监管局

一、中小企业融资难问题的成因

（一）信息不对称程度较高

中小企业对贷款的需求量总是大于银行体系愿意提供的数量，其根本原因在于信息不对称程度较高，产生了一种借贷市场难以发挥自发调节作用的“融资缺失”。由于自身条件的限制，中小企业经营活动的信息透明度很低，银行对中小企业经营情况难于了解，而中小企业自己也很难向银行提供信用水平的证明。不完善的外部信用环境以及中小企业自身的一些特点加重了商业银行的风险忧虑。归纳起来，中小企业的弱点在于：(1）底子薄，抗风险能力弱。(2）管理不规范，不确定因素多。(3）融资需求急，给商业银行审贷的时间少。(4）成立时间短，信用记录少。(5）效益差别大。

在信息不对称程度较高的情况下，银行对借款人的行为难以做出可靠的判断，这势必会增大贷款风险。如果银行提高贷款利率，会使低风险的借款人退出市场（逆向选择行为），同时会促使借款人在获取贷款后选择投资于更高风险的项目（道德风险行为），结果增大了那些因支付较高利息而获得贷款的借款人的违约率。因此，仅靠提高利率反而可能加大贷款的平均风险，最终可能降低而不是增加银行的预期收益。所以，银行宁愿选择在相对低的利率水平上拒绝一部分贷款要求，而不愿选择在高利率水平上满足所有借款人的申请。这样，就出现了借贷力量长期非均衡现象，形成了信贷融资的缺口。

而信贷融资缺口的存在，表明了资金资源没能实现优化配置，市场机制在资源配置上是失灵的。要使市场调节机制重新发挥作用，就需要降低信息的不对称性，即发挥非市场的力量，或者说，需要来自政府“另一只手”的干预。

（二）风险分担机制不健全

银行贷款为了缓释风险，往往需要抵

押担保。但小企业固定资产少，缺乏足够品质的抵押品，往往需要向外寻找担保人。到目前为止，我国已基本建立起一个覆盖全国的中小企业信用担保体系，由政府资助成立的担保公司或担保基金开展了积极的活动，较大地促进了中小企业融资的发展。但该担保体系中也存在不少问题：

1. 除少数大型担保公司外，担保机构资本金普遍偏低，担保能力与覆盖面有限。

2. 担保基金缺乏后续的资金补偿机制，缺乏可持续的制度保障。

3. 无统一的担保行业规范。《担保法》只是对担保业务做出了相应的规范，但对担保机构的属性、法律地位以及行业监管职责缺乏明确规定。而针对担保机构的监管法规《中小企业融资担保机构风险管理暂行办法》又主要是规范政府出资组建的担保机构行为，对于商业性、合作性的中小担保机构没有约束力。由于缺乏一部具有专业性、权威性、可操作性的监管法规，再加之监管主体不明确，导致担保机构的设立与退出缺乏严格的市场监管，这是造成担保行业混乱的重要原因。

4. 担保企业素质参差不齐，缺乏专业经验与专业人员，风险把握能力较差。

5. 国家中小企业信用再担保机构尚未成立，无法实施对全国中小企业信用担保体系的风险控制与分散。

调查显示，北京地区目前只有少数几家大型担保公司能够获得银行认可，这使得担保公司能够发挥的作用大打折扣。

（三）融资结构存在缺陷

建国以来长期实行的赶超型发展战略，形成银行业中四大国有商业银行高度垄断与产业中国有大型企业高度垄断相共生的经济金融主流机制，大银行不愿为中小企业提供更多的贷款，中小银行也在不同程度上存在着重大轻小的倾向。目前，缺少满足成长型、创业型企业融资需求的机制，同时还缺乏股权直接投资的套现或退出的市场机制，使创业型或成长型企业融资非常困难。进一步看，我国资本融资渠道过窄、门槛过高，使得中小企业通过外部补充资本金或取得中长期更新改造债务资金十分困难，从而大大降低了中小企业的发展壮大速度。由于缺乏多元化的融资市场，中小企业主要依靠银行信贷来获取资金，导致对银行信贷资金的过度需求。

与此同时，我国金融产品还比较简单、不够丰富，包括租赁、委托贷款等比较传统有效的金融产品都没有很好地发展起来，阻碍了资金以适当方式向中小企业流动。

（四）管理成本不经济

中小企业经营稳定性差，更新频率较快，管理不够规范，投机性更强，银行面临贷款用途监控的困难，需要加强贷后动态监控。这些因素均带来较高的成本。据统计，国内银行对中小企业、个体经营户贷款的管理成本平均为大中型企业的5倍左右。

中小企业贷款还存在量小、期限短、笔数多、时间性强等问题。在现行贷款管理体制下，每笔贷款流程类似，固定成本大致相当，相比之下，对中小企业贷款缺少规模效益。

由于银行对中小企业贷款的机会成本要远高于大企业，在市场原则驱动下，中小企业贷款对银行吸引力较差。银行理所当然地愿意向大企业而不是向中小企业贷款。

（五）信用环境不健全

我国企业信用制度没有完全建立起来，个人信用制度建设更为滞后，商业信用屡遭破坏，资信评估等中介服务缺乏，而失信惩罚机制过弱，失信成本过低，造成全社会信用观念淡薄，信用危机感较强。而中小企业（特别是民营企业）违约率又明显高于大型企业，挪用贷款、抽逃资金等情况更为突出，社会信誉度不高。在这种情况下，中小企业自然很难获得足够的资金支持。

二、解决国内中小企业融资难的对策建议

总的来说，要在较大程度上解决中小企业融资难的问题，可以围绕降低信息不对称这一核心，从改革和改良两条主线同时展开。

（一）改革是要从体制上进行大的创建，其特点是建立长效机制、从根本上扭转局面

1. 建立健全中小企业服务体系。中小企业属于弱势群体，应为其创造一个有利的发展环境。从国外比较成功的经验来看，政府通过设置相关机构，在技术及管理咨询、海外市场开拓等方面注重为中小企业提供优质廉价的服务，促进中小企业公司治理结构的完善和管理、技术水平的提高以及市场规模的扩大；同时，政府还注重完善市场中介服务体系，如资信评估，以减少信息不对称，促进中小企业规范化经营。政府通过由其主导的服务和对环境的完善，大力降低中小企业的失败率，同时降低其交易成本，改善融资条件，以吸引更多的金融支持。

近年来各级政府部门围绕《中小企业促进法》已推出许多新的重要举措。结合我国金融实践，建议有关部门进一步研究开辟中小企业动产抵押登记快捷通道，减免中小企业贷款业务的营业税，增加对中小企业贷款业务贴息的财政预算，并对为中小企业服务的金融创新产品增强专利保护。

针对我国目前状况，建议在进一步扩大中小企业担保基金或担保公司数量（鼓励民间资本进入）和增强其实力的基础上，定期对中小企业担保基金或担保公司注入预算资金（补贴），以保证其持续正常运行；可以适当发展中小型、地方性、民营的商业类及合作类的担保机构并给予税收等优惠；要对担保基金或担保公司实行统一的行业规范化监督管理，完善相关法规；明确监管主体，督促其提足风险准备金，并对单个客户的担保实施最高限额控制，严格控制担保费的收取标准，及时向市场披露必要信息，保证其有效健康运行。

2. 建立健全社会征信体系。要建立和完善社会信用体系，尤其是要优先建立针对中小企业及其法人代表的征信体系。建立以中小企业、企业经营者、中介机构为主体，以信用登记、信用征集、信用评估和信用发布为主要内容的信用制度。通过尽快建立中小企业的诚信系统，提高银行筛选守信企业和失信企业的能力，降低银行的信息成本，减少逆向选择行为的发生。

3. 发展梯次的金融组织结构。发展梯次的金融组织结构，便于根据中小企业成长的周期对市场进行细分，给予其恰如其分的金融支持。

应发展风险资本市场，为初创期的中小企业提供私人权益资本；应拓展二板市场，解决创业中后期阶段的中小企业融资及风险资本退出；还应开辟区域性小额资

本市场（三板市场），为达不到进入二板市场资格标准的中小企业提供融资。此外，应逐步放宽中小企业发行债券的条件，修订《企业债券管理条例》，加快市场化改革，取消额度审批，改为主要根据发行人的素质和需求来进行的债券发行审核。

（二）改良是在现有条件的基础上，进行局部的优化调整，发挥出应有的潜力，其特点是见效快

1. 促进商业银行融资管理体制的完善和业务品种的创新。应大力推进银行管理的扁平化进程，改变中小银行授信权限过度上收的状况（发挥基层机构所具有的信息优势），制定和完善针对中小企业融资的评级体系和管理流程，以解决中小企业融资的时效问题并提高融资的有效性。同时，应拓宽中小企业融资的抵押、担保的领域与范围，如开展仓单抵押、加入个人担保等。银行内部还应建立完善的市场激励和制约相容机制，保证各个岗位的责、权、利相对均衡，培养信贷人员拓展市场的积极性，开发新的中小客户群体。此外，还应推进中小企业贷款申请及评审的网络化和自动化进程，以降低管理成本。

应鼓励商业银行针对中小企业的特点开展金融创新，为中小企业提供适宜的多种金融服务。应鼓励对中小企业开办结算业务，增进对中小企业的了解；应鼓励对中小企业开展保理业务和汇票贴现业务；应发展对个人及中小企业的委托贷款业务，将民间融资的发展纳入规范化轨道；应大力发展对中小企业的融资租赁业。融资租赁将融资和融物相结合，对扩张中的中小企业来讲，定期支付少量的租金即可获得所需设备的使用权，而且所受限制少，财务风险也较低。

2. 提供为中小企业融资的政策激励。中小企业融资其实为银行提供了一个十分广阔的市场，该市场具有巨大的潜力。中小企业一旦获得银行信贷支持，很容易成为银行忠实的客户，并成为其基本客户群中的一员，这将对银行的持续稳定发展产生积极影响。因此，在适宜的条件下，中小企业对中小银行会具有自然的吸引力。

在健全中小企业贷款担保体系的基础上，还应注意政策的适当引导。中小企业的贷款风险是可以通过风险溢价或财政补贴加以弥补的。财政、税收等部门可以考虑对商业银行开办的中小企业贷款业务提供一定的政策优惠，比如贴息、减免营业税。中小商业银行也要调整自身的市场定位，改变一味求大求全的倾向，加大对中小企业金融服务的创新和营销力度。

（执笔人：刘　斌、魏子力）

关于北京农村人身保险业务发展情况的调研报告

中国保险监督管理委员会北京监管局

一、北京农村人身保险业务基本情况①

北京农村人身保险市场经过20余年的发展，在市场主体、网点、业务规模、产品、销售渠道等方面都发生了较大变化。

(一) 市场主体较多，区县网点布局较全

截至2004年末，北京9家寿险公司在10个远郊区县② 共设立了18个支公司、1个营业部和38个营销服务部，平均每个区县有5~6个网点，平均每个网点服务57 412位农民。目前，一些新进入市场的外资寿险公司也在部分经济较为发达的远郊区县筹建机构，对远郊区县业务乃至农村业务表现出浓厚的兴趣。各公司市场份额如图1。

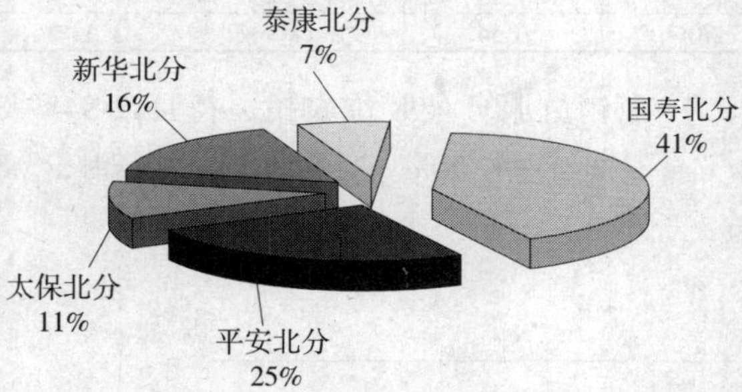

图1 北京远郊区县业务各公司占比

(二) 业务规模不断扩大，保险功能得到体现

截至2004年11月末，各公司在10个远郊区县实现人身险保费收入17.75亿元，同比下降3.02%，而同期全市人身险业务总体降幅为8.07%，其中国寿北分、平安北分、太保北分、新华北分和泰康北分5家公司的降幅达13.65%；远郊区县业务在全市人身险业务中的占比为9.26%，较2003年同期占比提高了0.48个百分点。远郊区县成为各家寿险公司业务发展的新的增长点。其中农村业务收入为4.13亿元，同比下降6.38%，亦低于全市降幅。

远郊区县业务各项赔款和给付总计1.61亿元，同比上升10.72%；其中，农村业务各项支出总计0.83亿元，同比上升48.44%。

(三) 健康险占比较高，意外险增幅较大

截至2004年11月末，远郊区县的寿险、意外险和健康险保费分别为14.06亿元、0.43亿元和3.27亿元。

---

① 受各公司计算机系统制约，远郊区县不区分农村与非农村业务，下文的农村业务均为估算数据。除国寿北分、平安北分、太保北分、新华北分和泰康北分外，其他公司进入远郊区县市场时间较短，业务占比较小，在此仅分析上述5家公司的情况。

② 指平谷、顺义、怀柔、密云、昌平、延庆、门头沟、房山、大兴、通州10个远郊区县，下同。10个远郊区县共有农民327.25万人，占北京农民总人口的86.21%。

健康险受到农民欢迎，占比高达 18%，比全市的平均水平高 4.73 个百分点。远郊区县除寿险业务同比下降 8.18%外，意外险、健康险保费增幅分别为 145.35%和 15.79%。

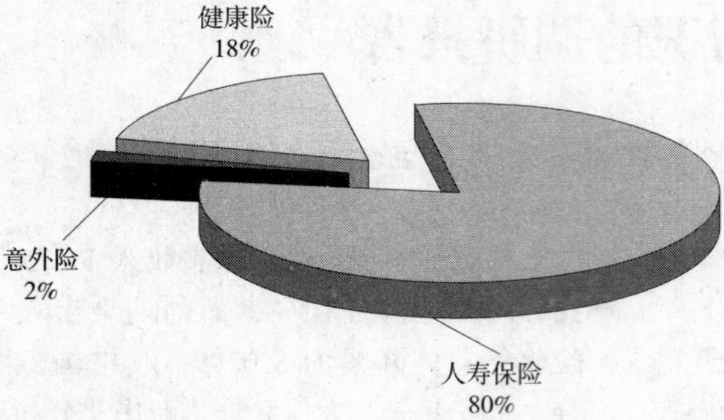

图 2　北京远郊区县业务险种结构占比

（四）销售渠道多样，销售队伍初建

目前，北京远郊区县人身险业务已形成了多样化销售体系。截至 2004 年 11 月末，在远郊区县，个人营销、银行代理和团险分别实现保费 9.69 亿元、7.14 亿元和 0.92 亿元，占比分别为 54.60%、40.22% 和 5.18%；其中农村业务各渠道中占比分别为 58.86%、32.97% 和 8.17%（见表 1）。

表 1　北京寿险公司远郊区县业务和农村业务各渠道情况　　单位：亿元

渠道	远郊区县业务			农村业务		
	本期①	占比	同比	本期	占比	同比
个人营销	9.69	54.60%	-9.07%	2.43	58.86%	-19.28%
银行代理	7.14	40.22%	5.13%	1.36	32.97%	16.93%
团险	0.92	5.18%	7.70%	0.34	8.17%	43.33%

10 个远郊区县共有营销员 12 740 人，持证 6 486 人，持证率 50.91%；其中服务农村市场的营销员 6 577 人，平均每名营销员服务 498 位农民，持证 2 943 人，持证率 44.74%。各公司持证率如图 3 所示。

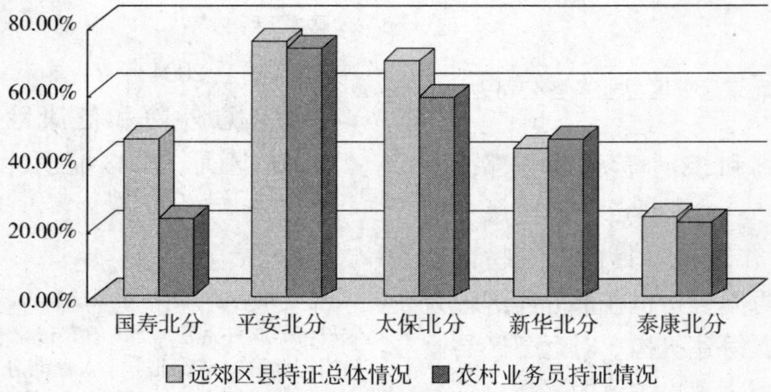

图 3　各公司持证率情况

① 统计区间为 2004 年 1 至 11 月末。

二、北京农村人身险市场需求的主要特点

与全国农村相比，北京农村具有以下特点：一是农民数量较少，2003 年末北京市农村户口居民共 379.6 万人，仅占北京总人口[①] 的 33%；二是农民收入水平较高，2004 年全年农民人均纯收入达 7 150元，同比提高 10%；三是农民消费结构不同。2003 年末，北京农民恩格尔系数从 1994 年的 49.2%下降至 31.7%[②]，与同期城镇居民相当，较全国农民同期水平低 13.9 个百分点，甚至低于全国城镇居民水平 5.4 个百分点。

因此，北京农村人身险市场需求具有一定的特殊性，主要表现为：

（一）对医疗、意外保障需求较高

在农村，因病致贫、因病返贫的现象较为普遍，据民政部的一次调查显示，农村 80% 的贫困是因疾病造成的，农民对医疗保障需求迫切。目前，虽然北京市远郊区县全面推行了新型农村合作医疗制度，但该制度保障水平低，难以满足农民的医疗保障需要，医疗保障缺口较大。同时，农民意外风险缺乏保障，农村经济多数以家庭为单位，一般家庭又多由一、两个主要劳动力支撑起整个家庭经济，他们一旦发生意外伤害，往往没钱支付昂贵的治疗费用，整个家庭也因失去经济来源而陷入绝境。

（二）养老问题日益突出

随着我国进入人口老龄化社会，农民养老问题日益突出。我国人口的流动和户籍制度的改革，提高了城市对农村剩余劳动力的吸纳能力，促动了农村社会的人口老龄化。据统计，2000 年北京农村的老龄化水平为 8.35%，高于全国同期 6.69% 的水平[③]。随着计划生育政策的实施，农村的“四二一”家庭日渐增多。然而，大部分农民不享受与城镇居民相同的养老社会保障政策，这无疑扩大了城乡差距。

（三）需求差异大

由于北京远郊区县自然环境不尽相同，各地农民经济来源不同，收入差距较大，对于人身险的需求和层次存在较大差异。某些地区意外险需求大，某些地区医疗险需求大，某些地区养老险需求大。同一地区的农民收入差距也较大，如在大兴区，部分农民生活较为贫困，而部分农民已依靠高科技精品农业及以农产品加工为特色的南部综合产业园走上了富裕道路。

（四）收入波动较大

农民收入具有波动性和不确定性，主要表现为：一方面，农民的收入决定于收成和农产品销路的好坏，另一方面在不同季节，农民收入也会存在差异。

三、北京农村人身保险存在的问题

农村人身险业务有巨大的市场需求和较好的发展前景，但也存在许多问题和困难，主要有以下方面：

（一）农民保险意识相对薄弱

一是农村保险市场发展滞后，农民对保险的功能和作用认识不够。二是农村相对封闭，农民受教育程度普遍较低，保险意识薄弱。三是农民传统观念强，“买保险不吉利”的观念由来已久。

（二）农村人身险覆盖低

据统计，北京远郊区县业务占全市人身险业务的 9.26%，农村业务占比仅为 2.15%。从投保人数看，远郊区县共有

---

① 北京总人口以 2003 年末户籍人口 1 148.8 万人统计。

② 来源于《北京市统计局 2003 年国民经济和社会发展统计公报》。

③ 摘自《中国第五次人口普查数据分析》。

22.49万人次[①] 投保，其中农民仅8.06万人次，投保率不足2.5%，而全市投保率已达77.16%。从投保件数看，全市有效保单共882.35万件，远郊区县为31.96万件，其中农村保单11.68万件，农民人均持单只有0.036张，远低于全市0.732张的平均水平。

（三）缺少适合农民需求的保险产品

目前保险公司没有开发针对农民需求的保险产品，各公司城乡产品种类和销售政策无差异，现有产品对农民来说价格过高，农民无力负担高额的保费。另外，现有产品保障责任复杂，不符合农民单一的保险保障需求。

（四）农村地区机构网点稀少

北京远郊区县面积占全市总面积的66%左右，其中大部分是山区，保险公司的机构网点绝大部分设在县城内，乡镇几乎未设网点，使得农民无法享受到便捷的保险服务，增加了营销员在农村的展业成本，制约了农村人身险业务的发展。

（五）业务管理和风险控制存在难度

农村人身保险业务的管理和风险控制难于城区。如健康险的体检、出险后的理赔、团体保险的开展等管理难度大。另外，农民缺乏基本的医疗知识，一些疾病不能及时、妥当的治疗，增加了风险，加之农民的基本医疗保障水平低，疾病医疗、意外医疗、住院医疗险赔付率较高。

（执笔人：邹　婧）

关于北京寿险业对外开放情况的调研报告

中国保险监督管理委员会北京监管局

加入世贸组织后，北京保险市场对外开放步伐加快，外资寿险公司数量迅速增加，对保险产业的发展产生了积极的影响。为了更深入地了解北京保险市场对外开放情况，近期，北京保监局对部分外资寿险公司开展了调研，现将有关情况报告如下：

一、北京外资寿险公司对外开放情况

（一）北京寿险市场开放基本情况

2002年6月，美国友邦北京分公司设立，标志着北京保险市场正式对外开放。此后英国保诚、美国大都会、加拿大宏利等先后以合资公司的形式进入北京。截至2004年10月，共有8家外资保险公司在京设立营业性机构，其中包括2家外资寿险公司总公司（瑞泰人寿和中美大都会）和6家分公司（见表1）。

① 包括营销渠道和银行代理渠道，下面的投保件数亦同。

表 1 在京外资寿险公司基本情况表

公司名称	开业时间	出资方	2004 年 1~9 月保费收入（万元）	市场份额（%）	代理人员数①（人）
友邦北分	2002.06	美国友邦保险有限公司	46 858.8	2.98	3 303
信诚北分	2003.08	英国保诚集团 & 中国中信集团公司	9 104.76	0.58	2 587
瑞泰人寿	2004.01	瑞典斯堪的亚公共保险公司 & 北京市国有资产经营有限责任公司	491.18	0.03	—
中意北分	2004.03	意大利忠利保险 & 中国石油天然气集团公司	11 509.62	0.73	250
中美大都会	2004.03	美国大都会 & 首都机场集团公司	1 425.34	0.09	274
中宏北分	2004.04	加拿大宏利人寿保险（国际）有限公司 & 中国对外经济贸易信托投资公司	209.27	0.02	212
光大永明北分	2004.05	加拿大永明金融 & 中国光大集团	437.79	0.03	506
中英北分	2004.08	英杰华保险集团 & 中国粮油食品（集团）有限公司	165.9	0.01	22

（二）外资公司机构设置、人员变化情况

目前，8 家外资公司共下设了 7 个营销服务部，发展平稳。从业人员（含营销员）大幅增加，2002 年，外资公司从业人员仅有 960 人，2004 年 8 月已发展到 7 900余人（图 1）。其中，寿险营销员 7 263人，整体学历较高，大学本科学历占比为 42.63%，大专学历占比为 49.72%，其他学历为 7.66%；内勤员工 698 人，其中从事保险工作 10 年以上的有 57 人，占内勤员工的 8.17%。

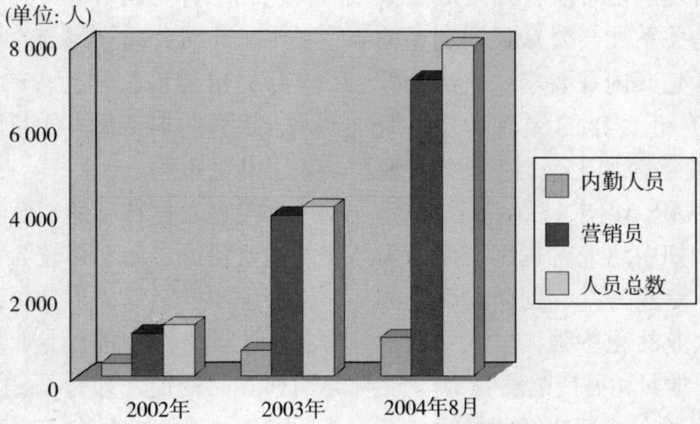

图 1 2002—2004 年外资公司人员变化情况

（三）外资寿险公司的经营情况

外资寿险公司在进入北京市场后，呈

① 采用 2004 年 9 月数据。

现出强劲的发展态势，业务增长迅速。截至2004年8月底，外资公司总保费收入达5.9亿元，占北京市场的4.18%，较2003年上升了2.88个百分点；新单保费5.4亿元，市场份额为5.3%；个人保险保费3.2亿元，市场份额为5.57%；个人保险新单保费2.72亿元，市场份额为12.63%，较2003年上升了8.36个百分点。其中友邦北京分公司2004年累计保费收入4.10亿元，市场份额近3%，个人保险新单保费1.7亿元，市场份额为8.03%；信诚人寿经过1年的发展，保费收入达0.8亿元。其他几家公司由于经营时间短，业务占比较小（图2）。

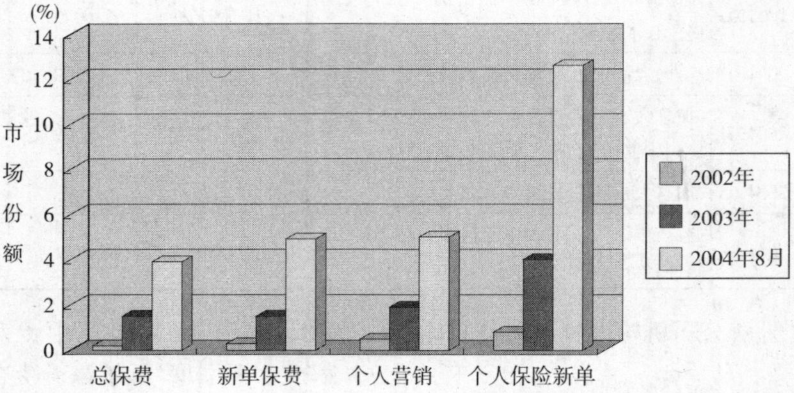

图2　2002—2004年8月外资公司保费收入情况

（四）外资寿险公司的经营管理特点

1. 稳健经营的理念和长期经营的目标。正确的经营理念是寿险公司发展壮大的基础，寿险是关系社会公众长期利益的产业，稳健经营是其内在要求。大部分外资寿险公司具有近百年的经营历史，对“稳健经营”和寿险公司生存与发展的重要意义有深刻的认识，追求持续稳定发展，注重服务质量。如中意人寿提出“诚信为本、客户为尊、专业为基、创新为魂”的经营理念，在企业文化中强调“人文、科技、创新、终身学习和可持续发展”。

外资寿险公司有长期的经营目标，遵循最大诚信原则，强调保单质量、人才培养、内控制度、技术信息及网络建设。这与大部分中资寿险公司过分强调市场规模与份额，注重业务数量、增长速度、代理人数量截然不同。

2. 本土化发展、差异化经营。大部分外资寿险公司将优越的国际经验与中国特色相结合。调研中，几家公司同时强调了本土化对公司立足与发展的重要性。如友邦提出目前公司近97%的员工为本地人，优秀的本土化人才帮助公司更快地融入了北京市场。

重视发挥自己的经营特色是外资公司的重要特征。如友邦较为完善的“个人营销管理制度”保证了公司稳健、持续的发展。中美大都会推行专业双轨制的顾问行销和多元行销，即分开销售职与管理职，后者作为前者的后台支援，为前者提供增员选才、训练发展和领导管理等服务；该公司还推出了基于“需求导向型”销售策略的“家庭财务需求分析系统”，根据客户实际需求提供个性化、专业化的服务。

3. 强调人才的培养与使用，注重

"以人为本"。保险业竞争的核心是人才的竞争。外资寿险公司在经营过程中强调对保险人才的培养与使用。如在营销管理中，主要表现在三个方面：一是严格的招聘程序。外资寿险公司的招聘说明会重点介绍公司与行业的情况，并通过系统测试应聘人员的就业意向。二是高质量选才。在对营销员的选择上，外资寿险公司普遍的要求为：(1) 大专以上学历，(2) 年龄在25岁以上，(3) 有一定的工作经验，(4) 过去收入达到一定水平。部分公司还要求应聘人员没有保险从业经验。三是完善的培训体系。外资寿险公司秉承其母公司的培训经验，建立了从新代理人到高级经理的培训课程，希望通过资深代理人、管理经理、培训师和行政工作人员，建立一支有特色的专业高效的代理人队伍。高质量的甄别选才、严格的培训，是北京大部分外资寿险公司取得良好发展的关键。至2004年8月底，外资寿险营销员人均产能（人均产能=保费收入/营销员总数）为5 000元左右，活动率保持在50%，持证率100%，新人流失率为30%左右，客户回访满意率接近100%。

4. 强大的后台支援。外资寿险公司的后台支援或来自于其总公司，或来自于地区中心和中国其他分公司。如中美大都会在中国推行专业双轨制时，韩国大都会部分人员在北京协助推行此制度；中宏人寿的热线电话系统设在上海总公司，以保证质量控制；瑞泰人寿在产品开发与预审方面可以得到国际支持，其总公司的"business support & control"机构为每一个新产品提出意见。

二、外资寿险公司对北京寿险市场的作用

外资寿险公司的进入，对北京寿险市场的发展起到了积极的作用。

（一）改变市场竞争方式

充分竞争是市场经济追求的目标。目前我国寿险业尚处在市场培育的初级阶段，市场格局仍处于一家独大、几家挑战、多家跟进的状况。外资寿险公司的引进，带来了新的技术，管理和企业文化，改变了市场竞争方式，在一定程度上打破了原有的市场格局（图3、图4分别为外资公司进入前和2004年8月北京市场的保费分布情况）。

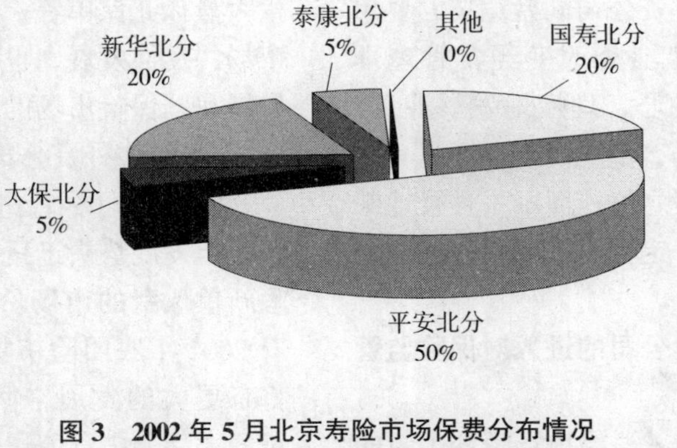

图3　2002年5月北京寿险市场保费分布情况

外资寿险公司独特的经营体系和创新机制，激发了北京巨大的市场需求，也有利于规范保险业的经营，促进保险业进入高层次的竞争，共同把整个保险市场做大做强。通过中资寿险公司逐步"国际化"，外资寿险公司逐步"本土化"，必将形成

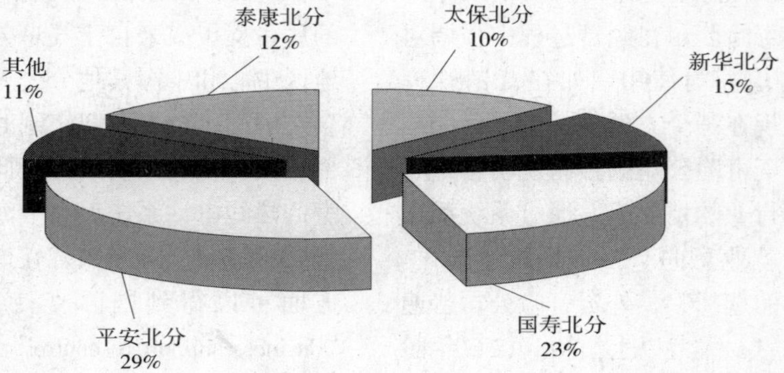

图4 2004年8月北京寿险市场保费分布情况

“有中国特色”的寿险发展文化和模式。

（二）提升居民保险意识

我国寿险市场潜力巨大，但百姓的保险意识比较淡薄，对保险的理解存在误区。随着市场经济体制的建立，保险市场的开放，外资公司的产品和服务也在一定程度上增强了百姓的保险意识。

（三）促进中资公司提升竞争力

外资寿险公司进入我国市场后，带来新的经营理念与技术，对于中资寿险公司来说，其关键是如何在开放中学习先进经营技术，实现“国际化”，不断创新，提高竞争力。

（四）转变经营观念，改进服务方式

中资公司与外资公司同台竞技，要想生存乃至发展，就必须改变经营管理理念，要以效益为中心，理性地发展业务，准确定位目标市场，走“规模—产品—服务—品牌”的发展之路，而不是盲目地跟随别人，这将在一定程度上改变我国寿险业的服务方式。

三、外资寿险公司的进入对保险监管的要求

外资公司的进入，给市场带来了新的问题和新的挑战，对保险监管提出新的要求，包括：

（一）利用中资股东优势垄断销售渠道

部分公司利用中方股东优势发展本行业和系统业务。例如，中美大都会在进入北京人身险市场之初，积极筹划与首都机场在航意险销售方面进行排他性合作，引起社会广泛关注；中意人寿进入北京后将在中石油系统独家经营企业年金和其他人身险业务；类似情况在银行保险方面也同样存在。

（二）部分公司采用不正当方式进行人才竞争

少数公司进入市场后，采用不正当手段恶意挖角，扰乱市场正常经营秩序，使营销队伍心态浮躁、人才价格虚增，并产生大量孤儿保单等一系列问题，既不利于市场的良性发展，也有悖于引入外资公司发展我国保险市场的初衷。

（三）中外资公司不平衡发展

外资公司尽管进入北京市场时间不长，但发展势头迅猛，短短两年，个人保险新单保费的市场份额已达12.63%。随着2004年底团险市场的放开，外资公司将有更大的发展空间。与此形成对比的是，大部分中资公司核心竞争力不足，缺乏发展后劲，长此以往可能导致市场失衡，不利于整个保险业的发展。

（执笔人：邹　婧）

附：2004年专题与调研目录选编

（中国人民银行营业管理部）

一、一等奖

1.《当前价格变动的产业结构特点及对北京CPI走势的分析》（金融研究处）

2.《北京市总部经济研究》（调查统计处）

二、二等奖

1.《应该确立央行对于金融控股公司的主监管地位》（金融稳定处）

2.《土地政策变化对土地储备贷款的影响分析》（货币信贷管理处）

3.《再保险公司外汇业务发展情况及存在问题》（经常项目处）

4.《"入世"三年北京地区开放度调查》（国际收支处）

5.《北京中外资银行竞争力比较研究》（调查统计处）

6.《北京地区的总部经济与金融改革》（外汇检查处）

7.《关于对"大存差"地区商业银行流动性风险的分析》（调查统计处）

8.《我国外汇储备适当水平分析及政策建议》（资本项目处）

9.《大额支付系统运行情况调查报告》（内审处）

10.《北京市各区县主导产业比较分析》（调查统计处）

11.《北京征信市场发展状况调查》（征信管理处）

12.《关于北京市持卡消费与税收关系的调查报告》（支付结算处）

13.《存款准备金政策调整和再贷款浮息制度对市场的影响分析》（货币信贷管理处）

14.《美国对AMSOUTH银行的处罚给我国反洗钱带来的启示》（支付结算处）

15.《境内公司开立、使用境外卡存在的问题及建议》（外汇检查处）

16.《〈行政许可法〉的实施对外汇监管方式的影响》（外汇综合业务处）

三、三等奖

1.《银行结售汇周转头寸管理问题探讨》（国际收支处）

2.《应从四方面完善外汇管理促进服务贸易规范发展》（经常项目处）

3.《对当前利率政策的分析报告》（货币信贷管理处）

4.《凭证式国债热销背后的冷思考》（国库处）

5.《关于北京市外资银行人民币业务发展规划相关情况的调查报告》（国际收支处）

6.《密切关注石油外贸公司境外期货交易》（经常项目处）

7.《2004年上半年北京市银行不良贷款情况研究报告》（货币信贷管理处）

8.《当前人民银行基层行反腐倡廉教育、制度、监督需要关注的问题及改进建议》（纪委监察室）

9.《对外币委托贷款外汇管理方式的几点思考》（资本项目处）

10.《货币市场基金发展的效应分析》（办公室）

11.《银行信贷登记咨询系统涉及法律问题研究》（征信管理处）

12.《关于营业管理部业务档案管理情况的调查报告》（办公室）

13.《营业管理部青年员工思想状况调查报告》（党委办公室）

14.《北京市电子银行发展情况的调查报告》（支付结算处）

15.《关于加强和完善人民币存款准备金考核管理的调研报告》（营业室）

16.《对竞争上岗三现象的思考》（人事处）

17.《人民银行内部控制监督评价问题探索》（内审处）

18.《营业管理部部分处室业务开展情况及人员配备状况的调研报告》（人事处）

19.《商业银行风险的会计分析与对策》（会计财务处）

20.《营业管理部2004年执法监察专题分析报告》（纪委监察室）

21.《黄金专项贷款的清收与处置》（货币金银处）

22.《浅析同城票据交换的变化与发展》（票据清算中心）

七、大事记

1月

1月2日　华安财产保险股份有限公司北京分公司正式挂牌营业。

1月5日　建行北京分行将个人外汇买卖业务开盘时间由周一早7时提前至6时，收盘时间由周六凌晨4时推迟至6时，成为全市外汇交易时间最长的银行。

1月6日　国务院决定中国银行和中国建设银行实施股份制改造试点，并动用450亿美元外汇储备为两家试点银行补充资本金。

1月7日　瑞典斯堪的亚公共保险有限公司与北京国有资产管理有限责任公司共同成立瑞泰人寿保险公司，成为首个将总部设在北京的合资寿险公司。

1月8日　北京银监局下发《关于印发〈辖内银行业金融机构紧急重大情况报告制度〉的通知》（京银监通［2004］8号）。

工行北京分行地安门支行、和平里支行、金融街支行、商务中心区支行挂牌成立。至此，该行已拥有35家支行。

北京市商业银行成立八周年暨京卡国际卡发行招待会在人民大会堂隆重举行。

1月9日　广发北京分行荣誉获得国际VISA组织颁发的2003年度“信用卡成长奖”。据了解，国际VISA组织首次将这一奖项颁发给分行一级，也是广发系统分行一级首次获得国际大奖。

广发北京分行王府井支行开业，至此，该行已拥有21家营业网点。

中国平安人寿北京分公司与北京市红十字会紧急救援中心（999）合作，推出“999平安急救卡”，为北京市民提供全套意外伤害的急救和保障服务。

1月13日　由北京市税务部门、人行营业管理部、各商业银行联合建设的北京市税库银横向联网“电子缴税”系统投入试运行。

1月15日　经中国证监会批准，国家工商总局核准，首创证券经纪有限责任公司正式完成增资扩股，并更名为首创证券有限责任公司。

1月18日　农行北京分行与中国网通合作的“九州在线”项目投产，通过95599电话银行系统，利用金穗借记卡可以向“九州通”卡转账充值并查询余额。

1月20日　上海浦东发展银行决定：免去马宝喜浦东发展银行北京分行行长职务。任命刘柳为浦发北京分行行长。

1月31日　国务院发布《国务院关于推进资本市场改革开放和稳定发展的若干意见》。

1月　北京外汇管理部在外汇检查处成立反洗钱工作管理科。

2月

2月3日　经中国保险监督管理委员会批准，中意人寿保险有限公司在北京设立分公司，该北京分公司于6月7日正式开业。

2月4日　北京市政府在人民大会堂召开2003年度北京市银行卡应用发展推进工作总结表彰大会，常务副市长翟鸿祥出席会议并讲话。

2月6日　经中国保险监督管理委员会批准，中国保险监督管理委员会北京办事处更名为中国保险监督管理委员会北京监管局，简称北京保监局。这次更名赋予了中国保监会派出机构防范风险、保护被保险人利益的更高职责，标志着保险监管工作翻开了历史新的一页。

新华人寿北京分公司手机短信投保开通仪式暨新闻发布会在新华保险大厦举行。该业务开通后，用户可通过手机短信随时进行无线投保（先开通航空意外险）、保单信息查询、保单寄送、退保等业务。

2月9日　北京银监局印发《关于严格控制钢铁　电解铝　水泥行业贷款　进一步防范金融风险的通知》（京银监通［2004］20号）。

2月中旬　为净化首都经营环境，稳定社会秩序，保护广大投保人的合法权益，北京保监局与北京市公安局、北京市公安交通管理局、北京市运输管理局、北京市金融办和各财险公司北京分公司、北京保险行业协会等多个部门协商成立反机动车辆保险欺诈行动领导小组，开展反车险欺诈联合行动。

2月13日　北京证券有限公司决定：免去卢克群北京证券公司董事长职务。凌新源任北京证券公司董事长。

2月17日　2004年北京保险工作会议召开。北京保监局丁小燕副局长作了题为“认清形势，提高认识，加快发展”的发言，传达温家宝总理和吴定富同志的讲话精神，总结2003年北京保险工作，分析当前北京保险业发展面临的形势和机遇，对2004年北京保险工作提出了具体要求。在京各保险公司分公司、保险中介机构、北京保险行业协会和北京保险学会参加了会议。

2月27日　人行营业管理部印发《中国人民银行营业管理部关于调整银行卡跨行交易收费及分配办法的通知》（银管发〔2004〕20号）。

3月

3月1日　2004年凭证式（一期）国债发行，发行期为3月1日至3月31日。3年期利率为2.52%，5年期利率为2.83%，在京发行额度为69.17亿元，实际发售72.04亿元。

3月2日　北京保监局与北京市交管局签署关于建立“机动车及驾驶员信息与车辆保险信息交换协查合作机制”合作备忘录，并举行新闻发布会。

3月9日　中信总行营业部与北京市商业银行（现北京银行）及深圳发展银行、兴业银行四家银行的北京分行共同签署《全面业务合作协议》，根据协议，该四家银行的北京分行在资金业务、外汇业务、金融产品开发、票据业务、信息资产转让、银团贷款、现金业务及人才培养等方面将展开全面合作。

交行北京分行推出新一代商业银行教育培训操作系统——模拟银行业务系统。

民生银行北京管理部与中国海洋石油总公司战略合作协议签字仪式在中海油大厦隆重举行。

3月15日　中国保险行业协会推出以“增强行业自律意识，推动行业诚信建设，塑造行业良好形象”为主题的“百万营销人员诚信　服务承诺签名活动”。

北京保监局印发《关于在北京地区实行投保提示制度有关问题的通知》（保监京发〔2004〕75号）。

交行北京分行首次推出个人外汇理财产品——“通宝”一期。

3月16日　北京银监局主办的“2004年北京银行业发展论坛”在北京举行。

经北京保监局批准，中华联合财产保

险公司北京分公司崇文支公司和西城支公司开业。

3月19日 交行北京分行成功中标北京市财政局财政直接支付代理银行资格。

中信总行营业部与北京市财政局签订支付代理协议，成为北京市财政基本建设资金直接支付业务独家代理行。这是该行继获得北京市财政局政府采购专户代理资格之后，通过公开竞标，又一次在财政招标活动中胜出。

3月24日 工行北京分行在中国大饭店举行2003年经营利润突破100亿元客户答谢会。

3月25日 经国务院批准，中国人民银行决定从即日起对期限在1年内，用于金融机构头寸调节和短期流动性支持的各档次再贷款利率，在现行再贷款基准利率基础上加0.63个百分点，对再贷款实行浮息制度。

中美大都会人寿保险有限公司正式成立。该公司为美国大都会人寿保险公司与首都机场集团成立的合资公司。

农行北京分行为中国电信北京分公司提供公开授信金额10亿元。4月5日，为中国电子信息产业集团公司提供综合授信12亿元。

深发北京分行与北京国际信托投资有限公司签署战略合作协议书。

花旗银行在京正式开展个人金融业务。

3月31日 生命人寿保险股份有限公司北京分公司正式成立。该公司由多家华资企业与东京海上火灾保险株式会社以及Millea亚洲有限公司投资，总部设在上海。

3月 中国人民银行营业管理部征信管理处正式成立。

4月

4月1日 2004年凭证式（二期）国债发行，发行期为4月1日至5月31日。3年期年利率为2.52%，5年期年利率为2.83%。发行额度为197.70亿元，实际发行191.75亿元。

农行北京分行与中国电信集团北京电信有限公司签署委托代理收费协议，通过网点、电话银行、网上银行及批量代扣等方式办理话费代收业务。6月4日，农行北京分行代收北京电信通讯费项目投产。

北京市农村信用社“96198客户服务中心”对外试运行。

4月2日 人保财险北京分公司与北京市农村信用合作社联合社正式签署了长期全面合作协议。协议约定，双方将本着平等、自愿、互利的原则，在保险代理、资金网络结算、新产品的研发、投资理财等领域展开深入合作，实现资源共享，优势互补。

4月6日 北京保监局印发《关于加强对外信息披露管理的通知》（保监京发〔2004〕100号）。

民生银行与北京国际电力开发投资公司的银企全面合作协议在国宾酒店大宴会厅签署。

4月7日 农发行北京分行召开北京市农发行系统对种粮农民直补资金紧急会议，部署北京分行对农民直补资金管理工作。

4月8～9日 人行营业管理部组织召开北京市银行系统2004年第一次保卫工作会议。会议对2003年北京市银行系统安全保卫工作进行了回顾，并提出了做好

2004年保卫工作的几点意见。

4月11日　经国务院批准，中国人民银行决定从即日起，提高存款准备金率0.5个百分点，即存款准备金率由现行的7%提高到7.5%。根据差别存款准备金率制度要求，资本充足率低于一定水平的金融机构，将执行8%的存款准备金率。农村信用社和城市信用社暂缓执行7.5%的存款准备金率，仍执行6%的存款准备金率。

太平人寿北京分公司在人民大会堂隆重召开了“太平智胜投连产品上市新闻发布会”。

4月12日　中宏人寿保险有限公司（中加合资）北京分公司正式开业。

4月19日　交行北京分行企业网上银行3.0版成功上线。

4月26日　“北京证券研发中心股评分析视频直播系统”经过研发中心、各营业部以及信息技术部的合作与测试，正式进行股评分析的视频直播，运行基本稳定。

4月27日　中国光大银行总行营业部与北京市国土资源与房屋管理局、北京市工商行政管理局等单位联合举行了规范房屋租赁市场、推行合同示范文本发布会暨房屋租金银行代理收、付业务签约仪式，约定由光大银行和交通银行办理相关的租金银行代收、代付业务。

4月28日　中国光大银行总行营业部在京都信苑饭店举办“阳光便民自助缴费项目”电费、水费、医院挂号功能上线新闻发布会。光大银行总行营业部分别与北京电力公司、北京自来水公司、仁邦汇德科技发展有限公司就自助购电业务、代缴水费业务和自助预约挂号业务签署了合作协议。客户可通过光大银行在社区、写字楼等地区布设的自助缴费机24小时交纳手机费、电话费、水费、电费、物业费等各种费用，预约医院挂号，购买上网卡、游戏卡、手机充值卡、演出票等。

4月29日　华泰财产保险有限公司决定：免去臧家瑞华泰财险北京分公司总经理职务。任命马鲁明为华泰财险北京分公司总经理。

5月

5月1日　利用“五一”长假，中国银河证券有限责任公司北京管理部所辖9家营业部进行了客户资产的交接。交接工作完毕后，中国银河证券存管中心北京分中心成立并开始了正式运行。

5月8日　北京外汇管理部迁入新址办公。新址为：海淀区莲花池东路39号西金大厦。

5月12日　新华人寿北京分公司举行海淀客户服务中心投入运营剪彩仪式。海淀客户服务中心是该公司继新华保险大厦和宣武营业区投入运营“一站式”客户服务中心后的第三家客户服务中心。

5月13日　新华人寿北京分公司在北京推出“成长绿荫定期寿险”和“成长无忧少儿重大疾病保险”，进一步丰富了儿童保险体系。

5月17日　北京银监局印发《关于认真做好落实国家宏观调控政策　防范信贷风险　促进首都经济稳定持续发展工作的通知》（京银监通［2004］74号）。

国家外汇管理局下发了《关于改进外商投资企业资本项目结汇审核与外债登记管理工作的通知》（汇发［2004］42号）。

5月18日　招行北京分行与北京燃气集团签订代收天然气、煤气费业务合作协议。至此，招商银行北京分行的代收费业务已基本覆盖了包括固定电话费、手机费、自来水费、燃气费、电费等在内的居民日常生活的主要缴费项目。

中国人寿保险股份有限公司与中国海洋石油总公司举行补充医疗保险业务签约仪式。

中国信达资产管理公司决定：免去赵毅信达北京办事处主任职务。任命左凤高为信达北京办事处主任。

5月19日 “2004年北京国际金融论坛”召开，中共中央政治局常委，国务院副总理黄菊出席会议并致词。该论坛的主题是“金融发展与金融业治理结构”。由中国人民银行、中国银监会、中国证监会、中国保监会和北京市人民政府共同主办的这次中外金融界盛会，是国家金融决策与监管机关首次与北京市政府共同举办高层次、高水平的国际性金融论坛。

北京银监局印发《关于清理北京市固定资产投资项目有关工作的紧急通知》(京银监通〔2004〕79号)。

农行北京分行跨中心汇兑系统和漫游汇款系统投产，在实现跨省市数据中心资金实时汇划的同时，客户无需开户即可在全国4万多家农行营业机构中就近办理汇款业务。

北京证券公司建立的“北京证券资讯网”，于即日上线开通。

5月20～21日 银联北京分公司组织召开“外卡统一接口服务交流表彰会”，民生、中信、交行和北京市商业银行4家银行相关人员参会。

5月23日 经中国保监会批准，北京保监局内部处室由原综合管理处、机构管理处和稽核检查处3个职能处室，调整为办公室（党委办公室）、财产保险监管处、人身保险监管处、保险中介监管处、统计研究处和人事教育处（党委组织部、党委宣传群工处、纪检监察处）等6个职能处室。

5月25日 北京金融管理机构主要领导碰头会召开。审议通过了《北京金融管理机构主要领导碰头会制度》，碰头会原则上每季度召开一次，一般由人行营业管理部主办。人行营业管理部、北京银监局、证监局、保监局与会者还就进一步完善金融信息交换平台和联手维护首都诚信环境等问题达成共识。

北京邮政储汇局为解决农民工工资发放难的问题，为农民工制作了“暖心卡”，开始代理发放农民工工资业务。

经中国银行业监督管理委员会批准，瑞士银行有限公司北京代表处升格为北京分行。8月2日瑞士银行有限公司北京分行正式开业。

5月27日 国家发展和改革委员会、人民银行、银行业监督管理委员会联合发布了《境内外资银行外债管理办法》(9号令)。6月21日，国家外汇管理局发布了《关于实施〈境内外资银行外债管理办法〉有关问题的通知》(汇发〔2004〕59号)，对9号令实施过程中有关外汇管理问题进行进一步明确。以上文件的颁布执行，统一了中外资银行的管理，更加规范了境内外资银行外债、国内外汇贷款和对外担保的管理。

5月27～30日 人行营业管理部组织召开了北京市银行系统2004年第二次保卫工作会议。会议通报了北京市银行系统金融报警、ATM机联网等技防情况，针对当前金融形势，提出加强金融安全防范的具体要求。

5月29～30日 银联北京分公司办

公室、财务部、市场部搬迁到新址：宣武区右安门内新安南里甲1号。

6月

6月1日 北京地区实行投保提示制度。投保提示制度重点提示投保人在保险消费中的合法权益、投保注意事项，告知其保险公司和保险中介机构在产品销售和服务提供过程中应尽的义务，明示各类保险产品的特点和风险。《投保提示》分为产、寿险两种版本，分别适用于产险公司的机动车辆保险产品和寿险公司一年期以上（不含）的个人人身保险产品、银行代理保险产品。

中行北京分行推出柜台代收联通电信资费、中意保险费和燃气费业务，客户持现金、活期存折或长城电子借记卡就可在中行办理联通公司的手机、长途电话、上网和寻呼缴费业务及本市燃气集团用户缴费业务。

中国平安人寿在北京地区推出该公司最新的投资型产品——平安“智富人生”万能寿险。

6月9日 中国建设银行宣布，根据国务院的决定和中国银监会的批复，中国建设银行将以分立的形式设立中国建设银行股份有限公司（暂定名）和中国建设银行集团有限公司（暂定名），这标志着国有商业银行股份制改造又迈出了重要一步。

中行北京分行与北京东方广场公司签订协议，由北京分行承办中行总行总计为4.3亿美元的转贷款给该公司。

中国光大银行总行营业部召开银保合作签约仪式暨新闻发布会，光大银行总行营业部与中国人寿保险北京分公司、平安人寿保险北京分公司、泰康人寿保险北京分公司、生命人寿保险北京分公司四家保险公司签订了合作协议，银保双方将在经营理念、产品创新、人才培训等方面进一步加强交流与合作。

6月10日 中国证监会发布《证券投资基金信息披露管理办法》。该办法自2004年7月1日起施行，1999年发布的《证券投资基金信息披露指引》同时废止。

中行北京分行会同国家开发银行、北京市商业银行与中国铁通公司签订了总额为55亿元的联合贷款协议，为中国铁通的业务发展提供资金支持，其中中行北京分行承担了总额为45亿元的两年期贷款。

6月11日 国家邮政局邮政储汇局决定：免去戴成北京邮政储汇局局长职务。任命周毅明为北京邮政储汇局局长。

6月12日 广发北京分行与顺天通集团公司在“天通苑”社区签订了银企合作协议，双方联手致力于把“天通苑”社区打造成为北京规模最大的金融服务社区。

6月14日 中信总行营业部国际收支总量突破100亿美元，达到102.8亿美元。其中贸易项下收付汇完成66亿美元，非贸易和资本项下完成36.8亿美元，分别较上年同期增长31%和7%，标志着该行外汇业务结构调整已见成效。

6月19～20日 “2004年北京金融服务咨询日”活动在西单文化广场举行。该活动自2000年创办以来，已连续举办5届。该项活动已成为北京金融机构和百姓广泛参与的金融盛会。

6月21日 光大永明人寿保险有限公司北京分公司正式开业。该公司由加拿大永明金融集团与中国光大集团共同组建，总部设在天津。

6月22日　招行北京分行在北京地区首家推出实物金条买卖业务。

6月25日　华夏证券股份有限公司董事会决定免去周济谱董事长职务。黎晓宏任华夏证券股份有限公司董事长。

6月28日　中国华融资产管理公司北京办事处与北京北广电子集团有限责任公司签订股权转让协议，将所持有的北京北广数字广播电视股份有限公司143.43万股股权以216.29万元转让，成功实现了该办事处首家商业性转股企业的股权退出。

6月30日　中行北京分行与首都国际机场集团签订协议，向其提供9亿元人民币的流动资金贷款，以支持该集团的短期资金周转需要。

建行北京分行人民币全口径存款余额突破3 000亿元大关，达到3 085.5亿元创历史新高。

6月　民生人寿北京分公司陆续筹建了通州、密云、顺义、平谷、怀柔、良乡、昌平营销服务部。

7月

7月1日　2004年凭证式（四期）国债发行，发行期为7月1日至8月31日，3年期利率为2.65%，5年期利率3.00%。发行额度为81.79亿元，实际发行80.57亿元。

太平洋寿险公司开发的两款健康险新产品“附加安心住院费用医疗保险”和“附加无忧住院补贴医疗保险”面市。

7月5日　华夏银行总行营业部由北京市宣武区南新华街甲1号中兴酒店搬迁到北京市西城区金融大街11号北京国际金融中心营业办公。

7月6日　全球最大的金融软件系统供应商MISYS公司与北京市商业银行正式签约，该公司将与新利软件集团一起为北京市商业银行提供资金风险管理系统和国际结算系统。此举将使北京市商业银行成为国内第一家采用国际先进手段来管理外币资金和国际业务的城市商业银行。

7月8日　北京银监局印发《关于立足风险管理　配合国家宏观调控政策　进一步加强和改进信贷工作　防范化解风险的监管意见》(京银监发〔2004〕122号)。

7月10日　下午，北京遭遇了入夏以来最大的一场暴雨，由于雨量超出了道路排水能力，致使北京交通受到严重影响。各保险公司为应对突如其来的大雨，总经理室领导、个险理赔部经理、调度及理赔员、定损员全部到岗并按照《突发事件应对预案》进行紧急部署。其中，仅太平洋财险北京分公司承保的车辆中就有140多辆涉水受损，损失达200余万元。该公司承保的北京招商局凯旋大厦地下1~3层被淹，损失亦达200余万元。

7月14日　中国银行在金融同业的激烈竞争中脱颖而出，最终获得2008年北京奥运会银行合作伙伴资格。

北京市商业银行理财教育基地正式成立，标志着全国首家由金融机构主办的青少年理财教育基地正式启动。

7月15日　招行北京分行在京首家推出理财国际卡——“金葵花”卡。会上，招行接受了万事达国际组织颁发的市场推广奖。

7月16日　中国光大银行总行营业部在西单办公楼举行迁址开业仪式。

7月17日~8月7日　2004年“亚洲杯足球赛”在中国举办，华泰财产保险公司成功地承保了“亚洲杯足球赛”32场比赛的财产保险、责任保险、意外险等5个险种，成为此次比赛的独家保险提供商。

7月18日　2004年“爱护人民币反假人民币宣传周”活动拉开帷幕。这是自1996年以来开展的第9个反假货币宣传周活动。

7月19日　民生银行北京管理部正式搬迁至西单中国民生银行大厦。

7月20日　中国光大银行总行营业部与北京产权交易所有限公司签署银企合作协议，银行方面将在产权交易交割等结算方面提供一系列金融服务方案，并为在北交所进行产权交易的企业提供50亿元人民币额度的意向性综合授信，有效期三年。

7月21日　兴业银行推出兴业信用卡。

7月22日　人行营业管理部组织召开北京市财税库行横向联网第一次联席会议。

7月23日　为全面贯彻落实《中华人民共和国行政许可法》，北京保监局制定《中国保监会北京监管局行政许可内部程序暂行规定》，正式启动行政许可事项法定审批程序。

7月25日　国务院发布《国务院关于投资体制改革的决定》。

7月27日　深发北京分行配合深发总行与中国中化集团公司在京签署票据业务全面合作协议。

7月30日　中国人民银行在全国发行第五套人民币1元纸币。第五套人民币1元纸币发行后，与现行人民币等值流通，具有相同货币职能。

经中国保险监督管理委员会批准，中英人寿保险有限公司在北京设立分公司，该北京分公司于9月16日正式开业。

浦发北京分行正式对外开办网上银行业务，包括：公司网银、企业信息直通车、个人网银专业版、个人网银大众版。

浦发北京分行与中国新时代控股（集团）公司（以下简称新时代公司）签署5亿元人民币综合授信协议。根据协议，浦发北京分行将与新时代公司制定公司现金管理方案，并在存款、授信、外汇结算业务等方面进行全面合作。

7月31日　工行北京分行与北京海关签订“银关通”三方协议，正式开展“银关通”业务，并于9月9日与北京一商集团有限责任公司签订了第一份“银关通”四方协议。该项业务方便了企业联网办理进出口手续，提高了海关的电子化进程。

8月

8月1日　北京市商业银行14家支行获准开办结售汇对台业务。

8月3日　北京邮政储汇局举办庆祝北京邮政储蓄余额突破300亿元系列宣传活动。

8月5日　人保财险北京分公司和国家体育总局共同签署了保险协议，独家承保第二十八届雅典奥运会中国体育代表团的综合保险。人保财险北京分公司此次为出征雅典奥运会的中国代表团提供7.8亿元保额的财产保险和运动员、教练员以及工作人员的人身意外伤害保险。

8月6日　汇丰银行与交通银行签署协议，汇丰以“香港上海汇丰银行”名义入股交通银行，持有77.75亿股，成为交通银行第二大股东。

交行北京分行推出“七彩帆”少儿理

财产品，市场反映良好。

8月9日 北京保险行业协会建设领导小组印发《北京保险行业协会建设实施意见》，按照市场化、规范化原则，对北京保险行业协会进行专业化、职业化改革。

8月11日 北京银监局印发《关于在辖内大力开展和推动"创建好银行"工作的通知》（京银监通〔2004〕135号）。并于8月18日召开"创建好银行"工作动员大会。

8月12日 经中国银行业监督管理委员会批准，大众汽车金融（中国）有限公司成立，并于9月初正式开业。该公司是德国大众汽车金融服务股份公司出资设立的独资公司。

8月13日 深圳发展银行、中信实业银行、广东发展银行、中国民生银行四家股份制商业银行在深圳签署了"四行跨行转账实现信用卡现金还款服务"协议。

8月18日 光大银行推出阳光信用卡。

8月20日 太平人寿北京分公司正式推出"银保通"项目。这是太平人寿在国内首家实现保险公司系统与银行系统对接的出单平台，实现在银行柜面及时出单，缩短作业流程，投保客户5分钟即可拿到公司保单。

8月21日 工行北京分行投产网上银行二季度版本，推出了企业网上银行通知存款、协定存款、外汇汇款与信用证、企业USBKey介质证书及个人网上银行购汇汇款、香港国际卡使用网上银行、外汇买卖止损与双向委托等新功能。

8月22日 工行北京分行新一代手机银行（短信）正式投产，推出手机短信办理查询、转账、汇款、捐款、缴费、消费支付等多项业务。

北京市商业银行"心喜"个人外汇理财产品正式推出。

8月25日 北京保监局下发《关于开展2004年北京保险市场秩序整顿与规范工作的通知》（保监京发〔2004〕275号）。

8月25日～9月28日 银联北京分公司与部分成员单位开展"银行卡联网通用"宣传活动，在《北京青年报》、《北京晚报》和《京华时报》3家报刊连续1个月刊登以"多行共享、多卡通用"、"生活需要银联卡"为主题的联合宣传活动。

8月26日 中国银行股份有限公司在北京成立。中国银行由国有独资商业银行整体改制为国家控股的股份制商业银行，名称为中国银行股份有限公司，简称"中国银行"。中国银行股份有限公司完全承继中国银行的资产、负债、债权、债务和员工，业务范围不变。中国银行股份有限公司注册资本1 863.90亿元，折1 863.90亿股。由中央汇金投资有限责任公司代表国家持有中国银行股份有限公司100%的股权。

北京市农村信用社个人信贷中心在丰台联社举行了隆重的揭牌仪式。

8月27日 北京市农村信用合作社联合社与光大银行总行营业部正式签署了全面合作协议，这是继与中国银行北京分行正式合作以来，市联社再次与国内商业银行进行的全面合作。

8月30日 国务院深化农村信用社改革试点工作会议在北京召开。会议传达了国务院办公厅《关于进一步深化农村信用社改革试点的意见》（国办发［2004］66号），北京、天津等21个省（区、市）成为进一步深化农村信用社改革试点地区。

8月31日　人行营业管理部下发《关于做好下一阶段货币信贷管理工作的指导意见》（银管发［2004］136号）。

太平洋寿险北京分公司在逸夫会议中心举办了“寿险业历史沿革及发展趋势”讲座。国内著名保险学家，北京大学经济学院副院长兼风险管理与保险学系主任，博士生导师孙祁祥教授担任这次讲座主讲人。

9月

9月1日　中信总行营业部出国金融服务中心建成，这对于该行发扬其独有的以使馆代传递和代办签证业务为核心的出国金融服务，起到很好的促进作用。

9月2日　中行北京分行信息科技部门对全行的零售系统、信用卡系统和联系上述两系统的中台系统的改造、测试工作完成，此举结束了中行近10年零售柜台手工受理信用卡业务的历史。

9月3日　人行营业管理部下发《关于清理整顿北京市银行卡受理市场的通知》［2004］141号。

中国华融资产管理公司北京办事处正式进驻托管辖内“德隆系”托管企业恒信证券北京文慧园营业部和中富证券北京营业部。

9月5日　工行电话银行95588在国内率先推出香港异地漫游服务功能，实现了香港与内地的互动漫游。

第二届北京国际长走活动暨“走向2008——2004年北京国际长走大会”在北京经济技术开发区汽车汇展中心广场举行。此次活动是北京市迎奥运的重点项目，由共青团北京市委、北京经济技术开发区管委会、北京市人民政府外事办公室等单位牵头主办，由中国人寿独家承保并赞助举办。

9月6日　民生银行北京管理部下辖39家支行统一升行旗、唱行歌，晨训正式启动，成为企业文化建设的新亮点。

经中国银行业监督管理委员会批准，德意志银行股份有限公司北京代表处升格为北京分行。12月6日该北京分行正式开业。

9月8日　信达资产管理公司北京办事处完成交通银行不良资产接收工作。本次共接收交通银行北京分行债权项目96户共129笔，涉及债权本金金额折合人民币11．00亿元。并分别于8月24日、8月27日、9月8日、12月16日联合在《北京日报》、《中华工商时报》、《法制日报》上刊登《债权转让公告》。

9月9日　北京市银监局、北京市委金融工委与北京市农信联社共同在北京会议中心召开了传达贯彻国务院深化农村信用社改革试点工作会议精神大会。北京银监局赖小民局长作了题为《认清形势　统一思想　增强信心　扎实工作　全面推进我市农信社改革试点工作》的重要讲话。

9月9～10日　人行营业管理部组织召开北京市银行系统2004年第三次保卫工作会议。会议通报了北京市近期治安形势及ATM机联网、运钞车无线报警网的有关情况，并布置“十一”国庆节安全保卫工作。

9月14日　中国邮政西联国际汇款北京旗舰店举行开幕仪式。

9月17日　太平人寿北京分公司团险与北京中联车盟网络科技有限公司联合，率先在北京市场上推出了“中联车盟自驾车意外伤害保险”。

9月20日 广东发展银行北京分行与金诚国际信用管理有限公司在京联合召开了“全国大学生信用卡首发仪式”的新闻发布会，双方宣布“大学生信用体系建设”正式启动。“大学生信用卡”与其他信用卡相比，提供了更多的功能和服务。除基本的透支消费、小额资金助学、特约合作商户打折消费和建立大学生信用档案等功能以外，增加了出具个人信用报告、就业指导功能等多项增值服务。

9月21日 中国建设银行股份有限公司在北京成立。中国建设银行由国有独资商业银行改制为国家控股的股份制商业银行，名称为中国建设银行股份有限公司，简称“中国建设银行”。

9月28日 中国银行业监督管理委员会正式批准北京市商业银行股份有限公司更名为北京银行股份有限公司，简称北京银行。

中国东方资产管理公司北京办事处开始接收中国银行总行、中国银行北京市分行、中国银行内蒙古分行剥离的损失类贷款。

9月29日 中国华融资产管理公司北京办事处与北京产权交易所成功举办了北京北重汽轮电机有限责任公司股权转让招标工作。

10月

10月1日 2004年凭证式（六期）国债发行，发行期为10月1日~11月30日，3年期年利率2.65%，5年期年利率3.00%。自10月29日起，3年期票面利率上调至3.37%，5年期票面利率上调至3.81%。发行额度为27.94亿元，实际发行29.02亿元。

利用“十一”长假，中国银河证券北京管理部所辖9家营业部完成了营业部财务人员的交接，银河证券北京管理部财务中心正式成立，顺利实现了对本地区自有资金的集中管理。

10月10日 中国太平洋财产保险股份有限公司北京分公司与中国民航总局空中交通管理局在北京昆仑饭店，成功签署中国民航总局空中交通管理局及其下属45家空管单位的空管责任保险单，保险金额达3亿美元。

10月11日 在北京市政府第一会议室召开了由市委组织部、市委金融工委、市政府金融办、北京银监局、人民银行营业管理部、市发改委、市农委、市财政局、北京农信联社等22个成员单位负责人参加的“北京市农村信用社改革试点协调领导小组”第一次会议。“北京市农村信用社改革试点领导协调小组”组长、市委常委、常务副市长翟鸿祥同志出席会议并做了重要讲话。

10月12日 北京证券公司与北京产权交易所签订了战略合作协议书。

10月13日 信达资产管理公司北京办事处完成建设银行可疑类贷款接收工作，共接收债权项目4 870户、5 351笔，涉及债权本金金额折合人民币100.6亿元。10月22日，信达资产管理公司北京办事处与建设银行北京分行联合在《北京日报》上刊登了《债权转让暨催收公告》。

10月18日 交行北京分行正式对外发放了第一张太平洋交银理财VIP卡。

北京市商业银行银行汇票系统正式运行。

北京市商业银行正式推行京卡双币种国际借记卡。

中国东方资产管理公司正式托管闽发

证券有限责任公司。东方北京办事处托管闽发北京管理总部、翠微路营业部、北四环营业部。

首创证券与农行北京分行合作，推出国内首家专门为百姓投资交易所国债提供服务的“国债直通车”业务。

10月20日　信达资产管理公司北京办事处完成中国银行可疑类资产档案资料接收工作，共接收债权项目2 779户、3 129笔，涉及债权本金金额折合人民币155.5亿元。

10月25日　经北京保监局批准，中华联合财险北京分公司朝阳支公司和宣武支公司开业。

10月26日　北京市商业银行更名为北京银行股份有限公司，简称北京银行。从2005年1月1日起，该行将启用新的公司标识、印章及业务凭证。

10月27日　人行营业管理部下发《关于进一步完善北京市下岗失业人员小额担保贷款管理办法的通知》（银管发〔2004〕172号）。

10月29日　中国人民银行决定，即日起上调金融机构存贷款基准利率并放宽人民币贷款利率浮动区间和允许人民币存款利率下浮。金融机构一年期存款基准利率上调0.27个百分点，由现行的1.98%提高到2.25%，一年期贷款基准利率上调0.27个百分点，由现行的5.31%提高到5.58%。

11月

11月1日　建行北京分行协助警方查获一起利用网络进行赌博的重大案件，冻结赌资350万元。

11月3日　北京保监局向北京市各保险机构下发《北京保险行业文明规范》（京保监发〔2004〕33号）。

农发行北京分行与太平洋财产保险股份有限公司北京分公司举行双方《合作协议》签字仪式。

11月4日　经叔平董事长来到民生银行北京管理部，祝贺北京管理部存款突破1 000亿元。

11月7日　兴业银行北京分行推出“在线兴业”网上银行3.0版。

11月8日　经国家外汇管理局和国家外汇管理局北京外汇管理部审核，批准将北京证券公司的外汇业务调整为：（1）外币有价证券经纪业务；（2）外币有价证券承销业务。至此，该公司取得经国家外汇管理部门审核批准的外资股承销业务资格。

11月9日　建行北京分行与韩国外换银行签订合作协议，协议的主要内容是韩国外换银行利用建行北京分行的营业网点与外汇资金清算系统完成境内外汇资金清算，这是建行北京分行首次代理外资银行办理资金清算业务。

11月11日　为期4日的“2004年北京国际投资理财博览会”在北京国贸大厦举办，各保险公司应邀参加了此次活动。

11月11～12日　人行营业管理部组织召开北京市银行系统2004年第四次保卫工作会议。会议通报近期治安形势，布置年末重点工作，贯彻落实“国务院421号令”和《银行营业场所风险等级和防护级别的规定》。

11月17日　中国人民银行决定自2004年11月18日起上调境内商业银行美元小额外币存款利率上限，一年期美元存款利率上限提高0.3125个百分点。

人保财险北京分公司与太平洋财产北

京分公司共同与北京市轨道交通建设管理公司为正在建设中的地铁十号线、四号线、五号线工程签署了总保额199亿元的工程保险合同，创出我国地铁工程项目投保金额的最高纪录。人保财险北京分公司是北京地铁五、十号线工程保险的首席承保人，中国太平洋财产保险股份有限公司是北京地铁四号线工程保险首席承保人，双方互为共保人。

11月23日 中国光大银行与铁道部在光大总行营业部签署了全面合作协议，双方将在资金结算、资金融通、信息交流等方面开展全方位合作。总行营业部充分发挥北京地区的人员、网点、科技力量和服务等优势，为铁道部提供金融服务。

11月25日 北京邮政储蓄应用软件统一版本系统切换工程取得成功。

11月30日 中国华融资产管理公司北京办事处先后经过公司以及英标管理体系认证（北京）有限公司的内外部认证审核，获得ISO9001:2000认证证书。

中创清算迈出实质性步伐。经过6年多的努力，从即日起，人民银行关闭中国新技术创业投资公司清算组开始对原中创公司机构债权人进行清偿，首次清偿比例为债权本金的10%。

11月30日~12月1日 中保集团、太平保险和太平人寿联合在北京中华世纪坛举办了《百年老店，再续传奇——太平75周年历史回顾图片展》，200余位各界领导来宾应邀出席了展览开幕式。

11月 中信总行营业部在京城首家推出“电子对账系统”，标志着该行迈出了从人工对账向电子对账的第一步。

12月

12月1日 中国银监会宣布：北京等5个城市的外资金融机构允许经营人民币。至此，我国已有18个城市对外资银行开放了人民币业务。当日，北京银监局主办的“北京向外资银行开放人民币业务银企高层论坛”在京召开。

中国人民银行会同有关部门制定的《个人财产对外转移售付汇管理暂行办法》开始执行，北京外汇管理部开始为境内个人办理财产转移申请审核，按照相关程序办理合法财产的汇出手续。

12月2日 中国人民银行发布公告，决定自2005年1月1日起将中国公民出入境、外国人出入境每人每次携带的人民币限额由原来的6 000元整调为20 000元。1993年2月5日发布的《中国人民银行关于国家货币出入境限额的公告》同时废止。

12月6日 中国人民银行北京重点库建设基建办公室正式成立。

12月8日 兴业银行北京分行推出首期“万利宝”人民币理财产品。

12月11日 人行营业管理部制定了《在京外资金融机构开办人民币业务指引》，向外资银行全面介绍开办人民币业务流程，为外资银行顺利开展业务提供指导和服务。

12月18日 浦发北京分行与昌平区人民政府签署“银政合作”协议。

12月20日 建行北京分行作为惟一一家中资银行参与由德意志银行卢森堡分行牵头的戴姆勒—克莱斯勒公司50亿美元国际银团贷款，认购了其中1亿美元贷款份额，是建行系统首次承办的跨境授信业务。

12月22日　北京银行推出“心喜”人民币理财产品。

12月25日　全国个人基础信用信息数据系统在北京等七个试点城市开始试运行，标志着人民银行个人征信系统建设取得阶段性成果。

12月27日　中国东方资产管理公司北京办事处开始接收信达资产公司的可疑类贷款。

12月28日　北京市政府与国家开发银行签订500亿元政府信用额度的开发性金融合作协议，国家开发银行将以开发性金融全面支持首都城市环境综合整治建设。

农行总行与首钢总公司签订了战略合作框架协议。农行北京分行作为主办行将为首钢总公司及其所属企业提供在重点项目、生产经营及结算、代理、进出口等方面的信贷支持及金融服务。

12月29日　北京市公安局与国家外汇管理局北京外汇管理部正式签订了《外汇领域反洗钱合作备忘录》，双方将建立联席会议制度，实时监控大额可疑资金异常流动。

12月30日　工行北京分行代理北京市社保中心“一票托收”业务正式投产，这项业务是该行受社保中心委托，通过批量扣划的方式代理收缴各参保单位的社会保险费（包括养老保险、失业保险、工伤保险），并划入指定账户的业务。

中国华融资产管理公司北京办事处与北京金隅集团签署股权转让协议，将所持有的北京星牌建材有限责任公司1.77亿元股权，以总价款1.26亿元转让予北京金隅集团。

12月　加大宣传力度，消除了南方某些城市“拒卡”风波和北京一些媒体不实报告的负面影响，2004年北京市银行卡超常规发展，圆满完成了《北京市2002～2004年银行卡发展规划纲要》的阶段性工作目标。

北京保险市场外资保险机构快速增加，共计新增5家合资寿险分公司和2家合资寿险总公司。截至12月31日，北京保险市场共有12家外、合资保险机构，其中3家合资寿险总公司，7家外、合资保险分公司，2家再保险分公司。

八、统计资料

北京市统计局2004年国民经济和社会发展统计公报

2005年1月21日

2004年，全市人民在北京市委、市政府的正确领导下，以邓小平理论和“三个代表”重要思想为指导，认真贯彻党的十六大、十六届三中和四中全会精神及中央对北京市工作的一系列重要指示，全面贯彻科学发展观，坚决落实宏观调控措施，紧紧围绕“新北京、新奥运”的战略构想，以创新体制、调整结构、优化环境、全面发展为主题，加快推进各项改革，大力发展首都经济，切实加强城市建设和管理，实现了首都经济和社会发展的预期目标。全市经济继续保持平稳较快的发展态势，经济活力明显增强，运行质量进一步提高。科技、教育、文化、卫生、体育等各项社会事业全面进步，人民生活水平继续提高。

一、综合经济

经济总量：全市经济持续快速增长。初步测算，全年实现地区生产总值4 283.3亿元，按可比价格计算，比上年增长13.2%，增幅提高2.5个百分点，为1995年以来最高增速。其中，第一产业实现增加值102.9亿元，增长1.9%，增幅下降1.4个百分点；第二产业实现增加值1 610.4亿元，增长16.7%，增幅提高4.8个百分点；第三产业实现增加值2 570亿元，增长11.6%，增幅提高1.3个百分点。产业结构继续优化，非农产业比重进一步上升，二、三产业比重达到97.6%，比上年提高0.2个百分点，其中第二产业比重上升1.8个百分点。

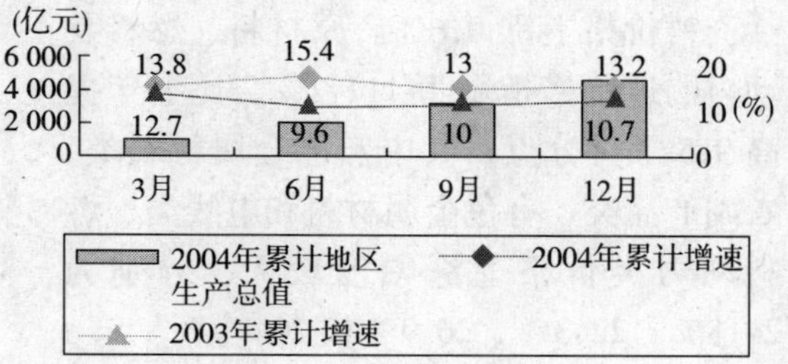

图1 全年经济运行趋势

财政收支：地方财政收入增势良好。全年完成地方财政收入744.5亿元，比上年增长29.7%。其中，增值税68.9亿元，增长21.9%；营业税333.2亿元，增长26.3%；企业所得税121.7亿元，增长29.9%；个人所得税73.3亿元，增长28.2%。全年地方财政支出898.9亿元，增长22.3%；地方财政支出剔除中央追加支出后，为862.6亿元，增长23.4%。其中，基本建设支出72.9亿元，增长1.3%；科教文卫事业费213.6亿元，增长21.6%；农林水支出33.2亿元，增长26.8%；社会保障补助支出22.5亿元，增长75.5%；城市维护费40.1亿元，增长11%。

价格水平：价格总水平有所上涨。居民消费价格指数为101%，高于上年0.8个百分点。其中，食品类价格上涨4.8%，影响总指数上升1.4个百分点；娱乐教育文化用品及服务类价格上涨

1.5%，居住类价格上涨1.4%，烟酒及用品类价格上涨1.2%。除此以外，交通和通信类价格下降4.3%，家庭设备用品及维修服务类价格下降3.1%，衣着类价格下降1.1%，医疗保健及个人用品类价格下降0.8%。

生产领域价格涨幅较高。工业品出厂价格指数为103%，比上年提高1.5个百分点；其中生产资料价格上涨3.7%，生活资料价格上涨0.6%。原材料、燃料及动力购进价格指数为114.2%，比上年提高9.5个百分点；其中黑色金属材料类、农副产品类、有色金属材料和电线类、燃料动力类价格上涨幅度较大，分别为24.5%、22.3%、20.9%和20%。

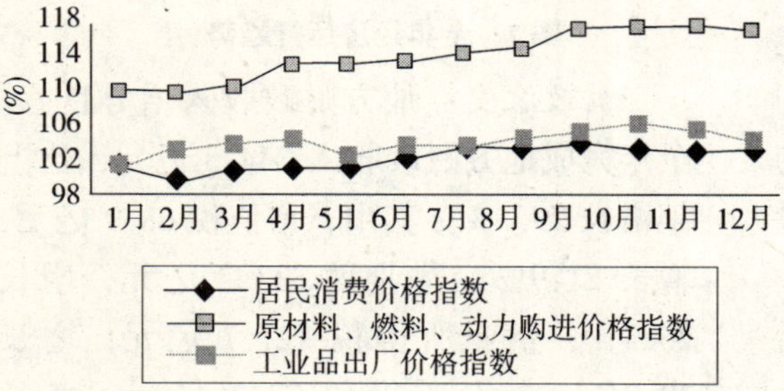

图2　月度三类价格指数情况

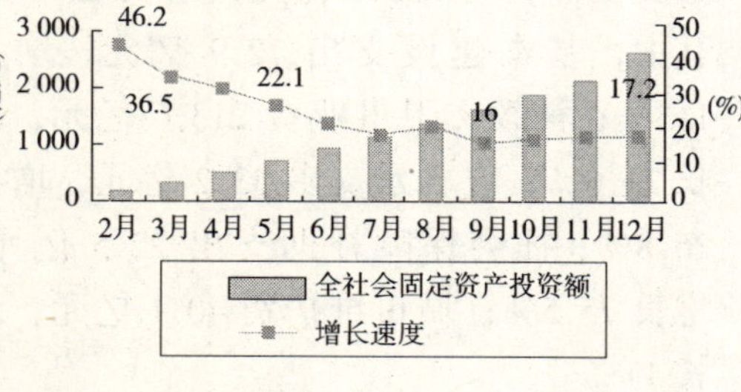

图3　全社会固定资产投资额及增速

投资：投资增势趋于平稳。2004年初，全市固定资产投资增速偏高，通过坚决贯彻落实中央宏观调控措施，投资增速逐步放缓。全年全社会固定资产投资2 528.3亿元，比上年增长17.2%，增幅下降1.7个百分点。其中，基本建设投资631.4亿元，增长22.7%；更新改造投资175.3亿元，下降18.9%；房地产开发投资1 473.3亿元，增长22.5%。

投融资体制改革继续深化。非国有单位投资成为带动全市投资增长的主要力量。全年全社会非国有单位完成投资1 773亿元，增长26.3%，占全社会固定资产投资的比重达到70.1%，比上年提高5个百分点。其中非国有内资单位完成投资1 369.7亿元，增长22.5%，占全社会固定资产投资的比重为54.2%，比上年提高2.4个百分点。基础设施建设和运营市场全面开放。截止到2004年底，京承高速二期、卢沟桥污水处理厂、高安屯生活垃圾焚烧厂、亦庄路东新区燃气等16个项目实现市场化融资56亿元。全年基础设施投资447.4亿元，比上年增长7.1%，占全社会固定资产投资的比重为17.7%。

重大工程建设进展顺利。北京市确定的66项重大工程累计完成投资724.8亿元，占全社会固定资产投资的比重为28.7%。截止到年底，已有31个子项目交付使用。

二、主要产业

农业：农业生产保持稳定。全年完成农业总产值254亿元，比上年增长6.8%（按现价计算）。其中，种植业产值105.4亿元，增长3%；养殖业产值148.6亿元，增长9.6%。2004年以来，北京市认真贯彻中央一号文件，即《中共中央国务院关于促进农民增加收入若干政策的意见》，采取了一系列扶持农业生产的重要措施。

全面取消农业税，减轻农民负担8 000多万元；对 63.2 万户种植小麦和玉米的农户实施直接补贴，兑付直补资金 1.1 亿元。在这些政策措施的积极作用下，全市粮食生产扭转了连续 13 年下滑的局面，出现恢复性增长。全年粮食播种面积 231.7 万亩，比上年增长 9.3%；粮食总产量 70.2 万吨，增长 20.9%。全年蔬菜产量 489.2 万吨，下降 7.2%；鲜蛋产量 15.9 万吨，下降 1.9%；肉类产量 70.8 万吨，下降 3.8%；牛奶产量 70 万吨，增长 10.7%；生猪出栏 460.5 万头，下降 2%；家禽出栏 17 419.5 万只，下降 7.7%。

都市农业取得成果。首次评定出 30 个市级观光农业示范园，观光农业项目近 2 000项。新建 120 家标准化生产基地，累计达到 800 家，通过安全食品认证达标的生产单位超过 60%。全市有 235 家绿色、安全农产品物流配送中心。

工业：工业生产快速增长。全年完成工业增加值 1 290.2 亿元，比上年增长 19.3%，增幅提高 7.1 个百分点。工业对全市经济增长的贡献率为 43.4%，比上年提高 10 个百分点。全市规模以上工业企业（即全部国有工业企业及年产品销售收入 500 万元及以上的非国有工业企业）实现增加值 1 259.5 亿元，增长 19.9%。其中，国有及国有控股企业实现增加值 652.9 亿元，增长 17%；外商及港澳台企业实现增加值 474.8 亿元，增长 24.9%。

增长结构出现积极变化。在重点监测的 13 个工业行业中，专用设备制造业、交通运输设备制造业、医药制造业、石油加工炼焦及核燃料制造业等 7 个行业的增速均在 20% 以上，形成了多点支撑的发展局面。其中，交通运输设备制造业实现增加值 123.1 亿元，比上年增长 58.6%；占全市规模以上工业增加值的比重为 9.8%，对规模以上工业增长的贡献率为 22.8%。全年汽车产量 53.9 万辆，比上年增长 55.2%；其中轿车产量 18.2 万辆，增长 1.5 倍。

高新技术产品制造业较快增长。全年高新技术产业实现增加值 377.7 亿元，比上年增长 17.7%（按现价计算），增幅提高 10.6 个百分点。其中电子与信息增长 14%，生物医药增长 18%，新材料增长 40.2%，光机电一体化增长 22.6%；占高新技术产业增加值的比重分别为 64.7%、8.8%、10.7% 和 12.6%。程控交换机、移动电话机和微型电子计算机等主要高新技术产品产量分别比上年增长 63.9%、16.5%和 15.9%。高新技术产业增加值占全市规模以上工业增加值的比重为 30%。

工业经济效益大幅提高。全年规模以上工业企业经济效益综合指数 169.3%，比上年提高 18.4 个百分点。实现利润 310.8 亿元，增长 32%；利税总额 522.5 亿元，增长 23.9%。

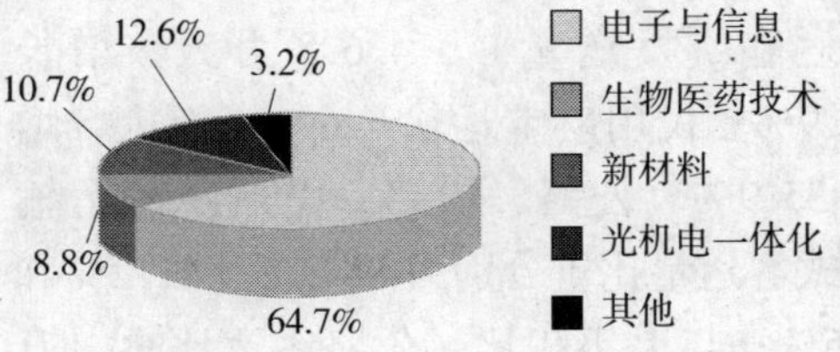

图 4　高新技术产业增加值构成

建筑业：建筑业生产平稳增长。全年建筑业实现增加值 320.2 亿元，比上年增长 6.2%。建筑业总产值达到 1 505.8 亿元，增长 15.2%；房屋施工面积13 073.6 万平方米，增长 7.5%；竣工面积4 526.3 万平方米，增长 0.9%。建筑企业效益有所提高。全年实现工程结算收入1 542.5

亿元，增长16%；实现工程结算利润131.5亿元，增长16.4%。按施工产值计算，全员劳动生产率14.9万元/人，增长14.6%。

交通运输、仓储和邮政业：全年交通运输、仓储和邮政业实现增加值144.9亿元，比上年增长7%。

货物运输一升两降。全年货运总量29 988.5万吨，比上年下降3%。其中，民用航空运输56.9万吨，增长20.3%；公路运输27 973万吨，下降2.2%；铁路运输（发送量）1 958.6万吨，下降13.5%。公路、铁路、民航三种运输方式货运量比重分别为93.3%、6.5%和0.2%；与上年相比，公路货运比重上升0.8个百分点，铁路货运比重下降0.8个百分点，民航货运比重基本持平。

旅客运输全面增长。全年旅客运输量48 681.5万人，比上年增长48%。其中，公路运输41 552万人，增长52.3%；铁路运输（发送量）5 436.8万人，增长24.9%；民用航空运输1 692.7万人，增长35.9%。公路、铁路、民航三种运输方式客运量比重分别为85.3%、11.2%和3.5%；与上年相比，公路客运比重上升2.4个百分点，铁路客运比重下降2.1个百分点，民航客运比重下降0.3个百分点。

邮政业务基本稳定。全年完成邮政业务总量31.1亿元，与上年基本持平。全年订销报纸10.1亿份，下降7.8%；订销杂志3 881万份，下降3.4%；收寄函件7.7亿份，下降7.9%；收寄特快专递1 500万件，增长26.2%。年末邮政储蓄余额达到318.6亿元，年净增35.8亿元。

信息传输、计算机服务和软件业：全年信息传输、计算机服务和软件业实现增加值317.8亿元，比上年增长10.8%。

信息传输业快速增长。全市固定电话用户达847.4万户，比上年增长23.9%。局用交换机容量达1 110万门，增长11.9%。固定电话主线普及率达到57.5线/百人，增长21%。全市移动电话用户达到1 335.9万户，增长20.5%。移动电话普及率达到90.6部/百人，增长17.6%。

批发零售业：全年批发零售业实现增加值263.7亿元，比上年增长6.8%。

消费品市场稳中见旺。全年实现社会消费品零售额2 191.8亿元，增长14.4%。其中，吃类商品零售额610.8亿元，增长22.7%；穿类商品零售额242.1亿元，增长15%；用类商品零售额1 224.6亿元，增长8.2%。居民消费结构稳步升级，汽车、家居、通讯类商品消费快速增长。全年销售机动车44.7万辆，比上年增长9.8%。其中，新车30.4万辆，增长3.9%；旧车14.3万辆，增长24.8%。在限额以上商业企业零售额中，与住宅消费相关的建筑及装潢材料类商品零售额增长1倍，家具类商品零售额增长11.8%，家用电器和音像器材类商品零售额增长18.8%；通讯器材类商品零售额增长41%。

新型业态进一步发展。年末全市连锁商业企业达到152个，实现零售额635.2亿元，分别增长4.1%和32.6%。连锁商业零售额占社会消费品零售额的比重达到29%。商业布局逐步改善。年末，郊区乡镇连锁超市、便利店达到443家，比上年末增长1.5倍。

限额以上批发零售企业经营状况良好。全年实现销售收入5 028.8亿元，比上年增长24%。其中，批发业4 122.4亿元，零售业906.3亿元，分别增长30%和2.6%。全年实现利润167.4亿元，增长1.1倍；实现利税218.8亿元，增长70.5%。

金融保险业：全年金融保险业实现增加值598.6亿元，比上年增长5.4%。

信贷投放明显收缩。根据宏观调控的要求，金融机构严格控制信贷规模。年末，全市中资金融机构各项人民币贷款余额12 600.2亿元，比年初增加1 457亿元，新增贷款比上年减少646.2亿元。其中，短期贷款余额4 721.6亿元，比年初增加420.4亿元，少增309.4亿元；中长期贷款余额6 414.7亿元，比年初增加919.8亿元，少增244.6亿元；票据融资756.6亿元，比年初减少11亿元，少增161.1亿元。中资金融机构人民币存款余额21 625.9亿元，比年初增加3 327.4亿元，多增398亿元。其中，企业存款余额12 310.1亿元，比年初增加2 080.1亿元，多增656.5亿元；居民储蓄存款余额6 122.3亿元，比年初增加828.8亿元，少增75亿元。

保险市场平缓发展。年末，全市有各类保险公司30家，比上年增加10家；保险中介机构184家，增加84家。全年保费收入278.9亿元，比上年下降1.3%。其中，财产险保费收入65.9亿元，增长26.9%；人身险保费收入213亿元，下降7.6%。全年各类保险赔款给付支出54.3亿元，比上年增长13.1%；其中产、寿险分别为33.2亿元和21.1亿元，分别比上年增长22%和1.3%。

资本市场稳步发展。全年证券市场各类证券成交额18 512.9亿元，比上年下降20.8%；其中股票成交额7 247.7亿元，增长43.8%；国债成交额671.7亿元，下降42.8%；基金成交额78.9亿元，下降28.5%。年末上市企业（A股）达到82家；其中，当年上市企业（A股）6家，筹集资金16.7亿元。

房地产业：房地产业保持较快发展。全年房地产业实现增加值228.4亿元，比上年增长15.7%。全年完成房地产开发投资1 473.3亿元，比上年增长22.5%；商品房开复工面积9 931.3万平方米，增长9.5%；竣工面积3 067万平方米，增长18.2%。

商品房市场需求活跃。全年商品房销售面积2 472万平方米，增长30.4%；其中，商品住宅销售面积2 285.8万平方米，增长29.1%。全年商品房销售额1 249.1亿元，增长39.1%；其中商品住宅销售额1 085.1亿元，增长37.5%。商品房价格有所上升。全年商品房平均售价为每平方米5 053元，比上年提高316元；其中，商品住宅平均售价4 747元，提高291元。存量房交易量进一步扩大。全年存量房成交面积708.3万平方米，成交金额217.7亿元，分别比上年增长81.6%和78.2%。

旅游业：旅游市场恢复正常。全年接待海外游客315.5万人次，比上年增长70.4%，比2002年增长1.6%。旅游外汇收入31.7亿美元，增长66.8%。接待国内旅游者1.2亿人次，比上年增长36.8%；旅游收入1 145亿元，增长62.2%。年末，全市共有星级饭店613家，客房数达到9.1万间。客房出租率64.7%，比上年末上升13个百分点。

三、对外开放

进出口：对外贸易强劲增长。据海关统计，全年进出口总值946.6亿美元，比上年增长38.2%。其中，出口205.7亿美元，增长 21.8%；进口 740.8 亿美元，增长 43.5%。地方企业进出口总值为 280.7 亿美元，增长 48.3%。其中，出口 106.1 亿美元，增长 44%；进口 174.6 亿美元，增长 51%。出口产品结构继续优化。机电产品出口 71.2 亿美元，增长 46.9%；高新技术产品出口 51.7 亿美元，增长 51.7%；占地方出口的比重分别达到 67.1%和 48.8%，分别比上年提高 1.3 个和 2.5 个百分点。出口市场保持多元化。在主要出口市场中，对亚洲出口 49.3 亿美元，增长 51.7%；对欧洲出口 30.4 亿美元，增长 29.2%；对北美洲出口 16.4 亿美元，增长 42.2%。基础产品进口大幅增加，在地方进口商品中，矿物燃料、润滑油及相关原料增长 1.2 倍，动植物油、脂及蜡增长 1.1 倍。

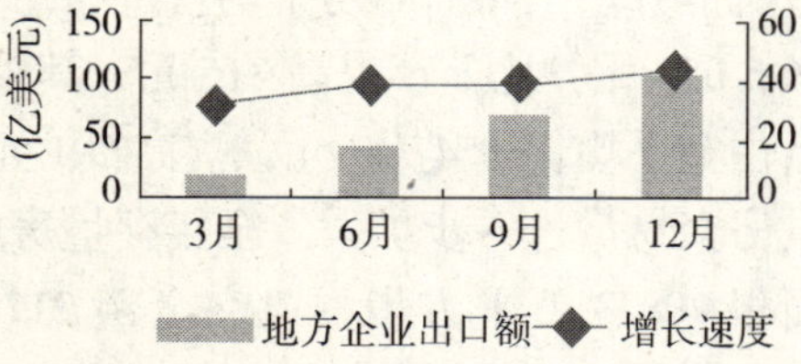

图 5　累计地方企业出口额及增速

经济技术合作：对外经济技术合作保持良好势头。全年新签对外承包工程和劳务合作合同额 8.1 亿美元，完成营业额 6 亿美元，分别比上年增长 68.8% 和 70.8%。

利用外资：外资流入继续加快。全年新批外资项目1 806项，比上年增长 33%；合同外资金额 62.6 亿美元，增长 92%。实际利用外资 30.8 亿美元，增长 43%。从外资的产业投向看，主要集中在第三产业。全年第三产业吸收合同外资金额 38.7亿美元，占全市合同外资金额的比重为 61.8%。投入较多的行业有租赁和商务服务业、房地产业、计算机服务和软件业。其中，租赁和商务服务业合同外资金额达到 21.5 亿美元，增长 1.7 倍。年末，在京的跨国公司地区总部、投资性公司和研发中心分别达到 7 家、139 家和 189 家。

开发区：开发区建设和发展进入新阶

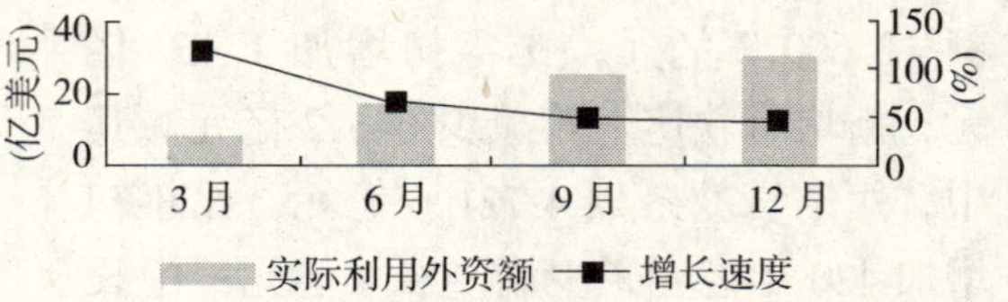

图 6　累计实际利用外资额及增速

段。年末，全市 27 个开发区累计入区企业 29 752 家，其中投产企业 24 416 家，分别比上年末增加 5 353 家和 4 368 家。全年各类开发区实现总收入 4 876.2 亿元，比上年增长 25%；实现工业总产值 2 796 亿元，增长 37.2%（按现价计算）；实现利润 287.4 亿元，增长 20.9%；应缴税金 209 亿元，增长 13.2%。

中关村科技园区继续保持快速发展。全年新认定高新技术企业 4 268 家，比上年增长 3.1%。年末，高新技术企业总数达 20 364 家，比上年末增长 24.9%。全年实现总收入 3 625.2 亿元，比上年增长 25.6%；实现增加值 760.9 亿元，增长 25.1%（按现价计算），占全市生产总值的比重为 17.8%；实缴税金 133.6 亿元，增长 11.2%。

四、城市建设与管理

危旧房改造和经济适用房：危旧房改造和经济适用房建设稳步推进。全年完成危旧房改造投资 203.1 亿元，与上年基本持平；拆除房屋72万平方米，下降61%，其中拆除危房29.9万平方米，下降57.3%；动迁居民2.4万户，下降54.3%。全年经济适用房投资98亿元，比上年增长6.3%；施工面积890万平方米，竣工面积308.8万平方米，分别下降1.4%和15%；销售面积306.3万平方米，下降4.3%；实现销售额90.4亿元，下降0.8%。

城市交通：交通设施建设继续加快。全年完成交通运输投资148.8亿元，比上年增长15.2%，占城市基础设施投资的比重达到33.3%。轨道交通项目进展顺利，地铁四、五、十号线（含奥运支线）全面开工，在建规模达到86.3公里。公路建设稳步推进，全年新改建公路953公里；其中，在建高速公路100公里，六环路黄村至良乡段24公里已建成通车。城市道路建设进一步加强，首体南路、圆清路、五塔寺路、白云路、马家堡西路等工程建成通车，道路通行能力不断提高。6座交通枢纽建设按计划进行，其中，动物园交通枢纽已经启用，进入试运行阶段；六里桥综合客运枢纽基本具备试运营条件；马驹桥一级货运枢纽年底已报竣工。

城市公交体系逐步完善，服务效率进一步提高。年末，全市公共电汽车（含小公共，下同）线路达到599条，公共电汽车运营里程17 206公里；轨道交通运营里程达到114公里，与上年末持平。全市共有公共电汽车运营车辆2万辆，比上年增加1 204辆；客运出租车运营车辆5.2万辆，减少1.1万辆。全年城市公共交通共运送乘客51.2亿人次（不含出租车），比上年增长17.9%；其中公共电汽车运送乘客45.2亿人次，增长16.6%；轨道交通运送乘客6.1亿人次，增长28.4%。全年出租汽车客运量达到5.9亿人次，比上年增长13.5%。

年末全市汽车保有量187.1万辆，比上年末增加19.4万辆；其中轿车保有量109.6万辆。私人汽车保有量达到129.8万辆，比上年末增加18.2万辆；其中轿车保有量80.3万辆。

公用事业：公用事业综合服务水平不断提高。全年自来水售水量6.3亿立方米，比上年增长5.7%；其中生活用水5.4亿立方米，增长8%。张坊、平谷、怀柔等应急水源工程先后建成通水，为保证首都供水发挥了重要作用。在全国电力供应普遍较为紧张的形势下，北京市通过采取一系列调配应急措施，夏季用电高峰日均削减负荷约30万千瓦，避免了大面积停电及非事故拉路。全年售电量451.7亿千瓦时，比上年增长8.9%；其中，城乡居民生活用电80.2亿千瓦时，增长13.8%。全年煤气销售量达1.8亿立方米，比上年下降23.1%；天然气销售量达23.3亿立方米，增长22.3%；液化石油气销售量达12.6万吨，下降13.7%。年末，全市燃气家庭用户达到385.3万户，其中天然气家庭用户252.8万户，占全市家庭燃气总户数的65%，比上年提高2个百分点。城市热力管网供热面积达到8 777万平方米，比上年增长11.8%。

五、社会事业

科学技术：科技人员队伍稳步壮大，科技经费投入持续增加。年末，全市开展科技活动的单位4 000家，拥有科技活动人员29万人，其中科学家和工程师（指具有中高级技术职称人员与无中高级技术职称的大学本科及以上学历人员）25万人，占科技活动人员总数的86.2%。全市科技活动经费支出总额510亿元，比上年增长10.6%，其中R&D（研究与试验发展）经费支出300亿元，增长17.1%，R&D经费支出相当于全市生产总值的7%。

《中关村科技园区条例》、《关于进一步促进高新技术产业发展的若干规定》等一系列地方政策法规出台，北京的创新、创业条件得到明显改善。创业孵化体系建设成效显著，年末，全市孵化器总数66家，入孵企业约2 300家，总孵化面积80多万平方米，建立大学科技园14家。创新服务体系初步建立。年末，全市共有科技中介机构5 000多家，相关行业协会150余家，各类专业服务中心500多家。专利成果喜人。全年申请专利18 402件，比上年增长8.2%；授权专利9 005件，增长9.2%。技术交易日趋活跃。全年成交技术合同35 549项，合同成交总金额425亿元，分别比上年增长10.5%和60.1%；其中技术交易额387.5亿元，增长71%。北京产权交易所累计挂牌项目2 976个，挂牌总金额300亿元；其中高新技术项目成交749个，成交金额77.5亿元。

首都“二四八”重大创新工程继续深化。一批重大科研项目如30米35kV/2kA高温超导电缆研发及产业化示范、电动汽车的研制开发、官厅水库流域水质改善关键技术研究等取得重大进展。

教育：教育事业持续健康发展。高等教育体系继续完善。年末，全市共有普通高等院校77所，比上年增加4所；其中，本科院校27所。全年共招收本专科学生14.7万人，增长2.7%；本专科在校生达到50万人，增长9%；毕业学生9.96万人，增长18.9%。全市共有48所普通高校和115个科研机构培养研究生，全年招收研究生5.6万人，增长17.9%；在读研究生达到14.4万人，增长19.8%；毕业研究生2.95万人，增长31.4%。建立北京地区高校毕业生就业工作联席会制度，北京高校毕业生就业率达到89.43%。大学生公寓和高教园区建设步伐加快。60万平方米大学生公寓竣工并交付使用。

高中阶段教育协调发展。普通高中招生9.4万人，在校生27.5万人。中等职业学校招生7.7万人，在校生25.7万人；其中，普通中专招生3.3万人，职业高中招生2.6万人，技工学校招生1.8万人。

基础教育进一步调整优化。颁布实施《北京中小学办学条件标准》，调整了137所规模小、办学效益不高的中小学，其中小学112所，初中25所。农村义务教育条件改善。全年市、区县两级投入6 000多万元，全面完成了半山区和农村平原地区113所办学困难学校的改造任务。在延庆等9个区县投入5 000多万元建设教育骨干光纤网，建成600所校园网。为郊区200所中小学设立医务室并配套相应设备，提高了卫生防病和健康教育的水平。全市普通小学1 504所，在校生51.6万人；初中422所，在校生38.7万人。

民办教育健康发展。年末，全市共有79所民办高校，在校学生22万人；93所民办普通中学，在校学生3.6万人；12所民办小学，在校学生0.5万人。

文化：文化事业欣欣向荣。演出市场硕果累累。大型京剧交响剧诗《梅兰芳》、大型奇幻儿童剧《迷宫》、大型情景魔术晚会《魔法传奇》、科普木偶剧《南极精灵》及评剧《刘巧儿新传》等精品剧目都取得了良好的社会经济效益。全市共有各类电影放映单位172个，其中电影院62

个；放映场次 18 万场，观众达到 814.4 万人次，票款收入 1.85 亿元。继续实施农村电影“2131 工程”（即到 21 世纪初实现每村每月放映一场电影），解决京郊农民看电影难的问题，为农村观众放映故事片 5.3 万场次，观众达到 1 656.6 万人次。北京电视台动画频道开播，电视节目达到 10 套。全市广播电视综合覆盖率达 99.5%，有线电视入户率为 62.1%。广播电视“村村通”工程顺利推进。年内实现了让 90 个自然村的农村居民看上电视的目标。移动数字电视在公交系统试播成功，已有 48 条线路的 1 700 辆公交车安装了移动数字电视。出版发行业经过改组改造，集约化程度不断提高。北京市属出版单位出版报纸 51 种，与上年持平；出版杂志 168 种，下降 4.5%；出版图书4 713 种，增长 36.1%。共有 17 种出版物在国家各类大奖的评选中获奖，其中图书 4 种、期刊 5 种、电子出版物 2 种、音像制品 5 种。

文物保护工作取得可喜成绩。“人文奥运”文物保护计划进展顺利，年内安排项目 30 项，已全面启动，其中 16 项已完工。自 2003 年开始，对全市 6 处世界文化遗产进行全面修缮，并对其保护现状和管理情况进行了深入调研。积极做好城市建设中的文物保护工作，配合危旧房改造、城市重点整治工程、奥运大型场馆建设完成了相关文物保护和考古勘探发掘工作，并出土了一批珍贵文物。年末，全市拥有市级文物保护单位 264 处。全市境内注册登记的博物馆达到 127 个，博物馆馆藏文物 226 万件，固定展览 200 多项，临时推出展览 400 多项，参观人数达 2 500 万人次。

卫生：公共卫生建设与疾病控制工作取得较好成效。截至年底，北京紧急医疗救援中心已成立，10 个远郊区县紧急医疗救援分中心全部建成，完成了 32 个远郊区县乡镇急救点的建设，北京市疾病预防控制中心防病业务楼已动工建设。医疗机构网络直报建设全面完成。针对“4·22 非典”疫情和禽流感疫情，迅速启动相关预案并及时采取一系列措施，取得了防治疫情的决定性胜利。

农村卫生保健不断加强。全市农村地区新型农村合作医疗政策覆盖率区县级达到 100%，乡镇级达到 87%，村级达到 90%。全市共有 230 万农民参加了新型农村合作医疗制度，参合率达到 64%。13 个郊区县均已开始为就医农民实施报销，年内已为 25 万人次提供报销服务。农村改水改厕取得新的进展，全市完成农村改水项目共计 3 661 个，受益人口达到 338.6 万人；改造农村粪便无害化处理户厕 32 533 座。

体育：扩充全民健身设施，积极开展群众体育活动。当年配建 1 229 个全民健身工程，总面积 82.6 万平方米，总投资 1.17 亿元，其中市体育彩票公益金投入达4 200 万元。截至年底，全市所有街道、乡镇和有条件的社区居委会、55%的行政村均配建了全民健身工程。全民健身晨、晚练辅导站累计 4 437 个；年内开展全市各类群众体育活动共计 3 240 项次，参加活动人数达到 532.7 万人次。举办了国际长跑节、万人太极拳表演、全国城市体育舞蹈公开赛、庆申奥成功长跑活动等；举办了第 10 届全民健身周活动，吸引了 206 万市民参与；举办全民健身大课堂近百场，万余人受益。

竞技体育取得突破性进展。全市共有专业体育运动员近千人，共获得国际和全国性比赛奖牌 125 枚，其中金牌 49 枚，银牌 45 枚。在第 28 届奥运会上，北京市运动员获得 5 枚金牌、1 枚银牌、1 枚铜牌的优异成绩，其中金牌数位居各省市之首。

六、人口、就业与保障、居民生活

人口：人口继续保持增长。年末，全市常住人口（在京居住半年以上人口）1 492.7万人，比上年末增加 36.3 万人，增长 2.5%，增幅提高 0.2 个百分点。全市人口出生率为 6.1‰，比上年增加 1 个千分点；死亡率 5.4‰，增加 0.2 个千分点；自然增长率 0.7‰，增加 0.8 个千分点。据公安部门统计，2004 年末，全市户籍人口 1 162.9 万人，比上年末增长 1.2%。

就业和社会保障：就业工作进一步加强，就业形势保持稳定。年末实有城镇登记失业人员 6.46 万人，比上年末减少 0.5 万人；城镇登记失业率 1.3%，下降 0.13 个百分点；全年安排 17.43 万失业人员实现就业，失业人员就业率达到 68.64%，提高 0.56 个百分点。其中，“4050”失业人员再就业率为 69.8%。农村富余劳动力就业工作稳步推进。通过劳务输出、技能培训等措施，5.5 万名农村富余劳动力实现了就业。岗位开发工作成效显著。全年共开发社区就业岗位 14.32 万个，比上年增长 7.27%，安置失业人员 10.63 万人。全市社区公益性就业组织已发展到 197 家，累计安置就业特困人员 1.3 万人。其中，当年新增社区公益性就业组织 47 家，新安置就业特困人员 4 861 人。

社会保障体系建设积极推进。各项基金扩面征缴取得积极成效，参保人数不断增加。全市养老、医疗、失业、工伤保险参保人数分别达到 460 万人、484 万人、308 万人和 259 万人，分别比上年净增 11.5 万人、47.9 万人、1.4 万人和 16.1 万人。各项社会保险基金收缴率均达到 98%以上。出台了外地农民工参加工伤保险和医疗保险办法。大力推进农村养老保险制度改革，确立了个人账户与待遇调整机制相结合的制度模式以及个人缴费、集体补助、政府补贴相结合的筹资方式，并在大兴、通州进行了试点，全市参加农村养老保险人数达到 36.8 万人。城市居民保障标准有所提高，失业保险金提高到 347~446 元，职工最低工资提高到 545 元，退休人员基本养老金最低标准提高到 402~510 元。全市共有 16.1 万城镇居民得到政府最低生活保障，比上年增加 0.3 万人；享受农村低保的农民 7.5 万人，比上年增加 0.8 万人。

社会福利事业不断发展。全市各类收养性社会福利单位 323 家，床位 2.9 万张，收养各类人员 1.7 万人。城镇建立各种社区服务设施2 000处，其中综合性社区服务中心 168 个。全年销售社会福利彩票 15.5 亿元，直接接收社会捐赠款 0.26 亿元。

居民生活：城乡居民收入较快增长。全年城市居民人均可支配收入 15 637.8 元，比上年增长 12.6%，扣除价格因素，实际增长 11.5%。人均消费支出为 12 200.4元，比上年增长 9.7%，扣除价格因素，实际增长 8.6%。由于粮油及相关副食品价格上涨，城市居民恩格尔系数为 32.2%，比上年上升 0.5 个百分点。农民人均纯收入 7 172 元，比上年增长 10.4%，扣除价格因素，实际增长 9.2%；其中，生产性收入 6 141 元，增长 11.2%。农民人均生活消费支出4 886元，比上年增长5%，扣除价格因素，实际增长3.9%。农村居民恩格尔系数为32.6%，比上年上升0.9个百分点。居住环境有较大改善。全年竣工住宅2 344万平方米，增长12.6%。城镇居民人均住房使用面积有望达到19平方米，比上年增加0.3平方米。农村居民人均生活用房面积34.2平方米，比上年增加0.3平方米。

七、资源与环境

土地资源：根据国务院和国家有关部门的要求，北京市认真开展了土地利用现状和使用情况的调查、核查工作，开展了全市基本农田的核查工作，基本查清了耕地和基本农田情况、建设项目批准用地和违法用地情况。根据核查结果，加大了基本农田保护力度，全市自上而下签订了基本农田责任状，350.4万亩基本农田全部落实到地块，其中农作物用地254.9万亩。基本完成了治理整顿土地市场秩序的阶段性工作任务。清理整顿各类开发区用地，全市470个开发区减少到28个，核减规划面积46 768公顷，核减率为53.4%；截止到年底，已退回土地14 626.2公顷，复耕土地11 735.6公顷。进一步加大对土地违法问题的查处力度，依法处置闲置土地，查处违法土地行为2 411件，责令退还土地1 500.7公顷，复耕土地449.9公顷，收回闲置土地174.8公顷。规范控制建设用地协议出让范围，全面推行经营性土地使用权出让的招标、拍卖、挂牌制度。全年全市征占地及农用地转用项目用地7 286.6公顷，比上年增长12.1%；72宗经营性项目土地使用权入市成交，成交土地面积438.5公顷，分别比上年增长46.7%和1倍。

水资源：降水情况好于上年。全年降水539毫米，比上年增长19%，是多年平均降水量的92%。但水资源形势仍然严峻。年末，全市平原区地下水平均埋深19.04米，比上年末下降0.71米，地下水储量累计减少3.6亿立方米。正式组建水务局，开始建立水资源统一管理体制。加强水资源的统一调度，采取严格措施对水资源进行合理配置使用。全年向密云、官厅两大水库调水2.41亿立方米，其中从外省调水9 400万立方米。在保障城乡用水安全的前提下，密云水库蓄水量达到8.5亿立方米，比上年增加1.29亿立方米；官厅水库蓄水量2.3亿立方米，增加1 699万立方米。南水北调北京段工程进展顺利，永定河倒虹吸主体工程建设基本完成。强化节水管理，全面建设节水型社会。制定了节约用水管理办法和分阶段工作方案。综合水价由上年的4.01元提高到5.04元。全年农业新增节水灌溉面积20万亩；工业和生活完成节水技改措施51项。

生态环境：城市环境综合整治工作加强。全年拆除违法建设和临时建筑75.3万平方米，城市市容不断改善。大气污染防治工作继续推进。控制大气污染第十阶段措施继续实施，严格控制燃煤污染排放，完成燃煤锅炉改造1 037台，对重型汽油车和摩托车新车实行第二阶段排放标准，加强机动车排放检测监管。全年空气质量达到二级和好于二级的天数为229天，比上年增加5天，占全年总天数的62.5%。水环境治理力度加大。开展了水源三、四厂防护区内的污染源调查，加强了对密云、怀柔水库的水质保护；启动了永定河、潮白河砂石坑生态恢复及整治工程。污水处理系统逐步完善。卢沟桥污水处理厂和清河污水处理厂二期建成，城近郊区污水处理厂达到8座，污水日处理能力达到188万立方米/日。城近郊区污水处理率达到58%，比上年提高2个百分点。再生水利用取得新进展，新建再生水利用管线52.7公里，污水再生利用率达到25%。积极推动其他环境污染防治工作。完成五环路内28个暴露垃圾堆的治理任务；全年清除各类施工渣土3 259.5万吨；全市第一个医疗废弃物集中处理厂竣工。按照北京市生活垃圾治理白皮书确定的目标和任务，城近郊区生活垃圾无害化处理率达到93.8%（按产生量计算），远郊区县达到33%。完成首都机场及周边地区噪声功能区划，对四环路两侧部分道路进行了交通噪声治理工程。

绿化美化步伐加快。全年共完成绿化造林40.48万亩，植树4 230万株；全市林木覆盖率达到49.5%，比上年提高2个百分点。三道绿色生态屏障建设取得新进展。其中，绿化隔离地区新增绿化面积4.76万亩，平原绿色生态屏障建设新增绿化面积4.02万亩，山区绿色生态屏障建设新增绿化面积31.7万亩。野生动物保护及自然保护区建设得到加强。启动了密云水库湿地、汉石桥湿地建设工作，保护区面积占全市总面积的8%。城市园林绿化水平进一步提高。城市楔形绿地建设进入前期准备阶段。城近郊区新增绿地面积848公顷，其中新增大型绿地20余处，共117公顷。城近郊区绿化覆盖率达到41.8%，比上年提高0.7个百分点。人均公共绿地面积达到10平方米，增加0.4平方米。

附1　公报注释

1. 本公报数据为初步统计数。

2. 本公报中增加值为现价，除注明外，增长速度均按可比价计算。

3. 社会消费品零售额中不含居民住宅销售额。

4. “二四八工程”是首都二四八重大创新工程的简称。指建立两大体系、建设四个基地、实施八项高新技术产业化示范项目。两大体系即首都创业孵化体系和首都经济创新服务体系。四个基地即北京软件产业基地、北京北方微电子基地、北京生物医药基地和北京新材料基地。八个高新技术产业化示范工程即数字北京工程、高清晰度数字电视产业化工程、大直径半导体硅芯片及大规模集成电路产业化工程、能源结构调整及清洁燃烧技术产业化工程、现代医药生物技术产品产业化工程、绿色食品及良种工程、水资源可持续利用工程和北京保护臭氧层工程。

5. 恩格尔系数是指居民食品消费支出占全部消费支出的比重。

附2　2004年经济发展统计表

社会消费品零售额

指标名称	单位	2004年	2004年为2003年%
社会消费品零售额	亿元	2 191.8	114.4

按商品用途分			
吃的商品	亿元	610.8	122.7
穿的商品	亿元	242.1	115.0
用的商品	亿元	1 224.6	108.2
烧的商品	亿元	114.4	149.3
按行业分			
#批发、零售贸易业	亿元	1 778.7	110.4
餐饮业	亿元	190.2	156.6

主要农副产品产量

指标名称	单位	2004年	2004年为2003年%
粮食总产量	万吨	70.2	120.9
蔬菜总产量	万吨	489.2	92.8
肉类总产量	万吨	70.8	96.2
鲜蛋总产量	万吨	15.9	98.1
牛奶总产量	万吨	70	110.7
水产品总产量	万吨	6.5	91.5
出栏猪	万头	460.5	98.0

主要工业产品产量

指标名称	单位	2004年	2004年为2003年%
钢材	万吨	851.0	108.6
发电量	亿千瓦时	202.2	107.1
液化石油气	万吨	43.0	111.9
化肥（折纯）	万吨	3.6	146.8
水泥	万吨	1 126.7	121.6
乙烯	万吨	98.2	110.6
汽车	万辆	53.9	155.2
彩色显像管	万只	1 042.5	117.4
显示器	万部	499.9	120.6
移动通信设备	万部（信道）	422.9	77.3
微型计算机	万部	503.6	115.9

移动电话机	万部	3 852.0	116.5
程控交换机	万线	3 211.1	163.9
饮料酒	万千升	148.5	113.4
乳制品	吨	353 323.3	125.5

各种运输方式运量（北京地区）

指标名称	单位	2004 年	2004 年为 2003 年%
货物运输量	万吨	29 988.5	97
铁路（发送量）	万吨	1 958.6	86.5
公路	万吨	27 973	97.8
民航	万吨	56.9	120.3
旅客运输量	万人	48 681.5	148
铁路（发送量）	万人	5 436.8	124.9
公路	万人	41 552	152.3
民航	万人	1 692.7	135.9

居民消费价格指数

单位：%

指标名称	2004 年	2003 年
居民消费价格指数（以上年为 100）	101.0	100.2
#服务项目	101.8	100.7
食品	104.8	103.2
烟酒及用品	101.2	100.2
衣着	98.9	97.1
家庭设备用品及维修服务	96.9	97.7
医疗保健和个人用品	99.2	100.1
交通和通讯	95.7	97.8
娱乐教育文化用品及服务	101.5	98.3
居住	101.4	101.6

（一）北京市主要经济社会指标

表 1－1 国民经济和社会发展总量与速度指标

项目		总量指标					速度指标（%）			
							指数（2004 年比以下各年）			
		1990 年	1995 年	2000 年	2002 年	2004 年	1990 年	1995 年	2000 年	2003 年
人口与就业										
人口	（万人）									
年末全市常住人口		1 086.0	1 251.1	1 363.6	1 456.4	1 492.7	137.4	119.3	109.5	102.5
年末户籍人口		1 032.2	1 070.3	1 107.5	1 148.8	1 162.9	112.7	108.7	105.0	101.2
就业	（万人）									
在岗职工人数		454.9	470.9	434.2	436.3	446.4	98.1	94.8	102.8	102.3
城镇登记失业人数		1.67	2.19	3.32	6.96	6.46	386.8	295.0	194.6	92.8
城镇登记失业率	（%）	0.30	0.46	0.75	1.43	1.30				
宏观经济										
国民经济核算										
地区生产总值	（亿元）	500.8	1 394.9	2 478.8	3 663.1	4 283.3	432.2	247.3	153.8	113.2
第一产业		43.9	81.4	90.0	98.3	105.4	126.8	122.5	115.5	101.9
第二产业		262.4	615.2	943.5	1 311.9	1 610.4	413.5	246.1	155.0	116.7
第三产业		194.6	698.3	1 445.3	2 252.94	2 567.6	516.5	262.2	155.5	111.6
人均地区生产总值	（元）	4 878	13 085	22 460	32 061	37 058	387.4	228.1	146.9	111.9
工农业总产值（现价）	（亿元）			**2 902.6**	**4 259.3**	**5 353.7**			**184.4**	**125.7**
固定资产投资										
全社会固定资产投资	（亿元）	179.2	841.5	1 297.4	2 157.1	2 528.3	1 410.9	300.5	194.9	117.2
#房地产开发投资		22.5	352.8	522.1	1 202.5	1 473.3	6 548.0	417.6	282.2	122.5
#国有单位		154.2	514.2	765.8	745.1	755.5	489.9	146.9	98.7	101.4
财政										
地方财政收入	（亿元）	74.0	115.3	398.4	665.9	830.0				128.3
#一般预算				345.0	592.5	744.5			215.8	129.7
地方财政支出	（亿元）	66.5	154.4	490.3	809.4	974.2	1 464.5	630.9	198.7	120.4
#一般预算				443.0	734.8	898.3			202.8	122.3
物价										
居民消费价格指数	（%）	105.4	117.3	103.5	100.2	101.0				
商品零售价格指数	（%）	104.1	112.6	98.9	98.2	99.2				
工业品出厂价格指数	（%）	107.9	107.3	102.5	101.5	103.0				

续表

项目	总量指标					速度指标（%）			
						指数（2004年比以下各年）			
	1990年	1995年	2000年	2002年	2004年	1990年	1995年	2000年	2003年
在岗职工工资									
工资总额 （亿元）	118.9	382.0	695.5	1 098.9	1 315.1	1 106.1	344.3	189.1	119.7
平均工资 （元）	2 653	8 144	15 726	25 312	29 674	1 118.5	364.4	188.7	117.2
利用外资									
合同利用外商直接投资 （亿美元）	1.2	27.4	43.3	32.7	62.6	5 215.0	228.4	144.5	191.4
实际利用外商直接投资 （亿美元）	2.8	14.0	24.6	21.5	30.8	1 101.3	220.3	125.3	143.6
产业									
农村经济									
耕地面积 （万公顷）	41.3	39.9	32.9	26.0	23.6	57.2	59.3	71.9	90.9
平均每个农村人口占有耕地面积 （公顷）				0.07	0.07				
农业总产值（现价） （亿元）	70.2	164.4	195.2	237.9	254.0	361.8	154.5	130.1	106.8
主要农副产品产量									
粮食产量 （万吨）	264.6	259.8	144.2	58.0	70.2	26.5	27.0	48.7	121.0
蔬菜 （万吨）	356.1	397.3	489.1	527.3	489.2	137.4	123.1	100.0	92.8
鲜蛋 （万吨）	25.8	28.5	16.0	16.2	15.9	61.6	55.7	99.3	98.2
牛奶 （万吨）	21.7	20.6	30.3	63.3	70.0	322.8	340.0	231.2	110.7
肉类 （万吨）	26.8	37.9	56.3	73.7	70.8	264.3	186.9	125.8	96.2
工业									
工业增加值（生产法，规模以上） （亿元）			745.2	1 012.5	1 259.5			169.0	124.4
工业总产值（现价，规模以上） （亿元）	646.4	1 490.8	2 707.4	3 810.4	4 880.9	755.1	327.4	180.3	128.1
#高新技术产业			867.6	1520.9	1750.1			201.7	115.1
轻工业	270.8	471.4	685.2	808.4	923.4	341.0	195.9	134.8	114.2
重工业	375.6	1 019.4	2 022.2	3 002.0	3 957.4	1 053.7	388.2	195.7	131.8
工业企业主要经济指标									
资产总计 （亿元）	498.3	2 582.6	4 612.7	5 178.0	6 082.4	1 220.6	235.5	131.9	117.5
负债总额 （亿元）		1 528.8	2 676.4	2 751.2	3 138.9		205.3	117.3	114.1
产品销售收入 （亿元）	610.5	1 590.4	2 821.4	3 885.7	5 110.8	837.2	321.4	181.1	131.5
利润总额 （亿元）	48.9	85.3	127.1	235.3	310.8	635.7	364.4	244.6	132.1
建筑业									
建筑业总产值 （亿元）	94.7	370.7	727.5	1 306.7	1 505.7	1 589.9	406.2	207.0	115.2

续表

项目	总量指标					速度指标（%）指数（2004年比以下各年）			
	1990年	1995年	2000年	2002年	2003年	1990年	1995年	2000年	2003年
商业									
社会消费品零售额（亿元）	307.7	827.0	1 443.3	1 916.7	2 191.8	712.3	265.0	151.9	114.4
批发零售贸易业	247.7	584.9	1 025.5	1 611.2	1 778.7	718.1	304.1	173.4	110.4
餐饮业	19.3	63.0	86.4	121.4	190.2	985.5	301.9	220.2	156.7
其他	40.7	179.1	331.4	184.1	222.9	547.8	124.5	67.3	121.1
对外经济贸易和旅游									
海关进出口总额（亿美元）		370.3	496.2	684.6	946.6		255.6	190.8	138.3
进口额		267.8	376.5	516.1	740.8		276.6	196.8	143.5
出口额		102.5	119.7	168.5	205.7		200.7	171.9	122.1
地方企业进出口总额（亿美元）	21.5	53.1	116.5	189.3	280.7	1305.5	528.6	240.9	148.3
进口额	10.3	30.4	70.2	115.6	174.6	1695.1	574.3	248.7	151.0
出口额	11.2	22.7	46.3	73.7	106.1	947.2	467.4	229.1	144.0
接待海外旅游人数（万人次）	100.1	206.9	282.1	185.1	315.5	315.2	152.5	111.8	170.4
旅游外汇收入（亿美元）	6.6	21.8	27.7	19.0	31.7	480.3	145.4	114.4	166.8
金融保险									
金融机构存款余额（亿元）			11 526.0	20 476.0	23 781.3			245.0	116.1
金融机构贷款余额（亿元）			6 407.9	12 057.8	13 577.4			228.4	112.7
城乡居民储蓄存款余额（亿元）	226.6	1 254.0	2 923.2	5 293.5	6 122.3	2 701.6	488.2	209.4	115.7
城镇（亿元）	188.0	1 111.5	2 663.3	4 926.5	5 692.8	3 027.6	512.2	213.7	115.6
农村（亿元）	38.6	142.5	259.9	367.1	429.6	1113.1	301.5	165.3	117.0
保险费收入（亿元）	5.2	26.3	88.9	278.1	272.4	5238.5	1035.7	306.4	98.0
教育、文化、科技、卫生									
教育									
在校学生数（万人）	168.7	203.2	201.7	230.1	229.2	135.8	112.8	113.6	99.6
#研究生				12.0	14.4				120.2
普通高等学校本专科				45.1	50.0				110.9
中等专业学校	5.7	7.6	11.9	11.7	11.4	199.5	149.6	95.54	97.2
普通中学	40.9	62.8	69.1	70.4	66.1	161.7	105.3	95.7	93.9
小学	99.6	100.7	74.3	54.7	51.6	51.81	51.25	69.45	94.4
文化									
出版数量									

续表

项　　目	总量指标					速度指标（%）			
						指数（2004年比以下各年）			
	1990年	1995年	2000年	2002年	2004年	1990年	1995年	2000年	2003年
图书（万册）	59 372.0	83 340.5	91 006.0	138 209.0	152 181.0	256.3	182.6	167.2	110.1
杂志（万册）	58 981.0	63 848.1	79 124.0	81 772.0	79 718.0	135.2	124.9	100.8	97.5
报纸（万份）	680 000.0	729 292.0	686 740.0	724 451.0	703 991.0	103.5	96.53	102.5	97.2
公共图书馆藏书（万册）	2 205.4	2 629.0	3 020.0	3 355.2	3 450.6	156.5	131.3	114.3	102.8
艺术剧团国内演出场次（场）	7 527	6 728	7 610	8 797	8 731	116.0	129.8	114.7	99.2
科技									
专业技术人员（万人）	91.9	112.7	119.2	147.0	143.2	155.8	127.0	120.1	97.4
研究与发展经费支出（亿元）				256.3	332.6				129.8
卫生									
卫生机构病床数（万张）	5.9	6.7	7.1	7.4	7.7	130.8	115.2	108.7	104.3
卫生技术人员数（万人）	11.2	11.6	11.6	11.2	11.7	104.1	100.6	100.6	104.1
#执业医师（万人）	5.1	5.4	5.2	4.8	4.9	96.26	90.91	94.41	102.3
注册护师（士）（万人）	3.5	3.7	4.0	4.0	4.2	118.7	112.3	103.9	103.9
生活与环境									
婚姻									
结婚登记总数（万对）	9.3	8.5	8.0	9.4	12.6	136.0	148.7	158.0	135.2
离婚数（万对）	1.5	2.0	2.7	1.0	2.1	140.1	105.1	77.83	207.2
居住									
城市人均住房使用面积（平方米）	11.2	13.3	16.8	18.7	19.1	170.4	143.5	113.6	102.2
农村人均居住面积（平方米）	20.6	24.7	28.9	34.0	34.2	165.9	138.3	118.4	100.8
生活									
城市居民人均可支配收入（元）	1 787.1	5 868.4	10 349.7	13 882.6	15 637.8	875.0	266.5	151.1	112.6
农村居民人均纯收入（元）	1 297.1	3 208.5	4 687.0	6 496.3	7 172.1	552.9	223.5	153	110.4
市政建设									
用电量（亿千瓦时）	150.5	222.6	331.8	414.1	451.7	300.2	202.9	136.1	109.1
自来水销售量（亿吨）	5.3	6.8	7.5	7.2	8.3	156.6	122.0	110.6	115.9
居民燃气用户（万户）	176.1	219.8	291.9	406.0	438.6	249.1	199.5	150.3	108.0
城市公共交通客运量（亿人次）	33.5	37.2	40.7	42.7	51.4	153.4	138.1	126.3	120.4
城市大型立交桥（座）	33	84	149	368	271	821.2	322.6	181.9	73.6
环境									
城市绿化覆盖率（%）	28.0	32.7	36.5	40.9	41.91				
污水处理率（%）	7.3	19.4	39.4	50.1	53.9				
空气质量二级及好于二级的天数（天）			177	224	229			129.4	102.2

注：1. 地区生产总值绝对值按现价计算，发展速度按可比价格计算。

2. 从2001年开始，有关职工的指标调整为在岗职工的指标。

表 1－2 地方财政收入

项 目	绝对数（万元）		2004 年为 2003 年%	构成（%）	
	2004 年	2003 年		2004 年	2003 年
总 计	**8 300 347**	**6 659 427**	**128.3**	**100.0**	**100.0**
一般预算财政收入	**7 444 874**	**5 925 388**	**129.7**	**89.7**	**89.0**
# 增值税	688 797	752 553	121.9	8.3	11.3
营业税	3 331 645	2 636 946	126.3	40.1	39.6
个人所得税	733 357	572 106	128.2	8.8	8.6
城市维护建设税	347 203	288 542	120.3	4.2	4.3
固定资产投资方向调节税	312	631	49.4	…	…
农牧业税和耕地占用税类	18 403	24 104	76.3	0.2	0.4
企业所得税	1 216 973	937 007	129.9	14.7	14.1
国有资产经营收益	9 035	6 992	129.2	0.1	0.1
国有企业计划亏损补贴类	－506 057	－510 546	99.1	－6.1	－7.7
企业所得税退税					
罚没收入、行政性收费	348 309	283 417	122.9	4.2	4.3
基金预算收入合计	**855 473**	**734 039**	**116.5**	**10.3**	**11.0**

注：发展速度按可比口径计算。

资料来源：北京市财政局。

表 1－3 地方财政支出

项 目	绝对数（万元）		2004 年为 2003 年%	构成（%）	
	2004 年	2003 年		2004 年	2003 年
总 计	**9 741 724**	**8 093 859**	**120.4**	**100.0**	**100.0**
一般预算财政支出	**8 982 756**	**7 348 043**	**122.3**	**92.2**	**90.8**
# 基本建设支出	739 446	719 875	102.7	7.6	8.9
企业挖潜改造资金	428 314	458 741	93.4	4.4	5.7
科技三项费用	78 547	63 736	123.2	0.8	0.8
农林水支出	333 335	261 821	127.3	3.4	3.2
城市维护费	404 388	361 534	111.9	4.2	4.5
工业交通等部门的事业费	61 856	41 309	149.7	0.6	0.5
文体广播事业费	202 481	164 145	123.4	2.1	2.0
教育事业费	1 213 881	988 222	122.8	12.5	12.2
卫生经费	540 662	496 358	108.9	5.5	6.1
科学事业费	132 556	107 629	123.2	1.4	1.3
行政管理费	533 379	390 900	136.4	5.5	4.8
公检法司支出	677 822	562 899	120.4	7.0	7.0
抚恤和社会福利救济费	266 954	228 318	116.9	2.7	2.8
政策性补贴支出	45 178	44 901	100.6	0.5	0.6
基金支出合计	**758 968**	**745 816**	**101.8**	**7.8**	**9.2**

资料来源：北京市财政局。

表 1－4　地区生产总值　　单位：万元

项　目	2004 年	2003 年	2004 年为 2003 年％	构成（％）	
				2004 年	2003 年
地区生产总值	**42 833 100**	**3 663 1000**	**113.2**	**100.0**	**100.0**
第一产业	**1 053 900**	**983 000**	**101.9**	**2.4**	**2.7**
第二产业	**16 103 700**	**13 118 600**	**116.7**	**37.6**	**35.8**
工业	12 901 600	10 320 300	119.3	30.1	28.2
建筑业	3 202 100	2 798 300	106.2	7.5	7.6
第三产业	**25 675 500**	**22 529 400**	**111.6**	**60.0**	**61.5**
交通运输、仓储和邮政业	1 448 800	1 329 900	107.0	3.4	3.6
信息传输、计算机服务和软件业	3 177 600	2 854 400	110.8	7.4	7.8
批发和零售业	2 637 300	2 488 600	106.8	6.1	6.8
住宿和餐饮业	923 300	697 300	132.4	2.2	1.9
金融业	5 985 700	5 373 200	105.4	14.0	14.7
房地产业	2 284 400	1 905 500	115.7	5.3	5.2
租赁和商务服务业	1 650 700	1 264 500	126.7	3.9	3.5
科学研究、技术服务和地质勘察业	2 141 200	2 001 100	106.6	5.0	5.5
水利、环境和公共设施管理业	274 600	247 200	131.1	0.6	0.7
居民服务和其他服务业	436 600	384 500	112.2	1.0	1.0
教育	1 793 800	1 518 900	118.1	4.2	4.1
卫生、社会保障和社会福利业	681 000	587 900	115.3	1.6	1.6
文化、体育和娱乐业	973 200	911 200	105.3	2.3	2.5
公共管理和社会组织	1 267 300	965 200	130.6	3.0	2.6
人均地区生产总值　（元）	**37 058**	**32 061**	**111.9**		

注：发展速度按可比口径计算。

表 1-5 全社会固定资产投资额 单位：亿元

项 目	2004 年			2003 年		
	合计	#国有	#集体	合计	#国有	#集体
全社会固定资产投资额	**2 528.3**	**755.5**	**69.5**	**2 157.1**	**745.1**	**62.4**
#地方	2 247.3	516.8	69.5	1 900.7	522.9	62.4
在固定资产投资中						
基本建设投资	631.4	401.8		514.7	365.9	
中央	177.1	168.3		160.5	147.0	
地方	454.3	233.5		354.2	218.9	
更新改造投资	175.3	119.2		216.2	128.4	
中央	62.8	61.8		68.4	67.0	
地方	112.5	57.4		147.8	61.4	
国有其他	39.9	39.9		56.0	56.0	
城镇集体	9.1		9.1	7.2		7.2
私营个体	4.0					
房地产开发	1 473.3	173.6	37.0	1 202.5	178.8	27.4
#地方	1432.4	165.0	37.0	1177.1	170.6	27.4
农村固定资产投资	195.3	21.0	23.4	132.1		24.7
非农户固定资产投资	179.7	21.0	23.4	93.4		24.7
农户固定资产投资	15.6			38.7		

注：根据国家统计局有关规定，从 2004 年年报起，全社会固定资产投资中，不包括零星购置投资。

表 1-6 产业投资及比重

项 目	投资额（万元）		比重（%）	
	2004 年	2003 年	2004 年	2003 年
总 计	**8 597 187**	**7 974 344**	**100.0**	**100.0**
第一产业	25 083	22 571	0.3	0.3
第二产业	2 764 615	1 785 275	32.1	22.4
第三产业	5 807 489	6 166 498	67.6	77.3

注：本表不含房地产开发投资及农村投资额。

表 1－7 全市固定资产投资额（按报表种类分） 单位：万元

项 目	2004年			2003年		
	合计	#基本建设	#更新改造	合计	#基本建设	#更新改造
投资额	**8 597 187**	**6 313 815**	**1 753 528**	**7 974 344**	**5 147 017**	**2 162 741**
按构成分						
建筑安装工程	4 529 271	3 494 597	692 803	4 170 277	3 106 804	703 496
设备工器具购置	2 222 018	1 261 422	914 865	1 716 279	527 300	1 152 660
其他	1 845 898	1 557 796	145 860	2 087 788	1 512 913	306 585
按用途分						
农林牧渔业用	37 904	33 554	3 300	22 049	22 049	
工业、建筑业用	2 556 498	2 018 343	448 531	1 660 403	685 366	925 572
商业、运输邮电业用	2 213 093	958 856	887 625	2 148 885	730 630	859 744
住宅	556 576	525 662	526	597 101	560 285	9 514
其他	3 233 116	2 777 400	413 546	3 545 906	3 148 687	367 911
更新改造投资按用途分						
增产	182 135		182 135	229 092		229 092
节约能源	21 420		21 420	12 403		12 403
其他节约	7 575		7 575	2 710		2 710
增加品种	47 945		47 945	73 321		73 321
提高产品质量	30 406		30 406	22 276		22 276
三废治理	146 999		146 999	217 968		217 968
其他	1 317 048		1 317 048	1 604 971		1 604 971
按建设性质分						
新建	3 529 802	3 106 168	76 139	2 652 504	2 096 297	41 848
改建和扩建	4 503 827	2 931 636	1 418 507	4 815 894	2 842 647	1 844 937
单纯建造生活设施	231 462	205 544	526	175 775	155 706	9 989
迁建和恢复	147 297	66 290	80 270	203 590	40 019	152 288
单纯购置设备	184 799	4 177	178 086	126 581	12 348	113 679
按建设项目规模分						
基本建设大中型项目	1 060 553	1 060 553		557 964	557 964	
基本建设小型项目	5 249 085	5 249 085		4 576 705	4 576 705	
更新改造限额以上项目	1 324 444		1 324 444	1 854 428		1 854 428
更新改造限额以下项目	250 998		250 998	194 188		194 188
其他	712 107	4 177	178 086	791 059	12 348	114 125
按企业登记注册类型分						
内资企业	6 985 777	5 060 471	1 395 462	7 067 107	4 820 412	1 582 109
国有企业	5 607 364	4 017 868	1 192 298	5 501 273	3 658 843	1 283 727
集体企业	85 426			71 612		
联营企业	11 085	859	4 674	9 705	9 698	7
股份合作企业	9 608	7 596	2 012	23 186	21 386	1 800
股份有限公司	266 697	173 292	92 103	439 652	287 847	150 854
有限责任公司	905 841	802 099	103 742	920 788	775 229	145 559
其他企业	99 756	58 757	633	100 891	67 409	162
港澳台商投资企业	592 999	584 726	8 273	129 867	122 060	7807
港澳台合资经营	530 529	525 523	5 006	64 818	63 752	1 066
港澳台合作经营	26 817	26 817		20 285	20 285	
港澳台商独资企业	32 509	30 760	1 749	17 788	17 363	425
港澳台商投资股份有限公司	3 144	1 626	1 518	26 976	20 660	6 316
外商投资企业	1 018 411	668 618	349 793	777 370	204 545	572 825
中外合资经营	183 151	92 508	90 643	338 835	49 308	289 527
中外合作经营	32 556	31 253	1 303	15 500	15 500	
外资（独资）企业	802 704	544 857	257 847	108 584	94 304	14 280
外商投资股份有限公司				314 451	45 433	269 018

注：本表及以下各表包括基本建设、更新改造和其他投资，不含房地产开发投资。

表 1－8 固定资产投资财务拨贷款额 单位：万元

项目	2004 年			2003 年		
	合计	# 基本建设	# 更新改造	合计	# 基本建设	# 更新改造
上年结余资金	**1 837 478**	**1 709 321**	**113 778**	**2 048 959**	**1 719 735**	**315 986**
本年拨款贷款	**9 612 522**	**7 288 557**	**1 823 050**	**8 026 073**	**5 521 187**	**2 000 611**
国家预算内资金	1 106 185	1 093 920	12 265	784 074	755 025	29 049
国内贷款	2 201 588	1 881 826	65 769	1 683 694	1 269 389	71 478
债券						
利用外资	680 140	647 469	13 804	194 025	160 218	27 136
自筹资金	5 303 895	3 354 302	1 729 394	5 119 465	3 111 201	1 867 519
# 股票	1 691	1 400	291	55 393	34 541	20 852
其他资金	320 714	311 040	1 818	244 815	225 354	5 429

表 1－9 地方固定资产投资财务拨贷款额 单位：万元

项目	2004 年			2003 年		
	合计	# 基本建设	# 更新改造	合计	# 基本建设	# 更新改造
上年结余资金	**1 254 032**	**1 135 145**	**104 508**	**1 386 495**	**1 068 112**	**305 145**
本年拨款贷款	**6 610 960**	**4 955 150**	**1 157 106**	**5 435 321**	**3 622 188**	**1 308 858**
国家预算内资金	351 560	345 123	6 437	335 859	315 999	19 860
国内贷款	1 649 408	1 332 430	62 985	1 423 179	1 021 055	59 297
债券						
利用外资	680 140	647 469	13 804	187 832	154 025	27 136
自筹资金	3 748 645	2 458 595	1 072 062	3 291 103	1 951 572	1 198 786
# 股票	1 691	1 400	291	24 352	3 500	20 852
其他资金	181 207	171 533	1 818	197 348	179 537	3 779

表 1－10 房屋建筑每平方米造价 单位：万元

项目	2004 年	2003 年	2004 年比 2003 年增、减
平均造价	**1 859**	**1 832**	**27**
# 厂房	1 872	1 588	284
仓库	1 657	1 358	299
办公室	2 615	2 978	－363
家属住宅	1 675	1 625	50
单身宿舍	1 929	2 114	－185
教育用房	2 103	2 122	－19
科研用房	2 528	2 752	－224
医疗用房	3 566	2 376	1 190
商业营业用房	1 804	2 113	－309
礼堂、俱乐部	2 943	2 569	374
托儿所、幼儿园	1 666	1 683	－17
宾馆	3 570	4 158	－588

表 1-11　1997~2004 年新建住宅竣工面积　　单位：万平方米

项　目	1997 年	1998 年	1999 年	2000 年	2001 年	2002 年	2003 年	2004 年
总　计	**996.8**	**1 093.1**	**1 519.9**	**1 499.7**	**1 804.9**	**2 191.4**	**2 322.3**	**2 587**
低层住宅（1~3 层）	43.8	34.5	46.4	51.8	40.2	86.6	53.6	67.8
多层住宅（4~6 层）	480.8	512.7	709.2	567.7	715.3	844.0	974.3	877.8
中高层住宅（7~9 层）	80.7	63.4	62.2	92.2	91.8	108.7	121.8	155.4
高层住宅（10 层以上）	391.5	482.5	702.1	788.0	957.6	1152.1	1 172.6	1 485.9
在总计中								
城区	136.1	141.8	208.1	214.5	117.1	180.2	327.4	317.6
近郊区	666.1	703.5	884.9	864.2	1 083.5	1 738.4	1 679.5	1 920.6
远郊区	194.6	247.8	426.9	421.0	604.3	272.8	315.4	348.9

表 1-12　商品房

项　目		2004 年	2003 年
施工面积	**（平方米）**	**99 313 115**	**90 706 560**
#本年新开工面积		30 542 682	34 337 485
#住宅		67 594 235	63 528 634
竣工面积	**（平方米）**	**30 669 879**	**25 936 478**
#住宅		23 439 521	20 807 480
销售面积	**（平方米）**	**24 720 323**	**18 957 685**
#住宅		22 858 245	17 710 533
#个人		22 486 317	17 201 448
销售额	**（万元）**	**12 491 009**	**8 979 571**
#住宅		10 851 129	7 891 587
#个人		10 618 612	7 532 401
平均销售价格	**（元）**	**5 053**	**4 737**
#住宅		4 747	4 456
空置面积	**（平方米）**	**10 441 082**	**11 233 981**

表 1-13　居民消费价格分类指数（上年=100）（2004年）　单位：%

项　目	2003=100	项目	2003=100
居民消费价格指数	**101.0**	服　装	98.0
非食品价格指数	**99.2**	衣着材料	98.8
服务项目价格指数	**101.8**	鞋袜帽	101.1
扣除鲜菜鲜果指数	**101.0**	衣着加工服务	99.4
		家庭设备用品	
消费品价格指数	**100.6**	**及维修服务**	**96.9**
食品	**104.8**	耐用消费品	95.5
粮食	120.6	室内装饰品	96.5
淀粉及薯类	102.1	床上用品	99.1
干豆类及豆制品	117.2	家庭日用杂品	96.9
油脂	117.0		
肉禽及其制品	110.1	家庭服务及加工	103.1
		维修服务	
蛋	112.7	**医疗保健和个人**	
水产品	107.1	**用品**	**99.2**
菜	95.2	医疗保健	98.4
调味品	99.3	个人用品及服务	102.4
糖	100.6	**交通和通信**	**95.7**
茶及饮料	99.0	交　通	96.4
干鲜瓜果	102.3	通　信	94.9
		娱乐教育文化用品	
糕点饼干面包	101.8	**及服务**	**101.5**
奶及奶制品	98.8	文娱用耐用	95.0
在外用膳食品	105.0	消费品及服务	
其他食品及食	102.5	教　育	99.9
品加工服务		文化娱乐用品	103.7
烟酒及用品	**101.2**	旅游及外出	114.2
		居　住	**101.4**
烟草	99.3	建房及装修材料	98.6
酒	103.5	租　房	100.0
吸烟饮酒用品	100.3	自有住房	100.8
衣着	**98.9**	水、电、燃料	104.7

表 1－14　商品零售价格分类指数（上年＝100）（2004 年）　　单位：%

项　目	2003＝100	项目	2003＝100
商品零售价格指数	**99.2**	**家用电器及音像器材**	**94.3**
食品类	**105.1**	家庭设备	94.5
粮食	120.6	文娱用耐用	91.8
淀粉及薯类	102.1	消费品	
干豆类及豆制品	117.2	音像器材类	97.1
油脂	117.0	**文化办公用品**	**98.1**
肉禽及其制品	110.1	**日用品**	**99.6**
食用畜肉及副产品	112.5	日用百货	98.7
禽	103.9	日用杂品	99.9
肉禽加工制品	108.4	洗涤用品	98.8
蛋	112.7	其他日用品	101.7
水产品	107.1	**体育娱乐用品**	**98.2**
鱼	115.1	体育用品	99.0
其他水产品	99.2	娱乐用品	97.1
菜	95.2	**交通、通信用品**	**90.8**
调味品	99.3		
糖	100.6	交通运输机械	93.0
干鲜瓜果	102.3	通讯器材类	75.8
糕点饼干面包	101.8	**家具**	**98.3**
奶及奶制品	98.8	**化妆品类**	**98.6**
在外用膳食品	105.0	**金银珠宝类**	**111.5**
其他食品	102.5		
饮料、烟酒	**100.2**	**中西药品及医疗保健用品类**	**98.2**
茶及饮料	99.0	医疗器具及用品	105.5
茶叶	99.4	中药材及中成药	97.8
饮料	98.9	西药	97.4
烟草	99.3	保健器具及用品	98.4
酒	103.5	**书报杂志及**	
服装、鞋帽类	**98.9**	**电子出版物类**	**99.0**
服装	98.0	教材及参考书	97.4
男式服装	98.7		
女式服装	97.3	书报杂志	100.3
儿童服装	100.9	电子音像制品	97.0
鞋袜帽	101.1	**燃料类**	**107.9**
鞋	101.2	煤炭及制品类	119.7
袜子	98.8	石油及制品类	107.2
帽子	102.2	**建筑材料及**	
其他	103.7	**五金电料类**	**99.4**
纺织品类	**99.0**	建筑装潢材料	98.6
衣着材料	98.8	五金电料类	101.1
床上用品	99.1		

表 1－15　各种价格指数（2004 年）　　单位：%

项　目	1978＝100	1980＝100	1985＝100	1990＝100	2000＝100	2003＝100
居民消费价格指数	638.2	591.3	474.7	275.1	102.4	101.0
商品零售价格指数	440.8	405.5	322.2	184.7	94.7	99.2
工业品出厂价格指数					100.3	103.0
原材料、燃料、动力购进价格指数					116.7	114.2
固定资产投资价格指数					107.6	104.3
建筑安装工程价格指数	558.9	399.8	323.1	119.1	115.3	107.7

表 1-16 房地产价格指数（上年 = 100） 单位:%

项 目	2004 年	2003 年
土地交易价格指数	**102.5**	**100.6**
居民住宅用地	102.2	101.0
工业用地	104.8	99.5
商业旅游娱乐用地	103.5	99.3
其他用地	101.3	101.7
房屋销售价格指数	**103.7**	**100.3**
商品房	103.9	100.4
住宅	104.3	100.6
非住宅	101.2	99.1
私有住房	103.3	100.2
公房交易		100.0
房屋租赁价格指数	**103.4**	**108.5**
住宅	106.4	113.4
公房	100.0	100.0
私房	160.0	226.5
办公用房	93.8	98.1
商业用房	100.8	96.6
厂房仓库	102.6	100.0

表 1-17 社会消费品零售额 单位：万元

项 目	2004 年	2003 年	2004 年为 2003 年%
总 计	**21 918 140**	**19 167 161**	**114.4**
按用途分			
吃的商品	6 108 323	4 977 096	122.7
穿的商品	2 420 650	2 105 681	115.0
用的商品	12 245 581	11 318 605	108.2
烧的商品	1 143 586	765 779	149.3
按地区分			
城镇零售额	18 558 621	16 245 515	114.2
农村零售额	3 359 519	2 921 646	115.0
按行业分			
批发零售贸易业	17 786 571	16 112 226	110.4
餐饮业	1 902 097	1 214 396	156.6
其他	2 229 472	1 840 539	121.1
在总计中：限额以上	**11 092 536**	**10 055 157**	**110.3**
批发零售贸易业			
按登记注册类型分			
内资企业	10 050 769	9 260 292	108.5
#国有企业	2 306 634	2 429 082	95.0
集体企业	648 851	633 065	102.5
股份有限公司	2 061 187	1 592 173	129.5
港澳台商投资企业	252 678	215 604	117.2
外商投资企业	789 088	579 261	136.2

表 1－18　海关进出口贸易总额（按登记注册类型分）

项　　目	金额（万美元）		2004 年为 2003 年%	构成（%）	
	2004 年	2003 年		2004 年	2003 年
进出口总额	**9 465 509**	**6 846 262**	**138.3**	**100.0**	**100.0**
出口总额	2 057 493	1 685 173	122.1	21.7	24.6
进口总额	7 408 016	5 161 089	143.5	78.3	75.4
进出口差额	**－5 350 523**	**－3 475 916**			
进出口总额（地方）	**2 806 896**	**1 893 214**	**148.3**	**100.0**	**100.0**
出口总额	1 060 916	736 595	144.0	37.8	38.9
进口总额	1 745 980	115 6919	151.0	62.2	61.1
进出口差额（地方）	**－685 064**	**－420 024**			
地方出口按登记注册类型分					
内资企业	323 808	223 558	144.8	30.5	30.4
国有企业	265 383	197 833	134.1	25.0	26.9
集体企业	10 009	8 305	120.5	0.9	1.1
其　他	48 416	17 420	277.9	4.6	2.4
外商投资企业	737 108	513 037	143.7	69.5	69.6
中外合资	513 484	362 874	141.5	48.4	49.2
中外合作	8 758	7 424	118.0	0.8	1.0
外商独资	214 866	142 739	150.5	20.3	19.4
地方进口按登记注册类型分					
内资企业	632 339	487 734	129.6	36.2	42.2
国有企业	525 612	442 425	118.8	30.1	38.3
集体企业	10 567	6 895	153.3	0.6	0.6
其　他	96 160	38 414	250.3	5.5	3.3
外商投资企业	1 113 641	668 885	166.5	63.8	57.8
中外合资	691 791	444 338	155.7	39.6	38.4
中外合作	15 033	12 116	124.1	0.9	1.0
外商独资	406 817	212 431	191.5	23.3	18.4

注：进出口差额负数为逆差。

资料来源：中华人民共和国北京海关。

表 1－19 海关进出口贸易总额（按国别、地区分）

项目	金额（万美元）		2004年为2003年%	构成（%）	
	2004年	2003年		2004年	2003年
地方出口按国别（地区）分	**1 060 916**	**736 595**	**144.0**	**100.0**	**100.0**
#中国香港	94 338	81 736	115.4	8.9	11.1
中国澳门	403	176	229.0	…	…
日本	179 234	132 005	135.8	16.9	17.9
新加坡	24 380	11 593	210.3	2.3	1.6
英国	26 050	10 049	259.2	2.5	1.4
德国	54 755	56 594	96.8	5.2	7.7
法国	15 848	8 497	186.5	1.5	1.2
意大利	18 388	8 737	210.5	1.7	1.2
瑞士	5 114	1 474	346.9	0.5	0.2
波兰	1 908	1 952	97.7	0.2	0.3
俄罗斯联邦	11 209	9 259	121.1	1.1	1.3
埃及	2 568	1 488	172.6	0.2	0.2
加拿大	13 167	8 493	155.0	1.2	1.2
美国	150 342	106 531	141.1	14.2	14.5
澳大利亚	24 236	10 839	223.6	2.3	1.5
地方进口按国别（地区）分	**1 745 980**	**1 156 619**	**151.0**	**100.0**	**100.0**
#中国香港	48 068	81 222	59.2	2.8	7.0
日本	345 514	204 921	168.6	19.8	17.7
新加坡	46 239	28 940	159.8	2.6	2.5
英国	26 560	20 434	130.0	1.5	1.8
德国	130 057	87 020	149.5	7.4	7.5
法国	28 559	18 806	151.9	1.6	1.6
意大利	20 713	20 020	103.5	1.2	1.7
瑞士	18 735	14 395	130.1	1.1	1.2
比利时	8 386	8 358	100.3	0.5	0.7
俄罗斯联邦	7 548	7 644	98.7	0.4	0.7
加拿大	14 805	8 653	171.1	0.8	0.7
美国	184 750	121 540	152.0	10.6	10.5
澳大利亚	43 099	27 226	158.3	2.5	2.4

资料来源：中华人民共和国北京海关。

表 1－20　海关进出口商品类别及构成（地方企业）

项　目	金额（万美元）		构成（%）	
	2004 年	2003 年	2004 年	2003 年
出 口 总 额	**1 060 916**	**736 595**	**100.0**	**100.0**
初级产品	75 847	62 602	7.2	8.5
食品及主要供食用的活动物	46 661	44 871	4.4	6.1
饮料及烟草	540	664	0.1	0.1
非食用原料（燃料除外）	11 211	9 066	1.1	1.2
矿物燃料、润滑油及有关原料	17 347	7 959	1.6	1.1
动植物油、脂及蜡	88	42	…	…
工业制成品	963 408	669 419	90.8	90.9
化学品及有关产品	36 686	24 018	3.5	3.3
按原料分类的制成品	94 882	57 636	8.9	7.8
机械及运输设备	652 342	434 475	61.5	59.0
杂项制品	179 498	153 290	16.9	20.8
未分类商品	21 661	4 574	2.0	0.6
进 口 总 额	**1 745 980**	**1 156 619**	**100.0**	**100.0**
初级产品	213 726	106 727	12.3	9.2
食品及主要供食用的活动物	33 967	26 112	1.9	2.3
饮料及烟草	2 031	1 854	0.1	0.2
非食用原料（燃料除外）	112 843	61 021	6.5	5.3
矿物燃料、润滑油及有关原料	44 954	7 787	2.6	0.7
动植物油、脂及蜡	19 931	9 953	1.2	0.7
工业制成品	1 531 623	1 048 222	87.7	90.6
化学品及有关产品	117 159	72 752	6.7	6.3
按原料分类的制成品	167 440	112 390	9.6	9.7
机械及运输设备	1 053 524	747 200	60.3	64.6
杂项制品	193 500	115 880	11.1	10.0
未分类商品	631	1 670	…	0.2

资料来源：中华人民共和国北京海关。

表 1-21 外商投资企业实际利用外资情况 单位：万美元

项 目	2004年	2003年	2004年为2003年%
实际利用外资	**308 354**	**214 675**	**143.6**
按登记注册类型分			
合资经营	79 418	64 824	122.5
合作经营	27 804	36 417	76.3
独资经营	201 132	113 434	177.3
按行业分			
农、林、牧、渔业	1 022	196	521.4
制造业	112 681	72 150	156.2
建筑业	1 300	1 830	71.0
信息传输、计算机服务和软件业	27 166	17 044	159.4
批发和零售业	6 373	6 864	92.8
住宿和餐饮业	1 038	12 734	8.2
房地产业	36 370	32 827	110.8
租赁和商务服务业	103 005	51 522	199.9
其他行业	19 399	19 508	99.4
按客商国别（地区）分			
中国香港	43 606	51 589	84.5
中国台湾	1 780	2 471	72.0
日 本	78 666	24 290	323.9
新加坡	4 826	14 070	34.3
法 国	6 433	1 274	505.1
美 国	11 596	17 865	64.9
德 国	8 602	11 021	78.0
韩 国	33 583	22 850	147.0
英 国	1 644	4 978	33.0
奥地利	82	1 213	6.8
加拿大	1 197	986	121.5
其 他	116 339	62 069	187.4

资料来源：北京市商务局。

表 1－22 外商投资企业投产开业情况

项 目	企业单位数（个）		企业职工人数（人）	
	2004 年	2003 年	2004 年	2003 年
合计	**5 755**	**5 482**	**577 697**	**523 957**
按登记注册类型分				
外商投资企业	3 497	3 241	371 188	310 960
中外合资	1 782	1 707	217 563	184 580
中外合作	264	230	23 230	17 566
外商独资	1 444	1 299	120 227	101 551
外商投资股份有限公司	7	5	10 168	7 263
港澳台商投资企业	2 258	2 241	206 509	212 997
港澳台合资	1 344	1 382	134 965	146 077
港澳台合作	251	257	16 813	16 212
港澳台商独资	660	599	46 318	42 133
港澳台商投资股份有限公司	3	3	8 413	8 575
按行业分				
农、林、牧、渔业	49	54	2 084	2 824
制造业	2 699	2 664	296 460	283 745
建筑业	157	150	9 384	7 755
信息传输、计算机服务和软件业	816	803	49 374	43 287
批发和零售业	168	125	20 430	11 930
住宿和餐饮业	220	220	65 663	62 220
房地产业	423	397	40 072	32 568
租赁和商务服务业	524	472	38 114	31 084
其他行业	699	597	56 116	48 544
按客商国别（地区）分				
#中国香港	1 910	1 823	187 630	188 162
中国澳门	20	22	1 142	1 191
中国台湾	393	396	21 118	23 644
日 本	601	570	77 510	68 598
泰 国	33	31	2 339	2 704
新加坡	221	210	26 257	25 254
法 国	76	77	9 285	6 780
意大利	25	22	532	579
荷 兰	53	48	6 194	7 579
瑞 典	31	27	8 386	4 176
西班牙	10	10	1 368	1 723
美 国	994	968	100 535	81 959
德 国	153	140	20 703	17 591
丹 麦	13	11	1 011	787
菲律宾	5	5	998	988
澳大利亚	20	73	1 142	4 188
新西兰	12	10	321	347
韩 国	256	229	24 214	17 500
英 国	156	154	15 141	12 620
瑞 士	36	36	7 197	6 495
加拿大	126	124	7 047	6 075

注：①以上统计表选自《北京统计年鉴（2005）》。

②本年鉴使用的符号说明，“…”表示数据不足该表最小单位数；“空格”表示该项指标数据不详或没有数据；“#”表示其中部分项目。

（二）金融业务综合统计

表 2－1　北京市金融机构（含外资）本外币信贷收支统计　　单位：万元

资金来源项目	2004年		2003年	
	余额	比年初	余额	比年初
一、各项存款	237 813 488	33 286 928	204 759 796	30 378 371
（一）企事业单位存款	132 430 979	21 128 051	108 875 535	15 039 587
1. 活期存款	73 079 610	10 373 650	60 232 539	8 157 260
2. 定期存款	59 351 369	10 754 401	48 642 996	6 882 328
（二）储蓄存款	71 543 045	7 127 705	64 413 910	8 820 213
1. 活期储蓄	23 959 292	3 163 200	20 795 378	4 042 805
2. 定期储蓄	47 583 753	3 964 505	43 618 532	4 777 408
（三）信托存款	41 432	41 432	25 421	－815
（四）委托存款	230 652	304 843	－35 309	8 134
（五）其他存款	33 567 380	4 684 898	31 480 240	6 511 252
二、所有者权益	4 068 001	996 924	3 074 882	178 649
其中：实收资本	1 086 727	213 582	889 013	88 372
当年结益	2 921 620	2 921 651	2 039 747	2 040 632
三、其他	－97 848 724	－17 113 006	－79 225 925	－7 118 589
资金来源总计	144 032 765	17 170 846	128 608 754	23 438 431

资金运用项目	2004年		2003年	
	余额	比年初	余额	比年初
一、各项贷款	135 776 770	16 911 761	120 577 117	23 749 080
（一）短期贷款	50 126 327	4 825 971	45 803 070	8 003 564
（二）中长期贷款	75 064 194	11 461 114	63 520 138	13 249 637
（三）信托贷款	95 689	17 937	124 078	11 135
（四）委托贷款	128 489	116 766	24 413	－1 780
（五）其他贷款	2 449 212	684 126	1 770 072	880 508
（六）票据融资	7 861 597	－82 720	9 172 652	1 676 178
（七）各项垫款	51 262	－111 434	162 695	－70 163
二、有价证券及投资	8 255 996	259 085	8 031 637	－310 649
资金运用总计	144 032 765	17 170 846	128 608 754	23 438 431

表 2－2　北京市中资金融机构本外币信贷收支统计　　　　单位：万元

资金来源项目	2004 年		2003 年	
	余额	比年初	余额	比年初
一、各项存款	236 792 923	33 040 085	203 981 585	30 284 909
（一）企事业单位存款	131 837 894	21 068 536	108 342 174	15 061 647
1. 活期存款	72 784 609	10 312 161	59 999 278	8 152 489
2. 定期存款	59 053 285	10 756 375	48 342 896	6 909 158
（二）储蓄存款	71 378 258	7 047 554	64 328 969	8 776 504
1. 活期储蓄	23 897 074	3 124 733	20 771 284	4 033 101
2. 定期储蓄	47 481 184	3 922 821	43 557 685	4 743 403
（三）信托存款	41 432	41 432	25 421	－815
（四）委托存款	230 652	304 843	－35 309	8 133
（五）其他存款	33 304 687	4 577 720	31 320 330	6 439 440
二、所有者权益	3 655 916	905 392	2 754 507	112 859
其中：实收资本	688 908	141 413	563 363	28 280
当年结益	2 900 520	2 900 520	2 031 711	2 031 620
三、其他	－99 070 216	－17 714 626	－79 864 799	－7 679 591
资金来源总计	141 378 623	16 230 851	126 871 293	22 718 177

资金运用项目	2004 年		2003 年	
	余额	比年初	余额	比年初
一、各项贷款	133 122 629	15 967 640	118 843 784	23 032 955
（一）短期贷款	49 060 683	4 449 510	45 102 517	7 708 098
（二）中长期贷款	73 874 450	10 981 213	62 810 299	12 958 631
（三）信托贷款	95 689	17 938	124 078	11 135
（四）委托贷款	128 489	116 766	24 413	－1 780
（五）其他贷款	2 268 541	656 840	1 616 688	871 040
（六）票据融资	7 643 515	－143 193	9 003 094	1 555 994
（七）各项垫款	51 262	－111 434	162 695	－70 163
二、有价证券及投资	8 255 994	263 211	8 027 509	－314 778
资金运用总计	141 378 623	16 230 851	126 871 293	22 718 177

表 2-3 北京市中资金融机构人民币信贷收支统计 单位：万元

资金来源项目	2004 年		2003 年	
	余额	比年初	余额	比年初
一、各项存款	216 258 698	33 274 392	183 219 062	29 294 393
1. 企业存款	123 101 494	20 801 348	99 864 057	14 236 511
（1）活期存款	70 625 387	10 072 510	58 079 765	7 681 905
（2）定期存款	52 476 107	10 728 838	41 784 292	6 554 606
2. 财政存款	2 408 591	702 416	4 259 740	254 766
3. 机关团体存款	6 866 381	253 208	6 532 725	524 376
4. 储蓄存款	61 223 488	8 288 149	52 935 333	9 038 434
（1）活期储蓄	21 561 915	2 756 920	18 804 989	3 666 218
（2）定期储蓄	39 661 573	5 531 229	34 130 344	5 372 216
5. 农业存款	4 559 604	260 267	4 299 332	840 949
6. 信托存款			25 421	-815
7. 委托存款	119 341	193 532	-35 309	8 270
8. 其他存款	17 979 799	2 775 472	15 337 763	4 391 902
二、金融债券	-7 192 442	-3 011 462	-4 175 981	-1 365 872
三、应付及暂收款	2 485 991	-233 498	2 773 025	687 192
其中：应付及预收利息	1 286 373	240 700	1 059 395	217 910
四、同业往来	6 229 251	505 472	5 726 926	254 243
五、流通中货币				
六、各项准备	1 775 965	968 110	808 774	131 850
其中：贷款损失准备	1 573 322	774 320	799 712	128 967
七、所有者权益	3 346 309	689 742	2 646 281	151 354
其中：实收资本	664 641	141 413	527 823	62 219
当年结益	2 637 609	2 637 609	1 983 408	1 983 408
八、其他	-84 258 446	-17 693 251	-65 028 712	-8 468 845
资金来源总计	138 645 326	14 499 505	125 969 375	20 684 315

续表

资金运用项目	2004年		2003年	
	余额	比年初	余额	比年初
一、各项贷款	126 002 366	14 569 553	113 147 127	21 031 728
1. 短期贷款	47 215 964	4 204 360	43 502 848	7 298 165
（1）工业贷款	12 167 860	－191 503	12 345 972	1 651 046
（2）商业贷款	7 879 271	49 061	7 824 318	1 089 307
其中：农副产品贷款	668 016	63 190	604 826	－6 553
（3）建筑业贷款	3 570 627	－466 084	3 941 399	403 927
（4）农业贷款	765 389	－1 409	766 798	11 823
（5）乡镇企业贷款	3 017 389	239 386	2 778 071	321 545
（6）三资企业贷款	937 060	－215 044	1 121 404	－238 698
（7）私营企业及个体贷款	1 264 656	313 746	947 841	350 985
（8）其他短期贷款	17 613 712	4 476 207	13 777 045	3 708 230
其中：个人消费贷款	185 480	－61 646	234 992	－135 966
2. 中期流动资金贷款	6 834 836	1 139 285	5 590 374	559 533
3. 中长期贷款	64 146 740	9 198 014	54 971 072	11 643 857
（1）基本建设贷款	26 341 769	－9 810	26 179 099	4 395 782
（2）技术改造贷款	2 271 849	－90 031	2 453 880	－456 366
（3）其他中长期贷款	35 533 122	9 297 855	26 338 093	7 704 441
其中：个人消费贷款	19 718 456	3 596 064	16 227 634	4 976 136
4. 信托贷款	74 907	18 898	101 425	46 423
5. 融资租赁			4 970	－362
6. 委托贷款	128 489	116 766	24 413	－1 780
7. 票据融资	7 565 072	－110 030	8 917 928	1 500 774
其中：贴现	7 562 222	－112 880	8 916 928	1 500 774
8. 各项垫款	36 358	2 260	34 097	－14 882
二、有价证券及投资	7 902 819	327 099	7 606 333	－392 823
三、应收及预付款	1 187 999	119 772	1 153 276	－151 082
其中：应收利息	284 782	25 547	106 428	－74 082
四、同业往来	563 324	－571 178	1 136 243	216 396
五、人行对资产管理公司再贷款				
六、委托投资	61 525	－650	61 436	
七、金银占款		－2 651	2 651	865
八、外汇占款	86 014	－37 994	123 193	－82 260
九、固定资产	2 063 686	－14 649	2 093 135	43 029
十、库存现金	777 593	110 203	645 981	18 462
十一、财政借款				
资金运用总计	138 645 326	14 499 505	125 969 375	20 684 315

表 2－4 北京市金融机构（含外资）外汇信贷收支统计 单位：万美元

资金来源项目	2004 年		2003 年	
	余额	比年初	余额	比年初
一、各项存款	2 604 336	1 530	2 602 641	131 050
1. 单位活期存款	296 529	36 391	260 101	57 448
其中：中资企业存款	132 214	15 398	118 321	18 722
外商投资企业存款	112 000	22 648	89 171	22 199
2. 单位定期存款	830 697	3 109	828 676	39 653
其中：中资企业存款	659 836	32 513	628 906	45 385
外商投资企业存款	68 531	－12 010	80 546	－15 451
3. 储蓄存款	1 246 850	－140 176	1 386 854	－26 263
其中：定期存款	957 190	－189 270	1 146 373	－71 777
4. 信托存款	5 006	5 006		
5. 委托存款（比较口径）	13 449	13 401	66	－114
6. 其他类存款	174 075	66 617	105 863	50 945
7. 境外存款	37 730	17 181	21 081	9 381
二、境外筹资	5 981	2 149	3 832	－6 433
三、同业存放	13 554	－816	14 106	－6 709
其中：境外同业存放	339	－449	288	－972
四、应付及暂收款	56 978	－48 295	105 734	39 540
其中：应付及预提利息	13 444	－1 740	15 230	－7 955
五、同业拆入	23 431	18 498	4 933	177
其中：境外同业拆入	23 431	18 498	4 933	177
六、外汇买卖	4 475	－10 446	15 246	－10 395
其中：结售汇	4 962	6 447	－1 464	－6 524
七、境外联行存放	310 227	110 683	200 397	74 114
八、证券业务款项				
九、各项准备	12 542	5 156	7 391	－2 060
其中：贷款损失准备	11 885	4 500	7 390	－1 958
十、所有者权益	87 198	37 116	51 784	3 301
其中：实收资本	54 314	8 721	46 955	3 163
当年结益	34 315	34 319	6 807	6 914
十一、其他	－1 689 431	185 388	－1 876 705	48 481
资金来源总计	1 429 292	300 962	1 129 359	271 067

续表

资金运用项目	2004年		2003年	
	余额	比年初	余额	比年初
一、各项贷款	1 180 983	282 969	897 430	329 501
1. 短期贷款	351 642	75 112	277 579	86 484
（1）境内短期贷款	331 918	68 154	263 757	79 794
其中：中资企业贷款	193 063	24 487	170 854	63 529
外商投资企业贷款	131 892	45 051	79 556	18 880
（2）境外短期贷款	19 724	6 958	13 823	6 690
2. 中长期贷款	493 278	135 792	357 472	126 425
（1）境内中长期贷款	433 163	109 936	323 214	116 176
其中：中资企业贷款	191 677	5 484	183 967	64 855
外商投资贷款	100 702	37 513	62 552	24 012
（2）境外中长期贷款	60 115	25 856	34 259	10 250
3. 进出口贸易融资	249 109	57 750	191 361	108 375
4. 票据融资	35 827	3 301	30 776	21 193
其中：贴现	29 850	6 942	21 159	12 074
5. 融资租赁（比较口径）				
6. 信托贷款	2 511	－116	2 737	－4 263
7. 委托贷款（比较口径）		－48	66	－97
8. 各项垫款	1 801	－13 737	15 537	－6 678
9. 境外筹资转贷款	46 814	24 915	21 901	－1 940
二、有价证券及投资	42 672	－8 217	51 386	9 931
三、应收及预付款	22 515	－32 641	55 764	－7 837
其中：应收及预付利息	10 674	3 805	2 436	－7 235
四、存放同业	20 016	－2 525	22 540	－6 396
其中：存放境外同业	20 016	－2 525	22 540	－6 396
五、拆放同业	31 535	23 068	8 803	－15 913
其中：拆放境外同业	31 535	23 068	8 803	－15 913
六、存放境外联行	94 120	27 585	66 838	－41 491
七、证券业务占款				
八、库存现金	37 453	10 723	26 600	3 271
资金运用总计	1 429 292	300 962	1 129 359	271 067

表 2-5 北京市中资金融机构外汇信贷收支统计 单位：万美元

资金来源项目	2004 年		2003 年	
	余额	比年初	余额	比年初
一、各项存款	2 481 028	-28 297	2 508 617	119 751
（一）单位活期存款	260 886	28 961	231 918	56 869
其中：中资企业存款	131 106	14 342	118 269	18 726
外商投资企业存款	77 498	16 091	61 257	21 702
（二）单位定期存款	794 681	3 346	792 418	42 892
其中：中资企业存款	659 836	32 513	628 906	45 722
外商投资企业存款	32 516	-11 788	44 304	-12 546
（三）储蓄存款	1 226 940	-149 861	1 376 592	-31 545
其中：定期存款	944 797	-194 307	1 139 022	-75 886
（四）信托存款	5 006	5 006		
（五）委托存款	13 449	13 401	66	-114
（六）其他类存款	174 075	66 617	105 863	50 945
（七）境外存款	5 991	4 231	1 761	704
二、境外筹资	5 981	2 149	3 832	-6 433
三、向中央银行借款				
四、中央银行存款				
五、同业存放	46 481	22 008	24 707	-7 183
其中：境外同业存放	339	51	288	-972
六、应付及暂收款	45 856	-55 424	101 334	38 601
其中：应付及预提利息	11 876	-2 773	14 647	-7 962
七、同业拆入	111	-222	333	-223
其中：境外同业拆入	111	-222	333	-223
八、外汇买卖	4 475	-10 446	15 246	-10 395
其中：结售汇	4 962	6 447	-1 464	-6 524
九、境外联行存放				
十、证券业务款项				
十一、各项准备	10 410	4 834	5 579	-2 284
其中：贷款呆账准备金	9 755	4 179	5 579	-2 284
十二、所有者权益	37 408	26 056	13 076	-4 650
其中：实收资本	6 248		7 610	-4 100
当年结益	31 766	31 766	5 836	5 825
十三、其他	-1 624 167	142 879	-1 770 809	122 587
资金来源总计	1 007 582	103 536	901 915	249 772

续表

资金运用项目	2004年		2003年	
	余额	比年初	余额	比年初
一、各项贷款	860 299	168 891	688 342	241 726
（一）短期贷款	222 886	29 625	193 274	49 539
1. 境内短期贷款	222 886	29 625	193 274	49 539
其中：中资企业贷款	177 958	12 769	164 699	57 821
外商投资企业贷款	37 965	18 212	15 255	-5 652
2. 境外短期贷款				
（二）中长期贷款	349 529	77 807	271 709	91 262
1. 境内中长期贷款	325 935	65 008	260 913	88 802
其中：中资企业贷款	180 831	-521	179 126	64 331
外商投资贷款	7 548	-1 919	8 831	-3 617
2. 境外中长期贷款	23 594	12 798	10 796	2 460
（三）进出口贸易融资	227 280	54 452	172 829	107 230
（四）票据融资	9 478	-4 007	10 290	6 672
其中：贴现	3 500	-365	673	-2 447
（五）融资租赁				
（六）信托贷款	2 511	-116	2 737	-4 263
其中：境外	1 218		1 218	933
（七）委托贷款		-48	66	-97
（八）各项垫款	1 801	-13 737	15 537	-6 678
（九）境外筹资转贷款	46 814	24 915	21 901	-1 940
二、有价证券及投资	42 672	-7 718	50 887	9 433
其中：境外	37 714	-6 636	44 350	9 633
三、应收及预付款	19 503	-34 173	54 246	-7 771
其中：应收及预付利息	8 473	2 455	1 546	-7 314
四、存放中央银行	4 743	-3 342	8 084	-199
其中：缴存准备金	534	18	515	477
五、存放同业	18 112	-44 178	62 289	22 057
其中：存放境外同业	9 858	-6 333	16 190	-11 575
六、拆放同业	16 500	10 983	5 517	-15 089
其中：拆放境外同业	16 500	10 983	5 517	-11 189
七、存放境外联行	8 620	2 538	6 082	-3 646
八、证券业务占款				
九、库存现金	37 134	10 536	26 468	3 261
资金运用总计	1 007 582	103 536	901 915	249 772

表 2-6 北京地区金融机构人民币存贷款情况 单位：万元

项目	2000年	2001年	2002年	2003年	2004年
地区金融机构存款总计	97 049 590	121 314 687	152 760 305	181 672 732	213 858 233
(一) 银行各项存款	91 898 097	115 332 949	145 912 679	173 316 302	204 410 875
1. 国有商业银行	69 532 948	83 683 677	100 785 103	114 899 442	132 671 370
其中：政策性银行	243 094	288 176	288 571	439 279	28 854 344
2. 其他商业银行	22 365 149	31 649 272	45 127 576	58 416 860	71 739 504
(二) 农村信用社	4 921 359	5 881 160	6 750 744	8 265 655	9 307 466
(三) 地方级信托机构	212 166	82 136	79 611	75 524	127 467
(四) 地方级财务公司	17 968	18 442	17 271	15 251	12 425
※城乡储蓄存款	29 232 063	35 363 232	43 896 899	52 935 333	61 223 488
其中：城镇储蓄存款	26 632 980	32 538 708	40 730 632	49 264 668	56 927 966
附一：中央级信托（含租赁）公司存款	2 855 693	2 000 608	1 671 645	994 962	1 342 426
附二：中央级财务公司存款	12 063 029	21 680 738	26 750 523	32 644 962	38 921 305
地区金融机构贷款总计	59 446 110	72 029 099	92 248 165	112 834 246	126 002 366
(一) 银行各项贷款	56 667 403	68 844 214	88 528 426	107 422 250	120 922 275
1. 国有商业银行	42 940 621	50 709 979	62 017 637	70 811 654	74 532 447
其中：政策性银行	12 394 993	1 387 4667	3 628 413	20 816 084	22 955 937
2. 其他商业银行	13 726 782	18 134 235	26 510 789	36 610 596	46 389 828
(二) 农村信用社	2 524 679	3 059 343	3 612 564	5 273 981	4 863 517
(三) 地方级信托机构	226 773	97 681	86 107	119 836	200 976
(四) 地方级财务公司	27 255	27 861	21 068	18 179	15 598
附三：中央级信托（含租赁）公司贷款	3 008 210	2 624 209	2 363 348	1 732 756	1 356 413
附四：中央级财务公司贷款	9 197 224	14 918 654	16 945 138	19 786 958	24 543 963

表2－7 北京市银行人民币存贷款情况 单位：万元

项　目	2000年	2001年	2002年	2003年	2004年
存款总计	91 898 097	115 332 950	145 912 679	173 316 300	204 410 875
一、企业存款	54 252 792	66 979 805	85 221 491	99 322 029	122 455 948
（一）活期存款	38 645 016	43 268 645	50 575 791	58 066 934	70 615 382
1. 工业存款	6 832 556	7 006 256	6 335 872	7 000 886	6 493 890
2. 商业存款	5 140 037	6 418 940	7 413 862	9 114 843	12 702 458
3. 建筑企业存款	3 548 325	2 775 973	3 780 200	3 397 331	3 617 117
4. 城镇集体企业存款	3 381 264	3 731 902	2 513 937	2 703 242	2 981 435
5. 乡镇企业存款	456 857	481 461	553 563	647 732	729 331
6. 三资企业存款	1 540 015	1 058 384	1 134 582	1 489 077	1 585 545
7. 私营企业及个体户存款	747 155	1 206 231	1 522 120	1 870 741	2 199 162
8. 其他企业存款	16 998 807	20 589 498	27 321 655	31 843 082	40 306 444
（二）单位定期存款	15 607 776	23 711 160	34 645 700	41 255 095	51 840 566
二、城镇储蓄存款	26 632 980	32 538 708	40 730 632	49 264 668	56 927 966
其中：定期储蓄	18 788 261	21 789 387	26 347 061	31 460 104	36 573 590
三、农业存款	304 646	246 594	280 976	254 539	232 147
四、其他存款	10 707 679	15 567 843	19 679 580	24 475 064	24 794 814
贷款总计	56 667 402	69 044 361	88 588 027	107 989 344	120 922 275
一、短期贷款	32 138 281	29 897 095	33 244 769	39 794 905	42 741 002
（一）工业贷款	10 382 307	10 812 005	10 695 594	12 345 972	12 167 860
（二）商业贷款	6 546 045	6 716 517	6 739 769	7 824 318	7 879 271
（三）建筑业贷款	2 217 508	2 493 052	3 538 982	3 941 399	3570 627
（四）农业贷款	368 199	381 178	336 689	342 006	336 331
（五）乡镇企业贷款	232 109	248 062	259 232	277 576	249 935
（六）三资企业贷款	2 382 786	2 165 472	1 358 992	1 121 404	937 060
（七）私营及个体贷款	351 104	545 601	596 960	947 841	1 264 656
（八）其他类短期贷款	9 658 223	6 535 208	9 718 551	12 994 389	16 335 262
二、中长期贷款	21 569 860	32 435 549	42 971 190	54 579 092	70 602 588
（一）技术改造贷款	4 794 528	4 880 173	2 909 987	26 179 099	26 341 769
（二）基本建设贷款	15 495 466	17 308 046	21 779 717	2 453 880	2 271 849
（三）其他中长期贷款	1 279 866	10 247 330	18 281 486	25 946 113	41 988 970
三、其他类贷款	2 959 261	6 711 717	12 372 068	13 615 347	7 578 685
四、代理金融机构贷款					

表 2－8 北京地区金融机构外汇存贷款情况 单位：万美元

项 目	2000 年	2001 年	2002 年	2003 年	2004 年
地区金融机构存款总计	2 056 206	2 197 607	2 388 715	2 508 617	2 467 579
（一）银行各项存款	2 049 486	2 194 749	2 388 474	2 508 473	2 467 501
1. 国有商业银行	1 509 080	1 621 494	1 734 167	1 705 026	1 564 726
2. 其他商业银行	540 406	573 255	654 307	803 447	902 775
（二）地方级信托机构存款	6 642	2 780	163	66	
（三）地方级财务公司存款	78	78	78	78	78
地区金融机构贷款总计	340 025	373 838	449 212	685 540	860 299
（一）银行各项贷款	313 885	361 954	441 289	685 540	857 788
1. 国有商业银行	184 185	195 574	229 884	354 853	493 679
2. 其他商业银行	129 700	166 380	211 405	330 687	364 109
（二）地方级信托机构贷款	25 390	11 134	7 173	2 803	2 511
（三）地方级财务公司贷款	750	750	750		

表 2－9 北京市各银行外汇存贷款情况 单位：万美元

项 目	2000 年	2001 年	2002 年	2003 年	2004 年
一、各项外汇存款	2 049 486	2 194 749	2 388 474	2 508 473	2 467 501
（一）境内外汇存款	2 047 839	2 193 203	2 387 417	2 506 712	2 461 510
1. 企业存款	870 988	893 429	924 411	1 024 258	1 055 489
2. 储蓄存款	1 124 427	1 282 753	1 408 091	1 376 592	1 226 940
其中：定期	1 042 963	1 155 292	1 214 884	1 139 022	944 797
3. 其他存款	52 424	17 021	54 915	105 862	179 081
（二）境外存款	1 647	1 546	1 057	1 761	5 991
二、各项外汇贷款	313 885	361 954	441 289	685 540	857 788
（一）短期外汇贷款	141 732	170 425	145 570	193 274	222 886
其中：外商投资企业	33 553	25 776	20 907	24 086	37 965
（二）中长期外汇贷款	102 488	136 050	180 447	271 709	349 529
（三）其他贷款	69 665	55 479	115 272	220 557	285 373

表 2－10 北京市城乡居民人民币储蓄存款余额 单位：万元

项 目	余额		同比增幅（%）	构成（%）	
	2004 年	2003 年		2004 年	2003 年
年末储蓄存款余额	61 223 488	52 935 333	15.66	100	100
其中：活期	21 561 915	18 804 989	14.66	35.22	35.52
定期	39 661 573	34 130 344	16.21	64.78	64.48
城镇居民存款	56 927 966	49 264 668	15.56	92.98	93.07
农民存款	4 295 522	3 670 665	17.02	7.02	6.93

表 2－11 北京市金融机构现金收支统计 单位：万元

项 目	2000 年	2001 年	2002 年	2003 年	2004 年
现金收入合计	88 646 211	105 779 238	121 939 313	144 803 653	190 647 055
商品销售收入	13 408 514	14 946 160	17 889 398	20 276 347	24 864 483
服务业收入	6 504 105	7 403 024	7 572 973	7 951 420	9 198 567
税款收入	115 470	160 128	163 337	176 661	565 541
城乡个体经营收入	1 303 671	1 057 821	1 179 183	1 614 143	2 366 951
储蓄存款收入	57 294 199	69 514 750	81 991 967	99 574 617	133 669 510
其他金融机构收入	715 103	621 001	653 951	597 344	803 947
汇兑收入	3 167 595	3 337 304	3 185 133	2 410 552	2 427 769
有价证券收入	1 910 427	1 948 710	739 124	1 263 892	1 113 038
其他收入	4 227 127	6 790 340	8 564 247	10 938 677	15 637 249
其中：兑换外币收入	155 424	128 463	97 992	156 140	172 432
现金支出合计	86 974 453	104 596 984	121 117 469	143 898 317	188 608 704
工资性支出	8 499 925	8 579 940	9 257 838	9 870 427	11 054 551
农副产品采购支出	719 900	756 477	1 027 653	1 289 605	2 036 054
工矿及其他产品采购支出	554 794	691 338	844 109	1 329 229	1 414 489
行政企事业管理费支出	9 297 416	11 373 636	13 483 490	15 625 774	17 838 830
城乡个体经营支出	2 349 363	2 838 899	3 471 741	4 311 652	5 210 194
储蓄存款支出	58 572 478	69 336 150	80 868 843	97 648 999	133 029 229
其他金融机构支出	507 760	532 297	442 001	832 193	991 784
汇兑支出	1 604 741	1 996 230	2 192 072	1 443 702	976 518
有价证券支出	1 344 497	1 357 217	570 505	679 090	596 166
其他支出	3 523 579	7 134 800	8 959 217	10 867 646	15 460 891
其中：兑换外币支出	291 025	551 259	1 003 236	1 533 196	1 909 205

以上统计表制表单位：人行营业管理部调查统计处。

北京市人民币存贷款、储蓄存款统计图

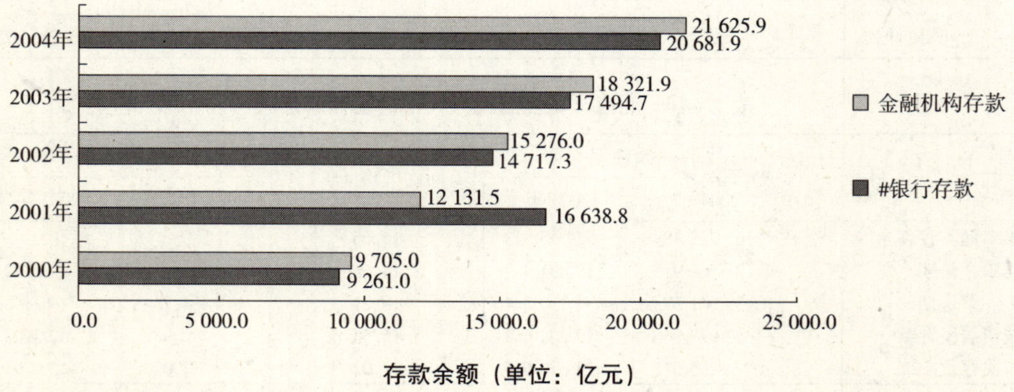

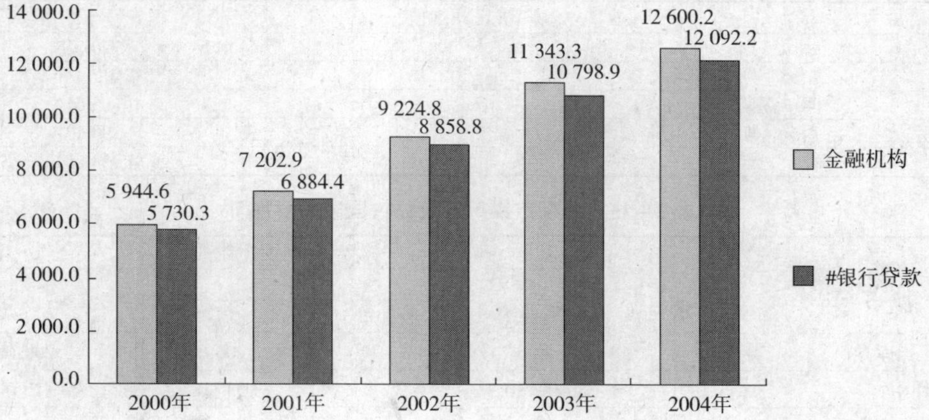

贷款余额（单位：亿元）

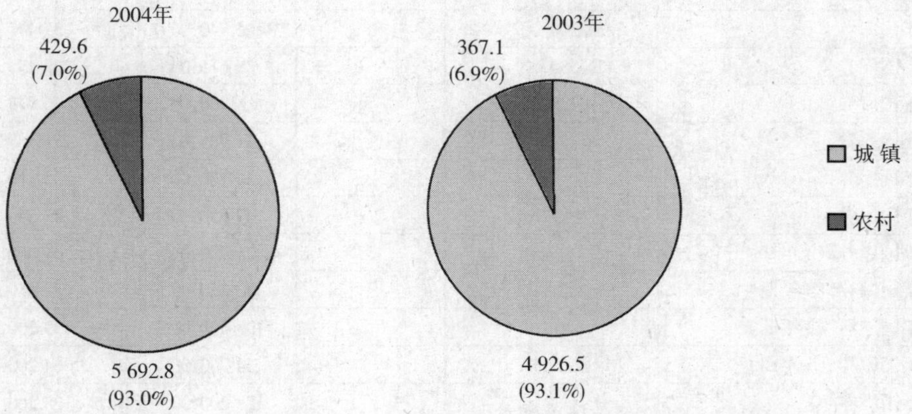

城乡居民储蓄存款余额及构成（单位：亿元）

此上图表选自《北京统计年鉴（2005)》。

表 2－12　北京市利用外资情况

项目单位：个；金额单位：万美元

年份	外商直接投资		外方利润再投资	
	项目	金额	项目	金额
2002	1 123	167 565.03	119	101 727
2003	1 318	178 974.06	122	42 653.51
2004	1 623	254 786.64	169	52 876.93

表 2－13　北京市外债余额　　单位：亿美元

年份	总计	为上年（%）	中长期债务	占总计（%）	短期债务	占总计（%）
2002	44.38	125.44	24.31	54.78	20.07	45.22
2003	62.19	140.13	27.28	43.87	34.91	56.13
2004	77.24	24.20	31.21	40.41	46.03	59.59

以上统计表制表单位：国家外汇管理局北京外汇管理部。

表 2－14　2004 年北京市银行系统发行国家债券统计　　单位：万元

凭证式国债	
一　期	720 352
二　期	1 917 481
四　期	805 654
六　期	290 177
合　计	3 733 664

表 2－15　北京市银行系统兑付国家债券统计　　单位：万元

债券种类	单位收款单	个人无记名国库券		合　计
	本金	本金		本　金
		收款单	债券	
1981 年国库券			200.00	200.00
1982 年国库券	880.00		3 535.00	4 415.00
1983 年国库券	11 400.00		3 435.00	14 835.00
1984 年国库券	36 400.00		5 490.00	41 890.00
1985 年国库券	36 030.00		2 800.00	38 830.00
1986 年国库券	31 200.00		5 940.00	37 140.00
1987 年国库券	116 580.00		8 615.00	125 195.00
1988 年国库券	9 735.00		6 940.00	16 675.00
1989 年国库券			11 965.00	11 965.00
1990 年国库券			30 180.00	30 180.00
1991 年国库券			43 530.00	43 530.00
1992 年国库券（3 年期）			21 900.00	21 900.00
1992 年国库券（5 年期）			52 650.00	52 650.00
1993 年国库券（3 年期）			199 300.00	199 300.00
1993 年国库券（5 年期）			64 200.00	64 200.00
1994 年国库券			128 200.00	128 200.00
1995 年国库券			156 900.00	156 900.00
1996 年国库券一期（3 年期）			659 500.00	659 500.00
1996 年国库券二期（3 年期）			201 900.00	201 900.00
1997 年无记名一期（3 年期）			1 674 700.00	1 674 700.00
1987 年国家重点建设债券	20 650.00			20 650.00
1988 年国家建设债券				
1989 年保值公债			87 860.00	87 850.00
1988 年财政债券（2 年期）				
1988 年财政债券（5 年期）				
1990 年财政债券				
1991 年财政债券				
1992 年财政债券				
1993 年财政债券				
合计	262 875.00		3 369 740.00	3 632 615.00

以上统计表制表单位：人行营业管理部国库处。

表 2－16　北京辖区 2004 年首次公开发行股票（IPO）公司基本情况

公司简称	行业	发行日期	上市时间	上市地	承销商	总股本（万股）	流通股（万股）	业　绩（元/股）	市盈率（倍）	发行价（元）	发行筹资(万元)	实际筹资（万元）
空港股份	房地产	3 月 8 日	3 月 18 日	上海	北京证券	14 000.00	4 000	0.03	18.75	6.00	24 000	22 480.69
动力源	制造业	3 月 17 日	4 月 1 日	上海	国信证券	8 697.30	3 000	0.28	19.74	8.29	24 870	23 070.00
华胜天成	电子	4 月 15 日	4 月 27 日	上海	渤海证券	9 400.00	2 400	0.24	19.79	17.14	41 136	39 687.02
北矿磁材	制造业	4 月 20 日	5 月 12 日	上海	巨田证券	10 000.00	3 500	0.33	20.00	6.56	22 960	21 735.00
国投中鲁	综合类	6 月 7 日	6 月 22 日	上海	中银国际	16 500.00	6 500	0.24	19.94	4.80	31 200	29 206.80
双鹭药业	生物	8 月 25 日	9 月 9 日	深圳	华林证券	6 900.00	1 900	0.62	19.23	12.00	22 800	21 202.01
											166 966	157 381.52

制表单位：中国证监会北京证监局。

表 2－17　北京市金融市场交易量　　单位：万元

项　目	2004 年	2003 年	2004 年为 2003 年%
合　计	**185 129 182**	**233 698 301**	**79.2**
国家债券	6 717 030	11 731 904	57.3
股票交易	72 477 234	50 414 044	143.8
国债回购	102 572 135	168 751 779	60.8
基　金	789 439	1 104 532	71.5
其　他	2 573 343	1 696 042	151.7

注：统计表选自《北京统计年鉴（2005）》。

表 2－18　北京市保险业务统计　　单位：万元

指标项目	2004 年	2003 年	增长率（%）
一、保费收入	2 789 464.14	2 825 415.51	－1.27
1. 财产险	659 062.79	519 561.48	26.85
其中：机动车辆保险	463 658.91	352 567.94	31.51
2. 人身意外伤害险	50 171.48	37 505.22	33.77
3. 健康险	282 199.24	298 518.47	－5.47
4. 寿险	1 798 030.63	1 969 830.32	－8.72
二、各项赔款和给付	542 823.50	475 665.23	14.12
1. 财产险	332 236.16	272 227.67	22.04
其中：机动车辆保险	292 710.29	231 348.87	26.52
2. 人身意外伤害险	8 601.41	5 252.46	63.76
3. 健康险	72 256.82	40 853.93	76.87
4. 寿险	129 729.11	161 812.67	－19.83

注：1. 数据来源于保险公司财务报表。

2. 保费收入未包括出口信用险公司数据。

3.2004 年数据为决算前数据，2003 年数据为决算后数据。

表 2－19　北京市各财产保险公司业务统计　　单位：万元

保险公司名称	保险业务收入			赔款支出			简单赔付率（%）		
	2004 年	2003 年	增长率（%）	2004 年	2003 年	增长率（%）	2004 年	2003 年	增长率
人保北分	347 644.37	333 976.72	4.09	221 024.15	165 694.77	33.39	63.58	49.61	13.96
平安北分	82 377.37	62 846.44	31.08	31 518.46	37 101.53	－15.05	38.26	59.04	－20.77
太保北分	107 812.89	69 888.84	54.26	34 439.26	41 177.45	－16.36	31.94	58.92	－26.97
华泰北分	34 781.64	29 993.85	15.96	16 496.96	21 148.96	－22.00	47.43	70.51	－23.08
太平北分	7 460.64	6 961.66	7.17	2 223.63	4 481.50	－50.38	29.80	64.37	－34.57
中华联合北分	47 070.58	13 690.06	243.83	15 986.90	2 320.38	588.98	33.96	16.95	17.01
天安北分	3 712.07	450.14	724.65	943.84	3.92	23 977.55	25.43	0.87	24.56
永安北分	4 663.35	6 023.64	－22.58	5 047.43	368.24	1 270.69	108.24	6.11	102.12
大地北分	19 693.83	32.66	60 199.54	2 539.93	\	\	12.90	\	\
华安北分	13 384.04	\	\	3 311.42	\	\	24.74	\	\
北京市场	668 600.78	523 864.01	27.63	333 531.98	272 296.75	22.49	49.89	51.98	－2.09

注：1. 数据来源于保险公司财务报表。

2. 简单赔付率增长率＝2004 年赔付率－2003 年赔付率。

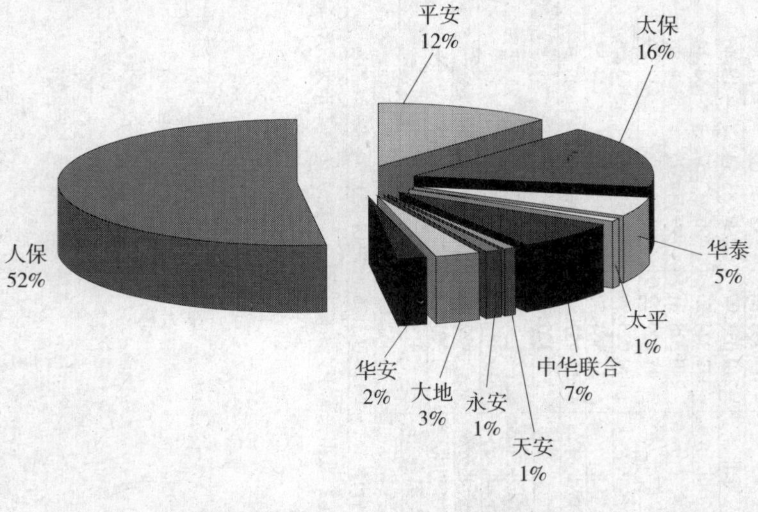

2004 年北京各财产保险公司保费收入市场份额

注：安邦北分 2004 年 12 月开业，2004 年尚未产生保费收入，市场份额为 0。

表 2－20 北京市各人寿保险公司业务统计

单位：万元

保险公司名称	保险业务收入			退保金			赔款支出	死伤医疗给付	满期给付	年金给付
	2004 年	2003 年	增长率（%）	2004 年	2003 年	增长率（%）				
国寿北分	449 670.06	433 783.66	3.66	39 438.57	16 008.42	146.36	24 443.80	4 958.00	4 961.80	36 910.50
平保寿北分	613 253.84	752 741.02	－18.53	54 460.91	63 456.39	－14.18	16 372.13	8 814.07	25 638.85	9 965.76
太保寿北分	219 053.97	268 655.14	－18.46	22 459.89	19 373.93	15.93	7 438.00	1 659.00	17 919.00	2 229.00
新华北分	332 224.55	496 932.57	－33.14	119 015.42	84 675.97	40.55	6 819.70	2 691.87	391.22	10 749.74
泰康北分	249 328.81	199 942.23	24.70	39 393.67	11 831.24	232.96	13 377.87	1 621.55	7 831.91	2 107.46
太平寿北分	95 229.22	98 470.11	－3.29	3 508.89	667.34	425.80	1 086.19	226.01	35.07	286.21
友邦北分	70 023.99	28 752.65	143.54	291.21	46.79	522.38	335.25	94.94	0.00	4.81
民生北分	31 563.57	21 105.26	49.55	3 151.92	18.19	17 227.75	262.75	0.00	0.00	0.00
信诚北分	12 957.88	1 168.86	1 008.59	629.81	2.35	0.00	31.22	19.71	0.00	0.00
瑞泰人寿	1 125.31	—	—	4.20	—	—	0.00	0.00	0.00	0.00
中意北分	22 228.89	—	—	24.42	—	—	2.31	0.00	0.00	0.00
生命北分	19 481.03	—	—	71.33	—	—	0.43	0.00	0.00	0.00
中宏北分	477.95	—	—	0.84	—	—	0.48	0.00	0.00	0.00
光大永明北分	963.08	—	—	0.08	—	—	1.36	0.00	0.00	0.00
大都会	2813.53	—	—	2.49	—	—	0.00	0.00	0.00	0.00
中英北分	467.69	—	—	0.00	—	—	0.15	0.00	0.00	0.00
合计	2 120 863.36	2 301 551.50	－7.85	282 453.65	196 080.62	44.05	70 171.63	20 085.60	56 777.85	62 253.47

注：数据来源于人寿险公司业务报表（2004 年为决算前数据），不包含财险公司意外伤害和短期健康险。

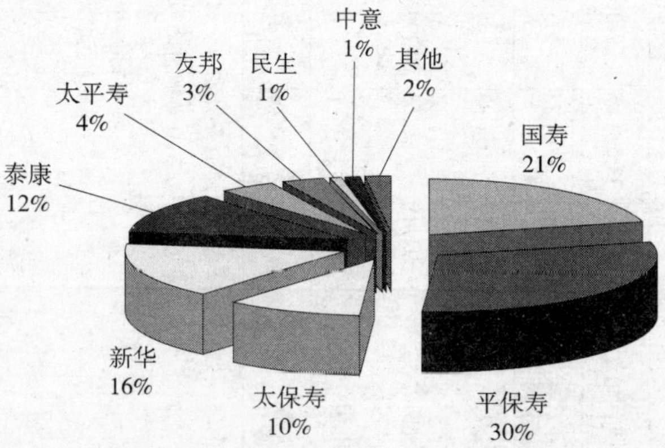

2004 年北京各人寿保险公司保费份额示意图

表 2-21 北京市财产保险市场各险种保费收入与赔款统计 单位：万元

项目	保险业务收入			赔款支出		
险　别	2004 年	2003 年	同比增长（%）	2004 年	2003 年	同比增长（%）
一、财产保险小计	655 584.11	509 959.57	28.56	330 690.56	269 590.22	22.66
1. 企业财产保险	48 969.65	46 274.55	5.82	10 365.17	3 875.42	167.46
2. 家庭财产保险	12 454.63	21 894.41	-43.12	233.79	422.84	-44.71
3. 机动车辆及第三者责任	462 663.37	351 363.11	31.68	292 124.03	231 005.58	26.46
4. 飞机保险及飞机责任保险	2 150.97	672.94	219.64	16.78	95.87	-82.50
5. 船舶保险	1 173.00	1 020.25	14.97	31.80	122.91	-74.13
6. 货物运输保险	44 706.25	27 190.86	64.42	13 540.51	20 235.85	-33.09
其中：进出口货物保险		\	\	\	\	\
7. 建工及安工保险及其责任险	12 606.95	5 638.58	123.58	746.94	1 535.99	-51.37
8. 机器损坏保险		\	\	\	\	\
9. 航天保险	15 114.33	28 548.85	-47.06	10 452.34	9 877.36	5.82
10. 核电站保险	0.00	0.00	\	0.00	0.00	\
11. 能源保险	310.70	0.00	\	0.00	0.00	\
12. 其他财产保险	55 434.27	27 356.02	102.64	3 179.19	2 418.40	31.46
二、责任保险小计	14 474.41	12 374.03	16.97	2 051.78	2 153.02	-4.70
1. 产品责任保险	2 346.60	1 766.39	32.85	288.12	204.03	41.21
2. 雇主责任保险	2 185.32	2 122.30	2.97	572.11	677.27	-15.53
3. 公众责任保险	4 479.00	3 924.35	14.13	706.29	944.15	-25.19
4. 其他责任保险	5 463.48	4 560.99	19.79	485.26	327.57	48.14
三、信用保险	251.53	39.00	544.95	0.00	49.21	-100.00
四、保证保险	212.98	1 463.73	-85.45	425.39	503.22	-15.47
五、农业保险	118.70	27.62	329.76	299.80	0.70	42 728.57
其中：种植业保险	117.80	8.80	1 238.64	2 977.00	0.00	\
养殖业保险	0.90	10.40	-91.35	2.10	0.70	200.00
合　计	670 641.732	523 863.947	28.02	333 467.53	272 296.37	22.46

注：数据来源于保险公司业务报表。

表 2-22 北京市人身保险市场各险种保费收入与赔付支出统计 单位：万元

项目	保险业务收入	退保金	赔款支出	死伤医疗给付	满期给付	年金给付
人身险业务小计	2 120 863.04	282 453.81	70 171.63	20 085.60	56 777.85	62 253.47
一、人寿保险小计	1 798 030.80	252 861.62	78.79	11 032.74	56 361.27	62 253.47
（一）非分红产品小计	342 340.25	65 762.06	78.79	6 950.95	35 024.95	48 844.33
定期寿险	3 910.30	1 250.08	78.79	771.27	13.80	27.00
两全寿险	186 605.31	21 062.49	0.00	2 563.39	23 469.78	20 506.95
终身寿险	66 389.00	3 308.35	0.00	2 782.03	126.20	6 369.65
年　金	85 435.65	40 141.13	0.00	834.26	11 415.17	21 940.72
（二）分红产品小计	1 278 201.87	154 527.10	0.00	3 249.76	15 127.24	11 683.42
定期寿险	5 397.00	94.00	0.00	203.00	0.00	0.00
两全寿险	987 125.80	44 626.93	0.00	2 295.26	12 470.63	2 709.40
终身寿险	22 243.77	831.76	0.00	415.89	0.00	16.04
年　金	263 435.31	108 974.41	0.00	335.61	2 656.61	8 957.97
（三）投资连结产品小计	135 290.52	21 320.31	0.00	727.03	35.07	1 666.73
（四）万能产品小计	42 198.15	11 252.15	0.00	105.00	6 174.00	59.00
二、意外伤害保险小计	41 243.27	0.09	7 473.74	3.00	0.00	0.00
一年期以内	12 800.44	0.02	1 617.53	0.00	0.00	0.00
一年期	28 442.83	0.07	5 856.21	3.00	0.00	0.00
三、健康保险小计	281 588.98	29 592.09	62 619.10	9 049.86	416.58	0.00
一年期（及一年期以内）	74 453.24	0.00	62 539.34	0.00	0.00	0.00
一年期以上	207 135.73	29 592.09	79.76	9 049.86	416.58	0.00

注：数据来源于人身险公司业务报表（决算前），不包含产险公司意外险和短期健康险数据。

以上统计表制表单位：中国保监会北京保监局。

表 2-23　中央银行基准利率　　单位:%（年利率）

项目/日期	1998 年 3 月 25 日	1998 年 7 月 1 日	1998 年 12 月 7 日	1999 年 6 月 10 日	2000 年	2001 年	2002 年 2 月 21 日	2003 年	2004 年 10 月 29 日
法定准备金	5.22	3.51	3.24	2.07	2.07	2.07	1.89	1.89	1.89
备付金	①								
对金融机构贷款									
1 年期	7.92	5.67	5.13	3.78	3.78	3.78	3.24	3.24	3.87
6 个月以内	7.02	5.58	5.04	3.69	3.69	3.69	3.15	3.15	3.78
3 个月以内	6.84	5.49	4.86	3.51	3.51	3.51	2.97	2.97	3.60
20 天以内	6.39	5.22	4.59	3.24	3.24	3.24	2.70	2.70	3.33
再贴现	6.03	4.32	3.96	2.16	2.16	2.97②	2.97	2.97	3.24
邮政储蓄转存款		6.6429	5.922	4.6008③	4.6008	4.6008	4.347	4.131④	4.131

注：①1998 年 3 月 21 日，准备金制度改革，存款准备金与备付金合并为一个法定存款准备金账户。

②再贴现利率调整时间为 2001 年 9 月 11 日。

③2000 年 1 月 11 日银发［2000］17 号文，规定从 1999 年 12 月 21 日起邮政储蓄转存款利率调整为 4.6008%。

④银发［2003］177 号文规定以 2003 年 8 月 1 日为界，之后存入人民银行的部分按照 1.89%计息，之前的老转存款按照 4.131%计息。

表 2-24　金融机构法定存款利率　　单位:%（年利率）

项目/日期	1998 年 3 月 25 日	1998 年 7 月 1 日	1998 年 12 月 7 日	1999 年 6 月 10 日	2000 年	2001 年	2002 年 2 月 21 日	2003 年	2004 年 10 月 29 日
活期	1.71	1.44	1.44	0.99	0.99	0.99	0.72	0.72	0.72
定期									
3 个月	2.88	2.79	2.79	1.98	1.98	1.98	1.71	1.71	1.71
6 个月	4.14	3.96	3.33	2.16	2.16	2.16	1.89	1.89	2.07
1 年	5.22	4.77	3.78	2.25	2.25	2.25	1.98	1.98	2.25
2 年	5.58	4.86	3.96	2.43	2.43	2.43	2.25	2.25	2.70
3 年	6.21	4.95	4.14	2.7	2.7	2.7	2.52	2.52	3.24
5 年	6.66	5.22	4.5	2.88	2.88	2.88	2.79	2.79	3.60
大额可转让定期存单									
3 个月	3.024	2.9286	2.9286						
6 个月	4.347	4.158	4.158						
1 年	5.481	5.0075	5.0076						

表 2-25 金融机构法定贷款利率 单位：%（年利率）

项目/日期	1998年3月25日	1998年7月1日	1998年12月7日	1999年6月10日	2000年	2001年	2002年2月21日	2003年	2004年10月29日
短期贷款									
6个月以内（含6个月）	7.02	6.57	6.12	5.58	5.58	5.58	5.04	5.04	5.22
1年期以内（含1年）	7.92	6.93	6.39	5.85	5.85	5.85	5.31	5.31	5.58
中长期贷款									
1~3年（含3年）	9.00	7.11	6.66	5.94	5.94	5.94	5.49	5.49	5.76
3~5年（含5年）	9.72	7.65	7.20	6.03	6.03	6.03	5.58	5.58	5.85
5年以上	10.35	8.01	7.56	6.21	6.21	6.21	5.76	5.76	6.12

表 2-26 优惠贷款利率 单位：%（年利率）

项目/日期	1998年3月25日	1998年7月1日	1998年12月7日	1999年6月10日	2000年	2001年	2002年2月21日	2003年	2004年10月29日
第一类									
中国进出口银行出口卖方信贷									
成套和高技术含量		5.22	4.77	4.05	4.05	4.05	3.51	3.51	3.78
低技术含量和一般产品		5.85	5.40	4.77	4.77	4.77	4.23	4.23	4.50
第二类									
1. 民政部门福利工厂贷款	6.48	5.49	5.04	4.41	4.41	4.41	3.87	3.87	4.14
2. 广深珠高速公路贷款	6.48	5.49	5.04	4.41	4.41	4.41	3.87	3.87	—
第三类									
1. 老少边穷地区发展经济贷款	5.04	4.05	3.60	2.97	2.97	2.97	2.43	2.43	2.70
2. 贫困县办工业贷款	5.04	4.05	3.60	2.97	2.97	2.97	2.43	2.43	2.70
3. 民族贸易和民族用品生产贷款	5.04	4.05	3.60	2.97	2.97	2.97	2.43	2.43	2.70
其他类									
1. 银行系统印制企业基建储备贷款	4.68	4.68	4.68	4.68	4.68	4.68	4.68	4.68	4.68
2. 扶贫贴息贷款（含牧区）	2.88	2.88	2.88	2.88	3.00①	3.00	3.00	3.00	3.00
3. 特区、开发区判别利率贷款									
5年以下	2.88	2.88	2.88	2.88	2.88	2.88	2.88	2.88	—
5年以上	4.32	4.32	4.32	4.32	4.32	4.32	4.32	4.32	—

注：①1999年9月1日银发（1999）300号文，决定从1999年12月21日开始，扶贫贷款利率统一执行3%的优惠利率水平。

以上统计表制表单位：人行营业管理部货币信贷处。

（三）金融机构业务统计

表 3－1 中国人民银行营业管理部人民币信贷收支统计 单位：万元

资金来源项目	2004 年		2003 年	
	余额	比年初	余额	比年初
一、财政存款	1 877 895	710 080	1 167 815	284 870
其中：中央财政存款				
地方财政存款	1 877 895	710 080	1 167 815	284 870
二、机关团体存款	6 761	6 361	400	－2 178
三、金融机构准备金存款	8 972 787	2 402 562	6 570 225	－1 615 187
1. 政策性银行准备金存款	283 023	－13 043	296 066	256 769
2. 国有商业银行准备金存款	2 423 960	316 361	2 107 599	－1 272 178
3. 其他商业银行准备金存款	1 912 564	72 364	1 840 200	－1 078 731
4. 城市商业银行准备金存款	3 115 948	1 691 314	1 424 634	408 071
5. 城市信用合作社准备金存款				
6. 农村信用合作社准备金存款	1 081 063	309 036	772 027	32 958
7. 资产管理公司存款				
8. 其他金融机构准备金存款	156 229	26 530	129 699	37 924
四、金融机构特种存款				－300 000
五、邮政储蓄转存款	2 488 354	－19 125	2 507 479	143 195
六、金融机构缴存财政性存款	1 053 511	346 603	706 908	32 687
七、卖出回购证券				
八、中央银行债券				
九、货币流通量				
十、中央信贷基金				
十一、当年结益	－245 018	－245 018	－230 999	－230 999
十二、其他	－13 759 330	－3 800 789	－9 727 542	2 297 420
资金来源总计	394 960	－599 326	994 286	609 808

资金运用项目	2004 年		2003 年	
	余额	比年初	余额	比年初
一、金融机构贷款	204 650	－596 676	801 326	608 943
1. 政策性银行贷款				
2. 国有商业银行贷款				
3. 其他商业银行贷款				
4. 城市商业银行贷款				
5. 城市信用社贷款				
6. 农村信用社贷款	20 000	3 000	17 000	1 100
7. 资产管理公司贷款				
8. 其他金融机构贷款	184 650	－1 100	185 750	68 907
9. 再贴现		－598 576	598 576	538 936
其中：国有商业银行				
二、专项贷款	190 309		190 309	
三、金银占款		－2 651	2 651	865
四、外汇占款				
五、财政借款				
六、有价证券及投资				
七、买入返售证券				
八、库存现金				
资金运用合计	394 959	－599 327	994 286	609 808

表 3－2　国家开发银行总行营业部人民币信贷收支统计　　　单位：万元

资金来源项目	2004 年		2003 年	
	余额	比年初	余额	比年初
一、各项存款	798 003	423 447	374 556	159 045
（一）企业存款	797 603	423 046	374 556	159 045
1. 活期存款	261 730	96 512	165 218	－30 293
2. 定期存款	535 873	326 535	209 338	189 338
（二）机关团体存款				
（三）储蓄存款				
1. 活期储蓄				
2. 定期储蓄				
（四）农业存款				
（五）其他存款	400	400		
二、代理财政性存款				
三、金融债券				
其中：政策性金融债券				
四、应付及暂收款	16 765	3 383	13 382	1 828
其中：应付及预提利息	856	307	549	549
五、卖出回购资产				
六、向中央银行借款				
七、同业往来	14 141	13 257	884	884
（一）同业存放	14 141	13 257	884	884
（二）同业拆借				
八、委托存款及委托投资基金（净）				
（一）委托存款及委托投资基金				
（二）减：委托贷款及委托投资				
九、代理金融机构委托贷款基金				
其中：中央银行委托贷款基金				
十、各项准备				
其中：贷款损失准备				
十一、所有者权益	469 026	111 793	357 233	57 744
其中：实收资本				
当年结益	469 026	469 026	357 233	357 233
十二、其他	18 292 729	476 169	17 816 560	768 239
资金来源总计	19 590 664	1 028 049	18 562 615	987 740

续表

资金运用项目	2004年		2003年	
	余额	比年初	余额	比年初
一、各项贷款	18 843 348	1 979 012	16 864 336	2 140 837
（一）短期贷款	446 250	209 250	237 000	137 000
1. 工业贷款				
2. 商业贷款				
其中：收购贷款				
3. 建筑业贷款				
4. 农业贷款				
5. 乡镇企业贷款				
6. 三资企业贷款				
7. 私营企业及个体贷款				
8. 其他短期贷款	446 250	209 250	237 000	137 000
其中：个人消费贷款				
（二）中期流动资金贷款				
（三）中长期贷款	18 397 098	1 769 762	16 627 336	2 003 837
1. 基本建设贷款	13 903 044	－796 729	14 607 773	654 812
2. 技术改造贷款	137 271	－17 502	246 773	－113 396
3. 其他中长期贷款	4 356 783	2 583 993	1 772 790	1 462 421
其中：个人消费贷款				
（四）票据融资				
其中：贴现				
（五）各项垫款				
二、有价证券及投资	478 641	－955 667	1 434 308	－1 390 073
三、应收及预付款项	473	25	447	－47
其中：应收利息				－39
四、买入返售资产				
五、存放中央银行准备金存款	268 202	4 678	263 523	247 022
六、存放中央银行特种存款				
七、缴存中央银行财政性存款				
八、同业往来				－10 000
（一）存放同业				－10 000
（二）拆放同业				
九、代理金融机构贷款				
其中：代理人行专项贷款				
十、库存现金				
十一、外汇占款				
资金运用合计	19 590 664	1 028 049	18 562 615	987 740

表 3－3　中国进出口银行总行营业部人民币信贷收支统计　　单位：万元

资金来源项目	2004 年		2003 年	
	余额	比年初	余额	比年初
一、各项存款	35 620	1 945	33 675	16 560
（一）企业存款	31 431	－1 770	33 202	16 087
1. 活期存款	31 431	－1 143	32 574	15 460
2. 定期存款		－628	628	628
（二）机关团体存款				
（三）储蓄存款				
1. 活期储蓄				
2. 定期储蓄				
（四）农业存款				
（五）其他存款	4 188	3 715	473	473
二、代理财政性存款				
三、金融债券				
其中：政策性金融债券				
四、应付及暂收款	5 411	640	4 771	203
其中：应付及预提利息	3 000	264	2 736	－347
五、卖出回购资产				
六、向中央银行借款				
七、同业往来				
（一）同业存放				
（二）同业拆借				
八、委托存款及委托投资基金（净）				
（一）委托存款及委托投资基金				
（二）减：委托贷款及委托投资				
九、代理金融机构委托贷款基金				
其中：中央银行委托贷款基金				
十、各项准备				
其中：贷款损失准备				
十一、所有者权益	16 977	6 902	10 075	4 438
其中：实收资本				
当年结益	16 977	16 977	10 075	10 075
十二、其他	3 464 935	44 412	3 420 523	334 309
资金来源总计	3 522 942	53 898	3 469 044	355 510

续表

资金运用项目	2004年		2003年	
	余额	比年初	余额	比年初
一、各项贷款	3 490 010	96 090	3 393 920	335 501
（一）短期贷款	145 082	25 009	120 073	－6 127
1. 工业贷款				
2. 商业贷款				
其中：收购贷款				
3. 建筑业贷款				
4. 农业贷款				
5. 乡镇企业贷款				
6. 三资企业贷款				
7. 私营企业及个体贷款				
8. 其他短期贷款	145 082	25 009	120 073	－6 127
其中：个人消费贷款				
（二）中期流动资金贷款				
（三）中长期贷款	3 344 928	71 081	3 273 847	341 628
1. 基本建设贷款				
2. 技术改造贷款				
3. 其他中长期贷款	3 344 928	71 081	3 273 847	341 628
其中：个人消费贷款				
（四）票据融资				
其中：贴现				
（五）各项垫款				
二、有价证券及投资				
三、应收及预付款项	3 663	175	3 488	－1 799
其中：应收利息	3 622	154	3 468	－1 819
四、买入返售资产				
五、存放中央银行准备金存款	28 696	－42 439	71 135	44 980
六、存放中央银行特种存款				
七、缴存中央银行财政性存款				
八、同业往来	572	71	501	－23 171
（一）存放同业	572	71	501	－23 171
（二）拆放同业				
九、代理金融机构贷款				
其中：代理人行专项贷款				
十、库存现金	2	2		
十一、外汇占款				
资金运用合计	3 522 942	53 898	3 469 044	355 510

表 3－4　中国农业发展银行北京市分行人民币信贷收支统计　　单位：万元

资金来源项目	2004年		2003年	
	余额	比年初	余额	比年初
一、各项存款	32 857	1 807	31 048	－24 899
（一）企业存款	32 857	1 807	31 048	－24 899
1. 活期存款	32 809	1 759	31 048	－24 899
2. 定期存款	48	48		
（二）机关团体存款				
（三）储蓄存款				
1. 活期储蓄				
2. 定期储蓄				
（四）农业存款				
（五）其他存款				
二、代理财政性存款	111 307	4 349	106 958	8 065
三、金融债券				
其中：政策性金融债券				
四、应付及暂收款	1 104	－1 918	3 022	251
其中：应付及预提利息				－1
五、卖出回购资产				
六、向中央银行借款				
七、同业往来				
（一）同业存放				
（二）同业拆借				
八、委托存款及委托投资基金（净）				
（一）委托存款及委托投资基金				
（二）减：委托贷款及委托投资				
九、代理金融机构委托贷款基金				
其中：中央银行委托贷款基金				
十、各项准备				－13 218
其中：贷款损失准备				－13 218
十一、所有者权益	35 057	2 448	5 088	3 409
其中：实收资本	27 745	222		
当年结益	7 157	7 157	4 933	4 933
十二、其他	452 319	45 948	433 894	19 078
资金来源总计	632 644	52 634	580 010	－7 314

续表

资金运用项目	2004年		2003年	
	余额	比年初	余额	比年初
一、各项贷款	622 579	64 751	557 828	－12 166
（一）短期贷款	621 109	64 751	556 358	－10 917
1. 工业贷款				
2. 商业贷款	597 972	65 500	532 472	－8 575
其中：收购贷款	597 972	65 500	532 472	－8 575
3. 建筑业贷款				
4. 农业贷款				
5. 乡镇企业贷款				
6. 三资企业贷款				
7. 私营企业及个体贷款				
8. 其他短期贷款	23 137	－749	23 886	－2 342
其中：个人消费贷款				
（二）中期流动资金贷款				
（三）中长期贷款	1 470		1 470	－1 249
1. 基本建设贷款				
2. 技术改造贷款				
3. 其他中长期贷款	1 470		1 470	－1 249
其中：个人消费贷款				
（四）票据融资				
其中：贴现				
（五）各项垫款				
二、有价证券及投资				
三、应收及预付款项	83	－554	637	－1 189
其中：应收利息	51	－411	462	439
四、买入返售资产				
五、存放中央银行准备金存款	8 633	－11 442	20 075	7 746
六、存放中央银行特种存款				
七、缴存中央银行财政性存款				
八、同业往来	1 330	－114	1 444	－1 683
（一）存放同业	1 330	－114	1 444	－1 683
（二）拆放同业				
九、代理金融机构贷款				
其中：代理人行专项贷款				
十、库存现金	19	－7	26	－22
十一、外汇占款				
资金运用合计	632 644	52 634	580 010	－7 314

表 3－5　中国工商银行北京市分行人民币信贷收支统计　　单位：万元

资金来源项目	2004 年		2003 年	
	余额	比年初	余额	比年初
一、各项存款	71 705 479	8 465 707	63 239 771	5 760 237
（一）企业存款	32 894 990	5 199 376	27 695 620	1 515 952
1. 活期存款	14 879 886	677 825	14 202 065	86 028
2. 定期存款	18 015 104	4 521 551	13 493 555	1 429 924
（二）机关团体存款	5 461 157	470 015	4 991 141	244 451
（三）储蓄存款	26 269 603	2 082 313	24 187 316	3 042 537
1. 活期储蓄	8 041 173	492 511	7 548 661	995 155
2. 定期储蓄	18 228 457	1 589 802	16 638 655	2 047 382
（四）农业存款	1 017	452	560	298
（五）其他存款	7 078 685	713 551	6 365 134	956 999
二、代理财政性存款	358 955	－5 639	364 596	60 320
三、金融债券	95	－41	136	－73
其中：政策性金融债券				
四、应付及暂收款	675 276	－542 326	1 217 600	653 328
其中：应付及预提利息	437 054	29 938	407 116	64 358
五、卖出回购资产				
六、向中央银行借款				
七、同业往来	4 658 070	－385 843	5 043 912	1 224 431
（一）同业存放	4 658 070	－355 843	5 013 912	1 194 431
（二）同业拆借		－30 000	30 000	30 000
八、委托存款及委托投资基金（净）	141	135	6	－469
（一）委托存款及委托投资基金	2 324 781	254 855	2 069 928	18 695
（二）减：委托贷款及委托投资	2 324 640	254 720	2 069 922	19 164
九、代理金融机构委托贷款基金				
其中：中央银行委托贷款基金				
十、各项准备	421 379	192 680	228 699	72 540
其中：贷款损失准备	421 379	192 680	228 699	72 540
十一、所有者权益	788 813	36 641	752 174	16 500
其中：实收资本				
当年结益	603 706	603 706	567 067	567 067
十二、其他	－53 731 303	－6 518 934	－46 511 430	－5 039 989
资金来源总计	24 876 905	1 242 380	24 335 464	2 746 825

续表

资金运用项目	2004年		2003年	
	余额	比年初	余额	比年初
一、各项贷款	19 196 426	－381 553	20 413 237	2 252 139
（一）短期贷款	6 762 998	－575 219	7 491 217	221 094
1. 工业贷款	4 522 363	－319 945	4 863 348	－421 219
2. 商业贷款	854 625	－268 189	1 107 113	37 479
其中：收购贷款				
3. 建筑业贷款	25 905	3 055	22 850	2 450
4. 农业贷款				
5. 乡镇企业贷款				
6. 三资企业贷款		－5 340		
7. 私营企业及个体贷款				
8. 其他短期贷款	1 360 105	15 200	1 497 906	602 384
其中：个人消费贷款	16 542	－19 946	30 699	－5 979
（二）中期流动资金贷款	1 213 875	167 588	1 046 287	－6 708
（三）中长期贷款	9 415 443	－802 917	10 218 360	2 111 044
1. 基本建设贷款	4 561 002	－1 371 153	5 939 297	1 059 408
2. 技术改造贷款				
3. 其他中长期贷款	4 854 441	568 236	4 279 063	1 051 636
其中：个人消费贷款	4 252 215	174 864	4 077 351	994 006
（四）票据融资	1 796 523	828 017	1 650 765	－70 794
其中：贴现	1 796 523	828 017	1 650 765	－70 794
（五）各项垫款	7 587	978	6 608	－2 487
二、有价证券及投资	3 793 598	1 710 912	2 082 686	965 386
三、应收及预付款项	54 075	－6 807	60 887	－20 232
其中：应收利息	2 954	2 107	849	－10 465
四、买入返售资产		－134 325		
五、存放中央银行准备金存款	355 406	－215 481	570 886	－380 815
六、存放中央银行特种存款				
七、缴存中央银行财政性存款	994 710	368 299	626 411	37 242
八、同业往来	283 254	－78 700	361 955	－74 151
（一）存放同业	637	－422	1 057	－1 385
（二）拆放同业	282 617	－78 278	360 898	－72 766
九、代理金融机构贷款				
其中：代理人行专项贷款				
十、库存现金	199 436	22 288	177 149	－17 575
十一、外汇占款		－42 253	42 253	－15 169
资金运用合计	24 876 905	1 242 380	24 335 464	2 746 825

表 3-6　中国农业银行北京市分行人民币信贷收支统计　　单位：万元

资金来源项目	2004 年		2003 年	
	余额	比年初	余额	比年初
一、各项存款	12 377 384	1 673 565	10 701 310	1 727 444
（一）企业存款	6 587 472	881 789	5 703 175	539 681
1. 活期存款	4 431 165	764 461	3 664 196	440 947
2. 定期存款	2 156 307	117 328	2 038 979	98 734
（二）机关团体存款	206 728	-10 341	217 069	-76 900
（三）储蓄存款	4 579 314	698 411	3 880 903	1 080 421
1. 活期储蓄	2 045 576	335 977	1 709 600	675 526
2. 定期储蓄	2 533 738	362 434	2 171 303	404 895
（四）农业存款	217 530	-18 699	236 229	-34 002
（五）其他存款	786 340	122 405	663 934	218 244
二、代理财政性存款	8 274	145	10 637	1 928
三、金融债券	17	1	16	1
其中：政策性金融债券				
四、应付及暂收款	176 702	49 011	127 691	177
其中：应付及预提利息	42 274	5 529	36 745	15 519
五、卖出回购资产				
六、向中央银行借款				
七、同业往来	701 890	-95 701	797 592	76 793
（一）同业存放	701 890	-95 701	797 592	76 793
（二）同业拆借				
八、委托存款及委托投资基金（净）	26	-5	31	-91
（一）委托存款及委托投资基金	450 115	236 081	214 034	15 031
（二）减：委托贷款及委托投资	450 089	236 086	214 003	15 122
九、代理金融机构委托贷款基金				
其中：中央银行委托贷款基金				
十、各项准备	82 679	16 829	65 850	10 663
其中：贷款损失准备	82 679	16 829	65 850	10 663
十一、所有者权益	217 650	-14 953	232 603	75 135
其中：实收资本				
当年结益	91 738	91 738	75 582	75 582
十二、其他	-4 839 624	47 877	-4 887 501	-692 863
资金来源总计	8 724 998	1 676 769	7 048 229	1 199 187

续表

资金运用项目	2004年		2003年	
	余额	比年初	余额	比年初
一、各项贷款	7 884 131	1 395 011	6 489 120	1 283 972
（一）短期贷款	3 920 408	707 498	3 212 910	344 648
1. 工业贷款	865 918	268 700	597 218	40 850
2. 商业贷款	1 731 844	381 929	1 349 915	204 584
其中：收购贷款	70 044	– 2 310	72 354	2 022
3. 建筑业贷款	95 814	– 51 057	146 871	50 921
4. 农业贷款	317 331	– 7 875	325 206	– 11 343
5. 乡镇企业贷款	222 657	– 13 576	236 233	6 318
6. 三资企业贷款	2 105	– 263	2 368	115
7. 私营企业及个体贷款	9 190	2 179	7 011	4 020
8. 其他短期贷款	675 549	127 461	548 088	49 183
其中：个人消费贷款	10 164	– 2 526	12 690	– 3 471
（二）中期流动资金贷款	279 416	6 755	272 661	84 295
（三）中长期贷款	3 092 168	846 695	2 245 473	782 447
1. 基本建设贷款	1 094 307	292 962	801 345	259 514
2. 技术改造贷款	66 654	6 951	59 703	18 327
3. 其他中长期贷款	1 931 207	546 782	1 384 425	504 606
其中：个人消费贷款	1 596 761	528 672	1 068 089	415 159
（四）票据融资	574 550	– 182 062	756 612	71 687
其中：贴现	574 550	– 182 062	756 612	71 687
（五）各项垫款	17 589	16 125	1 464	895
二、有价证券及投资	96 710	44 430	52 280	– 26 276
三、应收及预付款项	138 756	7 359	131 397	– 17 984
其中：应收利息	2 079	– 26 468	28 547	– 24 398
四、买入返售资产	295 704	295 704		
五、存放中央银行准备金存款	208 624	– 41 890	250 514	– 47 456
六、存放中央银行特种存款				
七、缴存中央银行财政性存款	4 914	2 700	2 214	273
八、同业往来	48 939	– 2 417	51 356	– 7 846
（一）存放同业	25	– 1	26	
（二）拆放同业	48 914	– 2 416	51 330	– 7 846
九、代理金融机构贷款				
其中：代理人行专项贷款				
十、库存现金	46 583	– 24 270	70 853	15 249
十一、外汇占款	637	142	495	– 745
资金运用合计	8 724 998	1 676 769	7 048 229	1 199 187

表 3－7　中国银行股份有限公司（原中国银行）北京市分行人民币信贷收支统计

单位：万元

资金来源项目	2004 年		2003 年	
	余额	比年初	余额	比年初
一、各项存款	16 508 909	3 280 688	13 228 221	2 897 868
（一）企业存款	10 780 077	2 041 661	8 738 416	1 974 496
1. 活期存款	4 122 588	753 717	3 368 871	828 694
2. 定期存款	6 657 489	1 287 944	5 369 545	1 145 802
（二）机关团体存款				
（三）储蓄存款	5 412 844	1 127 742	4 285 102	956 204
1. 活期储蓄	1 562 838	331 395	1 231 443	308 695
2. 定期储蓄	3 850 006	796 347	3 053 659	647 509
（四）农业存款				
（五）其他存款	315 988	111 285	204 703	－32 832
二、代理财政性存款	27	－309	336	336
三、金融债券		－15	15	
其中：政策性金融债券				
四、应付及暂收款	314 942	52 010	262 932	57 275
其中：应付及预提利息	230 020	39 606	190 414	52 205
五、卖出回购资产		－49 968	49 968	49 968
六、向中央银行借款				
七、同业往来	381 846	82 202	299 644	198 068
（一）同业存放	381 846	82 202	299 644	198 068
（二）同业拆借				
八、委托存款及委托投资基金（净）				
（一）委托存款及委托投资基金	483 582	483 582		
（二）减：委托贷款及委托投资	483 582	483 582		
九、代理金融机构委托贷款基金				
其中：中央银行委托贷款基金				
十、各项准备	363 396	301 460	61 936	7 531
其中：贷款损失准备	294 732	232 796	61 936	7 531
十一、所有者权益	－19 021	－16 989	－2 032	－71 647
其中：实收资本				
当年结益	11 643	11 643	－2 032	－2 032
十二、其他	－10 702 594	－3 706 915	－6 995 679	－2 074 114
资金来源总计	6 847 505	－57 836	6 905 341	1 065 285

续表

资金运用项目	2004年		2003年	
	余额	比年初	余额	比年初
一、各项贷款	6 261 006	-176 594	6 437 600	1 039 590
(一)短期贷款	1 484 115	-461 085	1 945 200	-89 317
1. 工业贷款	161 809	-833 578	995 387	111 924
2. 商业贷款	181 215	-356 427	537 642	-75 641
其中：收购贷款				
3. 建筑业贷款	16 380	9 080	7 300	3 136
4. 农业贷款				
5. 乡镇企业贷款		-8 000	8 000	8 000
6. 三资企业贷款	160 078	-148 279	308 357	-152 139
7. 私营企业及个体贷款				
8. 其他短期贷款	964 633	876 119	88 514	15 403
其中：个人消费贷款	30 709	-5 734	34 675	-15 656
(二)中期流动资金贷款	693 335	-6 044	699 379	5 491
(三)中长期贷款	3 687 176	239 605	3 447 571	1 015 502
1. 基本建设贷款	733 015	-238 556	971 571	517 579
2. 技术改造贷款	220 153	-33 778	253 931	-5 300
3. 其他中长期贷款	2 734 008	511 939	2 222 069	503 223
其中：个人消费贷款	2 414 658	317 428	2 191 607	523 720
(四)票据融资	396 380	63 707	332 673	120 702
其中：贴现	396 380	63 707	332 673	120 702
(五)各项垫款		-12 777	-12 777	-12 788
二、有价证券及投资	56 835	22 997	33 838	-1 403
三、应收及预付款项	258 826	89 334	169 492	65 295
其中：应收利息	186 890	47 995	582	-1 384
四、买入返售资产	41 923	-48 204	90 127	90 127
五、存放中央银行准备金存款	104 646	32 819	71 827	-106 862
六、存放中央银行特种存款				
七、缴存中央银行财政性存款	17 543	1 504	16 039	651
八、同业往来	27 814	3 294	24 520	-1 771
(一)存放同业	6 245	6 245		
(二)拆放同业	21 569	-2 951	24 520	-1 771
九、代理金融机构贷款				
其中：代理人行专项贷款				
十、库存现金	73 322	11 696	61 626	1 624
十一、外汇占款	5 590	5 318	272	-21 966
资金运用合计	6 847 505	-57 836	6 905 341	1 065 285

表 3-8 中国建设银行股份有限公司（原中国建设银行）北京市分行人民币信贷收支统计

单位：万元

资金来源项目	2004年		2003年	
	余额	比年初	余额	比年初
一、各项存款	28 020 721	3 592 714	21 957 398	3 287 591
（一）企业存款	18 215 544	3 095 513	12 649 420	1 508 795
1. 活期存款	13 482 313	2 351 251	8 660 451	631 870
2. 定期存款	4 733 231	744 262	3 988 969	876 925
（二）机关团体存款	54 949	-17 604	72 553	25 224
（三）储蓄存款	8 247 476	977 485	7 269 992	1 217 324
1. 活期储蓄	3 146 500	190 827	2 955 673	483 344
2. 定期储蓄	5 100 976	786 658	4 314 319	733 980
（四）农业存款	2 447	-1 099	3 546	-1 335
（五）其他存款	1 500 305	-461 581	1 961 887	537 583
二、代理财政性存款	27 464	27 224	2 470 848	-28 084
三、金融债券				
其中：政策性金融债券				
四、应付及暂收款	133 087	45 099	87 989	-37 244
其中：应付及预提利息	272	-30	302	-130
五、卖出回购资产				
六、向中央银行借款				
七、同业往来	2 169 170	3 933	2 165 237	196 437
（一）同业存放	2 169 170	3 933	2 165 237	196 437
（二）同业拆借				
八、委托存款及委托投资基金（净）	-139 735	-2 939	-136 796	7 106
（一）委托存款及委托投资基金	3 142 050	2 507 165	634 885	-6 931
（二）减：委托贷款及委托投资	3 281 785	2 510 104	771 681	-14 037
九、代理金融机构委托贷款基金				
其中：中央银行委托贷款基金				
十、各项准备	118 952	118 952		
其中：贷款损失准备				
十一、所有者权益	100 704	80 989	19 725	-109 320
其中：实收资本				
当年结益	569 829	569 829	398 089	398 089
十二、其他	-11 332 792	-2 158 467	-9 172 012	-1 399 527
资金来源总计	19 097 571	1 707 505	17 392 389	1 916 959

续表

资金运用项目	2004 年		2003 年	
	余额	比年初	余额	比年初
一、各项贷款	18 044 638	1 586 656	16 465 304	1 753 756
（一）短期贷款	5 476 419	－1 165 510	6 716 501	497 632
1. 工业贷款	2 104 885	－238 974	2 343 859	466 431
2. 商业贷款	1 533 474	－73 689	1 607 163	216 584
其中：收购贷款				
3. 建筑业贷款	1 225 029	－1 088 654	2 388 255	－316 094
4. 农业贷款				－90
5. 乡镇企业贷款				
6. 三资企业贷款				
7. 私营企业及个体贷款	3 527	759		
8. 其他短期贷款	609 504	235 048	377 224	130 801
其中：个人消费贷款	4 794	－4 683	11 363	1 721
（二）中期流动资金贷款	1 417 306	184 729	1 232 577	198 760
（三）中长期贷款	10 535 607	2 278 899	8 184 458	1 166 214
1. 基本建设贷款	3 488 137	1 608 754	1 804 811	911 708
2. 技术改造贷款	1 648 021	－127 263	1 775 284	－428 767
3. 其他中长期贷款	5 399 449	797 408	4 604 363	683 273
其中：个人消费贷款	4 442 736	－143 756	4 588 814	683 272
（四）票据融资	612 456	290 091	327 365	－112 821
其中：贴现	612 456	290 091	327 365	－112 821
（五）各项垫款	2 850	－1 553	4 403	3 971
二、有价证券及投资	185 610	21 054	164 556	6 949
三、应收及预付款项	59 971	318	59 653	－9 369
其中：应收利息	12 671	8 973	3 698	－366
四、买入返售资产		－5 000		
五、存放中央银行准备金存款	664 284	140 645	523 639	180 645
六、存放中央银行特种存款				
七、缴存中央银行财政性存款	17 341	－2 784	20 125	－11 607
八、同业往来	5 712	－50 780	56 492	－17 500
（一）存放同业	79		79	
（二）拆放同业	5 633	－50 780	56 413	－17 500
九、代理金融机构贷款				
其中：代理人行专项贷款				
十、库存现金	120 015	17 396	102 620	13 146
十一、外汇占款				939
资金运用合计	19 097 571	1 707 505	17 392 389	1 916 959

表 3－9　交通银行北京分行人民币信贷收支统计

单位：万元

资金来源项目	2004 年		2003 年	
	余额	比年初	余额	比年初
一、各项存款	10 827 067	2 864 465	7 962 602	2 400 075
（一）企业存款	8 691 892	2 245 200	6 446 692	2 024 278
1. 活期存款	6 962 943	2 292 422	4 670 521	1 421 844
2. 定期存款	1 728 949	－47 222	1 776 171	602 434
（二）机关团体存款	25 794	－4 918	30 712	－5 182
（三）储蓄存款	1 883 294	507 600	1 375 694	380 716
1. 活期储蓄	873 642	204 521	669 121	187 158
2. 定期储蓄	1 009 652	303 079	706 573	193 558
（四）农业存款	2	2		
（五）其他存款	226 085	116 581	109 504	263
二、代理财政性存款				
三、金融债券				
其中：政策性金融债券				
四、应付及暂收款	145 616	14 937	130 679	－67 660
其中：应付及预提利息	31 786	9 470	22 316	115
五、卖出回购资产				
六、向中央银行借款				
七、同业往来	136 930	12 263	124 667	54 693
（一）同业存放	136 930	12 263	124 667	54 693
（二）同业拆借				
八、委托存款及委托投资基金（净）	4 741	4 674	67	－179
（一）委托存款及委托投资基金	1 462 996	1 332 569	130 427	65 867
（二）减：委托贷款及委托投资	1 458 255	1 327 895	130 360	66 046
九、代理金融机构委托贷款基金				
其中：中央银行委托贷款基金				
十、各项准备	67 916	63 454	4 462	－13 770
其中：贷款损失准备	67 916	63 454	4 462	－13 770
十一、所有者权益	111 906	39 507	72 398	2 216
其中：实收资本				
当年结益	179 579	179 579	116 121	116 121
十二、其他	－2 344 390	－731 450	－2 040 940	－412 684
资金来源总计	8 949 786	2 267 850	6 253 935	1 962 691

续表

资金运用项目	2004年		2003年	
	余额	比年初	余额	比年初
一、各项贷款	6 023 904	1 842 883	4 187 733	1 452 339
（一）短期贷款	3 058 895	604 321	2 454 579	768 403
1. 工业贷款	826 080	478 109	313 542	161 862
2. 商业贷款	464 229	89 157	349 643	－1 507
其中：收购贷款				
3. 建筑业贷款	368 740	32 356	166 500	166 500
4. 农业贷款				
5. 乡镇企业贷款				
6. 三资企业贷款	179 675	23 083	131 232	1 937
7. 私营企业及个体贷款	1 001	－789	1 790	－1 090
8. 其他短期贷款	1 219 170	－17 595	1 491 872	440 701
其中：个人消费贷款	6 385	1 756		
（二）中期流动资金贷款	556 271	47 752	411 059	－6 781
（三）中长期贷款	1 713 632	684 018	1 127 068	513 339
1. 基本建设贷款	393 362	270 212	123 150	87 000
2. 技术改造贷款	35 370	－3 220	38 590	26 260
3. 其他中长期贷款	1 284 900	417 026	965 328	400 079
其中：个人消费贷款	801 050	205 446	595 598	312 307
（四）票据融资	692 155	505 273	193 595	177 380
其中：贴现	692 155	505 273	193 595	177 380
（五）各项垫款	2 951	1 519	1 432	－2
二、有价证券及投资	1 466 076	832 499	633 577	100 866
三、应收及预付款项	12 364	－11 006	23 370	4 931
其中：应收利息	1 124	731	393	29
四、买入返售资产	676 508	－353 012	594 807	109 207
五、存放中央银行准备金存款	440 597	95 085	345 512	－142 191
六、存放中央银行特种存款				
七、缴存中央银行财政性存款				
八、同业往来	297 383	－147 448	444 831	437 486
（一）存放同业	227 183	74 552	152 631	151 086
（二）拆放同业	70 200	－222 000	292 200	286 400
九、代理金融机构贷款				
其中：代理人行专项贷款				
十、库存现金	33 133	9 605	23 528	－601
十一、外汇占款	－179	－756	577	654
资金运用合计	8 949 786	2 267 850	6 253 935	1 962 691

表 3－10　招商银行北京分行人民币信贷收支统计

单位：万元

资金来源项目	2004 年		2003 年	
	余额	比年初	余额	比年初
一、各项存款	6 118 039	1 202 938	4 834 654	1 216 715
（一）企业存款	3 171 318	499 144	2 708 605	327 938
1. 活期存款	2 096 445	286 677	1 809 773	41 204
2. 定期存款	1 074 873	212 467	898 832	286 734
（二）机关团体存款	79 259	－1 188		
（三）储蓄存款	2 153 749	537 237	1 616 507	465 201
1. 活期储蓄	1 092 625	270 355	822 265	190 944
2. 定期储蓄	1 061 124	266 882	794 242	274 257
（四）农业存款				
（五）其他存款	713 713	167 745	509 542	423 576
二、代理财政性存款	3	3	80 447	－9 780
三、金融债券				
其中：政策性金融债券				
四、应付及暂收款	62 990	6 314	56 676	10 578
其中：应付及预提利息	29 505	10 892	18 613	6 355
五、卖出回购资产		－68 919		
六、向中央银行借款		－100 000	100 000	40 400
七、同业往来	229 737	－64 388	294 125	46 639
（一）同业存放	229 737	－64 388	294 125	46 639
（二）同业拆借				
八、委托存款及委托投资基金（净）				
（一）委托存款及委托投资基金	263 861	74 564	189 297	3 425
（二）减：委托贷款及委托投资	263 861	74 564	189 297	3 425
九、代理金融机构委托贷款基金				
其中：中央银行委托贷款基金				
十、各项准备	61 839	11 965	49 874	7 826
其中：贷款损失准备	61 659	11 885	49 774	7 826
十一、所有者权益	49 498	27 616	21 882	5 296
其中：实收资本				
当年结益	88 080	88 080	58 364	58 364
十二、其他	－2 104 366	－626 953	－1 930 712	－979 945
资金来源总计	4 417 740	388 576	3 506 946	337 729

续表

资金运用项目	2004年		2003年	
	余额	比年初	余额	比年初
一、各项贷款	3 767 790	617 362	3 156 053	712 884
（一）短期贷款	2 181 889	433 915	1 747 974	237 064
1. 工业贷款	315 670	－32 198	347 868	182 748
2. 商业贷款	333 749	1 950	331 799	108 629
其中：收购贷款				
3. 建筑业贷款	327 615	109 873	217 742	－12 018
4. 农业贷款				
5. 乡镇企业贷款				
6. 三资企业贷款	57 235	24 582	32 653	－37 206
7. 私营企业及个体贷款	4 880	－1 000	5 880	－4 650
8. 其他短期贷款	1 142 740	330 708	812 032	－439
其中：个人消费贷款	30 741	－28 629	59 370	3 954
（二）中期流动资金贷款	179 206	62 100	117 106	55 053
（三）中长期贷款	1 168 610	282 215	886 395	371 981
1. 基本建设贷款	119 000	－12 808	131 808	111 808
2. 技术改造贷款				
3. 其他中长期贷款	1 049 610	295 023	754 587	260 173
其中：个人消费贷款	979 848	309 730	670 118	224 378
（四）票据融资	238 085	－160 868	404 578	48 786
其中：贴现	238 085	－160 868	404 578	48 786
（五）各项垫款				
二、有价证券及投资	142 469	－1 596	144 065	－88 081
三、应收及预付款项	16 200	2 002	14 198	－6 556
其中：应收利息	14 454	1 907	102	－27
四、买入返售资产	360 878	－188 965	22 000	6 000
五、存放中央银行准备金存款	100 129	－48 180	148 309	－281 111
六、存放中央银行特种存款				
七、缴存中央银行财政性存款				
八、同业往来	2 917	－716	3 633	1 389
（一）存放同业	2 917	－716	3 633	1 389
（二）拆放同业				
九、代理金融机构贷款				
其中：代理人行专项贷款				
十、库存现金	27 357	8 669	18 688	－6 796
十一、外汇占款				
资金运用合计	4 417 740	388 576	3 506 946	337 729

表 3－11 上海浦东发展银行北京分行人民币信贷收支统计

单位：万元

资金来源项目	2004 年		2003 年	
	余额	比年初	余额	比年初
一、各项存款	3 422 077	715 075	2 707 001	－490 294
（一）企业存款	2 810 832	496 937	2 313 895	－655 291
1. 活期存款	1 111 448	130 677	980 771	－258 725
2. 定期存款	1 699 384	366 260	1 333 124	－396 566
（二）机关团体存款	158 015	67 408	90 607	90 607
（三）储蓄存款	290 213	105 621	184 591	33 713
1. 活期储蓄	108 253	36 080	72 172	6 029
2. 定期储蓄	181 960	69 541	112 419	27 684
（四）农业存款				
（五）其他存款	163 017	45 109	117 908	40 677
二、代理财政性存款	12 101	－31 415	43 516	－38 682
三、金融债券				
其中：政策性金融债券				
四、应付及暂收款	28 757	4 385	24 372	2 691
其中：应付及预提利息	16 080	4 156	11 924	－463
五、卖出回购资产	6 000	6 000		
六、向中央银行借款				
七、同业往来	217 984	49 119	168 865	51 786
（一）同业存放	217 984	49 119	168 865	51 786
（二）同业拆借				
八、委托存款及委托投资基金（净）				－10
（一）委托存款及委托投资基金				－10
（二）减：委托贷款及委托投资				
九、代理金融机构委托贷款基金				
其中：中央银行委托贷款基金				
十、各项准备	62 787	10 757	52 030	13 183
其中：贷款损失准备	54 428	10 952	43 476	10 362
十一、所有者权益	48 871	27 531	21 340	－4 882
其中：实收资本				
当年结益	48 871	48 871	21 340	21 340
十二、其他	－1 070 195	－438 050	－632 142	619 106
资金来源总计	2 728 382	343 402	2 384 982	152 898

续表

资金运用项目	2004年		2003年	
	余额	比年初	余额	比年初
一、各项贷款	2 192 244	323 353	1 868 893	145 673
（一）短期贷款	1 452 956	66 190	1 377 089	266 170
1. 工业贷款	349 679	-84 465	434 144	92 803
2. 商业贷款	114 953	-23 471	138 424	-18 446
其中：收购贷款				
3. 建筑业贷款	246 577	246 577		
4. 农业贷款				
5. 乡镇企业贷款				
6. 三资企业贷款	1 863	-57 321	59 184	-5 606
7. 私营企业及个体贷款	10 000	-3 000	13 000	-17 200
8. 其他短期贷款	729 884	-12 130	732 337	214 619
其中：个人消费贷款	13 087	-322	13 409	-12 636
（二）中期流动资金贷款	256 000	96 000	160 000	129 460
（三）中长期贷款	409 384	154 918	254 468	115 103
1. 基本建设贷款	85 800	-23 700	109 500	34 500
2. 技术改造贷款	10 880	-1 500	12 380	6 580
3. 其他中长期贷款	312 704	180 118	132 588	74 023
其中：个人消费贷款	285 210	177 661	116 583	59 044
（四）票据融资	71 484	3 825	77 336	-365 060
其中：贴现	71 484	3 825	77 336	-365 060
（五）各项垫款	2 420	2 420		
二、有价证券及投资	116 970	78 792	38 178	-18 279
三、应收及预付款项	18 353	2 449	15 904	2 569
其中：应收利息	2 911	2 261	215	81
四、买入返售资产	107 000	-33 000		
五、存放中央银行准备金存款	272 014	-20 023	292 037	-89 687
六、存放中央银行特种存款				
七、缴存中央银行财政性存款				
八、同业往来	1 747	-10 441	152 188	139 531
（一）存放同业	1 747	-441	2 188	-469
（二）拆放同业		-10 000	150 000	140 000
九、代理金融机构贷款				
其中：代理人行专项贷款				
十、库存现金	18 327	2 207	16 120	-5 215
十一、外汇占款	1 727	65	1 662	-21 694
资金运用合计	2 728 382	343 402	2 384 982	152 898

表 3－12　广东发展银行北京分行人民币信贷收支统计

单位：万元

资金来源项目	2004 年		2003 年	
	余额	比年初	余额	比年初
一、各项存款	2 989 284	614 444	2 374 840	720 708
（一）企业存款	2 397 071	472 520	1 924 551	482 277
1. 活期存款	1 279 197	235 048	1 044 149	186 464
2. 定期存款	1 117 874	237 472	880 402	295 813
（二）机关团体存款				
（三）储蓄存款	182 230	54 268	127 962	40 552
1. 活期储蓄	91 879	26 870	65 009	23 738
2. 定期储蓄	90 351	27 398	62 953	16 814
（四）农业存款				
（五）其他存款	409 983	87 656	322 327	197 879
二、代理财政性存款	10 000	9 997	3	3
三、金融债券				
其中：政策性金融债券				
四、应付及暂收款	31 366	18 602	12 762	2 455
其中：应付及预提利息	13 052	4 870	8 181	2 955
五、卖出回购资产	5 000	－63 951		
六、向中央银行借款		－81 024	81 024	81 024
七、同业往来	201 400	－68 946	270 346	108 408
（一）同业存放	201 400	－68 946	270 346	108 408
（二）同业拆借				
八、委托存款及委托投资基金（净）	1	1		－300
（一）委托存款及委托投资基金	22 951	7 323	15 628	14 000
（二）减：委托贷款及委托投资	22 950	7 322	15 628	14 300
九、代理金融机构委托贷款基金				
其中：中央银行委托贷款基金				
十、各项准备	31 645	13 817	17 828	5 631
其中：贷款损失准备	29 052	11 224	17 828	5 631
十一、所有者权益	15 445	－14 219	29 664	11 982
其中：实收资本				
当年结益	15 445	15 445	29 893	29 893
十二、其他	－756 131	－161 610	－638 879	－260 615
资金来源总计	2 528 010	267 111	2 147 588	669 296

续表

资金运用项目	2004年		2003年	
	余额	比年初	余额	比年初
一、各项贷款	1 964 461	41 211	1 818 779	599 146
（一）短期贷款	1 006 006	40 388	970 458	585 010
1. 工业贷款	109 300	－107 665	216 965	149 655
2. 商业贷款	91 458	－3 438	94 896	78 156
其中：收购贷款				
3. 建筑业贷款	57 800	－5 900	63 700	34 300
4. 农业贷款				
5. 乡镇企业贷款				
6. 三资企业贷款	26 700	－800	27 500	21 800
7. 私营企业及个体贷款	6 466	－3 984	10 150	9 900
8. 其他短期贷款	714 282	162 175	557 247	291 199
其中：个人消费贷款	13 065	8 830	2 401	1 978
（二）中期流动资金贷款				
（三）中长期贷款	858 539	122 211	726 328	－13 698
1. 基本建设贷款				
2. 技术改造贷款				
3. 其他中长期贷款	858 539	122 211	726 328	－13 698
其中：个人消费贷款	220 689	101 150	119 539	53 253
（四）票据融资	99 386	－121 918	121 993	27 866
其中：贴现	99 386	－12 918	121 993	27 866
（五）各项垫款	530	530		－32
二、有价证券及投资				－300
三、应收及预付款项	39 224	6 503	32 721	11 091
其中：应收利息	2 242	－8 351	7 014	6 093
四、买入返售资产	130 125	121 285		
五、存放中央银行准备金存款	338 367	146 566	191 801	23 978
六、存放中央银行特种存款				
七、缴存中央银行财政性存款				
八、同业往来	43 983	－52 476	96 459	33 613
（一）存放同业	43 983	－22 476	66 459	23 613
（二）拆放同业		－30 000	30 000	10 000
九、代理金融机构贷款				
其中：代理人行专项贷款				
十、库存现金	6 885	1 551	5 334	1 251
十一、外汇占款	4 965	2 471	2 494	517
资金运用合计	2 528 010	267 111	2 147 588	669 296

表 3-13 兴业银行北京分行人民币信贷收支统计

单位：万元

资金来源项目	2004年		2003年	
	余额	比年初	余额	比年初
一、各项存款	2 787 312	410 964	2 376 348	784 106
（一）企业存款	2 321 769	238 256	2 083 513	782 767
1. 活期存款	1 310 891	41 652	1 269 239	509 255
2. 定期存款	1 010 878	196 604	814 274	273 512
（二）机关团体存款				
（三）储蓄存款	174 609	61 821	112 788	52 250
1. 活期储蓄	97 758	30 843	66 915	30 969
2. 定期储蓄	76 851	30 978	45 873	21 281
（四）农业存款	7 431	-2 464	9 895	9 895
（五）其他存款	283 503	113 351	170 152	-60 806
二、代理财政性存款				-38 728
三、金融债券				
其中：政策性金融债券				
四、应付及暂收款	14 862	4 966	9 896	1 845
其中：应付及预提利息	7 309	1 933	5 376	1 131
五、卖出回购资产	51 747	27 796		
六、向中央银行借款				
七、同业往来	393 366	-62 902	456 268	83 595
（一）同业存放	393 366	-62 902	456 268	83 595
（二）同业拆借				
八、委托存款及委托投资基金（净）	433	-2 673	3 106	3 106
（一）委托存款及委托投资基金	50 023	43 117	6 906	6 906
（二）减：委托贷款及委托投资	49 590	45 790	3 800	3 800
九、代理金融机构委托贷款基金				
其中：中央银行委托贷款基金				
十、各项准备	-203	-93	-110	-174
其中：贷款损失准备	-267	-176	-91	-91
十一、所有者权益	42 836	12 682	30 150	12 600
其中：实收资本				
当年结益	42 836	42 836	30 150	30 150
十二、其他	-1 016 336	-148 840	-1 032 261	-67 269
资金来源总计	2 274 017	241 900	1 843 397	779 081

续表

资金运用项目	2004年		2003年	
	余额	比年初	余额	比年初
一、各项贷款	1 907 109	484 183	1 648 001	953 137
（一）短期贷款	1 177 338	193 009	984 329	543 409
1. 工业贷款	475 325	107 948	367 377	319 677
2. 商业贷款	169 112	51 570	117 542	41 382
其中：收购贷款				
3. 建筑业贷款	255 576	－6 044	261 620	261 620
4. 农业贷款	16 000		16 000	16 000
5. 乡镇企业贷款				
6. 三资企业贷款				－18 540
7. 私营企业及个体贷款				－3 000
8. 其他短期贷款	261 325	39 535	221 790	－73 730
其中：个人消费贷款	4 765	3 167	1 598	1 598
（二）中期流动资金贷款				－11 000
（三）中长期贷款	708 751	352 666	356 085	137 139
1. 基本建设贷款	284 800	131 300	153 500	7 040
2. 技术改造贷款	39 000	39 000		
3. 其他中长期贷款	384 951	182 366	202 585	130 099
其中：个人消费贷款	153 751	102 666	51 085	38 599
（四）票据融资	21 020	－61 492	307 587	283 589
其中：贴现	21 020	－61 492	307 587	283 589
（五）各项垫款				
二、有价证券及投资	84 656	78 902	5 754	3 145
三、应收及预付款项	4 314	3 894	420	－548
其中：应收利息		－55	55	55
四、买入返售资产	141 748	－272 047		
五、存放中央银行准备金存款	80 182	－43 758	123 940	13 108
六、存放中央银行特种存款				
七、缴存中央银行财政性存款				
八、同业往来	47 631	－11 166	58 797	－191 877
（一）存放同业	6 231	2 134	4 097	－102 777
（二）拆放同业	41 400	－13 300	54 700	－89 100
九、代理金融机构贷款				
其中：代理人行专项贷款				
十、库存现金	8 377	1 892	6 485	2 118
十一、外汇占款				－2
资金运用合计	2 274 017	241 900	1 843 397	779 081

表3－14 深圳发展银行北京分行人民币信贷收支统计

单位：万元

资金来源项目	2004年		2003年	
	余额	比年初	余额	比年初
一、各项存款	1 426 160	335 394	1 090 766	323 525
（一）企业存款	1 078 785	289 333	789 452	177 280
1. 活期存款	522 636	153 708	368 928	18 945
2. 定期存款	556 149	135 625	420 524	158 335
（二）机关团体存款				
（三）储蓄存款	56 442	18 532	37 910	19 835
1. 活期储蓄	28 028	5 682	22 346	13 274
2. 定期储蓄	28 414	12 850	15 564	6 561
（四）农业存款	3 719	－585	4 304	－1 272
（五）其他存款	287 214	28 114	259 100	127 682
二、代理财政性存款				
三、金融债券				
其中：政策性金融债券				
四、应付及暂收款	14 064	524	13 540	9 034
其中：应付及预提利息	8 297	1 862	6 435	5 077
五、卖出回购资产		－70 000		
六、向中央银行借款		－46 766	46 766	46 766
七、同业往来	341 577	34 239	307 338	195 345
（一）同业存放	341 577	66 239	275 338	163 345
（二）同业拆借		－32 000	32 000	32 000
八、委托存款及委托投资基金（净）				
（一）委托存款及委托投资基金	10 646	2 033	8 613	5 159
（二）减：委托贷款及委托投资	10 646	2 033	8 613	5 159
九、代理金融机构委托贷款基金				
其中：中央银行委托贷款基金				
十、各项准备	15 083	4 874	10 209	3 583
其中：贷款损失准备	15 075	4 874	10 201	3 583
十一、所有者权益	18 438	11 579	6 859	4 654
其中：实收资本				
当年结益	18 438	18 438	6 859	6 859
十二、其他	－327 691	－182 778	－221 913	－181 031
资金来源总计	1 487 631	87 066	1 253 565	401 876

续表

资金运用项目	2004 年		2003 年	
	余额	比年初	余额	比年初
一、各项贷款	1 215 817	154 329	991 488	312 871
（一）短期贷款	756 216	107 318	648 898	189 253
1. 工业贷款	49 500	9 060	40 440	－31 696
2. 商业贷款	155 327	41 625	113 702	67 372
其中：收购贷款				
3. 建筑业贷款	132 395	89 665	42 730	－54 430
4. 农业贷款	3 000	3 000		
5. 乡镇企业贷款				
6. 三资企业贷款	5 350	－25 656	31 006	－10 994
7. 私营企业及个体贷款	384	384		
8. 其他短期贷款	410 260	－10 760	421 020	219 001
其中：个人消费贷款	1 488	－5	1 493	944
（二）中期流动资金贷款	72 831	6 631	66 200	22 000
（三）中长期贷款	160 857	112 913	47 944	33 546
1. 基本建设贷款	65 300	47 700	17 600	15 000
2. 技术改造贷款				
3. 其他中长期贷款	95 557	65 213	30 344	18 546
其中：个人消费贷款	77 847	47 503	30 344	18 546
（四）票据融资	225 913	－72 533	228 446	68 072
其中：贴现	225 913	－72 533	228 446	68 072
（五）各项垫款				
二、有价证券及投资	1 966	1 108	858	－163
三、应收及预付款项	5 608	－74	5 682	4 394
其中：应收利息	12	－3 023	3 035	2 903
四、买入返售资产	89 307	12 307		
五、存放中央银行准备金存款	74 729	－111 169	185 898	99 660
六、存放中央银行特种存款				
七、缴存中央银行财政性存款				
八、同业往来	97 342	28 908	68 434	－14 574
（一）存放同业	97 342	28 908	68 434	－14 574
（二）拆放同业				
九、代理金融机构贷款				
其中：代理人行专项贷款				
十、库存现金	2 862	1 657	1 205	－312
十一、外汇占款				
资金运用合计	1 487 631	87 066	1 253 565	401 876

表 3-15 中信实业银行总行营业部人民币信贷收支统计

单位：万元

资金来源项目	2004 年		2003 年	
	余额	比年初	余额	比年初
一、各项存款	7 293 116	1 211 065	6 082 051	1 128 162
（一）企业存款	5 695 775	922 811	4 772 964	983 828
1. 活期存款	2 718 855	-361 022	3 079 877	816 005
2. 定期存款	2 976 920	1 283 833	1 693 087	167 823
（二）机关团体存款	77 868	-397 670	475 538	80 614
（三）储蓄存款	340 592	94 980	245 612	94 312
1. 活期储蓄	84 669	4 324	80 345	24 203
2. 定期储蓄	255 923	90 655	165 268	70 109
（四）农业存款				
（五）其他存款	1 178 882	590 945	587 937	-30 591
二、代理财政性存款				
三、金融债券		-1	1	
其中：政策性金融债券				
四、应付及暂收款	95 424	-43 987	139 410	67 737
其中：应付及预提利息	32 366	9 304	23 063	146
五、卖出回购资产	69 179	-54 656		
六、向中央银行借款		-70 182	70 182	70 182
七、同业往来	859 953	278 900	581 053	-45 287
（一）同业存放	859 953	278 900	581 053	-45 287
（二）同业拆借				
八、委托存款及委托投资基金（净）	61 581	61 081	500	471
（一）委托存款及委托投资基金	428 453	281 071	147 382	8 772
（二）减：委托贷款及委托投资	366 871	219 989	146 882	8 302
九、代理金融机构委托贷款基金				
其中：中央银行委托贷款基金				
十、各项准备	51 949	4 612	47 336	13 801
其中：贷款损失准备	51 949	4 612	47 336	13 801
十一、所有者权益	76 071	37 573	38 498	4 094
其中：实收资本				
当年结益	108 466	108 466	70 506	70 506
十二、其他	-2 388 217	-914 043	-1 474 174	333 306
资金来源总计	6 119 055	510 363	5 484 858	1 572 465

续表

资金运用项目	2004年		2003年	
	余额	比年初	余额	比年初
一、各项贷款	4 575 455	143 809	4 307 453	1 145 205
（一）短期贷款	1 731 180	112 311	1 618 512	259 309
1. 工业贷款	261 819	－7 453	269 273	91 718
2. 商业贷款	276 109	－6 845	282 954	63 944
其中：收购贷款				
3. 建筑业贷款	296 886	－7 094	303 980	169 951
4. 农业贷款				
5. 乡镇企业贷款				
6. 三资企业贷款	56 554	－63 674	120 229	－20 678
7. 私营企业及个体贷款	3 920	－340	4 260	－1 090
8. 其他短期贷款	835 892	197 718	637 817	－44 536
其中：个人消费贷款	6 576	1 718	4 859	594
（二）中期流动资金贷款	746 187	285 529	460 658	－80 235
（三）中长期贷款	1 785 723	828 423	957 300	308 399
1. 基本建设贷款	442 498	154 772	287 726	287 726
2. 技术改造贷款				
3. 其他中长期贷款	1 343 224	673 650	669 574	20 673
其中：个人消费贷款	832 747	487 891	344 856	205 623
（四）票据融资	311 866	－1 082 954	1 270 984	657 732
其中：贴现	311 866	－1 082 954	1 270 984	657 732
（五）各项垫款	500	500		
二、有价证券及投资	149 856	－6 359	156 215	35 341
三、应收及预付款项	52 829	13 035	39 794	3 230
其中：应收利息	13 861	3 593	10 267	1 337
四、买入返售资产	621 632	129 081	492 908	321 154
五、存放中央银行准备金存款	525 456	358 683	166 772	－230 827
六、存放中央银行特种存款				
七、缴存中央银行财政性存款				
八、同业往来	181 137	－125 163	306 299	294 188
（一）存放同业	181 137	－123 363	304 499	303 188
（二）拆放同业		－1 800	1 800	－9 000
九、代理金融机构贷款				
其中：代理人行专项贷款				
十、库存现金	15 540	－659	16 200	5 693
十一、外汇占款	－2 849	－2 064	－785	－1 520
资金运用合计	6 119 055	510 363	5 484 858	1 572 465

表 3－16　中国光大银行总行营业部人民币信贷收支统计

单位：万元

资金来源项目	2004 年		2003 年	
	余额	比年初	余额	比年初
一、各项存款	6 086 362	459 936	5 626 426	928 505
（一）企业存款	4 038 454	－443 733	4 482 187	521 896
1. 活期存款	2 161 637	164 275	1 997 362	331 177
2. 定期存款	1 876 817	－608 008	2 484 825	190 719
（二）机关团体存款	286 729	35 416	251 313	136 871
（三）储蓄存款	482 189	86 768	395 421	103 648
1. 活期储蓄	194 436	23 683	170 753	51 334
2. 定期储蓄	287 753	63 085	224 668	52 314
（四）农业存款				
（五）其他存款	1 278 990	781 485	497 505	166 090
二、代理财政性存款				
三、金融债券				
其中：政策性金融债券				
四、应付及暂收款	90 226	31 551	58 675	10 232
其中：应付及预提利息	44 275	12 145	32 130	10 234
五、卖出回购资产	5 170	5 170		
六、向中央银行借款		－14 908	14 908	14 908
七、同业往来	298 171	－93 449	391 620	－13 819
（一）同业存放	298 171	－93 449	391 620	－13 819
（二）同业拆借				
八、委托存款及委托投资基金（净）	85 712	85 598	114	－865
（一）委托存款及委托投资基金	226 229	140 661	85 568	44 024
（二）减：委托贷款及委托投资	140 517	55 063	85 454	44 889
九、代理金融机构委托贷款基金				
其中：中央银行委托贷款基金				
十、各项准备	30 560	6 543	24 017	－80 770
其中：贷款损失准备	30 560	6 543	24 017	－80 770
十一、所有者权益	21 219	－2 171	23 390	－12 701
其中：实收资本				
当年结益	58 218	58 218	42 833	42 833
十二、其他	－3 035 121	26 480	－3 061 601	－136 362
资金来源总计	3 582 299	504 750	3 077 549	709 128

续表

资金运用项目	2004年		2003年	
	余额	比年初	余额	比年初
一、各项贷款	3 055 619	643 989	2 411 630	650 109
（一）短期贷款	1 489 126	70 751	1 418 375	155 497
1. 工业贷款	404 306	－53 879	458 185	85 452
2. 商业贷款	87 437	－30 145	117 582	7 053
其中：收购贷款				
3. 建筑业贷款				
4. 农业贷款				
5. 乡镇企业贷款				
6. 三资企业贷款		－58 169	58 169	－12 669
7. 私营企业及个体贷款	3 159	3 159		
8. 其他短期贷款	994 224	209 785	784 439	75 661
其中：个人消费贷款	7 387	－7 354	14 741	－114 333
（二）中期流动资金贷款				
（三）中长期贷款	1 383 536	473 617	909 919	458 737
1. 基本建设贷款	180 986	79 530	101 456	90 950
2. 技术改造贷款				
3. 其他中长期贷款	1 202 550	394 087	808 463	367 787
其中：个人消费贷款	579 638	262 282	317 356	303 650
（四）票据融资	182 957	105 023	77 934	37 464
其中：贴现	182 957	105 023	77 934	37 464
（五）各项垫款		－5 402	5 402	－1 589
二、有价证券及投资	97 826	4 296	93 530	－25 498
三、应收及预付款项	93 397	－7 133	100 530	－35 027
其中：应收利息	6 997	－4 834	11 831	－10 283
四、买入返售资产	124 500	124 500		
五、存放中央银行准备金存款	182 540	－272 948	455 488	213 780
六、存放中央银行特种存款				
七、缴存中央银行财政性存款	56	8	48	－3
八、同业往来	16 954	14 023	2 931	－95 510
（一）存放同业	16 954	14 023	2 931	－75 510
（二）拆放同业				－20 000
九、代理金融机构贷款				
其中：代理人行专项贷款				
十、库存现金	11 248	1 590	9 658	－1 959
十一、外汇占款	159	－3 575	3 734	3 236
资金运用合计	3 582 299	504 750	3 077 549	709 128

表3－17　华夏银行总行营业部人民币信贷收支统计

单位：万元

资金来源项目	2004年		2003年	
	余额	比年初	余额	比年初
一、各项存款	6 597 462	2 378 959	4 218 503	1 660 579
（一）企业存款	3 348 149	846 212	2 501 937	624 817
1. 活期存款	1 954 300	333 378	1 620 922	451 033
2. 定期存款	1 393 849	512 834	881 015	173 784
（二）机关团体存款	4 635	－589	5 224	－1 545
（三）储蓄存款	362 425	144 438	217 987	71 078
1. 活期储蓄	148 051	52 539	95 512	36 997
2. 定期储蓄	214 374	91 899	122 475	34 081
（四）农业存款				
（五）其他存款	2 882 253	1 388 898	1 493 355	966 229
二、代理财政性存款				
三、金融债券				
其中：政策性金融债券				
四、应付及暂收款	67 748	37 795	29 953	－50 332
其中：应付及预提利息	34 047	18 185	15 862	2 778
五、卖出回购资产				
六、向中央银行借款				
七、同业往来	177 748	126 014	51 734	－168 784
（一）同业存放	177 748	126 014	51 734	－168 784
（二）同业拆借				
八、委托存款及委托投资基金（净）				
（一）委托存款及委托投资基金	96 987	49 193	47 794	16 513
（二）减：委托贷款及委托投资	96 987	49 193	47 794	16 513
九、代理金融机构委托贷款基金				
其中：中央银行委托贷款基金				
十、各项准备	111 171	82 916	28 255	14 180
其中：贷款损失准备	109 069	80 959	28 110	14 035
十一、所有者权益	43 667	30 998	12 669	－5 653
其中：实收资本				
当年结益	40 990	40 990	18 904	18 904
十二、其他	－2 564 820	－1 069 555	－1 495 265	－669 703
资金来源总计	4 432 976	1 587 127	2 845 849	780 287

续表

资金运用项目	2004年		2003年	
	余额	比年初	余额	比年初
一、各项贷款	3 442 580	1 182 396	2 260 184	882 478
（一）短期贷款	2 298 618	653 347	1 645 271	548 802
1. 工业贷款	579 558	154 138	425 420	183 987
2. 商业贷款	324 662	76 833	247 829	152 382
其中：收购贷款				
3. 建筑业贷款	224 941	54 356	170 585	57 176
4. 农业贷款				
5. 乡镇企业贷款				
6. 三资企业贷款	162 755	12 549	150 206	－46 204
7. 私营企业及个体贷款	2 000		2 000	
8. 其他短期贷款	1 004 702	355 471	649 231	201 461
其中：个人消费贷款	14 269	7 088	7 181	3 736
（二）中期流动资金贷款	158 498	131 998	26 500	－66 156
（三）中长期贷款	894 229	427 710	466 519	328 954
1. 基本建设贷款	42 956	8 466	34 490	34 490
2. 技术改造贷款				
3. 其他中长期贷款	851 273	419 244	432 029	294 464
其中：个人消费贷款	320 302	174 474	145 828	63 278
（四）票据融资	89 304	－31 222	120 526	74 271
其中：贴现	89 304	－31 222	120 526	74 271
（五）各项垫款	1 931	563	1 368	－3 393
二、有价证券及投资	454 278	148 124	306 154	72 447
三、应收及预付款项	49 762	36 809	12 953	－53 558
其中：应收利息	69	1	68	－76
四、买入返售资产				
五、存放中央银行准备金存款	454 164	199 760	254 404	－122 395
六、存放中央银行特种存款				
七、缴存中央银行财政性存款				
八、同业往来	10 698	－363	11 061	7 262
（一）存放同业	10 698	－363	11 061	7 262
（二）拆放同业				
九、代理金融机构贷款				
其中：代理人行专项贷款				
十、库存现金	18 519	8 839	9 680	3 253
十一、外汇占款	2 975	11 562	－8 587	－9 200
资金运用合计	4 432 976	1 587 127	2 845 849	780 287

表 3－18　中国民生银行北京管理部人民币信贷收支统计

单位：万元

资金来源项目	2004年		2003年	
	余额	比年初	余额	比年初
一、各项存款	8 991 193	1 939 088	7 052 105	1 881 488
（一）企业存款	6 760 657	1 305 234	5 455 423	1 223 878
1. 活期存款	3 639 705	696 074	2 943 631	761 841
2. 定期存款	3 120 952	609 160	2 511 792	462 037
（二）机关团体存款	29 838	－28 265	58 103	44 110
（三）储蓄存款	804 723	230 773	573 950	284 243
1. 活期储蓄	351 914	87 933	263 981	126 464
2. 定期储蓄	452 809	142 840	309 969	157 779
（四）农业存款				
（五）其他存款	1 395 975	431 346	964 629	329 257
二、代理财政性存款	2 558	2 558		
三、金融债券				
其中：政策性金融债券				
四、应付及暂收款	98 182	21 972	76 203	－12 609
其中：应付及预提利息	61 493	12 388	49 105	27 122
五、卖出回购资产	231 336	－590 284		
六、向中央银行借款				
七、同业往来	1 013 880	－245 801	1 259 681	279 196
（一）同业存放	983 880	－275 801	1 259 681	279 196
（二）同业拆借	30 000	30 000		
八、委托存款及委托投资基金（净）				
（一）委托存款及委托投资基金	345 830	185 680	160 150	160 150
（二）减：委托贷款及委托投资	345 830	185 680	160 150	160 150
九、代理金融机构委托贷款基金				
其中：中央银行委托贷款基金				
十、各项准备	93 015	22 391	70 624	25 603
其中：贷款损失准备	92 835	22 212	70 623	25 603
十一、所有者权益	114 055	46 544	67 518	32 750
其中：实收资本				
当年结益	113 689	113 689	67 518	67 518
十二、其他	－1 523 208	－342 392	－1 180 816	－89 359
资金来源总计	9 021 011	854 076	7 345 315	2 117 069

续表

资金运用项目	2004 年		2003 年	
	余额	比年初	余额	比年初
一、各项贷款	7 530 817	2 049 703	5 182 067	1 603 317
（一）短期贷款	3 839 656	878 750	2 960 906	863 208
1. 工业贷款	699 841	166 327	533 514	199 035
2. 商业贷款	558 215	106 549	451 666	99 810
其中：收购贷款				
3. 建筑业贷款	5 000	5 000		– 4 423
4. 农业贷款				
5. 乡镇企业贷款				
6. 三资企业贷款	238 406	113 465	124 941	35 214
7. 私营企业及个体贷款	1 209 543	312 947	896 596	398 010
8. 其他短期贷款	1 128 651	174 462	954 189	135 562
其中：个人消费贷款	19 159	– 13 804	32 963	4 368
（二）中期流动资金贷款	793 535	195 690	597 845	143 195
（三）中长期贷款	2 556 943	1 129 535	1 427 408	840 460
1. 基本建设贷款	102 467	– 27 680	130 147	57 647
2. 技术改造贷款	12 000		12 000	10 500
3. 其他中长期贷款	2 442 476	1 157 215	1 285 261	772 313
其中：个人消费贷款	1 382 278	725 331	656 947	551 280
（四）票据融资	340 683	– 153 629	195 265	– 244 099
其中：贴现	340 683	– 153 629	195 265	– 244 099
（五）各项垫款		– 643	643	553
二、有价证券及投资	445 970	– 7 523	453 493	156 762
三、应收及预付款项	85 996	4 566	81 430	36 898
其中：应收利息	9 471	9 296	175	– 27 343
四、买入返售资产	371 000	– 660 086		
五、存放中央银行准备金存款	152 382	– 153 132	305 514	– 578 491
六、存放中央银行特种存款				
七、缴存中央银行财政性存款				
八、同业往来	413 266	– 376 962	1 298 741	888 058
（一）存放同业	245 266	– 395 962	641 228	419 045
（二）拆放同业	168 000	19 000	657 513	469 013
九、代理金融机构贷款				
其中：代理人行专项贷款				
十、库存现金	20 917	4 318	16 599	5 031
十一、外汇占款	663	– 6 808	7 471	5 494
资金运用合计	9 021 011	854 076	7 345 315	2 117 069

表 3－19　北京银行（原北京市商业银行）人民币信贷收支统计

单位：万元

资金来源项目	2004 年		2003 年	
	余额	比年初	余额	比年初
一、各项存款	16 981 432	3 013 833	13 967 599	2 822 898
（一）企业存款	12 801 272	2 183 899	10 617 373	1 917 709
1. 活期存款	9 615 402	1 458 065	8 157 337	1 457 074
2. 定期存款	3 185 870	725 834	2 460 036	460 635
（二）机关团体存款	464 076	132 390	331 686	－8 376
（三）储蓄存款	2 502 599	578 101	1 924 498	370 147
1. 活期储蓄	1 091 961	255 779	836 182	126 428
2. 定期储蓄	1 410 638	322 322	1 088 316	243 719
（四）农业存款	1	－4	5	－21
（五）其他存款	1 213 484	119 447	1 094 037	543 439
二、代理财政性存款	7	－14 486	14 493	14 482
三、金融债券				
其中：政策性金融债券				
四、应付及暂收款	140 749	32 868	107 881	24 851
其中：应付及预提利息	45 032	7 711	37 321	11 855
五、卖出回购资产	1 084 352	535 352	549 000	－443 000
六、向中央银行借款				
七、同业往来	939 481	－288 504	1 227 985	812 479
（一）同业存放	939 481	－158 504	1 097 985	682 479
（二）同业拆借		－130 000	130 000	130 000
八、委托存款及委托投资基金（净）				
（一）委托存款及委托投资基金	236 199	164 917	71 282	29 808
（二）减：委托贷款及委托投资	236 199	164 917	71 282	29 808
九、代理金融机构委托贷款基金				
其中：中央银行委托贷款基金				
十、各项准备	176 270	94 872	81 398	53 345
其中：贷款损失准备	176 206	94 872	81 334	53 345
十一、所有者权益	736 924	137 198	599 726	39 428
其中：实收资本	353 886	59 183	294 703	17 013
当年结益	87 640	87 640	66 655	66 655
十二、其他	－296 221	－39 208	－257 013	－48 300
资金来源总计	19 762 994	3 471 925	16 291 069	3 276 183

续表

资金运用项目	2004 年		2003 年	
	余额	比年初	余额	比年初
一、各项贷款	10 714 032	2 790 792	9 091 194	2 087 683
（一）短期贷款	4 892 741	1 472 348	3 689 254	1 232 773
1. 工业贷款	441 807	302 373	139 432	17 819
2. 商业贷款	404 890	– 3 848	443 976	116 101
其中：收购贷款				
3. 建筑业贷款	291 969	142 703	149 266	44 838
4. 农业贷款		– 800	800	750
5. 乡镇企业贷款	27 278	– 5 997	33 343	7 910
6. 三资企业贷款	46 339	– 29 220	75 559	6 271
7. 私营企业及个体贷款	10 586	3 431	7 154	– 33 915
8. 其他短期贷款	3 669 872	1 063 706	2 839 724	1 072 999
其中：个人消费贷款	6 349	– 1 201	7 550	– 2 784
（二）中期流动资金贷款	468 376	– 39 443	500 102	92 159
（三）中长期贷款	3 463 350	239 656	3 230 834	1 067 016
1. 基本建设贷款	845 095	– 132 880	964 925	266 600
2. 技术改造贷款	102 500	47 281	55 219	29 430
3. 其他中长期贷款	2 515 755	325 255	2 210 690	770 986
其中：个人消费贷款	1 378 726	125 207	1 253 519	530 021
（四）票据融资	1 889 565	1 118 231	1 671 004	– 304 265
其中：贴现	1 886 715	1 115 381	1 671 004	– 304 265
（五）各项垫款				
二、有价证券及投资	4 047 785	429 694	3 618 091	605 553
三、应收及预付款项	201 583	– 15 819	217 402	– 150 419
其中：应收利息	1 518	– 8 702	10 220	– 4 271
四、买入返售资产	734 526	– 1 167 549	734 121	– 13 700
五、存放中央银行准备金存款	3 115 948	1 691 314	1 424 634	408 072
六、存放中央银行特种存款				
七、缴存中央银行财政性存款	873	873		
八、同业往来	849 998	– 274 856	1 124 854	337 047
（一）存放同业	803 574	– 44 756	848 330	152 215
（二）拆放同业	46 424	– 230 100	276 524	184 832
九、代理金融机构贷款				
其中：代理人行专项贷款				
十、库存现金	76 323	17 736	58 587	– 9 538
十一、外汇占款	21 926	– 260	22 186	11 485
资金运用合计	19 762 994	3 471 925	16 291 069	3 276 183

表 3－20 北京市农村信用社人民币信贷收支统计

单位：万元

资金来源项目	2004 年		2003 年	
	余额	比年初	余额	比年初
一、各项存款	9 307 466	1 041 811	8 265 655	1 514 911
（一）企业存款	633 121	106 939	526 182	137 996
1. 活期存款				
2. 定期存款	633 121	106 939	526 182	137 996
（二）机关团体存款	10 572	2 193	8 379	－3 320
（三）储蓄存款	4 295 522	624 857	3 670 665	504 398
1. 活期储蓄	1 207 539	207 114	1 000 425	245 195
2. 定期储蓄	3 087 983	417 743	2 670 240	259 203
（四）农业存款	4 327 457	282 664	4 044 793	867 386
（五）其他存款	40 794	25 158	15 636	8 451
二、代理财政性存款		－91	91	36
三、金融债券				
其中：政策性金融债券				
四、应付及暂收款	258 554	－16 065	261 284	31 764
其中：应付及预提利息	188 483	12 339	176 144	19 581
五、卖出回购资产				
六、向中央银行借款	20 000	3 000	17 000	1 100
七、同业往来	1 013 190	－992 826	2 006 016	755 971
（一）同业存放	93 190	－1 335 826	1 429 016	637 971
（二）同业拆借	920 000	343 000	577 000	118 000
八、委托存款及委托投资基金（净）	272	256	16	63
（一）委托存款及委托投资基金	982	221	761	－8
（二）减：委托贷款及委托投资	710	－35	745	－71
九、代理金融机构委托贷款基金				
其中：中央银行委托贷款基金				
十、各项准备	84 096	19 978	64 118	12 117
其中：贷款损失准备	84 096	19 978	64 118	12 117
十一、所有者权益	316 950	93 023	237 532	86 644
其中：实收资本	152 284	52 008	100 276	44 827
当年结益	57 965	57 965	42 209	42 209
十二、其他	－248 245	－109 071	－139 444	－33 087
资金来源总计	10 752 283	40 015	10 712 268	2 369 519

续表

资金运用项目	2004年		2003年	
	余额	比年初	余额	比年初
一、各项贷款	4 863 517	－410 464	5 273 981	1 661 417
（一）短期贷款	4 461 784	760 048	3 701 736	567 694
1. 工业贷款				
2. 商业贷款				
其中：收购贷款				
3. 建筑业贷款				
4. 农业贷款	429 058	4 266	424 792	6 506
5. 乡镇企业贷款	2 767 454	266 959	2 500 495	299 317
6. 三资企业贷款				
7. 私营企业及个体贷款				
8. 其他短期贷款	1 265 272	488 823	776 449	261 871
其中：个人消费贷款				
（二）中期流动资金贷款				
（三）中长期贷款	378 988	－12 992	391 980	63 458
1. 基本建设贷款				
2. 技术改造贷款				
3. 其他中长期贷款	378 988	－12 992	391 980	63 458
其中：个人消费贷款				
（四）票据融资	22 745	－1 157 520	1 180 265	1 030 265
其中：贴现	22 745	－1 157 520	1 180 265	1 030 265
（五）各项垫款				
二、有价证券及投资	3 335 530	928 739	2 406 791	571 531
三、应收及预付款项	28 216	－3 216	31 432	－6 552
其中：应收利息	12 178	－1 299	13 477	－3 385
四、买入返售资产	594 101	594 101		
五、存放中央银行准备金存款	1 081 063	309 036	772 027	32 957
六、存放中央银行特种存款				－265 000
七、缴存中央银行财政性存款				－645 023
八、同业往来	788 658	－1 387 832	2 176 490	1 007 102
（一）存放同业	786 426	－1 296 032	2 082 458	946 502
（二）拆放同业	2 232	－91 800	94 032	60 600
九、代理金融机构贷款				
其中：代理人行专项贷款				
十、库存现金	611 98	9 651	51 547	13 087
十一、外汇占款				
资金运用合计	10 752 283	40 015	10 712 268	2 369 519

表 3－21　北京市邮政储汇局储蓄存款统计

单位：万元

项目名称	2004年		2003年	
	余额	比年初	余额	比年初
一、活期储蓄存款	1 395 073	200 487	1 194 586	140 764
二、定期储蓄存款	1 790 564	156 715	1 633 849	181 090
合　计	3 185 637	357 202	2 828 435	321 854

表 3－22　北京市信托投资公司人民币信贷收支统计

单位：万元

资金来源项目	2004年		2003年	
	余额	比年初	余额	比年初
一、各项存款	127 467	116 841	75 524	－2 087
（一）信托存款			25 421	－815
（二）委托存款	127 467	116 841	49 508	－561
1. 委托存款	126 183	115 623	49 442	－561
2. 委托投资基金	1 284	1 218	66	
（三）保证金存款				－711
（四）其他存款			595	
二、金融债券			5 000	
三、应付及暂收款	38 542	－18 276	123 699	－21 450
其中：应付及预提利息	1 154	－187	15 064	－1 129
四、长期借款			35 200	－960
五、证券业务款项			48 300	－66 573
六、卖出回购证券	50 000	－12 528	6 913	
七、向中央银行借款			1 950	－600
八、同业往来	72 600	－42 300	141 670	74 493
（一）同业存放			－3 500	
（二）同业拆借	72 600	－42 300	145 170	74 493
九、代理金融机构贷款基金				
其中：央行委托贷款基金				
十、各项准备	3 129	2 102	1 946	－221
其中：贷款呆账准备	1 652	625	1 737	－221
十一、所有者权益	138 172	35 449	106 339	－898
其中：实收资本	125 726	30 000	127 844	379
当年结益	7 689	7 689	1 541	1 541
十二、其他	16 175	－1 203	22 695	57 637
资金来源合计	446 085	80 085	569 236	39 341

续表

资金运用项目	2004年		2003年	
	余额	比年初	余额	比年初
一、各项贷款	200 976	145 216	119 836	34 729
（一）信托贷款	74 907	28 450	91 873	36 871
其中：中长期贷款	20 000	12 171	47 816	7 829
（二）委托贷款	126 069	116 766	21 993	－1 780
（三）抵押贷款				
（四）票据融资			1 000	
其中：贴现				
（五）融资租赁			4 970	－362
（六）各项垫款				
（七）其他贷款				
二、委托投资	1 284	1 218	－673	
三、投资	140 598	8 104	163 108	5 070
（一）短期投资	57 355	－19 681	83 133	64 831
（二）长期投资	83 243	27 785	79 975	－59 761
四、应收及预付款	32 748	－6 536	124 328	24 482
其中：应收利息	2 222	2 222	1 963	
五、证券业务占款				
六、经营租赁				
七、买入返售证券			3 296	－5
八、缴存央行准备金存款	23	－70	2 026	－107
九、存放央行特种存款				
十、同业往来	20 046	－66 016	105 819	9 433
（一）存放同业	20 046	－36 016	75 649	－20 567
（二）拆放同业		－30 000	30 170	30 000
十一、代理金融机构贷款				
其中：代理人行专项贷款				
十二、库存现金	9	4	75	29
十三、外币占款	50 401	－1 835	51 421	－34 290
资金运用合计	446 085	80 085	569 236	39 341

表 3-23 北京市财务公司人民币信贷收支统计 单位：万元

资金来源项目	2004年		2003年	
	余额	比年初	余额	比年初
一、各项存款	12 425	-2 826	15 251	-2 020
（一）企业存款	12 425	-2 826	15 251	-2 020
1. 活期存款	10 005	-2 826	12 831	-2 020
2. 定期存款	2 420		2 420	
（二）机关团体存款				
（三）委托存款及投资基金				
1. 委托存款				
2. 委托投资基金				
（四）信托存款				
（五）保证金存款				
（六）其他存款				
二、金融债券				
三、应付及暂收款	15 607	5 000	10 607	2 238
其中：应付及预提利息				
四、长期借款				
五、证券业务占款				
六、卖出回购证券	1		1	
七、向中央银行借款	810	-60	870	-40
八、同业往来	15 252		15 252	-2 581
（一）同业存放	2 450		2 450	
（二）同业拆借	12 802		12 802	-2 581
九、代理金融机构贷款基金				
其中：中央银行委托贷款基金				
十、各项准备	302		302	
其中：贷款呆账准备	302		302	
十一、所有者权益	3 051	-399	3 450	-434
其中：实收资本	5 000		5 000	
当年结益	-373	-373	-432	-432
十二、其他	342	-184	526	-777
资金来源总计	47 790	1 531	46 259	-3 614

续表

资金运用项目	2004年		2003年	
	余额	比年初	余额	比年初
一、各项贷款	15 598	－2 581	18 179	－2 889
（一）短期贷款	13 178	－2 581	15 759	－2 889
1. 工业贷款				
2. 商业贷款				
3. 其他短期贷款	13 178	－2 581	15 759	－2 889
（二）中长期贷款				
（三）委托贷款	2 420		2 420	
（四）信托贷款				
其中：中长期信托贷款				
（五）抵押贷款				
（六）票据融资				
其中：贴现				
（七）融资租赁				
（八）各项垫款				
二、委托投资				
三、投资				
（一）短期投资				
（二）长期投资				
四、应收及预付款	31 281	4 170	27 111	－692
其中：应收利息	9 179	－827	10 006	－1 164
五、证券业务占款				
六、经营租赁				
七、买入返售证券				
八、存放中央银行准备金存款	884	－60	944	－32
九、存放中央银行特种存款				
十、同业往来	24		24	
（一）存放同业	24		24	
（二）拆放同业				
十一、代理金融机构贷款				
其中：代理人行专项贷款				
十二、现金	3	2	1	－1
十三、外汇占款				
资金运用总计	47 790	1 531	46 259	－3 614

表 3－24　2004 年北京市各商业银行外汇信贷收支情况统计（一）

单位：万美元

资金来源项目	工商银行	农业银行	中国银行	建设银行
一、各项存款	589 992	42 461	718 707	195 038
（一）单位活期存款	20 603	3 853	74 091	45 149
其中：中资企业存款	14 387	3 853	74 091	5 565
外商投资企业存款	5 858			39 045
（二）单位定期存款	204 100	16 589	58 395	45 138
其中：中资企业存款	204 050		57 559	35 486
外商投资企业存款				9 652
（三）储蓄存款	306 132	20 920	576 888	69 062
其中：定期存款	258 765	16 713	449 922	54 731
（四）其他类存款	59 157	1 099	9 333	34 766
（五）境外存款				923
二、境内中长期筹资				
三、卖出回购资产				
四、境外筹资	3 007			2 244
五、向中央银行借款				
六、中央银行存款				
七、应付及暂收款	2 449	2 635	10 917	866
其中：应付及预提利息	79	81	5 868	
八、同业存放	21 801	721	28 473	5 346
（一）境内同业存放	21 801	711	28 203	5 346
（二）境外同业存放		10	270	
九、同业拆入			111	
（一）境内同业拆入				
（二）境外同业拆入			111	
十、委托基金存款（净）				
十一、外汇买卖	－6 162	65	669	
其中：结售汇		77	669	
十二、境内联行存放	－468 427	－29 628	－596 987	－128 818
十三、境外联行存放				
十四、各项准备	1 513	148	6 381	
其中：贷款呆账准备	1 513	148	6 293	
十五、所有者权益	5 991	841	19 040	760
其中：实收资本				
当年结益	5 991	841	19 040	760
十六、其他	9 758	849	1 550	154
资金来源总计	159 922	18 092	188 861	75 590

续表

资金运用项目	工商银行	农业银行	中国银行	建设银行
一、各项贷款	119 763	10 858	140 303	68 035
（一）短期贷款	36 379	7 414	43 388	26 453
1. 境内短期贷款	36 379	7 414	43 388	26 453
其中：中资企业贷款	33 923	1 017	36 722	26 153
外商投资企业贷款	2 456	2 400	6 563	300
2. 境外短期贷款				
（二）中长期贷款	63 974	105	85 678	39 220
1. 境内中长期贷款	63 974	105	85 678	39 220
其中：中资企业贷款	51 741		41 359	36 459
外商投资企业贷款			4 424	1 363
2. 境外中长期贷款				
（三）进出口贸易融资	16 285	2 649	98	875
（四）票据融资	88	61		8
其中：贴现				
（五）各项垫款	9	586		
（六）境外筹资转贷款	3 028	43	11 139	1 479
二、投资	18 497		1 425	
（一）购买有价证券	18 497			
其中：购买境外有价证券	18 497			
（二）其他投资			1 425	
其中：投资境外				
三、应收及预付款	-102	755	7 129	1 589
其中：应收及预付利息			6 881	67
四、买入返售资产				
五、存放中央银行	800	162	401	328
其中：缴存准备金				328
六、存放同业	14 702	442	20 000	909
（一）存放境内同业	11 684	338	20 000	909
（二）存放境外同业	3 018	104		
七、拆放同业	1 010	3 762		
（一）拆放境内同业	1 010	3 762		
（二）拆放境外同业				
八、存放境外联行			3 686	
九、库存现金	5 252	2 113	15 917	4 729
资金运用总计	159 922	18 092	188 861	75 590

表 3－25　2004 年北京市各商业银行外汇信贷收支情况统计（二）

单位：万美元

资金来源项目	开发银行	进出口银行	交通银行	中信实业银行
一、各项存款	93	18 436	118 566	305 673
（一）单位活期存款	93	5 127	12 855	36 122
其中：中资企业存款	93		1 995	8 204
外商投资企业存款			3 867	11 358
（二）单位定期存款		260	45 518	234 163
其中：中资企业存款			41 259	209 152
外商投资企业存款			4 259	5 053
（三）储蓄存款			48 594	14 340
其中：定期存款			33 538	11 162
（四）其他类存款		8 877	11 574	20 234
（五）境外存款		4 172	25	814
二、境内中长期筹资				
三、卖出回购资产				
四、境外筹资				
五、向中央银行借款				
六、中央银行存款				
七、应付及暂收款		71	4 624	2 153
其中：应付及预提利息		71	715	1 527
八、同业存放		56	10 674	20 814
（一）境内同业存放			10 674	20 811
（二）境外同业存放		56		3
九、同业拆入				
（一）境内同业拆入				
（二）境外同业拆入				
十、委托基金存款（净）				37 040
十一、外汇买卖			－22	－344
其中：结售汇				4
十二、境内联行存放	50 289	86 421	－33 410	－301 212
十三、境外联行存放				
十四、各项准备			659	775
其中：贷款呆账准备			659	775
十五、所有者权益	28	489	5 277	－2 623
其中：实收资本			3 316	
当年结益	28	489	1 961	－2 623
十六、其他		1 052	5 556	19 989
资金来源总计	50 410	106 525	111 924	82 265

续表

资金运用项目	开发银行	进出口银行	交通银行	中信实业银行
一、各项贷款	50 410	104 311	102 033	67 382
（一）短期贷款			53 000	3 490
1. 境内短期贷款			53 000	3 490
其中：中资企业贷款			38 919	1 198
外商投资企业贷款			14 081	2 257
2. 境外短期贷款				
（二）中长期贷款	23 000	415	9 122	47 304
1. 境内中长期贷款	23 000		9 122	24 126
其中：中资企业贷款			6 712	9 322
外商投资企业贷款			961	
2. 境外中长期贷款		415		23 179
（三）进出口贸易融资		103 896	36 037	13 233
（四）票据融资			181	2 586
其中：贴现				2 547
（五）各项垫款				746
（六）境外筹资转贷款	27 410		3 693	23
二、投资				1 256
（一）购买有价证券				836
其中：购买境外有价证券				836
（二）其他投资				420
其中：投资境外				239
三、应收及预付款		74	2 401	396
其中：应收及预付利息		74	1	276
四、买入返售资产				5 496
五、存放中央银行			109	342
其中：缴存准备金				
六、存放同业		2 140	1 040	4 591
（一）存放境内同业		2 140	540	2 139
（二）存放境外同业			500	2 452
七、拆放同业				1 350
（一）拆放境内同业				1 350
（二）拆放境外同业				
八、存放境外联行			4 934	
九、库存现金			1 407	1 452
资金运用总计	50 410	106 525	111 924	82 265

表 3-26 2004 年北京市各商业银行外汇信贷收支情况统计（三）

单位：万美元

资金来源项目	光大银行	华夏银行	广东发展银行	深圳发展银行
一、各项存款	55 781	23 303	25 595	17 072
（一）单位活期存款	10 954	5 282	6 089	3 188
其中：中资企业存款	3 643	298	17	2 206
外商投资企业存款		2 393	3 044	982
（二）单位定期存款	20 435	12 014	6 156	12 569
其中：中资企业存款	3 632	3 823	4 540	11 723
外商投资企业存款		5 187	112	846
（三）储蓄存款	18 824	3 594	5 150	1 271
其中：定期存款	17 622	3 026	3 804	1 051
（四）其他类存款	5 568	2 409	8 200	44
（五）境外存款		4		
二、境内中长期筹资				
三、卖出回购资产				
四、境外筹资		730		
五、向中央银行借款				
六、中央银行存款				
七、应付及暂收款	1 125	1 792	164	165
其中：应付及预提利息	806	77	153	161
八、同业存放	757	9 455	126	
（一）境内同业存放	757	9 455	126	
（二）境外同业存放				
九、同业拆入				
（一）境内同业拆入				
（二）境外同业拆入				
十、委托基金存款（净）				
十一、外汇买卖	19	437	599	
其中：结售汇	19	359	606	
十二、境内联行存放	-41 547	-9 810	-17 095	-5 219
十三、境外联行存放				
十四、各项准备	138	-1 757	26	
其中：贷款呆账准备	138	-2 324	26	
十五、所有者权益	640	492	251	94
其中：实收资本				
当年结益	640	492	251	94
十六、其他	104	3	500	
资金来源总计	17 017	24 645	10 166	12 112

续表

资金运用项目	光大银行	华夏银行	广东发展银行	深圳发展银行
一、各项贷款	13 761	21 250	1 626	1 421
（一）短期贷款	8 954	4 992	68	
1. 境内短期贷款	8 954	4 992	68	
其中：中资企业贷款	1 796	2 982		
外商投资企业贷款	7 158	950		
2. 境外短期贷款				
（二）中长期贷款	2 654	12 649	546	
1. 境内中长期贷款	2 654	12 649	546	
其中：中资企业贷款				
外商投资企业贷款		800		
2. 境外中长期贷款				
（三）进出口贸易融资	2 152	3 587	1 012	1 421
（四）票据融资		22		
其中：贴现		22		
（五）各项垫款	1			
（六）境外筹资转贷款				
二、投资	121			3 308
（一）购买有价证券				3 308
其中：购买境外有价证券				3 308
（二）其他投资	121			
其中：投资境外				
三、应收及预付款	1 685	1 376	234	147
其中：应收及预付利息	597			23
四、买入返售资产				
五、存放中央银行	197	1 392		77
其中：缴存准备金				77
六、存放同业	811	272	7 817	7 091
（一）存放境内同业	811	272	7 531	7 015
（二）存放境外同业			286	76
七、拆放同业				
（一）拆放境内同业				
（二）拆放境外同业				
八、存放境外联行				
九、库存现金	442	355	489	68
资金运用总计	17 017	24 645	10 166	12 112

表3－27　2004年北京市各商业银行外汇信贷收支情况统计（四）

单位：万美元

资金来源项目	招商银行	浦东发展银行	民生银行	兴业银行
一、各项存款	121 962	31 476	116 191	19 487
（一）单位活期存款	6 771	4 521	12 044	4 215
其中：中资企业存款	6 337	1 027	2 722	299
外商投资企业存款	414	3 486	3 133	1 643
（二）单位定期存款	10 888	17 043	71 322	10 953
其中：中资企业存款	10 740		71 322	4 817
外商投资企业存款	148			4 569
（三）储蓄存款	97 695	8 430	32 076	2 013
其中：定期存款	39 056	5 582	28 321	1 446
（四）其他类存款	6 608	1 429	749	2 306
（五）境外存款		53		
二、境内中长期筹资				
三、卖出回购资产				
四、境外筹资				
五、向中央银行借款				
六、中央银行存款				
七、应付及暂收款	541	15 718	1 552	58
其中：应付及预提利息	375	305	1 469	58
八、同业存放	5 222	3 504	10 969	918
（一）境内同业存放	5 222	3 504	10 969	918
（二）境外同业存放				
九、同业拆入				
（一）境内同业拆入				
（二）境外同业拆入				
十、委托基金存款（净）	－23 591			
十一、外汇买卖	－7	218	100	
其中：结售汇		208	265	
十二、境内联行存放	－46 313	－29 035	－78 261	－12 181
十三、境外联行存放				
十四、各项准备	915		783	30
其中：贷款呆账准备	915		783	30
十五、所有者权益	774	328	868	277
其中：实收资本				
当年结益	1 575	328	868	277
十六、其他	956	1 036	－1 431	
资金来源总计	60 459	23 245	50 771	8 589

续表

资金运用项目	招商银行	浦东发展银行	民生银行	兴业银行
一、各项贷款	53 346	21 785	44 843	6 882
（一）短期贷款	4 714	6 534	17 936	3 678
1. 境内短期贷款	4 714	6 534	17 936	3 678
其中：中资企业贷款	4 714	5 534	15 436	3 678
外商投资企业贷款			1 800	
2. 境外短期贷款				
（二）中长期贷款	20 000	9 285	19 742	3 000
1. 境内中长期贷款	20 000	9 285	19 742	3 000
其中：中资企业贷款	20 000	4 085	1 379	3 000
外商投资企业贷款				
2. 境外中长期贷款				
（三）进出口贸易融资	28 625	5 966	6 234	204
（四）票据融资	1		931	
其中：贴现			931	
（五）各项垫款	6			
（六）境外筹资转贷款				
二、投资				
（一）购买有价证券				
其中：购买境外有价证券				
（二）其他投资				
其中：投资境外				
三、应收及预付款	373	363	534	
其中：应收及预付利息	373		99	
四、买入返售资产				
五、存放中央银行	738	129		68
其中：缴存准备金		129		
六、存放同业	4 718	276	3 859	1 239
（一）存放境内同业	3 279	276	3 859	1 239
（二）存放境外同业	1 439			
七、拆放同业				
（一）拆放境内同业				
（二）拆放境外同业				
八、存放境外联行				
九、库存现金	1 284	692	1 535	400
资金运用总计	60 459	23 245	50 771	8 589

表 3-28 北京银行（原北京市商业银行）外汇信贷收支统计 单位：万美元

资金来源项目	2004年		2003年	
	余额	比年初	余额	比年初
一、各项存款	67 668	24 241	43 427	9 654
（一）单位活期存款	9 851	-326	10 177	6 847
其中：中资企业存款	6 369	-142	6 511	5 251
外商投资企业存款	2 197	-278	2 475	988
（二）单位定期存款	29 138	8 026	21 112	356
其中：中资企业存款	1 733	-4 266	5 999	4 727
外商投资企业存款	2 690	-1 591	4 281	-2 111
（三）储蓄存款	21 951	11 754	10 197	723
其中：定期存款	20 058	10 938	9 120	776
（四）其他类存款	6 728	4 792	1 936	1 723
（五）境外存款		-5	5	5
二、境内中长期筹资				
三、卖出回购资产				
四、境外筹资				
五、向中央银行借款				
六、中央银行存款				
七、应付及暂收款	698	-209	907	629
其中：应付及预提利息	131	5	126	-80
八、同业存放	20 074	-193	20 267	19 894
（一）境内同业存放	20 074	-193	20 267	19 894
（二）境外同业存放				
九、同业拆入	4 397	2 355	2 042	2 042
（一）境内同业拆入	4 397	2 355	2 042	2 042
（二）境外同业拆入				
十、委托基金存款（净）				
十一、外汇买卖	2 813	175	2 638	1 367
其中：结售汇	2 755	5 194	-2 439	-577
十二、境内联行存放				
十三、镜外联行存放				
十四、各项准备	617	285	332	15
其中：贷款呆账准备	617	285	332	15
十五、所有者权益	510	-139	649	529
其中：实收资本				
当年结益	510	510	649	638
十六、其他	6 960	-40	7 000	
资金来源总计	103 737	26 475	77 262	34 130

续表

资金运用项目	2004年		2003年	
	余 额	比年初	余 额	比年初
一、各项贷款	29 779	－1 327	31 106	22 966
（一）短期贷款	5 886	－2 694	8 580	5 953
1. 境内短期贷款	5 886	－2 694	8 580	5 953
其中：中资企业贷款	5 886	－2 694	8 580	5 953
外商投资企业贷款				
2. 境外短期贷款				
（二）中长期贷款	12 834	1 218	11 616	6 553
1. 境内中长期贷款	12 834	1 218	11 616	6 553
其中：中资企业贷款	6 774	1 508	5 266	4 266
外商投资企业贷款				
2. 境外中长期贷款				
（三）进出口贸易融资	5 006	3 702	1 304	1 297
（四）票据融资	5 600	－3 560	9 160	9 160
其中：贴现				
（五）各项垫款	453	7	446	3
（六）境外筹资转贷款				
二、投资	17 262	897	16 365	7 993
（一）购买有价证券	17 262	897	16 365	7 993
其中：购买境外有价证券	14 062	－2 303	16 365	7 993
（二）其他投资				
其中：投资境外				
三、应收及预付款	2	－20	22	－15
其中：应收及预付利息	2	－20	22	－15
四、买入返售资产				
五、存放中央银行				
其中：缴存准备金				
六、存放同业	30 492	7 802	22 690	12 007
（一）存放境内同业	28 509	6 325	22 184	12 133
（二）存放境外同业	1 983	1 477	506	－126
七、拆放同业	25 203	18 786	6 417	－8 794
（一）拆放境内同业	8 703	7 803	900	－4 000
（二）拆放境外同业	16 500	10 983	5 517	－4 794
八、存放境外联行				
九、库存现金	999	337	662	－27
资金运用总计	103 737	26 475	77 262	34 130

表 3－29　北京市信托投资公司外汇信贷收支统计　　单位：万美元

资金来源项目	2004 年		2003 年	
	余　额	比年初	余　额	比年初
一、各项存款		－48	66	－97
（一）信托存款				
（二）委托存款		－48	66	－97
（三）其他存款				
二、境内中长期借款				
三、境外筹资				－667
四、证券业务款项				
五、卖出回购证券				
六、同业存放				
其中：境外同业存放				
七、同业拆入				
其中：境外同业拆入				
八、外汇买卖	6 090	－221	6 213	－4 142
九、应付及暂付款		－497	667	－39
其中：应付及预提利息		－61	61	－23
十、各项准备	182	60	122	－2
其中：贷款呆账准备	182	60	122	－2
十一、所有者权益	3 179	244	4 658	125
其中：实收资本	2 932		4 294	
当年结益	244	244	125	125
十二、其他	－984	－120	－963	－137
资金来源总计	8 467	－582	10 763	－4 959

续表

资金运用项目	2004 年		2003 年	
	余 额	比年初	余 额	比年初
一、各项贷款	2 511	－164	2 803	－4 360
（一）短期信托贷款	840		950	－859
其中：境外短期				－285
（二）中长期信托贷款	1 671	－116	1 787	－3 404
其中：境外中长期	1 218		1 218	1 218
（三）委托贷款		－48	66	－97
（四）融资租赁				
（五）票据融资				
其中：贴现				
（六）各项垫款				
（七）境外筹资转贷款				
（八）其他贷款				
二、信托投资				
（一）短期信托投资				
其中：境外				
（二）中长期信托投资				
其中：境外				
三、投资	4 003	126	4 374	672
（一）购买有价证券	117	117		
其中：购买境外有价证券				
（二）其他投资	3 886	9	4 374	672
其中：投资境外	773	490	283	
四、证券业务占款				
五、经营租赁				
六、买入返售证券				
七、应收及预付款项	1 949	－370	2 895	－1 082
其中：应收及预付利息				
八、存放中央银行				
其中：缴存准备金				
九、存放同业	4	－174	490	－189
其中：存放境外同业				
十、拆放同业			200	
其中：拆放境外同业				
十一、库存现金			1	
资金运用总计	8 467	－582	10 763	－4 959

表 3-30 北京市财务公司外汇信贷收支统计 单位：万美元

资金来源项目	2004 年		2003 年	
	余 额	比年初	余 额	比年初
一、各项存款	78		78	
（一）企业存款	78		78	
其中：定期存款				
（二）信托存款				
（三）委托存款				
（四）其他存款				
二、境内中长期借款				
三、境外筹资				
四、证券业务款项				
五、卖出回购证券				
六、同业存放				-327
其中：境外同业存放				
七、同业拆入				
其中：境外同业拆入				
八、外汇买卖				
九、应付及暂收款	328		328	327
其中：应付及预提利息				
十、各项准备				
其中：贷款呆账准备				
十一、所有者权益	192		192	-750
其中：实收资本				-750
当年结益				
十二、其他				
资金来源总计	598	0	.598	-750

续表

资金运用项目	2004 年		2003 年	
	余 额	比年初	余 额	比年初
一、各项贷款				-750
（一）短期贷款				-750
（二）中长期贷款				
（三）信托贷款				
其中：中长期信托贷款				
（四）委托贷款				
（五）融资租赁				
（六）票据融资				
其中：贴现				
（七）各项垫款				
（八）境外筹资转贷款				
二、信托投资				
（一）短期信托投资				
其中：境外				
（二）中长期信托投资				
其中：境外				
三、投资				
（一）购买有价证券				
其中：购买境外有价证券				
（二）其他投资				
其中：投资境外				
四、证券业务占款				
五、经营租赁				
六、买入返售证券				
七、应收及预付款项	598		598	1
其中：应收及预付利息	81		81	
八、存放中央银行				
其中：缴存准备金				
九、存放同业				-1
其中：存放境外同业				
十、拆放同业				
其中：拆放境外同业				
十一、库存现金				
资金运用总计	598	0	598	-750

以上统计表制表单位：人行营业管理部调查统计处。

表3－31　2004年12月31日北京市银行卡发卡量和

单位名称	发卡量	借记卡	准贷记卡	贷记卡	其中，“银联”标识卡	其中，银联标准卡6字头	银行网点数	自助银行数	自助缴费终端		自助存款机数	自助存取款机		
									总数	其中，开通跨行转账		总数	其中，开通跨行转账	其中，受理外卡
邮储	4 704 437	4 704 437	0	0	1 769 206	0	452	0	40	0	0	0	0	0
工行	10 797 246	10 580 493	197 801	18 952	4 404 815	0	538	0	0	0	0	27	0	0
农行	5 157 934	5 079 096	74 928	3 910	3 956 392	0	361	27	100	0	0	27	0	0
中行	2 505 559	2 126 580	378 979	0	1 537 078	0	202	28	0	0	0	0	0	0
建行	6 798 729	6 560 199	238 530	0	3 343 271	10 188	341	24	0	0	50	0	0	0
交行	2 468 160	2 466 278	79	1 803	1 927 777	79	77	53	82	0	0	53	53	11
中信	979 716	961 809	0	17 907	763 984	0	26	12	1	0	12	6	6	0
光大	1 406 260	1 406 260	0	0	776 260	0	29	23	282	282	0	32	0	0
华夏	733 019	733 019	0	0	293 190	0	30	21	0	0	20	6	6	6
民生	3 382 788	3 382 788	0	0	2 270 000	0	38	53	0	0	37	16	16	0
广发	382 494	195 800	0	186 694	148 169	0	22	12	0	0	0	18	18	18
深发	241 847	241 847	0	0	197 061	0	12	0	0	0	2	0	0	0
招行	2 768 350	2 768 350	0	0	575 212	362 088	28	33	124	0	41	50	0	0
兴业	362 555	362 555	0	0	339 772	0	21	2	0	0	0	2	2	0
浦发	595 102	324 345	270 757	0	219 397	0	21	2	21	0	3	34	34	0
北京银行	2 569 417	2 569 417	0	0	1 557 281	0	117	32	120	120	29	0	0	0
廊坊商行	4 253	4 253	0	0	4 253	4 253	20	1	0	0	1	0	0	0
农信社	946 619	946 619	0	0	946 619	946 619	699	0	65	0	0	0	0	0
合计	46 804 485	45 414 145	1 161 074	229 266	25 029 737	1 323 227	3 034	323	835	402	195	271	135	35

说明：以上数据均由各银行上报数据汇总而成，为截至2004年12月31日的累计数据。

机具的时点统计

单位:张/个/台

ATM 取款机情况				本行商户情况				直联商户情况	本行 POS 情况			直联 POS 数
总数	其中,入网数	其中,开通跨行转账	其中,受理外卡	总数	入网数	其中,受理外卡	其中 MIS 商户	直联结算商户	总数	其中,入网数	其中,受理外卡	
181	181	0	0	0	0	0	0	2	419	0	0	0
941	941	0	700	3 689	3 689	0	17	732	6 666	6 666	4 902	0
382	382	0	205	1 973	1 973	1 485	2	4 410	2 995	2 995	2 007	5 668
353	353	0	353	5 211	5 211	5 211	6	303	6 909	6 909	6 909	406
458	458	0	189	3 641	3 641	1 751	3	398	5 605	5 605	1 975	398
211	211	211	11	1 030	1 030	160	3	205	1 030	1 030	362	205
33	33	33	0	592	249	343	4	292	366	305	306	0
68	68	0	0	47	47	0	0	235	47	47	0	293
139	139	139	0	114	114	0	0	132	196	196	0	296
177	177	177	0	396	396	0	0	345	347	347	0	456
19	19	19	19	0	0	0	0	200	0	0	0	210
24	24	24	0	0	0	0	0	79	0	0	0	415
146	146	0	146	661	661	0	0	239	932	932	0	322
23	23	23	0	0	0	0	0	155	0	0	0	249
31	31	31	0	88	88	0	0	136	90	90	0	196
285	285	285	231	88	88	26	3	389	684	684	52	470
17	17	0	0	0	0	0	0	8	0	0	0	8
222	222	222	0	0	0	0	0	1 615	0	0	0	2 084
3 710	3 710	1 164	1 854	17 530	17 187	8 976	38	9 875	26 286	25 806	16 513	11 676

制表单位:中国银联北京分公司。

表 3－32 2004年中国人民银行发行普通纪念币一览表

名 称	发行日期	图案		材质	尺寸（毫米）	面额(元)	发行数量（万枚）
		正面	背面				
2004年贺岁普通纪念币	2004年1月6日	中国人民银行行名、面额、年号	身穿中国传统服饰的小男孩放风筝及“甲申”字样	黄铜合金	Φ25×1.9	1	1000
中国宝岛台湾——日月潭	2004年5月10日	国徽、国名、年号	日月潭光华岛及群山、热带植物、水鸟图案、面额	黄铜合金	Φ30×2.5	5	1000
中国宝岛台湾——鹅銮鼻	2004年5月10日	国徽、国名、年号	鹅銮鼻大灯塔图案、面额	黄铜合金	Φ30×2.5	5	1000
邓小平诞辰100周年	2004年8月22日	四川广安邓小平故居、国名、面额、年号	邓小平侧面肖像	钢芯镀镍	Φ25×1.85	1	1000
人民代表大会成立50周年	2004年9月9日	国徽、国名、年号	人民大会堂图案、面额	钢芯镀镍	Φ25×1.85	1	1000
世界文化遗产——苏州古典园林	2004年11月8日	国徽、国名、年号	主景为拙政园，背景为亭台楼阁、泉石花木，面额	黄铜合金	Φ30×2.5	5	600
世界文化遗产——周口店“北京人”遗址	2004年11月8日	国徽、国名、年号	主景为“周口店北京人”复原像，背景为周口店龙骨山北京人遗址，面额	黄铜合金	Φ30×2.5	5	600

制表单位：北京市钱币学会。

（四）机构、人员统计

北京市中资银行及其他金融机构数量与从业人员统计

单位：人/机构（个）

金融管理机构：

机构名称	市级机构数量	二级分行	支行	科级支行	分理处	储蓄所	其他	职工人数
人行营业管理部	1							465
中国银监会北京银监局	1							199
中国证监会北京证监局	1							52
中国保监会北京保监局	1							35
农发行北京分行	1		13					372
工行北京分行	1	35	85		145	441		15 858
农行北京分行	1		22	43	169	127		6 710
中行北京分行	1		173		5	23		4 490
建行北京分行	1		24	107	6	220		9 706
交行北京分行	1			78				2 144
招行北京分行	1			27				1 167
浦发银行北京分行	1			20				747
广发银行北京分行	1			22				682
兴业银行北京分行	1			21				401
深发银行北京分行	1			12				425
中信实业银行北京分行	1			27				846
光大银行北京分行	1			29				829
华夏银行北京分行	1			30				872
民生银行北京分行	1			39				921
北京银行	1		118					3 610
市农信社联社及农信社	1		15（区县联社）					6 884
北京邮政储汇局	1		17			452		3 633
财务公司								
信托公司								

注：该表根据北京银监局“2004年12月31日辖内金融机构网点统计表”，并参考各金融机构业务综述整理。

九、附　　录

（一）北京市中资银行、证券、保险机构名录

（截至2004年12月31日）

1. 金融管理机构

中国人民银行营业管理部

主　任： 韩　平（女）
副主任： 刘春明
韩世群
李文辉（1月17日任）

纪委书记、监察专员： 温克勤
监管专员： 杨伟中
地　址：北京市西城区月坛南街79号
邮　编：100045
电　话：68559027
传　真：68559023

国家外汇管理局北京外汇管理部

主　任： 韩　平（女）
副主任： 刘春明
地　址：北京市海淀区莲花池东路39号西金大厦
邮　编：100036
电　话：63988081
传　真：68559914

中国银行业监督管理委员会北京监管局

局　长： 赖小民
副局长： 于丛林
任永光
杨丽萍（女，10月27日任）
向世文（10月27日任）
纪委书记： 张中奇
地　址：北京市西城区百万庄大街甲39号
邮　编：100037
电　话：68559727
传　真：68559726

中国证券监督管理委员会北京监管局（原中国证券监督管理委员会北京证券监管办事处，2004年4月更名）

局　长： 张新文
副局长： 孙才仁
王佰川
吴汉华
局长助理： 杨　琳
地　址：北京市西城区金融大街33号B座10层
邮　编：100032
电　话：88088060
传　真：88088012

中国保险监督管理委员会北京监管局（原中国保险监督管理委员会北京办事处，2004年2月6日更名）

副局长：丁小燕（女）
傅安平
朱　艺（女，6月23日任）
地　址：北京市西城区金融大街15号鑫茂大厦北楼10层（2005年5月迁入该地址）
邮　编：100032
电　话：66060530
传　真：66060531

2. 银行

中国农业发展银行北京市分行

行　长：孔宪勇
副行长：左　志
龚　超（2月11日任）
陈小强
纪委书记：左　志（兼）
总行正厅级党风巡视员：蔡淑英
副行级巡视员：邓建平
地　址：北京市西城区月坛北街甲2号
邮　编：100045
电　话：68081842
传　真：68081036

中国工商银行北京市分行

行　长：李晓鹏
副行长：阎小平
孙德顺
程继光（11月29日免）
龚　萍（女）
沈如军
王金山
纪委书记兼工委主任：张友芬（女）
地　址：北京市西城区复兴门南大街2号（天银大厦B座）
邮　编：100031
电　话：66410055
传　真：66410579

中国农业银行北京市分行

行　长：李兴奇
副行长：闵　玮（女）
孟福增
董福海（4月28日任）
纪委书记：李占才
行长助理：孙学文（11月26日任）
陈英顺（女，11月26日任）
地　址：北京市西城区展览馆路5号
邮　编：100037
电　话：68358266
传　真：68350495

中国银行股份有限公司北京市分行（原中国银行北京市分行，2004年8月26日更名）

行　长：赵世刚
副行长：唐新宇（女，1月6日任，10月27日免）
龚国瑞（女，5月9日免）
赵　濛
肖　伟

梅非奇

总稽核：许金锹

行长助理：蒋月宝

地　址：北京市朝阳区雅宝路8号

邮　编：100020

电　话：65199114

传　真：65199368

中国建设银行股份有限公司北京市分行（原中国建设银行北京市分行，2004年9月21日更名）

行　长：张　民

副行长：曾见泽

秦仁文

梁　军

方秋月

龚　毅

纪委书记：董建恒

工会主任：王若梅（女）

总审计师：赵克义

行长助理：刘步其

地　址：北京市宣武区宣武门西大街28号楼4门

邮　编：100053

电　话：63603664

传　真：63603656

交通银行北京分行

行　长：王　滨

副行长：果雪英（女）

高一兵（女）

刘建军

周　妍（女，12月30日免）

纪委书记：果雪英（女，兼）

总行巡视员：武家祥（11月18日免）

地　址：北京市西城区金融街33号通泰大厦A座

邮　编：100032

电　话：66101616

传　真：88086008

招商银行北京分行

行　长：尹凤兰（女）

副行长：杨　宾

郭海霞（女）

王　良

倪　纯（8月11日任）

行长助理：李　锋（4月7日任）

刘加隆（4月7日任）

地　址：北京市西城区复兴门内大街156号A座

邮　编：100031

电　话：66426889

传　真：66426889

上海浦东发展银行北京分行

行　长：马宝喜（1月20日免）

刘　柳（女，1月20日任）

副行长：李永昌

颜东明

行长助理：杨式雷（1月20日任）

郑　榕（女，1月20日任）

地　址：北京市东城区东四十条68号

邮　编：100007

电　话：84085556/57

传　真：84086499

全国统一特服热线：95528

网　址：www.spdb.com.cn

广东发展银行北京分行

行　长： 张庆修
副行长： 宋洪耀（3月10日免）
王亚伦（女，3月10日免）
江友青
刘福泉（7月19日任）
赵　勇（7月19日任）
蔡红兵（7月19日任）
纪委书记： 刘晓林
行长助理： 徐兆胜（3月12日任）
张荣森（3月12日任）
地　址：北京市东城区东单大华路2号
邮　编：100005
电　话：65269966
传　真：65266728

兴业银行北京分行

行　长： 蒋云明
副行长： 王青云
梁平瑞
薛鹤峰
纪委书记： 王国庆
地　址：北京市朝阳区安贞西里三区11号
邮　编：100029
电　话：64429988
传　真：88392519

深圳发展银行北京分行

行　长： 万安培
副行长： 王新宇
吴正章
王　玮
李上河
行长助理： 孙安琴（4月28日任）
地　址：北京市西城区复兴门内大街158号远洋大厦F5层
邮　编：100031
电　话：66421666
传　真：66421688

中信实业银行总行营业部

总经理： 张　强
副总经理： 张立明
孙建林
总经济师： 徐聿璠（女）
总经理助理： 于　蓉（女）
夏飞跃（7月26日免）
李　冬（7月26日免）
沈国勇（11月1日任）
杨　晓（女，11月1日任）
李　欣（11月1日任）
地　址：北京市西城区金融大街甲27号投资广场A座
邮　编：100032
电　话：66219988
传　真：66211770

中国光大银行总行营业部

主　任： 张华宇
副主任： 赵小平（10月19日免）
冷　晨（3月8日免）
周兆金
王　琳（12月14日任）
陈金良（12月14日任）
地　址：北京市西城区宣武门内大街1号

邮　编：100031
电　话：66567410
传　真：68567411

华夏银行总行营业部

总经理： 叶望春
副总经理： 涂　超
李学平（10月9日任）
魏开文（8月2日免）
总经理助理： 李印波
党组成员： 郭占彬（11月8日任）
地　址：北京市西城区金融大街11号北京国际金融中心
邮　编：100034
电　话：58598600
传　真：58598603

中国民生银行北京管理部

总经理： 梁玉堂
副总经理： 杨　毓
王玉杰（3月12日免）
张金顺
肖瑞彦（1月8日任）
刘娅玲（女，1月8日任）
师黎明（3月12日任）
地　址：北京市西城区复兴门内大街2号
邮　编：100031
电　话：58560088
传　真：58560001

北京银行股份有限公司（原北京市商业银行，2004年10月26日更名）

董事长： 阎冰竹
副董事长： 史　元
行　长： 严晓燕（女）
副行长： 刘　琛
赵瑞安
刘建民
地　址：北京市复兴门内大街156号北京国际金融大厦D座
邮　编：100031
电　话：66426500，96169
传　真：66426519

3. 非银行金融机构

北京市农村信用合作社联合社

理事长： 陈翰林
副理事长： 陆　萍（5月13日任）
主　任： 付东升
副主任： 姜　朝（5月13日任）
阮明月（5月13日任）
张　斌（5月13日任）
王耀辉
王　健
总稽核： 郑瑞泉（5月13日任）
纪委书记： 阮明月（兼）
主任助理： 白晓东
肖　冕
地　址：北京市西城区阜成门内大街410号（2005年7月11日迁入该地址）
邮　编：100034
电　话：66506239
传　真：66051709

北京国际信托投资有限公司

董事长： 刘建华

副董事长、总经理： 王晓龙
董事、纪检委书记： 殷　捷（4月21日任）
副董事长： 杨　实
董　事： 吕凤春
董事、副总经理： 肖　伟
副总经理： 肖丽娟（女）
周瑞明
董　　事： 栾京亮
总经济师： 时宝东
总会计师： 吴　剑（女，6月30日任）
地　址：北京市朝阳区安定路5号北京金融信托大厦C座
邮　编：100029
电　话：64436553
传　真：64436551

中国银联股份有限公司北京分公司

总 经 理： 宋汉石
副总经理： 吴颖秋（女）
韩　平（5月8日任）
地　址：北京市宣武区右安门内新安南里甲1号
邮　编：100054
电　话：83554651、83554652

北京邮政储汇局

局　长： 戴　成（6月11日免）
周毅明（6月11日任）
书　记： 戴　成（6月11日任）
副局长： 王海林（10月15日免）
刘志军（女）
总工程师： 徐兴晔（10月15日任）
总稽查： 潘　虹（女）
局长助理： 徐兴晔（10月15日免）
地　址：北京市丰台区莲花池东路126号
邮　编：100055
电　话：63986666
传　真：63986805

中国华融资产管理公司北京办事处

总经理： 徐肇宏
副总经理： 付　颀
郭京华（12月28日任）
地　址：北京市西城区阜成门内大街293号
邮　编：100034
电　话：66511186
传　真：66511257

中国长城资产管理公司北京办事处

总经理： 张记山
副总经理： 赵振江
毛墨堂
地　址：北京市朝外工体路东2号
邮　编：100020
电　话：65530318
传　真：65528808

中国东方资产管理公司北京办事处

总经理： 张晓昌
副总经理： 丁　源（女）
李美英（女）
孙军建
地　址：北京市崇文区崇文门外大街44号
邮　编：100062
电　话：67165566

传　真：67177515

中国信达资产管理公司北京办事处

主　任：赵　毅（5月18日免）
左凤高（5月18日任）
主任助理：段晓军
地　址：北京市朝阳区安华西里二区18楼
邮　编：100011
电　话：64269951
传　真：64269951

4. 证券公司

中国银河证券有限责任公司北京管理部

总经理：霍肖宇（女）
副总经理：朱跃辉
地　址：北京市西城区月坛南街丙1号
邮　编：100045
电　话：68033583
传　真：68033570

华夏证券股份有限公司

董事长：周济谱（6月25日免）
黎晓宏（6月25日任）
副董事长：程炳仁
冯国熙
周幼芳
副总裁：冯　征
谢朝斌
王嘉川
总会计师：董　锋
总工程师：周志钢
地　址：北京市东城区朝内大街188号
邮　编：100010
电　话：65178899

北京证券有限责任公司

董事长：卢克群（2月13日免）
凌新源（2月13日任）
副董事长、总裁：周康荣（2月13日免）
樊大志（2月13日任）
副董事长：方建一
党委副书记：田博龄
纪委书记、工会主席：葛华立
副总裁：余　杰
王　斌
余际庭
地　址：北京市海淀区车公庄西路乙19号华通大厦B座
邮　编：100044
电　话：68431166
传　真：88018697

首创证券有限责任公司

董事长：俞昌建
总经理：吴　涛
地　址：北京市东城区东中街29号东环广场B座写字楼4层
邮　编：100027
电　话：64181155
传　真：64182385

中关村证券股份有限公司

董事长：段永基
副董事长、总裁：刘　波

副总裁：胡　强
　　　　谢一平
投资总监：刘　书
发展总监：吴小辉
地　址：北京市朝阳区裕民路12号中国国际科技会展中心B座11层
邮　编：100029
电　话：82029888
传　真：82254321

中国科技证券有限责任公司

董事长兼总裁：张　钢
常务副总裁：顾伟国
副总裁：王邦志
　　　　孙小钢
纪委书记：张　沛
地　址：北京市朝阳区安立路101号名人广场28－30层
邮　编：100101
电　话：84836688
传　真：84838454

5. 保险公司

中国人民财产保险股份有限公司北京市分公司

总经理：郭生臣
副总经理：乔卫兵
　　　　李　莎（女）
　　　　李　萌（2月24日免）
纪委书记：李　莎（女）
总经理助理：谷　伟
地　址：北京市朝阳区朝外市场街20号
邮　编：100020
电　话：85635001
传　真：85614438

中国人寿保险股份有限公司北京市分公司

总经理：黄俊光
副总经理：青　戈
　　　　郑　成
　　　　杨爱萍（女）
　　　　梅国洪
总经理助理：王南生
纪委书记：孙　宁（女）
地　址：北京市朝阳区朝外市场街20号中保大厦
邮　编：100020
电　话：85615141
传　真：85615140

中国太平洋财产保险股份有限公司北京分公司

总经理：李宝利
副总经理：张世萍（女）
　　　　杨德晔
　　　　陈金秋（1月20日免）
总经理助理：陈　辉
　　　　方　向
地　址：北京市西城区复兴门内大街158号远洋大厦F6层
邮　编：100031
电　话：66428888
传　真：66414787

中国太平洋人寿保险股份有限公司北京分公司

总经理：李洪林

副总经理：王　文
总经理助理：关海涛
　　方雪梅（6月30日任）
地　址：北京市西城区复兴门内大街158号远洋大厦F6层
邮　编：100031
电　话：66418855（总机）、66416085
传　真：66416141

中国平安财产保险股份有限公司北京分公司

总经理：骆　鹏
副总经理：李志静（女）
　　王小兵
总经理助理：张　明
　　刘　铮
地　址：北京市西城区金融街23号
邮　编：100032
电　话：66210437
传　真：66210447

中国平安人寿保险股份有限公司北京分公司

总经理：朱仲群
副总经理：张毅红（女）
　　李　静（女）
　　高　菁
　　周爱工
总经理助理：谢爱华（女，8月9日任）
　　郭志勇（8月9日任）
　　卢振宇（8月11日任）
地　址：北京市西城区金融街23号平安大厦
邮　编：100032
电　话：66226688，95511
传　真：66210510

新华人寿保险股份有限公司北京分公司

总经理：马健平（3月25日免）
　　林克屏（3月25日任，7月26日免）
　　徐永清（7月26日任，11月18日免）
　　刘亦工（11月18日任）
副总经理：孟朝霞（女，3月25日任）
　　王佰玲（女）
　　田朝林（9月28日免）
　　李志宣（11月30日任）
地　址：北京市丰台区莲花池西里8号新华保险大厦
邮政编码：100073
电　话：63903399（总机）、63903190
传　真：63958906

泰康人寿保险股份有限公司北京分公司

总经理：苗　力
副总经理：王丽莉
　　傅　华
　　王　洋（9月30日任）
助理总经理：李建宁（6月21日任）
地　址：北京市西城区复兴门内大街156号泰康人寿大厦
邮　编：100031
电　话：66428866
传　真：66426406

华泰财产保险股份有限公司北京分公司

总经理： 臧家瑞（4月29日免）
马鲁明（4月29日任）
总经理助理： 周勇钢
李　巍
地　址：北京市宣武区南滨河路1号高新大厦
邮　编：100055
电　话：63370088
传　真：63370081

太平保险有限公司北京分公司

总经理： 边　勇
副总经理： 黄　骏
助理总经理： 张稚华（女，3月1日免）
彭　力
徐　瑛（女，1月1日任）
地　址：北京市海淀区北四环中路238号柏彦大厦6层
邮　编：100083
电　话：82326060
传　真：82335125

太平人寿保险有限公司北京分公司

总经理： 谢　忠
副总经理： 郑庆红（女）
助理总经理： 周永政（12月30日任）
地　址：北京市东长安街1号东方广场东方经贸城E3座五层
邮　编：100738
电　话：85185665
传　真：85180169

中国大地财产保险股份有限公司北京分公司

总经理： 张淮利（女）
副总经理： 刁粤生
刘宝雷
毕　欣
彭　钊
地　址：北京市海淀区中关村南大街2号数码大厦B座16层
邮　编：100086
电　话：82515533
传　真：82512100

中华联合财产保险公司北京分公司

总经理： 刘显龙
副总经理： 王　钢
总经理助理： 林　斌
地　址：北京市朝阳区安贞西里3区26号浙江大厦九层
邮　编：100029
电　话：64412800（总机）、64452612
传　真：64452504

天安保险股份有限公司北京分公司

总经理： 袁定国
地　址：北京市海淀区西三环北路100号金玉大厦22层
邮　编：100037
电　话：68423636
传　真：68423700

华安财产保险股份有限公司北京分公司

总经理：谢　春（1月14日任）
党委书记：李吉宁
副总经理：许光利（1月14日任）
总经理助理：李云峰（1月14日任）
地　址：北京市东城区灯市口大街50号新中原大厦7层
邮　编：100006
电　话：65236288
传　真：65231160

永安财产保险股份有限公司北京分公司

总经理：张海峰（3月29日免）
苑　为（3月29日任）
地　址：北京市朝阳区北三环东路28号易亨大厦15层
邮　编：100013
电　话：64405558
传　真：64405096

民生人寿保险股份有限公司北京分公司

总经理：曹建范（8月10日任）
总经理助理：郭稚民（10月8日任）
刘长标（10月8日任）
地　址：北京市朝阳区朝外大街20号联合大厦2层
邮　编：100020
电　话：65880009、65886669
传　真：65889887

6. 保险中介机构

在京保险代理公司

公司名称	地　址	负责人
北京安邦保险代理有限责任公司	西城区六铺炕街1号1层	吴昌侠
北京国民保险代理有限责任公司	海淀区苏州街31号	陈建国
北京国泰保险代理有限责任公司	朝阳区工体北路幸福一村甲55号	李舒冬
北京康平保险代理有限责任公司	朝阳区曙光西里甲5号凤凰苑B1－303	刘　伟
北京恒信保险代理有限公司	朝阳区芍药居北里305楼203－204#	黄敏清
北京安平保险代理有限公司	西城区南草厂街甲11号长城写字楼四层	侯少林
北京君安保险代理有限公司	朝阳区大屯安慧北里逸园甲16#世纪龙都国际公寓26层	蔡成立

北京阳光三泰保险代理有限公司	海淀区三里河路21号甘家口大厦8层807室	李春燕
北京信安保险代理有限公司	西城区阜城门外大街2号万通新世界广场B座1811室	季成
北京银华同邦保险代理有限公司	宣武区宣武门西大街28号大成广场9门19层	杨晓斌
北京万和保险代理有限公司	朝阳区干杨树甲16号综合楼二单元601、602室	周严
北京怡达保险代理有限公司	东城区东方广场E2座1705室	蓝岚
北京泛联保险代理有限公司	朝阳区呼家楼向军南里二巷甲5号（雨霖大厦7层）	吴云涛
北京太和瑞安保险代理有限公司	朝阳区青年沟23号安源大厦3层3C室	周瑞琪
北京开诚保险代理有限公司	海淀区冠城北园2号楼9F	周伟
北京嘉信保险代理有限公司	东城区东四北大街天海商务大厦A座211－219室	陈宁宁
北京诚信保险代理有限公司	朝阳区东三环中路25号住总大厦1207室	张海荣
北京信安诚保险代理有限公司	朝阳区东三环北路2号南银大厦2502室	郑胜
北京中邦保险代理有限公司	海淀区知春路希格玛公寓B座203室	韩勇
北京中安保险代理有限公司	东城区东交民巷乙23号一层	唐国维
北京诚成保险代理有限公司	宣武区宣武门外大街6号庄胜广场北办公楼907室	焦瑞杰
北京国人保险代理有限公司	东城区建内大雅宝路胡同8号雅宝公寓东楼1303室	王玉平
北京京安保险代理有限公司	西城区西直门南小街国英1号427	王会军
北京宏安信保险代理有限公司	海淀区中关村东路18号财智国际大厦A座1201室	邹晓红
北京阳光保险代理有限公司	朝阳区惠新西街18号罗马花园D－1601	喻晖
北京富邦保险代理有限公司	朝阳区平乐园201楼三门103室	李向兵
北京安康加业保险代理有限公司	丰台区南三环东路6号嘉业大厦B座1803室	安庆民
北京平和保险代理有限公司	西城区阜外大街7号国投大厦529室	白滨
北京泰洋保险代理有限公司	朝阳区吉庆里6号楼佳汇中心B座407号	马驰
北京宏安保险代理有限公司	海淀区世纪城（远大园）3区1号楼15D	杜效东
北京国恒保险代理有限公司	西城区德外大街73号北楼2层	陈德清
北京信泰保险代理有限公司	海淀区昌运宫4号豪柏公寓B1－701室	唐在洪
北京华盛保险代理有限公司	西城区车公庄大街甲4号物华大厦A1702	李荃

北京九州康达保险代理有限公司	朝阳区东三环南路17号京瑞大厦B座9A	张文志
北京益远保险代理有限公司	西城区阜外北营房东里13号今儒大厦B座416室	王晓慧
北京恒泰保险代理有限公司	朝阳区秀水街1号建国门外外交公寓8-2-43	吴建斌
北京维嘉德保险代理有限公司	朝阳区光华路丙12号2205房间	李松坚
北京东方华安保险代理有限公司	西城区月坛北街2号月坛大厦A座15层1508室	杨国范
北京国信保险代理有限公司	海淀区中关村南大街甲33号科贸中心329室	王永庆
北京旭日保险代理有限公司	朝阳区东三环南路58号富顿中心A座606室	金文旭
北京德缘保险代理有限公司	经济技术开发区宏达北路10号万源商务中心一层C区101-102室	王媛
北京格林保险代理有限公司	西城区车公庄大街3号5层	
北京成达保险代理有限公司	西城区大后仓21号405-408室	高锦然
北京隆盛保险代理有限公司	海淀区万柳中路锋尚国际公寓C座101室	李萍
北京康泰保险代理有限公司	东城区鼓楼外大街52楼212房	乔淑月
北京国济保险代理有限公司	海淀区中关村南大街5号理工科技大厦1805室	崔军英
北京民众保险代理有限公司	朝阳区北四环中路6号华亭嘉园F座24C	邱忠毅
北京普泰保险代理有限公司	朝阳区东三环北路2号南银大厦8层811	郝峰
北京嘉和永安保险代理有限公司	东长安街1号东方广场W1办公楼9层906C室	骆达
北京世纪隆盛保险代理有限公司	海淀区板井路69号世纪金源国际公寓东区10H	方贤明
北京华诚保险代理有限公司	海淀区中关村东路18号才智国际大厦C座607室	陈再华
北京瑞信保险代理有限公司	朝阳区北四环东路108号千鹤家园3号楼504室	杨啸雷
北京联众保险代理有限公司	海淀区新街口外大街19号北京师范大学国际学术交流中心9415室	崔福山
北京德信保险代理有限公司	朝阳区安慧里四区16号化工大厦916室	张奇颖
北京金康保险代理有限公司	海淀区五孔桥鑫荣泉大厦308-310室	李萍
北京国诚国际保险代理有限公司	东城区东交民巷丙23号楼5楼	程如光

北京京恒福保险代理有限公司	东城区和平里东街15号航天物资大厦309室	张慧
北京至信至和保险代理有限公司	海淀区北三环中路57号远望楼宾馆4层400、402、404室	李星
北京三众保险代理有限公司	海淀区魏公村街1号韦伯豪家园3号楼3单元3A02号	李世献
北京建安保险代理有限公司	宣武区广莲路甲5号（建设大厦10层1004室）	蔡金辉
北京桂隆保险代理有限公司	朝阳区东三环南路54号院-7-301	李伟
北京中逸保险代理有限公司	海淀区中关村大街27号中关村大厦11层1116、1117室	兰冰
北京铭泰保险代理有限公司	朝阳区北苑路172号欧陆经典20号1205室	左继春
北京未然保险代理有限公司	朝阳区慧忠北里304号楼1103室	穆赵军
北京亿都川保险代理有限公司	朝阳区金台路甜水园东街2号甜水园商务中心A座2层207室	何博远
北京广安保险代理有限责任公司	平谷区平谷镇谷丰东路8号	王春光
北京新民安保险代理有限公司	海淀区学清路16号学知轩1407室	虞坚
北京开元保险代理有限公司	海淀区双榆树青年公寓554室	钱晓青
北京天地保险代理有限公司	海淀区中关村北二条13号中科科仪5-309	史秀珍
北京厚泽保险代理有限公司	朝阳区安贞里二区1号楼411、415室	刘新梅
北京万家保险代理有限公司	海淀区阜成路115号北京印象1号楼205房间	陈朔
北京天泽安泰保险代理有限责任公司	宣武区儒福里40号南楼418室	王丽
北京泛华保险代理有限公司	朝阳区向军南里2巷甲5号雨霖大厦7层	龙雨波
北京迪卡保险代理有限公司	海淀区清华东路中国农业大学东校区科贸楼D座202、203号	张杰
北京华晨保险代理有限公司	海淀区厂洼路5号东点写字楼A8405室	刘克鸣
北京海亚保险代理有限公司	朝阳区亚运村安慧北里秀园15号6层	范玉荣
北京泰鑫保险代理有限公司	丰台区南三环中路70号南曦大厦D座2305室	王楠
北京恒信伟业保险代理有限公司	丰台区马家堡东路71号立业大厦1009室	王韩宾

北京煜堡钧保险代理有限公司	朝阳区安定门外安华西里一区12号楼436室	曲维玲
北京华夏众安保险代理有限责任公司	朝阳区建外郎家园甲10号百事和大厦407室	韩丹
北京双诚保险代理有限公司	崇文区忠实里南街6号楼3单元603室	程伟红
北京市金诚华夏保险代理有限公司	丰台区丰台路口61号广丰宾馆4层	王亚军
北京富民保险代理有限公司	海淀区北三环西路48号北京科技会展中心一期公寓1号楼A座20D房间	刘军
北京华邦保险代理有限公司	朝阳区小营路17号金盟大厦三层305、306室	郭勤

在京保险经纪公司

公司名称	地　址	负责人
达信保险与风险管理咨询有限公司	东城区建国门外大街1号国贸大厦1座35层	曾力行
华泰保险经纪有限公司	朝阳区东三环北路5号发展大厦8层805－809室	刘建英
江泰保险经纪有限公司	海淀区新街口外大街19号北京师范大学国际学术交流中心京师大厦7层	沈开涛
北京联合保险经纪有限公司	海淀区中关村大街35号13层	李建聪
北京联合保险经纪有限公司北京分公司	宣武区白广路18号院西楼4层	王凯
民生保险经纪有限公司	东三环北路2号南银大厦22层10－12室	吴汝江
新时代保险经纪有限公司	海淀区花园路7号	李杰
华盛保险经纪有限公司	建国门外大街21号北京国际俱乐部122室	申英伟
加安保险经纪有限公司	海淀区成府路45－1号清华园宾馆（密云县河南寨镇滨河工业开发区）	贾廷战
北京天和保险经纪有限公司	朝阳区北土城西路7号国恒基业大厦F座802室	庞虹南
北京世纪保险经纪有限公司	西城区金融大街33号通泰大厦B座	欧阳文安
北京中鼎保险经纪有限公司	西城区前井胡同7号潍坊市人民政府驻北京联络处	宋延均
北京格林保险经纪有限公司	西城区金融大街27号投资广场B20层2006室	王拴红
北京环球保险经纪有限公司	西城区西直门内南小街国英一号516、518	李硕

五洲（北京）保险经纪有限公司	东城区东长安街1号东方广场东二座1704－5A	戴询
北京安鼎龙保险经纪有限公司	朝阳区裕民路12号中国国际科技会展中心C901	王厚杰
将军保险经纪有限公司	朝阳区劲松三区甲302号	安郁厚
康桥保险经纪有限公司	朝阳区东三环中路39号建外SOHO 902室	宋执旺
竞盛保险经纪股份有限公司	宣武区庄胜广场西翼写字楼901、938室	周明春
华信保险经纪有限公司	海淀区中关村南大街乙56号方圆大厦写字楼6层	陈飞虎
北京新世界保险经纪有限公司	崇文区崇文门外大街3号新世界南办公楼916B室	王信
新华保险经纪有限公司	丰台区莲花池西里8号新华保险大厦21层	周景林
金安保险经纪有限公司	海淀区阜城路北三街8号轻苑大厦A座六层	王劲松
北京天道保险经纪有限公司	朝阳区裕民路12号中国国际科技会展中心B座10层1008室	刘书
北京德圣保险经纪有限公司	朝阳区广渠门外大街8号优士阁A座1108室	唐诚
联储（北京）保险经纪有限公司	西直门外大街甲143号凯旋大厦A座2层215、216室	王同田
华旅（北京）保险经纪有限公司	朝阳区延静里中街3号院5号楼308室	荣乐乐
扬子江保险经纪有限公司	朝阳区慧忠北里109号楼1607室	甘树烨
北京汇丰保险经纪有限公司	东城区东长安街1号东方广场E2座912室	秦祥东
北京信德保险经纪有限公司	西三环北路50号豪柏国际公寓A1座2402、2403房	王家明
北京长润保险经纪有限公司	朝阳区安立路56号九台2000家园1号楼802室	黄文彬
北京安和保险经纪有限公司	海淀区人济山庄1号楼3层（变海淀区西三环北路11号为公商务中心C2座108）	顾云飞
宏达通泰保险经纪（北京）有限公司	海淀区车公庄西路甲19号华通大厦8层828房间	徐虹
方胜保险经纪有限公司	朝阳区朝阳门南大街14号外企办公楼330室	韩敬民
北京中体保险经纪有限公司	崇文区天坛东路50号国家体育总局训练局院内	魏纪中

北京华融保险经纪有限公司	建国门外大街永安里8号华彬国际大厦6层	史风玲
北京华夏保险经纪有限公司	东城区鼓楼外大街45号中国工人出版社综合楼一层北面	薛文平
北京东方华信保险经纪有限公司	西城区月坛北街2号月坛大厦A座	杨国范
天勤保险经纪（北京）有限公司	朝阳区东三环南路17号京瑞大厦B座公寓9层E、F单元	郑辉
北京中荣保险经纪有限公司	朝阳区石佛营西里23号楼2层	何宝荣
北京金永泰保险经纪有限公司	海淀区西八里庄北里56号院西钓鱼台庄园3号楼4门401房间	陈平
北京百合保险经纪有限公司	海淀区西三环北路100号北京金玉大厦12层06单元	庞涛
北京亚泰胜达保险经纪有限公司	西城区金融街通泰大厦C座703室	李时峰
北京永诚保险经纪有限公司	海淀区中关村南大街2号北京科技会展中心银座803、903房间	王银荣
北京中金保险经纪有限公司	西城区金融大街19号富凯大厦B811A室	卓华
北京华育保险经纪有限公司	西城区二龙路甲33号新龙大厦三层	滕立梁
北京国中保险经纪有限公司	朝阳区光华路丙12号北京数码大厦1701室	王滕
百科联保险经纪（北京）有限公司	朝阳区首图东路5号御景园2号楼6E	刘建民
银河保险经纪（北京）有限责任公司	海淀区阜成路67号银都大厦5层	谢军
北京富诚保险经纪有限公司	西城区大觉胡同50号	李长山
北京东方时代保险经纪有限公司	海淀区中关村南大街乙56号方圆大厦15层	杨剑君
航联保险经纪有限公司	朝阳区东三环南路17号京瑞大厦公寓12层B、C单元	谭星禄
北京盛邦保险经纪有限公司	海淀区复兴路65号电信实业大厦804、806－808、810、812房间	曾万辉
北京安华保险经纪有限公司	朝阳区光华路2号阳光100E座2709室	岳治伟
民华保险经纪有限公司	海淀区西直门北大街46号时代之光名苑C座1101房间	范建华
北京东方保险经纪有限公司	宣武区双槐树小区甲一号楼5层	张元忠

中桥（北京）国际保险经纪有限公司	朝阳区东三环中路 39 号建外 SOHO 社区 8 号楼 1103 室	陈金秋
北京润德保险经纪有限公司	丰台区莲花池莲馨嘉园 A 栋 12 单元 1508	武贯群
中铁保险经纪有限责任公司	西城区金融大街 35 号国际企业大厦	周玉成
北京康信保险经纪有限公司	崇文区法华南里 1 号楼 204 室	李宇钢
中青（北京）保险经纪有限公司	丰台区科学城帝京路 1 号 1－21	孙大江
宜安（北京）保险经纪有限公司	海淀区永定路 4 号 A 院 3 号楼 215 室	裴漫玉
北京鑫恒保险经纪有限公司	西城区金融大街 27 号投资广场 A901	李仉军
国联（北京）保险经纪有限公司	朝阳区安立路阳光大厦 D3－402 室	高国宗
北京润盛保险经纪有限公司	朝阳区东方东路 8 号	李京生
北京中旭保险经纪有限公司	丰台区科学城海鹰路 5 号赛欧科技产业大厦 7 层	刘中华
华富（北京）保险经纪有限公司	西城区金融大街 35 号国际企业大厦 C 座 1739 号	贾红
北京明亚保险经纪有限公司	朝阳区吉庆里 9 号 10 号楼 3 单元 302 号	杨臣
北京亿霖保险经纪有限公司	朝阳区建外大街 19 号 1204 室	英晓明
北京金州高华保险经纪有限公司	朝阳区安立路 68 号阳光广场 B343	杨臣
北京天易保险经纪有限公司	海淀区魏公村 1 号韦伯豪家园 4 号楼 408	吴坚
北京正涛保险经纪有限公司	经济技术开发区大雄公寓 408、410 室	邹涛
北京中海保险经纪有限公司	顺义区府前中街顺义宾馆 A 座 6 层	陈树群
北京中天保险经纪有限公司	西城区月坛北街 26 号恒华国际商务中心 A 座 803 室	潘建忠
北京三元保险经纪有限公司	朝阳区南十里居 1 号 3 楼	曹京华
远通（北京）保险经纪有限公司	海淀区北三环西路 48 号北京科技会展中心 3 号楼 22B	谷军

在京保险公估公司

公司名称	地址	负责人
北京大陆保险公估有限公司	丰台区草桥东路 14 号 2 号楼 1 单元 1075 号	闫克温
北京正和保险公估有限公司	海淀区厂洼街 5 号东点写字楼 8404－8407 室	牟斌

北京合信保险公估有限公司	北三环东路30号中国建筑科学研究院主楼1906室	许杰峰
北京益中保险公估有限公司	西城区德胜门东滨河路11号国旅发展大厦2层203号	张学德
北京格林保险公估有限公司	西城区金融大街27号投资广场B20层2007室	王永智
北京天诺保险公估有限公司	朝阳区东土城路8号林达大厦A座6D	李昕月
北京龙源平泰保险公估有限公司	朝阳区鼎成路9号世纪宝鼎大厦A座702室	杨学义
北京泰浩保险公估有限公司	朝阳区建国路88号现代城A-2603	崔民选
竞胜保险公估有限公司	宣武区庄胜广场西翼写字楼9层919-920	周明春
北京华大保险公估有限公司	西城区白云路西里甲2号2层	刘若
北京华信保险公估有限公司	海淀区中关村南大街乙56号方圆大厦	彭兴宇
北京安泰恒达保险公估有限公司	海淀区民族大学西路58号	王进
北京天智保险公估有限公司	朝阳区小营路5号四方大厦809室	杨敏
北京天鼎衡保险公估有限公司	丰台区西三环南路甲6号国统宾馆1401室	丁明义
北京首证保险公估有限公司	西城区南草桥11号长城写字楼4层402	侯少林
北京安诚保险公估有限公司	朝阳区芍药居北里305号楼203室	黄敏清
北京中达信保险公估有限公司	西城区西直门南小街国英一号723室	单康军
北京君恒保险公估有限公司	崇文区珠市口东大街16号409室	郭波
仁祥保险公估（北京）有限公司	海淀区车公庄西路甲19号华通大厦7层716室	张旭波
北京天恒保险公估有限公司	海淀区北小马厂6号华天大厦2216室	李志华
北京永昌保险公估有限公司	东城区东交民巷丙23号五楼	
北京仁济和保险公估有限公司	海淀区民族学院南路9号416-419房间	薛蓓
民爱（北京）保险公估有限公司	朝阳区安定门外北辰东路8号	陈建中

7. 征信机构

机构名称	成立时间	法人（负责人）	单位性质
中国诚信信用管理有限公司	1992年10月	毛振华	内资
中诚信国际信用评级公司	1992年10月	凌则提	内资
中诚信国际信用评级公司北京分公司	2004年4月	何敏华	内资

大公国际资信评估有限公司	1994年3月	关建中	内资
联合资信评估有限公司	2000年7月	王少波	内资
长城资信评估有限公司	1993年8月	杜平	内资
金城国际信用管理有限公司	2001年6月	王艺	内资
北京国商国际资信评估有限公司	2003年5月	刘晓东	内资
北京市银拓资信评估事务所	1994年10月	李儒云	内资
北京市银建资信评估有限公司	2003年4月	单永先	内资
银通投资咨询公司	1993年8月	丛林	内资
北京穆迪投资者服务有限责任公司	2003年2月	叶敏	外资
标准普尔北京代表处	2003年12月	张莎莎	外资
惠誉北京代表处	2003年6月	邬润扬	外资
华夏国际企业信用咨询有限公司	1993年8月	曹小宁	内资
北京新华信商业信息咨询有限公司	2000年10月	赵民	内资
北京信用管理有限公司	2002年6月	樊大志	内资
东方国际保理中心	1994年10月	谢旭	内资
邓白氏国际信息咨询（上海）有限公司北京办事处	1994年12月	余以恒	外资

（二）北京市中资银行、证券、保险机构分支机构名录

1. 银行分支机构

中国农业发展银行北京市分行

机构名称	地址	负责人
中国农业发展银行北京市分行	西城区月坛北街甲2号	孔宪勇
分行营业部	西城区月坛北街甲2号	杨建华
天坛支行	崇文区光明路13号	常崇祥
西三环支行	海淀区西三环北路乙25号	蔡志斌
门头沟支行	门头沟区石龙南路14号	王志刚
房山区支行	房山区良乡西路28号	孟凡凯
通州区支行	通州区新华北街33号	周燕
昌平区支行	昌平区北环路4号	刘忆燕
顺义区支行	顺义区五里仓小区38号楼	韩志强
大兴区支行	大兴区兴华中里14号楼	马长存

平谷区支行	平谷区金乡路5号	高明录
怀柔区支行	怀柔区后横街15号	王继福
密云县支行	密云县新南路70号	蔡瑞更
延庆县支行	延庆县东外大街46号	赵志明

中国工商银行北京市分行

机构名称	地　址	负责人
中国工商银行北京市分行	西城区复兴门南大街2号（天银大厦B座）	李晓鹏
东城支行	东城区东四十条24号	王德斌
王府井支行	东城区王府井大街237号	包永康
和平里支行	东城区和平里北街14号	李士平
长安支行	西城区宣内大街乙6号	冀光恒
南礼士路支行	西城区阜外大街8号	汪萍
新街口支行	西城区西直门内大街273号	纪福星
地安门支行	西城区地安门外大街31号	何长荣
金融街支行	西城区金融街29号	马靖
崇文支行	崇文区永外大街86号	孙峰
宣武支行	宣武区广外南滨河路3号楼	果志刚
珠市口支行	崇文区珠市口东大街15号	高平
西客站支行	海淀区什坊院3号（西金大厦四、五层整层及首层1－3、B－E号房）	尹家赫
朝阳支行	朝阳区朝外大街1号	宋战平
九龙山支行	朝阳区广渠路甲40号	纳仁吉亚
亚运村支行	朝阳区慧忠北里407号楼	苗鸿祥
望京支行	朝阳区酒仙桥路10号	周丽萍
商务中心区支行	朝阳区东环南路2号	付捷
海淀支行	海淀区中关村东路100号	辛洁
中关村支行	海淀区上地信息路2号	林万里
翠微路支行	海淀区阜成路79号	何平
丰台支行	丰台区文体路19号	王志强
方庄支行	丰台区方庄小区芳城园三区18号楼	徐天岭
北京经济技术开发区支行	经济技术开发区宏达北路	于青
石景山支行	石景山区石景山路63号	郭庆斌

门头沟支行	门头沟区新桥大街12号	聂荣启
燕山支行	房山区燕山迎风街21号	车玉合
房山支行	房山区良乡西路北大街32号	宋福增
顺义支行	顺义区石园西路	门月红
通州支行	通州区新华大街155号	张健
昌平支行	昌平科技园区综合办公楼	吴发强
大兴支行	大兴区兴政街24号	王凯
怀柔支行	怀柔区商业街23号	马跃进
平谷支行	平谷区府前西街14号	张俊杰
密云支行	密云县鼓楼南大街	戴生宪
延庆支行	延庆县东大街37号	胡长文
营业部	西城区复兴门南大街2号（天银大厦B座）	陶梅

中国农业银行北京市分行

机构名称	地　址	负责人
中国农业银行北京市分行	西城区展览馆路5号	李兴奇
分行营业部	西城区展览馆路5号	张竹青
东城支行	东城区金宝街58号华丽大厦	高松林
西城支行	西城区西直门内大街118－3号	许志东
崇文支行	丰台区南方庄1号楼	周伟京
宣武支行	宣武区西大街28号	张志名
朝阳支行	朝阳区朝外工体路东2号	王世良
海淀支行	海淀区海淀大街37号	王静波
丰台支行	丰台区东大街9号	冯建辉
石景山支行	石景山区八角南路18号	李连桐
万寿路支行	海淀区万寿路西街6号	王希迎
开发区支行	北京经济技术开发区中和街3号	李爱华
亚运村支行	朝阳区安定路33号化信大厦	高英慧
海东支行	海淀区学院路丁11号	潘贵平
盈科支行	朝阳区东三环北路17号恒安大厦四层	刘继华
通州支行	通州区新华大街61号	马秀华
顺义支行	顺义区府前西街甲2号	王巨儒
昌平支行	昌平区南大街	郭雨胜
大兴支行	大兴区兴丰南大街128号	赵保生
房山支行	房山区城关西大街8号	杨奎

怀柔支行	怀柔区青春路5号	史春雷
平谷支行	平谷区府前街23号	何晓生
密云支行	密云县滨河路24号	李印
延庆支行	延庆县东外大街46号	张君儒

中国银行股份有限公司北京市分行
（原中国银行北京市分行）

机构名称	地　址	负责人
中国银行股份有限公司北京市分行	朝阳区雅宝路8号	赵世刚
东城区支行	东城区交道口东大街81号	周殿君
西城区支行	西城区阜城门外大街5号	邱培东
崇文区支行	崇文区天坛路55号	王洪义
宣武区支行	宣武区南新华街1号	刘家本
朝阳区支行	朝阳区三里屯路1号	尤志山
海淀区支行	海淀区北四环西路58号理想国际大厦	王洪信
丰台区支行	丰台区右安门外大街2号迦南公寓	许九鼎
昌平区支行	昌平区城南环路57号	玉君
顺义区支行	顺义区府前街金融大厦内	张同
通州区支行	通州区车站路中仓小区路东	李毅
北京经济技术开发区支行	经济技术开发区宏达北路10号	董建华
平谷区支行	平谷区城西临荫街11号	桂新民
怀柔区支行	怀柔区府前街5号	周颖
密云县支行	密云县鼓楼南大街	郭振笑
延庆县支行	延庆县庆园街12号	彭松森
首都机场支行	首都机场公安路	姜明
王府井支行	东城区东长安街1号	孙涛
奥运村支行	朝阳区安立路安慧里3区6号楼	刘雪莲
阜成门支行	西城区阜成门大街410号	黄晓娟
中银大厦支行	西城区复兴门内大街1号	孙皆欢
（以上为直属支行）		
东安门支行	东城区东安门大街19号	郝霞
新东安市场支行	东城区王府井大街130号	吴军
灯市口支行	东城区灯市口东大街5号	席彩林

东四十条支行	东城区北门仓6号	刘荣香
安定门外支行	东城区安定门外大街191号	刘颖之
崇文门支行	东城区东交民巷2号	范书芝
恒基中心支行	东城区建国门大街18号	唐应泰
港澳中心支行	东城区港澳中心有限公司2层	王彬
和平里支行	东城区和平里北街16号	白黎明
前门支行	西城区西交民巷17号	张利民
西单支行	西城区西单北大街130号	郭媛
平安里支行	西城区西四北大街83号	赵强
金融街支行	西城区金融街27号投资广场	杨静
缸瓦市支行	西城区西四南大街262号	霍映红
复兴门支行	西城区西便门外大街1号	吴凤杰
长椿街支行	西城区宣武门西大街127号	付大伟
宣武门支行	西城区宣武门西大街297号尚座大厦1层	刘宪华
工会大楼支行	西城区真武庙路1号	刘历
三里河支行	西城区三里河东口	钱英才
百万庄支行	西城区百万庄大街中里10号楼1层	庞金栋
安德路支行	西城区德胜门外安德路118－1号	徐革梅
德外支行	西城区德外大街11号1层	周友冬
北太平庄支行	西城区新街口外大街19号	刘少文
黄寺支行	西城区黄寺大街甲24号	张军
劲松支行	崇文区劲松5区518号楼	商文秀
龙潭湖支行	崇文区龙潭路乙3号	张志伟
崇外大街支行	崇文区崇外大街44号	吴红
庄胜广场支行	宣武区宣武门外大街甲8号	王玉杰
广安门支行	宣武区广安门内南线阁8号	钱进
莲花池支行	宣武区广安门外大街178号	罗光丽
陶然亭支行	宣武区白纸坊东街平渊里小区18号一层1－2单元	马卫伶
东经路支行	宣武区东经路42号	白静峰
天缘公寓支行	宣武区广安门南街36号	付郁
建国门外支行	朝阳区建国门外大街京华公寓1层	宋新颖
丰联广场大厦支行	朝阳区朝阳门外大街18号	张洁
现代城支行	朝阳区建国路88号现代城A区S栋2201、2202号	王谊勇
国际贸易中心支行	朝阳区建国门外大街1号	刘琦
朝阳门外支行	朝阳区吉庆里9、10号	张连海

永安里支行	朝阳区建国门外大街永安东里8号	马斗斗
东直门支行	朝阳区东直门外大街35号	俞华
金台路支行	朝阳区朝阳北路177号	王海燕
光华路支行	朝阳区光华路8号	吴素华
团结湖北口支行	朝阳区团结湖北口上泗路2号	刘翠萍
白家庄支行	朝阳区白家庄西里2号	朱志辉
亚运村支行	朝阳区安立路甲66号	范路
安苑路支行	朝阳区安苑路甲17号	刘丰
北辰西路支行	朝阳区北土城西路7号	马雪莉
松榆里支行	朝阳区松榆里37号	张云山
静安支行	朝阳区北三环东路8号	冯昱
和平西桥支行	朝阳区北三环东路28号	朱雪彬
安立路支行	朝阳区安立路68号	李峰
京广中心支行	朝阳区京广中心内	杨淮
五路居支行	朝阳区安贞西里2区21楼	沈浙海
三里屯支行	朝阳区西大街6号乾坤大厦1层	杨兆红
长虹桥支行	朝阳区工体北路4号	赵妍
丽都饭店支行	朝阳区将台路丽都饭店内	张靖
工体东路支行	朝阳区工体东路甲8号	林君
发展大厦支行	朝阳区东三环北路西侧	史俐
南银大厦支行	朝阳区东三环北路2号	李迎春
亮马河大厦支行	朝阳区东三环北路8号	刘建洁
双井支行	朝阳区东三环中路大路园20号	董晓旭
东三环中路支行	朝阳区东三环中路25号	徐党英
大北窑支行	朝阳区东三环中路39号	石灿红
潘家园支行	朝阳区东三环南路29号	魏文丽
劲松东口支行	朝阳区南磨房37号	王鸿鸣
花家地支行	朝阳区花家地南里1号楼	田宁
燕莎中心支行	朝阳区亮马桥路50号	薄清
将台路支行	朝阳区酒仙桥路甲11号	李颖均
柳芳北里支行	朝阳区柳芳北里12楼	车延涛
望京支行	朝阳区望京北路9号	季红
望京园支行	朝阳区望京小区B25区1号楼	朱红
霄云路支行	朝阳区麦子店西路3号	马军
樱花东街支行	朝阳区樱花园东街1号	杜文军
西坝河东里支行	朝阳区西坝河东里77号楼	施晶
西坝河南路支行	朝阳区西坝河南路1号	赵刚

中航科技大厦支行	海淀区知春路58号	苏琨
知春路支行	海淀区知春路100号	王晓延
新世纪饭店支行	海淀区西直门外二里沟5号	谢瑾
木樨地支行	海淀区复兴路茂林居小区2号商业楼	史亚男
皂君庙支行	海淀区皂君庙东里29号楼前	庄朝晖
车道沟支行	海淀区紫竹园路88号	薛红
航天桥支行	海淀区阜成路73号裕惠大厦1层	贾志明
高粱桥支行	海淀区高粱桥北下关51号	王晓杰
文慧园支行	海淀区学院南路红联东村13－24院首层	宋学武
万寿路支行	海淀区复兴路22号75号楼	吴幼芬
永定路支行	海淀区复兴路甲38号	秦景华
中关村南大街支行	海淀区中关村南大街34号	安玉娟
中关村支行	海淀区北京大学中关村园502－503联楼	王爱军
中关村科技园区支行	海淀区王庄路15号清华同方科技广场B座1层	翟星
苏州桥支行	海淀区万泉河115号新起点嘉园C座1层	钱英才
长远天地支行	海淀区苏州街18号院2－101号	卢涛
万泉河支行	海淀区万泉河路68号	孟欣
北极寺支行	海淀区北极寺	王梅
科学城支行	海淀区科学院南路6号	周京波
清华园支行	海淀区清华大学内照澜商业区	冯剑
清华东路支行	海淀区清华东路17号	周文军
北大支行	海淀区颐和园路1号	许海华
塔园支行	海淀区花园路1号	贺晓明
世纪城支行	海淀区远大路世纪城商务中心C区1层	汪涛
上地支行	海淀区上地4街8号玉景公寓1层	王俊玲
远大路支行	海淀区远大路1号－J－1013号	沈继芳
科技会展中心支行	海淀区四通桥东南角	何畅
西翠路支行	海淀区万寿路西街甲11号园7号楼	陈天国
太平路支行	海淀区西翠路5号	郭臻泽
北京西站北支行	海淀区羊坊店6号	耿雪梅
学清路支行	海淀区学清路8号	张双娥
石景山区支行	石景山区八角西街229号	牛海滨
鲁谷支行	石景山区鲁谷小区七星园1号楼1层	刘巍
玉泉路支行	石景山区玉泉路19号乙－40号	陈群林
方庄支行	丰台区方庄芳城园1区16号楼	刘彤
西罗园支行	丰台区马家堡36－42号	赵刚

北京西站支行	丰台区西客站南路7号	侯艳军
芳星园支行	丰台区方庄小区芳星园1区10号楼	寇凤茹
万客隆支行	丰台区大红门西路19号	王首先
科技园区支行	丰台区科学城恒富街2号院5号楼	王玉杰
丰台东大街支行	丰台区东大街19号	徐平
东铁营支行	丰台区东铁营顺一条6号	孙洪岩
丰台路支行	丰台区丰台路75号院	王华
草桥支行	丰台区草桥东路8号院7号楼	李治忠
东高地支行	丰台区东高地斜街6号	曹黎
大兴支行	大兴区兴丰南大街21号	王春红
大兴开发区支行	大兴区开发区广茂大街9号	孙振苏
天华支行	大兴区经济技术开发区天华园二里2区	刘清
黄村兴业路支行	大兴区兴业路中段三合南里22楼1层	王晓洁
汽车城支行	大兴区北京经济技术开发区文化园东路6号	赵金金
空港支行	顺义区天竺镇天柱路10号	徐彬
空港万科支行	顺义区天竺空港工业区B区裕民大街4号	李毅
新航站楼支行	顺义区首都机场新航站楼2层	胡小鹏
机场南路支行	顺义区机场南路7号	崔元梅
林河支行	顺义区林河开发区顺运路东侧	王利民
马坡支行	顺义区马坡向阳西街11号乡村乐园院内东侧	郭金城
天竺支行	顺义区天竺镇府前一街38号	张文华
新华大街支行	通州区新华大街157号	王彤
通州滨河支行	通州区新华北街67号	高艳红
房山区支行	房山区良乡拱晨北大街3号	罗士勇
燕山迎风街支行	房山区燕山向阳路13号	周伟
城关北街支行	房山区北大街17号	吴国际
门头沟支行	门头沟区新桥大街63号	陈玺
沙河支行	昌平区沙河巩华城大街76号	王华欣
回龙观支行	昌平区回龙观风雅园2区8号楼	朱学民
昌平政府街支行	昌平区政府街中安宾馆东侧楼	张叔琴
昌平东环路支行	昌平区府学路5号	李杰
西三旗支行	昌平区回龙观西三旗西路41号	张铁明
天通苑支行	昌平区天通苑5区14号楼2门	姜国东
密云鼓楼东大街支行	密云县鼓楼东大街	何易
密云城西支行	密云县西门外大街6号	齐学红

怀柔雁栖支行	怀柔区雁栖工业区内	武艳丽
怀柔府前街支行	怀柔区府前街5号	支欣
怀柔府西支行	怀柔区西大街12号	齐丽
怀柔南大街支行	怀柔区南大街25号	钟立平
怀柔北大街支行	怀柔区北大街49号	张建良
延庆高塔街支行	延庆县高塔街64号	王淑妙
八达岭支行	延庆县八达岭特区内	张树森
（以上为经营性支行）		

中国建设银行股份有限公司北京市分行

机构名称	地　　址	负责人
建设银行北京市分行	宣武区宣武门西大街28号楼4门	张民
东四支行	东城区美术馆后街8号	王志宏
西四支行	西城区阜外大街甲26号	张斌
前门支行	崇文区西打磨厂1号楼	杨宗平
城建支行	丰台区方庄蒲方路28号	崔连生
宣武支行	宣武区广安门内大街314号	王新立
铁道支行	丰台区莲花池东路114－1	周振海
朝阳支行	朝阳区朝阳门外大街10号楼	王宝魁
海淀支行	海淀区知春路96号	吴泼伟
丰台支行	丰台区西四环南路54号	秦伶华
石景山支行	石景山区石景山路22号	栾文生
长安支行	海淀区复兴路33号西楼	刘长禄
开发区支行	经济技术开发区隆庆街18号	颜林壮
西单支行	西城区西单北大街34号	朱玉俊
安华支行	朝阳区安定路35号	张金明
昌平支行	昌平区城区镇东环中路	佟留柱
怀柔区支行	怀柔区南大街22号	肖连良
门头沟支行	门头沟区双峪路22号	吴翠珍
房山支行	房山区燕山迎风街2号	李清泉
通州支行	通州区玉带河大街151号	黄起和
平谷支行	平谷区文化南街19号	孙廷民
顺义支行	顺义区府前中街	刘发猛
大兴支行	大兴区黄村镇兴政西街25号	高连兴
延庆支行	延庆县东外大街20号	林树军
密云支行	密云县新中街85号	傅小平

月坛支行	西城区月坛北街东口4号	胡雄敏
中关村支行	海淀区中关村大街27号	夏万群
安慧支行	朝阳区慧忠里318号楼	孙会
保利支行	东城区新中西里13号巨石大厦	刘秀臣
建国门支行	东城区建国门内大街8号中粮广场B座	张广洲
鼎昆支行	朝阳区砖角楼南里甲7号楼1层	魏华业
金安支行	海淀区复兴路戊12号	刘斌
上地支行	海淀区上地信息路28号	薛琪
光华路支行	朝阳区光华路7号	赵亚
苏州桥支行	海淀区西三环北路5号	林麟

交通银行北京分行

机构名称	地　址	负责人
交通银行北京分行	西城区金融街33号	王滨
分行营业部	西城区金融街33号	沙卫
东单支行	东城区大雅宝胡同8号	杨丽
东单北大街支行	东城区东单北大街乙112号	王健
东单支行光华路分理处	朝阳区光华路甲8号	马晓华
顺源街支行	朝阳区顺源里2号楼	陆晓辉
东单支行国土房管局分理处	东城区和平里北街6号	刘丽云
赛特支行	朝阳区建国门外大街22号	王康
王府井支行	东城区王府井大街200号	王晓娟
东单支行春秀路分理处	朝阳区春秀路甲1号	赵世雄
广渠路支行	朝阳区双井1号优仕阁大厦B座和C座首层	王利英
亚运村支行	朝阳区北四环路安惠里二区4号楼	尹兆君
亚运村支行马甸分理处	西城区德胜门外大街5号	郑爱东
亚运村支行安翔里分理处	朝阳区安翔里1号	刘浩
亚运村支行惠忠里分理处	朝阳区惠忠里228号	谢玉庆
惠新支行	朝阳区惠新东街5号	陶湘宁
慧忠北里支行	朝阳区慧忠北里111号	王慧霞
育惠东路支行	朝阳区小营路12号亚运花园一层	孙玉翠
天通苑支行	昌平区天通苑小区203B－4单元	吴军
科技会展中心支行	朝阳区裕民路12号科技会展中心	李倩
和平里支行	朝阳区外馆东街51号柳清居裙房	鄢祖信
和平里支行北太平庄分理处	海淀区花园路7号	杨秋英

和平里支行惠新西街分理处	朝阳区惠新西街33号	霍冬华
和平里支行胜古园分理处	朝阳区胜古西庄胜古家园3号楼	张富嵩
和平里支行和平里东街分理处	东城区和平里东街16号	范玲
和平里支行兴化路分理处	东城区和平里兴化路11号	王漪敏
中轴路支行	东城区安德里北街21号	黄巍涛
阜外支行	西城区阜外大街7号	贺飙
阜外支行西直门支行	西城区西直门内玉桃园3区13号	贾焱
阜外支行百万庄支行	西城区百万庄大街6号	杨明
阜外支行西便门分理处	西城区宣武门大街甲129号	梁辉
阜外支行平安大街分理处	西城区平安里西大街6号	李爱军
阜外支行社会路分理处	西城区二七剧场路南里商业楼首层北侧	王郁
阜外支行车公庄西路分理处	海淀区车公庄西路20号	李艳华
西直门北大街支行	海淀区西直门北大街1号	安辉
阜成路支行	海淀区阜成路14号1号楼一层	田华
海淀支行	海淀区苏州街16号	赵立莉
海淀支行双榆树分理处	海淀区双榆树都市网景E座一层	关悦
海淀支行中关村支行	海淀区成府路蓝旗营高校住宅楼	董仑
万寿寺支行	海淀区西三环北路25号	陈力
上地支行	海淀区上地科技路甲2号	付晓玲
北航科技园支行	海淀区北四环中路238号柏彦大厦	单莉
公主坟支行	海淀区复兴路甲14号	华天雪
羊坊店支行	海淀区羊坊店迎宾大厦一层	于朋
公主坟支行永定路分理处	海淀区永定路66号	卢军工
公主坟支行翠微路支行	海淀区翠微东里甲2号	刘玉仓
石景山支行	石景山区古城南里甲5号	吴玉兰
定慧寺支行	海淀区恩济庄二区北三号楼	王庆
马连道支行	宣武区广外大街248号	谢炯
三元支行	朝阳区东三环北路甲2号	松誉欣
三元支行团结湖东里分理处	朝阳区团结湖东里6号楼	吴辉
三元支行红庙支行	朝阳区西大望路甲2号	樊建军
麦子店支行	朝阳区枣营路甲4号	彭安
工体北路支行	东城区新中街68号	周红芬
国安支行	朝阳区关东店北街1号	徐涛
芳草地支行	朝阳区日坛北街3号	邓喜梅
水碓子支行	朝阳区水碓子北里19号楼	迟震宇
酒仙桥支行	朝阳区酒仙桥路10号	张屹明
西单支行	西城区西长安街甲17号	高萍

天坛支行	崇文区天坛东里北区12号	叶宁
天坛支行华威路分理处	朝阳区华威北里20号	邵智学
天坛支行崇文门支行	崇文门西大街4号	崔雷
天坛支行右安门分理处	宣武区白纸坊东街10号	韩亚光
芳群园支行	丰台区方庄芳群园4区23号	萧华
木樨园支行	丰台区木樨园9号	李新莉
松榆里支行	朝阳区松榆东里23号	常岚
朝外支行	朝阳区朝阳门外大街16号	路辉
南滨河路支行	宣武区南滨河路乙25号	李淑英
望京支行	朝阳区望京西园4区416号楼	杜继波
望京中环路支行	朝阳区望京西园304号楼	石军
望京南湖中园支行	朝阳区望京南湖中园K3-301号楼	马欣
经济技术开发区支行	北京经济技术开发区隆庆街3号	张舜芳
东高地支行	丰台区南大红门路15号	曹东民
安德里支行	西城区德外六铺炕一区	陈时军
东直门支行	东城区东直门外大街48号东方银座大厦	闫伟
世纪城支行	海淀区蓝靛厂世纪城小区金夕园甲1号楼4段	李文齐
紫竹桥支行	海淀区紫竹院路1号人济山庄D座裙房103、203号	郭盛
建国路支行	朝阳区建国路90号	孙淑萍
农科院支行	海淀区学院南路57号	费岳松

招商银行北京分行

机构名称	地　址	负责人
招商银行北京分行	西城区复兴门内大街156号A座	尹凤兰
分行营业部	西城区复兴门内大街156号北京招商国际金融中心A座	边琳
长安街支行	东城区建国门内大街11号	张蓉蓉
东三环支行	朝阳区东三环北路1号	哈斯
展览路支行	西城区展览路乙3号	程岩
亚运村支行	朝阳区北辰东路8号	周静
万寿路支行	海淀区复兴路乙20号	张华
双榆树支行	海淀区中关村南大街9号理工科技大厦1层	杨铭海
大运村支行	海淀区知春路27号	蒋南

王府井支行	东城区灯市口大街75号	杨桂林
宣武门支行	宣武区宣武门外大街88号	祖芳菲
西三环支行	海淀区阜石路67号	党秀利
北三环支行	朝阳区樱花西街18号	周群
朝阳门支行	东城区朝阳门北大街6号	陈涛
建国路支行	朝阳区东环南路2号航华科贸大厦R2楼首层	吴亮
崇文门支行	崇文区崇外大街5号北京新世界商场二期	徐筱荣
首体支行	西城区西直门外大街143号	任力
清华园支行	海淀区清华大学东门外紫光大厦	唐文
方庄支行	丰台区方庄通润商务会馆B区首层	朱红
中关村支行	海淀区中关村大街42号	赵凤玲
小关支行	朝阳区惠新东街2号	李环
光华路支行	朝阳区光华路1号	曹蓬
东方广场支行	东城区东长安街1号东方新天地A512	周良弘
北四环支行	海淀区北四环中路229号	于丛竹
万泉河支行	海淀万柳阳春光华家园甲5号	颜卫东
金融街支行	西城区金融街16号	杨晓玲
静安里支行	朝阳区北三环东路8号	孙逊
安定门支行	东城区安定门外大街208号	陈刚
海淀支行	中关村西区辉煌时代大厦	曲进

上海浦东发展银行北京分行

机构名称	地　址	负责人
上海浦东发展银行北京分行	东城区东四十条68号	刘柳
营业部	东城区东四十条68号	崔晨
金融街支行	西城区金融大街35号国企大厦A座首层	王谦
宣武支行	宣武区广安门内大街316号	王豫温
黄寺支行	东城区安德里北街21号	贽丽春
中关村支行	海淀区海淀南路15号	张松
朝阳支行	朝阳区朝阳门外大街19号	王大鸣
建国路支行	朝阳区建外大街99号	荣永露
翠微路支行	海淀区西三环中路乙19号	张海年
安外支行	东城区安外大街甲88号	刘瑞
阜成支行	西城区南礼士路3号	梅永田
雅宝路支行	东城区建国门北大街8号	刘晓冰

海淀园支行	中关村大街1号	李今青
首体支行	海淀区白石桥路54号	李春平
东三环支行	朝阳区霄云路26号鹏润大厦	董军
亚运村支行	朝阳区慧忠路5号远大中心	沈泓
知春路支行	海淀区知春路9号蓟门坤讯大厦	李舸
安华桥支行	朝阳区安贞西里3区15号	闫武全
灯市口支行	东城区东四南大街143号	秦伯明
电子城支行	朝阳区酒仙桥路10号	严岩
经济技术开发区支行	经济技术开发区天华园二里二区19号楼	周新平
永定路支行	海淀区永定路甲51号	赵世明

广东发展银行北京分行

机构名称	地　址	负责人
广东发展银行北京分行	东城区东单大华路2号	张庆修
月坛支行	西城区月坛北街2号	倪明
中关村支行	海淀区中关村大街45号	刘卫国
亚运村支行	朝阳区安定门外安立路8号	夏群
建国路支行	朝阳区建国路112号	张伟华
国展支行	朝阳区西坝河东里18号	付筠
朝阳门支行	东城区朝阳门内大街168号	刘宁
航天桥支行	海淀区西三环北路105号	张荣森
新外支行	海淀区新街口外大街19号	黄新锋
西客站支行	宣武区广莲路1号	张国英
甘家口支行	西城区阜外大街34号	林燕
东直门支行	东城区东中街9号	裴志新
翠微路支行	海淀区复兴路乙20号	徐兆胜
车公庄支行	海淀区车公庄西路乙19号	陈伟
方庄支行	丰台区方庄路5号	史杰
安贞支行	朝阳区安定路39号	关建华
蒋宅口支行	东城区安外大街蒋宅口3号	李超宇
宣武门支行	宣武区宣武门外大街8号	程春雷
十里堡支行	朝阳区十里堡甲3号	王加乃
知春路支行	海淀区知春路49号	郑孝和
王府井支行	东城区王府井大街218－2号	崔贺龙
北沙滩支行	朝阳区北沙滩甲1号	程秋平

兴业银行北京分行

机构名称	地　址	负责人
兴业银行北京分行	朝阳区安贞西里三区11号	蒋云明
甘家口支行	海淀区三里河路19号甘家口大厦	冯伟
中轴路支行	东城区鼓楼外大街甲28号	张建中
朝外支行	朝阳区朝外大街77号曼哈顿大厦	李春生
广安门支行	宣武区广安门内大街315号信息大厦	焦文平
亚运村支行	朝阳区亚运村安慧里四区16楼	吴正新
西单支行	西城区宣内大街86号西单东南大厦	徐胜强
中关村支行	海淀区中关村南大街32号中关村科技发展大厦	曹小琼
东外支行	朝阳区东直门外大街23号	周彦
上地支行	海淀区上地信息中路19号	孙小芬
西客站支行	海淀区复兴路12号恩菲科技大厦	刘学军
东单支行	东城区东单三条8-2号	刘兴华
长安支行	海淀区复兴路65号	李直
国贸支行	朝阳区东三环南路2号赢嘉中心	司晓明
安华支行	朝阳区安贞西里三区11号	刘旭东
月坛支行	西城区二七剧场路15号	尤象都
三元桥支行	朝阳区东三环霄云路21号大通大厦	熊晓东
西直门支行	海淀区西直门北大街42号华星贸易大厦	程肯
知春路支行	海淀区知春路59号中关村海关大厦	徐兴建
大钟寺支行	海淀区北三环西路23号	彭建湘
空港支行	顺义区天竺镇府前二街1号宏远天竺物流中心A楼	瞿唯红
世纪坛支行	海淀区复兴路甲一号	吴靖

深圳发展银行北京分行

机构名称	地　址	负责人
深圳发展银行北京分行	西城区复兴门内大街158号远洋大厦F5层	万安培
分行营业部	西城区复兴门内大街158号远洋大厦F5层	王青
神华支行	东城区安定门西滨河路22号神华大厦	王军

安华支行	朝阳区安贞西里3区10号楼	庞涛
西三环支行	海淀区西三环中路甲21号	赵建
中关村支行	海淀区苏州街1号	彭松
三元桥支行	朝阳区萧云路38号现代盛世大厦	夏卫平
朝阳门支行	朝阳区关东店北街1号国安宾馆	彭喜文
官园支行	西城区车公庄大街乙1号富通大厦	王晓林
建国门支行	东城区建国门内大街18号恒基中心	陈海锋
知春路支行	海淀区知春路113号银网中心	周靖
海淀支行	海淀区中关村南大街甲32号	张振宇
东直门支行	东城区东直门外大街48号	翟振明

中信实业银行总行营业部

机构名称	地　址	负责人
中信实业银行总行营业部	西城区金融大街甲27号投资广场A座	张强
营业结算部	西城区金融大街甲27号投资广场A座	程少芳
国际大厦支行	朝阳区建国门外大街19号国际大厦	李欣
京城大厦支行	朝阳区新源里南路6号京城大厦	芦苇
富华大厦支行	东城区朝阳门外北大街8号富华大厦C座	刘红华
朝阳支行	朝阳区农展馆南里12号	郑建军
魏公村支行	海淀区中关村南大街6号	肖欣
招商大厦支行	朝阳区建国路118号招商局大厦	马顺军
广安门支行	宣武区广安门外南滨河路1号高新大厦	王春江
海淀支行	海淀区中关村北1条甲10号	叶雪松
东大桥支行	朝阳区工体东路18号	崔浩
知春路支行	海淀区知春路14号	张韧奇
奥运村支行	朝阳区慧忠北里309楼天创世缘D1	陆金根
阜成门支行	西城区阜成门北大街6号国际投资大厦A座	孙鹏
崇文支行	崇文区光明路13号	孙艳
西单支行	西城区复兴门内大街45号主楼东配楼	杨璋琪
东单支行	东城区东长安街东方广场W1座1-18号	石劭原
首体南路支行	海淀区首体南路16号国兴大厦E座	王鹏虎
中粮广场支行	东城区建国门内大街8号中粮广场A座	赵青
金运大厦支行	海淀区西直门北大街甲43号1号楼101	李怀珍
酒仙桥支行	朝阳区酒仙桥路14号兆维大厦	高宏
新兴支行	海淀区西三环中路17号新兴宾馆北楼	郭大海

上地支行	海淀区上地东里一区4号楼科贸大厦	窦彦红
经济技术开发区支行	经济开发区宏达北路10号万源商务大厦	邓磊
安贞支行	朝阳区北三环中路安贞里浙江大厦	王剑
广渠路支行	朝阳区东三环外广渠路31号九龙商厦1层	刘战
望京支行	朝阳区望京利泽中园工业区众运大厦首层	钟宇菁
清华科技园支行	海淀区中关村清华科技园9号威新国际大厦1层	李亚如

中国光大银行总行营业部

机构名称	地址	负责人
中国光大银行总行营业部	西城区宣武门内大街1号	张华宇
营业室	西城区宣武门内大街1号	张和平
王府井支行	东城区王府井大街121号	李伟
宣武支行	西城区宣武门内大街1号	谭翊武
中轴路支行	朝阳区鼓楼外大街23号	赵路
海淀支行	海淀区中关村大街18号	张君
朝阳支行	朝阳区朝外大街16号	龚一军
建国门支行	朝阳区建国门外大街16号	孙宇战
复兴路支行	海淀区复兴路47号	崔敏奎
和平门支行	宣武区前门西大街甲10号	李威
天宁寺支行	西城区莲花池东路1号	郭文忠
西城支行	西城区车公庄大街甲4号	王彦
中关村支行	海淀区知春路63号	王琼
东四支行	东城区东四北大街337号	王少英
新源支行	朝阳区新源西里中街12号	吴博峰
安定门支行	东城区安定门外大街208号	翟敬华
礼士路支行	西城区南礼士路66号	张小芳
亚运村支行	朝阳区惠忠东路5号	杨震
首体支行	海淀区西直门外大街168号	辛建华
阜成路支行	海淀区西三环中路100号	张博
花园路支行	海淀区花园东路10号	马杰
三里河支行	西城区月坛南街71号	杨登彬
工体路支行	东城区东中街46号	朱强
西单支行	西城区华远北街2号	冯青梅
西直门支行	西城区德宝新园22号	李格

方庄支行	丰台区方古园1区29号	寇传平
长安支行	西城区复兴门外大街6号	宋勇
长虹桥支行	朝阳区东三环北路15号	刘书杰
世纪城支行	海淀区板井路59号	罗静
远大路支行	海淀区长椿桥路新起点嘉园5号3号楼	史静宾

华夏银行总行营业部

机构名称	地　址	负责人
华夏银行总行营业部	西城区金融大街11号北京国际金融中心	叶望春
石景山支行	石景山区石景山路66号	胥嘉国
和平门支行	宣武区前门西大街14号	岳澎
紫竹桥支行	海淀区广源闸5号广源大厦首层	杨振宇
东四支行	东城区东四十条21-2号	姜永成
长安支行	西城区三里河东路5号中商大厦	苏沁阳
中关村支行	海淀区北四环西路56号辉煌时代大厦	王顺行
知春支行	海淀区知春路111号	杜元平
灯市口支行	东城区灯市口大街33号国中商业大厦首层	郭占彬
平安支行	西城区平安里西大街16号	李学军
安定门支行	东城区安定门外大街甲68号	刘金祥
建国门支行	东城区建国门内大街5号	华锋
朝阳门支行	朝阳区朝外吉祥里103号工艺大厦附楼一层	谭升源
京广支行	朝阳区呼家楼京广中心商务楼首层	马晓东
首体支行	海淀区西直门外大街168号腾达大厦	王明华
公主坟支行	海淀区复兴路14号华鹰大厦G座	曹钢锋
亮马河支行	朝阳区东三环北路3号B座首层	汤世平
东直门支行	朝阳区东土城路14号建达大厦首层	段泽钢
中轴路支行	东城区鼓楼外大街45号	赵恩平
亚运村支行	朝阳区北辰东路8号汇宾大厦首层	王瑞存
万柳支行	海淀区万柳中路29号院	章长钐
两广支行	崇文区珠市口东1号新阳商务楼	吕忠军
国贸支行	朝阳区东三环南路赢嘉中心	刘辉
光华支行	朝阳区光华路甲8号和乔大厦C座	张晓民
魏公村支行	海淀区中关村南大街甲12号寰太大厦首层	林峰

阜外支行	西城区阜外大街甲34号泰阳大厦	杨乐昌
东单支行	东城区建国门内大街22号华夏大厦	陈劲伟
北沙滩支行	朝阳区德外北沙滩1号	康守松
德外支行	西城区德外大街3号	夏冰
西直门支行	海淀区西直门北大街60号首钢国际大厦	任军霞

中国民生银行北京管理部

机构名称	地　址	负责人
中国民生银行北京管理部	西城区复兴门内大街2号	梁玉堂
营业部	海淀区复兴路甲3号	杜鹏
阜成门支行	西城区阜外大街2号万通新世界广场B座首层	于启春
建国门支行	朝阳区建国门外大街21号国际俱乐部首层	赵文利
中关村支行	海淀区知春路113号银网中心首层	纪乃方
西坝河支行	朝阳区西坝河西里甲18号	刘志明
工体北路支行	朝阳区工体北路9号	尚明
安定门支行	东城区安外大街8号	苗维善
万寿路支行	海淀区复兴路甲65号－A	吴剑辉
西客站支行	丰台区西客站南广场中色大厦首层	彭立
正义路支行	东城区正义路4号	魏晓晴
上地支行	海淀区上地东里一区4号楼科贸大厦首层	高峰
国贸支行	朝阳区建国门外大北窑东环南路2号艾米克大厦	赵志敏
首体支行	西城区西直门外大街甲143号凯旋大厦	赵新
金融街支行	西城区金融大街33号通泰大厦B座首层	许秀生
平安里支行	西城区地安门西大街141号	孟光明
北太平庄支行	西城区新街口外大街2号金辉科技楼	张湘如
广安门支行	宣武区广内大街338号港中旅大厦	李沁春
方庄支行	丰台区芳古园通润会馆首层	师黎明
朝阳门支行	朝阳区朝外大街22号泛利大厦首层	赵泓
紫竹支行	海淀区紫竹院路31号华澳中心嘉慧苑首层	叶永丹
魏公村支行	海淀区中关村南大街27号中扬科技大厦首层	刘红

东单支行	东城区东单大街甘雨胡同甲2号大万商务中心	田颖
亚运村支行	朝阳区惠新西街3号	宋健尔
苏州街支行	海淀区苏州街33号	王红彪
西直门支行	海淀区西直门大街43号时代之光名苑首层	朱冰
和平里支行	东城区和平里东街12号华文宾馆首层	马琳
崇文门支行	崇文区崇外大街9号正仁大厦首层	周蕾
奥运村支行	朝阳区安立路66号安立花园首层	魏威
三元支行	朝阳区东三环北路甲2号京信大厦西南配楼首层	徐金亭
西单支行	西城区西单北大街107号北京电信首层	陈桥根
劲松支行	朝阳区劲松三区甲302号	刘俊利
成府路支行	海淀区成府路298号中关村方正大厦首层南侧	张旋
德胜门支行	西城区德外大街新风街2号天成科技大厦首层	尚新梅
电子城支行	朝阳区酒仙桥路14号	安永东
首都机场支行	朝阳区航安路首都机场“职工之家”综合楼	马玉红
西二环支行	西城区阜成门北大街6号国际投资大厦首层	肖丽
空港支行	首都机场候机楼8号离港厅	杜京
西长安街支行	西城区复兴门内大街2号民生银行大厦首层	程蕾
南二环支行	崇文区永定门外大街101号百荣世贸商城	魏立宇

北京银行股份有限公司
（原北京市商业银行）

机构名称	地　址	负责人
北京银行股份有限公司	西城区复兴门内大街156号	阎冰竹
总行营业部	西城区复兴门内大街156号	杜志红
车公庄支行	西城区车公庄大街乙8号	王海静
德外支行	西城区德胜门外大街8号	丛曰丽

西四支行	西城区西单北大街30号	尹君
阜成支行	西城区阜外大街2号	郝剑雄
复兴支行	西城区月坛南街14号	暴冰
新街口支行	西城区新街口南大街119号	霍向辉
地内大街支行	西城区地安门内大街9号	王忠
展览路支行	西城区西直门外南路8号	阮彤
长安支行	西城区复兴门外大街10号	李国梁
月坛支行	西城区阜外大街27号	郝剑雄
华安支行	西城区西黄城根北街甲2号	张慧珍
西直门支行	西城区赵登禹路冠英园西区31号楼	李西丁
燕京支行	西城区复外大街19号	王一兵
金融街支行	西城区金融大街16号	高雅玲
官园支行	西城区育教胡同33号	昌青
紫竹支行	海淀区车道沟10号院	孙维强
新街口北大街支行	德胜门西大街15号远洋风景C1单元8楼102号	王美茹
新华支行	海淀区万柳中路15号	曹力华
上地支行	海淀区上地信息路1号国际科技创业园	耿代路
清华大学支行	海淀区照澜院商业楼一层	蔡时禄
双榆树支行	海淀区双榆树东里甲22号	周建华
翠微路支行	海淀区复兴路33号（翠微大厦东南角一层）	徐文
中关村支行	海淀区中关村南路甲2号	晋湘芬
魏公村支行	海淀区中关村南大街25号	宋威
大钟寺支行	海淀区白石桥路30号东门五区	王义
学院路支行	海淀区学院路30号	刘志成
西苑支行	海淀区颐和园路39号	朱枫
燕园支行	海淀区西草场1号	崔满红
清华园支行	海淀区双清路西王庄同方大厦	章志勇
万寿路支行	海淀区万寿路17号天天假日饭店B座	王淑梅
西客站支行	海淀区羊坊店路3号	孙静宇
永定路支行	海淀区复兴路81号G座	苑士红
白石桥支行	海淀区白石桥路48号	王新亚
北太平庄支行	海淀区北三环中路戊40号	丁平
北洼路支行	海淀区北洼路26号	崔勇浩
四道口支行	海淀区学院南路54号	李嘉兴
航天支行	海淀区海淀南路30号	夏英

学知支行	海淀区北土城西路197号	林平平
双秀支行	海淀区北三环中路31号	张书坡
阜裕支行	海淀区阜成路甲28号	安文梅
甘家口支行	海淀区三里河路39号	邱万铭
玉海园路支行	海淀区复兴路乙59号	张永利
金运支行	海淀区西直门北大街甲43号	袁月女
北京大学支行	海淀区成府路298号方正大厦	傅东晖
慧园支行	海淀区学院南路12号	武振朴
国兴家园支行	海淀区首体南路20号国兴家园5号楼1层	骞丽君
海淀路支行	海淀区中关村大街22号中科大厦B座	张志琦
友谊支行	海淀区中关村南大街3号	许卫红
中关村科技园区支行	海淀区中关村大街甲28号	王喆
世纪城支行	海淀区板井路69号世纪金源国际公寓东区首层	孔骞
北航支行	海淀区学院路35号世宁大厦	林敏
工体北路支行	东城区新中西里13号	韩飚
和平里支行	东城区和平里东街1号	周岳
建国支行	东城区建内大街乙18号	林京良
东四支行	东城区东四北大街H303号	俞大明
长城支行	东城区王府井金鱼胡同18号	余佳瑞
灯市口支行	东城区灯市口大街72号	康建荣
景山支行	东城区美术馆东街20号	方兴
安外支行	东城区安外东河沿乙4号	田和珍
中轴路支行	东城区安德路16号	孙延
沙滩支行	东城区北河沿大街97号	张华
东单支行	东城区建国门内大街19号	翟淮锋
安定门支行	东城区交道口南大街16号	俞英
朝外支行	朝阳区朝阳门外大街12号	赵明
望京支行	朝阳区望京广顺南大街19号	季金峰
东大桥支行	朝阳区东直门外大街22号楼东侧	吴星远
酒仙桥支行	朝阳区酒仙桥路3号	黄嬴
九龙山支行	朝阳区农光里117号	冯鹏
团结湖支行	朝阳区白家庄北里甲5号	郭伟
芳草地支行	朝阳区东大桥路10号	蔡元棣
金台路支行	朝阳区团结湖路52号	李玲
亚运村支行	朝阳区慧忠北里309号	刘军

八里庄支行	朝阳区朝外延静西里2号	廖波
京广支行	朝阳区关东店南街8号	张东波
新源支行	朝阳区北三环东路6号	孔茹
安华路支行	朝阳区外馆东街51号	吴耀辉
北三环东路支行	朝阳区北三环东路26号	甄同军
樱花支行	朝阳区北三环东路15号	孙立敏
关东店支行	朝阳区东大桥三角地	王珍
北辰路支行	朝阳区北辰东路8号汇珍楼	乌斌
现代城支行	朝阳区建国路88号	曹岩
商务中心区支行	朝阳区光华路丙12号	郭文华
雅宝路支行	朝阳区雅宝路2号（天雅大厦）	郭莺
红星支行	朝阳区朝外大街20号	顾明琪
北苑路支行	朝阳区北苑路172号	王萌
右安门支行	宣武区右安门内大街65号	马宝红
前门支行	宣武区前门西大街正阳市场1号楼	曲洪
琉璃厂支行	宣武区南新华街48号	丁慈秀
广安支行	宣武区广安门外白菜湾5号楼一层	王玉
报国寺支行	宣武区广安门内大街白广路北口甲1号	田大庆
西河沿支行	宣武区前门西河沿9号	曲洪
珠市口支行	宣武区骡马市大街14号	曹爱萍
天宁支行	宣武区核桃园西街36号	陈晓凌
滨河路支行	宣武区枣林前街119号	李雪梅
白云支行	宣武区小马厂西里2号	吴江
陶然支行	宣武区永定门内西街5号	刘子琪
宣武门支行	宣武区广安门内大街6号	白占水
沙子口支行	崇文区永定门外东革新里40号	高红
天桥支行	崇文区大都市街南8楼	王力田
天坛支行	崇文区天坛东路76号	吴嵘峰
幸福大街支行	崇文区幸福大街34号	赵伟
花市支行	崇文区东花市北里中区甲27楼	崔义进
光明支行	崇文区光明路11号	席明
广渠门支行	崇文区夕照寺街2号	赵京孚
丰台支行	丰台区丰台镇东安街1号	陈继贤
西罗园支行	丰台区海户西里甲30号	王华忠
刘家窑支行	丰台区定安路8号	张杰
两桥支行	丰台区西四环南路31号	郑伟
方庄支行	丰台区方庄芳星园2区甲3号院6号	程秀华

经济技术开发区支行	经济技术开发区宏达北路12号	焦仲平
京源路支行	石景山区石景山路23号中础大厦	王建红
石景山支行	石景山区石景山路42号	王锐
昌平支行	昌平区政府街2号	崔永胜
顺义支行	顺义区站前街粮食局商办楼	刘学娥
首都机场支行	北京首都国际机场1号航站楼二层 E211—212	刘虹
燕山支行	房山区燕山迎风街17号	马晓煌
通州支行	通州区新华大街171号	李伟

2. 非银行金融机构分支机构

北京市农村信用合作社联合社

机构名称	地　址	负责人
北京市农信联社	西城区旧鼓楼外大街1号	陈翰林
朝阳区联社	朝阳区北苑路90号	孙涛
丰台区联社	丰台区丰北路45号	王满祥
海淀区联社	海淀区万泉河路113号	闫军
石景山区联社	石景山区杨庄东路78号	彭明华
门头沟区联社	门头沟区滨河路龙泉花园D座1单元	金宝珍
昌平区联社	昌平区东环路南侧	任德军
通州区联社	通州区新华大街59号	杨荣斌
顺义区联社	顺义区新顺南大街西侧	李晓光
房山区联社	房山区良乡长虹东路1号	陈天成
大兴区联社	大兴区黄村东大街9号	刘万芳
平谷区联社	平谷区新平北路平乐街8号	李素荣
密云县联社	密云县鼓楼南大街西市场南	赵江然
怀柔区联社	怀柔区迎宾北路18号	郑文明
延庆县联社	延庆县东外大街109号	杜卫东
市农信社营业部	海淀区北蜂窝路2号	黄梅

北京邮政储汇局

机构名称	地　址	负责人
北京邮政储汇局	丰台区莲花池东路126号	周毅明
东区邮政储汇分局	朝阳区花家地邮局二层	李乃荣
西区邮政储汇分局	西城区西直门南大街18号	高庆兰

南区邮政储汇分局	丰台区西罗园一区15号楼	王多田
海淀邮政储汇分局	海淀区圆明园西路51号院	闫春笑
郊区邮政储汇分局	昌平区回龙观西大街	王立君
国际邮政局储汇科	东城区建国门北大街东侧	楼华萍
邮政速递局储汇科	宣武区永安路121号	张占领
通州区邮政局储汇科	通州区玉桥南里1号	齐洪英
密云县邮政局储汇科	密云县古楼东大街36号	关秀云
顺义区邮政局储汇科	顺义区新顺南大街	王大宏
房山区邮政局储汇科	良乡西路11号	刘晓平
门头沟区邮政局储汇科	门头沟区河滩路2号	孙树岚
大兴区邮政局储汇科	大兴区兴丰大街	邢志超
昌平区邮政局储汇科	昌平区政府街	孙学红
平谷区邮政局储汇科	平谷区旧城街16号	马赛荣
延庆县邮政局储汇科	延庆县庆园街16号	王志军
怀柔区邮政局储汇科	怀柔区北大街16号	常树林

3. 证券公司分支机构

华夏证券股份有限公司

机构名称	地　　址	负责人
华夏证券股份有限公司	东城区朝内大街188号	黎晓宏
东直门南大街证券营业部	东城区东直门南大街6号	张德江
东直门南大街证券营业部燕山证券服务部	房山区燕山向阳路38号	孙爱英
海淀南路证券营业部	海淀区海淀南路19号北京时代网络大厦	马欣
安立路证券营业部	朝阳区安立路66号安立花园C座	陈利
安立路证券营业部东高地服务部	丰台区东高地南大红门路15号	宁殊羽
三里河路证券营业部	海淀区三里河路39号	姚明

北京证券有限责任公司

机构名称	地　　址	负责人
北京证券有限责任公司	海淀区车公庄西路乙19号华通大厦B座	凌新源
德胜门东滨河路证券营业部	西城区德胜门外东滨河路B11号	董寒兵
新街口外大街证券营业部	西城区新街口外大街12号	刘洪
车公庄西大街证券营业部	海淀区车公庄西路甲19号	萨支丰

永内东街证券营业部	崇文区永内东街中里 13 号	陈文俊
潘家园证券营业部	朝阳区潘家园甲 2 号	张昕
知春里证券营业部	海淀区知春东里甲 15 号	胡定东
北三环东路证券营业部	朝阳区北三环东路西坝河东里 18 号北京三元大厦	杨竣
安定门证券营业部	安定门内大街 106 号	顾峰
颐和园路证券营业部	海淀区颐和园路 1 号	邸汉森
阜成门外大街证券营业部	西城区阜成门外大街 2 号万通大厦 B 座 7 层 718 室	杭冠宇

首创证券有限责任公司

机构名称	地　址	负责人
首创证券有限责任公司	东城区东中街 29 号东环广场 B 座写字楼 4 层	吴涛
北辰东路证券营业部	朝阳区北辰东路 8 号辰运大厦	张弛
五道口证券服务部	海淀区成府路蓝旗营小区 1 号楼东 2 层	张景国

中国银河证券有限责任公司北京管理部

机构名称	地　址	负责人
中国银河证券有限责任公司北京管理部	西城区月坛南街丙 1 号	霍肖宇
月坛证券营业部	西城区月坛南街丙 1 号	霍肖宇
天坛东里证券营业部	崇文区天坛东里 5 号	许伟峰
双榆树证券营业部	海淀区双榆树科学院南路 44 号	陈珊红
安外证券营业部	东城区安外大街 66 号	陆地
学院南路证券营业部	海淀区学院南路 34 号	赵新华
黄寺大街证券营业部	西城区黄寺大街 21 号	朱跃辉
阜成路证券营业部	海淀区阜成路 67 号银都大厦	徐向华
百万庄证券营业部	西城区百万庄大街甲 2 号	李蔚
望京西园证券营业部	朝阳区望京西园 4 区乙 410 楼	赵志全
望京西园证券营业部马家堡服务部	丰台区马家堡东路 94 号	赵志全

中关村证券股份有限公司

机构名称	地　　址	负责人
中关村证券股份有限公司总部	北京市朝阳区裕民路12号中国国际科技会展中心B座11层	刘波
中关村南大街证券营业部	北京市海淀区中关村南大街甲32号	邵杨

中国科技证券有限责任公司

机构名称	地　　址	负责人
中国科技证券有限责任公司	朝阳区安立路101号名人广场	张钢
中国科技证券北京营业部	海淀区阜成路101号	王金萍

4. 证券公司营业部

机构名称	地　　址	邮政编码
北方证券西直门北大街证券营业部	海淀区西直门北大街45号时代之光名苑	100044
北京证券安定门证券营业部	东城区安定门内大街106号	100009
北京证券北三环东路证券营业部	朝阳区北三环东路西坝河东里18号	100028
北京证券车公庄西大街证券营业部	海淀区车公庄西路甲19号	100044
北京证券德胜门东滨河路证券营业部	西城区德胜门外东滨河路B11号	100011
北京证券阜外大街证券营业部	西城区阜外大街2号万通新世界大厦B座7层718室	100037
北京证券潘家园证券营业部	朝阳区潘家园甲2号	100021
北京证券新街口外大街证券营业部	西城区新街口外大街12号	100088
北京证券颐和园路证券营业部	海淀区颐和园路1号	100080
北京证券永内东街证券营业部	崇文区永内东街中里13号	100050
北京证券知春里证券营业部	海淀区知春东里15号楼	100086
渤海证券慧忠里证券营业部	朝阳区慧忠里417号	100101
渤海证券西外大街证券营业部	西城区西直门外大街甲143号凯旋大厦C座	100044
财富证券阜外大街证券营业部	西城区阜外大街甲7号	100037

长城证券中关村大街证券营业部	海淀区中关村大街甲28号海淀文化艺术大厦B座11层	100086
长城证券阜成门北大街证券营业部	西城区阜成门北大街17号	100037
长江证券展览路证券营业部	西城区展览路丙3号	100037
大鹏证券万泉河路证券营业部	海淀区万泉河路68号紫金大厦4层	100086
大鹏证券新源西里营业部	朝阳区新源西里东街6号	100027
天津一德证券东直门外大街证券营业部	东城区东直门外南二里庄29号	100027
东北证券三里河东路证券营业部	西城区三里河东路5号	100045
东方证券安苑路营业部	朝阳区小关北里45号世纪嘉园5号楼	100029
东吴证券北京鼓楼外大街证券营业部	东城区鼓楼外大街27号	100011
富成证券北京崇文门外大街证券营业部	崇文门外大街9号正仁大厦4层	100062
光大证券东中街营业部	东城区东中街29号东环广场	100027
光大证券月坛北街证券营业部	西城区月坛北街2号月坛大厦东配楼2－5层	100045
光大证券樱花西街证券营业部	朝阳区樱花西街18号贵州大厦3层B座2层	100029
广东证券长春桥路证券营业部	海淀区厂洼中路1号	100089
广发证券朝阳门北大街营业部	东城区万泰北海大厦3层	100027
广发证券阜成门南大街证券营业部	西城区阜成门南大街甲3号	100037
广发证券建华南路证券营业部	朝阳区建外建华南路11号	100022
广州证券三里河东路证券营业部	西城区三里河东路39号燕京大厦2层	100045
国都证券新中街证券营业部	东城区新中街68号聚龙花园七号楼2层	100027
国都证券安外大街安苑里营业部	朝阳区安外大街安苑里1号（龙强大酒店北写字楼）	100029
国都证券阜外大街证券营业部	西城区阜外大街43号	100037
国都证券复兴路证券营业部	海淀区复兴路32号	100039
国都证券中关村南大街证券营业部	海淀区中关村南大街11号证券大厦	100081
国海证券和平街证券营业部	朝阳区和平街11区38号	100013

国联证券北京宣武门东大街证券营业部	宣武门东大街24号越秀饭店南配楼6楼	100051
国泰君安证券德外大街营业部	西城区德外大街3号	100088
国泰君安证券知春路营业部	海淀区知春路17号	100083
国泰君安证券方庄路营业部	丰台区方庄路1号	100078
国泰君安证券西黄城根证券营业部	西城区西黄城根北街21号	100034
国信证券呼家楼营业部	朝阳区呼家楼北街7号楼	100026
国信证券三里河路营业部	海淀区三里河路13号	100037
国元证券北京西坝河南路营业部	朝阳区西坝河南路1号金泰大厦	100028
中银国际证券北京宣武门外大街证券营业部	宣武门外大街10号庄胜广场中央办公楼北翼13A层	100053
海南省证券北京南三环东路营业部	丰台区南三环东路23号33号楼	100078
海通证券光华路证券营业部	朝阳区光华路甲8号	100026
海通证券柳芳北里证券营业部	朝阳区左家庄柳芳北里综合楼	100028
海通证券中关村南大街证券营业部	海淀区中关村南大街甲56号	100044
汉唐证券前门证券营业部	东城区东交民巷28号	100051
汉唐证券丰汇园证券营业部	西城区丰汇园21号楼	100032
汉唐证券裕民路证券营业部	朝阳区裕民路12号中国国际科技会展中心C座4层	100029
航空证券中关村南大街证券营业部	海淀区中关村南大街6号中电信息大厦5层	100086
和兴证券百万庄证券营业部	西城区百万庄大街19号和兴证券	100037
河北财达证券北京花园路证券营业部	海淀区花园路2号	100083
金通证券北京紫竹院路证券营业部	海淀区紫竹院路69号中国兵器大厦9层	100089
河北证券首体南路证券营业部	海淀区首体南路20号国兴家园D座河北证券	100044
联讯证券北京外馆东街证券营业部	朝阳区外馆东街51号柳清居大厦	100011
联讯证券西直门北大街证券营业部	海淀区西直门北大街42号	100088

恒信证券北京文慧园证券营业部	海淀区文慧园北路9号空间蒙太奇大厦A座2层	100088
中期证券苏州街营业部（恒远）	海淀区苏州街72号银丰大厦1－3层	100080
宏源证券北洼路证券营业部	海淀区北洼路26号	100089
华安证券慧忠北里证券营业部	朝阳区慧忠北里305号楼	100012
华创证券复兴门外大街证券营业部	西城区复兴门外大街甲一号国家海洋局东配楼2－5层	100045
华龙证券安外大街证券营业部	东城区安外大街191号	100011
华泰证券月坛南街营业部	西城区月坛南街甲12号怡和商务会馆3层	100045
华西证券紫竹院路证券营业部	海淀区紫竹院路31号华澳中心	100089
华夏证券安立路证券营业部	朝阳区安立路66号安立花园C座	100101
华夏证券东直门南大街证券营业部	东城区东直门南大街6号	100027
华夏证券海淀南路证券营业部	海淀区海淀南路19号北京时代网络大厦三层	100080
华夏证券三里河路证券营业部	海淀区三里河路39号	100037
华鑫证券西三环北路证券营业部	海淀区西三环北路100号金玉大厦写字楼3层	100037
健桥证券北京学院南路证券营业部	海淀区学院南路49号	100081
江南证券安立路证券营业部	朝阳区安立路甲56号	100012
金谷信托古城路证券营业部	石景山区八角西街68号	100043
金谷信托翠微路证券交易营业部	海淀区翠微路甲10号建筑大厦内	100036
金信证券朝阳门北大街证券营业部	东城区朝阳门北大街8号富华大厦E座	100027
巨田证券北太平庄路证券营业路	海淀区北太平庄路2号	100088
中国科技证券阜成路证券营业部	海淀区阜成路101号	100036
联合证券南草场街营业部	西城区西内南草场街11号	100035
联合证券北三环东路营业部	朝阳区曙光里45号楼	100028
联合证券西三环北路证券营业部	海淀区西三环北路72号中经大厦	100037
恒泰证券安德路证券营业部	东城区安德路大街16号洲际大厦B座	100011

民生证券北京西三环北路证券营业部	海淀区西三环北路91号国图文化大厦南门3楼	100044
闽发证券北四环中路营业部	海淀区北四环中路229号海泰大厦2层	100083
闽发证券翠微路证券营业部	海淀区复兴路20号翠微商业楼2段	100036
恒泰证券南滨河路证券营业部	宣武区广安门外南滨河路1号高新大厦	100055
南方证券安立路证券营业部	朝阳区安外安立路8号	100101
南方证券东方广场证券营业部	东城区东长安街1号东方广场W1座7层	100738
南方证券方庄方群园证券营业部	丰台区方庄方群园4区21楼南方证券大厦	100078
南方证券复兴路证券营业部	海淀区复兴路乙20号	100036
平安证券东花市证券营业部	崇文区东花市北里西区B座23号楼	100062
山东省齐鲁证券北京北四环西路证券营业部	海淀区北四环西路67号	100080
山西证券太平庄营业部	北京100081信箱43分箱	100081
上海证券万寿路营业部	海淀区万寿路翠微中里14号楼	100036
申银万国证券安定路证券营业部	朝阳区安定路39号长新大厦3层	100029
申银万国证券劲松九区证券营业部	朝阳区劲松九区909楼	100021
世纪证券光华路证券营业部	朝阳区光华路丙12号	100020
首创证券北辰东路证券营业部	朝阳区北辰东路8号辰运大厦	100101
泰阳证券阜外大街营业部	西城区阜外大街甲34号	100037
天同证券朝外大街营业部	朝阳区朝外大街20号联合大厦2层	100020
天一证券北京东四北大街证券营业部	东城区东四北大街107号天海商务大厦B座2层	100007
天元证券广渠门外大街证券营业部	朝阳区广渠门外大街9号院3号楼	100022
万联证券西单营业部	西城区西单横二条3号	100031
万通证券花园东路营业部	海淀区花园东路10号高德大厦7层	100083
武汉证券广安门南街证券营业部	宣武区广安门南街2号	100053
西北证券惠新西街证券营业部	朝阳区惠新西街9号	100029
西部证券新街口外大街证券营业部	西城区新街口外大街2－5号	100088
西藏证券陶然亭路证券营业部	宣武区陶然亭路16号	100054
西南证券北三环中路营业部	西城区北三环中路2号	100011

厦门证券北京远大路证券营业部	海淀区远大路22号B区1号楼101号	100089
湘财证券朝外大街营业部	朝阳区朝外大街12号4层	100020
湘财证券惠新东街营业部	朝阳区惠新东街2号	100029
湘财证券顺义府前西街营业部	顺义区府前西街10号	101300
湘财证券北三环西路证券营业部	海淀区北三环西路68号	100081
东北（新华）证券朝外大街证券营业部	朝阳区朝外大街38号	100020
新疆证券裕民东路证券营业部	西城区裕民东路3号	100029
兴安证券北京知春路证券营业部	海淀区知春路甲63号卫星大厦7层	100080
兴业证券赵登禹路证券营业部	西城区赵登禹路277号先锋商务写字楼	100034
亚洲证券广安路证券营业部	丰台区西客站南广场中色建设大厦3层	100055
亚洲证券和平里证券营业部	东城区和平里小黄庄二区一号楼	100013
银河证券安外证券营业部	东城区安外大街66号	100011
银河证券阜成路证券营业部	海淀区阜成路67号银都大厦1－5层	100036
银河证券黄寺大街证券营业部	西城区黄寺大街21号	100011
银河证券双榆树证券营业部	海淀区双榆树科学院南路44号	100086
银河证券天坛东里证券营业部	崇文区天坛东里5号东普写字楼	100061
银河证券望京西园证券营业部	朝阳区望京西园四区乙410楼	100102
银河证券百万庄大街证券营业部	西城区北百万庄大街甲2号	100037
银河证券学院南路证券营业部	海淀区学院南路34号	100088
银河证券月坛证券营业部	西城区月坛南街丙一号	100045
招商证券北三环东路营业部	朝阳区北三环东路8号静安中心0672#	100028
招商证券建国路证券营业部	朝阳区建国路118号招商局大厦8层	100022
方正证券和平里东街证券营业部	东城区和平里东街6区8号	100013
中创证券东单证券营业部	东城区东单北大街3号	100005
中富证券北京东四十条证券营业部	东城区东四十条68号	100007
中关村证券中关村南大街证券营业部	海淀区中关村南大街甲32号中关村科技发展大厦B座	100081
中国国际金融有限公司建国门外大街证券营业部	朝阳区建国门外大街1号国贸大厦2座28层	100004

世纪证券北京西坝河证券营业部	朝阳区西坝河168号	100028
中国民族证券太平桥大街证券营业部	西城区太平桥大街250号	100032
中国民族证券和平里证券营业部	朝阳区和平里14区青年沟东路华表时装公司	100013
中山证券公司北京车公庄大街证券营业部	西城区车公庄大街乙1号	100044
中信证券复外大街营业部	西城区白云路1号，北京复外大街16号	100045
中信证券安外大街证券营业部	东城区安外大街甲57号	100011
中信证券北三环中路营业部	海淀区北三环中路40号莹虹商厦4层	100088
中信证券张自忠路证券营业部	东城区张自忠路7号中信证券	100007
中信证券白家庄东里证券营业部	朝阳区白家庄东里1号建宏大厦	100026
中兴信托证券安立路证券营业部（泛亚）	朝阳区安外安立路8号汇园公寓一号厅	100101
广发北方证券东三环北路证券营业部	朝阳区东三环北路3号幸福大厦A座1608	100027
金元证券新外大街证券营业部	海淀区新外大街19号京师大厦6层	100875
财富证券知春路证券营业部	海淀区知春路59号	100080
新时代证券成府路证券营业部	海淀区成府路298号方正大厦2层	100871
大通证券阜城门外大街证券营业部	西城区阜城门外大街8号国润大厦12层	100037
第一创业证券月坛南街证券营业部	西城区月坛南街甲1号东方亿通大厦	100045
红塔证券板井路证券营业部	海淀区板井路69号	100089
华林证券北三环东路证券营业部	朝阳区北三环东路28号易亨大厦2层	100013
第一证券中关村东路证券营业部	海淀区中关村东路8号东升大厦A座6层	100083
广东民安证券慧忠路证券营业部	朝阳区慧忠路5号远大中心A座11层	100101
国盛证券知春路证券营业部	海淀区知春路113号银网中心B座18层	100086
中原证券酒仙桥路证券营业部	朝阳区酒仙桥路14号	100016
金元证券方庄方古园证券营业部	丰台区方庄方古园一区29-4第三层	100078

巨田证券东三环北路证券营业部	朝阳区东三环北路15号恒安大厦12层	100027
昆仑证券长春桥路证券营业部	海淀区长春桥路5号新起点嘉园12号楼21层	100089
长财证券东三环中路证券营业部	朝阳区东三环中路18号东环国际大厦3层	100022
中国民族证券知春路证券营业部	海淀区知春路106号太平洋国际大厦7层	100086
东海证券慧忠路证券营业部	朝阳区慧忠路5号远大中心C座7层	100101
太平洋证券海淀大街证券营业部	海淀区海淀大街38号银科大厦6楼616室	100080
上海远东证券南礼士路证券营业部	西城区南礼士路3号海通大厦A座三、四层	100037
北京高华证券建国门外大街证券营业部	朝阳区建国门外大街1号国贸大厦2座10层	100004

5. 保险公司分支机构

中国人民财产保险股份有限公司北京市分公司

机构名称	地　址	负责人
中国人民财产保险股份有限公司北京市分公司	朝阳区朝外市场街20号	郭生臣
东城支公司	东城区和平里东街20号	李兵
西城支公司	西城区德外大街73号	蒙士洪
崇文支公司	崇文区培新街6号	郭少军
宣武支公司	菜市口南大街平原里小区20号楼	冯建新
朝阳支公司	朝阳区霄云里4号	刘洪喜
海淀支公司	海淀区阜成路81号	冯建华
丰台支公司	丰台区丰台镇东大街11号	刘辉
石景山支公司	石景山区杨庄东路80号	毕征
门头沟支公司	门头沟区新桥大街18号楼	张长明
房山支公司	房山区政通路6号	刘艳东
通州支公司	通州区玉带河大街22号	高勇
昌平支公司	昌平区城区镇北环路21号	隋斌
顺义支公司	顺义区新顺南大街	郭效来
大兴支公司	大兴区黄村兴政街26号	吕志华
怀柔支公司	怀柔区青春路21号（慧友大厦）	路志伟

密云支公司	密云县密云镇鼓楼南大街41号	史新国
平谷支公司	平谷区城关镇府前西街16号	刘玉纯
延庆支公司	延庆县东外大街59号	王键
直属支公司	西直门南大街2号成铭大厦3A层	杨斌
燕山支公司	房山区燕山迎风街三里金融综合楼	张永生
营业部	朝阳区朝外市场街20号	马健

中国人寿保险股份有限公司北京市分公司

机构名称	地　址	负责人
中国人寿保险股份有限公司北京市分公司	朝阳区朝外市场街20号	黄俊光
东城支公司	东城区东直门外东中街32号	李明
西城支公司	西城区后广平36号	李忠琴
崇文支公司	崇文区沙子口路76号富莱茵花园7号楼	孔德玲
宣武支公司	宣武区北纬路1号	周春利
朝阳支公司	朝阳区金台北街7号	金辉
丰台支公司	丰台区丰台东大街49号	李杰
石景山支公司	石景山古城北路5号	张丹加
海淀支公司	海淀区知春路20号	岳兰
门头沟支公司	门头沟区滨河路64号	吕光增
房山支公司	房山区良乡西路北大街26号	贾京平
通州支公司	通州区玉带河大街22号	刘德奇
顺义支公司	顺义区新顺南大街1号	米建国
昌平支公司	昌平区昌平镇创新路5号	张松山
大兴支公司	大兴区黄村兴政街34号	侯军
怀柔支公司	怀柔区商业街2号	张华
平谷支公司	平谷新开街25号	王文才
密云支公司	密云滨河路22号	方茂林
延庆支公司	延庆县东外大街59号	吴仑
开发区支公司	北京经济技术开发区宏达北路18号大地国际商务中心307D	何永平

中国太平洋财产保险股份有限公司北京分公司

机构名称	地　址	负责人
中国太平洋财产保险股份有限公司北京分公司	西城区复兴门内大街158号远洋大厦F6层	李宝利

东城支公司	朝阳区东土城路13号	孙永建
西城支公司	西城区展览馆路3号	韩克伟
海淀支公司	西城区新外大街2号	张建
丰台支公司	宣武区广安门外大街87号	孙国建
朝阳支公司	朝阳区霄云路霄云里6号楼翼龙宾馆	陈宇
昌平支公司	昌平区科技园区创新路6号	赵阁
通州支公司	通州区通惠北路25号	王金凯
顺义支公司	顺义区顺通路27号	蒋刚

中国太平洋人寿保险股份有限公司北京分公司

机构名称	地　址	负责人
中国太平洋人寿保险股份有限公司北京分公司	西城区复兴门内大街158号远洋大厦F6层	李洪林
东城支公司	东城区东四十条113号	宋继海
西城支公司	西城区西外大街新兴东巷甲15号	徐蕾
海淀支公司	海淀区北蜂窝66号	王玉
昌平支公司	昌平区西关商业街综合楼	张美丽
通州支公司	通州区新华大街169号	韩增凤
朝阳支公司	朝阳区安贞里二区1号楼	徐蕾
顺义支公司	顺义区石幢综合商业楼	李永和
海淀中关村营销服务部	海淀区中关村南大街甲10号银海大厦5层	胡克霞
大兴黄村营销服务部	大兴区黄村镇兴丰大街9号	李庆春
密云鼓楼营销服务部	密云县新中街42号	崔蕊丽
房山良乡营销服务部	房山良乡拱辰大街12号	朱新华

中国平安财产保险股份有限公司北京分公司

机构名称	地　址	负责人
中国平安财产保险股份有限公司北京分公司	西城区金融街23号平安大厦15层	骆鹏
分公司营业部	西城区金融街23号平安大厦8层	骆鹏
朝阳支公司	朝阳区小关北里45号世纪嘉园5号2层	金建荣
丰台支公司	丰台区丰北路甲45号鼎恒中心3层	陈茂奎
房山支公司	房山区良乡月华大街2号	张学会
西城支公司	西城区阜外大街271号C座	季新民

宣武支公司	宣武区广安门内大街338号港中旅大厦	曹庭文
海淀支公司	海淀区北四环西路67号大地科技大厦4层	吴晓东
东城支公司	东城区安定门外大街2号安贞大厦	段为东

中国平安人寿保险股份有限公司北京分公司

机构名称	地　址	负责人
中国平安人寿保险股份有限公司北京分公司	西城区金融街23号	朱仲群
海淀北太平庄营销服务部	海淀区北太平庄路2号	刘铁岭
海淀阜成路营销服务部	海淀区阜成路58号新洲商务大厦6层	王小霞
海淀魏公村营销服务部	海淀区中关村南大街11号光大国信大厦	窦刚
海淀西三环中路营销服务部	海淀区西三环中路18号万发大厦	唐永贵
海淀甘家口营销服务部	海淀区三里河路21号13层	井立
海淀学院路营销服务部	海淀区学院路甲38号长城电脑大厦	罗春毅
东城东方广场营销服务部	东城区东单三条8号东方广场东配楼7、8层	郭彤
东城雍和宫营销服务部	东城区藏经馆路11号	王亚健
东城建国门营销服务部	东城区北京站东街10号	杨军
西城六部口营销服务部	西城区西长安街15号中国民航实业开发总公司营业大厦5层	盛纳
西城西单营销服务部	西城区灵境胡同42号惠能大厦	赵军
西城鹰冠营销服务部	西城区新街口外大街8号金丰和写字楼	尹斌
西城阜成门营销服务部	西城区南礼士路3号龙蕃写字楼A座	袁晓光
东城安定门营销服务部	东城区安外大街208号三利大厦3层	苗林
朝阳亚运村营销服务部	朝阳区安慧里二区12号楼东侧	刘胜春
朝阳管庄营销服务部	朝阳区管庄西里综合商店1－2层	路玉权
崇文陶然亭营销服务部	崇文区南二环陶然桥马家堡路1号	韩晓芳
东城东直门营销服务部	东城区东中街9号东环广场A座首层RAID-E号	王艺梅
通州西海子营销服务部	通州区新华大街71号	夏劲松
平谷金乡路营销服务部	平谷区金乡路1号雅美奇商厦2层	崔东辉
顺义龙府营销服务部	顺义区西辛北区甲18号龙府花园11号楼	孟繁智
房山城关营销服务部	房山区南大街6号	王秀平
房山良乡营销服务部	房山区良乡拱辰北大街1号西侧	王环宇
大兴兴政营销服务部	大兴区兴政街16号亚特商城2、3层	吴刚

昌平永安营销服务部	昌平区永安路32号楼	马柳青
怀柔梅苑营销服务部	怀柔县青春路梅苑小区8号楼3门北间	安晓伟
密云鑫盛营销服务部	密云县新东路40号	付立军
延庆板泉路营销服务部	延庆板泉路26号鑫妫川购物中心	张明军
东城东四营销服务部	东城区东直门南大街甲10号中航大厦	许丰军
石景山玉泉路营销服务部	石景山路3号玉泉大厦8层	王东

新华人寿保险股份有限公司北京分公司

机构名称	地　址	负责人
新华人寿保险股份有限公司北京分公司	丰台区莲花池西里8号新华保险大厦	刘亦工
西城支公司	西城区阜外大街2号万通新世界A8层	遇宏
宣武支公司	宣武区珠市口西大街120号（太丰惠中大厦配楼3、6层）	孟军
海淀支公司	海淀区北三环中路36号	金爱丽
朝阳支公司	朝阳区安定门外胜古北路甲3号	周猎人
丰台支公司	丰台区莲花池西里29号公交大厦10层	赵德刚
通州支公司	通州区新华大街157号	乔向东
石景山支公司	石景山区石景山路22号A座长城大厦	陈毅莉
大兴支公司	大兴区市场路京南大厦	陈峰
房山支公司	房山区迎风大街43号邮局3楼	吕良
顺义支公司	顺义区幸福东区丁18号楼2层	田海朔
西城新外大街营销服务部	西城区新外大街12号	白崇立
西城中京畿道营销服务部	西城区中京畿道1号院2号楼503室	张振华
朝阳团结湖营销服务部	朝阳区团结湖北三条瑞博写字楼10号楼418室	李晨辉
海淀翠微营销服务部	海淀区西三环中路乙18号荣华大厦	高新生
丰台南苑营销服务部	丰台区南苑北里二区六号楼	刘金波
昌平北环营销服务部	昌平区西环路78号利阳大厦	刘宇
怀柔营销服务部	怀柔区北大街1号3层	肖建军
平谷旧城街营销服务部	平谷区金乡路东园西小区60号劳动局职业技能培训中心	王小红
房山良乡镇营销服务部	房山区良乡西路11号	单佩秋
房山城关镇营销服务部	房山区城关镇东大街13号	陈广祥
大兴庞各庄营销服务部	大兴区庞各庄镇邮政支局2层	张艳梅
密云鼓楼营销服务部	密云县鼓楼东大街87号院粮贸大厦9层	陈素珍

通州西集营销服务部	通州区西集镇通香公路北侧原西集酒楼	王笑臣
延庆营销服务部	延庆县湖南东路1号	王立凯
海淀知春路营销服务部	海淀区知春路106号太平洋国际大厦	张敏
门头沟营销服务部	门头沟区新桥大街12号	田立萍
丰台镇营销服务部	丰台区丰台北路79号A座9层	宋秀伟

泰康人寿保险股份有限公司北京分公司

机构名称	地　址	负责人
泰康人寿保险股份有限公司北京分公司	西城区复兴门内大街156号泰康人寿大厦	苗力
西城支公司	西城区西外大街6号中仪大厦	李建宁
东城支公司	东城区安德里北街21号奥星大厦3层	武旭阳
海淀支公司	海淀区知春路慎昌大厦2层	许杰
白云路营销服务部	西城区白云路1号白云大厦4层	王北蓉
朝阳门营销服务部	朝阳区永安里华彬大厦13层	蹇宏
宣武支公司	宣武区宣外大街6号庄胜广场第一座东E3A28－31	潘永伟
石景山万商大厦营销服务部	石景山区石景山路22号万商大厦20层	张永红
房山区窦店营销服务部	房山区窦店镇京门家园小区	吴建勋
大兴旧宫营销服务部	大兴区旧宫镇万源路汇宝隆写字楼	李卓远
通州营业部	通州区新华大街100号	李冰
丰台支公司	丰台区西四环南路48号蓝天商务楼3层	唐彤
房山支公司	房山区良乡月华1号	李晖
昌平支公司	昌平区新新公寓二区写字楼3层309室	焦立静
顺义支公司	顺义区府前东街23号物资局办公楼2楼	穆洪亮
大兴支公司	大兴区兴政街科技大厦9层	马跃
怀柔支公司	怀柔区青春路26号3层	任立新
密云营销服务部	密云县山水大厦3层	杜波
延庆妫水北街营销服务部	延庆县妫水北街县工会南侧	李占林
平谷区文化南街营销服务部	平谷区平谷镇文化南街三号楼	杨武军

华泰财产保险股份有限公司北京分公司

机构名称	地　址	负责人
华泰财产保险股份有限公司北京分公司	宣武区南滨河路1号高新大厦3层	马鲁明

朝阳支公司	朝阳区霞光里8号鑫泰大厦1层1108室	齐小兵
崇文支公司	朝阳区潘家园路7号银鹰宾馆13层	李德新
西城支公司	西城区阜外北二巷豪轩写字楼2层	徐宝明
宣武支公司	宣武区南滨河路1号高新大厦3层	李彩红
通州支公司	通州区江米店18号	王振亮
顺义支公司	顺义区石园西区23号楼6门101号	韩少兵
房山支公司	房山区良乡拱辰北大街38号楼1－102	王文

太平保险有限公司北京分公司

机构名称	地　址	负责人
太平保险有限公司北京分公司	海淀区北四环中路238号柏彦大厦6层	边勇
朝阳亚运村营销服务部	朝阳区北三环东路28号易亨大厦8层	杨郁清
海淀学院路营销服务部	海淀区北四环中路238号柏彦大厦6层	李丽
宣武广安门营销服务部	宣武区南滨河路31号华亨大厦9层	卓颖

太平人寿保险有限公司北京分公司

机构名称	地　址	负责人
太平人寿保险有限公司北京分公司	东长安街1号东方广场东方经贸城E3座5层	谢忠
朝阳建国门营销服务部	朝阳区建外大街建华南路17号北京佰联大厦5层	刘延海
房山城关营销服务部	房山区北关大街23号2楼	万文荣
东城安定门营销服务部	东城区安定门外大街185号京宝大厦3层304－309房间	周永政
平谷营销服务部	平谷区新平北路56号祥和宾馆办公楼5层北半层	战歌
海淀学院路营销服务部	海淀区花园北路44号贯通大厦A楼3层300房间	王颖

中华联合财产保险公司北京分公司

机构名称	地　址	负责人
中华联合财产保险公司北京分公司	朝阳区安贞西里3区26号浙江大厦九层	刘显龙
崇文支公司	崇文区龙潭路8号	史振华

西城支公司	西城区赵登禹路277号先锋写字楼3层	张海镔
宣武支公司	宣武区广安门外马连道路11号1001号	张金英
朝阳支公司	朝阳区安外胜古庄2号F座5层	刘应龙
怀柔支公司（筹）	怀柔区富乐北里25号正楼1层	韩国东
顺义支公司（筹）	顺义区中山西街4号	高树军
房山支公司（筹）	房山区良乡拱辰北大街甲33号	徐广明
昌平支公司（筹）	昌平区昌平科技园区振兴路9号	陈继光
丰台支公司（筹）	丰台区东大街53号运通行国际商务大厦B座	吴晓强
通州支公司（筹）	通州区运河东大街3号2号楼1-1#	王士东
石景山支公司（筹）	石景山区古城大街51号古城旅馆5层	施云涛
海淀支公司（筹）	海淀区昆明湖南路9号云航大厦3层3026–3037室	排凤拥
大兴营销部	大兴黄村兴丰北大街89号	赵达
经济技术开发区营销部	北京经济技术开发区宏达北路12号	刘玉峰

永安财产保险股份有限公司北京分公司

机构名称	地址	负责人
永安财产保险股份有限公司北京分公司	朝阳区北三环东路28号易亨大厦15层	苑为
阜成门营销服务部	西城区北营房东里13号今儒大厦B座411室	柳春
太平桥营销服务部	丰台区梆子井甲18号5号房	李国建
亚运村营销服务部	朝阳区安定路3号	郑箭
广安门营销服务部	宣武区珠市口西大街120号太丰惠中大厦12层	安峰
体育馆路营销服务部	崇文区体育馆路9号	马陈平
魏公村营销服务部	海淀区中关村南大街甲10号银海大厦618室	张忠润
黄村营销服务部	大兴区黄村镇饮马井南里	邢国栋

民生人寿保险股份有限公司北京分公司

机构名称	地址	负责人
民生人寿保险股份有限公司北京分公司	朝阳区朝外大街20号联合大厦2层	曹建范

海淀中关村营销服务部	海淀区中关村南大街甲10号银海大厦4层南406室	刘勇
崇文文化馆营销服务部	崇文门外大街7号崇文文化馆主楼6层	杨杰
东四十条营销服务部	东城区东四十条21号1号楼2层西侧	战宇
公主坟四维大厦营销服务部	海淀区西三环中路甲18号四维大厦3层	郑军
朝阳区安贞企发大厦营销服务部	朝阳区安外胜古庄2号北京康瑞普冶金设备厂F座4层	张晨宾
顺义营销服务部	顺义区中山南街1号楼3层东侧	高卫国
平谷营销服务部	平谷区新平北路51号	乔军
密云营销服务部	密云县鼓楼东大街花园小区综合楼5层	李金长
怀柔营销服务部	怀柔区迎宾中路1号瑞特沃斯机电建材家具大厦6层	刘京
通州营销服务部	通州区新华大街157号博飞大楼3层东大厅	王金平
昌平营销服务部	昌平区创新路8号北京顺平达客运中心服务楼4层	李言志
房山营销服务部	房山区良乡拱辰大街拱辰家园1号楼	付国强

（三）外资银行及其他金融机构北京分支机构名录

国家或地区	机构名称	地　址	行长/总经理
奥地利	奥地利中央合作银行北京分行 RZB Austria Beijing Branch	朝阳区建国门外大街21号北京国际俱乐部200室 邮编：100020	卫安德
澳大利亚	澳大利亚和新西兰银行北京分行 ANZ Banking Group Limited Beijing Branch	东城区建国门内大街7号光华长安大厦2座1717－1718室 邮编：100005	麦哲睿
德国	德国德累斯登银行北京分行 Dresdner Bank AG Beijing Branch	朝阳区麦子店街37号盛福大厦1700室 邮编：100016	施汉杰
德国	德意志银行北京分行 Deutsche Bank Beijing Branch	朝阳区建国门外大街1号国贸大厦2座3606室	李纯纯

法国	法国巴黎银行北京分行 BNP Paribas Beijing Branch	朝阳区建国门外大街1号国贸大厦19楼 邮编：100004	Olivier Pierre Rousselet
法国	法国东方汇理银行北京分行 CALYON Beijing Branch	朝阳区建国门外大街1号中国国际贸易中心2座3506室 邮编：100004	姚国华
瑞士	瑞士银行北京分行 UBS AG Beijing Branch	朝阳区建国门外大街1号国贸大厦1座2916室	金纪湘
韩国	韩国外换银行北京分行 Korea Exchange Bank Beijing Branch	东城区建国门内大街18号恒基中心办公楼第二座五层8－13号 邮编：100005	金会宪
韩国	韩国友利银行北京分行 Woori Bank Beijing Branch	朝阳区霄云路38号现代盛世大厦7层702室 邮编：100027	金范洙
荷兰	荷兰银行北京分行 ABN AMRO Bank N.V.	朝阳区光华路1号北京嘉里中心北楼2801室 邮编：100020	吴政凯
加拿大	加拿大蒙特利尔银行北京分行 Bank of Montreal Beijing Branch	东城区东长安街1号东方经贸城E1楼1502室　邮编：100005	幸公杰
美国	美国摩根大通银行北京分行 JPMorgan Chase Bank，N.A Beijing Branch	朝阳区光华路1号嘉里中心南楼25层2516号　邮编：100020	霍康（Carl Emil Walter Jr.）
美国	美国花旗银行北京分行 Citibank，N.A.Beijing Branch	东城区建国门内大街7号光华长安大厦16层 邮编：100020	邓宁女士
美国	美国银行北京分行 Bank of America National Association Beijing Branch	朝阳区建国门外大街1号国贸大厦26楼09室　邮编：100004	王安豫女士
日本	日本东京三菱银行北京分行 Bank of Tokyo-Mitsubishi Ltd Beijing Branch	朝阳区东三环北路5号北京发展大厦2层 邮编：100004	柳冈广和

日本	日本日联银行北京分行 UFJ Bank Limited Beijing Branch	东城区建国门内大街18号恒基中心办公楼第2座409—412 邮编：100005	山内英树
日本	日本瑞穗实业银行北京分行 Mizuho Corporate Bank Ltd. Beijing Branch	朝阳区建国门外大街甲26号长富宫办公楼8层　邮编：100022	细井靖
中国香港	南洋商业银行北京分行 Nanyang Commercial Bank Ltd. Beijing Branch	朝阳区建国门外大街乙8号　邮编：100022	卓建平
中国香港	香港上海汇丰银行北京分行 The Hongkong and Shanghai Banking Corp., Ltd. Beijing Branch	东城区建国门内大街8号中粮广场A座首层 邮编：100005	丁国良
中国香港	东亚银行北京分行 The Bank of East Asia, Limited Beijing Branch	东城区朝阳门北大街8号富华大厦A座首层 邮编：100027	吴志强
新加坡	新加坡星展银行北京分行 The Development Bank of Singapore Beijing Branch	朝阳区建国门外大街1号国贸大厦1009－1018室　邮编：100004	王锡培
新加坡	新加坡大华银行北京分行 United Overseas Bank Limted Beijing Branch	朝阳区建国门外大街1号国贸大厦2座2513室　邮编：100004	廖元祥
英国	英国渣打银行北京分行 Standard Chartered Bank PLC Beijing Branch	朝阳区东环南路2号招商局大厦31层 邮编：100022	左自鹏
德国	大众汽车金融（中国）有限公司	朝阳区建外大街1号国贸大厦1座7层 邮编：100004	布尔克哈德·布莱宁

（袁宝良）

（四）外资银行及其他金融机构北京代表处名录

外资银行北京代表处名录

国家或地区	机构名称	地址	首席代表
德国	西德银行股份有限公司北京代表处	朝阳区亮马桥路50号燕莎中心C613B 邮编：100016	吴景柱（Viktor H Uterman）
德国	德国北德意志州银行北京代表处	朝阳区亮马桥路50号燕莎中心办公楼C406 邮编：100016	张景智
德国	德国商业银行股份有限公司北京代表处	朝阳区建国门外大街19号国际大厦2502室 邮编：100004	Martin Miller
德国	德国巴登—符腾堡州银行北京代表处	朝阳区东三环北路8号亮马大厦2座1130室 邮编：100004	何蕾娜
德国	德国裕宝联合银行股份有限公司北京代表处	朝阳区亮马桥路50号燕莎中心C305室 邮编：100016	陈亮（中国）
德国	德国巴伐利亚州银行北京代表处	朝阳区亮马桥路50号燕莎中心C703 邮编：100016	苗五一（中国）
德国	德国施威比豪尔住房储蓄银行股份有限公司北京代表处	朝阳区建国门外大街19号国际大厦23－D 邮编：100004	岳慕礼
德国	德国中央合作银行股份有限公司北京代表处	朝阳区建国门外大街19号国际大厦22－1B室 邮编：100004	陈慧君（MS）
意大利	意大利联合银行股份有限公司北京代表处	朝阳区新源南路6号京城大厦2108室 邮编：100004	狄尼（Leonardo Dini）
意大利	意大利圣保罗意米银行股份有限公司北京代表处	朝阳区建国门外大街1号国贸大厦1座2626室 邮编：100004	卓卡罗

意大利	意大利罗马银行股份有限公司北京代表处	朝阳区建国门外大街 19 号国际大厦 2604 室 邮编：100004	马德拉
意大利	意大利西雅那银行股份有限公司北京代表处	朝阳区建国门外大街 1 号国贸大厦 1 座 2617 室 邮编：100004	王继荣（新加坡）
意大利	意大利国民劳动银行股份有限公司北京代表处	朝阳区建国门外大街 19 号国际大厦 1002 室 邮编：100004	贾万德（Roberto Chiamenti）
意大利	意大利联合信贷银行股份有限公司北京代表处	朝阳区建国门外大街 22 号赛特大厦 1209 室 邮编：100004	方莹
法国	法国兴业银行有限公司北京代表处	东城区建国门北大街 8 号华润大厦 1707 室 邮编：100005	普瓦耶 Marc Poirier
法国	法国外贸银行股份有限公司北京代表处	朝阳区建国门外大街 1 号国贸大厦 1 座 0630 室 邮编：100004	李军
法国	法国工商银行有限公司北京代表处	东城区建国门内大街 7 号光华长安大厦 1 座 310 室 邮编：100005	边文龙
法国	法国标致雪铁龙融资银行有限公司北京代表处	光华路 12 号科伦大厦 409 房间 邮编：100020	党辉
俄罗斯	俄罗斯工业通讯银行（股份有限公司）北京代表处	朝阳区建国门外大街 22 号赛特大厦 1308 室 邮编：100004	高罗德宾娜·尼娜（Nina Gorodbina）
俄罗斯	俄罗斯联邦对外贸易银行公开股份公司北京代表处	朝阳区建国门外大街 19 号国际大厦 18BC 室 邮编：100004	鲍力斯·阿布拉莫夫
俄罗斯	俄罗斯信贷商业银行北京代表处		
俄罗斯	俄罗斯苏联对外经济银行北京代表处	朝阳区建国门外大街 19 号国际大厦 20A 室 邮编：100004	Petr A. Selivanov
瑞士	欧洲金融集团银行瑞士有限责任公司北京代表处	朝阳区建国门外大街 1 号国贸大厦 2 座 3617、3618 室 邮编：100004	石应瀚

瑞士	瑞士苏黎世州银行北京代表处	朝阳区麦子店西路新恒基国际大厦718室 邮编：100016	刘志勤（中国）
瑞士	瑞士信贷银行有限公司北京代表处	朝阳区东三环北路2号南银大厦31层 邮编：100027	布克曼（Hans Urs Buchmann）
瑞典	北欧银行瑞典有限公司北京代表处	朝阳区东三环北路5号发展大厦721A室 邮编：100004	费焕然（Juan Ramon Villanueva Engstrom）
瑞典	瑞典商业银行公共有限公司北京代表处	朝阳区建国门外大街19号国际大厦22D室 邮编：100004	王幼佳
瑞典	瑞典北欧斯安银行有限公司北京代表处	朝阳区东三环北路8号亮马大厦1座605室 邮编：100004	Dan Tage Oscar Lundberg
荷兰	荷兰商业银行股份有限公司北京代表处	朝阳区东三环北路8号亮马大厦1座1510室 邮编：100004	胡元祥（Yuan Xiang Hu）
荷兰	荷兰合作银行有限公司北京代表处	朝阳区亮马桥路50号北京燕莎中心写字楼C213B室 邮编：100016	戴蕙（中国）
西班牙	西班牙对外银行有限公司北京代表处	东城区建国门内大街7号光华长安大厦1座508室 邮编：100004	拉蒙·卡斯贡
西班牙	西班牙国际银行有限公司北京代表处	朝阳区东三环北路8号亮马大厦2301室 邮编：100004	莱昂拿多·薄萨达
西班牙	西班牙萨瓦德尔银行股份有限公司北京代表处	东城区东中街29号东环广场B座写字楼4层L号	哈维尔·塞拉多
比利时	比利时富通银行有限公司北京代表处	朝阳区新源南路6号京城大厦2302室 邮编：100004	塞尔日·杨森·德瓦雷贝克
英国	英国苏格兰皇家银行公众有限公司北京代表处	东城区东长安街1号东方广场中2办公楼5层506室 邮编：100738	万茂佳

英国	英国巴克莱银行有限公司北京代表处	东城区建国门北大街8号华润大厦2108室 邮编：100004	费宜来
英国	英国莫斯科人民银行北京代表处	东城区东直门外大街35号东湖别墅6D 邮编：100027	列昂尼德·雅利夫列维奇·郭罗斯（俄罗斯）
奥地利	奥地利银行股份有限公司北京代表处	朝阳区东三环北路8号亮马大厦1座1605室 邮编：100004	法伊斯陶尔
澳大利亚	澳大利亚国民有限公司银行北京代表处	朝阳区建国门外大街1号国贸大厦1座2326室 邮编：100004	徐向荣
澳大利亚	澳大利亚西太平洋银行有限公司北京代表处	西城区金融大街19号富凯大厦B座611室 邮编：100032	迟浩
澳大利亚	澳大利亚澳洲联邦银行公众股份有限公司北京代表处	朝阳区建国门外大街1号国贸大厦1座2909室 邮编：100004	欧恩陶
巴基斯坦	巴基斯坦国民银行股份有限公司北京代表处	朝阳区昆仑饭店435室 邮编：100004	纳思尔·胡赛因
菲律宾	菲律宾首都银行及信托有限公司北京代表处	东城区建国门内大街18号恒基中心办公一楼1座1410室 邮编：100005	魏琦
哈萨克斯坦	哈萨克斯坦人民储蓄银行公开股份公司北京代表处	东城区建国门内大街8号中粮广场A座420室 邮编：100005	亚河亚罗夫·努尔朗
韩国	韩国产业银行北京代表处	朝阳区建国门外大街1号国贸中心1座1601室 邮编：100004	金徹
韩国	韩国输出入银行北京代表处	朝阳区亮马桥路50号燕莎中心办公楼C716室 邮编：100016	具云会
马来西亚	马来西亚马来亚银行有限公司北京代表处	朝阳区建国门外大街1号国贸大厦1座6层0621室 邮编：100004	黄金富（NGKING HOU）

日本	日本三井住友银行股份有限公司北京代表处	朝阳区呼家楼京广中心 2902 室 邮编：100020	太田忠利
日本	日本三菱信托银行股份有限公司北京代表处	朝阳区建国门外大街甲 26 号长富宫办公楼 304 室 邮编：100022	臼井毅
日本	日本住友信托银行股份有限公司北京代表处	朝阳区建国门外大街甲 26 号长富宫办公楼 501 室 邮编：100022	甲斐伸一郎
日本	日本农林中央金库有限公司北京代表处	朝阳区建国门外大街甲 26 号长富宫办公楼 601 室 邮编：100022	千叶进（Susumu Chiba）
泰国	泰国盘谷银行（大众有限公司）北京代表处	朝阳区建国门外大街 1 号国贸大厦 1 座 1713 室 邮编：100004	蔡伟才
泰国	泰国泰华农民银行（大众）有限公司北京代表处	朝阳区建国门外大街 19 号国际大厦 22 层 C 室 邮编：100004	钟建华（Chavalit Nithagon）
泰国	德富泰银行有限公司北京代表处	朝阳区建国路 118 号招商局大厦 29 层 H2 室 邮编：	邓大勇
中国香港	恒生银行有限公司北京代表处	东城区建国门内大街 8 号中粮广场 A 座 3 楼 303 室 邮编：100005	吴来盛
中国香港	中信嘉华银行有限公司北京代表处	朝阳区亮马桥路 39 号第一上海中心写字楼 802 室 邮编：100016	赵春铃
中国香港	永亨银行有限公司北京代表处	东城区东直门外大街 48 号东方银座写字楼 15A 室 邮编：100027	容承刚
朝鲜	朝鲜华丽银行有限公司北京代表处	崇文区东打磨厂街 7 号宝鼎中心 1069、539 室 邮编：100062	李书军
中国台湾	合作金库银行股份有限公司北京代表处	东城区建国门内大街 18 号恒基中心办公室 1 座 1805 室 邮编：100005	洪维
中国台湾	中国信托商业银行股份有限公司北京代表处	朝阳区光华路甲 8 号和乔大厦 B 座 111 室 邮编：100026	钟敏敏

新加坡	新加坡华侨银行有限公司北京代表处	东城区建国门内大街7号光华长安大厦2座920室 邮编：100005	宋丽华
印度尼西亚	宁波国际银行北京代表处	西城区阜外大街2号万通新世界广场B座1710室 邮编：100037	郭双
伊朗	伊朗德佳拉特银行北京代表处	朝阳区亮马桥路50号燕莎中心写字楼C208室 邮编：100016	雷扎·阿斯葛扎德·安达拉比（Reza Asgharzadeh Andarabi）
蒙古	蒙古郭勒穆特银行有限公司北京代表处	朝阳区建国门外大街日坛路6号北京安琪商务中心539室 邮编：100020	沙格达尔苏伦·额格希格（女）（Egshing Sh-agdarsuren）
古巴	古巴国民银行北京代表处（更名手续仍在进行中）	朝阳区建外大街24号京泰大厦710室 邮编：100022	Diana Amelia Fernandez Vila（女）
加拿大	加拿大皇家银行有限公司北京代表处	朝阳区建国门外大街1号国贸大厦1座612室 邮编：100004	陈莉
加拿大	加拿大帝国商业银行有限公司北京代表处	朝阳区建国门外大街21号国际俱乐部201、202室 邮编：100020	郭仲华
加拿大	加拿大丰业银行有限公司北京代表处	东城区建国门北大街8号华润大厦503室 邮编：100005	傅琼
美国	美国运通银行有限公司北京代表处	朝阳区建国门外大街1号国贸大厦2313室 邮编：100004	李月仙
美国	美国美联银行有限公司北京代表处	东城区建国门内北大街8号华润大厦2302室 邮编：100005	赵千慧

美国	美国汇丰银行有限公司北京代表处	东城区建国门内大街 8 号中粮广场 A 座 516 室 邮编：100005	李宝梁
美国	美国远东国民银行有限公司北京代表处	朝阳区建国门外大街 22 号赛特大厦 9 层 911 房间 邮编：100004	刘纲
美国	美国加州银行联合银行有限公司北京代表处	东城区建国门内大街 7 号光华长安大厦办公楼 1 座 1009 室 邮编：100005	胡永德
美国	美国华美银行股份有限公司北京代表处	东城区建国门内大街 7 号光华长安大厦 6 楼 609 室 邮编：100005	李玫
美国	美国纽约银行有限公司北京代表处	西城区金融大街 35 号国际企业大厦 B 座 1129 室 邮编：100032	陈清
摩洛哥	摩洛哥外贸股份有限公司北京代表处	东城区建国门内大街 18 号恒基中心 1 座 1203 层 邮编：100005	哲路
喀麦隆	喀麦隆非洲第一银行有限公司北京代表处	朝阳区左家庄 1 号国门大厦 4K 邮编：100028	约瑟夫·托比（Joseph Toubi）

（李双利）

附：

国别或地区	机构名称	地　址	首席代表
德国	大众汽车金融服务股份公司北京代表处	朝阳区建国门外大街 1 号国贸大厦 1 座 101 室	夏复瑞
瑞士	瑞士利顺金融公司北京代表处	东城区建国门内大街 18 号恒基中心 1 座 1907 室	赖伟志
英国	通济隆全球及金融服务有限公司北京代表处	西城区阜外大街 2 号万通新世界广场 B 座 2115 室	陈俊良
英国	毅联汇业有限公司北京代表处	朝阳区建国门外大街 1 号国贸大厦 1 座 1913 室	林青
英国	CMC 集团公共有限公司北京代表处	东城区东方广场东方经贸城 C2 办公楼 304 室	纳斯腾
日本	日立金融有限公司北京代表处	朝阳区建国门外大街 1 号国贸中心 1 座 2329 室	小堀凯昭

日本	日本国际信用卡公司北京代表处	朝阳区建国门外大街甲 26 号长富宫办公楼 406 室	儿玉清一
泰国	正大国际财务有限公司北京代表处	东城区建国门内大街 7 号光华长安大厦 1 座 12 层	白京革
中国香港	大来信用证国际（香港）有限公司北京代表处	东城区建国门内大街 7 号光华长安大厦 1 座 16 层 1603A 室	戴迅夫
中国香港	中银信用卡（国际）有限公司北京代表处	朝阳区建国门外大街乙 8 号丽晶苑 1 层	曹燕明
美国	万事达卡国际组织北京代表处	东城区建国门内大街 7 号光华长安大厦 1 座 809－812 室	冯炜权
美国	威士国际组织（亚太）有限公司北京代表处	西城区国际企业大厦 B 座 1528 室	熊安平
美国	GE 金融服务公司北京代表处	朝阳区汉威大厦 6 层 B3	李静仁
美国	福特汽车信贷公司北京代表处	朝阳区建国门外大街 1 号国贸中心西办公楼 3 层 16 单元	胡裕翔
美国	西联金融服务公司北京代表处	朝阳区工体北路甲 2 号北京盈科中心 IBM 大厦 14 层 50 号	孙佐伶

（沈　娜）

（五）外资、合资保险公司北京分公司名录

类别国别	机构名称	地　址	总经理
中英合资	信诚人寿保险有限公司北京分公司	东城区东长安街 1 号东方广场东方经贸城东 1 座办公楼 10 层 邮编：100738	张奎原
中瑞合资	瑞泰人寿保险有限公司	朝阳区麦子店街 37 号北京盛福大厦 21 层 邮编：100026	曾冬漉
美国	美国友邦保险有限公司北京分公司	朝阳区建国路乙 108 号京汇大厦 3 层 邮编：100022	徐水俊

德国	慕尼黑再保险公司北京分公司	朝阳区燕莎中心写字楼 C413 室 邮编：100016	王真
瑞士	瑞士再保险公司北京分公司	东城区东长安街 1 号东方广场写字楼东 2 座 1701 室 邮编：100738	高璁
合资	中宏人寿保险有限公司北京分公司	朝阳区建外大街 1 号国贸大厦 2 座 501 室 邮编：10004	李卓杰
中意合资	中意人寿保险有限公司北京分公司	东城区东长安街 1 号东方广场 C2 座 6 层 邮编：100738	谢树锦
中英合资	中英人寿保险有限公司北京分公司	东城区东长安街 1 号东方广场东一办公楼 18 层 邮编：100738	董宏良
中加合资	光大永明人寿保险有限公司北京分公司	东城区建内大街 22 号华夏银行大厦 7 层 邮编：100005	林新达
中日合资	生命人寿保险股份有限公司北京分公司	西城区百万庄北街 6 号经易大厦 2 层 邮编：100037	贾诚
中美合资	中美大都会人寿保险有限公司	东城区东长安街 1 号东方广场 E2 座 12 层 邮编：100738	李培英

（六）外国保险机构北京代表处名录

所属公司国别或地区	机构名称	地　址	负责人
澳大利亚	安保集团北京代表处 AMP Limited Beijing Rep. Office	东城区建国门内大街 7 号光华长安大厦 2 座 1726 室	叶蕾
	康联保险集团北京代表处 Colonial Mutual Group Beijing Rep. Office	朝阳区建国门外大街 1 号国贸大厦 1 座 2908 室	高骏骅

	万诚保险有限公司北京代表处 MLC Limited Beijing Rep. Office	朝阳区建国门外大街1号国贸中心1座23层27-28室	卢泰宏
加拿大	永明人寿保险公司北京代表处 Sun Life Assurance Company of Canada Beijing Rep. Office	东城区建国门内大街7号光华长安大厦2座1010室	刘都生
	加拿大人寿保险公司北京代表处 The Canada Life Assurance Company Beijing Rep. Office	朝阳区建国门外大街甲24号东海中心903A室	张海燕
法国	安盛公司北京代表处 AXA Corporation General Office in China	朝阳区建国路乙118号北京京汇大厦212室	法布赖斯·罗力勇(Fabrice Lorillon)
	安盟保险公司北京代表处 Groupama SA Beijing Rep. Office	东城区建国门内大街7号光华长安大厦2座1022室	张宏
	高仕华保险经纪公司北京代表处 Gras Savoye Insurance Brokers Co. Beijing Rep. Office	西城区投资广场大厦A502室	许彬武
	法国国家人寿保险公司北京代表处 CNP Assurances S.A. Beijing Rep. Office	朝阳区建国门外大街永安东里8号华彬国际大厦2102室	克里斯蒂安·比肖普
	法国再保险公司北京代表处 SCOR Beijing Rep. Office	朝阳区建国门外大街1号国贸大厦1座3712室	张晓东

	科法斯信用保险公司北京代表处 Coface Credit Insurance Company Beijing Rep. Office	朝阳区建国门外大街1号国贸中心写字楼1座2925室	王青青
德国	安联保险集团驻中国总代表处 Allianz Gerneral Rep. Office China	朝阳区亮马桥路50号燕莎中心办公楼C211室	陆明轩（Joerg-Michael Luther）
	德国科隆再保险公司北京代表处 Cologne Reinsurance Company plc. Beijing Rep. Office	东城区建国门内大街7号光华长安大厦1座808室	金大荣
中国香港	盈科保险有限公司北京代表处 Pacific Century Insurance Company Limited of Hong Kong Beijing Rep. Office	东城区建国门内大街7号光华长安大厦610室	郭杨
	中华保险顾问有限公司北京代表处 CIM Insurance Brokers Ltd. Beijing Rep. Office	宣武区南滨河路31号华亨大厦210室	张宪文
	海达远东保险顾问有限公司北京代表处 Houlder Insurance Brokers Far East Ltd . Beijing Rep. Office	朝阳区马甸裕民路12号元辰鑫大厦506－518室	任建梅
	新世界保险服务有限公司北京代表处 New World Insurance Services Limited Beijing Rep. Office	崇文区崇文门外大街北京新世界中心南办1406室	章琪
	香港中国保险（集团）有限公司北京办事处 China Insurance H. K. (Holdings) Co. Ltd. Beijing Office	宣武区宣武门西大街28号大成广场一门九层	曹杰

	其士保险有限公司北京代表处 Chevalier Insurance Company Limited Beijing Representative Office	西城区阜外大街 2 号万通新世界广场 707B 室	王兴
	中银集团人寿保险有限公司北京代表处 BOC Group Life Assurance Company Ltd Beijing Rep. Office	西城区复兴门内大街 1 号中国银行总行大厦	陈维明
	汇丰人寿保险（国际）有限公司北京代表处 HSBC Life (International) Limited Beijing Rep. Office	东城区建国门内大街 8 号中粮广场 A 座 305B 室	彭吾素
	汇丰保险（亚洲）有限公司北京代表处 HSBC Insurance (Asia) Limited Beijing Rep. Office	东城区建国门内大街 8 号中粮广场 A 座 305A 室	梁婉芬
荷兰	荷兰保险有限公司北京代表处 ING Insurance International B. V. Beijing Rep. Office	朝阳区东三环北路 8 号亮马大厦 1508 室	杨丽君
	全球人寿保险国际公司北京代表处 AEGON-Beijing Rep. Office	朝阳区新源南路 6 号京城大厦 1912 室	陈骏
印度尼西亚	金光集团保险私人有限公司北京代表处	朝阳区东三环南路 2 号航华科贸中心招商局大厦 25 层	宋建平
意大利	忠利保险有限公司北京代表处 Assicurazioni Generali S. p. A. Beijing Rep. Office	东城区东长安街东方广场 C2 座 6 层 7A 室	王怡群

日本	财产保险公司驻中国总代表处 The Yasuda Fire & Marine Insurance Co. Ltd. General Rep. In China	朝阳区东三环北路5号发展大厦702室	矢泽洋一
	第一生命保险公司北京代表处 The Dai-ichi Mutual Life Insurance Company Beijing Rep. Office	朝阳区建外大街甲26号长富宫办公楼3层3005室	赵克非
	东京海上火灾保险株式会社北京代表处 The Tokio Marine & Fire Insurance Co. Ltd. Beijing Rep. Office	朝阳区建外大街甲26号长富宫办公楼7层	浜田幸司
	明治安田生命保险公司北京代表处 Meiji Life Insurance Company Beijing Rep. Office	朝阳区建外大街甲26号长富宫办公楼6003室	高桥彻也
	爱和谊保险公司驻中国总代表处 The Aioi Fire & Marine Insurance Co. Ltd. Beijing Rep. Office	朝阳区建外大街1号国贸中心1座410－412室	村中弘幸
	生命保险公司北京代表处 Nippon Life Insurance Company Beijing Rep. Office	朝阳区建外大街甲26号长富宫办公楼4007室	西尾薰
	三井住友海上火灾保险公司驻中国总代表处 Mitsui Sumitomo Insurance Co，Beijing Rep. Office	朝阳区发展大厦1605－1608室	大石正身
	住友生命保险公司北京代表处 Sumitomo Life Insurance Company Beijing Rep. Office	朝阳区建外大街甲26号长富宫办公楼2层2011室	松本晓洋

	兴亚损害保险公司北京代表处 Nipponkoa Insurace Co., Ltd. Beijing Rep. Office	朝阳区东三环北路 5 号发展大厦 520 室	畑彻
韩国	乐金火灾海上保险公司北京代表处 LG Insurance Co., Ltd. Beijing Rep. Office	朝阳区霄云 36 号国航大厦 1202 号	李知恩
	三星火灾海上保险公司北京代表处 Samsung Fire & Marine Insurance Co., Ltd. Beijing Rep. Office	朝阳区东环南路 2 号招商局大厦 21 层	尹南镇
	三星生命保险公司北京代表处 Samsung Life Insurance Co., Ltd. Beijing Rep. Office	朝阳区东环南路 2 号招商局大厦 2101 室	严正明
	输出保险公社北京代表处 Korea Export Insurance Corp. Beijing Rep. Office	朝阳区东三环北路 2 号南银大厦 915 号	林英虎
	现代海上火灾保险有限公司北京代表处 Hyundai Marine & Fire Insurance Co., Ltd. Beijing Rep. Office	朝阳区东三环北路 8 号亮马河大厦 1101 室	方仁彪
	大韩再保险公司北京代表处 Korean Reinsurance Company Beijing Rep. Office	朝阳区东三环北路 8 号亮马河大厦 1 座 1107 室	南宗旭
	大韩生命保险株式会社北京代表处 Korea Life Insurance Co., Ltd. Beijing Representative Office	朝阳区建国门外大街 1 号国贸大厦 1 座 2209 室	赵镛洛

	教保生命保险公司北京代表处 Kyobo Life Insurance Company Beijing Rep. Office	朝阳区建国门外大街1号国贸大厦1座2302室	许锦珠
俄罗斯	赢国斯达保险有限公司北京代表处 Ingosstrakh Insurance Company Ltd. Beijing Rep. Office	朝阳区亮马桥路光明大厦1604室	V. A. Uryadov
新加坡	职总英康合作社北京代表处 NTUC Income Insurance Cooperative Limited Beijing Rep. Office	西城区金融大街27号投资广场B座1008室	刘越
	亚洲人寿保险有限公司北京代表处 The Asia Life Assurance Society Limited Beijing Rep. Office	朝阳区北辰东路8号汇宾大厦A0904室	林丽
	新加坡再保险有限公司北京代表处 Singapor Reinsurance Corporation Ltd. Beijing Rep. Office	崇文区崇文门外大街北京新世界中心太华公寓B座513室	冯骞
	新加坡亚瑟J. 盖勒格亚洲私人有限公司 Auther J. Gallagher Asia Pte Ltd. Beijing Representative Office	朝阳区建国门外大街19号国际大厦A座23B	陈岚兰
瑞士	丰泰保险公司北京代表处 Winterthur Swiss Insurance Beijing Rep. Office	朝阳区朝阳门外大街18号丰联广场大厦2106室	宁安
	苏黎世保险公司北京代表处 Zurich Insurance Company Beijing Rep. Office	朝阳区朝阳门外大街22号赛特大厦2103室	张学江

	再保险公司北京代表处 Swiss Reinsurance Company Beijing Rep. Office	东城区东方广场写字楼东2座1701室	高璁
中国台湾	富邦产物保险股份有限公司北京代表处 Fubon Insurance Company Limited Beijing Rep. Office	朝阳区光华路甲8号和乔大厦北座502室	萧明仁
	国泰人寿保险股份有限公司北京代表处 Cathay Life Insurance Co., Ltd. Beijing Rep. Office	西城区长安街88号北京时代广场1008室	王健源
	新光人寿保险股份有限公司北京代表处 Shin Kong Life Insurance Co., Ltd. Beijing Rep. Office	丰台区莲花池西里8号6层	徐敦谟
	友联产物保险股份有限公司北京代表处 Union Insurance Co., Ltd. Beijing Rep. Office	朝阳区建国门外大街3号京伦饭店2052房间	姜贺伦
	富邦人寿保险股份有限公司北京代表处 Fubon Life Assurance Company Limited Beijing Rep. Office	朝阳区光华路甲8号和乔大厦B座502A室	粘清木
	台湾人寿保险股份有限公司北京代表处 Taiwan Life Insurance Co., Ltd. Beijing Rep. Office	东城区建国门北大街8号华润大厦703室	刘卓皓
美国	安裕再保险公司北京代表处 Employers Reinsurance Corporation Beijing Rep. Office	朝阳区光华路7号汉威大厦6层B1	陈南洋

大都会人寿保险公司北京代表处 Metropolitan Life Insurance Company Beijing Rep. Office	东城区东长安街东方广场经贸城东二办公楼12层	马思中
大陆保险公司北京代表处 The Continental Insurance Co. Beijing Rep. Office	朝阳区亮马桥路50号燕莎中心C609B	戴泽军
美国国际集团北京代表处 American International Group，Inc. Beijing Rep. Office	朝阳区东环南路2号京汇大厦3层	林唯
美国联邦保险股份有限公司北京总代表处 Federal Insurance Company Beijing Rep. Office	朝阳区建国门外大街1号国贸中心办公楼2座2402室	黄小治
纽约人寿国际公司北京代表处 New York Life International，Inc. Beijing Rep. Office	东城区建国门内大街7号光华长安大厦2座6层1621室	朱航
信安人寿保险公司北京代表处 Principal Life Insurance Company Beijing Rep. Office	朝阳区亮马桥路50号燕莎中心C614室	崔素芳
信诺保险公司北京代表处 Cigna Corporation Beijing Rep. Office	东城区建内大街18号恒基中心办公楼1座803室	匡榕榕
怡安保险（集团）公司北京代表处 Aon Corporation Beijing Rep. Office	朝阳区北三环东路2号中旅大厦1803室	刘立义
保德信保险公司北京代表处 The Prudential Insurance Company of America Beijing Rep. Office	朝阳区建国路118号招商局大厦29层190B单元	吴妍

信合保险公司北京代表处 CUNA Mutual Group Beijing Rep. Office	东城区中粮广场 B 座 715 室	郭立人
利宝互助保险公司北京代表处 Liberty Mutual Insurance Company Beijing Rep. Office	朝阳区建国门外大街 1 号国贸大厦 1 座 3610 室	施德望
北美洲保险公司北京代表处 Insurance Company of North American Beijing Rep. Office	西城区金融大街 35 号国际企业大厦 A 座 1713 室	张蓓
苏立文·克迪斯保险经纪人公司北京代表处 Sullivan & Curtis Insurance Broker Beijing Rep. Office	海淀区知春路 76 号翠宫饭店 1101 室	弗兰克·刘
美国旅行者保险公司北京代表处 The Travelers Insurance Company Beijing Rep. Office	东城区建国门内大街光华长安大厦 1 座 1605 室	唐富森（Donald R.Forest）
万向－霍顿保险集团有限公司北京代表处 Wanxiang－Horton Insurance Group, Inc. Beijing Rep. Office	海淀区阜成路 77 号名仕花园 1－201 室	赵立强
第一美国产权保险公司北京代表处 First American Title Insurance Company Beijing Rep. Office	朝阳区建国门外大街 1 号国贸西楼 412A	李永嘉
美国再保险公司北京代表处 RGA Reinsurance Company Beijing Rep. Office		欧浩

英国	保诚保险有限公司北京代表处 Prudential Assurance Company Limited Beijing Rep. Office	朝阳区亮马桥路50号燕莎中心C503A室	李晓力
	标准人寿保险公司北京代表处 Standard Life Assurance Company Beijing Rep. Office	朝阳区东三环北路8号亮马河大厦办公楼1座909室	季红
	皇家太阳联合保险集团北京代表处 Royal & Sun Alliance Insurance Group plc. Beijing Rep. Office	海淀区花园东路10号高德大厦B412室	王伟红
	汇丰保险顾问集团有限公司北京代表处 HSBC Insurance Brokers Limited Beijing Rep. Office	东城区建国门内大街8号中粮广场A座302室	白尚志
	英杰华保险有限公司驻中国总代表处 Aviva plc. China General Rep. Office	朝阳区东三环北路8号亮马河大厦办公楼A座1010室	武晓梅
	希斯—兰伯特保险经纪集团公司北京代表处 Heath Lambert Graup Limited Beijing Rep. Office	朝阳区建国门外大街8号中粮广场B座10层1002室	张庆平
	劳合社北京代表处 Lloyd's Beijing Rep. Office	朝阳区建国门外大街1号国贸大厦1座1229室	谢哲强
	GAB罗便士国际保险公估有限公司北京代表处 GAB Bobins UK Ltd. Beijing Rep. Office	西城区金融大街27号投资广场B座1807室	李全英

	怡和保险顾问集团有限公司北京代表处 Jardine Lloyd Thompson Group plc. Beijing Rep. Office	朝阳区建国门外大街1号国际贸易中心国贸大厦1座530室	唐巍
	麦理伦国际集团有限公司北京代表处 McLarens International Group Limited Beijing Rep. Office	朝阳区呼家楼京广中心4层商务中心405室	凌怡
	耆卫公共有限公司北京代表处 Old Mutual plc. Beijing Representative Office	朝阳区燕莎中心办公楼C507	赵红
南非	安博保险集团北京代表处 Forbes Insurance Group, Inc. Beijing Rep. Office	西城区南礼士路66号建威大厦715室	隋军

（七）新建机构简介

瑞士银行有限公司北京分行

瑞士银行成立于1998年6月，由瑞士联合银行（成立于1862年）和瑞士银行（成立于1872年）合并而来。瑞士银行在瑞士、纽约、东京股票交易所上市，在世界上50多个国家或地区设有分支机构。66 000名员工中40%分布于本土，39%分布在美洲。

截至2003年末，瑞士银行的总资产为13 860.00亿瑞士法郎（约合11 088亿美元），核心资本充足率为11.8%，2003年度实现净利润73.26亿瑞士法郎（约合58.61亿美元），成本收入比为72.7%。瑞士银行2003年末的长期评级情况如下：惠誉AA+，穆迪Aa2，标准普尔AA+。

瑞士银行是一家全能银行，业务范围包括财富管理、投资银行业务和资产管理三大部分，存贷业务基本限于瑞士本土。2004年被《欧洲货币》杂志评为“全球最佳投资银行”、“全球最佳私人银行”、“全球最佳股票机构”。根据《银行家》杂志2003年末根据资产规模大小对全球银行的排名，瑞士银行列第2位。

经中国银行业监督管理委员会批准，瑞士银行有限公司北京代表处于2004年5月25日升格为北京分行，并于8月2日正式开业。瑞士银行有限公司北京分行营运资金为2亿元人民币的等值自由兑换货币，在下列范围内从事对各类客户的外汇业务：吸收公众存款；发放短期、中期和长期贷款；办理票据承兑与贴现业务；买卖政府债券、金融债券，买卖股票以外的其他外币有价证券；提供信用证服务及担保；办理国内外结算；买卖、代理买卖外汇；从事外币兑换；从事同业拆借；从事银行卡业务；提供保管箱服务；提供资信调查和咨询服务；经中国银监会批准的其他业务。该行设有财富管理部、定息利率货币部、财务部、营运部、资讯科技部、行政部、合规部7个部门。

行长：金纪湘

地址：北京市朝阳区建国门外大街1号国贸大厦1座2916室。

邮编：100004

电话：65050088

（袁宝良）

德意志银行股份有限公司北京分行

德意志银行成立于1870年，总部设在法兰克福，是德国最大的银行和世界大型金融机构之一。德意志银行集团共有1 800多个分支机构，遍布全球各大洲。截至2003年底，该行总资产为8 036亿欧元，核心资本充足率为10%，2003年度净收益为13.65亿欧元。

在亚洲，德意志银行已有100多年经营历史，在15个国家或地区设有40个分支机构。在亚太地区共有员工6 000多人。

2004年末，德意志银行在华设有广州分行（成立于1995年）、上海分行（成立于1999年）和北京分行（成立于2004年）共3家分支机构。德意志银行在中国主要从事企业融资、贸易及项目融资，各类银行中间业务和其他传统商业银行服务。德意志银行现已在中国开展网上银行业务；其上海分行于2002年底获准经营人民币业务。此外，德意志银行全球执行董事会主席约瑟夫·奥克曼博士是北京市市长咨询顾问委员会成员。

该行1981年就在北京设立了代表处。经中国银行业监督管理委员会批准，德意志银行股份有限公司北京代表处于2004年9月6日升格为北京分行，并于12月6日正式开业。德意志银行股份有限公司北京分行营运资金为2亿元人民币的等值自由兑换货币，在下列范围内从事对各类客户的外汇业务：吸收公众存款；发放短期、中期和长期贷款；办理票据承兑与贴现业务；买卖政府债券、金融债券，买卖股票以外的其他外币有价证券；提供信用证服务及担保；办理国内外结算；买卖、代理买卖外汇；从事外币兑换；从事同业拆借；从事银行卡业务；提供保管箱服务；提供资信调查和咨询服务；经中国银监会批准的其他业务。该行设有环球市场部、环球银行部、财务控制部、营运部、合规部和市场传讯部等部门。

行长：李纯纯

地址：北京市朝阳区建国门外大街1号国贸大厦2座3606室

邮编：100004

电话：65052305

（李双利）

大众汽车金融（中国）有限公司

基本情况 大众汽车金融（中国）有限公司于2004年8月12日获得中国银行业监督管理委员会核准开业，8月20日取得工商营业执照，并于9月初正式对外营业。注册资本为5亿元人民币，注册地为北京。

股东情况　大众汽车金融（中国）有限公司是由德国大众汽车金融服务股份公司出资设立的独资公司。德国大众汽车金融服务股份公司注册地在德国，注册资本为4.41亿欧元，主营业务是为推动和发展大众集团在德国及全世界的业务发展提供有力的金融服务产品。

业务范围　接受境内股东单位3个月以上期限的存款；提供购车贷款业务；办理汽车经销商采购车辆贷款和营运设备贷款；转让和出售汽车贷款应收款业务；向金融机构借款；为贷款购车提供担保；与购车融资活动相关的代理业务；经中国银行业监督管理委员会批准的其他信贷业务。

内部机构设置　大众汽车金融（中国）有限公司内设审计部、市场部、销售部、业务部、信息技术部、风险管理部、财务部及公共管理和人力资源部，共8个部门。截至2004年12月末公司共有在册人员36人。

公司法定代表人：布尔克哈德·布莱宁

地址：北京市朝阳区建国门外大街1号中国国际贸易中心国贸大厦1座7层

邮编：100004

电话：65056699

传真：65054389

（沈　娜）

中宏人寿保险有限公司北京分公司

基本情况　中宏人寿保险有限公司是一家中外合资人寿保险公司，公司总部所在地为上海，并且在广州、北京、宁波（筹）等地开设了分公司。2003年10月22日中国保险监督管理委员会批准中宏人寿在北京设立分公司，2004年4月12日中宏人寿北京分公司正式开业。

股东情况　主要股东包括宏利人寿保险（国际）有限公司、中国对外经济贸易信托投资有限公司（中化公司核心成员）。

经营范围　在北京行政辖区内经营下列业务（法定保险业务除外）：人寿保险、健康保险和意外伤害保险等保险业务；上述业务的再保险业务。

机构设置　北京分公司内设：财务部、市场公关部、培训部、营销支持部、客户服务部、营销业务部（一、二、三、四）、办公室行政部、人力资源部。北京分公司现有内勤员工30人。

总经理：李卓杰

地址：北京市朝阳区建国门外大街1号国贸大厦2座5层501室

邮编：100004

电话：65050202

传真：65058691

网址：http://www.manulife-sinochem.com

（宣　伟）

中意人寿保险有限公司北京分公司

基本情况　中意人寿保险有限公司是一家中外合资人寿保险公司，总部设在广州，并在广东佛山市开设了中心支公司。2004年2月3日，中国保险监督管理委员会批准中意人寿在北京设立分公司，同年6月7日，中意人寿北京分公司正式开业。

股东情况　主要股东包括意大利忠利

保险有限公司和中国石油天然气集团公司。

经营范围　人寿保险、健康保险和意外伤害保险等保险业务；上述业务的再保险业务。

机构设置　公司设有代理人、兼业、团体、意外和健康等10个部门，现共有内勤员工88人。

负责人：谢树锦

地址：北京市东城区东长安街1号东方广场C2座6层

邮编：100738

电话：85189918

传真：85187109/85182785

网址：http://www.generalichina.com

（宣　伟）

中英人寿保险有限公司北京分公司

基本情况　中英人寿保险有限公司是一家中外合资人寿保险公司，于2003年1月1日在广州正式成立。中英人寿保险有限公司北京分公司于2004年7月27日经中国保险监督管理委员会批准设立，2004年7月30日取得北京市工商行政管理局颁发的营业执照。

股东情况　中英人寿保险有限公司是由英国英杰华集团与中国粮油食品进出口（集团）有限公司共同组建，注册资本为5亿元人民币。

经营范围　在北京行政辖区内经营下列业务（法定保险业务除外）：人寿保险、健康保险和意外伤害保险等保险业务；上述业务的再保险业务。

机构设置　公司共设五个职能单元、两个部门。五个职能单元分别为银行保险、经纪代理、个人营销、团体保险、营运与信息技术；两个部门分别为财务部、人事行政部，员工总数为50人。

负责人：董宏良

地址：北京市东城区东长安街1号东方广场东方经贸城东一办公楼18层1－3室

邮编：100738

电话：85183330

传真：85189650

网址：www.aviva－cofco.com.cn

（宣　伟）

光大永明人寿保险有限公司北京分公司

基本情况　光大永明人寿保险有限公司为中外合资人寿保险公司，总部设在天津。2004年4月15日，中国保险监督管理委员会批准设立光大永明人寿保险有限公司北京分公司，6月21日，光大永明人寿北京分公司正式开业。

股东情况　光大永明人寿保险有限公司由加拿大永明金融集团与中国光大集团共同组建。

经营范围　在北京市行政辖区经营除法定保险业务以外的下列业务：外国和境内个人缴费的人身保险业务；上述业务的再保险业务。

机构设置　在北京设立了海淀、顺义、通州、昌平4个营销服务部，公司内部共设置11个部门，分别为执行办公室、会计部、总务部、公司事务部、信息技术部、客户服务部、人力资源部、市场营销培训部、市场营销业务部、其他分销渠道部和市场部，公司员工总数为56人。

总经理：林新达

地址：北京市东城区建国门内大街22号华夏银行大厦7层

邮编：100005

电话：85237272

传真：85237728

网址：http://www.sunlife - everbright.com

（宣　伟）

生命人寿保险股份有限公司北京分公司

基本情况　生命人寿保险股份有限公司为股份制人寿保险有限公司。总部设在上海，公司在北京、南京、杭州、成都、武汉、沈阳、大连均设有分支机构。生命人寿保险股份有限公司北京分公司于2004年3月31日正式成立。

股东情况　公司主要股东包括广东广晟资产经营有限公司、大连实德集团有限公司、北京首钢股份有限公司、武汉武新实业发展有限公司、北京丰利投资有限公司、巨能实业有限公司、龙赢投资有限公司、合升实业发展有限公司、东京海上日动火灾保险株式会社以及Millea亚洲有限公司。

经营范围　个人意外伤害保险、个人定期死亡保险、个人两全寿险、个人终身寿险、个人年金保险、个人短期健康保险、个人长期健康保险、团体意外伤害保险、团体定期死亡保险、团体终身寿险、团体年金保险、团体短期健康保险、团体长期健康保险以及经中国保险监督管理委员会批准的其他人身险业务。

机构设置　公司设有法人业务部、银代部、营销、营运部等7部门，共有员工82人。

总经理：贾诚

地址：北京市西城区百万庄北街6号经易大厦2层

邮编：100037

电话：68312277

传真：68355228

（宣　伟）

中美大都会人寿保险有限公司

基本情况　中美大都会人寿保险公司由美国大都会人寿保险公司和首都机场集团合资组建。2001年12月，获得中国保险监督管理委员会批准筹建设立合资公司。2003年10月，美国大都会人寿保险公司与首都机场集团宣布成立合资公司。2004年2月16日，获得国家工商行政管理局颁发的营业执照。2004年3月25日，中美大都会人寿保险公司正式成立。

经营范围　在北京行政辖区内及已设立分公司的省、自治区、直辖市内经营下列业务（法定保险业务除外）：人寿保险、健康保险和意外伤害保险等保险业务；上述业务的再保险业务。

机构设置　公司设有西点项目专案、顾问行销培训招募部、顾问行销支援合规部、多元行销部、企业形象部、公关部、行销企划部、产品开发部、保单行政部、信息技术部、财务部、投资部、精算部、企划部、战略发展部、总务部、法务部、合规部、审计部、人力资源部等部门，共有员工144人。

董事长：李培英

总经理：齐莱平

地址：北京市东城区东长安街1号东方广场东方经贸城E2座12层

邮编：100738

电话：85180966
客户服务热线：800－810－5168
传真：85189809
网址：http://www.metlife.com.cn

（宣　伟）

（八）协会、学会、商会活动简介

北京银行业协会

历史沿革

北京银行业协会的前身是成立于1998年7月的北京银行外汇经营业协会(当时上级主管部门是北京市计划委员会)。经有关部门批准于2001年4月，更名为北京银行业协会，并明确中国人民银行营业管理部作为其业务主管部门（2005年1月，中国银行业监督管理委员会北京监管局成为协会的上级主管部门）。北京银行业协会是在北京市社会团体行政主管机关核准注册登记的非营利性社团法人单位。

组织机构与负责人

会员大会。即本会最高权力机构，由全体会员组成。

理事会。由9名理事组成的理事会是会员大会的执行机构。

监事会。由3名监事组成会员大会的监督机构。

理事长（第二届，下同。）：张民（中国建设银行北京市分行行长）

副理事长：龚萍（中国工商银行北京市分行副行长）

刘建军（交通银行北京分行副行长）

丁国良（汇丰银行北京分行行长）

监事长：左自鹏（渣打银行北京分行行长）

秘书长：余祁相

协会的日常办事机构是秘书处，第二届秘书长为余祁相先生。此外，协会设立了由全体外资会员银行组成的外资银行协调委员会。其办事机构为外资银行协调委员会主任委员会。

会员单位

截至2004年底，正式会员单位计47家，准会员14家，其中国有独资商业银行4家，政策性银行2家，股份制、合作制银行和非银行性金融机构16家，外资银行和外资非银行性金融机构25家，14家准会员均为外资银行和外资非银行性金融机构的北京代表处。

联系方式

地址：北京市东城区金宝街58号华丽大厦325房间

邮编：100005

电话：65263913

传真：65263915

电子邮箱：bba@bbanet. org

网址：www. bbanet. org

2004年度主要活动

1. 行业协调、行业自律

继续开展北京银行业假日运营的协调工作，并在2004年“五一”黄金周以后将此项工作制度化，交由北京银行业各营业性机构据实安排，宗旨是确保首都居民在“黄金周”期间的个人金融服务需求。

在业务调研的基础上，继续开展票据贴现业务的行业协调。积极落实《票据行业约定》，结束了北京票据市场上的一度风行的“低价揽票”和“压价出票”等不正当经营行为。通过全体会员行的共同努力，使得票据业务在2004年出现全行业的长足发展。

继续进行北京个人外汇买卖业务的行业协调。坚持联席会例会制，及时解决会员行遇到的新问题，加强相互交流、沟通。

2003年7月换届后，协会工作开始向社会信用建设方面转移。先后组建并召开汽车消费信贷业务联席会和住房贷款业务联席会，制定联席会会议制度，起草、修改和签署了车贷、房贷《信用信息共享系统》及其《业务规则》，10月，车贷系统投入使用，为各商业银行会员行防范经营风险增添了新的保障。

2003年10月，在北京银联公司的配合支持下开展银行卡信用信息共享系统的推广活动。

12月，协会承办了由中国银监会、北京银监局主办的在京外资银行座谈会。

协会于12月6日、7日召开在京外资银行座谈会。各外资银行对外资银行监管工作、对完善外资银行经营政策法规环境等多项问题进行了热烈的讨论。同时，中国银监会及北京银监局相关部门领导也在座谈会上作了讲话，并就外资银行参会人员提出的问题一一作了解答。

全年定期召开外资银行协调委员会主任例会，外资银行运营经理例会，了解在京外资会员行的意见和建议，及时向有关部门反映，争取支持和帮助。

2. 沟通与交流

继续积极开展与金融监管当局、政府有关部门、国内同业协会以及国际银行协会的沟通和交流；努力反映行业意愿，发展行业代言人的作用，为金融监管当局制定政策提供依据和建议。

2004年2月，协会组团赴美国、加拿大进行“人力资源管理”业务考察。

同月，协会接见了戴姆勒·克莱斯勒公司亚太区信用风险管理项目高级经理Hermann Hauser先生一行。双方就共同关心的信用风险控制问题交换了意见，并表达了今后保持密切联系与合作的意向。

3月，协会承办了由北京银监局主办的“2004年北京银行业发展论坛”。

6月，协会接见了益百利金融咨询公司欧思明先生，双方就合作事宜进行了探讨。

7月底，秘书处与大中华人才培训顾问公司接触，进行银行专业人才及人力资源培训方案的探讨。

同月，秘书长余祁相就“POS专业化服务管理”问题先后到各会员行的各相关部门进行调研，与有关人员进行研究探讨，并致电上海银行同业公会进行咨询与交流，协同协会理事长赴中国人民银行营业管理部进行汇报。

8月，组团赴美国、加拿大进行“消费信贷业务”考察。

9月，协会余祁相秘书长会同中国人民银行营业管理部相关部门领导等三人，就银行卡支付清算和POS专业化管理等专题赴上海银行同业协会进行座谈及调研。

10月，组团赴俄罗斯考察并与俄罗斯区域银行协会进行交流，当月“财务管理”考察团顺利赴美。秘书长余祁相等接待戴姆·克莱斯勒（中国）金融服务总监赵文坚一行，介绍协会情况。

11月，协会秘书处就“信用信息共享系统”与北京各大媒体进行接触，并就该问题接受了采访。

同月，协会接见了勤业国际财务股份有限公司人员，就合作事宜进行了洽谈。

3. 会议与专项活动

1月，为更好的学习、领会和贯彻《银行业监督管理法》、《人民银行法（修正）》、《商业银行法（修正）》，协会特邀全国人大法工委民法室主任姚红女士、中国银监会政策法规部副主任黄毅先生为各中外、资银行、非银金融机构和外资银行驻京各代表处就“三法”举办了高级培训班。

1月，协会建立的汽车、住房消费贷款信用信息系统正式启用。协会每月16家中资会员行收集有关汽车、住房消费贷款的数据资料，并就拖欠还款的贷款人信息进行分析汇总，构建不良信用信息共享机制。1月底协会召开新闻发布会，对第一期汽车贷款信用信息进行公布。

4月，协会发布了《关于做好五一假日期间银行储蓄网点营业安排的通知》。通知中要求各有关会员行妥善做好所辖储蓄营业网点的假日运营工作，切实做好金融服务机具的维护保障工作，确保各类机具的正常运行。在合理安排假日营业网点布局的基础上，将营业时间定为10:00～16:00为宜。

自各单位领导共同签署了车贷和房贷《信用信息共享系统的约定及业务规则》以来，联席会成员单位按照约定格式、约定时间和指定式方式向协会秘书处报送的信用信息均进行顺利。但从4月以来，由于个别成员单位未能按时、全面、准确地报送车贷、房贷信息，致使协会秘书处的信息汇总工作无法正常运行，并导致此两项信息的“收集、发送、共享”处于停顿状态，引起绝大多数成员单位的不满。针对以上情况，协会于9月27日印发了《北京银行业协会关于汽车贷款、住房贷款信用信息共享系统信息报送的通知》，敦促相关成员单位按时报送两项信息，否则将不再享受当期“共享信息”。通知下发后，各成员单位均积极主动地向协会秘书处报送了当月两项信息。

（杨亚平　徐培明）

北京证券业协会

组织机构与负责人

理事长：朱　利（银河证券有限公司总裁）

秘书长：陈　勇（银河证券有限公司办公室副主任）

常务副秘书长：李民雯（原申银万国证券北京总部总经理）

监事长：姚万义（原中国证监会北京证监局副主任）

联系方式

地址：北京市西城区金融街国际企业大厦C座16层

邮编：100032

电话：66568614　66568014

电子邮箱：bjzq@163. com

网址：http: //www. sabj. org

重要活动

（1）2004年秋，协会同新华社与《上海证券报》联合举办了“证券经纪业务转型与创新”研讨会，新华社、中国证券业协会、北京证监局、《上海证券报》的领导及160余名业内人士参加了会议。中国证券业协会副会长徐雅萍、北京证监局局长张新文作了重要讲话，来自银河证券经纪业务总部、湘财证券客户服务中心及华夏证券营业部的代表就经纪业务发展创新等方面的经验作了交流。

(2) 5月协会联合《新财经》杂志、北京《证券市场周刊》、上海万国测评投资咨询公司和广州炼金术投资咨询公司共同主办了量子基金创始人、国际著名的投资家和金融学教授吉姆·罗杰斯先生在北京、上海、深圳等地的3场巡回演讲会，并与行业内的人士进行了对话与沟通，在证券市场上产生了较大的影响。

(3) 全年出版协会会刊11期，会刊包括了专题研究、协会动态、券商看市、会员天地等栏目，为北京地区证券营业部建立起一个促进交流的服务平台。同时协会克服困难逐步完善了北京地区营业部月交易量排行榜的统计工作，深受营业部的好评。

(4) 年内，协会协助中国证券业协会进行北京考区首次保荐代表人胜任能力考试的巡考等考务工作，从协助选址到考场各项准备工作督办，到现场巡考，直到试卷销毁完毕，参与考务工作全过程，圆满完成任务，确保北京考区的考试工作顺利完成。11月份再次顺利地完成了第二次保荐代表人胜任能力考试的巡考工作。

(5) 在中国证券业协会的指导下，贯彻落实《证券从业人员培训纲要》，协会于6月组织了首批证券从业人员后续职业培训班，湘财证券在京4家营业部的60名员工参加了培训。

(6) 在2003年北京辖区138家证券营业部创建文明行业活动的基础上，2004年协会继续组织北京辖区内新开业的19家证券营业部参加2004年的创建活动，实现北京证券业全行业规范化服务达标。协会按照北京地区营业部创建文明行业规范化服务标准大纲的要求和组织工作流程，实施具体督促检查等工作。12月进行了正式验收。同时，评选了创建工作先进单位和先进个人。

(7) 满足社会需要，开展联合办学。2004年协会与北京城市学院、北京时代远洋投资有限公司于6~8月联合举办了4期证券从业人员资格考试考前培训班。

(王永刚)

北京保险行业协会

组织机构与负责人

会长：李宝利（中国太平洋财产保险股份有限公司北京分公司总经理）

高级顾问：王玉泉（中国人民保险公司北京分公司原总经理）

秘书长：王开誉（专职）

会员单位情况

协会拥有团体会员48家，其中，财产保险公司10家，人寿保险公司14家，保险中介机构24家。

联系方式

地址：北京市朝阳区安贞西里四区23号楼深房大厦4E室

邮编：100029

电话：64410411

传真：64449364

网址：www.bia.org.cn

重要活动

(1) 3月15日，北京保险行业协会网站改版升级。该网站设置了会员专区、社会公示区和网上咨询投诉专区。社会公示区主要包括保险法律法规、政策和公告的宣传、北京地区保险经营机构和保险产品介绍、寿险代理人网上查询、保险知识和案例说法等内容，并开辟了

《百姓保险课堂》；网上咨询、投诉专区主要是在网上接待被保险人和社会各界的保险咨询、投诉，开展业内外的互动交流活动。

(2) 5月24日，北京保险行业协会与法国保险业联合会在北京西苑饭店举行“健康保险”研讨会。

(3) 9月21日，北京航意险共保体顺应市场，平稳转型。具有首都机场股份公司投资背景的天勤保险经纪公司于2004年成立，该公司有针对性地开发了客户选择承保公司的航意险电子化销售系统，鉴于这套系统既有利于实现多家公司共用销售渠道的需要，也有利于实现客户选择承保公司的需求，并实现了电子保单和电子化管理。根据共保体多数公司的选择，在尊重事实、尊重多数公司意愿、维护市场化发展方向的基础上，协会航意险共保体退出首都机场。

(4) 11月27日，以中华联合保险公司北京分公司总经理刘显龙为团长的首都保险业高级管理人员赴法考察团一行12人赴法国进行为期5天的中法保险业务交流活动。

（刘子英）

北京市金融学会

组织机构与负责人

名誉会长：卢学勇（原中共北京市金融工委书记）

会长：韩平（中国人民银行营业管理部主任）

监事长：张汉桥（中国工商银行北京市分行总稽核）

秘书长：卿尚莲（中国人民银行营业管理部学会办公室副主任）

会员单位

2004年学会共有团体会员56家，分别为北京银监局、北京证监局、北京保监局、银行17家、保险公司9家、证券公司4家、资产管理公司4家、北京市农村信用联社、北京邮政储汇局、中国银联北京分公司、北京保险学会、市委研究室、市政府研究室、市发改委、市政府金融办、在京高等院校9家以及市社科院经济研究所、管理研究所。

联系方式

办公地点：中国人民银行营业管理部办公楼7010室

通讯地址：北京市西城区月坛南街79号

邮编：100045

电话：68559557

传真：68559494

重要活动

3月4日，学会举办“推进资本市场持续稳定健康发展”学术报告会，由全国人大财经委经济室研究员许健主讲。出席报告会的有银行、证券、保险等部门的同志，共计200余人。

3月25日，学会召开七届二次常务理事会，刘春明副会长作2003年工作总结和2004年工作计划的工作报告，李晓鹏副会长作调整、增补常务理事、理事的说明，韩平会长主持会议并作总结讲话。常务理事会审议通过了李文辉、赖小民、丁小燕、赵世刚、刘柳、苗力、张晓昌、杨丽萍、张元海、徐洪升为北京市金融学会理事，李文辉、赖小民、丁小燕、赵世刚、刘柳、苗力、杨丽萍、徐洪升为北京市金融学会常务理事，同意刘京生、张中奇辞去北京市金融学会副会长职务，推选赖小民、丁小燕、赵世刚为北京市金融学会副会长，同意张中奇辞去兼任的北京市金融学会秘书长职务，推选卿尚莲为北京市金融学会秘书长，同意穆景照、宋京辞去北京市金融学会副秘书长职务，推选张元海、徐洪升、杨丽萍为北京市金融学会副秘书长。

4月20日，北京市金融学会与人民银行营业管理部联合召开一季度北京辖区经济金融形势分析专题报告会，到会的有人民银行营业管理部及各家商业银行研究部门的负责人，共计120余人。

4月29日，学会举办“中国经济走势分析”学术报告会，由中国社会科学院经济研究所所长、研究员刘树成主讲。参加报告会的有北京市金融机构的业务骨干及理论研究人员200余人。

5月28日，学会举办了“产业结构调整与金融支持”研讨会。来自人民银行营业管理部、北京市发改委、商业银行、高等院校的七位同志，结合我国当前经济运行情况及北京市近年来产业结构变化，从不同的角度，围绕产业结构调整与金融支持的主题进行了发言。到会的有北京市金融机构、高等院校、政府机关等部门的领导共计100余人。《金融时报》、《北京日报》和《工商时报》分别对研讨会进行了报道。

8月24日，北京市金融学会与《金融时报》共同主办“宏观调控与金融业治理结构论坛”，人民银行货币政策司副司长谢多、金融稳定局局长谢平、中国银行行长助理朱民、北京师范大学中国市场经济研究中心副主任曾学文、北京大学金融与证券研究中心主任曹凤岐等到会作了专题演讲。《金融时报》对论坛的内容进行了比较详细的报道。

10月13日，学会举办“当前经济形势及明年的政策取向”学术报告会，由国家发改委经济研究所经济运行与发展研究室主任王小广博士主讲。到会的有银行、证券、保险及资产管理公司等在京机构的主管领导、业务部门、研发部门的负责人，共计200余人。

10～11月，学会与北京工商大学联合举办三次学术讲座，邀请北京市银行系统的部分领导为在校研究生作学术报告，促进了金融实业界与高等院校的相互交流。

11月13日，学会与北京市工商大学联合举办“宏观经济与金融可持续发展学术研讨会”，研讨会设4个分会场，有数十位专家学者进行了主题演讲和专题发言，共有理论工作者和实务工作者120余人参加。

6～10月，北京市金融学会秘书处组织会员单位参加中国金融学会第七届优秀金融论文评选活动，推荐参评论文50篇，获奖7篇，其中，二等奖1篇、三等奖5篇、优秀调研报告1篇。

（付桂玲）

北京市城市金融学会

组织机构与负责人

会　长：李晓鹏（中国工商银行北京市分行行长）

监事长：张汉桥（中国工商银行北京市分行总稽核）

秘书长：张元海

下设机构情况

北京市城市金融学会青年经济理论研究分会

联系方法

地址：北京市宣武区广内大街6号枫

桦豪景A座6单元8层801室

邮编：100053

电话：83549658

传真：63572626

重要活动

(1) 2月，学会顺利完成了第三届理事会换届改选工作，并按照社团管理规定及时办理了相应的变更手续。

(2) 3～6月，完成了中国城市金融学会举办的第七届全国城市金融优秀论文评选的推荐工作。报送中国工商银行总行参加评选的论文共10篇，有3篇获奖，其中二等奖1篇，优秀奖2篇。

(3) 4～11月，部署完成了2004年工商银行北京分行重点调研课题任务。共收到各类课题75篇，其中上报中国工商银行总行近30篇。

(4) 6月16～19日与北京市工程咨询协会合作举办了2004年咨询工程师上岗培训班。本次培训共有90多人参加，效果良好。年内还与北京市工程咨询协会合作举办了2005年国家注册咨询工程师考试考前辅导班共8期，参加辅导人数约2000人次。

(5) 受北京市金融学会委托，约请建行北京分行沈如军副行长为北京工商大学师生作了题为“美国银行业运作特点及思考”的专题报告。

(6) 完成中国金融学会第七届优秀金融论文评选的推荐工作。

（李　杰）

北京市国际金融学会

组织机构与负责人

会长：刘春明（中国人民银行营业管理部副主任）

监事长：王亚伦（原广东发展银行北京分行副行长）

秘书长：王曼怡（首都经贸大学金融系教授）

联系方式

办公地点：首都经贸大学金融系

通讯地址：北京市丰台区张家路口121号

邮编：100070

电话：83952259

传真：83951276

重要活动

(1) 2004年9月15日召开了北京市国际金融学会第四届换届理事会议，选举产生新一届理事会、常务理事会。现任理事会由人民银行营业管理部、外汇管理局、各商业银行、证券公司及金融院校等单位选派的80名理事组成，现有个人会员380人。

(2) 年内，举办银行债券、银行常用外汇保函、商业银行出口信贷、信用证、出口信贷、国际银团贷款、商业银行私人财富管理与服务等各类业务研讨会、讲座及高级研修班共七期。

(3) 协助中国人民银行举办全国金融英语统考及金融英语考试教材辅导班。

（樊运萍）

北京市投资学会

组织机构与负责人

会长：张民（建设银行北京市分行行长）

常务副会长：赵克义（建设银行北京市分行总审计师）

监事长：吴金锁（建设银行北京市分行会计结算部总经理）

秘书长：宋京（建设银行北京市分行

人力资源部总经理）

联系方式

办公地点：中国建设建行北京市分行行长办公室

通讯地址：北京市宣武门西大街28号楼4门

邮编：100053

电话：63603696

电子邮箱：bjstzxh@sina．com

重要活动

（1）3月19日，参加2004年首都金融系统研发联席会，会上评比表彰了2003年首都金融系统优秀调研成果，建行北京市分行获单位组织奖，建行北京市分行总审计师赵克义获个人组织奖。学会有四篇论文获奖，学会理事王超英等撰写的《大力发展银行卡产业研究》获优秀调研成果一等奖；监事徐洪昇等撰写的《商业性个人住房抵押贷款证券化研究》、秘书长宋京等撰写的《国有商业银行组织模式及定位研究》获优秀调研成果二等奖；前门支行白玉桂等撰写的《首都社会信用体系建设研究》获调研成果优秀奖。

（2）3月25日，举办了2003～2004年度科研课题中间成果交流会，中国投资学会副会长刘慧勇到会并对12项中国投资学会立项课题进行了点评，秘书处处长杨惠敏、张家举参加会议。北京市投资学会常务副会长赵克义作了总结讲话，副秘书长宋效军主持会议，建行北京市分行部分支行及部室的主要执笔人共28人参加了会议。

（3）5月28日，参加北京市金融学会举办的产业结构调整与金融支持研讨会，学会代表作了题为《产业结构调整与银行对房地产业的信贷支持》的发言。7月，学会副秘书长宋效军受北京市金融学会邀请，与人行北京营业管理部房地产课题研究组进行交流。9月11日，学会秘书处参加了国务院发展研究中心金融研究所举办的“2004中国银行卡论坛”。

（4）6～9月，完成2003～2004年度北京市投资学会立项科研课题申报验收工作。本年度立项科研课题34项，收到课题研究成果29项，有12项科研课题获奖，其中一等奖2项，二等奖3项，三等奖7项。

（5）4月，作为首都金融系统研发联席会成员单位，完成2004年度首都金融系统研发联席会调研课题申报工作，共申报课题4项。7月，由学会承担的《加强产品创新，服务首都经济》和《北京住房金融市场体系建设的战略研究》两项课题参加了首都金融系统研发联席会组织的交流。10月，完成年度调研课题，向北京市政府金融工作办公室上报5篇参加评选。

（6）9月，为促进投资理论的繁荣发展和建行北京市分行系统科研工作的开展，完成张民会长专著《现代商业银行管理再造》与2001～2003年度建行北京市分行优秀科研成果论文集——《实践者的思考》两本书的编辑出版工作，并向社会公开发行。

（王小梅）

北京市金融业文化建设协会

组织机构与负责人

会长：刘春明（中国人民银行营业管理部副主任）

副会长：张中奇（中国银监会北京银监局纪委书记）

秘书长：董富贤（中国人民银行营业

管理部党办主任）

会员单位

2004年共有会员单位27家，其中包括17家银行、6家保险公司、2家证券公司及北京市农村信用联社和北京市信托投资公司。协会共有常务理事、理事59人。

联系方式

办公地点：中国人民银行营业管理部

通讯地址：北京市西城区月坛南街79号

邮编：100045

电话：68559082

传真：68559084

重要活动

（1）组织了经济金融形势报告会。2004年刘春明会长先后两次就经济金融形势及相关热点难点问题，为协会理事作辅导报告，重点通报了北京地区经济金融运行情况和金融宏观调控的措施及成效，使大家进一步认清了形势，增强了做好金融文化建设工作、服务金融改革、促进金融业务稳定发展的主动性和紧迫感。

（2）开展了金融文化建设理论研讨活动。2004年5～10月，协会围绕“在股份制条件下如何推进金融文化建设”这一主题，组织会员单位进行研讨活动。研讨会共收到来自25个会员单位的论文53篇。通过评审，共评出特别奖3篇，一等奖5篇，二等奖7篇，三等奖15篇。并于10月召开了优秀论文研讨会，在此基础上编辑出版了《北京市金融文化建设工作论文选编（2004）》一书，并在《北京金融》选登了部分获奖论文。

（3）年内，组织了两次学习考察活动，约有46位理事及从事金融文化建设的骨干参加。一是组织各会员单位理事于6月赴中国银行太原北城支行学习金融文化建设先进经验，现场感受优秀企业文化所具有的感染力和推动力；二是组织会员单位理事到新疆自治区学习考察两个在文化建设方面的先进单位。主要是学习人寿新疆分公司的企业文化“双成”理念和建行新疆营业部李向党同志先进事迹，并和李向党就如何抓好服务工作等问题进行了座谈。

（王京璞）

北京市钱币学会

组织机构

会长：单建生（中国金币总公司总经理）

监事长：杨伟中（中国人民银行营业管理部专员）

秘书长：焦春莲（中国人民银行营业管理部货币金银处处长）

会员情况：个人会员1 000人

联系方法

办公地点：中国人民银行营业管理部办公楼2017室

通讯地址：北京市西城区月坛南街79号

邮编：100045

电话：68559317

传真：68559490

电子邮箱：zhidongli@sina．com

网址：www．bjns．org

重要活动

（1）筹备召开北京市钱币学会第四次会员代表大会。学会办公室起草完成了全部会议文件。包括《北京市钱币学会第三届理事会工作报告》、《第四届理事会工作规划》、《关于修改章程的报告》等12个文件。会议定于2005年召开。

(2) 开展钱币宣传普及和交流活动。①全年组织1次纸币专题小组座谈会和2次古钱币专题小组座谈会。②与电视、报刊等媒体合作，宣传钱币知识。3月，与北京电视台合作拍摄制作宣传人民币知识的节目，在北京电视台新开设的《身边》栏目中播出。11月，与中央电视台科教频道合作制作了《选择》节目，介绍了古钱币鉴定的知识。2004年，由学会推荐或组织会员撰写的钱币研究文章10余篇，陆续发表在《中国收藏》杂志、《中国文物报》、《金融时报》等报刊上。③配合中国钱币学会，开展学术交流活动。9月，与中国钱币学会共同接待了新加坡民间钱币组织来华访问；在北京举行钱币拍卖会和国际邮票钱币博览会期间，学会还接待了来京参加活动的上海、甘肃、广西、内蒙古、山西及港台地区的钱币专家。

(3) 积极参加中国人民银行总行和中国钱币学会组织的活动，认真完成总会交办的工作。①5月，参加了中国钱币学会第四期钱币专业干部培训班。②组织会员参加了多期中国钱币学会举办的钱币讲座。③8月，组织学会部分专家出席了中国钱币学会召开的"关于钱币文物出口鉴定参考标准问题座谈会"，专家的发言受到中国钱币学会领导的重视。④受中国钱币学会的委托，学会办公室与人民日报新闻信息中心和北京四达邮币社共同策划举办首届中国邮币卡市场发展高层论坛，该论坛于10月在北京人民大会堂成功举办。

(4) 发挥专长，做好钱币的鉴定和教学工作。中国文物学会培训部和文物鉴定中心聘请北京市钱币学会董德义、蒴宁、李志东为培训部讲授专家和鉴定中心鉴定专家。2004年，举办了一期古代钱币鉴定技能研修班，进行钱币鉴定30余次。

(5) 配合人民银行货币金银部门做好人民币管理工作和领导交办的其他工作。①配合"反假人民币宣传周"活动，学会办公室与货币管理处同志一道，参加了全市宣传活动的检查。学会还负责印制了人民币宣传手册。②学会办公室参加了4次纪念币发行工作的检查，并将检查的情况向领导及时汇报，提出自己的意见。③配合人民银行做好新职工的培训工作，学会办公室负责向新职工讲授钱币学会的工作和钱币学知识，并两次组织新职工参观中国钱币博物馆，受到新职工的欢迎。

在年初召开的中国钱币学会秘书长工作会议上，北京市钱币学会荣获中国钱币学会优秀团体会员称号，学会上报的一部钱币专著和一篇钱币论文获得第三届金泉奖提名。

(李志东)

北京上市公司协会

协会概况

北京上市公司协会成立于2004年5月16日，是经北京市民政局社会团体管理办公室和中国证监会北京监管局的批准的自律性组织，是按照《社会团体登记管理条例》的有关规定设立的非营利性社会团体法人。

北京上市公司协会现有会员单位90家，其中（中央）公司49家，（北京）公司33家，H股公司5家，此外，《中国证券报》、《上海证券报》和《证券时报》作为特别会员单位加入协会。

成立北京上市公司协会的目的是贯彻《国务院关于推进资本市场改革开放和稳定发展的若干意见》和北京辖区上市公司监管工作会议精神，进一步提高北京辖区上市公司质量和规范运作水平，加强会员自律管理，塑造和树立新的诚信形象，使北京辖区上市公司成为资本市场上的一个优秀群体，为中国证券市场的健康发展作出更大贡献。

协会的宗旨是：遵守国家规范性文件规定，加强会员的自律管理；发挥政府监管部门与会员间的传导和桥梁作用，促进会员间相互交流，为会员服务；维护会员合法权益；促进会员诚实守信、规范运作，坚持规范、诚信、发展，促进证券市场和北京辖区上市公司的持续、稳定、健康发展。

北京上市公司协会设立企业家沙龙、董事会秘书委员会、独立董事委员会、监事委员会和拟发行公司俱乐部等机构，将通过各种组织形式的运作平台，通过网站、会刊等形成的信息交流平台，积极发挥协会自律、传导、服务等多项功能，并配合北京证监局开展工作，在规范自律、培训教育和增进交流等方面开展多层次、多类型的活动，促进上市公司健康发展。

组织机构与负责人

名誉理事长：经叔平（民生银行董事长）

理事长：曹江林（中国玻纤董事长）

副理事长：陈革（中国石化董秘、董秘局主任）

副理事长：张定明（长江电力副总经理）

秘书长：陈革（兼）

监事会召集人：戎蓓（中成股份董事、董事会秘书）

联系方式

地址：北京车公庄大街6号市委党校4号楼160室

邮编：100044

电话：68008951

传真：68008963

电子邮箱：lcab 628@sina. com

网址：www.lcab.com.cn

重要活动

(1) 4月22日，在北京新大都国际会议中心召开了北京上市公司协会筹备大会，会上通过了《北京上市公司协会章程》、组织机构和《协会会费管理办法》，选举了协会第一届理事会和监事会成员，并召开了第一届理事会和监事会会议，分别选出了理事长、副理事长、秘书长、副秘书长、各工作部的主任和副主任以及监事会召集人，通过了《理事会工作规则》和《监事会工作规则》。北京证监局局长张新文先生、局长助理杨琳女士和北京社会团体办公室的领导以及各会员单位会员代表或委托人出席了会议。

(2) 5月27～28日，由上海证券交易所和北京证监局主办，北京上市公司协会承办了北京辖区上市公司培训会。上海证券交易所上市公司部任鹏和周惠忠就北京辖区上市公司2003年年度报告和2004年一季报的审核情况进行了讲评和分析。北京证监局上市处徐彬副处长结合北京辖区上市公司2003年年报审核情况对2004年下半年的监管工作进行了介绍。北京上市公司协会会员单位的负责人、董秘和财务总监以及《中国证券报》、《上海证券报》和《证券时报》的会员代表200余人参加了此次培训会。

(3) 6月3日，北京上市公司协会与北京市海淀区人民政府共同主办召开了海淀区上市公司座谈会，北京证监局局长张新文、局长助理杨琳和海淀区区长周良洛等海淀区相关部门领导参加了座谈，包括海外上市共有34家在海淀区注册的上市公司参加了本次座谈会。

(4) 6月4日，由深圳证券交易所和北京证监局主办，北京上市公司协会承办了北京辖区深市上市公司培训会。深圳证券交易所公司管理部姜小勇主要就公司2003年年度报告存在的问题、公司临时公告重点关注的问题和新的上市规则结合案例进行了讲解和分析。

(5) 6月28日，北京上市公司协会在北京国际饭店举行了隆重的成立大会。出席成立大会的嘉宾有原全国政协副主席、原全国工商联主席、北京上市公司协会名誉理事长经叔平；北京市副市长陆昊；中国证监会副主席范福春；中国证监会前主席、全国人大财经委员会副主任周正庆；中国证监会前主席周道炯；科技部秘书长、中国科技咨询协会理事长石定寰；中国证监会上市公司监管部副主任童道驰；北京证监局局长张新文；上海交易所总经理朱从玖、上市公司部总监周国庆；深圳交易所副总经理张颖、公司管理部副总监刘勤；《上海证券报》社长严文斌。与会嘉宾及会员代表共200余人。

(6) 7月中旬，协会开始着手编写《上市公司治理系列指引》，包括《上市公司董事指引》、《上市公司独立董事指引》、《上市公司监事指引》、《上市公司总经理指引》和《上市公司董事会秘书指引》。《上市公司董事会秘书指引》已编写完成，即将正式出版。

(7) 10月14～17日，为了加强各会员单位之间的交流与合作，促进各会员单位自律管理、规范运作水平的进一步提高，协会组织三十余家会员单位的董事会秘书及证券事务代表赴湖北省宜昌市的中国长江电力股份有限公司进行了考察和交流。

(8) 11月26～27日，在怀柔生存岛举行了“读书会”总结发奖活动，共有27家会员单位的32名特约通讯员参加了此次活动。“读书会”活动始于8月中旬，旨在加强与会员单位的联系和沟通，发掘有组稿能力且文字功底深厚的工作人员作为协会会刊的特约通讯员。目前已发展通讯员79人，共收到稿件100余篇。

(9) 12月13～15日，组织协会理事、监事单位董事会秘书和各工作部正、副主任赴香港进行了为期三天的考察交流，重点了解了香港公司秘书公会的基本情况和运作模式，同时参观了香港联交所和香港证监会，并了解香港公司治理、投资者关系管理、香港证券市场及运行规则和并购重组等内容。

(10) 12月18日，北京上市公司协会会刊——《公司之友》创刊号出刊。会刊的创办是为了发挥协会自律、传导、服务等多项功能，并配合北京证监局开展工作，在规范自律、培训教育和增进交流等多方面、多层次发挥协会的组织作用，为会员提供服务和交流平台。

(赵恩光、杜　娜)

北京期货商会

组织机构与负责人

会长：于旭波（中国粮油食品进出口(集团)有限公司副总裁）

执行会长：王化栋（一德期货经纪有限公司总经理）

副会长：曹胜（经易期货经纪有限公司副总经理）

吴培琪（广发期货经纪有限公司副总经理）

汪正（原中国中期期货经纪有限公司

总经理）

秘书长：周轶涛（金宝期货经纪有限公司总经理）

监事长：于学会（汉华律师事务所合伙人、律师，中国期货业协会常年法律顾问，中国期货业协会法律委员会委员）

北京期货商会由单位会员和个人会员组成。单位会员为中国证监会审核批准设立的期货经纪公司及营业部、期货交易所在京机构及与期货业务相关的企事业单位、院校、学术研究机构、投资咨询机构等。个人会员为在期货行业具有一定影响的优秀人士和知名专家、学者。北京期货商会现有60家会员单位。

联系方式

地址：北京市朝阳区北土城西路7号
国恒基业大厦E座11层

邮编：100029

电话：82275022

传真：82275023

网址：www.bjqh.org

重要活动：

1月13日　在上海期货交易所北京办事处召开“在京部分新闻单位迎新春茶话座谈会”。中央电视台、中央人民广播电台、北京电视台、《中国证券报》、搜狐网、新浪网等新闻媒体的代表出席了本次新春茶话会。

2月19日　北京证管办、北京期货商会召集辖区全体期货经纪机构召开了“北京地区2004年期货监管工作暨北京期货业信用管理体系”启动大会。中国证监会主席助理汪建熙、期货部主任杨迈军、法律部主任庄穆、中国期货业协会会长田源、中国证券业协会副会长马庆泉、北京市委金融工委副书记霍学文等领导同志到会并作了讲话。参与北京期货业信用管理体系建设工作的几个方面代表，北京证管办主任张新文、北京期货商会会长于旭波、北京信用管理公司总经理吴波在会上作了主题发言。中国证监会法律部、北京市委金融工委、中国期货业协会、中国证券业协会、北京证券业协会等有关方面的领导同志也应邀出席了会议。北京地区全体期货经纪机构和北京期货商会会员单位参加了会议，并表决通过了信用管理的有关办法制度、工作机制及试点阶段的指标体系。北京期货商会和北京信用管理公司在会上签署了《北京地区期货业信用信息管理系统合作框架协议》。北京证管办主任张新文就在北京期货业建立信用管理体系的试点内容、意义、试点工作情况和做好下一步工作作了动员报告。

4月5～9日北京期货商会与搜狐网财经频道，本着“反思期货、扶持期货、展望期货”的社会责任感，共同推出“北京板块——期货公司老总访谈周”活动。访谈周邀请了北京地区的金鹏期货、一德期货、格林期货、百福期货、首创期货、中粮期货和金宝期货7家公司的老总，就《国务院关于推进资本市场改革开放和稳定发展的若干意见》出台给期货市场带来的机遇、期货市场目前存在的问题及解决对策等发表了自己的看法。

5月26日　北京期货商会在中粮广场召开“期货电子邮局”启动大会。中国证监会期货部副主任张邦辉、北京证监局副局长孙才仁、新浪网副总裁周树华、北京证监局期货处副处长陆倩等领导嘉宾出席了启动大会。北京地区的37家期货机构的负责人参加了期货电子邮局启动大会，10家期货机构代表现场与期货电子邮件服务商新浪网签署了合作协议，标志着期货电子邮局工作在北京期货业的全面推开。

10月28日　由北京期货商会、大连商品交易所、美国瑞富期货公司主办，北京首创期货经纪有限责任公司承办，在北京凯迪克大饭店举办“2005年世界谷物市场展望研讨会”。来自北京地区各期货机构的从业人员和投资者等近200人参加了此次研讨会。会上，国家粮油信息中心市场检测处的王晓辉副处长，对2005年中国谷物现货市场的未来发展情况进行了分析与预测；美国瑞富期货公司高级分析师James Barnett先生对影响2005年世界谷物市场走势的各种因素进行了分析，并且就业内感兴趣的美国农业部报告、南美大豆种植面积、影响谷物生长的天气、中国大豆进口总量等问题与参会者进行了广泛的交流与探讨。

11月27日　由郑州商品交易所、北京期货商会主办，北京各期货公司协办的“2004/2005年度棉花市场形势高级研讨会”举行。来自北京及周边地区的涉棉企业、机构投资者和各期货经纪机构的代表，以及个人投资者共计100多人参加了此次研讨会。会上，来自美国福四通集团公司亚洲部北京代表处的首席代表魏东、中国棉纺织行业协会的副理事长朱兰芬、中国储备棉管理总公司信息中心主任龚文龙、安泰期货经纪有限公司总经理吴国华等分别就美国及世界棉花市场分析、棉纺织行业形势及对棉花市场的影响分析、2004/2005年度棉花市场形势分析及展望、棉花期货的投资与运作等内容作了专题报告。

12月18日　由北京期货商会、大连商品交易所主办，长城伟业期货经纪有限公司北京营业部承办，在北京福建大厦举办“2005年宏观经济与期货投资报告会暨大商所黄大豆2号上市推介会”。来自北京地区各期货机构的从业人员和投资者等近200人参加了此次研讨会。

（平中奇）

（九）2004年北京市金融系统先进单位、先进个人名录

全国金融五一劳动奖状获得单位（2004年度）

交通银行北京分行

中国银行股份有限公司北京朝阳支行

中国进出口银行总行营业部公司业务二处

中国工商银行北京市王府井支行新东安分理处

全国金融五一劳动奖章获得者（2004年度）

喻　强　中国银行业监督管理委员会北京监管局政策法规处主任科员

马韧韬（女）　中国光大（集团）总公司中国光大银行业务部副经理

赵龙（女）　中国农业银行北京市分

行国际业务部副经理

首都五四奖章获得者（2004年度）

刘世春　金融街控股股份有限公司总经理

王　荣　中国建设银行北京分行宣武支行副行长

金融系统全国青年文明号新命名名单（2004年度）

北京印钞厂印钞二部李荣春机台

中国银行业监督管理委员会

招商银行北京分行东三环支行

中国证券监督管理委员会

中国银河证券有限责任公司北京双榆树证券营业部

中国出口信用保险公司短期业务理赔退偿部

中国工商银行北京市海淀区公主坟第三储蓄所

中国农业银行北京市和平里支行

中国银行北京市三里屯支行

中国建设银行股份有限公司北京市分行东四首都机场支行

交通银行北京分行营业部信贷业务部

金融系统全国青年文明号继续认定名单（2004年度）

国家开发银行总行营业部经营管理处

中国工商银行总行营业部

中国工商银行北京市王府井支行新东安分理处

中国工商银行北京市翠微路支行玉泉路储蓄所

中国工商银行北京市分行信息科技部海淀区域中心管理系统支持部

中国工商银行北京市新街口支行地安门外大街储蓄所

中国工商银行北京市分行东城支行营业室

中国农业银行总行营业部

中国农业银行北京市朝阳路北支行

中国农业银行北京市骡马市支行

中国农业银行北京市定福庄支行

中国银行总行营业部长安处

中国银行北京市经济技术开发区支行营业部

中国银行北京市西站支行

中国银行北京市丰联广场大厦支行

中国建设银行股份有限公司总行营业部结算部

中国建设银行股份有限公司北京市朝阳支行营业部

中国建设银行股份有限公司北京市城建支行安华里储蓄所

中国建设银行股份有限公司北京市海淀支行科南路储蓄所

中国建设银行股份有限公司北京市前门支行永安分理处

中国建设银行股份有限公司北京市金安支行

中国建设银行股份有限公司北京市清华园支行

交通银行北京分行王府井支行

北京市青年文明号重新认定名单（2004年度）

北京银行营业部
北京银行国际业务部
北京银行右安门支行
北京银行双榆树支行
北京银行中关村科技园支行
北京银行燕京支行
华夏银行总行营业部办公室
华夏银行北京东直门支行
华夏银行北京京广支行
华夏银行总行营业部信息技术处
华夏证券北京海淀南路证券营业部客户经理部
华夏证券东直门南大街证券营业部燕山营业部
华夏证券债券业务部
华夏证券研究发展部客户服务部
兴业银行北京朝外支行营业部
兴业银行北京东单支行营业部
兴业银行北京中轴路支行营业部
上海浦东发展银行北京海淀园支行营业室
上海浦东发展银行北京建国路支行
上海浦东发展银行北京分行营业部
申银万国证券股份有限公司北京劲松九区营业部
中国工商银行北京市王府井支行新东安分理处
中国工商银行北京市王府井支行东长安街分理处
中国工商银行北京市崇文支行崇外大街储蓄所

首都文明单位标兵（2004年度）

中国建设银行北京市海淀区科南路储蓄所
中国民生银行北京管理部
国泰君安证券北京分公司
中国出口信用保险公司营业部
泰康人寿保险股份有限公司北京分公司
北京银行营业部
上海浦东发展银行北京亚运村支行
中国太平洋财产保险股份有限公司北京分公司

首都文明单位（2004年度）

中国工商银行北京市长安支行
中国工商银行北京市王府井支行
中国农业银行北京市东城区支行
中国农业银行北京市分行大兴区支行
中国银行北京市分行
中国银行北京市分行怀柔区支行
中国建设银行北京东四支行
交通银行北京分行
中国农业发展银行北京分行房山区支行
中信实业银行总行营业部
上海浦东发展银行北京灯市口支行
上海浦东发展银行北京黄寺支行
招商银行股份有限公司北京分行北京建国路支行
深圳发展银行北京分行
兴业银行北京中关村支行
北京市海淀区农村信用合作社联合社
北京市丰台区农村信用合作社联合社
中国人民财产保险股份有限公司北京

市分公司

中国人寿保险股份有限公司北京市分公司

中国太平洋保险（寿险）股份有限公司北京分公司

中国平安财产保险股份有限公司北京分公司

中国平安人寿保险股份有限公司北京分公司

华泰财产保险股份有限公司北京分公司

太平人寿保险有限公司北京分公司

太平保险有限公司北京分公司

新华人寿保险股份有限公司北京分公司

美国友邦保险有限公司北京分公司

中国银河证券有限责任公司北京管理部

中关村证券股份有限公司北京中关村南大街证券营业部

中国建设银行北京月坛支行

中国大地财产保险股份有限公司北京分公司

湘财证券有限责任公司北京管理总部

华安证券有限责任公司北京慧忠北里证券营业部

宏源证券股份有限公司北京北洼路证券营业部

中国农业银行北京市分行